COUTURE POUR TOUTES

COUTURE POUR TOUTES

Sélection du Reader's Digest

PARIS - BRUXELLES - MONTRÉAL - ZURICH

COUTURE POUR TOUTES

Cet ouvrage a été réalisé par
Sélection du Reader's Digest

Avec la collaboration de : Annie Bouquet et Mary-André Mercier
pour l'établissement des textes,
Maurice Espérance, Dominique Roussel et Kazuko Kaneko
pour l'élaboration des dessins.

Nous remercions :

Cacharel pour les modèles qu'il a bien voulu mettre à notre disposition;
Agatha Bijoux, Galerie Alumine, « Au Nain Bleu », Maison Bok'Man,
Bathroom Graffiti, Bonpoint, Tissus Bouchara, Free Lance, Jakio,
les « Chaussures Charles Jourdan », Geneviève Lethu, Pascal Maingourd,
l'Œuf Cube, Pom d'Api Style, Singer, Souleiado,
les Établissements Stella-Morisseau, Lunettes Vuarnet,
Cuisine Wrighton-Top Cuisine Boulevard Saint-Germain,
pour l'aide que ces maisons ont bien voulu apporter
à la réalisation de cet ouvrage.

PREMIÈRE ÉDITION

ISBN 2-7098-0177-9

PRÉFACE

Si la Nature s'est plu à réserver aux poules faisanes, aux lionnes ou aux femelles de papillons un parti pris de modestie, dotant les mâles de livrées somptueuses, elle a, avec la Femme, perdu son pari. Car la Femme aime à se parer pour son plaisir et pour le nôtre. Parure encore la joie d'habiller ses enfants et d'apporter à son cadre de vie ces touches personnelles et chaleureuses dont elle a le talent.

Alors, voici des jupes, des corsages, des manteaux, des ensembles pour garçons turbulents, des tenues pour petites filles sages. Et puis des tas d'idées pour la maison. Pour vous, la vitrine du couturier s'est métamorphosée en livre.

Dans les modèles couture nous avons joué la carte du classicisme ou de la décontraction selon les circonstances ou les saisons. En ameublement, celle du bonheur de vivre et de l'ingéniosité. A votre tour de devenir couturier.

Laissez-vous guider par vos coups de cœur, par votre style et par les petites paires de ciseaux qui signalent astucieusement par leur nombre la difficulté de réalisation du modèle. Or le bien-coupé, le parfait des finitions, le détail couture, tout ce qui caractérise le beau vêtement, s'acquièrent aisément au fil des pages, où l'on vous apprend les tissus et leur utilisation, la machine à coudre et ses performances, le tracé d'un patron et le plan de coupe, les points, les boutonnières, les ourlets, en un mot toutes les techniques. Ne vous retranchez pas non plus derrière des pudeurs de débutante pour assembler des rideaux ou juponner une coiffeuse : là aussi, le dessin décompose les étapes.

Très vite familiarisée avec ces techniques, vous laisserez votre imagination prendre le relais pour interpréter les modèles, utiliser d'autres matières, créer d'autres harmonies, décliner d'autres volumes. Et, tout en jonglant avec les couleurs et les formes, vous resterez l'instigatrice du charme et du raffinement.

Jean Cacharel

LINGE DE MAISON DECORATION PETIT AMEUBLEMENT

Symboles et abréviations utilisés dans le livre

✂ facile — ✂✂ moyen — ✂✂✂ difficile — ✂✂✂✂ très difficile

thermocollant — mousse ou molleton ou ouatine — pied ganseur — pied presseur

encadré-conseil Cacharel — fil de bâti — coutures — ligne de pliure ou ligne de couture

Abréviations : m = mètre cm = centimètre mm = millimètre kg = kilogramme g = gramme g/m^2 = gramme au mètre carré

Dans les dessins, l'endroit du tissu correspond à la couleur claire, l'envers à la couleur foncée. Les doublures sont en gris.

• *Quand il est parlé de gauche et de droite, il s'agit de la gauche et de la droite du vêtement sur la personne.*

ABC DE LA COUTURE

LES TISSUS

Dictionnaire des tissus

Dans le commerce, les tissus sont répartis en tissus d'habillement, tissus d'ameublement et par catégories (cotons, lainages, soieries, synthétiques, doublures). Ils sont présentés soit sur des rouleaux (endroit du tissu vers l'intérieur), soit « dossés », c'est-à-dire pliés endroit contre endroit et enroulés sur des plateaux rectangulaires, soit en coupons; les coupons sont des restes de pièces de tissu vendus à prix réduit. Quelle que soit leur présentation, les tissus doivent avoir une étiquette; celle-ci indique la composition du tissu mélangé, la largeur, le prix au mètre, la nature du traitement que le tissu a subi. Certaines étiquettes comportent le code d'entretien (voir p. 16), mais c'est rare. En revanche, ce code est obligatoire pour les articles de confection.
Tous les tissus n'ont pas forcément la même destination, le même usage. Les uns doivent être résistants pour supporter de fortes tractions ou des intempéries. Les autres moelleux et chauds ou légers et vaporeux pour lutter contre le froid ou la chaleur. Quelques connaissances pratiques sur l'origine, la composition, la fabrication et l'entretien des tissus vous aideront à choisir le mieux approprié et vous éviteront bien des erreurs et déconvenues.

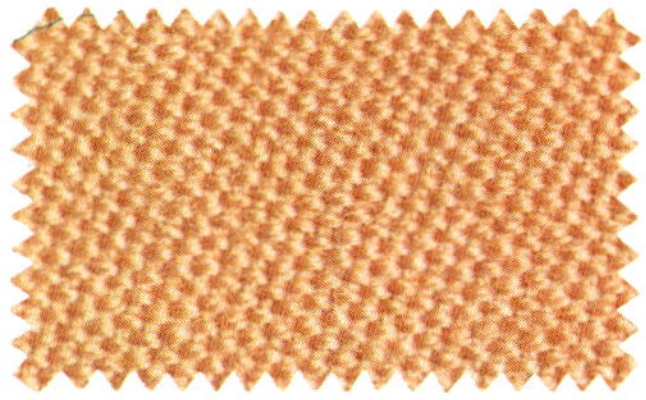

Alpaga

- A l'origine, poils de lama mélangés de coton. Actuellement, laine travaillée avec coton, rayonne ou soie.
- Tissage toile.
- Pour costumes, pantalons, vestes.
- Largeur : 130 cm.

Batiste

- Coton ou lin.
- Toile très fine et très serrée.
- Pour layette, lingerie, mouchoirs, napperons.
- Largeur : 80 cm.

Bemberg

- Fibranne ou rayonne.
- Toile légère, soyeuse.
- Pour bonneterie, doublure.
- Largeur : 90 cm.

Bourrette

- Soie à tissage irrégulier. Assez rêche.
- Vêtements d'été.
- Largeurs : 90 cm - 140 cm.

Broché

- Rayonne ou soie.
- Effets de tissage formant des dessins.
- Pour décoration et vêtements habillés.
- Largeurs : 90 cm - 100 cm - 130 cm.

Broderie anglaise

- Coton ou nylon.
- Fine toile ou voile brodé.
- Pour lingerie et robes.
- Largeur : 80 cm.

Cheviotte

- Lainage épais originaire d'Écosse.
- Tissu sergé, avec poils apparents sur l'endroit.
- Pour vêtements.
- Largeurs : 100 cm - 140 cm - 150 cm.

Chevron

- Coton ou laine.
- Tissage sergé et serré formant des côtes en zigzag.

- Pour vêtements.
- Largeurs : 90 cm - 140 cm.

Chintz

- Coton.
- Fine toile brillante et glacée, imprimée.
- Pour ameublement.
- Largeurs : 110/115 cm - 130 cm.

Coton

- *Voir pages 15, 18.*

Coutil

- Chanvre, coton ou lin.
- Étoffe sergée, très résistante.
- Pour matelas, sangles, vêtements de travail.
- Largeurs : 120 cm - 140 cm - 160/165 cm - 200 cm.

Crêpe de Chine

- Soie artificielle ou naturelle.
- Armure : toile réalisée en trame avec des fils très tordus.
- Pour ameublement, blouses, lingerie, robes.
- Largeurs : 90 cm - 100 cm - 200 cm.

Crêpe Georgette

- Soie artificielle, naturelle ou synthétique.
- Armure : toile ou satin, avec fils crêpés très fins, en chaîne et en trame.
- Pour blouses, robes habillées.
- Largeurs : 90 cm - 100 cm.

Crêpe de laine

- Laine.
- Armure : toile, natté ou satin à fils très tordus, crêpés en trame.
- Pour chemisiers, deux-pièces, robes.
- Largeur : 140 cm.

Crêpe marocain

- Coton, laine, rayonne et, surtout, soie.
- Armure : toile à fils crêpés assez gros, en trame;
- Pour chemisiers, manteaux d'été, pantalons, robes.
- Largeurs : 100 cm - 110 cm.

Crêpe mousse

- Rayonne, soie.
- Armure : toile à fils peu tordus, utilisés en chaîne et en trame. A repasser sous linge sec, avec un fer tiède.
- Pour chemisiers et robes.
- Largeur : 100 cm.

Crêpe satin

- Rayonne ou soie.
- Armure : sergé ou armure satin, à fils très tordus en chaîne ou en trame.
- Pour doublure.
- Largeur : 100 cm.

Crépon

- Coton, laine ou soie.
- Armure : toile avec fil de trame à un seul fil de torsion lui permettant de se rétracter.
- Pour chemisiers, jupes, robes.
- Largeurs : 90 cm - 140 cm.

Cretonne

- Coton.
- Armure : toile régulière plus ou moins légère. La cretonne prend le nom de *longotte* quand les fils de chaîne sont plus fins que ceux de trame; de *madapolam*, lorsque les fils de chaîne et de trame sont gros et bien tordus; de *shirting*, quand le fil de chaîne est plus fort que celui de trame.
- Pour ameublement, draps, linge de maison, jupes, robes d'été.
- Largeurs : 80 cm - 90 cm - 100 cm - 130 cm - 140 cm - 270 cm - 300 cm.

Damassé

- Coton ou lin.
- Armure : sergé ou satin, par tissage sur métier Jacquard.
- Pour décoration, linge de table, toile à matelas.
- Largeurs : 140 cm - 150 cm - 170/180 cm - 220 cm - 240 cm.

Dentelle et guipure

- Coton, laine, lin, métal, nylon, ramie, rayonne ou soie.
- Ni chaîne ni trame, donc pas d'armure. Travail par entrecroisement, enroulement, accrochage ou tressage des fils, exécuté à l'aiguille, au crochet, au fuseau ou sur métier.
- Pour layette, linge de maison, lingerie féminine.
- Largeurs : 0,5 cm à 200 cm.

Doupion

- Soie ou synthétique.
- Pour robes, chemisiers et ameublement.
- Largeur : 90 cm.

Drap satin

- Laine.
- Armure : satin.
- Pour robes d'hiver.
- Largeur : 140 cm.

Éponge

- Coton.
- Armure : cannelé avec un fil de trame et deux fils de chaîne dont l'un est de 2 à 5 fois plus long que l'autre pour former des bouclettes.
- Pour ensembles de plage et de ville, layette, linge de toilette.
- Largeurs : 70 cm - 80 cm - 90 cm - 110/115 cm.

Étamine

- Laine.
- Armure : toile à texture plus ou moins lâche.
- Pour blouses et chemisiers.
- Largeur : 140 cm.

Faille

- Rayonne ou soie naturelle.
- Armure : toile à tissage serré.
- Pour ameublement, jupes et robes habillées.
- Largeurs : 90 cm - 100 cm - 130 cm - 140 cm.

Feutrine

- Laine.
- Fils non pas tissés mais foulés.
- Pour décoration et jupes.
- Largeurs : 90 cm - 180 cm.

Finette

- Coton.
- Armure : croisé. Tissu serré et chaud, dont l'envers est rendu pelucheux par grattage.
- Pour layette et lingerie.
- Largeurs : 80 cm - 90 cm.

Flanelle

- Coton, laine.
- Armure : toile ou sergé.
- Pour chemiserie, layette, lingerie, sous-vêtements, draps, jupes, tailleurs.
- Largeurs : coton, 90 cm - 160/165 cm - 170/180 cm - 200 cm - 220 cm. Laine, 140 cm.

Foulard

- Soie artificielle ou naturelle.
- Armure : sergé.
- Pour chemisiers, écharpes, robes d'été.
- Largeur : 100 cm.

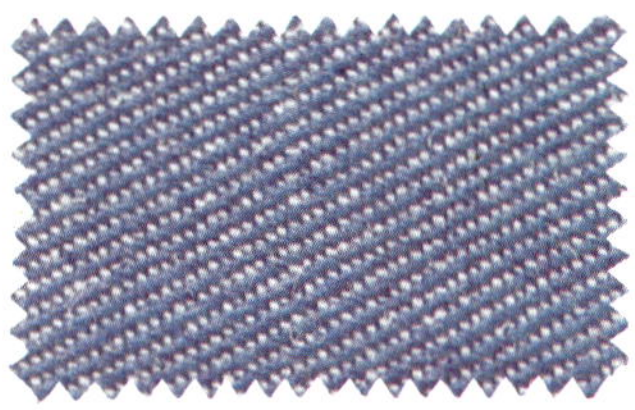

Gabardine

- Coton, laine peignée ou fibre synthétique.
- Armure : sergé serré à côtes assez marquées.
- Pour manteaux, vestes, vêtements de pluie.
- Largeurs : 90 cm - 145 cm/150 cm.

Grain de poudre

- Laine fine.
- Armure : natté irrégulier.
- Pour robes et tailleurs.
- Largeur : 140 cm.

Japonnette

- Rayonne ayant l'aspect de la soie.
- Armure : toile.
- Pour doublures et lingerie.
- Largeur : 90 cm.

Jean

- Coton.
- Armure : sergé assez serré.
- Pour ameublement, blousons, jupes, pantalons, vêtements de travail.
- Largeur : 140 cm.

Jersey

- Coton, laine, polyester, soie, synthétique.
- Tissu maille élastique obtenu par tricotage industriel, formant des boucles entrelacées. Il ne comporte qu'une seule série de fils, en trame ou en chaîne. Dans les tricots « trame », le fil de trame travaille d'une lisière à l'autre, ou en rond et toujours dans le même sens, d'où risque de démaillage : jersey classique, jersey circulaire, jersey enduit pour cirés, jersey Jacquard, côtes au mètre, interlock. Dans les tricots « chaîne », les mailles sont formées par les fils de chaîne qui s'entrelacent à gauche, puis à droite, alternativement, pour donner l'indémaillable.
- Pour articles de sport, bas, chaussettes, ensembles, sous-vêtements, robes, tailleurs, vestes.
- Largeurs au mètre : 140 cm - 150 cm - 160 cm.

Jute

- Jute.
- Armure : toile.
- Pour ameublement, emballages, toiles à sacs, toile tailleur.
- Largeurs : 70 cm - 100 cm - 270 cm.

Laine

- *Voir pages 15, 17.*

Lamé

- Coton, laine, soie, synthétique, entouré par un fil de métal.
- Armure : satin.
- Pour vêtements du soir.
- Largeurs : 90 cm - 100 cm.

Liberty

- Très beau coton jumel fin et serré ou, plus rarement, laine.
- Armure : toile ou sergé.
- Pour chemisiers, nappes, robes, coussins.
- Largeur : 90 cm.

Lin

- *Voir pages 15, 19.*

Linon

- Coton ou lin.
- Armure : toile réalisée avec des fils très fins.
- Pour layette, lingerie fine, mou-

choirs, napperons.
- Largeurs : 80 cm - 90 cm - 100 cm.

Loden

- Laine brute du Tyrol.
- Armure : satin parfois hydrofugé. Aspect duveteux obtenu par cardage ou foulage.
- Pour manteaux, pardessus.
- Largeurs : 140 cm - 150 cm.

Madras

- A l'origine, tissu indien à trame en soie et chaîne en coton, tissé avec des fils teintés aux colorants naturels. Rayures ou carreaux.
- Armure : toile.
- Pour décoration et vêtements.
- Largeur : 80 cm.

Moire

- Rayonne ou soie naturelle.
- Armure : toile à côtes écrasées formant des dessins brillants ou mats.
- Pour ameublement, robes habillées, rubans pour modiste.
- Largeurs : ameublement, 130 cm; robes, 100 cm; rubans mode, 50 cm.

Molleton

- Coton ou laine.
- Armure : croisé, cardé et foulé.
- Pour ameublement, couvertures, layette, peignoirs, vestes d'intérieur.
- Largeurs : 70 cm - 90 cm - 130 cm - 140 cm - 170 cm.

Mousseline

- Coton, laine ou soie.
- Armure : toile. Tissu fin, peu serré, transparent.
- Pour blouses, écharpes, lingerie, layette, nappes, patrons, rideaux.
- Largeurs : 80 cm - 90 cm - 100 cm - 130 cm - 140 cm - 160 cm.

Natté

- Coton ou laine.
- Armure : toile. Dessins de petits carrés assez accusés.
- Pour chemiserie, linge de table, manteaux, robes, tailleurs, vestes.
- Largeurs : 80 cm - 100 cm - 130 cm - 140 cm.

Organdi

- Coton d'Égypte, rayonne ou soie.
- Armure : toile transparente réalisée avec des fils très fins surtordus. Apprêt ferme et très souple.
- Pour blouses, cols et poignets, robes d'enfant ou du soir.
- Largeur : 80 cm.

Ottoman

- Coton, laine, rayonne, soie.
- Armure : toile cannelée à côtes perpendiculaires aux lisières.
- Pour ameublement, chemisiers, robes, manteaux, tailleurs femme.
- Largeurs : 80 cm - 130 cm - 140 cm.

Oxford

- Coton, laine ou viscose.
- Armure : toile ou natté.
- Pour blouses, chemises d'homme, lingerie.
- Largeur : 90 cm.

Peau d'ange

- Artificiel ou synthétique.
- Armure : satin. Tissu assez lourd.
- Pour robes de mariée.
- Largeur : 100 cm.

Peigné

- Généralement laine, parfois coton ou lin.
- Armure : toile ou sergé. Les fibres ont été cardées, peignées de façon à éliminer celles dont la longueur serait insuffisante. Tissus secs et lourds.
- Pour robes, tailleurs femme et homme, vêtements de pluie.
- Largeurs : 90 cm - 145/150 cm.

Percale

- Fin coton jumel mercerisé.
- Armure : toile.
- Pour ameublement, chemisiers, layette, lingerie.
- Largeurs : 80 cm - 160 cm.

Percale glacée

- Percale dont l'endroit a reçu un apprêt brillant.
- Armure : toile.
- Pour ameublement, décoration.
- Largeurs : 90 cm - 130 cm.

Pied-de-coq, pied-de-poule

- Laine, rayonne, soie, synthétique.
- Armure : sergé-croisé avec effets de couleurs variés.
- Pour blouses, manteaux, robes, tailleurs.
- Largeurs : 90 cm - 140 cm.

Pilou

- Coton.
- Armure : toile ou sergé molletonné, très inflammable.
- Pour linge de nuit, peignoirs.
- Largeur : 100 cm.

Piqué

- Coton ou coton mélangé de synthétique.
- Armure : toile cannelée avec fils de chaîne supplémentaires.
- Pour ameublement enfant, ensembles été, robes, layette, lingerie enfant.
- Largeurs : 80 cm - 90 cm - 100 cm - 140 cm - 150 cm.

Plumetis

- Coton ou rayonne.
- Armure : toile. Étoffe légère, transparente, avec pois brochés en surcharge sur le fond du tissu.
- Pour blouses, rideaux, robes d'enfant.
- Largeur : 80 cm.

Poil de chameau

- Chameau de Mongolie.
- Armure : toile.
- Pour manteaux et pardessus.
- Largeurs : 140 cm - 150 cm.

Pongé

- Soie naturelle, parfois exotique.
- Armure : toile exécutée avec des fils très fins.
- Pour blouses, foulards, abat-jour, rideaux.
- Largeurs : 90 cm - 100 cm.

Popeline

- Coton, laine ou synthétique.
- Armure : toile comptant plus de fils en chaîne qu'en trame.
- Pour ameublement, chemises d'homme ou chemisiers de femme, lingerie, robes, survêtements, imperméables.
- Largeurs : 90 cm - 130 cm - 140 cm.

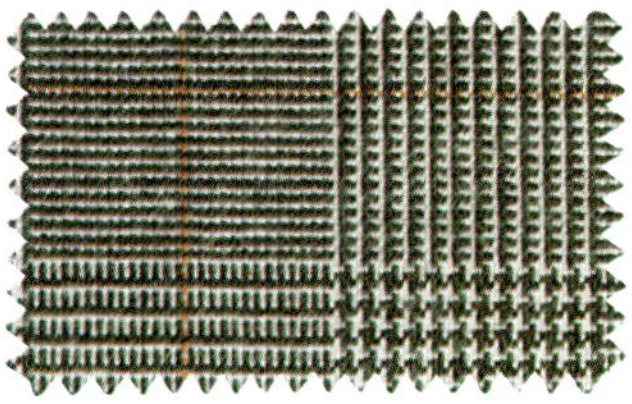

Prince de Galles

- Artificiel ou laine.
- Armure : sergé-croisé.
- Pour manteaux, robes, tailleurs.
- Largeur : 140 cm.

Ratine

- Laine cardée.
- Armure : sergé-croisé. Poil tiré en dehors et frisé.
- Pour manteaux et vestes.
- Largeur : 140 cm.

Reps

- Coton, laine, rayonne, soie.
- Armure : toile avec effet de côtes longitudinales, donc parallèles aux lisières.
- Pour ameublement.
- Largeur : 130 cm.

Satin

- Artificiel, coton, laine, soie, synthétique.
- Armure : satin.
- Pour dessus-de-lit, nappes de campagne (satin fermière), rideaux, deux-pièces, doublures, lingerie, robes, tabliers.
- Largeurs : 90 cm - 100 cm - 130 cm.

Satinette

- Coton.
- Armure : satin.
- Pour dessus-de-lit, doublures, tabliers.
- Largeurs : 80 cm - 90 cm.

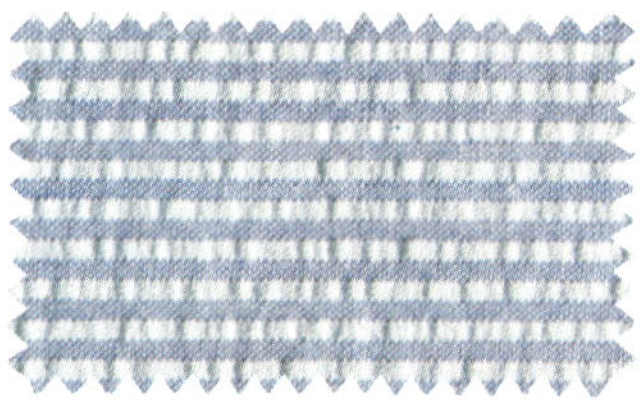

Seersucker

- Coton cloqué, très souvent imprimé à rayures.
- Vêtements d'été.
- Largeurs : 110 cm - 140 cm.

Serge

- Laine.
- Armure : sergé formant des côtes en diagonale.
- Pour jupes, robes, tailleurs.
- Largeurs : 130 cm - 140 cm - 150 cm.

Shantung

- Soie sauvage.
- Armure : toile.
- Pour chemisiers et robes.
- Largeurs : 90 cm - 110 cm.

Shetland

- Laine d'Écosse.
- Armure : toile ou sergé, cardé.
- Pour jupes, manteaux, tailleurs, vestes.
- Largeurs : 140 cm - 150 cm.

Soie

- *Voir pages 15, 17.*

Suédine

- Armure : toile ou sergé. Tissu velouté sur l'endroit pour imiter le daim.
- Pour ameublement, jupes, manteaux, vestes.
- Largeurs : 140 cm-150 cm.

Taffetas

- Rayonne, soie, synthétique.
- Armure : toile. Tissage très serré fait de fils fins. Étoffe fragile, non lavable.
- Pour robes et manteaux du soir.
- Largeurs : 90 cm - 100 cm.

Toile

- Chanvre, coton, jute, laine, lin, rayonne, soie, synthétique.
- Armure : toile.
- Pour ameublement (coutils à matelas, draps, linge de maison, rideaux...), blouses, entoilage des vêtements, sacs.
- Largeurs : 70 cm - 80 cm - 90 cm - 130 cm - 140 cm - 150 cm - 170 cm - 220 cm - 240 cm - 270 cm.

Toile tailleur

- Coton ou, à l'origine, lin mélangé de laine.
- Armure : toile robuste, serrée.
- Pour entoilage des manteaux et des vestes.
- Largeur : 80 cm.

Tricotine

- Laine.
- Armure : sergé serré. Gabardine ressemblant au jersey.
- Pour jupes, manteaux, pantalons, vestes.
- Largeur : 140 cm.

Triplure

- Coton très apprêté.
- Armure : toile.
- Pour raidir cols et poignets d'un vêtement.
- Largeur : 90 cm.

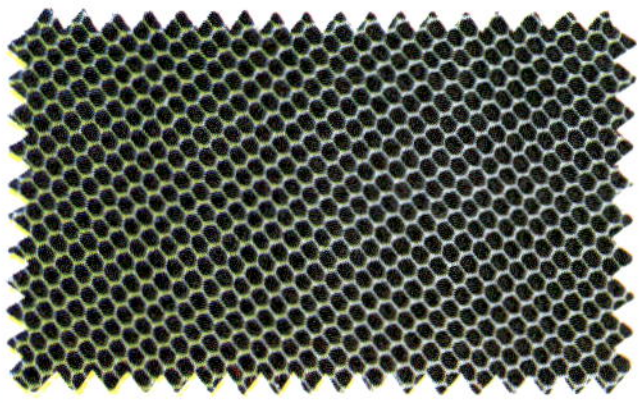

Tulle

- Coton léger ou soie.
- Armure spéciale : les fils de trame s'enroulent autour des fils de chaîne très espacés, pour former des mailles circulaires, hexagonales, etc.
- Pour rideaux, robes et voiles.
- Largeurs : 80 cm - 100 cm - 120 cm - 180 cm - 240 cm - 360 cm.

Tweed

- Laine de deux ou plusieurs tons.
- Armure : toile cardée ou serrée.
- Pour jupes, manteaux, tailleurs, vestes.
- Largeurs : 130 cm - 140 cm.

Twill

- Soie artificielle, naturelle ou synthétique.
- Armure : sergé ou croisé réalisé avec des fils très fins. Tissu léger, souple, souvent imprimé.
- Pour chemisiers, ensembles, foulards, robes de chambre.
- Largeur : 100 cm.

Velours

- Coton, rayonne, soie, synthétique.
- Armure : toile, sergé ou satin dont l'endroit présente des boucles ou des duvets.
- Pour ameublement, haute couture, mode.
- Largeurs : 90 cm - 100 cm - 130 cm - 140 cm - 150 cm.

Velours côtelé

- Coton ou synthétique.
- Armure : toile, sergé ou satin. Trame supplémentaire permettant aux duvets d'être régulièrement alignés.
- Pour ameublement, costumes, manteaux, pantalons, vestes.
- Largeurs : 90 cm - 100 cm - 130 cm - 140 cm - 150 cm.

Velours de laine

- Laine.
- Armure : toile cardée, sans boucles ni duvets (ce n'est pas un velours), dont l'endroit a été gratté.
- Pour manteaux, pardessus, vestes.
- Largeur : 140 cm.

Vichy

- Coton d'Amérique ou coton mélangé fibranne.
- Armure : toile de deux couleurs minimum formant des rayures ou des carreaux.
- Pour draps, layette, robes, tabliers.
- Largeurs : 80 cm - 90 cm - 150 cm - 170 cm - 240 cm.

Viyella

- Tissu de marque anglaise, mélange de laine et de coton.
- Pour robes, chemisiers, lingerie.
- Largeur : 140 cm.

Voile

- Coton, laine, rayonne, soie, synthétique.
- Armure : toile à fils surtordus. Étoffe légère et transparente.
- Pour ameublement, lingerie, robes.
- Largeurs : 80 cm - 90 cm - 100 cm - 110 cm - 130 cm - 140 cm - 170 cm - 200 cm - 220 cm - 240 cm - 260 cm - 270 cm - 300 cm.

Zéphyr

- Coton jumel peigné.
- Armure : toile de plusieurs tons. Ressemble au vichy, mais est plus souple, plus fin, plus serré.
- Pour ameublement, chemisiers, robes, tabliers.
- Largeur : 90 cm.

Les termes de coton, laine, lin et soie recouvrent une grande variété de tissus dont vous trouverez les principaux exemples tout au long du dictionnaire.
Les cotons et soieries se présentent généralement en petites largeurs, ou laizes, allant de 70 à 100 cm, et les lainages, comme les tissus d'ameublement, en 140 cm et plus.

Fabrication et entretien des tissus

Les fibres sont le point de départ de tout tissu quel qu'il soit. Ces fibres d'origine naturelle (animale, minérale, végétale) ou chimique (artificielles ou synthétiques) sont triées ensemble, assemblées en mèches et en brins. Les brins à leur tour sont retordus entre eux pour former des fils (fil peigné, cardé, retors, texturé). C'est à partir de ces derniers que sont fabriqués les tissus.

Le tissage

Il consiste à entrecroiser les fils de chaîne (fils verticaux, parallèles aux lisières) et de trame (horizontaux et perpendiculaires aux lisières). Les fils de trame ou « duites » passent alternativement par-dessus, puis par-dessous un ou plusieurs fils de chaîne pour obtenir une des trois armures de base : toile, sergé ou satin.

L'armure toile. Dans une étoffe unie, les deux faces sont semblables.
Le principe : le fil de trame passe alternativement sous et sur le fil de chaîne avec un décalage sur la rangée suivante.
Les dérivés : les cannelés, les nattés, les reps, les jutes.

Les armures sergé et croisé. Sur l'endroit du tissu, des côtes saillantes montent en oblique de gauche à droite.
Le principe : un fil de chaîne est « pris » et deux sont « sautés » avec un décalage uniforme ou « décochement » à chaque duite.
Les dérivés : les chevrons, les croisés, les diagonales, les serges.

L'armure satin. L'aspect du tissu est lisse, brillant sur l'endroit, mat sur l'envers.
Le principe : le décochement est régulier ou irrégulier. Les fils de trame passent sous et sur les fils de chaîne selon un rythme différent de celui de l'armure sergé (un « pris », quatre « sautés »). Le fil de trame dissimule presque tous les fils de chaîne.
Les dérivés : les moleskines, les satinettes.

Les tissus fantaisie. Leur tissage exige une ou plusieurs séries de fils de chaîne ou de trame supplémentaires pour obtenir des bouclettes, des dentelles, des doubles faces, des jours, des gaufrés, des mailles, des motifs, des tulles.

Les non-tissés.
Qu'elles soient naturelles, artificielles ou synthétiques, les fibres de ces étoffes ne sont pas filées (pas d'entrecroisements de fils), mais agglomérées en nappes, par enchevêtrement mécanique, puis connaissent un traitement thermique ou chimique.
Les principaux non-tissés : le feutre, la feutrine, la ouatine, les thibaudes, la toile tailleur, la triplure, la vlieseline et certains produits pour rembourrage.

Les traitements

Les teintures et les impressions. A la sortie de la filature ou du tissage, les fils ou les tissus sont écrus.
On leur fait subir divers traitements « d'ennoblissement » (teinture, impression, traitements d'apprêt).
Les fils et les tissus sont d'abord blanchis (élimination des impuretés).
Pour obtenir des tissus colorés, on peut soit mélanger des fils teints pendant le tissage (Vichy, écossais), soit plonger le tissu dans des teintures, soit l'imprimer.
Le label « grand teint » indique que le tissu a été traité pour résister à l'eau bouillante, à l'eau de Javel, aux lessives et à la lumière.
Traitements d'apprêt. Ils modifient l'aspect extérieur du tissu (cloquage, gaufrage, moirage, glaçage, plissage, grattage, matage...) et en améliorent les qualités par divers traitements antimite, antiseptique, antitache — qui imperméabilisent, défroissent, décatissent, ignifugent, ou encore qui évitent le feutrage, le rétrécissement.

Entretien des tissus

L'entretien dépend en grande partie de la nature de chaque fibre et de sa proportion dans le tissu (voir tableau p. 17-21). Un code international résume les conditions d'entretien des textiles. Ce code est imprimé sur la bande des pelotes de fil à tricoter, la lisière des tissus vendus au mètre, le ruban cousu à l'encolure des vêtements de confection.
Si un article présente un mélange de textiles, le code utilisé est celui du textile le plus délicat. Quand un article n'admet pas un traitement, le symbole est barré par une croix.

LAVAGE

Lavage à l'eau tiède à 30 °C.

Lavage à l'eau chaude à 60 °C.

Lavage à l'eau très chaude à 95 °C.

Traitement à l'eau de Javel autorisé.

NETTOYAGE A SEC

Textile supportant tous les solvants usuels, dont le trichloréthylène.

Seuls solvants acceptés : l'essence F, l'essence minérale et le white-spirit.

Textiles supportant les solvants F et le trichloréthylène.

REPASSAGE

Repassage à fer tiède à 120 °C.

Repassage à fer chaud à 150 °C.

Repassage à fer très chaud à 200 °C.

Origine et caractéristiques des tissus

La nomenclature des tissus est très compliquée : chaque stade de fabrication peut donner naissance à une marque ou à un label différents. Pour vous aider, voici un tableau sur l'origine et les caractéristiques des tissus et des matériaux de rembourrage. Ce tableau vous donne la nature des fibres, leurs propriétés, les tissus composés de ces fibres, ainsi que les marques et les appellations, et de précieux conseils d'entretien.

FIBRES NATURELLES

	Fibres	Propriétés	Entretien
Animales	**LAINE** Provient des poils de la toison des moutons et des poils de certains animaux. **L'alpaga.** C'est le poil d'un lama du Pérou, le paco. **Le cachemire.** Il provient d'une chèvre originaire du Kashmir et du Tibet. **Le poil de chameau.** On utilise le duvet — ou blouse — léger et fin du chameau de Mongolie pour tisser de belles draperies. **Le poil de lapin.** Il peut être mélangé avec de la laine de mouton cardée; mais le plus souvent, on choisit un animal de race « angora » pour obtenir une matière douce, chaude, extrêmement légère. **Le mohair.** C'est le poil de la chèvre angora. **La laine de mouton.** Ses qualités varient selon la race de la bête et sa région d'origine : Berry, Causses, Champagne, etc., pour la France; Cheviot, Shetland ou Cachemire en Écosse; Mérinos d'Australie, etc. **La vigogne.** C'est le poil d'un lama sauvage vivant au Pérou, dans la cordillère des Andes. Son poil est très doux, très fin. Il fournit des étoffes particulièrement moelleuses... et très chères.	Très chaude Souple Gonflante Isolante Grand pouvoir absorbant Peu résistante à la traction Feutre à la chaleur humide Craint l'eau de Javel et la soude Craint les mites (sauf traitement spécial) Brûle très mal en dégageant une odeur de corne brûlée Poil de lapin : rétrécit à la chaleur s'il n'est pas traité	Lainages lourds et délicats (tailleurs, manteaux, jupes, pantalons) : nettoyage à sec. Détachage local avec de la benzine ou de l'essence dans un local aéré, loin de toute flamme. Lainages légers : lavage avec précaution dans un grand volume d'eau tiède (35 °C au maximum), sans frotter; emploi de savon en paillettes ou de lessive spéciale. Rinçage abondant à même température. Ajouter une cuillerée de vinaigre pour aviver les couleurs, et blanchir avec une cuillerée d'eau oxygénée (10 à 12 volumes). Essorage sans tordre. Séchage à plat, à l'ombre, loin de la chaleur. Repassage à sec et sur l'envers.
	SOIE Provient de la sécrétion des larves de divers papillons (comme le bombyx du mûrier), et en moindre importance de certaines araignées. **La soie d'élevage.** Fibre obtenue par dévidage du cocon produit par la chenille du bombyx du mûrier. **La soie sauvage** ou **tussah, tussor, shantung.** Fibre obtenue à partir de cocons produits par d'autres chenilles vivant en liberté. **Les déchets de soie.** Ils sont obtenus au cours des opérations de dévidage et de filature. Les étoffes réalisées avec ces déchets donnent la bourrette, le doupion, la shappe (le fil est plus gros et plus mat). Toutes ces soies sont fabriquées principalement, pour la France, à Lyon, Saint-Étienne et Tarare. Pour l'étranger, en Italie, en Espagne, au Japon, en Chine, en Inde, en Perse.	Brillante d'aspect (soie d'élevage) Très souple, mais possède du « tombant » Infroissable Très solide Absorbante, confortable sur la peau Chaude et isolante Brûle mal Sensible aux acides et au chlore	Soieries fragiles (failles, moires, taffetas, brochés, façonnés) : uniquement nettoyage à sec. Autres soieries : lavage dans un bain d'eau tiède (35 à 40 °C), sans agitation; emploi de savon en paillettes ou d'une lessive spéciale. Rinçage abondant avec une cuillerée à café d'eau oxygénée (10 à 12 volumes) ou d'azurant optique pour atténuer le jaunissement des soies blanches. Essorage sans tordre. Séchage à plat. Repassage à fer moyen (150 °C) sur l'envers du tissu encore humide.

TABLE DES MATIÈRES

FIBRES NATURELLES

		Fibres	Propriétés	Entretien
Minérales	A l'exception des fils métalliques, ces fibres sont surtout utilisées comme isolants : filtres, rideaux de théâtre, vêtement de travail, de protection, écrans, dessus de table à repasser...	**AMIANTE** Extraite d'un minerai ayant une texture fibreuse.	Incombustible et réfractaire aux produits chimiques.	
		FILS MÉTALLIQUES Faits d'or, d'argent, de cuivre, d'aluminium, ils sont recouverts par un vernis protecteur.	Légers, brillants, ils sont utilisés mélangés à la soie, à la rayonne ou au nylon pour obtenir des lamés, des brochés, de la passementerie.	
		SILIONNE ET VERRANNE Fils de verre continus (silionne) ou discontinus (verranne).	Ne se mouillent pas; imputrescibles, incombustibles	
Végétales	Fibres provenant de feuilles. Elles sont surtout utilisées en chapellerie et en corderie.	**ALFA** Herbe vivace, récoltée au Sahara, qui sert dans la fabrication des semelles d'espadrilles, des tapis, de la vannerie, du papier.		
		CHANVRE DE MANILLE C'est un bananier des Philippines.		Lavage à l'eau savonneuse.
		RAPHIA Feuilles d'un palmier de Madagascar, il se présente sous forme de lanières permettant de réaliser des objets bon marché (pantoufles, vannerie). Tissées, les lanières donnent la rabane, employée en ameublement.	Peu solide	Lavage à l'eau savonneuse.
		SISAL Cet agave croît à l'état sauvage aux Indes, à Madagascar, au Mexique.		
	Fibres provenant de fruits. Leurs usages montrent une grande variété d'emploi.	**COCO** Fruit du cocotier dont la fibre est utilisée en brosserie, en corderie et dans la fabrication des tapis.		
		COTON Ses fibres ou duvet entourent les graines d'un arbuste : le cotonnier, qui aime les pays chauds et humides. La plus belle qualité (coton Jumel) vient d'Égypte. L'Amérique fournit un produit de qualité moyenne. L'Inde, un coton ordinaire. Principales utilisations : bonneterie, dentelle, fils à coudre ou à broder, passementerie, tissus.	Souple Élastique Solide Ne tient pas chaud, sauf s'il est gratté Peu isolant Absorbe l'humidité Flambe facilement Se froisse Sensible aux acides et au chlore Rétrécit au lavage, sauf s'il est stabilisé ou mercerisé	Lavage à l'eau bouillante pour les tissus blancs et grand teint, à l'eau tiède savonneuse pour les étoffes de coloris foncés ou imprimées; emploi normal des lessives et de l'eau de Javel diluée. Rinçage abondant, à l'eau légèrement vinaigrée pour les tissus imprimés. Défroissage. Séchage à l'ombre, surtout pour les couleurs. Repassage à fer chaud (230 °C) sur endroit, bien humecté (excepté le linge brodé qui se repasse sur l'envers).

FIBRES NATURELLES

Fibres			Propriétés	Entretien
Végétales	Fibres provenant de la sève.	**HÉVÉA** La sève produite par cet arbre originaire de Guyane (mais acclimaté en Afrique et en Asie) coagule à l'air libre et à la chaleur, c'est le latex ou caoutchouc. Bien souvent le fil de latex est travaillé avec des fils de textiles naturels ou artificiels; il est alors connu sous le nom de lastex.		
	Fibres provenant de tiges. L'écorce de certaines plantes renferme des fibres utilisées en filature.	**CHANVRE** La plante mesure de 1,50 m à 4 m de haut. Elle croît dans les pays où le climat est humide et doux. Principales régions de production : U.R.S.S., Inde, Italie, Allemagne, Pologne, Belgique, France... Utilisations de la fibre : cordes et ficelles, coutil, draps, torchons...	Peu perméable à l'air et à l'eau. Très résistant (mais moins que le lin). Supporte mal la teinture	Comme le coton.
		GENÊT Les fibres de cette légumineuse croissant surtout en France sont utilisées sous forme de cordes, ficelles, filets de pêche, tissus d'ameublement.	Résistant Imputrescible	
		JUTE Cette plante originaire de l'Inde peut mesurer 4 m de hauteur. Elle aime les climats chauds. Utilisations : cordes, semelles d'espadrilles, toiles de linoléum, toiles pour emballages, toile tailleur... et ameublement.	Soyeux Rugueux Peu résistant, spécialement à l'humidité Se décolore facilement Plus rigide que le chanvre	Nettoyage à sec.
		LIN Plante noble aimant les climats humides et tempérés, le lin est une herbacée. Utilisations : fils divers, pour la couture, la broderie, la dentelle; lingerie fine; toiles pour draps, pour linge de maison, pour matelas; tissus pour robes. Provenance : Angleterre, Belgique, France, Irlande, Pologne, Russie. Le label « Fleur bleue » indique qu'une étoffe est pur lin.	Assez souple Brillant Solide à la traction Frais à porter Doux au toucher Absorbe l'humidité, mais sèche rapidement Flambe rapidement Lourd, ce qui donne du tombant aux tissus Rétrécit au lavage, sauf s'il est stabilisé ou mercerisé Se froisse facilement	Comme le coton. Lavage avec des concentrations de lessives plus faibles. Repassage sur l'endroit du tissu bien humecté (250 °C), excepté pour le linge brodé qui se repasse sur l'envers.
		MÉTIS C'est un tissu à chaîne en coton et trame en lin. Ce mélange est signalé par un label rouge. Le métis « spécial machine à laver », par un label vert. Cette étoffe est surtout employée dans la fabrication du linge de maison.		Comme le coton.
		RAMIE Cette « ortie de Chine » est utilisée en linge de table, fils à coudre, ficelles et filets.	Soyeuse Brillante Assez solide Imputrescible	Comme le coton.

FIBRES CHIMIQUES

	Fibres		Propriétés	Entretien
Artificielles	Fibres tirées de la cellulose du bois et du coton.	**RAYONNES D'ACÉTATE ET DE TRIACÉTATE** (rhodia, albène...).	Combustibles, dissoutes par les solvants Souples comme la soie Brillantes Chaudes Agréables au toucher Tiennent le plissé Se défroissent facilement	Lavage rapide à température assez basse (50 °C). Rinçage abondant. Repassage à fer moyen sur l'envers avec une pattemouille. Fond, si le fer est trop chaud.
		RAYONNE DE VISCOSE (matalva, ardena, fibranne...).	Souple et fine Combustible Toucher semblable au coton ou à la laine Froissable	Tissus ayant l'aspect de la laine (failles, moires, taffetas) : nettoyage à sec. Autres tissus : Lavage à l'eau savonneuse tiède. Rinçage abondant. Essorage sans tordre. Repassage sur l'envers à température moyenne.
		RAYONNE CUPRO-AMMONIACALE (bemberg, cupresa).	Souple et fine Brillante Résistante à l'usure, à la lumière Froide au toucher Froissable Combustible Résistante aux mites	
	Fibres tirées des protéines animales ou végétales.	**LANITAL** (tiré de la caséine du lait). **ARDIL** (tiré de l'arachide). **ALGINATE** (tiré des algues). Ces fibres se présentent généralement mélangées à la laine, au coton, à la rayonne.	Inattaquables par les mites Infeutrables	
Synthétiques	On obtient des fibres synthétiques à partir d'une matière minérale ou végétale (ricin, pétrole, houille, etc.), que l'on transforme par des procédés chimiques ou physiques.	**FIBRES ACRYLIQUES** comme l'acrilan, la courtelle, le crylor, le dralon, le dynel, le léacryl, l'orlon. Utilisées pour les toiles à stores, sièges de jardin, articles de sport.	Sèchent rapidement Légères Douces au toucher (comme la laine ou la soie) Résistantes à l'humidité, au soleil, aux mites Pouvoir calorique important Infroissables Les plus hygiéniques des fibres synthétiques Tendent à boulocher Fusibles Inflammables Sensibles aux alcalis	Lavage dans un grand volume d'eau chaude (60 °C). Séchage sans essorage. Repassage facultatif, à fer moyen avec une pattemouille humide.

FIBRES CHIMIQUES

		Fibres	Propriétés	Entretien
Synthétiques	On obtient les fibres synthétiques à partir d'une matière minérale ou végétale (ricin, pétrole, houille, etc.), que l'on transforme par des procédés chimiques ou physiques.	**FIBRES POLYESTERS :** dacron, diolen, tergal, térital, terlenka, térylène. Elles sont obtenues par l'action de carbures d'hydrogène sur le pétrole brut ou la houille. Utilisées comme produit de bourrage, fils à coudre, étoffes d'ameublement.	Résistantes à l'usure, à l'humidité, aux mites, aux tractions. Isolant thermique Sèchent rapidement Infroissables Permettent de former un plissé permanent à 102 °C Fondent vers 260 °C Résistent aux solvants habituels, mais redoutent les produits alcalins	Lavage à l'eau tiède. Séchage rapide. Repassage facultatif à température moyenne avec pattemouille (en cas de faux plis).
		FIBRES POLYPROPYLÉNIQUES : méraklon. A base de pétrole. Utilisées pour le linge de table et de maison.	Excellent isolant Légères Résistent aux tractions, aux acides, aux bases Très peu absorbantes Craignent le perchloréthylène	Lavage à l'eau tiède. Séchage rapide.
		FIBRES POLYURÉTHANNES OU ÉLASTOMÈRES : élastiss, lycra, perlon, rhodastic, sarlane, vyrène. Leur composition est voisine de celle du nylon, mais leur élasticité est exceptionnelle; les fils peuvent être étirés de 6 à 8 fois leur longueur et reprendre immédiatement leur dimension initiale. Utilisées pour maillots de bains, gaines.	Très bonne élasticité Solides Résistent à l'eau de mer, à la sueur, aux produits gras Mais l'élasticité disparaît si l'eau de lavage atteint 75 °C	Lavage à l'eau tiède (40 °C). Repassage facultatif à fer presque froid.
		CHLOROFIBRES : clévyl, clorène, fibravyl, rhovyl, thermovyl, vinyon. Utilisées dans l'ameublement, pour les salles d'eau.	Isolantes Ininflammables Imputrescibles Sèchent rapidement Insensibles aux mites, à l'alcool, à l'essence Craignent l'acétone, le benzène, le trichloréthylène Résistantes Bon isolant thermique Infroissables Pas absorbantes	Lavage dans de l'eau tiède (40 °C) après trempage. Séchage à plat ou sur un cintre loin de la chaleur. Repassage à éviter.
		FIBRES POLYAMIDES : célon, enkalon, lilion, nylon, perlon, rilsan. Les unes sont tirées du benzène, les autres du phénol ou de l'huile de ricin. Utilisées pour les fils à coudre, à pêche, les dentelles.	Faible capacité d'absorption (de l'eau, de la sueur) Légères Sèchent rapidement Résistent à la traction Irrétrécissables Insolubles dans les solvants habituels, mais : le rilsan fond à 175 °C le perlon fond vers 215 °C le nylon fond vers 260 °C	Laver à l'eau tiède ou froide; emploi de poudres à laver. Séchage rapide, à l'abri du soleil pour éviter le jaunissement. Repassage à fer tiède (110 °C au maximum, thermostat sur la position « rayonne »).

Matériaux de rembourrage

Origine			Matériaux	Propriétés
Naturelle	Animale		**CRIN** de cheval ou de vache Le crin de cheval est d'une qualité supérieure. Le crin est proposé sous forme de cordes torsadées blanches ou noires que l'on détord avant usage. Vendu en sacs de 1 kg.	Matériau sain, solide, cher; on doit l'utiliser en couche serrée car il se tasse. Il est destiné aux sièges et à la literie
			PLUME La meilleure qualité est celle d'oie, puis de canard et, enfin, de poule. Il convient, en outre, de distinguer par propriétés calorifiques décroissantes la plume à vif, la plume morte, la plume couchée. **La plume à vif.** Au moment de la mue, quand les plumes commencent à se détacher seules, l'oiseau vivant est dépouillé, de façon indolore, d'une partie de son plumage. **La plume morte.** La plumaison s'effectue quand l'animal vient juste d'être tué. **La plume couchée.** Lors de la plumaison, certaines plumes cassent. Elles sont alors séchées au soleil, battues, chauffées à une certaine température, et étalées à l'ombre avant d'être mises en sacs.	Matériau chaud, gonflant, douillet, léger, la plume est chère, craint l'humidité et, si elle n'est pas traitée, les mites
			DUVET Il est récolté sur l'animal vivant ou mort, sous les ailes et sur le ventre de l'oie et du canard.	Produit très cher, il présente les mêmes inconvénients que la plume, mais son gonflant, sa légèreté — il est quatre fois plus léger que la plume à volume égal —, son élasticité, son pouvoir calorifique sont supérieurs à celle-ci
	Végétale	Ces produits sont moins coûteux que les produits d'origine animale.	**KAPOK** C'est un duvet fourni par deux arbres — le fromager et le kapokier — poussant surtout à Java et aux Indes. Le kapok est employé seul pour bourrer des coussins ou mélangé avec du coton pour donner la ouatine. Le tropal est une ouatine de kapok. Vendu par sacs de 500 g et de 1 kg.	Imperméable Élastique Léger Imputrescible Tendance à se tasser Inflammable Peu chaud
			MOUSSE DE LATEX ALVÉOLÉE Suc visqueux récolté sur des végétaux comme l'hévéa. Vendu au mètre carré en 1, 3, 4, 5 et 10 cm d'épaisseur.	Souple Confortable Indéformable Cher Laisse mal s'évaporer la transpiration

Origine		Matériaux	Propriétés
Synthétique	Ces produits sont tirés du polyether, du polyester, du polystyrène ou du tergal.	**BILLES** Le polystyrène expansé peut se présenter sous forme de très petites billes. Sacs de 1 200 g et de 200 l.	Confortables Élastiques Destinées au remplissage des sièges contemporains, roulent sous le poids du corps dont elles gardent l'empreinte. Prix de revient assez élevé
		COPEAUX-MOUSSE Ils sont couramment dénommés « flocons » et permettent d'utiliser les chutes de mousse de polyether. Vendus en sacs de 1 kg.	Lavables Souples S'écrasent rapidement Employés à la fabrication des coussins bon marché
		DACRON HOLLOFIL Fabriquée par Drouault, cette fibre de polyether est lisse, creuse donc aérée, et ne conserve pas l'humidité. Elle est vendue en nappes de 60 × 380 cm.	Gonflant Moelleux Anallergisant Reprend sa forme et ne s'agglomère pas Convient pour oreiller, couettes, dessus-de-lit capitonnés
		DYNALBA Fibre tergal produite par Rhône-Poulenc et vendue par nappes de 90 × 240 cm ou par bandes de 30 × 240 cm, pouvant sans problème être superposées.	Élastique Très chaud Lavage facile Pour sacs de couchage, couettes, dessus-de-lit Très léger, ce produit peut facilement être piqué à la machine
		MOUSSE DE PLASTIQUE CELLULAIRE Polyether Nappes vendues au mètre carré, se coupant avec un couteau électrique, ou blocs. Épaisseurs couramment proposées : 5, 7, 10 et 15 cm, mais on trouve parfois des nappes de 1, 2, 3, 4, 6, 8 et 12 cm d'épaisseur.	Les mêmes que celles citées pour les copeaux Utilisée surtout pour coussins de jardin

L'ÉQUIPEMENT

Le matériel

Un outillage et des fournitures de qualité judicieusement choisis permettent de réaliser des travaux de couture rapides et efficaces. Ils exigent un entretien permanent pour économiser gestes et fatigue tout en obtenant un bon résultat. Ils sont variés selon la catégorie de travail à exécuter : instruments de mesure, de traçage, de coupe, de couture, de repassage, etc.

Pour mesurer

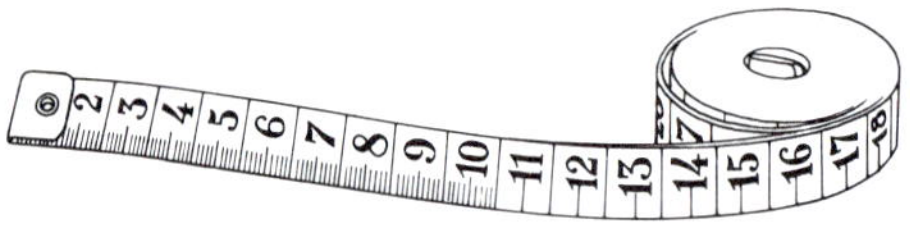

Mètre ruban. Sa souplesse permet de prendre facilement toutes les mesures du corps : droites, circulaires, courbes. Il est en tissu plastifié, genre toile cirée. Il doit être de bonne qualité pour éviter l'allongement qui peut se produire lorsque celle-ci laisse à désirer.

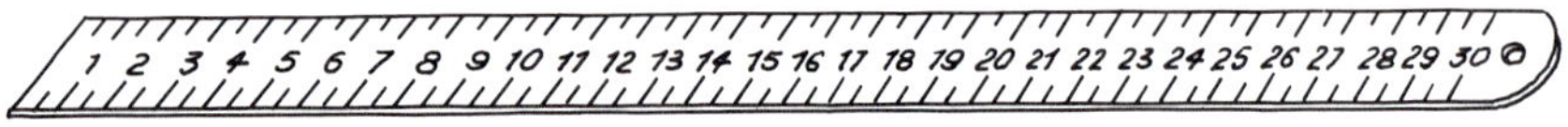

Règles droites graduées. De préférence en métal, elles sont plus solides et plus fiables : une de 1 m, qui servira à réaliser les quadrillages des patrons, à tracer les grandes lignes de couture et à faire l'arrondi des bas de jupe; une de 50 cm, plus maniable pour des mesures plus petites; une de 30 cm ou moins, pour marquer les largeurs des coutures.

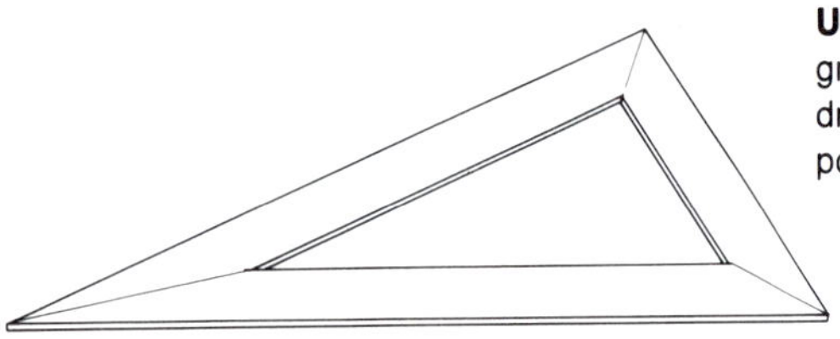

Une règle en équerre ou en T, unie ou graduée, très utile pour tracer les angles droits lors de l'établissement du patron ou pour la décoration.

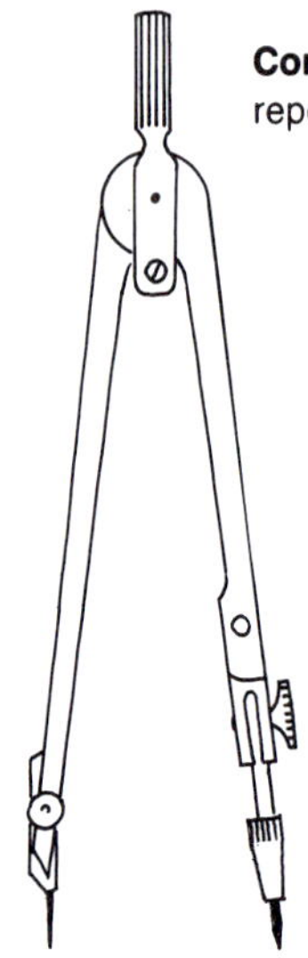

Compas. Pour tracer un cercle, un arc, ou reporter des mesures avec exactitude.

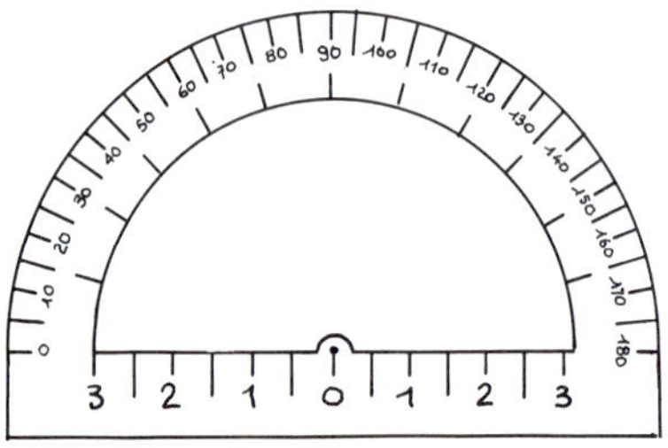

Rapporteur. Peut être employé pour mesurer le degré des pinces.

Pour tracer

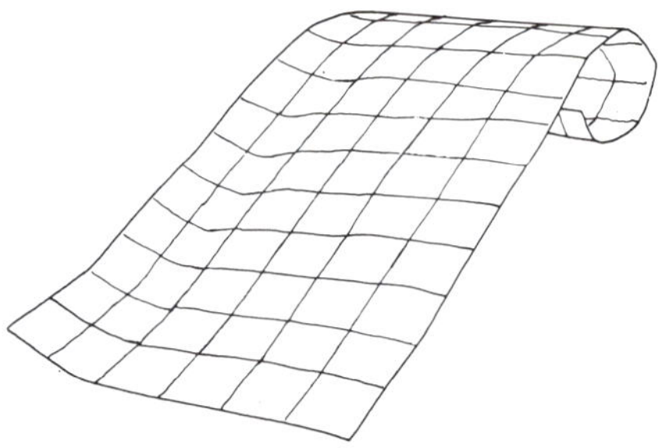

Papier quadrillé à patron. Pour exécuter les patrons. Il se présente en feuilles quadrillées de 65 × 100 cm avec des carreaux de 1 × 1 cm.

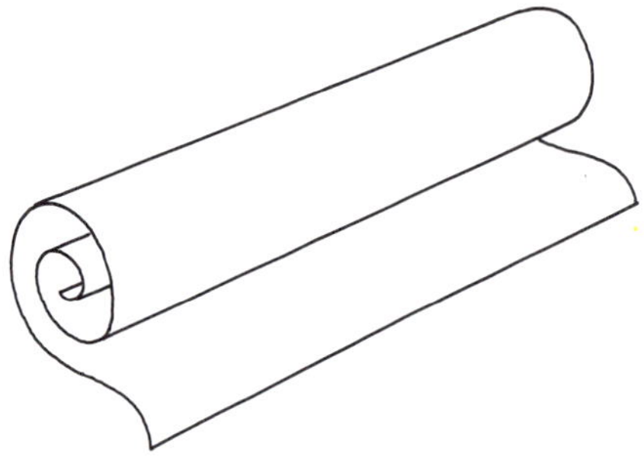

Papier de coupe. Papier kraft ou d'emballage utilisé sur sa face rugueuse pour obtenir un tracé très net du gabarit (patron-type).

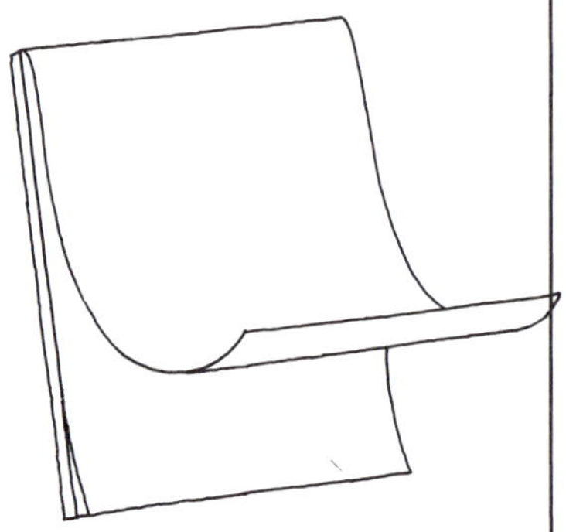

Papier calque. Mi-transparent, il sert à décalquer le patron-type ou gabarit et à recopier le traçage définitif.

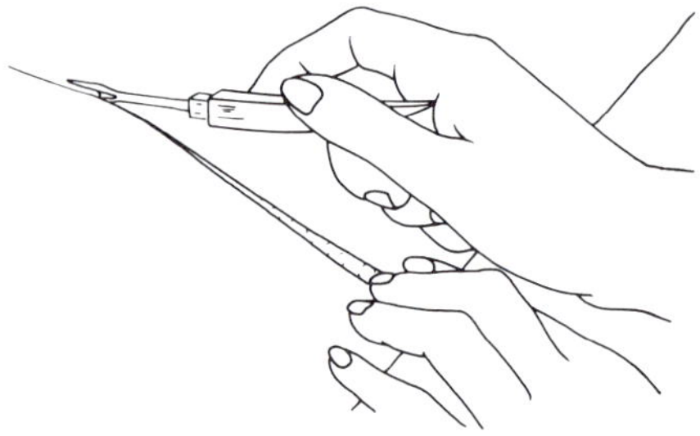

Découd-vit. Possède une lame incurvée qui défait les coutures et ouvre aisément les boutonnières. Maniez-le avec soin pour ne pas couper le tissu.

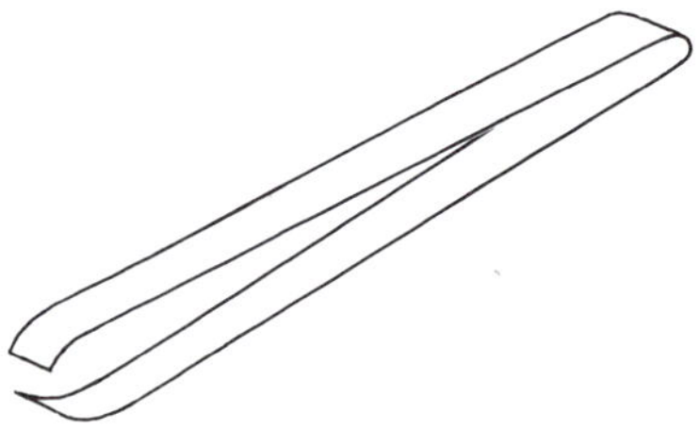

Pince à épiler. Elle s'utilise pour enlever les points tailleur ou les faufilages. Il est préférable de la choisir assez grande, solide, mordant bien aux extrémités.

Poinçon. Aide à enlever les points tailleur ou, en cours du montage de manche, à glisser l'embu, ou encore à ressortir angles et petits arrondis.

Poinçon à œillet. Il sert à perforer les ceintures, fermetures lacées ou boutonnières.

Pour bâtir et coudre

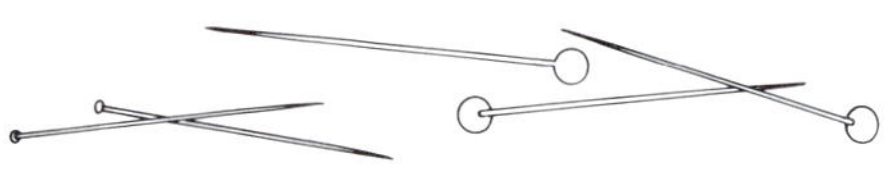

Épingles. Il existe deux types principaux d'épingles : les épingles à tête ronde en verre; les épingles à tête plate, ou épingles de couturière. Les unes et les autres seront en acier. Les premières servent de repères lors des essayages. Les épingles à tête plate sont utilisées pour la coupe sur mannequin ou pour assembler deux pièces entre elles. Les épingles doivent être droites et fines.

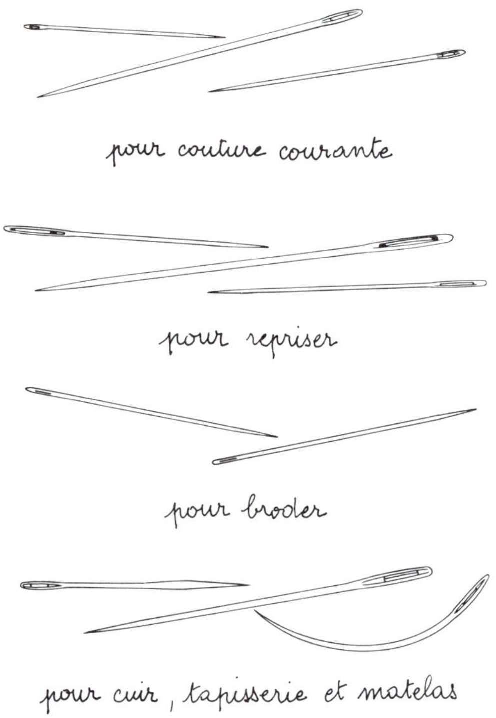

Aiguilles pour coudre à la main. Elles sont numérotées de 1 à 12. La plus grosse correspond au numéro 1. Les aiguilles dites longues sont destinées à la couture courante. Les aiguilles demi-longues conviennent surtout aux tissus fins. On trouve également les aiguilles mode (1 à 12) pour modistes ou pour tissus très légers; des aiguilles à repriser (1 à 12) pour le raccommodage; des aiguilles à laine, à chas assez gros pour laisser passer laine ou gros coton; des aiguilles à broder (1 à 12); des aiguilles à tapisserie (n°s 13 à 26) à bout rond; des aiguilles spéciales pour le cuir, pour les matelas (elles sont courbes), pour les voiles de bateaux ou les toiles de tente, des aiguilles à sac pour le jute.

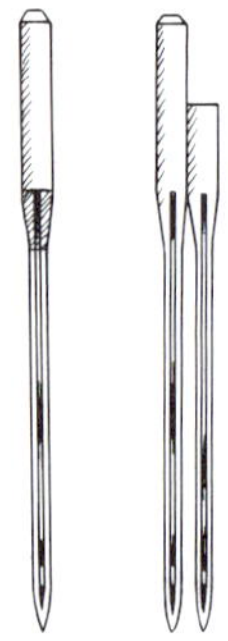

Aiguilles à machine. Voir p. 36.

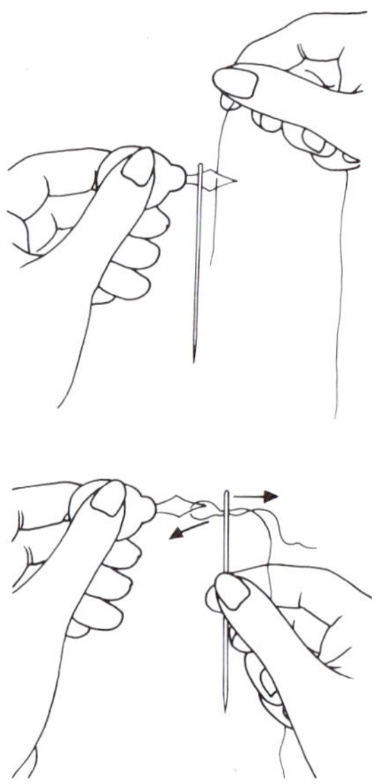

Enfile-aiguilles. Non indispensable, mais facilite l'enfilage des aiguilles à main ou à machine à celles qui n'ont pas une très bonne vue.

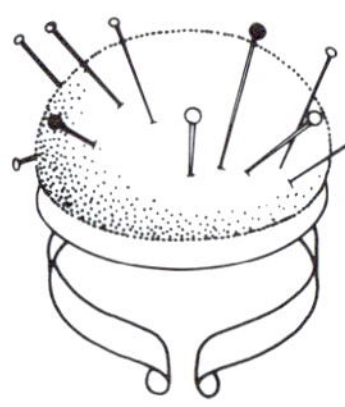

Pelote à épingles. Se vend toute confectionnée, avec ou sans bracelet. Si vous la faites vous-même, ne la bourrez pas de coton, parce que cette matière retient l'humidité de l'air, et épingles et aiguilles rouilleraient rapidement. Utilisez des brins de laine ou des cheveux. Il est très pratique de l'assembler à une bande élastique pour la fixer au poignet, lors de l'essayage.

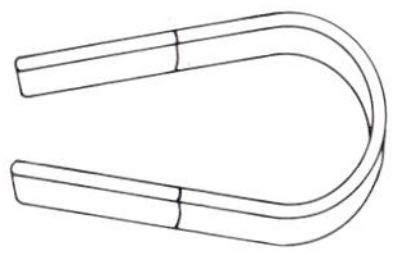

Aimant. Il n'est pas indispensable, pourtant il ramasse facilement les épingles et les aiguilles, surtout si celles-ci sont tombées dans les rainures d'un parquet ou dans un tapis.

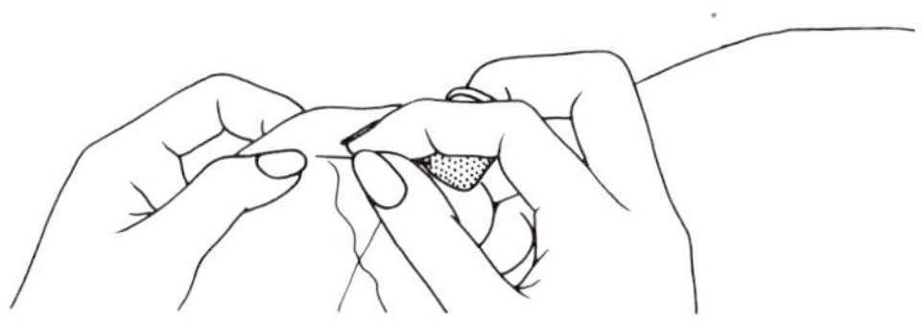

Dé à coudre. Protège le majeur quand on coud à la main. Tailles échelonnées du numéro 00 (la plus grande taille) au numéro 14.

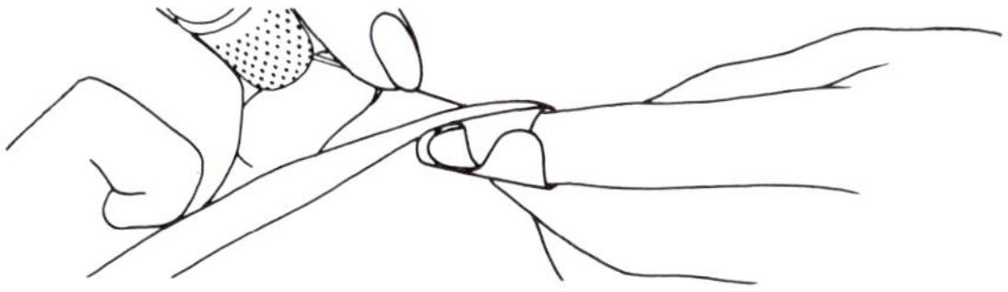

Protège-doigt. Facultatif, mais très commode pour éviter les piqûres d'aiguille quand on coud à la main, ce petit étui en matière plastique ouvert à ses deux extrémités se met en général à l'index de la main gauche.

Les fils. Ils sont présentés enroulés sur des cartes, des bobines ou des tubes de carton ou de plastique. Leur grosseur est indiquée par un numéro; plus ce dernier est élevé, plus le fil est fin; ainsi, le n° 12 correspond à un gros fil, le n° 50 à un fil moyen, le n° 100 à un fil très fin.

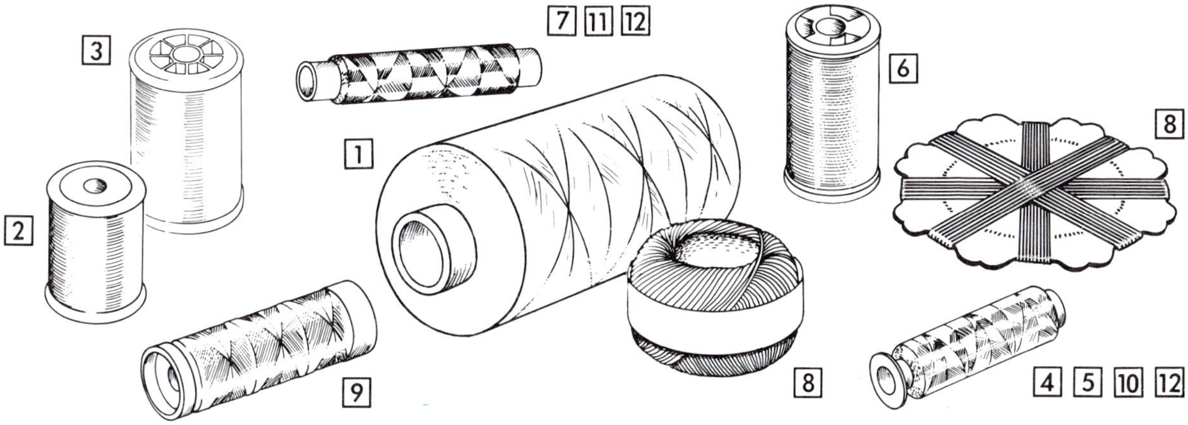

1 Le fil à bâtir. Il existe en une seule grosseur en blanc ou en couleurs. Présenté sur un tube de carton, il s'utilise, comme son nom l'indique, pour bâtir, ou encore pour passer les points tailleur.

2 Le câblé. Sur bobines de plastique ou de bois, il existe principalement en noir et en blanc. Il est destiné aux usages les plus courants. On l'emploie surtout pour coudre à la machine (y compris pour faire les broderies). Les grosseurs les plus répandues sont les numéros 24, 36, 40, 50, 60, 70, 80.

3 Le fil retors ou fil mercerisé. Présenté sur bobines de bois ou de plastique. On le trouve dans de nombreux coloris. Grosseurs courantes : 30, 40, 50, 60 et 70. Il sert surtout pour coudre à la machine les tissus légers et délicats ou pour broder et surfiler. Il est déconseillé pour coudre à la main.

4 Le simili. Vendu en tubino, il n'existe qu'en une seule grosseur (40), mais la gamme de ses coloris est vaste. C'est le fil le plus utilisé, tant pour coudre à la main qu'à la machine.

5 Le fil de coton pour tissus légers. Présenté en tubino, c'est un fil très fin qui sert à coudre les tissus légers tels que la mousseline de coton, le linon, la batiste.

6 Le fil pour coutures fortes. Il convient pour les tissus épais ou les tissus d'ameublement; sa gamme de coloris est très vaste.

7 Le cordonnet. C'est un fil de coton ou de soie vendu en fusette. On ne le trouve qu'en une seule grosseur, mais il y a un grand choix de coloris. Il est destiné à l'exécution des boutonnières, à la pose des boutons ou à la réalisation des surpiqûres.

8 Le fil à boutons. En lin, il est vendu en carte ou en pelote; les coloris sont peu variés; les grosseurs les plus usitées sont les numéros 10, 16, 40, 50, 60, 70, 80 et 100. En coton, il est présenté en bobine. Il n'existe qu'en une seule grosseur, mais ses coloris sont nombreux. En polyamide, on le trouve en carte; il convient pour les tissus très résistants et les grosses toiles (toile à store). N'existe également qu'en une seule grosseur.

9 Fil tous textiles. Vendu sur tube, c'est un fil de coton et polyester ou tout polyester (ne rétrécit pas à l'eau) qui convient pour tous les textiles; le choix de ses coloris est varié.

10 Le fil de nylon lingerie. Vendu en tubino dans de nombreux coloris, on l'utilise pour la couture des tissus synthétiques particulièrement fins.

11 Fil de soie. Réservé aux tissus de soie, il se vend en fusette; grand choix de couleurs.

12 Fil de tergal. Présenté en fusette ou tubino, dans de nombreux coloris. On l'utilise pour coudre les tissus synthétiques (tergal en particulier).

Choisir son fil

La qualité, la couleur et la nature du fil dépendent de celles du tissu; mais, excepté les fournitures classiques réservées aux réparations courantes, n'achetez pas à l'avance, car un fil trop longtemps conservé risque d'avoir perdu sa solidité. Si vous n'avez pas de fil correspondant exactement au ton de votre tissu, savez-vous qu'il vaut mieux utiliser un fil d'un coloris légèrement plus foncé que celui du tissu ? On ne le verra pas, ou à peine, tandis qu'un fil plus clair se remarquera de toute façon.

Pour repasser

Fer. Il doit avoir un bout pointu, une poignée solide, un fond épais pour donner du poids, car la pression autant que la chaleur est indispensable à un repassage impeccable. Choisissez donc un fer d'un poids allant de 1,7 kg à 2 kg.
Votre fer doit être propre : pour nettoyer la semelle, frottez-la, lorsqu'elle est encore tiède, avec de l'eau vinaigrée. Pour dissoudre les résines synthétiques, nettoyez-la avec un produit spécial vendu dans le commerce. Ne la frottez jamais avec des produits abrasifs, qui pourraient la rayer.

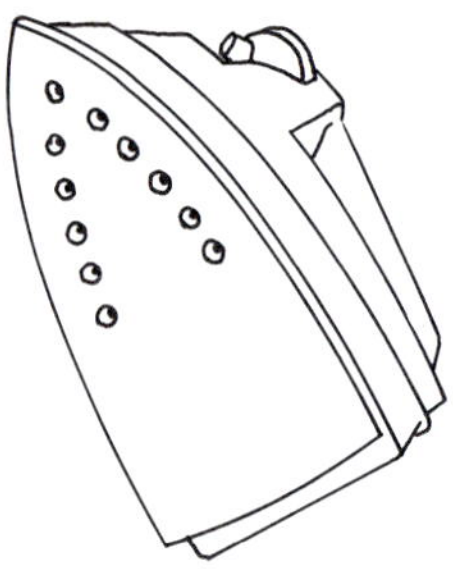

Fer à vapeur. Il doit présenter les mêmes qualités qu'un fer ordinaire. Il est recommandé d'utiliser de l'eau détartrée et de poser le fer verticalement sur son talon pendant la durée du repassage.

Vaporisateur. Pratique pour humidifier une large étendue de tissu. Un bon vaporisateur émet une fine buée et ne produit pas de gouttes d'eau.

Planche à repasser. Choisissez-la avec crémaillère pour pouvoir régler facilement sa hauteur. Une sous-housse en amiante assure une bonne conservation de la chaleur et un meilleur repassage sur les deux faces du travail simultanément. Toile et molleton de la planche à repasser devront être tenus toujours très propres.

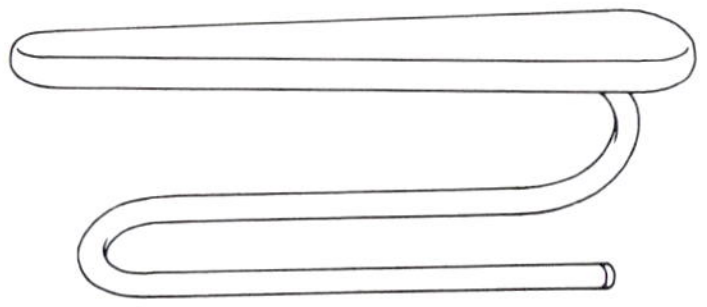

Jeannette. Cette mini-planche à repasser, mobile, est très utile pour le repassage des éléments étroits ou tubulaires que l'on peut difficilement poser à plat : jupes, pantalons, manches, fronces.

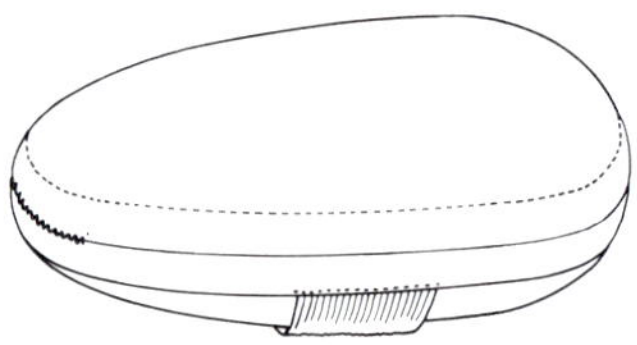

Cochonnet, ou coussin de tailleur. Très pratique, il permet de repasser aisément, sans les déformer, les coutures arrondies d'emmanchures ou d'encolure, les pinces, et de donner le galbe de la poitrine, des hanches, etc. Existe en plusieurs dimensions.

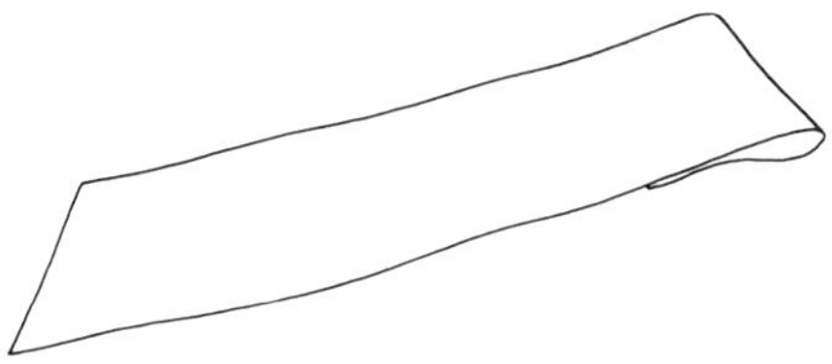

Pattemouille. Morceau de toile fine non pelucheuse et non apprêtée, qu'il faut prendre assez grand pour bien recouvrir les éléments à repasser.
Pour le fer à vapeur, prenez un « non-tissé », car l'utilisation du fer à vapeur ne remplace pas toujours le travail à la pattemouille.

Non indispensables :

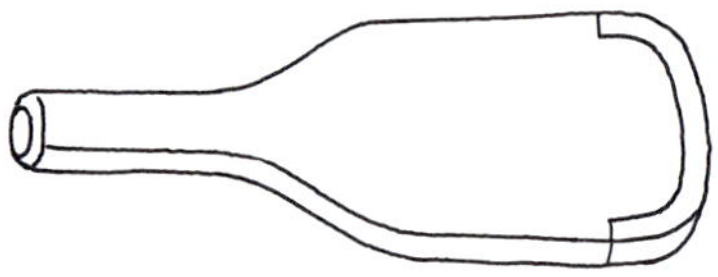

Le battoir de tailleur. Pour aplatir les coutures volumineuses. Repassez le vêtement encore humecté au fer à vapeur.

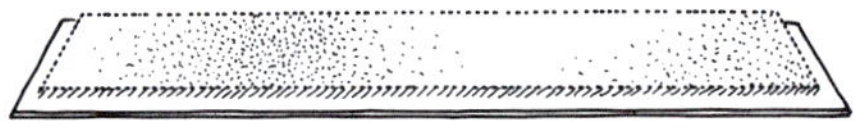

La planche à velours. Pour repasser les tissus pelucheux. Elle est faite d'un canevas épais recouvert de fines épines de fer; se logeant entre les poils de l'endroit du tissu, elle les empêche de feutrer.

Accessoires divers

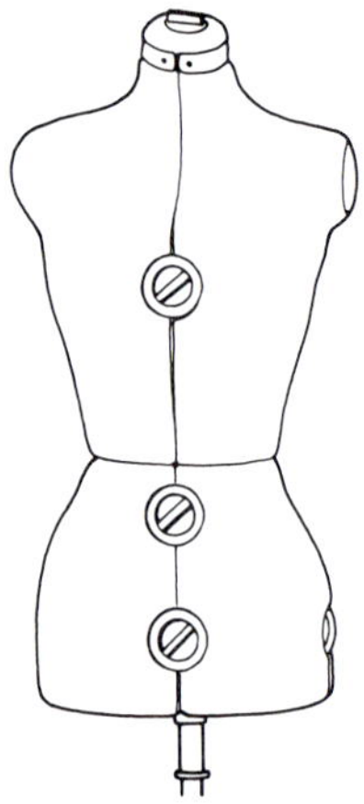

Mannequin. Facultatif, mais très pratique, surtout pour monter manches, cols, poches et doublures, qui sont difficiles à réaliser à plat. Il existe des mannequins pour femmes, femmes enceintes, enfants, de tailles diverses, ou réglables à vos mesures. Choisissez-en un recouvert de toile, ce qui facilite l'épinglage.

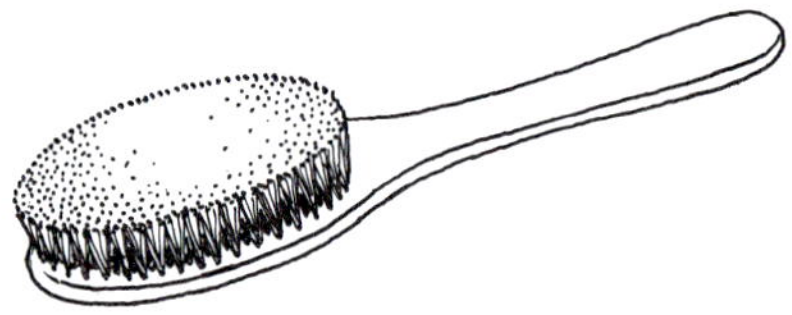

Brosse à vêtement. Pour épousseter les déchets de fil.

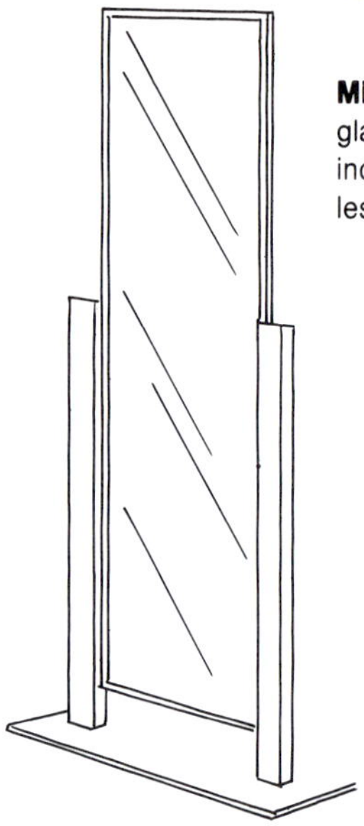

Miroir. Une grande glace en pied est indispensable pour les essayages.

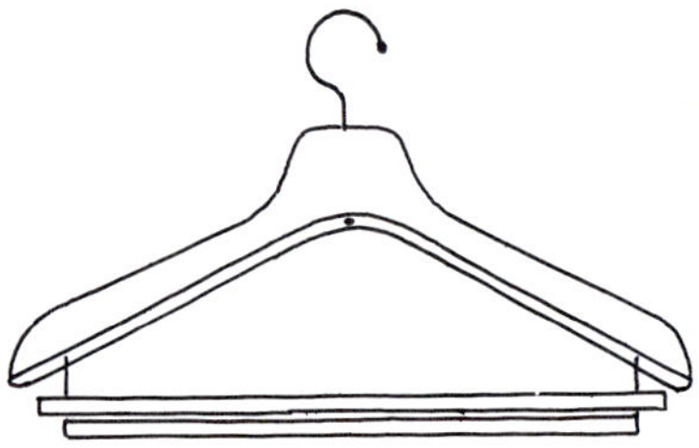

Cintre. Pour éviter en cours de travail le froissement du tissu et la déformation du vêtement.

La mercerie

Pour réaliser les modèles couture ou les modèles d'ameublement, ou tout simplement pour exécuter des petits travaux d'entretien ou de réparation, vous aurez besoin d'avoir sous la main en permanence des fournitures que l'on achète dans les merceries. Vous trouverez ci-dessous une liste de ces fournitures courantes, classées selon leur destination, avec pour chacune une description détaillée de leur présentation dans le commerce et, éventuellement, des conseils d'achat ou d'entretien.

Pour fermer

Fermetures à glissière. Il en existe de deux sortes : à mailles métalliques ou à mailles en plastique. Les fermetures à mailles métalliques existent en plusieurs grosseurs : mailles fines, moyennes (les plus utilisées), grosses et très grosses — ces dernières ont un curseur à anneau. Pour les fermetures à mailles en plastique, on utilise surtout la maille fine.
Les tailles les plus courantes sont 10, 12, 15, 18 et 20 cm, et, à partir de 20, jusqu'à 65 cm, de 5 en 5 cm. Certaines fermetures à glissière sont séparables. Leur taille s'échelonne de 5 en 5 cm de 25 à 70 cm.
Achetez les fermetures en fonction de la longueur des ouvertures du vêtement. Pour les jupes et les pantalons, on compte en général 20 cm.
Attention aux fermetures à mailles en plastique pendant le repassage : elles ne résistent pas à la chaleur.

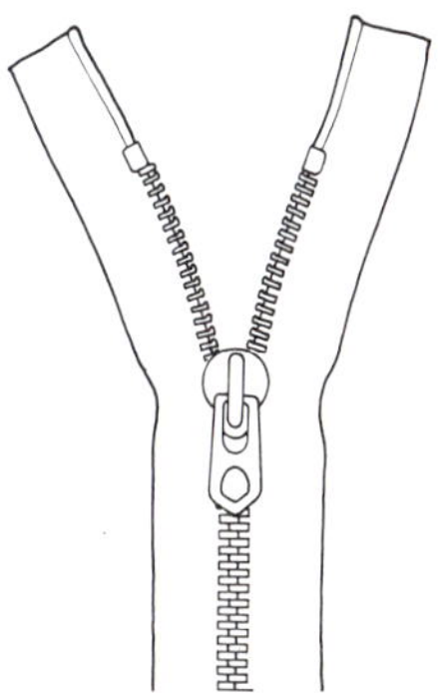

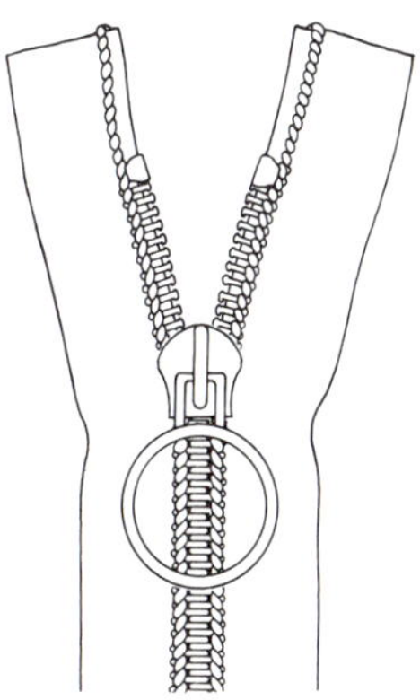

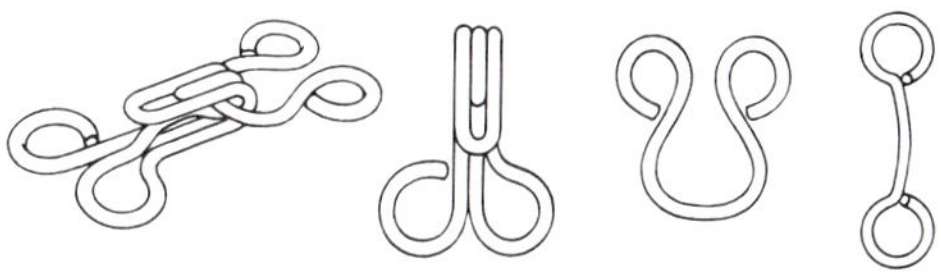

Agrafes, portes et brides. Vendues en carte ou en sachet, ayez-en un assortiment en noir et en blanc, aussi bien pour les finitions de vêtement que pour les réparations.

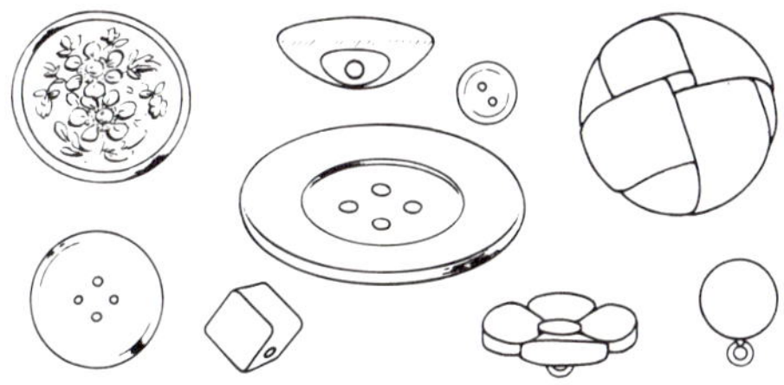

Boutons. A trous ou à tige, il en existe une très grande variété de formes, de couleurs, de matières. Attention aux boutons teints qui résistent assez mal au lavage ! Pour les boutons à recouvrir soi-même, voir p. 187.

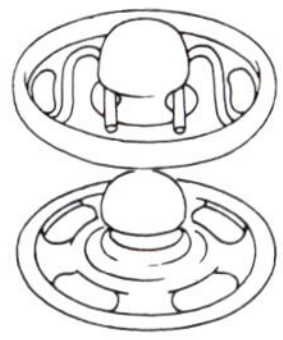

Boutons-pression. En noir ou blanc, de tailles différentes, ils sont vendus en carte ou en sachet. On trouve des boutons-pression à coudre, d'autres à emboutir.

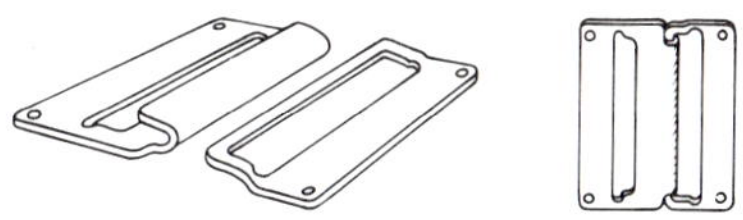

Fixe-jupe. Pour les finitions de ceinture de jupe et de pantalon, elles se cousent plus rapidement que les agrafes ordinaires.

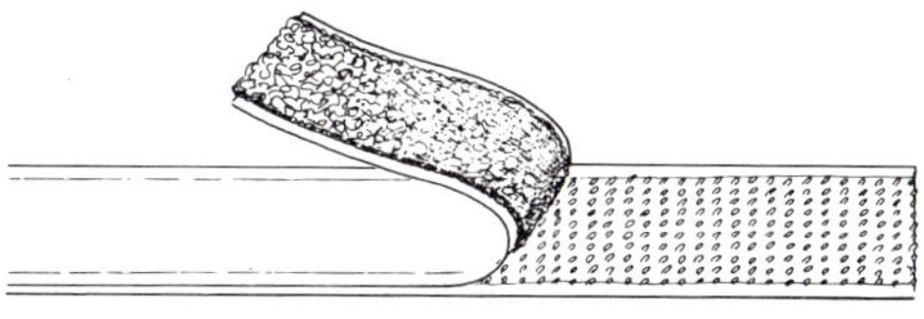

Ruban velcro. Surtout pour l'ameublement. Il est formé de deux rubans en textile synthétique qui adhèrent fortement l'un à l'autre. Il se vend au mètre en 2 cm ou 2,5 cm de large.

Pour border

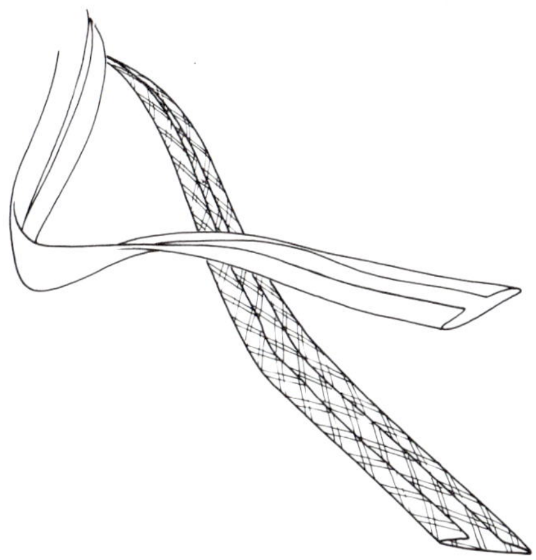

Biais prépliés. Vendus avec deux pliures par bande. Dans les coloris les plus classiques, ils se vendent au mètre; dans les coloris moins courants, on les trouve sous emballage conditionné, généralement de 5 m, en coton ou en tergal. Leur largeur varie; elle est indiquée par des chiffres — exemple : 22/12, le premier chiffre correspondant à la largeur du biais non plié, le deuxième chiffre à la largeur du biais une fois plié.

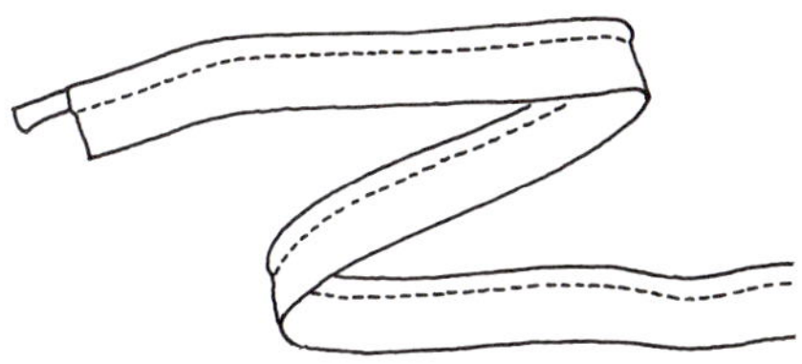

Biais gansé. Une tresse ronde est intercalée entre les deux épaisseurs de biais. Pour border dessus-de-lit, coussins, etc.

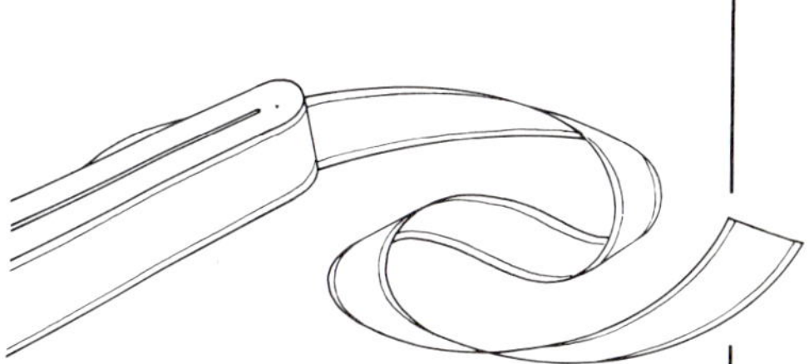

Extra-fort. Ruban de rayonne ou de tergal de 1,5 cm de large utilisé pour la finition des ourlets (faux ourlets, coutures qui s'effilochent). Vendu dans de très nombreux coloris, en rouleau ou sous blister de 5 à 10 m.

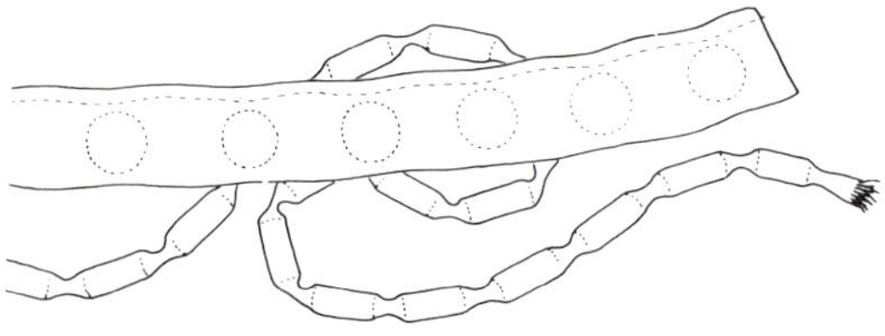

Galon plombé. Galon en coton garni de petites billes de plomb et vendu au mètre. Utilisé pour les voilages terminés par un roulotté, à l'intérieur duquel on incorpore ce galon plombé. Donne de la tenue au rideau.

Ganse. Tresse ronde tissée en coton, elle est vendue en échevette; elle sert à donner du relief à une bordure de biais (biais gansé).

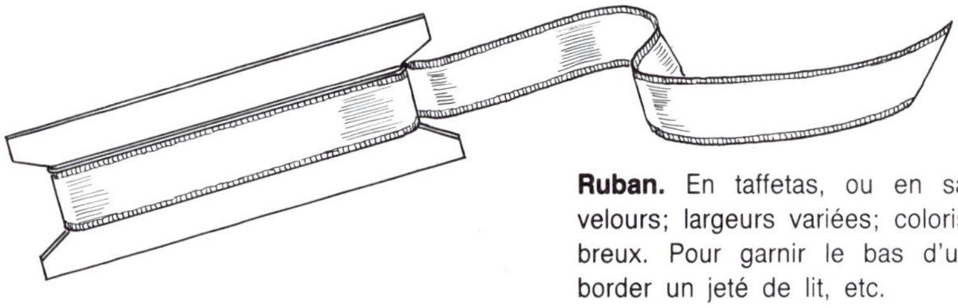

Ruban. En taffetas, ou en satin, ou en velours; largeurs variées; coloris très nombreux. Pour garnir le bas d'un abat-jour, border un jeté de lit, etc.

Pour froncer

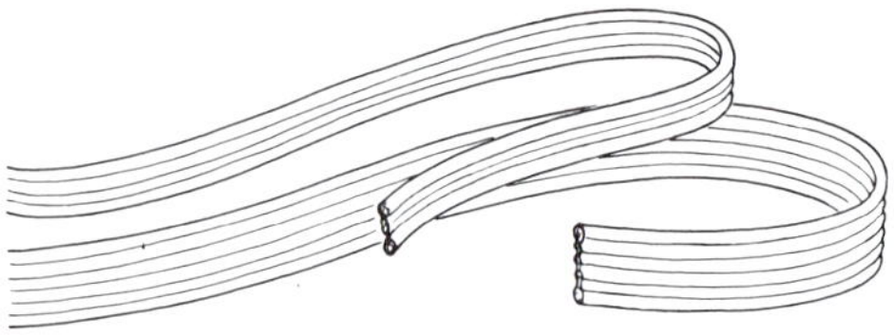

Élastique. Rond ou plat, on l'utilise surtout pour les ourlets coulissés de ceinture. On le trouve dans de nombreuses largeurs; les plus courantes sont 0,5 et 1 cm.

Lastex. Fil élastique enrobé de fibres textiles qui permet de faire des fronces très régulières. Se vend en cartonnet ou en bobine dans des teintes classiques (blanc, noir, gris, jaune, rouge).

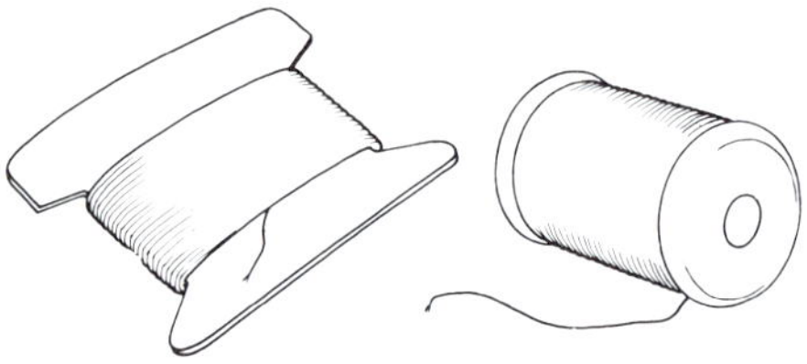

Ruban fronceur, ou ruflette. Galon généralement en tergal, muni de poches pour glisser les agrafes et de cordons de tirage; se pose dans le haut des rideaux et des voilages pour en former la tête froncée. Il est vendu au mètre en plusieurs coloris et plusieurs largeurs.

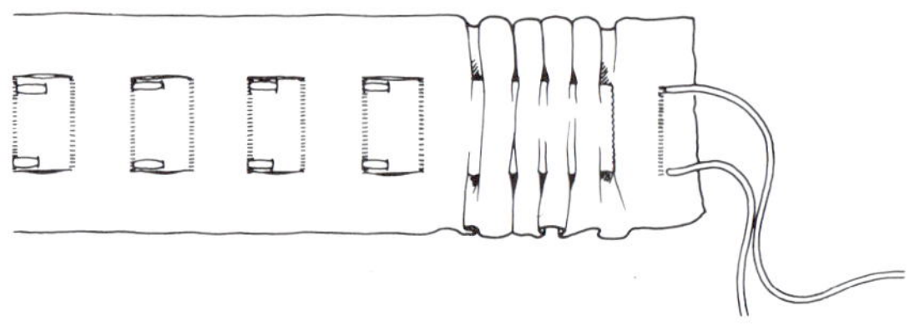

Ruban spécial plis. Même principe que le précédent, mais lorsqu'on tire les cordons, on obtient automatiquement des plis à distance régulière les uns des autres.

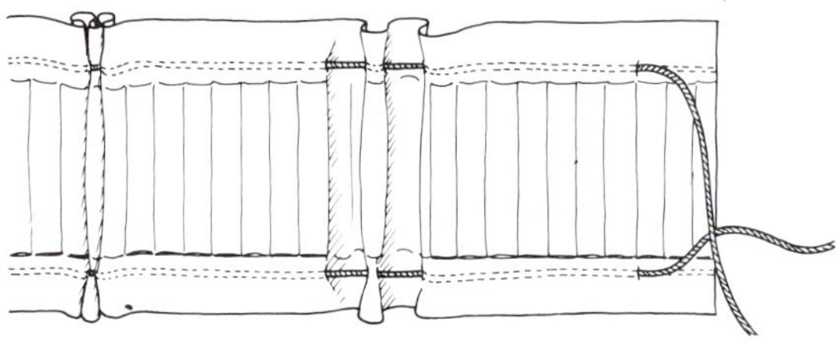

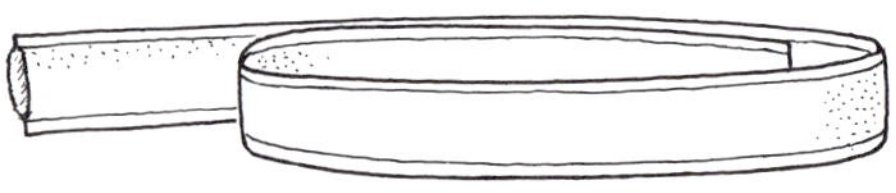

Ruban tubulaire. Ruban double en coton ou en tissu synthétique dans lequel on passe la tringle. Pour brise-bise ou rideaux bonne-femme, par exemple.

Pour consolider

Toile tailleur. En laine, en lin, en crin et laine, se vend au mètre en 90 de large; on l'utilise dans la confection des tailleurs, vestes et manteaux.

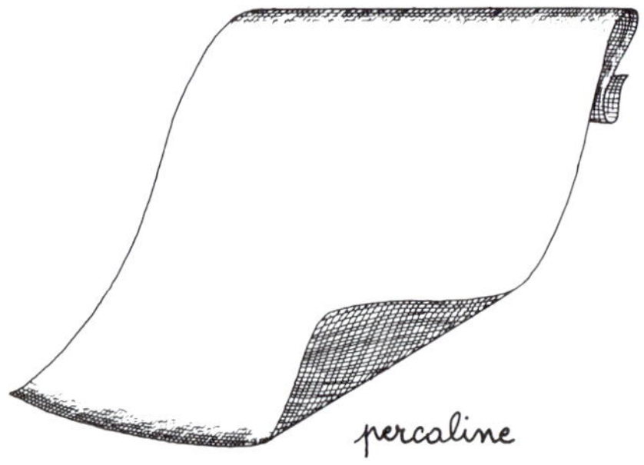

Triplure. Percaline ou vlieseline : la première est un tissu à l'entoilage fin qui se vend au mètre en 90 de large, en écru, gris, noir ou en blanc; la seconde est un non-tissé, plus raide que la percaline, difficile à utiliser si on doit lui donner une forme au fer — elle se vend en blanc et noir, au mètre en 60 et 90 de large. On trouve de plus en plus souvent ces tissus en version thermocollante, en plusieurs épaisseurs (légère pour tissus légers, épaisse pour tissus plus lourds, en 90, 100, voire 140 de large).
L'avantage de ces thermocollants est la rapidité de pose, qui évite les points à la main nécessaires pour les triplures et entoilages habituels. Attention toutefois ! respectez les conseils du fabricant lors du thermocollage et veillez à ce que la nature et la qualité du thermocollant conviennent à celles du tissu à thermocoller.

Pour décorer

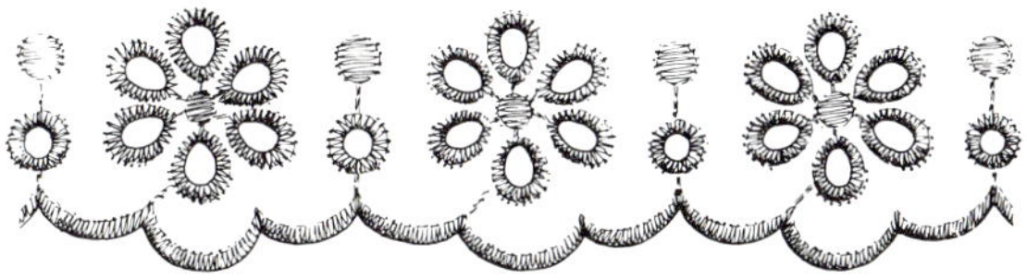

Broderie anglaise. Se présente en bande de coton ou de tissu synthétique, blanc sur blanc, ou couleur sur blanc, ou blanc sur couleur. Elle est vendue au mètre en différentes largeurs, parfois suffisantes pour faire un volant.

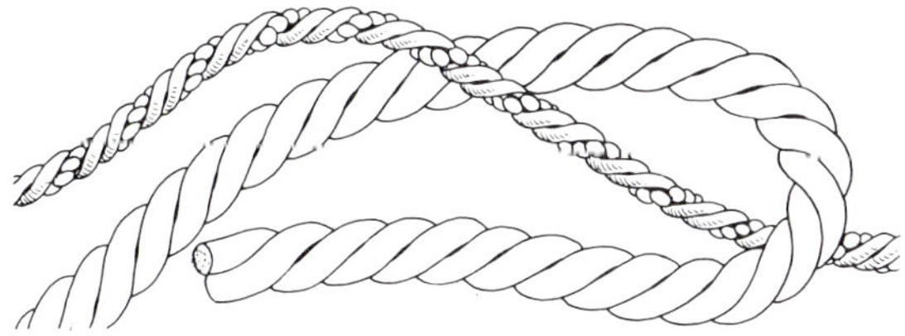

Cordelière. En coton, en soie, en rayonne, en laine ou en textiles synthétiques, on en trouve de toutes grosseurs et de toutes couleurs. On les utilise pour certains vêtements (peignoir de bain) ou en ameublement (embrasses de rideaux).

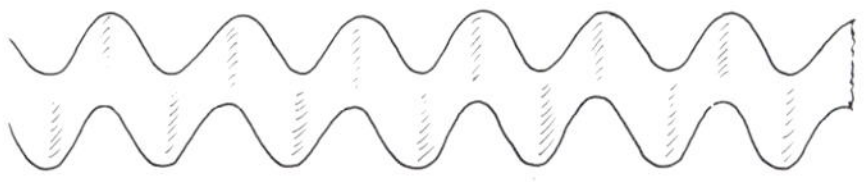

Croquet. Galon décoratif en coton tissé en zigzag. Il existe en plusieurs largeurs dans une grande variété de coloris. Pour décorer vêtements, lingerie, linge de maison, etc.

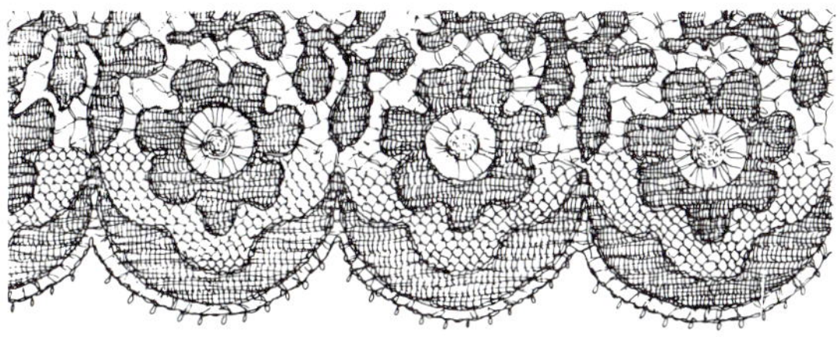

Dentelle. On en trouve en coton, en nylon, en tergal. Elle se vend au mètre en plusieurs largeurs. Les coloris les plus courants sont le blanc et l'écru. Sert à border robes, chemisiers et lingerie.

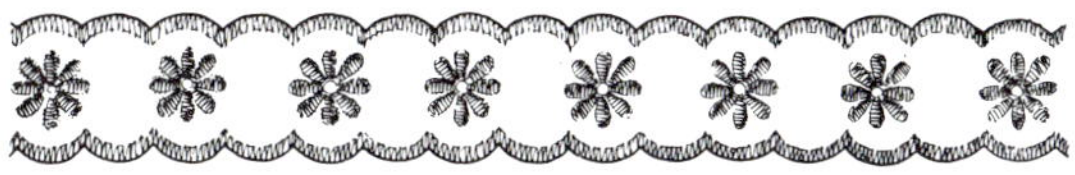

Entre-deux. Galon de broderie ou de dentelle terminé de chaque côté par une petite lisière, ce qui permet de le poser entre deux tissus.

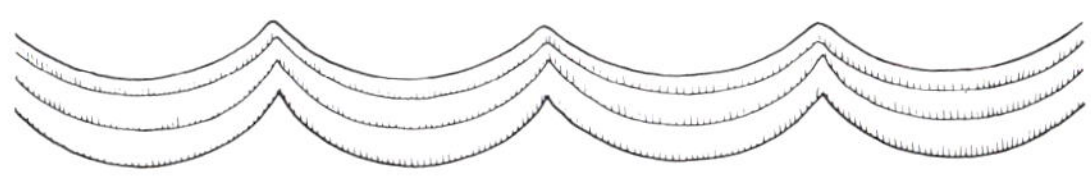

Feston. Comme la broderie anglaise, il est vendu au mètre en bandes de différentes largeurs, blanc ton sur ton, ou couleur sur blanc, ou encore blanc sur couleur.

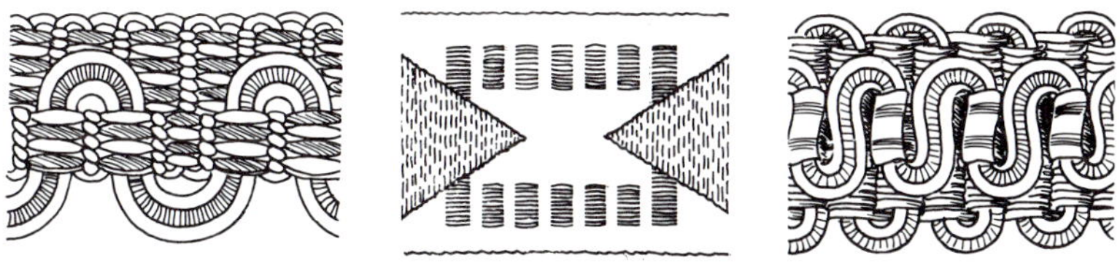

Galon. A motifs brodés, tissés ou imprimés, il en existe une grande variété dans toutes les largeurs et toutes les matières. On l'utilise surtout pour décorer le linge de maison ou les éléments d'ameublement.

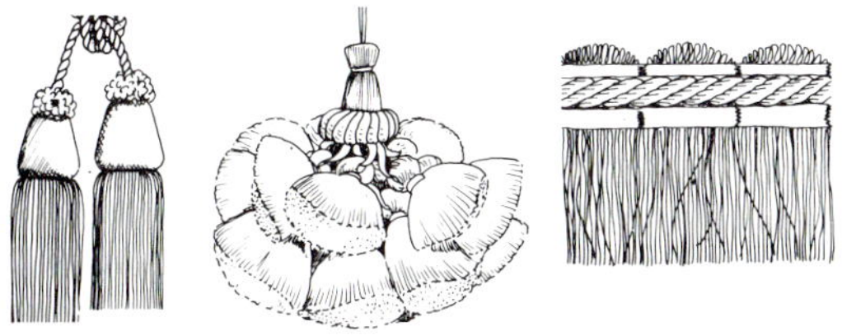

Glands, pompons, franges. Il en existe de toutes sortes, en toutes les matières (soie naturelle ou artificielle, coton, laine, nylon) et dans toutes les couleurs. Les glands se vendent à la pièce, les pompons souvent en bande, comme les franges, dont la largeur peut varier de 1 à 20 cm.

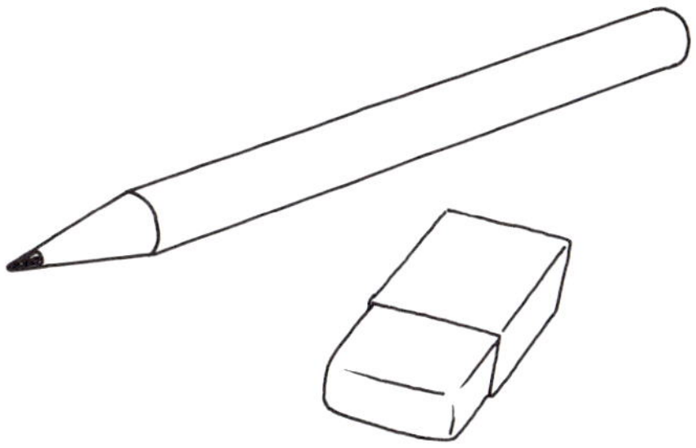

Crayon et gomme. La pointe du crayon doit toujours être effilée pour obtenir des lignes fines et nettes. Utiliser les types 2H, H, F, HB, B, selon l'emploi.
Les lignes directrices seront tracées légèrement avec un crayon sec; les lignes de marquage définitives, avec un crayon plus gras. Pour effacer, choisir une gomme douce.

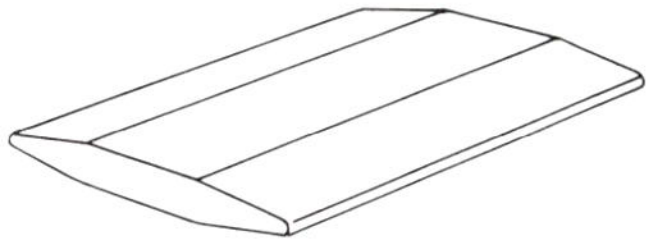

Craie tailleur. Pour les tissus où l'on ne peut utiliser la roulette. Existe en blanc, bleu, rose... Pour exécuter un tracé, la craie blanche est préférable, car elle ne colore pas l'étoffe (les craies de couleur sont indispensables pour les tissus blancs ou trop clairs). Émincer le bord avec soin avant toute utilisation pour obtenir une ligne fine et précise.

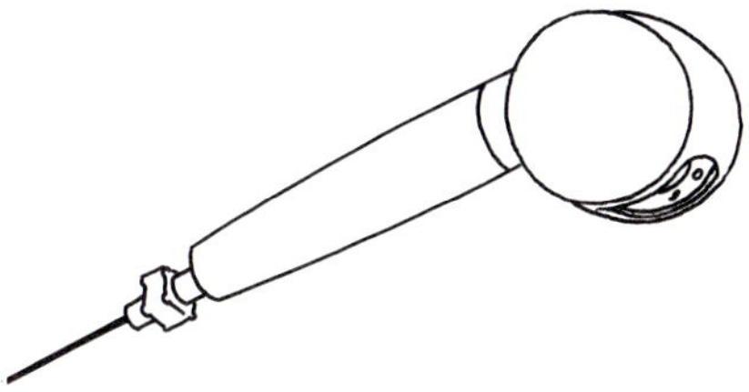

Appareil à bouclettes. Pour passer les fils tailleur. C'est un petit outil qui sert à passer les fils sans employer d'aiguille.

Arrondisseur de jupe. Facultatif, mais très pratique. Il existe des arrondisseurs à épingles, à craie et à réservoir de poudre. Si vous utilisez un arrondisseur à réservoir de poudre, veillez à rapprocher le plus possible le vêtement à arrondir de l'orifice du réservoir. Vous pouvez aussi vous servir d'une règle graduée pour arrondir vos jupes.

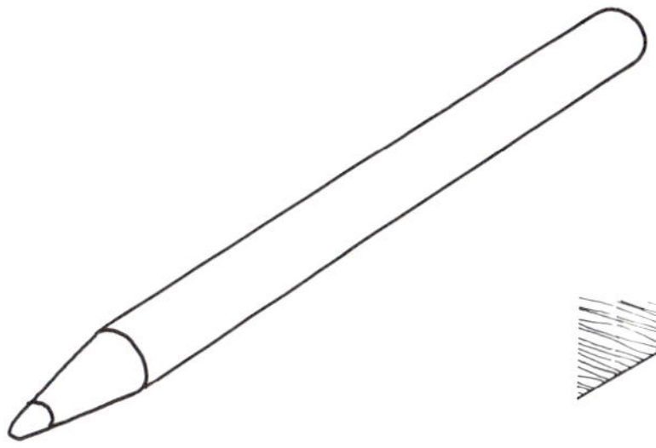

Crayon-craie. Même utilisation que la précédente. Éventuellement, une petite brosse à l'extrémité permet d'en effacer le tracé.

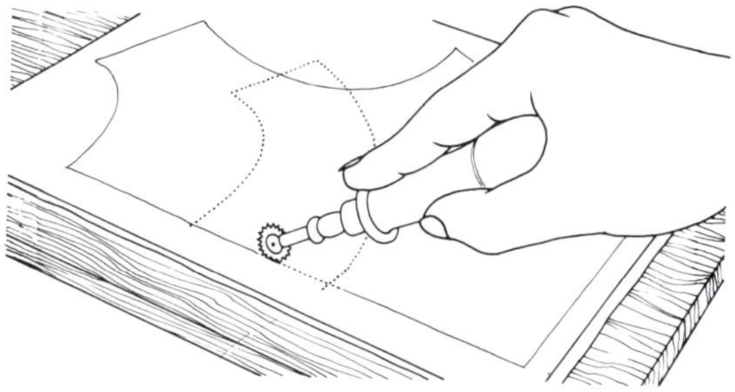

Roulette à patron. S'utilise pour reporter les repères du patron sur un autre papier ou sur le tissu. A employer avec précaution pour que les dents ne détériorent pas l'étoffe.

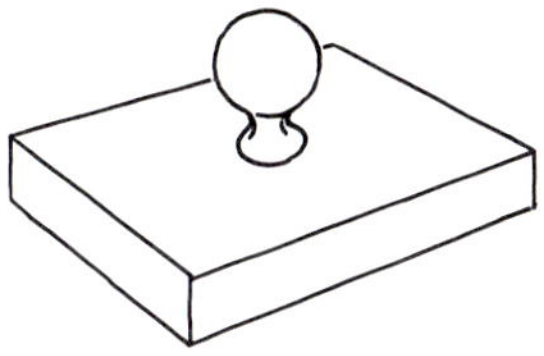

Presse-papiers ou poids. Utile lorsqu'il est nécessaire de transférer un patron sur un autre papier ou sur un tissu. Il évite le glissement et permet un travail parfait.

Pour couper

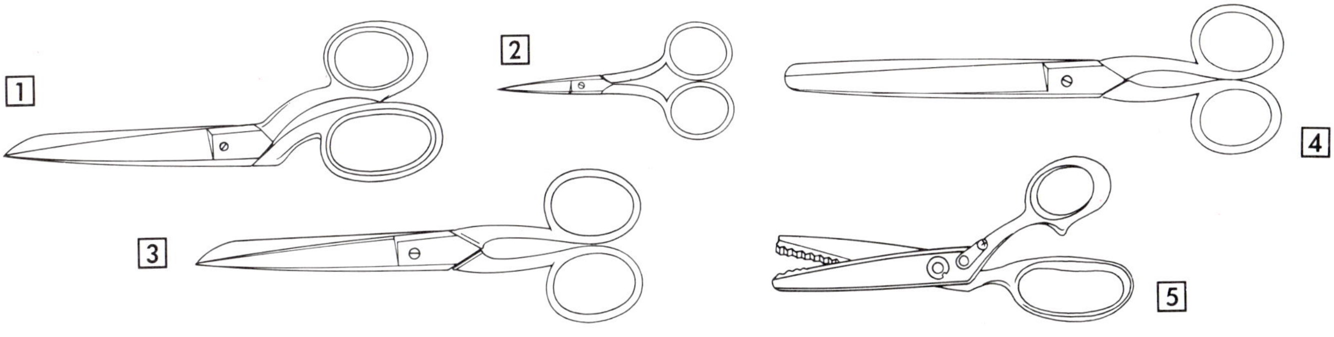

1 Ciseaux de coupe. Ils doivent être réservés uniquement à la coupe des tissus. Les ciseaux dont les poignées sont décalées par rapport à l'axe général sont plus pratiques, car ils évitent de soulever le tissu au moment de la coupe. Le tissu doit être posé à plat, la lame pointue des ciseaux appuyée sur la table, qu'il faut bien protéger, la lame ronde sur le dessus. Il existe également des ciseaux électriques.

Un critère de bonne qualité : les deux lames doivent mordre l'étoffe jusqu'à leurs pointes et couper ensemble deux épaisseurs de lainage sans abîmer le tissu. Essuyer, de temps en temps, les lames avec un chiffon imprégné d'huile à machine à coudre.

2 Ciseaux à broder. A lames courtes pointues et effilées pour couper les fils des coutures au cours de l'essayage, ouvrir une boutonnière, cranter des angles...

3 Ciseaux de lingère. Longs de 15 cm environ, pour effectuer les retouches, les crans, les entailles.

4 Ciseaux à papier. Pour découper les patrons. Ne jamais utiliser les ciseaux de coupe pour ce travail, ils deviendraient inutilisables pour couper correctement les tissus.

5 Ciseaux à cranter. Coupent en zigzag les bords des tissus qui ne s'effilochent pas facilement en évitant ainsi le surfilage.

La machine à coudre

C'est un outil indispensable qui vous fera gagner un temps précieux dans la réalisation de vos modèles. Si vous êtes débutante et que cet instrument ne vous est pas familier, lisez attentivement le mode d'emploi que le fabricant a dû vous donner, et entraînez-vous à réaliser sur des échantillons les points et les coutures dont vous aurez à vous servir dans la confection des modèles (voir p. 40-43). Petit à petit, vous aurez votre machine bien en main, et vous ne pourrez plus vous en passer.

Les différentes gammes de machines

Les machines à coudre sont plus ou moins sophistiquées et se différencient par leurs performances techniques, le nombre de leurs points incorporés suivant les gammes. On distingue quatre grandes catégories : les machines zigzag, les machines automatiques, les machines superautomatiques et les machines électroniques. Plus un modèle est perfectionné, moins il y a de manipulations pour exécuter les travaux complexes.

1. Boîte d'accessoires incorporée
2. Boutonnière
3. Bras libre
4. Dévidoir
5. Guide-fil
6. Marche arrière
7. Pied presseur à enclenchement direct
8. Pince-aiguille
9. Plaque à aiguille
10. Plaque glissière
11. Plateau d'extension ou convertible
12. Porte-bobine
13. Régulateur de tension
14. Sélecteur de largeur de point
15. Sélecteur de longueur de point
16. Sélecteur de points
17. Sélecteur de position d'aiguille
18. Support cassettes
19. Tableau de bord
20. Volant

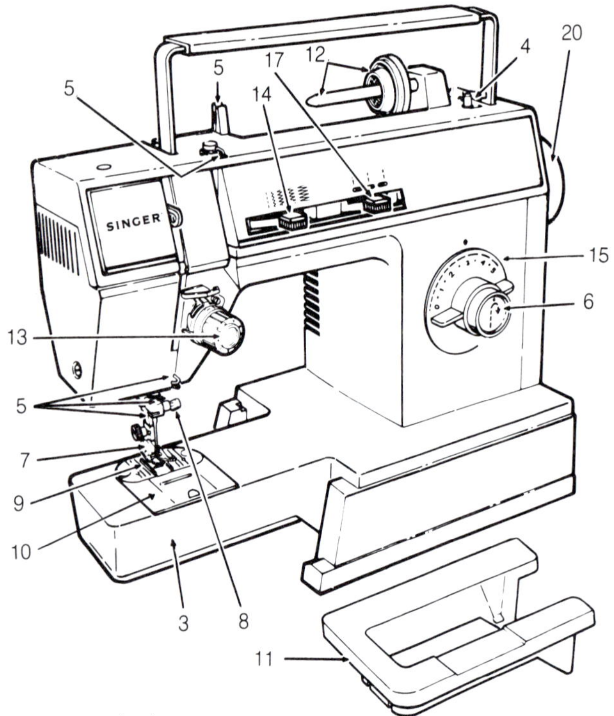

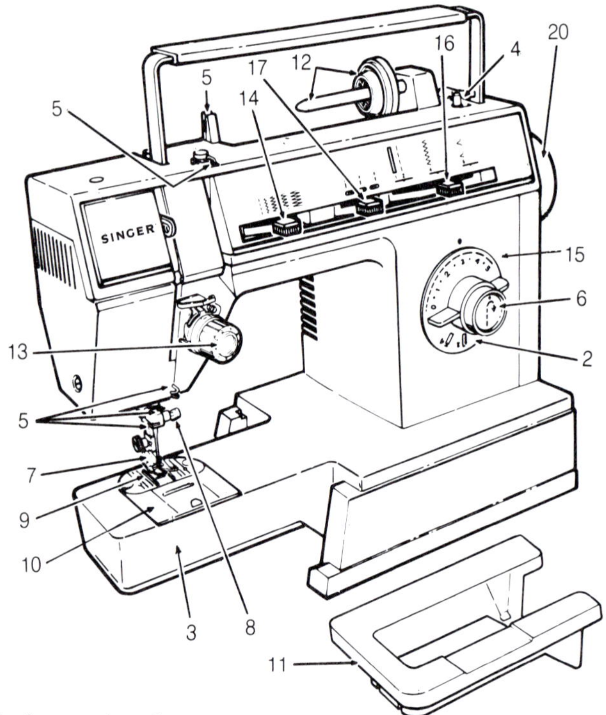

Machines zigzag. Ce sont les plus simples. Elles réalisent uniquement le point droit et le point zigzag. Elles ont un enfilage traditionnel, un dévidoir automatique, un bras libre, un rhéostat électrique, des pieds presseurs à enclenchement direct.

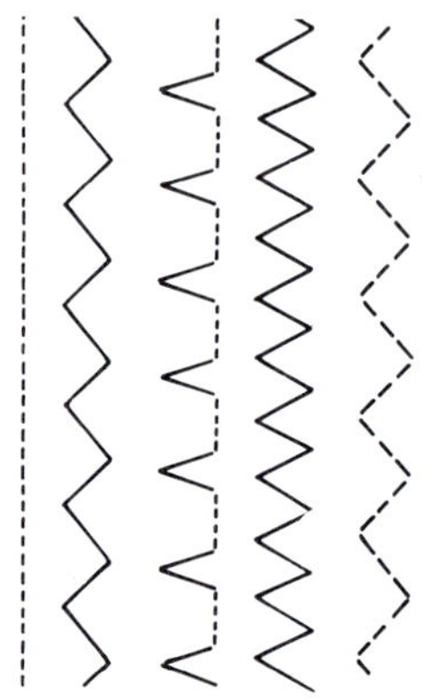

Machines automatiques. Elles sont appropriées à des travaux de couture simples avec les mêmes caractéristiques que les précédentes.
En plus du point droit et du zigzag, elles disposent du point invisible, du zigzag multiple, du point élastique et de la boutonnière en quatre opérations (4 temps).

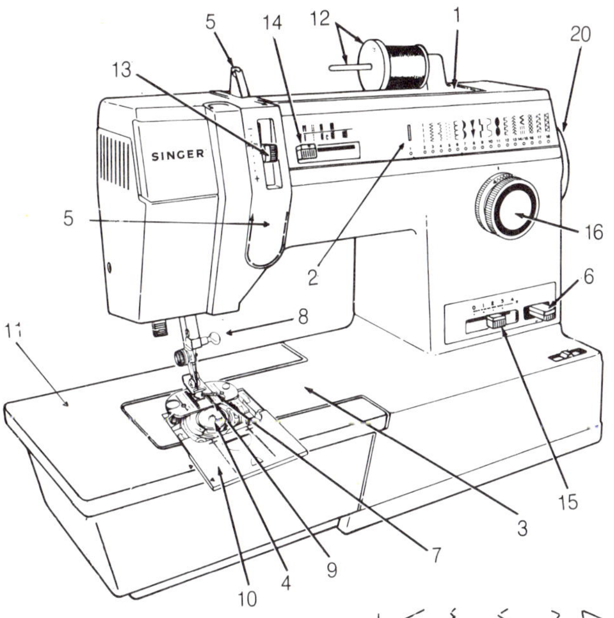

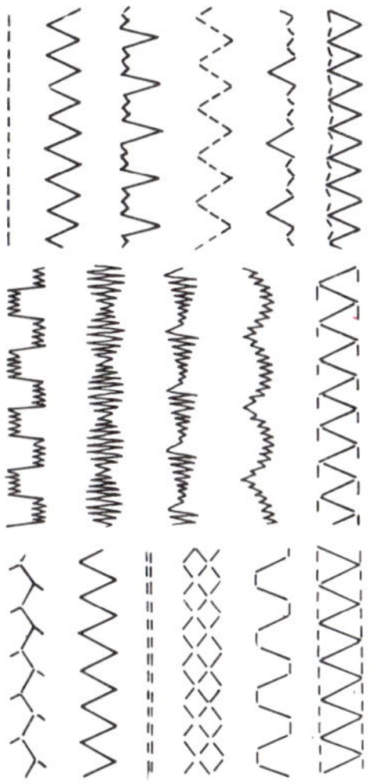

Machines superautomatiques. Elles comportent, pour la plupart, des fonctions automatiques associées à un choix important de points (de 6 à 17 points différents). Les plus simples, en plus des caractéristiques des précédentes, sont équipées de points extensibles. Les plus élaborées ont en plus un enfilage simplifié, un rhéostat pneumatique, une autotension, un régulateur électronique de vitesse, un remplissage automatique de la canette; certaines ont des voyants de contrôle et réalisent la boutonnière automatique en une opération.

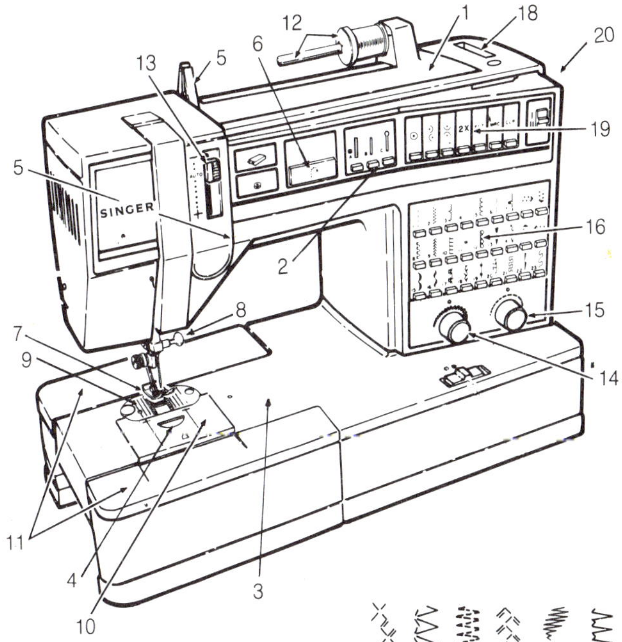

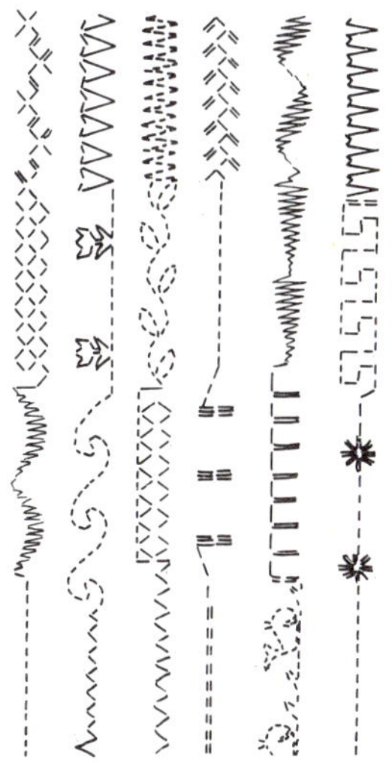

Machines électroniques. Ultra-perfectionnées, elles comportent des réglages automatiques par commandes électroniques et possèdent les mêmes caractéristiques que les précédentes, ainsi qu'une sélection électronique par touche, un signal sonore d'erreur et d'enregistrement, une mémoire statique et dynamique, la couture latérale, la boutonnière en une opération (1 temps), la programmation de 23 points différents et de motifs, plus des cassettes rendant les combinaisons de ces points et de ces motifs illimitées.

Le principe de fonctionnement

Le principe de fonctionnement est en fait le même pour toutes les machines à coudre, quels qu'en soient la marque et le modèle. La machine réalise un point noué à 2 fils : le fil du dessus, ou fil d'aiguille, vient de la bobine et passe par le chas de l'aiguille ; le fil du dessous, ou fil de canette, est enroulé sur une canette placée dans la machine. Ces 2 fils se croisent dans l'épaisseur du tissu et forment un nœud très résistant.

Si vous constatez que la boucle de nouage apparaît à l'extérieur du tissu soit d'un côté, soit de l'autre, procédez à un léger réglage de la tension supérieure ou inférieure. Le plus souvent, il s'agit d'un mauvais enfilage de la machine, mais avant d'essayer de régler la tension, il vaut mieux recommencer l'enfilage. Certains modèles de machines à coudre comportent une autotension qui s'adapte automatiquement à 80 % des travaux.

Le tissu, maintenu par le pied presseur qui l'empêche de se déplacer latéralement, est entraîné par une griffe dans le sens de la couture au fur et à mesure de la formation des points. La machine à coudre pique en marche arrière, ce qui permet d'arrêter instantanément les coutures. Des modèles perfectionnés ont une piqûre latérale pour réparer les genoux d'un pantalon sur le bras libre sans avoir besoin d'ouvrir les coutures.

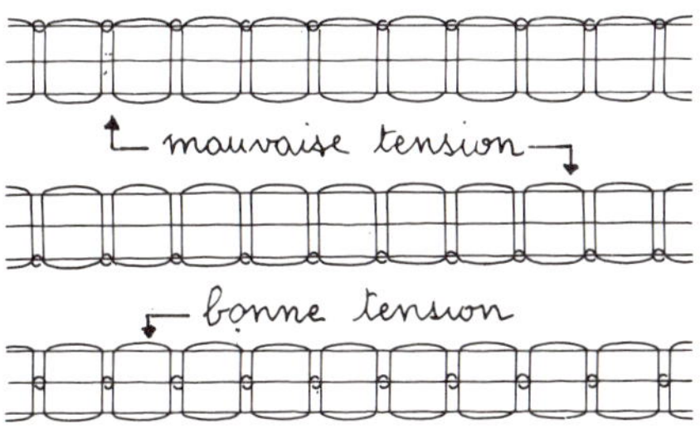

1. L'aiguille amène le fil supérieur (fil d'aiguille) au niveau de la navette.
2. L'aiguille monte; la boucle est saisie par le loquet de la navette.
3. La boucle passe autour de la navette.
4. La boucle s'enroule autour du fil de canette.
5. Les fils sont remontés et forment, dans le tissu, le point noué.

Les pièces et leur utilisation

Sur toutes les machines à coudre, quel que soit le modèle ou la marque, vous trouverez des parties dont les dénominations vous sont sans doute déjà familières (volant, rhéostat, porte-bobine, etc.), mais, pour bien connaître leur utilisation, mieux vaut savoir à quoi sert chacun de ces éléments.

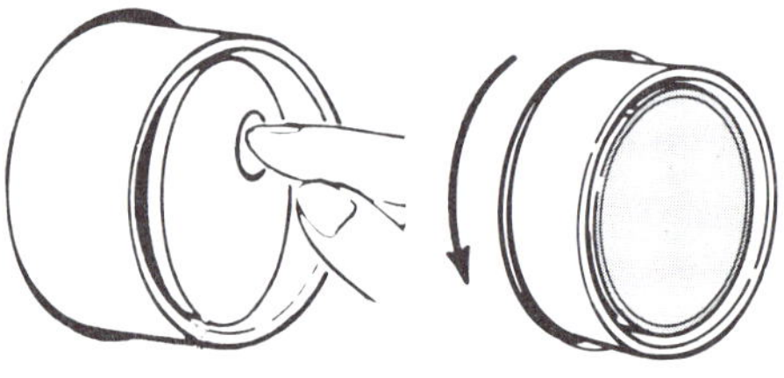

Le volant. Sa rotation met en mouvement toutes les pièces mécaniques de la machine. Sur les modèles traditionnels, le bouton actionnant le mécanisme de débrayage, pour la confection de la canette, se situe au centre du volant. Il n'existe pas sur le volant des machines qui ont le remplissage automatique de la canette.

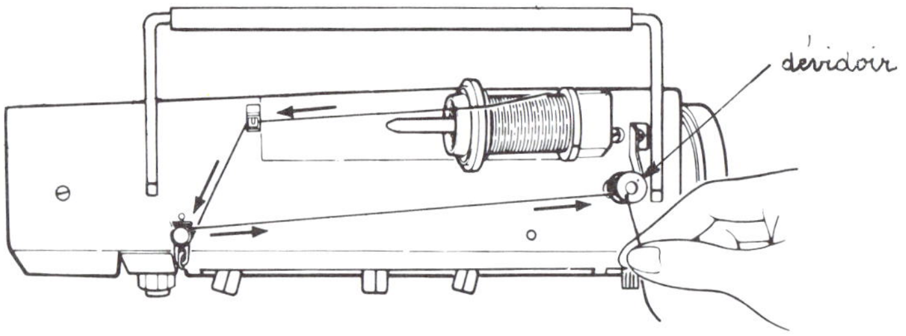

Le dévidoir. Il permet de remplir la canette. Sur les machines classiques, il est situé sur le dessus de la machine; un bouton sur le volant permet de débrayer le mécanisme de remplissage. Des machines perfectionnées ont un signal indiquant le moment où la canette est presque vide et un système de remplissage automatique évitant de sortir la canette de son support et de désenfiler.

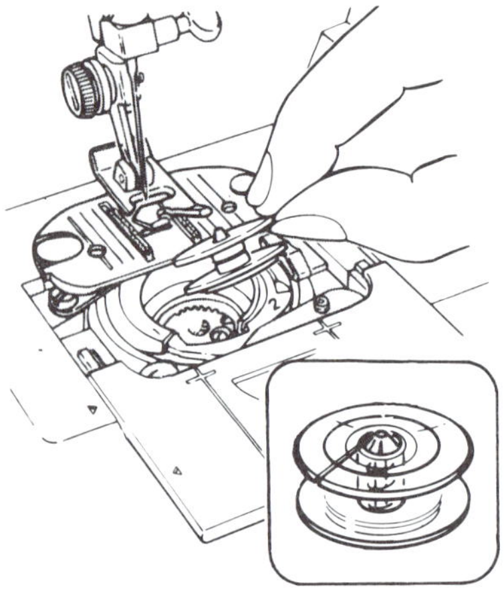

La canette et le support-canette. La canette est une petite bobine qui fournit le fil du dessous. Elle se pose à plat dans son logement (appelé support de canette). Sur certains modèles, elle est logée dans une boîte à canette.

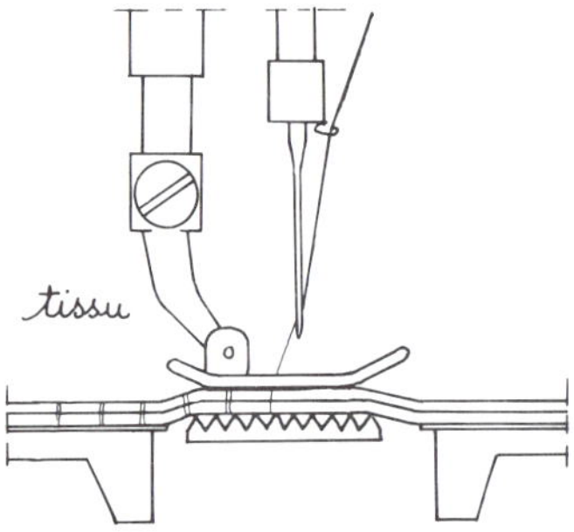

Les griffes. Il s'agit de pièces d'acier munies de dents fines et pointues, animées d'un mouvement elliptique, qui servent à l'entraînement du tissu. Leur mécanisme est associé à celui du pied presseur.

Le porte-bobine. Horizontal ou vertical, il supporte la bobine de fil qui alimente l'enfilage supérieur de la machine.

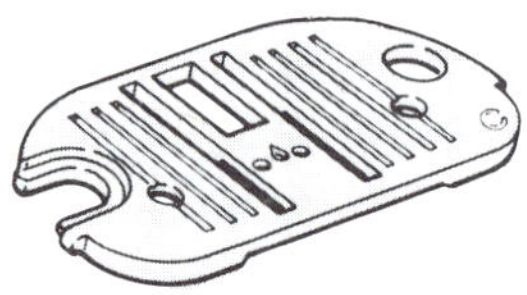

La plaque à aiguille. Elle comporte des lignes graduées qui servent à piquer un ouvrage en conservant un écartement régulier entre le bord du tissu et l'aiguille.

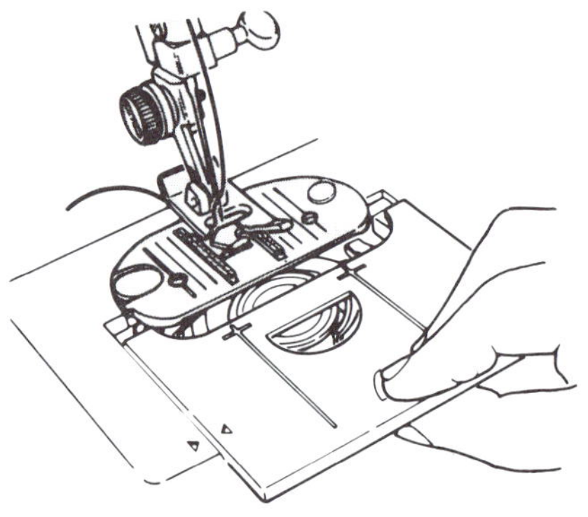

La plaque glissière. Elle donne accès au support de canette; la ligne gravée qui la traverse continue celle de la plaque à aiguille et se situe à 1,5 cm de l'aiguille et permet de réaliser des coutures de cette valeur.

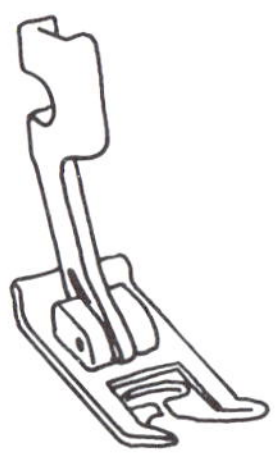

Le pied presseur. Il presse le tissu et le maintient contre les griffes pour faire avancer le tissu. Il existe des pieds presseurs adaptés aux divers travaux de couture. Ils sont à enclenchement direct, ce qui permet de les changer facilement.

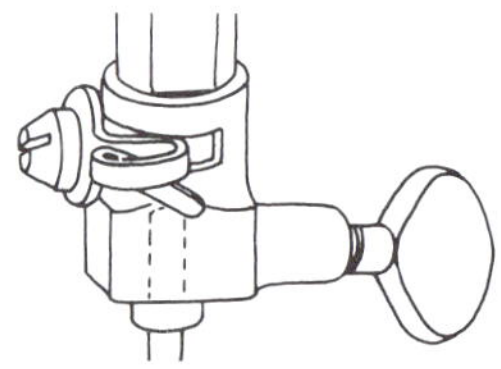

Le pince-aiguille. Placé à l'extrémité inférieure de la barre à aiguille, il reçoit le talon de l'aiguille qui est maintenue par une vis de serrage. Il est souvent à sens unique, ce qui évite de fixer l'aiguille à l'envers.

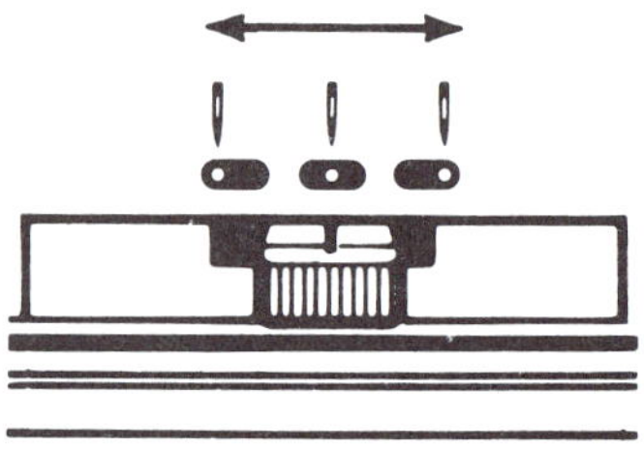

Sélecteur de position d'aiguille. Sur les machines zigzag et automatiques, ce sélecteur, indispensable pour les boutonnières et les surpiqûres parallèles, permet de positionner l'aiguille à gauche, au centre et à droite. Sur les autres machines, le déplacement de l'aiguille se fait automatiquement ou électroniquement.

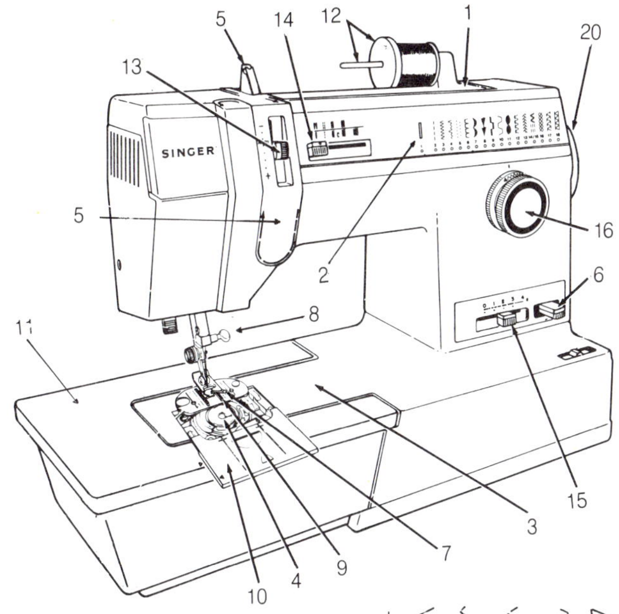

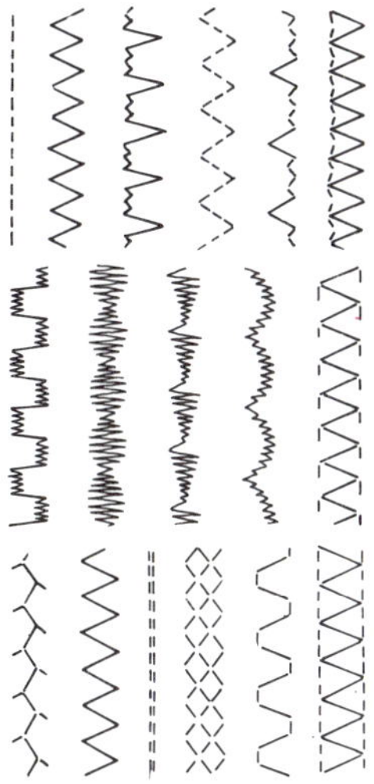

Machines superautomatiques. Elles comportent, pour la plupart, des fonctions automatiques associées à un choix important de points (de 6 à 17 points différents). Les plus simples, en plus des caractéristiques des précédentes, sont équipées de points extensibles. Les plus élaborées ont en plus un enfilage simplifié, un rhéostat pneumatique, une autotension, un régulateur électronique de vitesse, un remplissage automatique de la canette; certaines ont des voyants de contrôle et réalisent la boutonnière automatique en une opération.

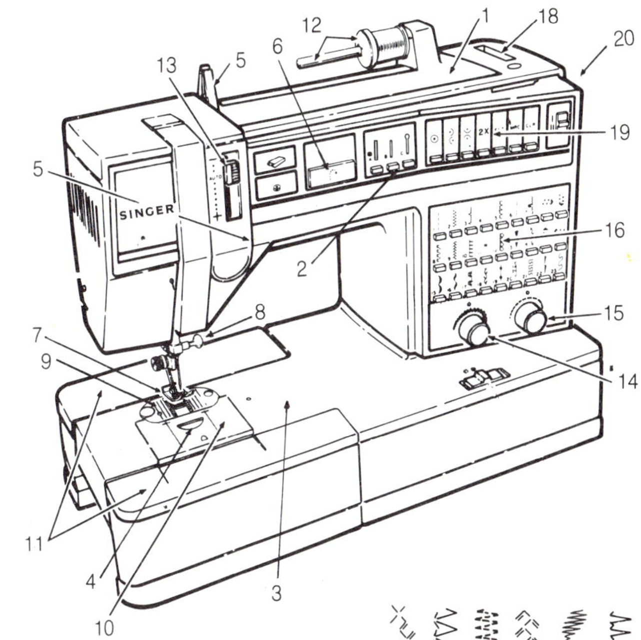

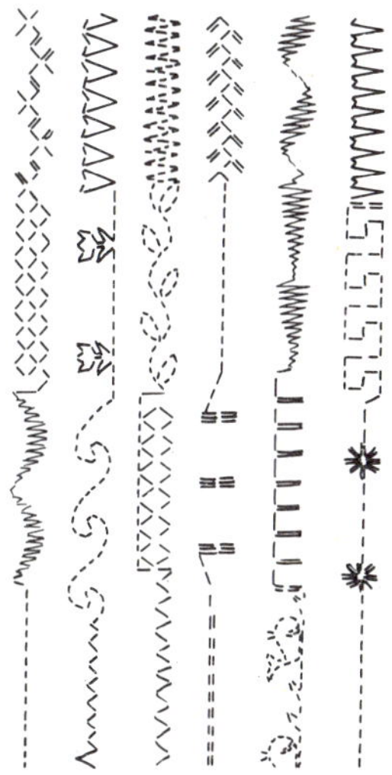

Machines électroniques. Ultra-perfectionnées, elles comportent des réglages automatiques par commandes électroniques et possèdent les mêmes caractéristiques que les précédentes, ainsi qu'une sélection électronique par touche, un signal sonore d'erreur et d'enregistrement, une mémoire statique et dynamique, la couture latérale, la boutonnière en une opération (1 temps), la programmation de 23 points différents et de motifs, plus des cassettes rendant les combinaisons de ces points et de ces motifs illimitées.

Le principe de fonctionnement

Le principe de fonctionnement est en fait le même pour toutes les machines à coudre, quels qu'en soient la marque et le modèle. La machine réalise un point noué à 2 fils : le fil du dessus, ou fil d'aiguille, vient de la bobine et passe par le chas de l'aiguille ; le fil du dessous, ou fil de canette, est enroulé sur une canette placée dans la machine. Ces 2 fils se croisent dans l'épaisseur du tissu et forment un nœud très résistant.

Si vous constatez que la boucle de nouage apparaît à l'extérieur du tissu soit d'un côté, soit de l'autre, procédez à un léger réglage de la tension supérieure ou inférieure. Le plus souvent, il s'agit d'un mauvais enfilage de la machine, mais avant d'essayer de régler la tension, il vaut mieux recommencer l'enfilage. Certains modèles de machines à coudre comportent une autotension qui s'adapte automatiquement à 80 % des travaux.

Le tissu, maintenu par le pied presseur qui l'empêche de se déplacer latéralement, est entraîné par une griffe dans le sens de la couture au fur et à mesure de la formation des points. La machine à coudre pique en marche arrière, ce qui permet d'arrêter instantanément les coutures. Des modèles perfectionnés ont une piqûre latérale pour réparer les genoux d'un pantalon sur le bras libre sans avoir besoin d'ouvrir les coutures.

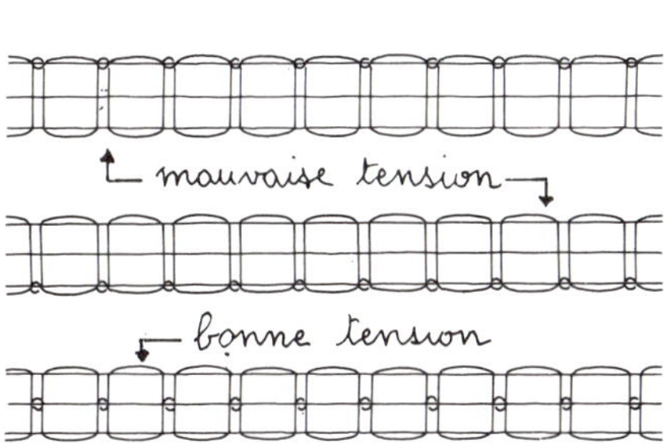

1. L'aiguille amène le fil supérieur (fil d'aiguille) au niveau de la navette.
2. L'aiguille monte; la boucle est saisie par le loquet de la navette.
3. La boucle passe autour de la navette.
4. La boucle s'enroule autour du fil de canette.
5. Les fils sont remontés et forment, dans le tissu, le point noué.

Les pièces et leur utilisation

Sur toutes les machines à coudre, quel que soit le modèle ou la marque, vous trouverez des parties dont les dénominations vous sont sans doute déjà familières (volant, rhéostat, porte-bobine, etc.), mais, pour bien connaître leur utilisation, mieux vaut savoir à quoi sert chacun de ces éléments.

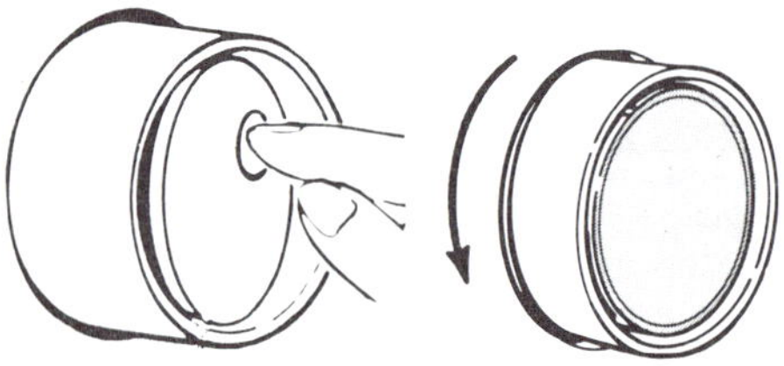

Le volant. Sa rotation met en mouvement toutes les pièces mécaniques de la machine. Sur les modèles traditionnels, le bouton actionnant le mécanisme de débrayage, pour la confection de la canette, se situe au centre du volant. Il n'existe pas sur le volant des machines qui ont le remplissage automatique de la canette.

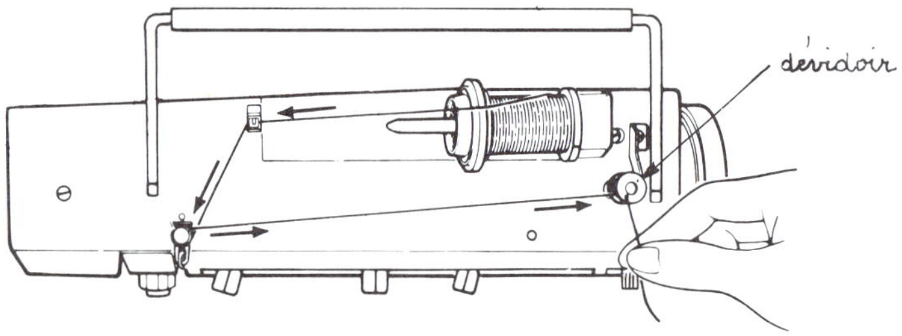

Le dévidoir. Il permet de remplir la canette. Sur les machines classiques, il est situé sur le dessus de la machine; un bouton sur le volant permet de débrayer le mécanisme de remplissage. Des machines perfectionnées ont un signal indiquant le moment où la canette est presque vide et un système de remplissage automatique évitant de sortir la canette de son support et de désenfiler.

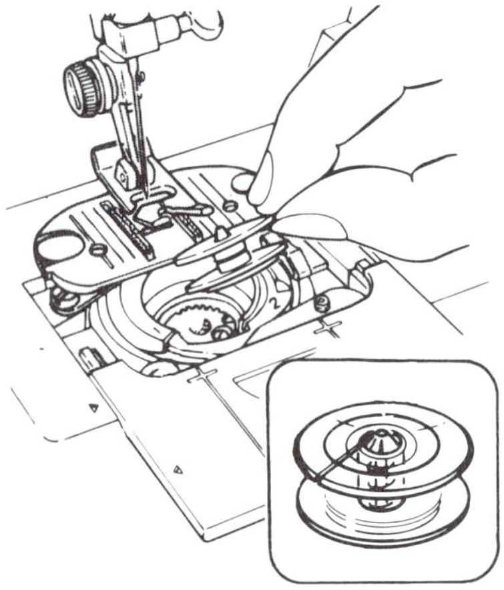

La canette et le support-canette. La canette est une petite bobine qui fournit le fil du dessous. Elle se pose à plat dans son logement (appelé support de canette). Sur certains modèles, elle est logée dans une boîte à canette.

Le porte-bobine. Horizontal ou vertical, il supporte la bobine de fil qui alimente l'enfilage supérieur de la machine.

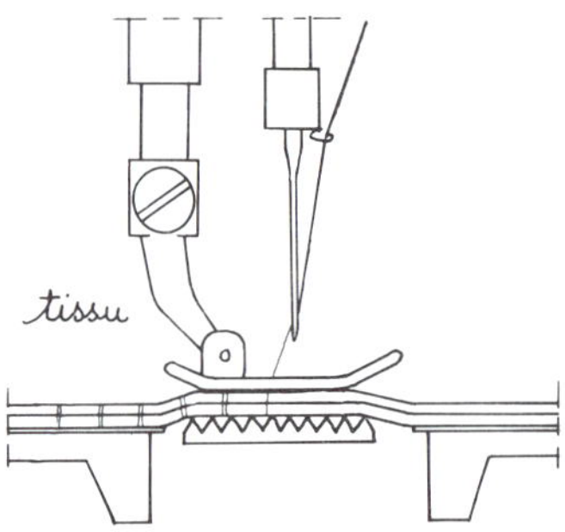

Les griffes. Il s'agit de pièces d'acier munies de dents fines et pointues, animées d'un mouvement elliptique, qui servent à l'entraînement du tissu. Leur mécanisme est associé à celui du pied presseur.

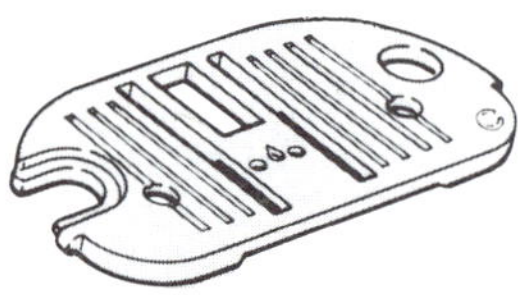

La plaque à aiguille. Elle comporte des lignes graduées qui servent à piquer un ouvrage en conservant un écartement régulier entre le bord du tissu et l'aiguille.

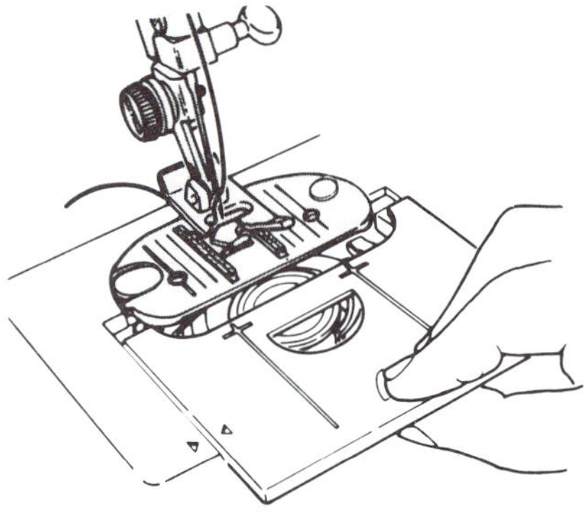

La plaque glissière. Elle donne accès au support de canette; la ligne gravée qui la traverse continue celle de la plaque à aiguille et se situe à 1,5 cm de l'aiguille et permet de réaliser des coutures de cette valeur.

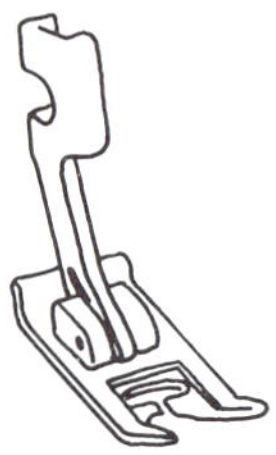

Le pied presseur. Il presse le tissu et le maintient contre les griffes pour faire avancer le tissu. Il existe des pieds presseurs adaptés aux divers travaux de couture. Ils sont à enclenchement direct, ce qui permet de les changer facilement.

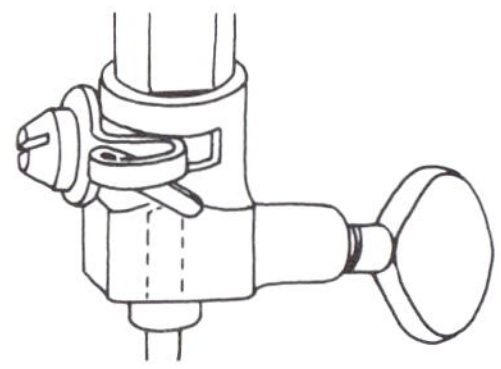

Le pince-aiguille. Placé à l'extrémité inférieure de la barre à aiguille, il reçoit le talon de l'aiguille qui est maintenue par une vis de serrage. Il est souvent à sens unique, ce qui évite de fixer l'aiguille à l'envers.

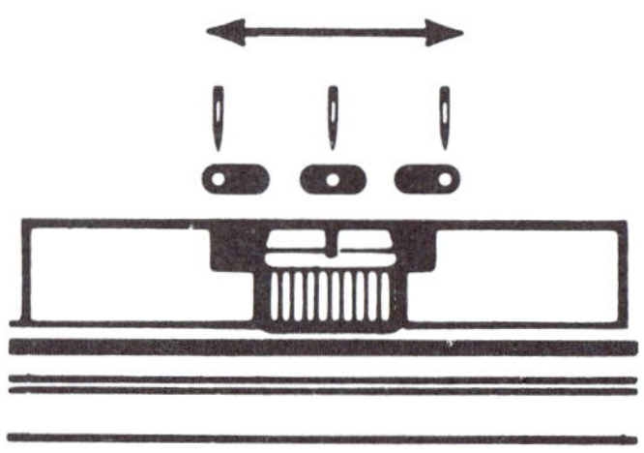

Sélecteur de position d'aiguille. Sur les machines zigzag et automatiques, ce sélecteur, indispensable pour les boutonnières et les surpiqûres parallèles, permet de positionner l'aiguille à gauche, au centre et à droite. Sur les autres machines, le déplacement de l'aiguille se fait automatiquement ou électroniquement.

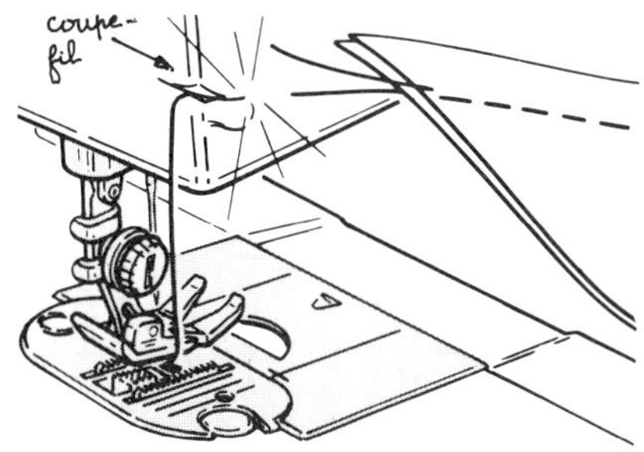

Le coupe-fil. Il est, selon les modèles, situé à l'angle de la machine elle-même, mais le plus souvent gravé dans la barre du pied presseur. Pour couper le fil après la couture, passez les fils dans la fente du coupe-fil.

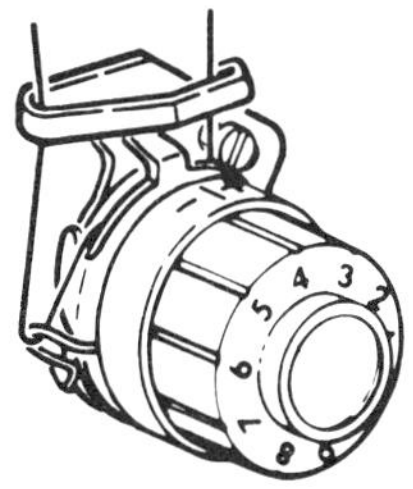

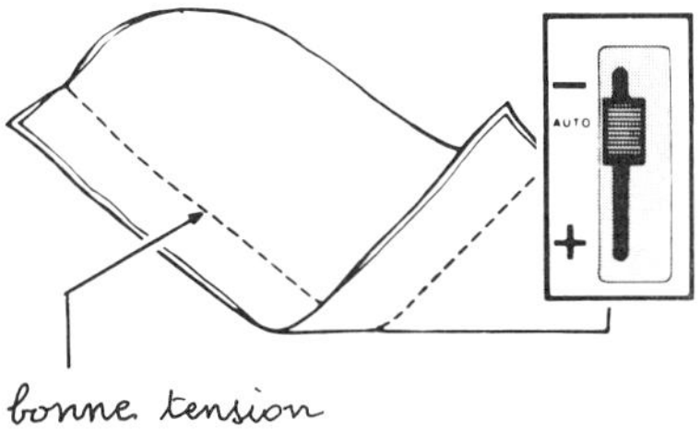

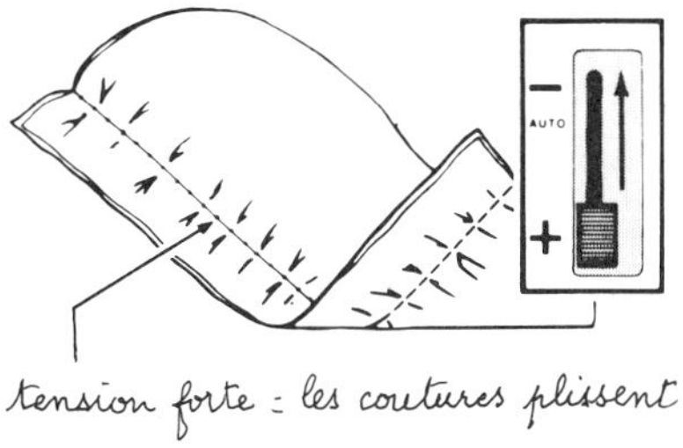

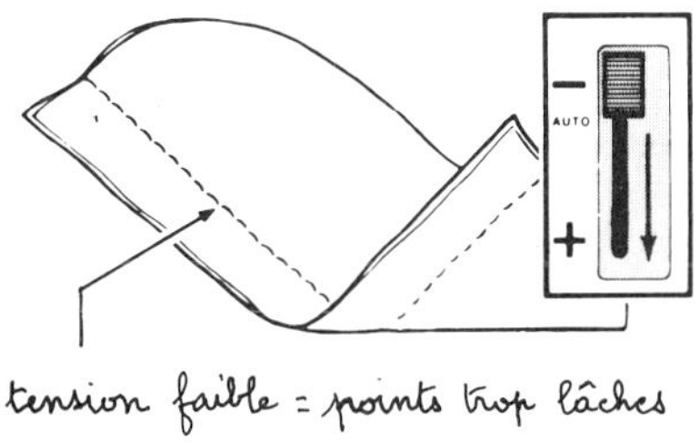

Le régulateur de tension. Le bloc-tension est gradué. Le fil supérieur doit être bien placé entre les disques de tension et dans le ressort de tension. Lorsque la machine comporte une autotension, c'est-à-dire un préréglage de la tension supérieure, pour 80 % des travaux, l'enfilage est simplifié. Une tension correcte est maintenue automatiquement en fonction du tissu et du fil utilisé.

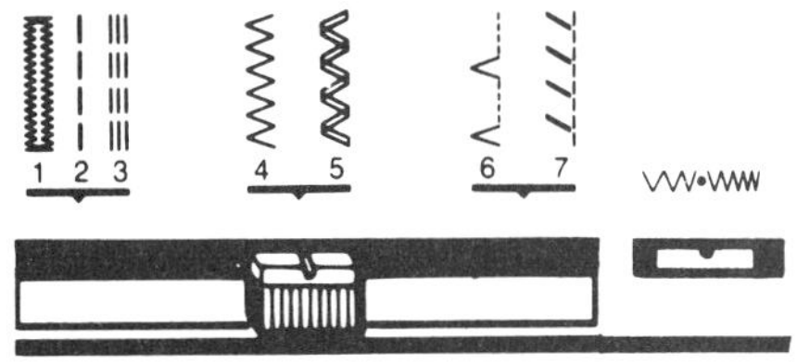

Le sélecteur de points. La sélection des points se fait soit par touche lorsque ceux-ci sont incorporés dans la mémoire électronique de la machine, soit par sélecteur s'il s'agit de points incorporés mécaniquement.

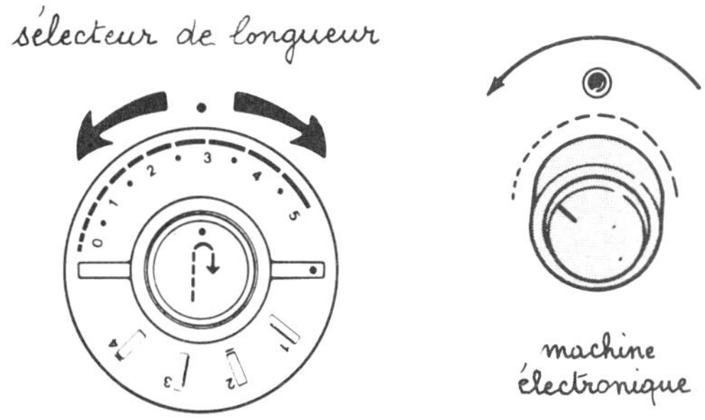

Sélecteur de longueur. Il permet d'allonger ou de raccourcir la longueur des points. Sur les machines électroniques, il existe une présélection correspondant à la majorité des travaux.
Un réglage manuel est néanmoins possible. En règle générale, il faut utiliser des points courts sur les tissus légers et des points longs sur des tissus épais.

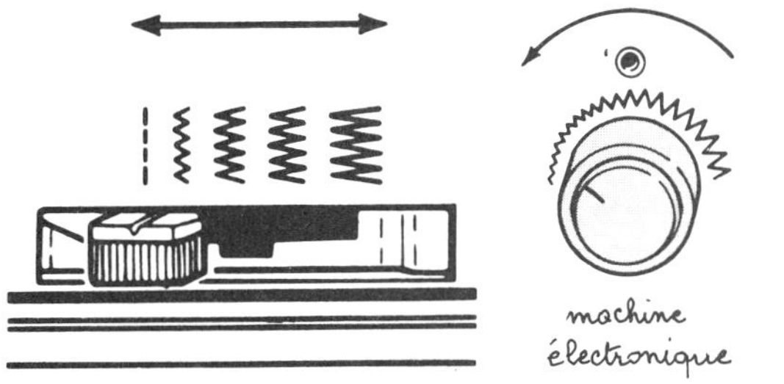

Sélecteur de largeur. Il commande le mouvement latéral de l'aiguille et permet d'obtenir des points de 1 à 6 mm de largeur. Sur les machines électroniques, les largeurs de points sont présélectionnées, mais un réglage différent peut être obtenu manuellement.

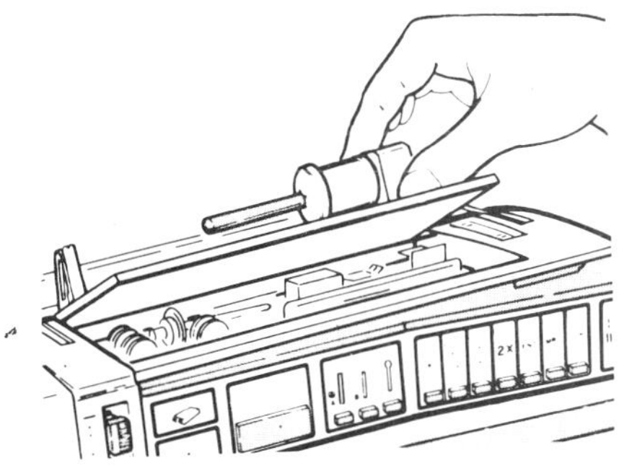

La boîte d'accessoires. Elle est plus ou moins complète selon les modèles. Elle rassemble les accessoires correspondant aux possibilités de la machine. Elle peut être soit incorporée à la machine, soit être indépendante.

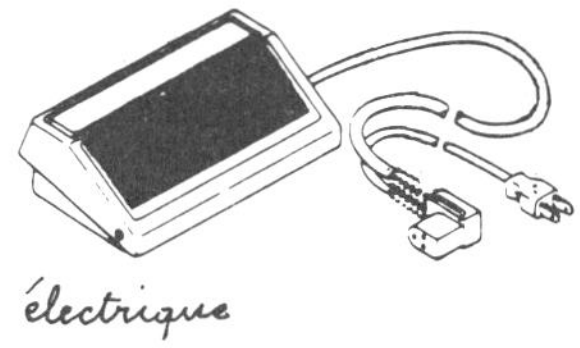

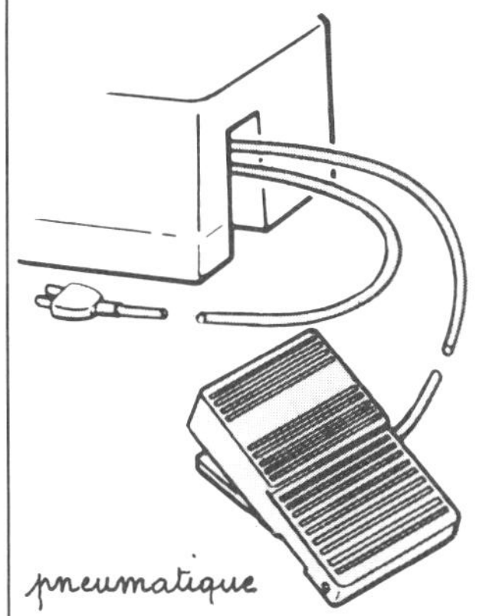

Le rhéostat. Il peut être pneumatique sur les machines perfectionnées ou électrique sur les machines traditionnelles. L'avantage d'un rhéostat pneumatique, c'est que, ne comportant aucun composant électrique, il ne chauffe pas. Le rhéostat pneumatique permet le positionnement de l'aiguille au pied; inutile de lancer le volant à la main. Avec le rhéostat électrique, ayez le pied léger pour coudre lentement et appuyez à fond pour coudre vite.

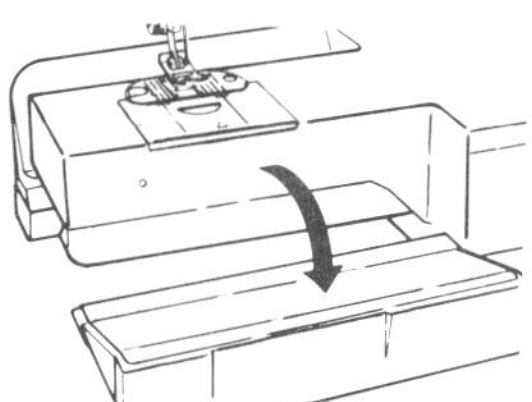

Le bras libre. Le plateau de la machine peut se transformer en position bras libre. Il faut abaisser les plateaux convertibles avant et arrière pour dégager le bras. Il permet une couture aisée de tous les ouvrages tubulaires, mais aussi la pose de pièces sur coudes et genoux.

Accessoires divers

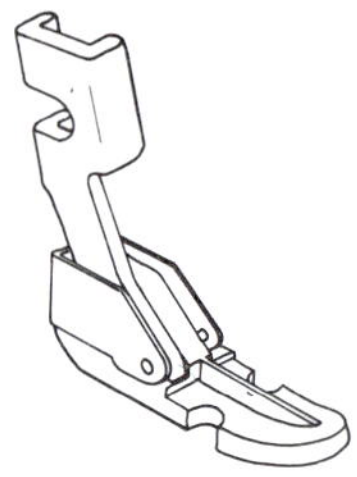

Sur certaines catégories de machines, on peut adapter des accessoires supplémentaires, les uns fournis par le fabricant, les autres vendus en option.

Le pied ganseur. Sa forme donne la possibilité de le placer à droite ou à gauche de l'aiguille. Il permet de coudre au ras du bord d'un objet en relief comme une fermeture à glissière ou une ganse.

Le pied pour point invisible. Il est réglable et permet de coudre les ourlets à la machine d'une manière presque invisible.

Le pied boutonnière. Spécialement étudié pour la réalisation des points de bourdon composant les lèvres de la boutonnière. Sur certains modèles de machine à coudre, il suffit d'incorporer le bouton dans la coulisse du pied presseur pour que la boutonnière se réalise au diamètre du bouton.

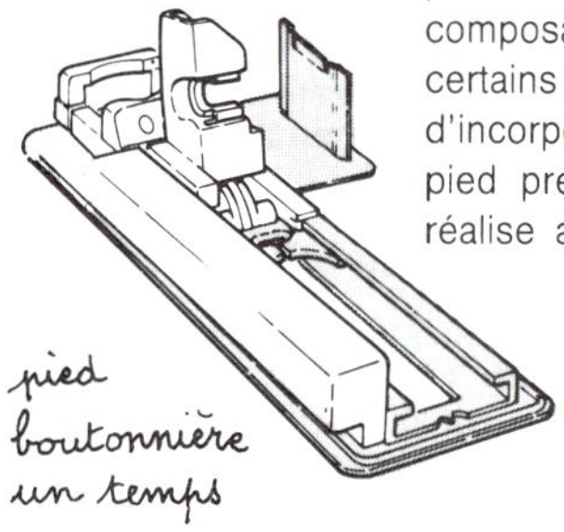

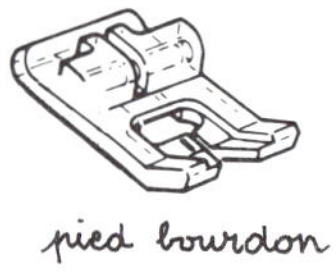

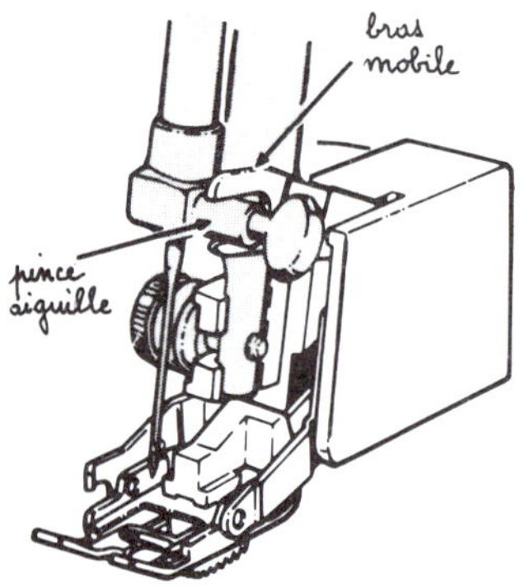

Le pied à double entraînement. C'est un pied presseur spécial, très utile pour les tissus difficiles à assembler, en particulier les étoffes à rayures, à surface lisse, à poils épais... Il comprend un dispositif dont l'action combinée avec celle de la griffe assure l'entraînement du tissu. Cela évite un décalage entre les deux épaisseurs à réunir.

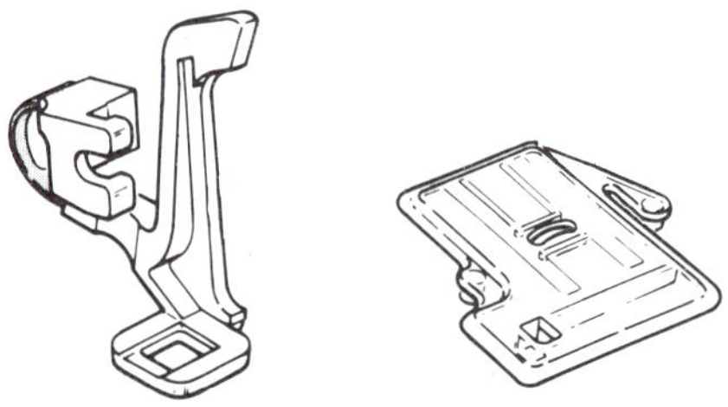

Le pied repriseur et la plaque couvre-griffes. Il remplace le pied presseur pour effectuer des reprises délicates à la machine. La plaque couvre-griffes, qui permet d'escamoter les griffes d'entraînement, se met en place pour faire des reprises, de la broderie à main levée et coudre des boutons.

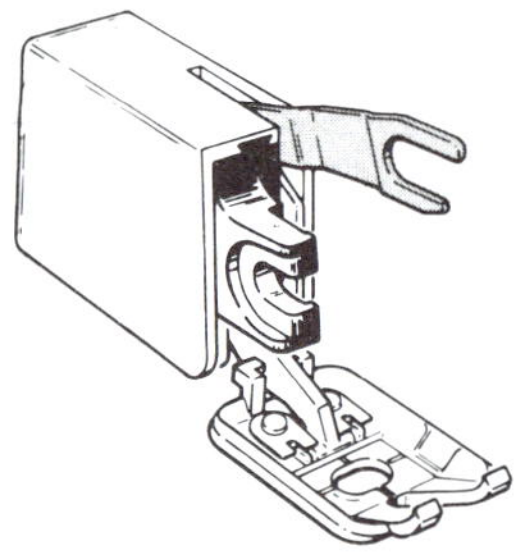

Le pied multidirectionnel. Pour poser des pièces sur des ouvrages tubulaires (manches ou pantalon) sans avoir à tourner ou à déplacer le tissu. Coud aussi bien à la verticale qu'à l'horizontale.

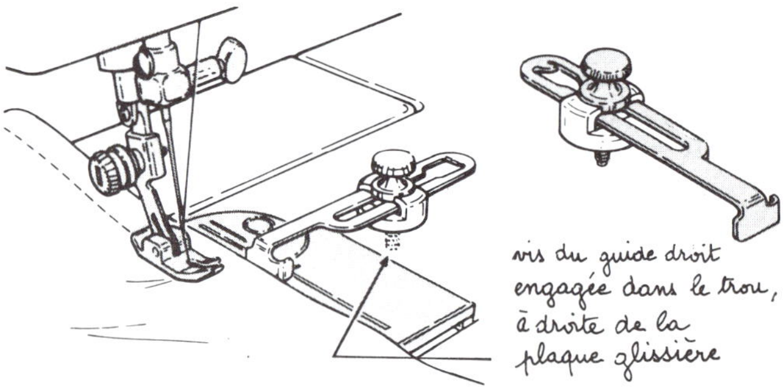

Le guide droit. Ce guide vous aide à maintenir une largeur de couture régulière tout au long du travail.

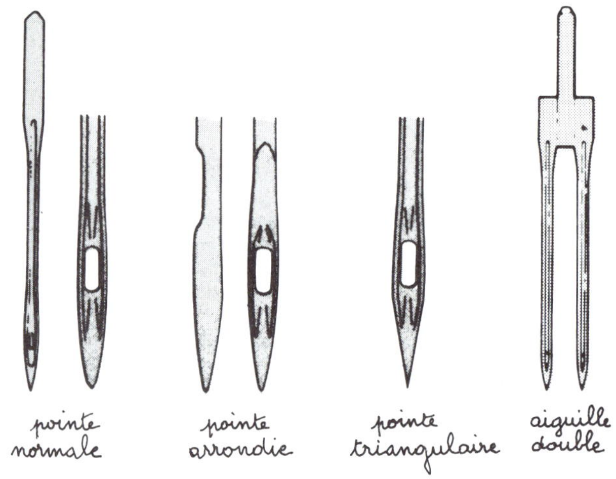

Les aiguilles. A chaque grosseur d'aiguille correspond une grosseur de fil et une qualité de tissu (voir tableau ci-contre). Les trois types les plus fréquemment utilisés sont les aiguilles pour usage général à pointe normale, les aiguilles à pointe triangulaire pour piquer le cuir, le skai, le ciré, les aiguilles à bout rond pour piquer les tissus facilement extensibles comme le jersey. Vous trouverez également des aiguilles doubles ou jumelées pour l'exécution des nervures décoratives; elles effectuent deux piqûres parallèles avec des fils de même couleur ou de couleurs différentes. Certaines marques de machines ont des aiguilles comportant des talons de couleur.

Rouge bordeaux : usage général
Jaune : jersey
Marron : cuir

A l'intérieur de ces catégories, il y a différentes grosseurs correspondant à des numéros (il existe deux sortes de numérotation) : les plus utilisées sont les aiguilles numéro 11 (80), 14 (90), 16 (100).

Conseils pour bien coudre à la machine

Coudre à la machine n'est pas difficile, il suffit d'observer quelques règles simples pour que cette couture vous donne satisfaction.

- Une aiguille en bon état, une grosseur de fil et un point adaptés au tissu sont des gages de succès.
- Entretenez régulièrement votre machine. Nettoyez-la en éliminant la bourre de tissu qui s'accumule particulièrement dans le support de canette et le crochet. Cette bourre durcit le fonctionnement. Huilez le crochet de temps à autre.
- Quel que soit le système d'enroulage de la canette, vérifiez toujours que celle-ci est bien régulièrement remplie.
- Si votre fil casse, vérifiez votre aiguille, elle est peut-être émoussée ou tordue; vérifiez aussi l'enfilage supérieur : s'il n'est pas correct, le fil boucle et casse.

Et puis n'hésitez jamais à faire un essai de point sur une chute du tissu que vous allez ensuite travailler.

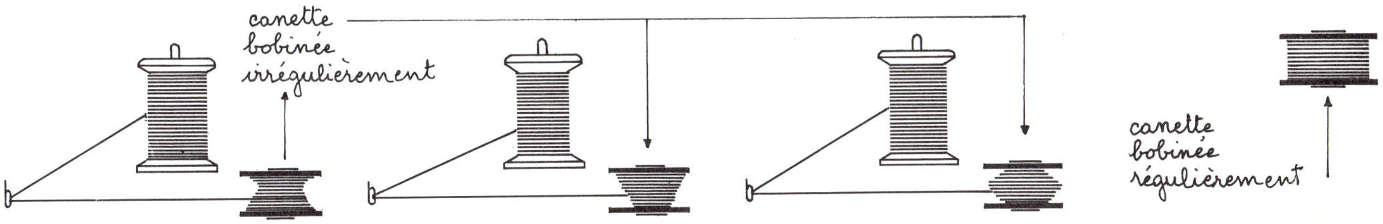

Nature du tissu	Qualité du fil	Catégorie d'aiguille	Points couture et finition conseillée
DÉLICAT Mousseline Organdi Crêpe léger etc.	Retors Grosseur n° 50	Très fine n° 9 ou 60, 70 Pointe normale	Point de bâti Point droit Surfilage étroit
LÉGER Batiste, voile Crêpe Soie Foulard, etc.	Retors Grosseur n° 50	Fine n° 11 ou 80 Pointe normale	Point droit Surfilage moyen Surjet Point de bâti
MOYEN Toile de lin Flanelle Gabardine Velours côtelé	Simili, retors Grosseur n° 40	Moyenne n° 14 ou 90 Pointe normale	Point droit Point extensible Surfilage Surjet
ÉPAIS Toile à store Laine (manteau) Jean Coutil (vêtement de travail)...	Simili ou câblé Grosseur n° 36 ou 40	Grosse n° 16 ou 100 Pointe normale	Point de bâti Point droit Surfilage large ou multiple Surjet Point invisible
EXTENSIBLE Tricot, jersey Tissus extensibles (Élastiss), etc.	Retors ou simili Grosseur n° 30	Moyenne ou fine n° 11 ou 14 (70-90) ou Spéciale jersey à pointe ronde	Point de bâti Triple point droit extensible ou différents surjets Point invisible
ENDUIT ou CUIR Cuir Ciré Skaï Suédine	Simili Grosseur n° 40	Moyenne n° 14 ou 90 Pointe triangulaire	Point droit

POINTS, COUTURES ET OURLETS

Les points

Pour réussir la confection d'un vêtement, il est nécessaire de bien maîtriser les principaux points à la main et à la machine. Cette maîtrise vous sera d'une aide précieuse lors des différents travaux d'assemblage, et pour les finitions.
Il existe en fait trois types de points : le point devant; le point arrière; le point de côté, dont dépend l'exécution de tous les autres.

Les points devant à la main

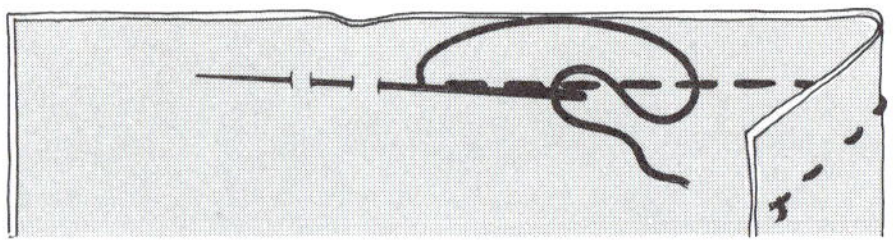

Point devant. On l'utilise pour des assemblages simples. On l'exécute de droite à gauche : l'aiguille traverse les tissus, passe dessous, puis ressort sur le dessus à intervalles réguliers de 3 ou 4 mm.

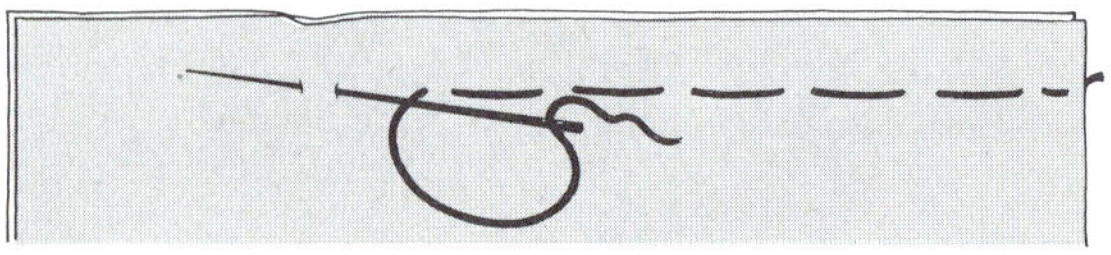

Point de bâti ou de faufil. Pour assembler temporairement deux tissus. Il s'exécute comme le point devant, avec des points longs de 1 cm. Soulevez ensuite 2 à 3 mm d'étoffe.

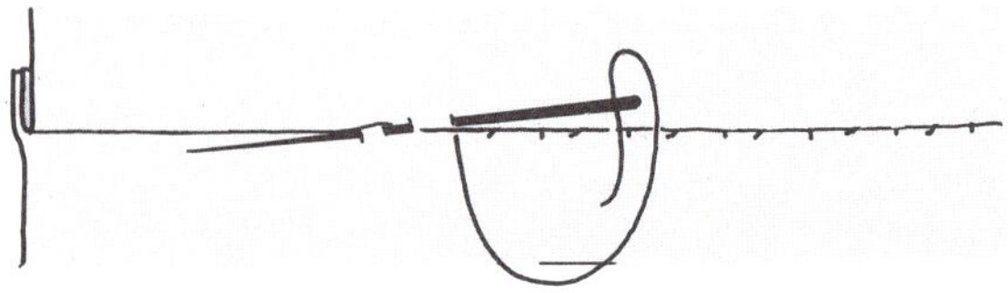

Point de mode ou point « de vous à moi ». C'est une sorte de point devant exécuté sur l'endroit d'une couture. Il sert à rabattre une doublure sur le lainage d'un manteau ou sur le tissu d'un rideau doublé, ou encore à raccorder exactement les motifs d'un tissu à rayures, à carreaux, ou d'un écossais. Glissez l'aiguille dans la pliure du tissu supérieur sur 3 ou 4 mm; à sa sortie, piquez-la sur le tissu inférieur en prenant environ 2 mm de tissu, et ainsi de suite.

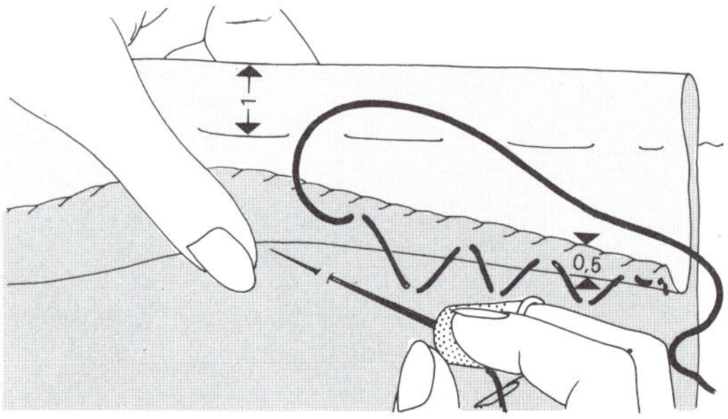

Point glissé, ou point coulé, ou point bagué. Il s'agit d'un point pratiquement invisible sur l'endroit. On l'utilise pour maintenir deux épaisseurs de tissu envers contre envers, par exemple pour baguer les coutures d'un dessus et d'un dessous de col, baguer une doublure de manteau sur le lainage ou un rempli d'ourlet sur le bas d'une robe. L'exécution se fait de droite à gauche : prenez une seule épaisseur de tissu à la fois, alternativement; faites d'abord un point sur l'épaisseur du dessus, puis l'autre sur l'épaisseur du dessous, à 5 mm environ.

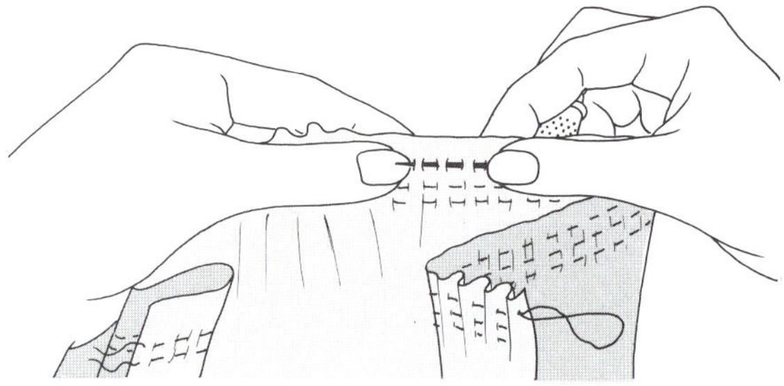

Point de fronces. Il s'utilise pour résorber l'embu d'une manche, resserrer la taille d'une jupe. Il est formé de très petits points devant (1,5 à 2 mm d'étoffe) répétés en rangées parallèles. N'arrêtez pas les fils en fin de rang pour pouvoir ensuite, une fois toutes les rangées terminées, resserrer les fronces et obtenir la largeur désirée.

Les points arrière à la main

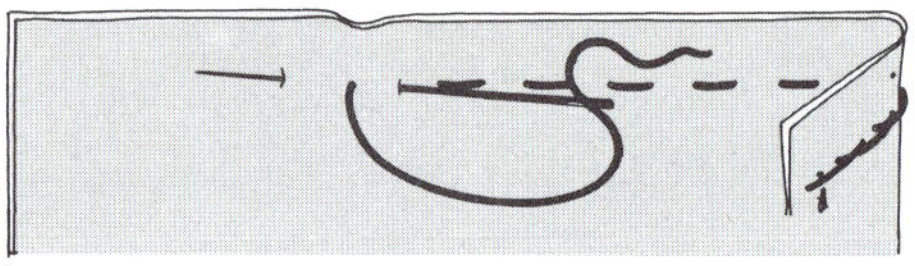

Point arrière. Il permet de réaliser des coutures solides. Il s'exécute horizontalement et de droite à gauche. Le fil apparaît sur l'endroit à une distance correspondant à la largeur de point voulue. Piquez l'aiguille à droite sur le dessus. Ressortez-la à gauche de façon à laisser libre un espace d'une longueur double de celle du point. Repiquez dessus mais en arrière. La répétition de ces mouvements laisse subsister un intervalle égal à la longueur d'un point arrière.

Point de piqûre. Piquez l'aiguille à droite sur le dessus pour obtenir une longueur de point arrière. Ressortez-la à gauche de façon à laisser libre une nouvelle longueur de point permettant de réaliser le point arrière suivant en repiquant à droite dans le trou précédent.

Point tailleur. Ce point permet de reporter symétriquement sur les deux côtés du vêtement les contours du patron et de guider ensuite l'assemblage. Il s'exécute sur les deux pièces placées l'une sur l'autre, endroit contre endroit, avec un fil de bâti. Faites un point devant; quand vous ressortez l'aiguille, faites un point arrière sans tirer trop sur le fil, de telle sorte que se forme une boucle lâche; refaites un point devant. Quand vous arrivez dans un angle, ne tournez pas autour : dépassez-le et faites une boucle à l'angle, puis repartez dans l'autre sens; les angles sont des repères importants qui doivent être clairement marqués. Quand le marquage est terminé, écartez les deux épaisseurs de tissu de la valeur de la bouclette et coupez au milieu de l'échelle ainsi formée; les points restent fixés sur chaque épaisseur de tissu.

Les points de côté à la main

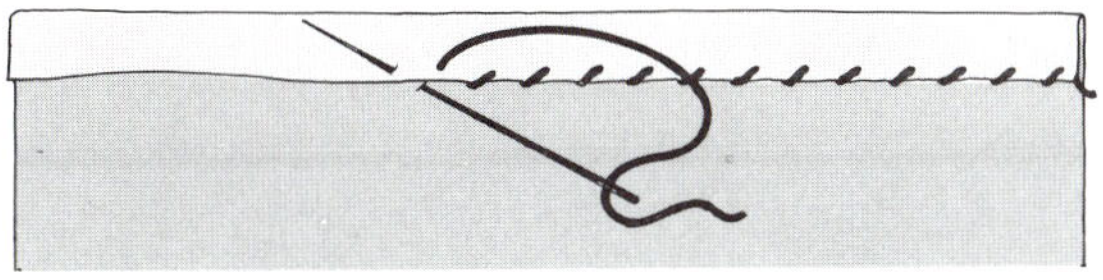

Point de côté. Il sert à rabattre une doublure, un biais, à fixer un galon; pour les ourlets des ouvrages soignés, il n'est pas recommandé, car il se voit sur l'endroit. Piquez l'aiguille à la base de l'ourlet dans le tissu simple pour ressortir dans le bord de l'ourlet en poussant l'aiguille de bas en haut légèrement en biais de droite à gauche. Séparez chaque point d'un intervalle de 4 à 5 mm.

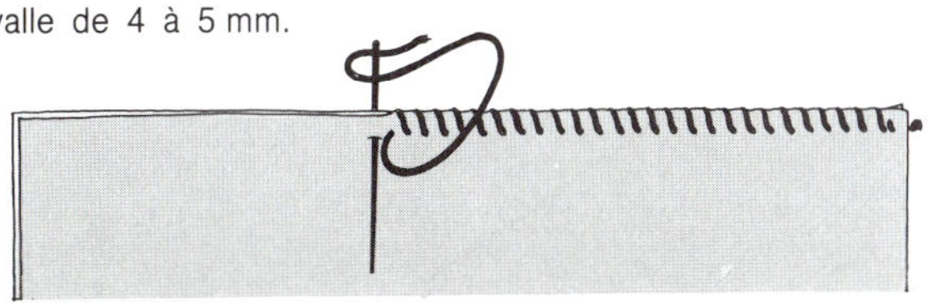

Point de surjet. Il s'exécute à cheval sur le bord de deux épaisseurs de tissu mises l'une sur l'autre; il se présente sous la forme de très petits points de côté presque verticaux : la couture est plate et solide.

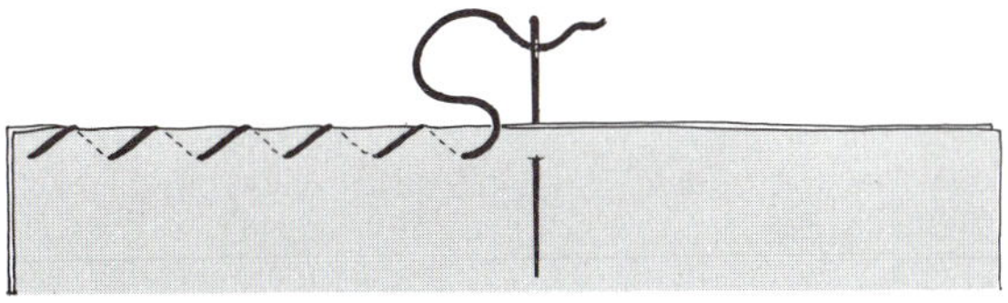

Point de surfil. Il empêche les bords d'un tissu de s'effilocher. Il s'exécute de gauche à droite, à cheval sur le bord, en une sorte de point de surjet. Les points doivent être penchés pour éviter les effilochures.

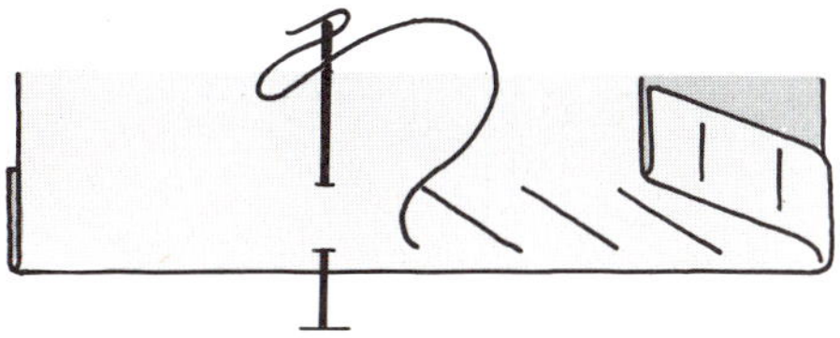

Point de glaçage, ou bâti oblique. Il permet de fixer les entoilages, de maintenir à plat les lisières des coutures de jaquette ou de manteau, ou encore de fixer provisoirement deux tissus que l'on doit travailler ensemble sans qu'ils se déplacent l'un par rapport à l'autre. C'est une sorte de grand point de côté travaillé en lignes verticales.

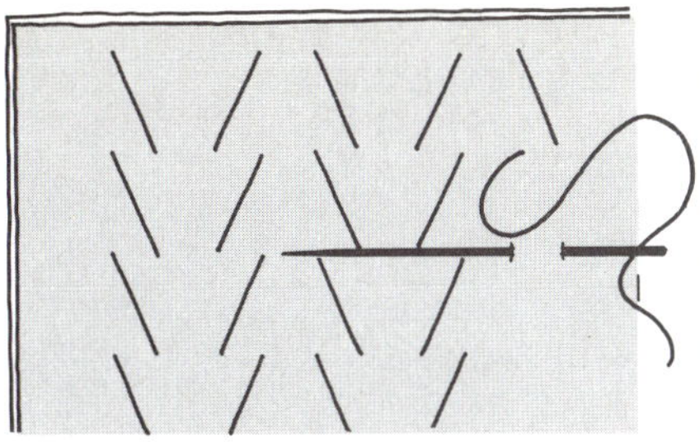

Point de chevron. Il raidit et rend indéformables cols et revers de veste ou de manteau. C'est un point de glaçage exécuté une fois par rangée, en allant de haut en bas, puis, par rangée, en remontant de bas en haut.

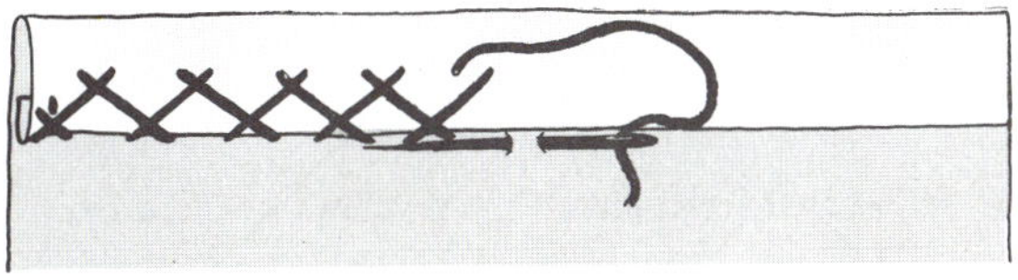

Point de chausson. Il est utilisé pour fixer sur un vêtement des triplures, toiles épaisses qui ne peuvent être maintenues dans la couture ou qui doivent se situer à la cassure d'une parmenture. Il sert également à fixer ourlets et remplis sans rentrés. Sur l'endroit, réalisé avec un coton perlé, il devient broderie. Il s'exécute de gauche à droite, l'aiguille piquant alternativement sur l'ourlet et sur le tissu à appliquer.

Les points bouclés à la main

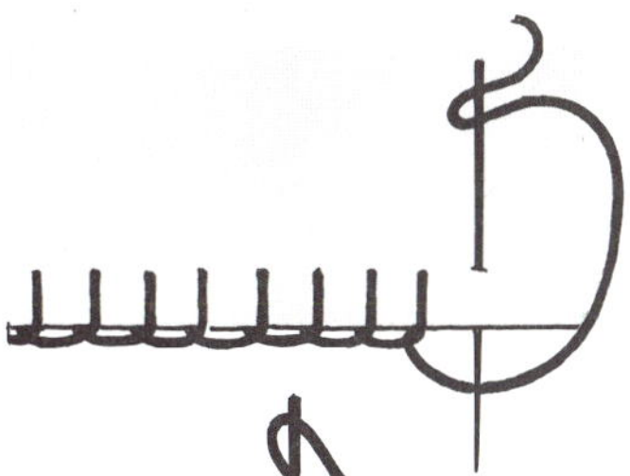

Point de grébiche. C'est un point de feston (voir p. 206), mais les points sont plus espacés. Il peut servir à surfiler, mais il est surtout employé pour la décoration. On l'exécute de gauche à droite.

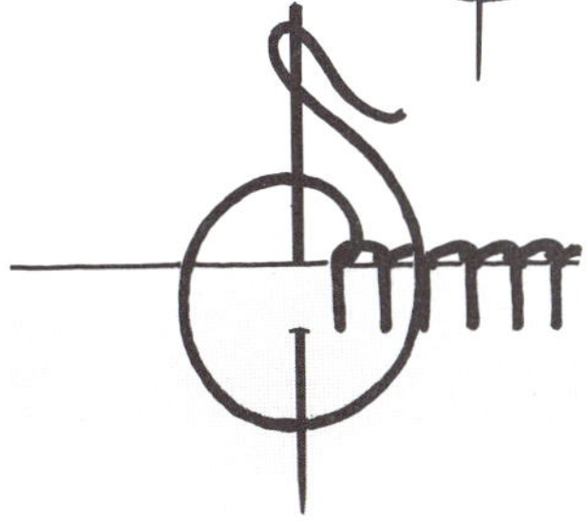

Point de boutonnière. Il ressemble au précédent, mais s'exécute de droite à gauche et le fil forme une sorte de nœud au bord du tissu. Plantez l'aiguille, passez les fils sous la pointe de l'aiguille, tirez complètement l'aiguille en maintenant la boucle avec la main gauche et dirigez le fil vers le haut pour que le nœud se forme au bord de la fente.

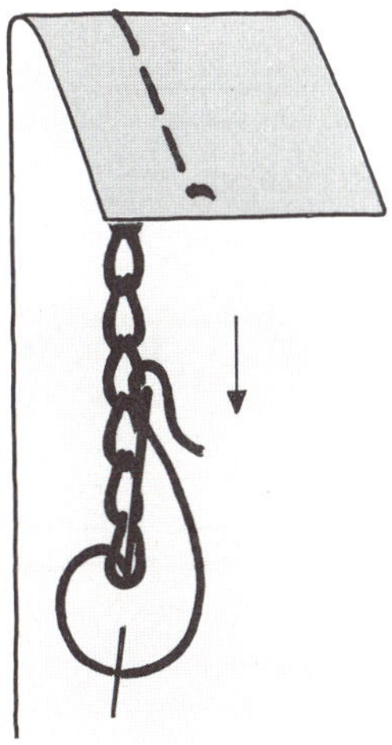

Point de chaînette. Pour décorer un vêtement ou maintenir un ourlet dans un tissu très léger et transparent (bas de voilage). Sortez l'aiguille et le fil, replantez-la contre le trou d'où le fil est sorti en maintenant ce dernier de telle sorte qu'il forme une boucle. Ressortez l'aiguille 5 mm plus loin, dans la boucle.

Les points droits à la machine

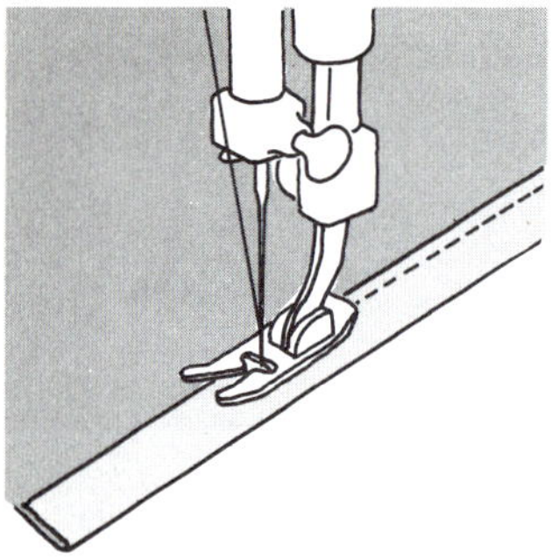

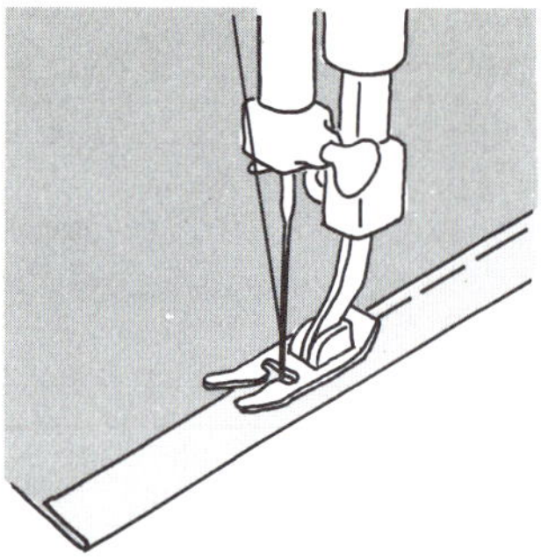

Point droit et de bâti. Le point droit est le point de base de toute machine à coudre. Il a le même aspect sur l'envers et sur l'endroit. Il sert à faire les coutures, les surpiqûres. Réglé plus lâche, il présente le même usage que le point de bâti à la main.

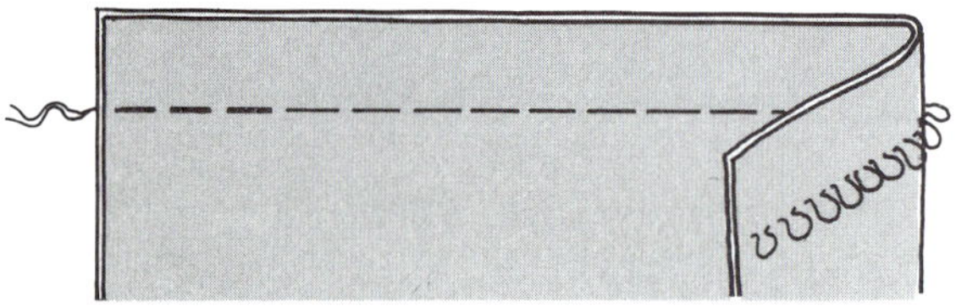

Point tailleur. Pour le marquage. C'est un point droit déréglé qui fait des boucles en dessous. Utilisez du fil à bâtir.

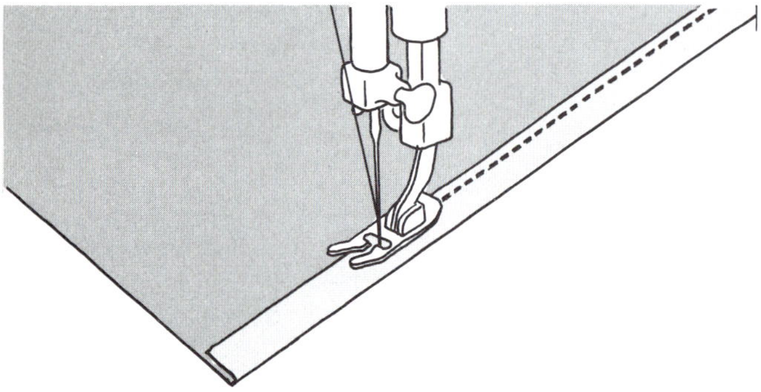

Triple point. C'est un point droit combiné avec un mouvement des griffes alterné d'avant en arrière. Il remplace le point droit pour faire une couture extensible dans des tissus mous comme le jersey.

Les points obliques à la machine

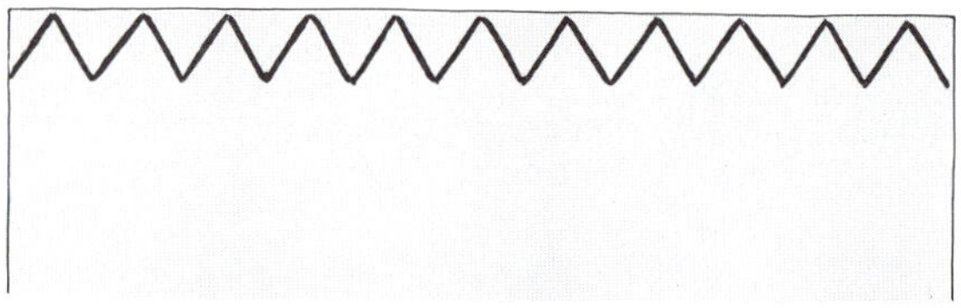

Point de zigzag. Selon le réglage de sa largeur et de sa longueur, il est la base de nombreux autres points. Tel quel, il sert au surfilage. Réglé pour faire un zigzag étroit, on l'utilise pour faire une couture extensible dans le jersey ou les tissus « stretch ».

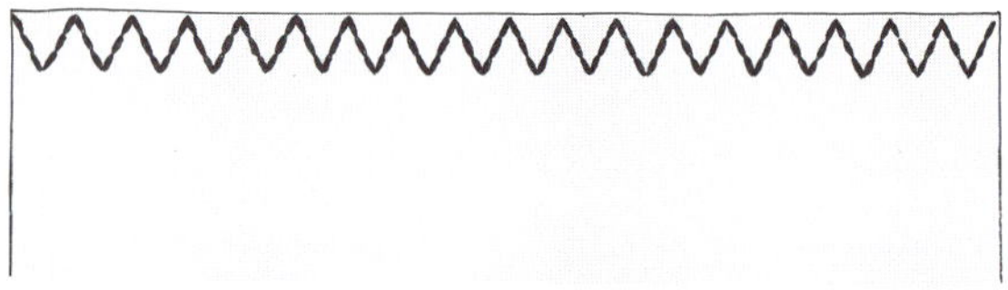

Point de zigzag multiple. Pour surfiler des tissus souples qui ont tendance à rouler : jersey, tricot, crêpe...

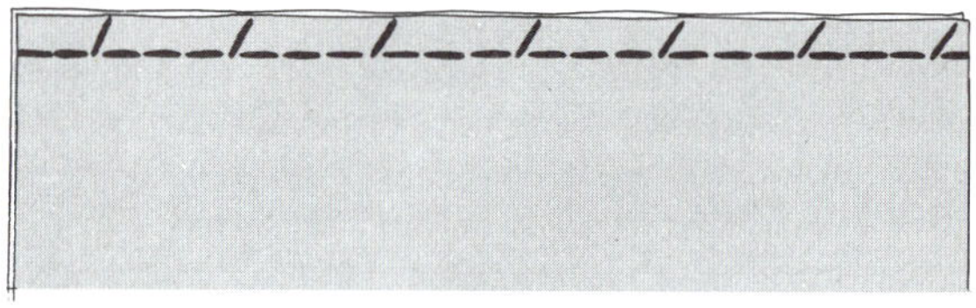

Point de surjet oblique. Pour assembler et surfiler une couture en une seule opération. C'est un point extensible qui convient aux tissus comme le jersey, le tricot.

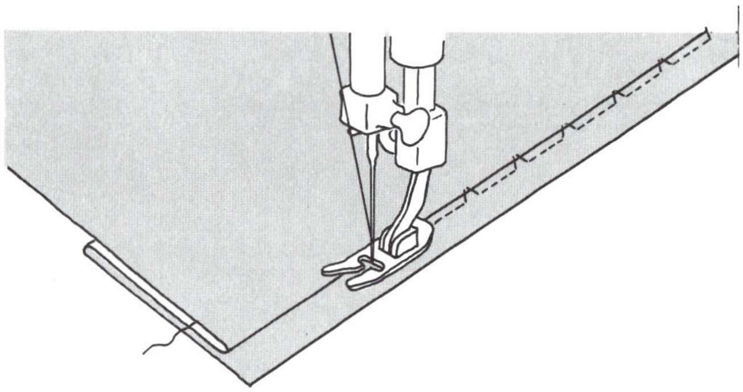

Point invisible. Composé de points droits ou de petits zigzags alternés avec un grand point de zigzag. On l'utilise pour les ourlets. Les points droits se trouvent sur le repli de l'ourlet, le jeté vient prendre un fil du vêtement; il est invisible sur l'endroit.

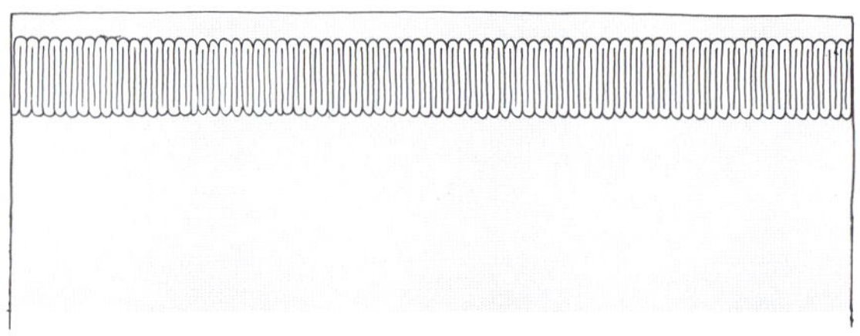

Point de bourdon. C'est un zigzag à points courts et rapprochés. On l'utilise pour les ourlets décoratifs, les applications, la broderie. Il est aussi utilisé pour les monogrammes.

Les coutures

Destinées à assembler deux pièces de tissu, les coutures sont à la base de toute confection. Qu'elles soient droites, courbes, en angle, simples, rabattues ou à l'anglaise, vous les exécuterez à la machine. C'est pourquoi il est indispensable de connaître parfaitement le fonctionnement de celle-ci. Toutefois, vous serez peut-être obligée de faire certaines finitions à la main si votre machine n'est pas assez perfectionnée pour les réaliser (voir p. 32-37). Mais avant de coudre, préparez soigneusement les coutures d'assemblage en marquant leur emplacement avec un fil de bâti d'une couleur différente.

Couture simple étroite

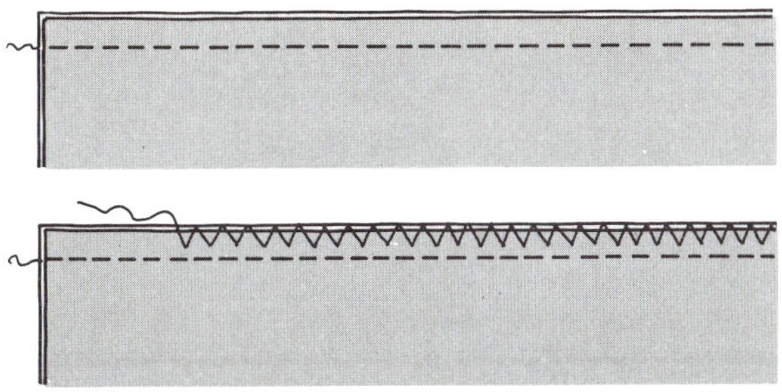

Les deux morceaux sont assemblés endroit contre endroit, bord à bord, bâtis et piqués à 0,5 ou 0,75 cm du bord vif, au ras des points de bâti. Cette sorte de couture sert à coulisser cols et poignets, à fourreauter les ceintures; on l'utilise aussi comme première couture pour monter un col, des poignets, un biais d'encolure. Si la couture est cachée, on la laisse telle. Si elle est apparente (couture d'épaule, par exemple), ouvrez-la au fer légèrement afin de faire apparaître les points, puis couchez la ressource d'un côté en l'aplatissant avec la semelle du fer entièrement posée dessus. Ensuite, surfilez en double à la main au point de surfil, ou mieux, à la machine au point de zigzag. Si vous avez une machine perfectionnée, vous piquerez la couture en même temps que vous ferez le surfil au point de surjet oblique.

Couture simple ouverte

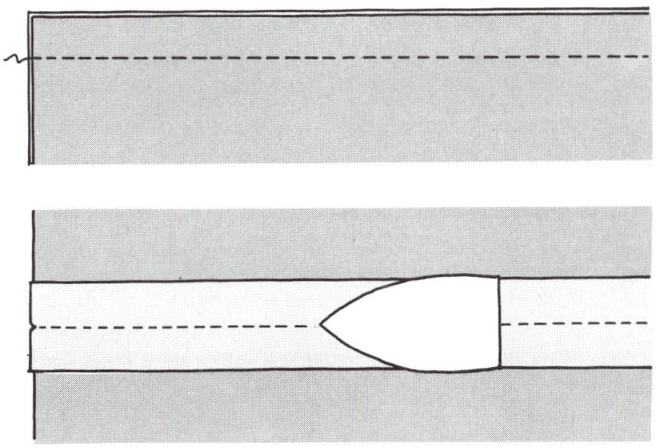

Elle est utilisée pour l'assemblage des vêtements (côtés, dos ou devants, etc.). Les ressources sont plus larges, de 1 jusqu'à 2 cm. Si elle se trouve cachée par une doublure, on la laisse telle; sinon il faut donner une finition aux bords vifs des ressources pour qu'ils ne s'effilochent pas. Repassez d'abord en écartant les deux bords avec la pointe du fer, puis aplatissez la couture avec la semelle entièrement posée dessus.

Finitions des bords de couture ouverte

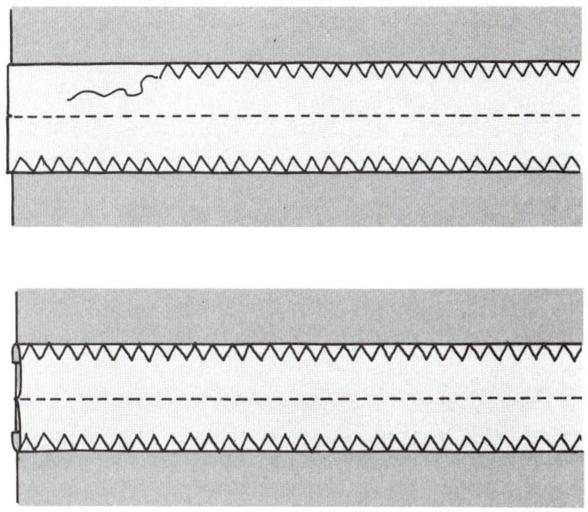

Surfilage à la machine au point de zigzag. A employer si le tissu est assez rigide. Lorsque le tissu est très fin, replier le bord de la ressource et faire le zigzag sur la pliure.

Surfilage à la main. Si votre machine ne fait pas le point de zigzag, exécutez un point de surfil sur le bord des ressources — mais cette méthode ne convient qu'aux tissus qui ne s'effilochent pas facilement.

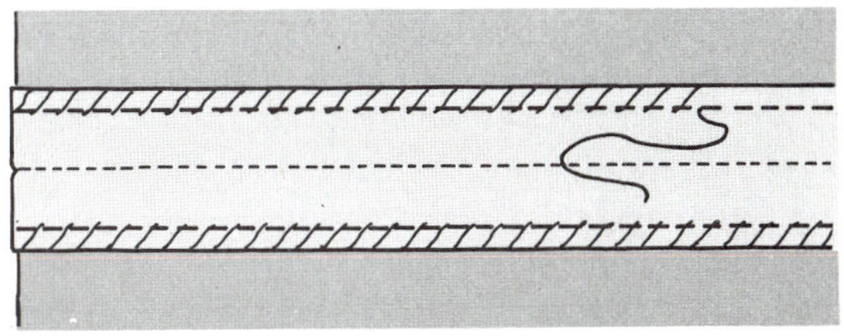

Pour les tissus qui s'effilochent, piquez d'abord le bord au point droit à la machine et surfilez en prenant la piqûre dans le surfil, ou bien encore faites un surfil croisé, une première rangée exécutée de gauche à droite, puis une autre en retour de droite à gauche. Dans un cas comme dans

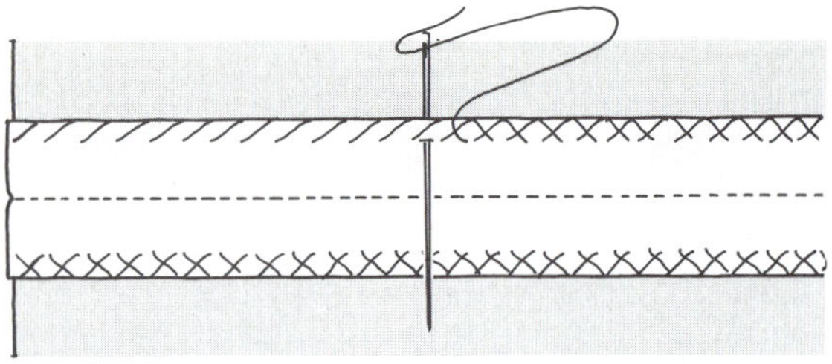

l'autre, il est particulièrement recommandé de surfiler dans le sens des effilochures du tissu.

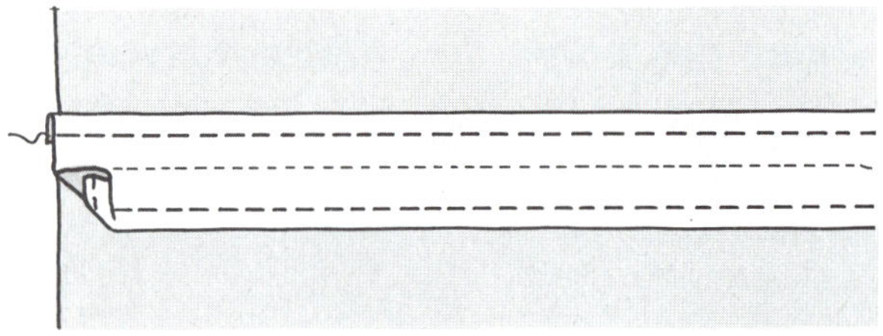

Bords rentrés piqués. Faites sur les ressources un petit rempli piqué au point droit. Cette méthode convient aux tissus très fins qui s'effilochent.

Vous pouvez également poser sur les bords du tissu un biais à cheval (voir l'explication de la page 240).

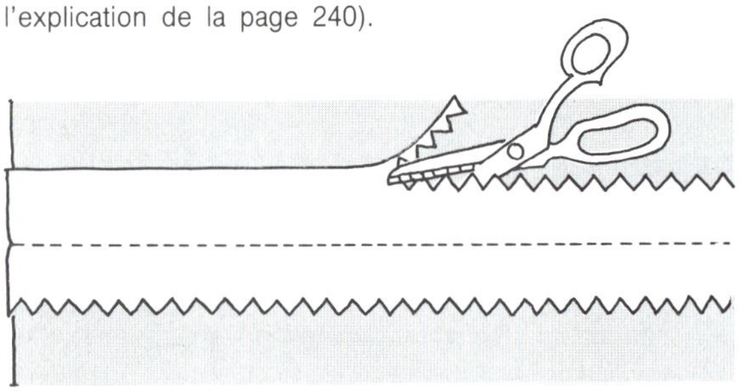

Bords crantés. Simple et rapide, le crantage (aux ciseaux cranteurs) ne convient qu'aux tissus qui ne s'effilochent pas (genre feutrine). Attention ! ne crantez qu'après avoir exécuté la couture.

Couture en angle

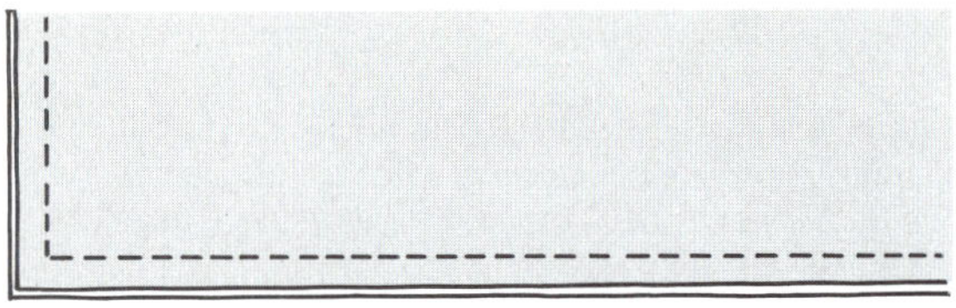

Piquez jusqu'à l'angle; arrêtez la machine, l'aiguille plantée dans le tissu; levez le pied presseur et orientez le tissu dans la nouvelle direction. Baissez le pied presseur et continuez la piqûre. Repassez.

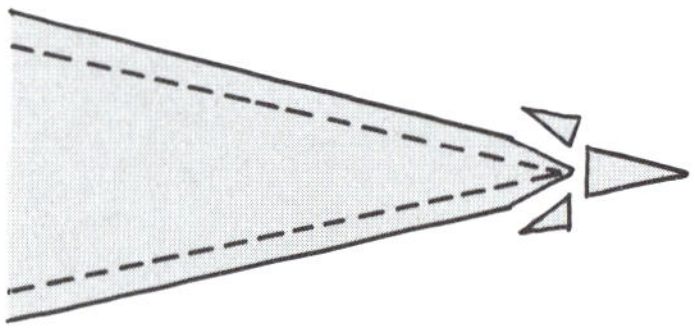

Dans un angle saillant, dégarnissez avant de retourner sur l'endroit. Ensuite, faites ressortir la couture : la piqûre doit se trouver exactement

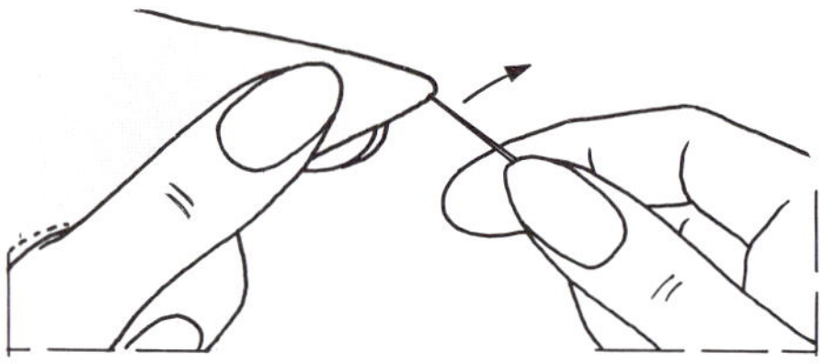

sur l'arête; pour cela, ramenez les points avec une aiguille en roulant le tissu entre le pouce et l'index. Repassez.

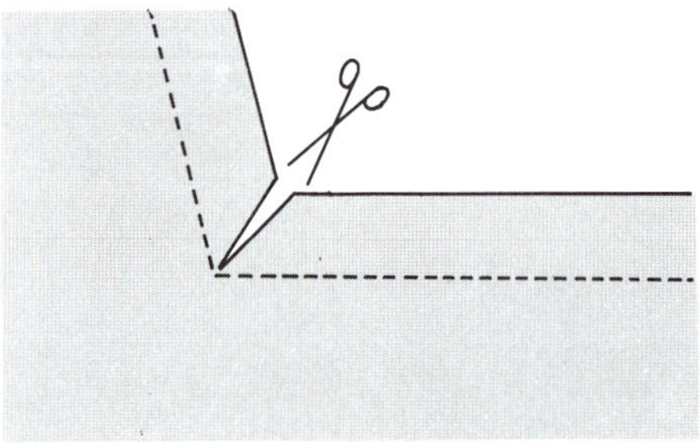

Dans un angle rentrant, crantez jusqu'à la piqûre avant de retourner.

Couture en courbe

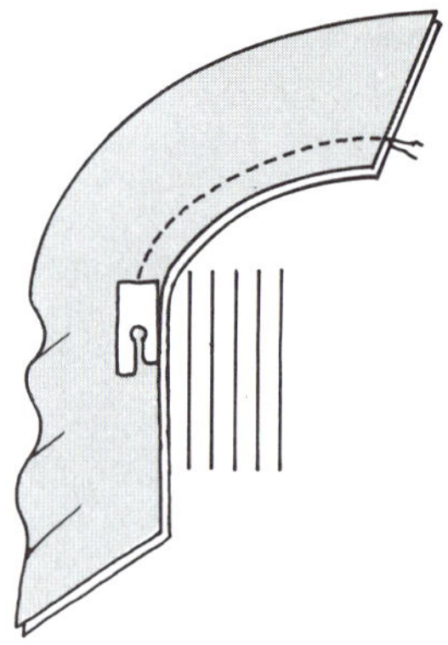

S'il s'agit d'une courbe concave, redressez-la pour qu'elle se présente droite devant le pied presseur et suivez les guide-lignes de la plaque à aiguille.

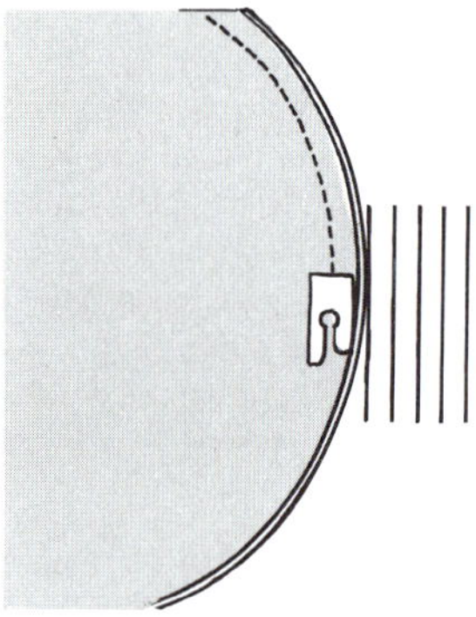

Pour une courbe convexe qu'il n'est pas possible de redresser, la tension du fil doit être un peu plus faible, afin de pouvoir mouvoir librement le tissu. Si l'arrondi à réaliser est petit, levez légèrement le levier avec la main droite, pendant que vous manipulerez le tissu de la main gauche; piquez à petits points en suivant les guide-lignes de la plaque à aiguille.

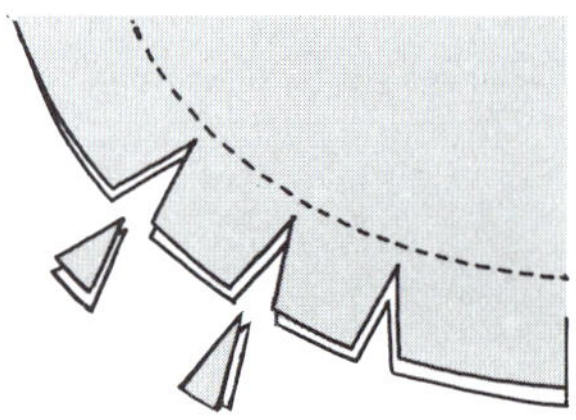

Ces coutures doivent être crantées avant d'être ouvertes et repassées sur la jeannette ou le cochonnet pour éviter plis ou tiraillement du tissu. Dans la couture convexe, faites des crans triangulaires, que vous dégarnirez au fur et à mesure, dans la couture concave des entailles jusqu'au ras de la piqûre.

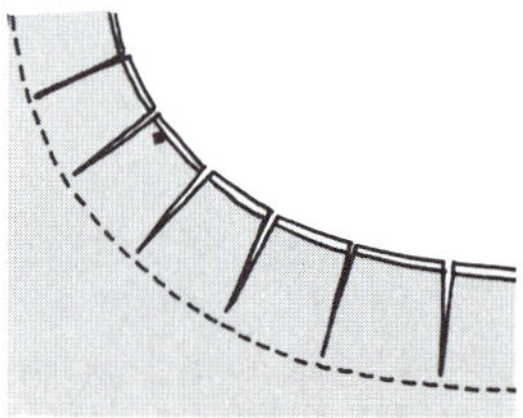

Pour commencer et arrêter une couture

Pour arrêter une couture, exécutez quelques points arrière à chaque extrémité. Afin d'éviter de lever le pied presseur à chaque fois, utilisez, au début et à la fin de la piqûre, un témoin (petit morceau de tissu) qui vous permettra de démarrer plus facilement, surtout lorsque vous travaillez un tissu fin ou particulièrement fuyant. Cette méthode présente en outre l'avantage de contrôler la dimension du point et la tension du fil.

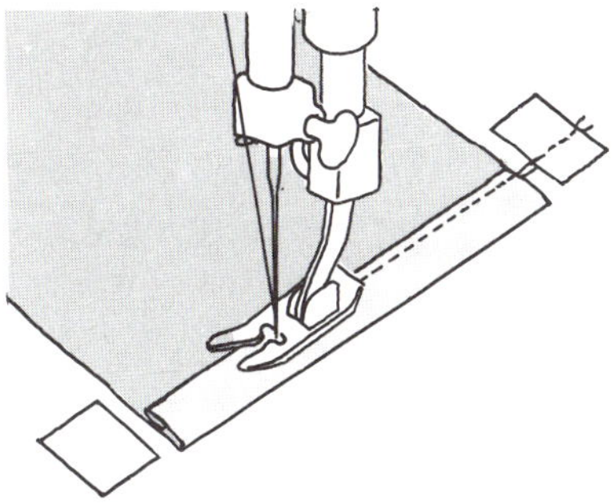

Coutures qui se croisent

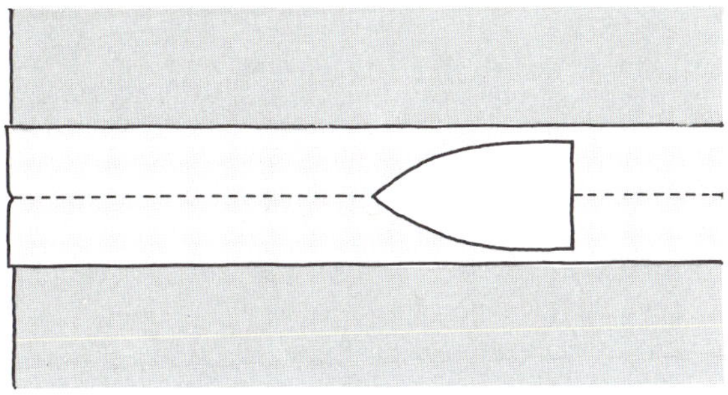

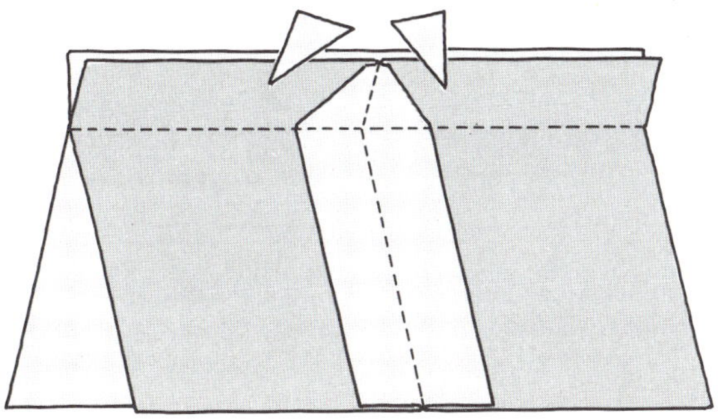

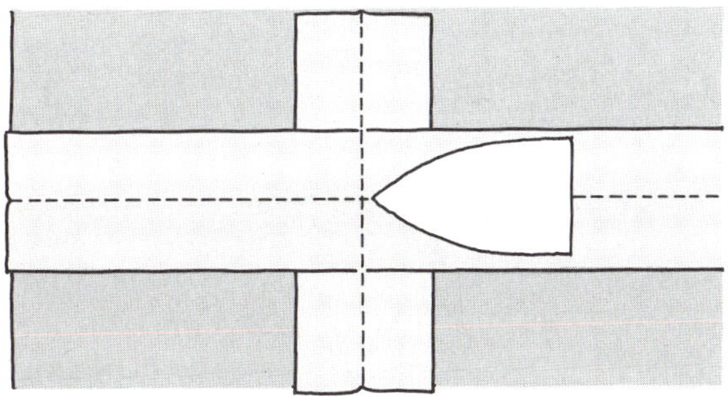

Faites d'abord la première couture, ouvrez-la au fer. Exécutez alors la deuxième couture d'assemblage. Si le tissu est épais, il faudra dégarnir les coins. Ensuite, vous ouvrirez et repasserez la deuxième couture d'assemblage.

Couture rabattue

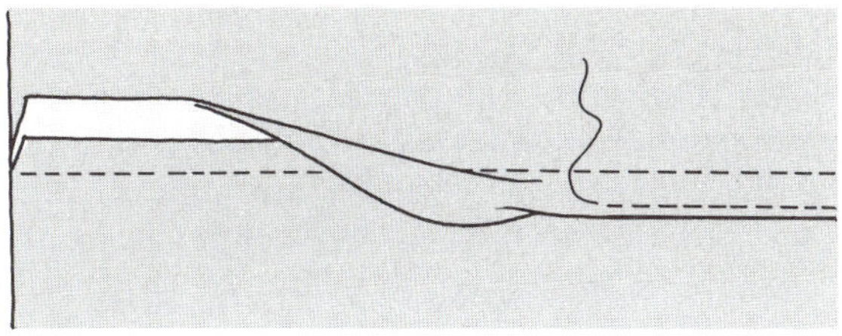

Cette couture particulièrement résistante s'utilise sur les vêtements qui se lavent fréquemment (vêtements de travail, de sport, chemises). Poser les deux épaisseurs de tissu endroit contre endroit en décalant légèrement les bords l'un par rapport à l'autre. Piquez au point droit. Rabattez ensuite la ressource de couture la plus large par-dessus la précédente sur le tissu en faisant un petit rentré. Bâtissez, piquez.

Couture anglaise

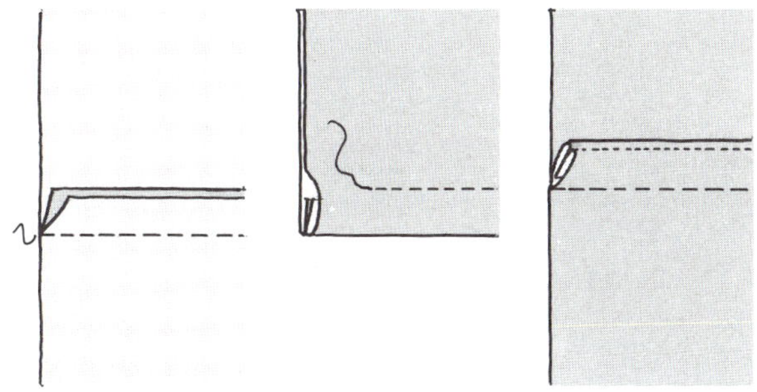

Les bords de la couture sont protégés de l'effilochage, car ils sont à l'intérieur de celle-ci. Mais l'épaisseur est quadruple. A utiliser avec des tissus très fins ou pour consolider un fond de poche. Assemblez les deux épaisseurs de tissu bord à bord envers contre envers; piquez. Repassez les bords en les couchant sur un côté. Retournez la pièce sur l'envers; la couture se trouve exactement à la pliure. Effectuez la seconde piqûre sans mordre sur les bords de la première.

Couture nervure

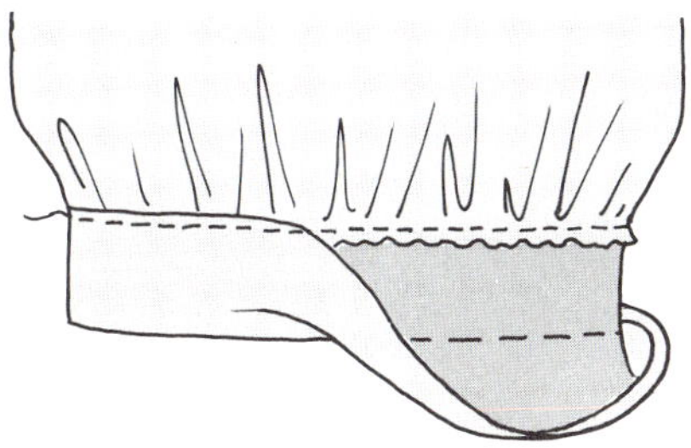

Elle sert souvent à rabattre sur l'endroit un dessus de col ou de poignet en tissu souple et léger (chemisier, robe, lingerie). Elle est non seulement utile, mais décorative, et donne un côté très « fini » au vêtement. Faites un rentré de 0,5 cm sur le bord à rabattre, bâtissez. Bâtissez le bord du rempli sur la pièce à assembler envers contre endroit. Piquez à l'extrême bord du rentré à 1 mm.

Les ourlets

Discrets, puisqu'ils doivent en principe rester invisibles, les ourlets font partie des finitions, mais il ne faut pas les négliger pour autant, bien au contraire, le chic et le tombant d'un vêtement dépendant en partie de leur bonne exécution. Qu'ils soient simples ou en forme, faits à la main ou à la machine, n'hésitez jamais à bâtir : une bonne préparation est une assurance de réussite. Vérifiez aussi soigneusement l'emplacement de l'ourlet avant de tailler. Les ourlets se marquent à plat, sur une surface unie, ou à la verticale, sur la personne.

Ourlets avec rentré

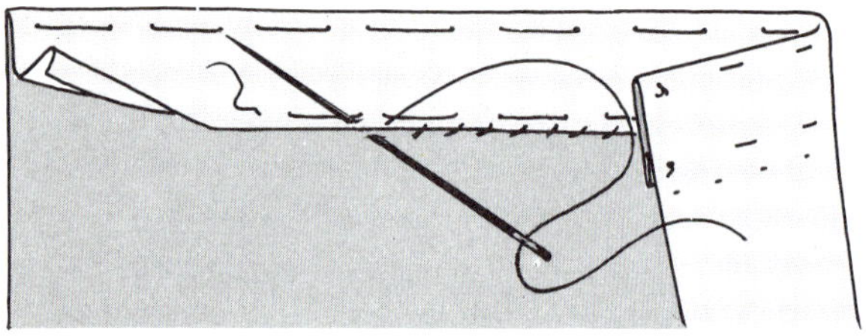

Ourlet simple. Marquez le bord de l'ourlet; égalisez-le en le mesurant, marquez le pli au fer et bâtissez le pli sur l'endroit à 1 cm du bord en bas. Rempliez 0,5 cm de tissu en haut de l'ourlet, et bâtissez le haut de l'ourlet au bord du rempli : fixez à points glissés ou points de côté (voir p. 38, 39). Si l'étoffe est un peu épaisse, vous aurez intérêt à bâtir et à repasser le rempli avant de replier l'ourlet.

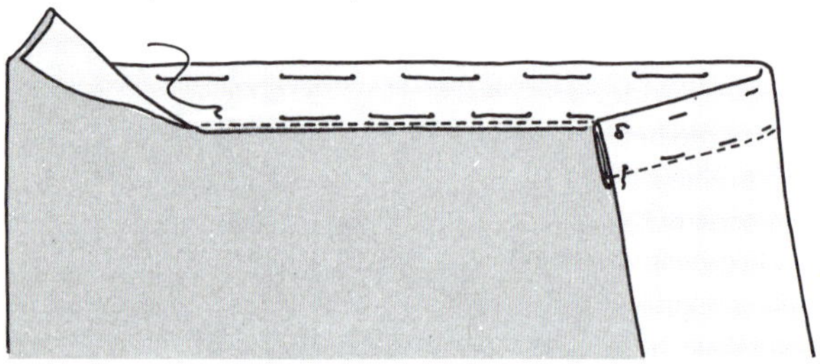

Ourlet lingerie. Il est plus petit que le précédent. Il est beaucoup employé en confection pour les robes légères. Pour les bas de chemisiers, la lingerie, le rempli a bien souvent la même valeur que l'ourlet. La préparation est la même que pour l'ourlet précédent. Fixez-le à points glissés ou de côté à la main ou au point droit à la machine.

Ourlets à plat

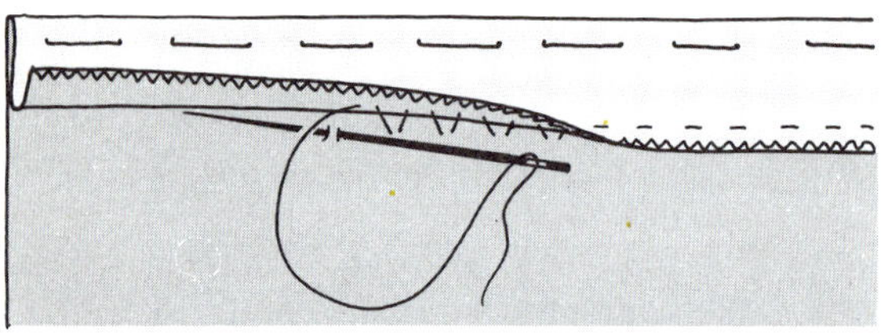

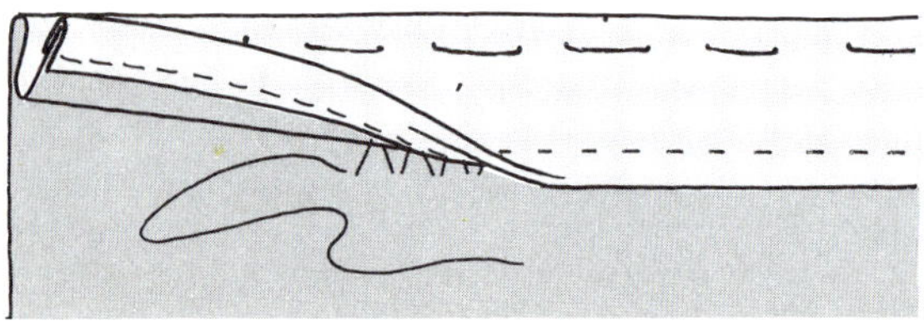

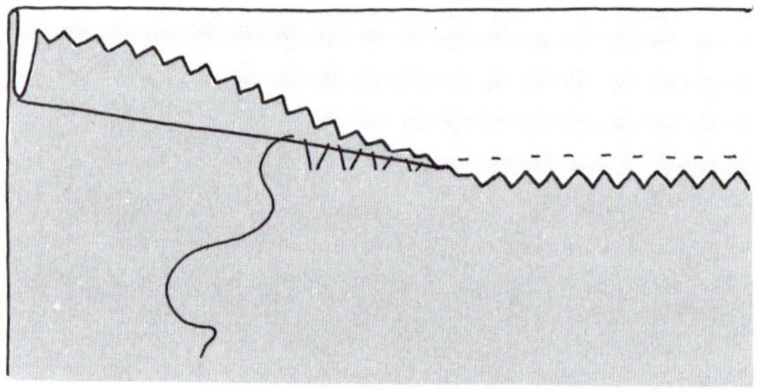

Ourlet bagué. Souvent employé en confection au bas des jupes et des robes, il convient aussi aux tissus épais, pour lesquels il vaut mieux éviter de faire un rentré.
Marquez l'ourlet, égalisez-le. Repassez-le éventuellement. Bâtissez en bas à 1 cm de la pliure et en haut à 1,5 cm du bord. Cet ourlet n'ayant pas de rentré, il faut donc préparer le bord vif du tissu. Si c'est un tissu qui s'effiloche, commencez par surfiler le bas de l'ourlet à la main au point de surfil (voir p. 39), ou à la machine au point de zigzag ou au point de zigzag multiple (voir p. 40). Vous pouvez également protéger le bord vif par un biais à cheval (voir p. 240). Si le tissu ne s'effiloche pas, un crantage aux ciseaux cranteurs sera suffisant. Fixez à la main à points coulés ou à la machine à points invisibles.

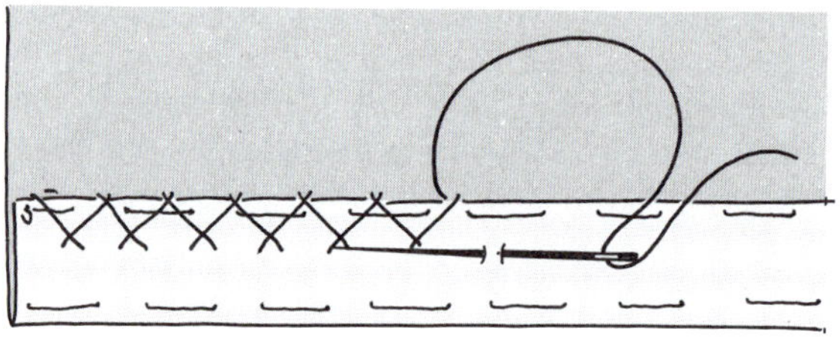

Ourlet au point de chausson. Pour tissus épais, comme ceux des manteaux, des vestes ou des doubles rideaux, qui seront ensuite cachés par la doublure. Bâtissez en bas et en haut comme indiqué précédemment. Fixez au point de chausson (voir p. 39).

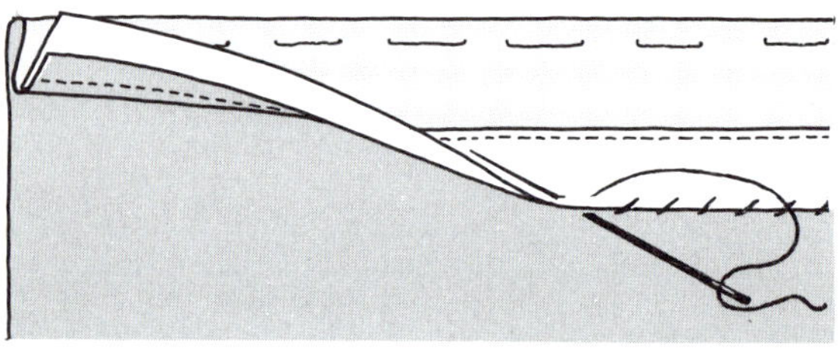

Ourlet avec extra-fort. Utilisé pour les tissus épais, notamment pour des vêtements d'enfant, car il est très solide. Bâtissez puis piquez l'extra-fort sur l'endroit du tissu à 0,5 cm du bord. Faites l'ourlet en bâtissant en haut et en bas. Fixez à points de côté. Choisissez de préférence un extra-fort d'une teinte assortie au tissu.

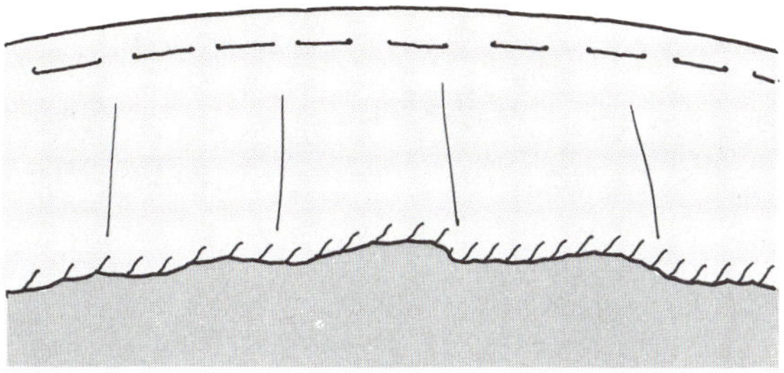

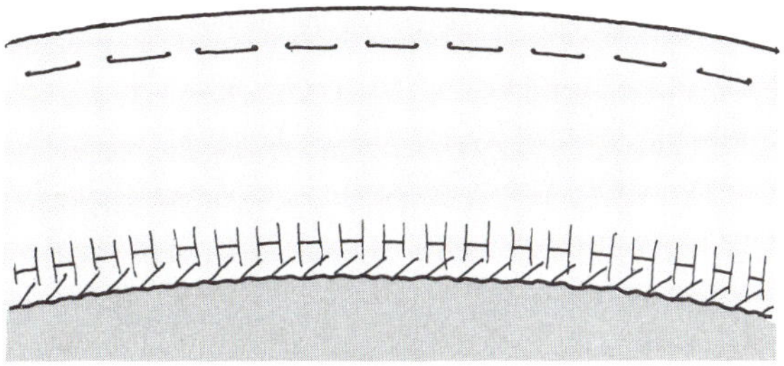

Ourlet en forme. Pour les vêtements (jupes et robes) dont le bas est arrondi et d'une ampleur telle que lorsqu'on replie l'ourlet, il y a dans le haut un embu qu'il faut résorber. Bâtissez le long de la pliure. Surfilez le bord de l'ourlet. Au-dessus du surfil, passez un rang de fronces à 2 ou 3 mm du bord. Tirez sur le fil de fronces et répartissez régulièrement l'excès d'ampleur. Rentrez au fer avec une pattemouille en tenant le fer horizontalement et en faisant un mouvement de bas en haut. Épinglez ou bâtissez en prenant les fronces dans un point arrière. Fixez à points invisibles ou à points coulés (voir p. 38).

Faux-ourlet

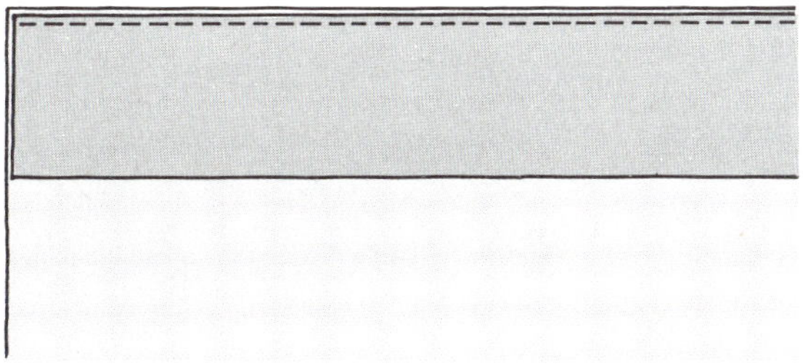

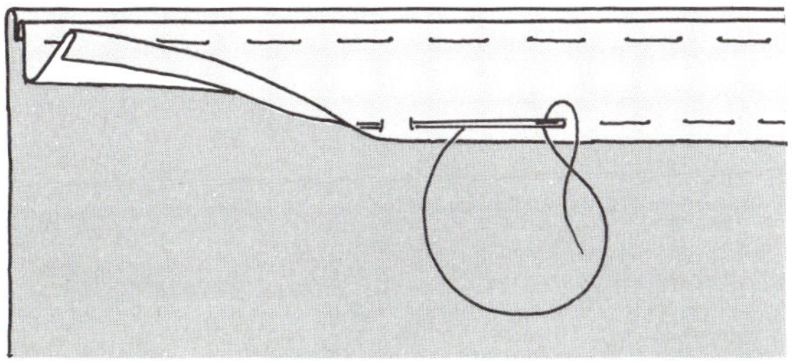

Il est conseillé pour rallonger un vêtement trop court, ou lorsque vous réalisez vous-même une jupe ou une robe si vous manquez de tissu dans la hauteur. Coupez une bande de tissu d'une largeur égale à la hauteur de l'ourlet désiré. Assemblez cette bande au bas du vêtement à ourler .endroit contre endroit, bâtissez, piquez à 0,5 cm. Ouvrez la couture au fer. Repliez le faux-ourlet — le pli de l'ourlet doit se trouver au moins à 0,5 cm de la couture. Bâtissez le bas de l'ourlet à 1 cm. Bâtissez le haut de l'ourlet, sur lequel vous ferez ou non un rempli. Fixez le haut de l'ourlet avec des points exécutés à la main ou à la machine, selon l'une ou l'autre des méthodes précédentes.

Rabattre la doublure sur un ourlet

Certains vêtements, comme les vestes ou les manteaux, sont taillés dans des tissus épais qui ont tendance à se détendre, alors que la doublure, elle, ne bouge pas. C'est pour cette raison qu'on ne fixe jamais la doublure dans l'ourlet.

Taillez la doublure avec un excédent de 2 cm dans la hauteur, ourlet terminé. Bâtissez au bas de la doublure un rentré de 1 cm. Après avoir fait l'ourlet du vêtement, marquez ensuite à la craie tailleur une ligne à 3 cm du bord du bas de l'ourlet. Bâtissez puis fixez très soigneusement la doublure à points glissés (voir p. 38) sur le rempli de l'ourlet en suivant cette ligne. Quand le travail est terminé, la doublure recouvre la couture de 2 cm et cache les points.

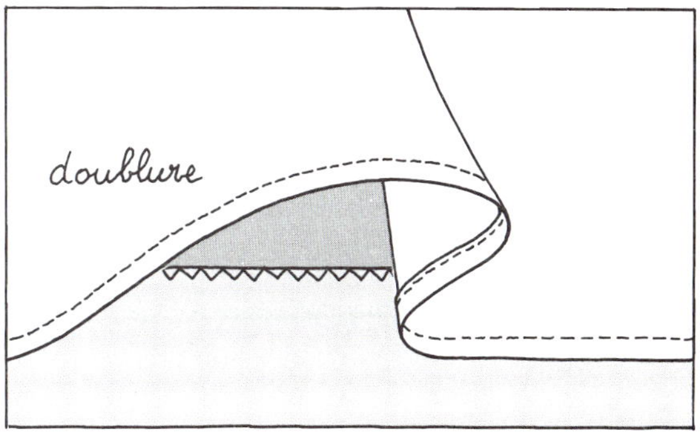

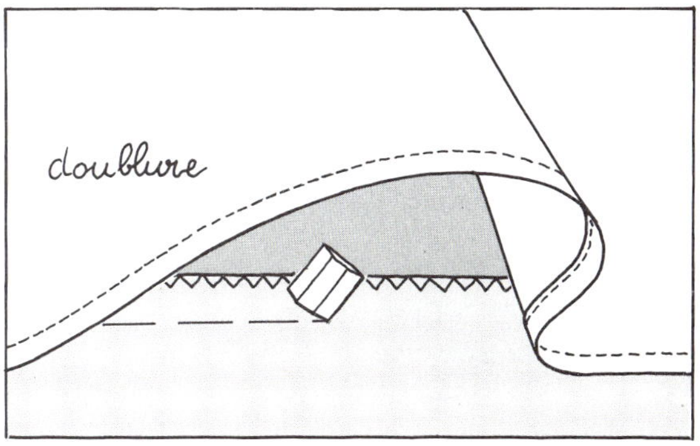

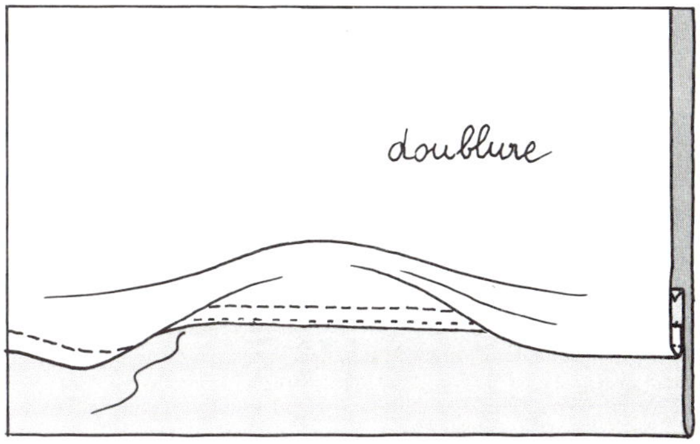

LES FERMETURES

Les boutonnières

Elles sont soit verticales, soit horizontales. Les premières conviennent aux vêtements flous et légers (robes, chemisiers, lingerie), les secondes sont mieux adaptées lorsque les boutons sont assez gros, et le tissu épais (manteaux, vestes, blousons).
Marquez l'emplacement de toutes vos boutonnières avant de fendre le tissu et soignez leur exécution, car elles contribuent grandement à l'allure du vêtement.

Emplacement des boutonnières

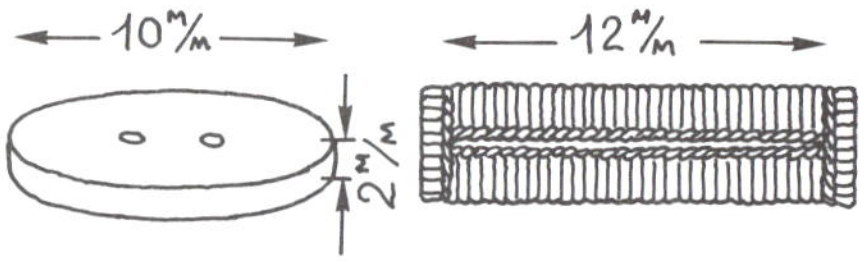

La longueur d'une boutonnière est égale au diamètre du bouton plus l'épaisseur de celui-ci. Si un bouton a 10 mm de diamètre et 2 mm d'épaisseur, la longueur sera de 12 mm. Mais à l'encolure, la première boutonnière devra être plus longue, dépassant de 2 ou 3 mm en hauteur l'emplacement calculé précédemment, pour donner du jeu afin que les boutons suivant puissent rester au centre des boutonnières.

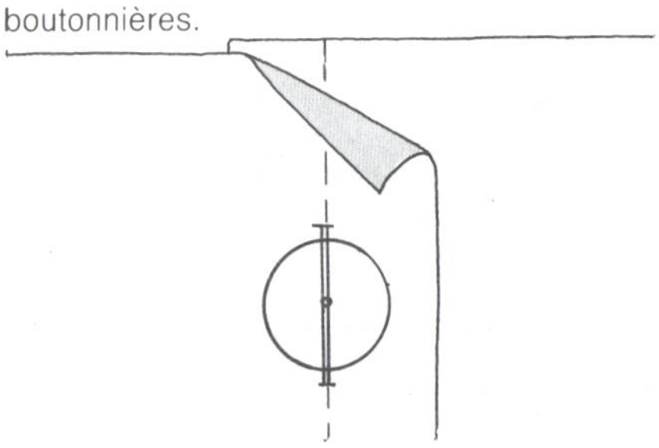

Boutonnière verticale. Le bouton vient se placer au milieu de la boutonnière. Celle-ci se trouve exactement sur la ligne du milieu de la croisure des bords du vêtement.

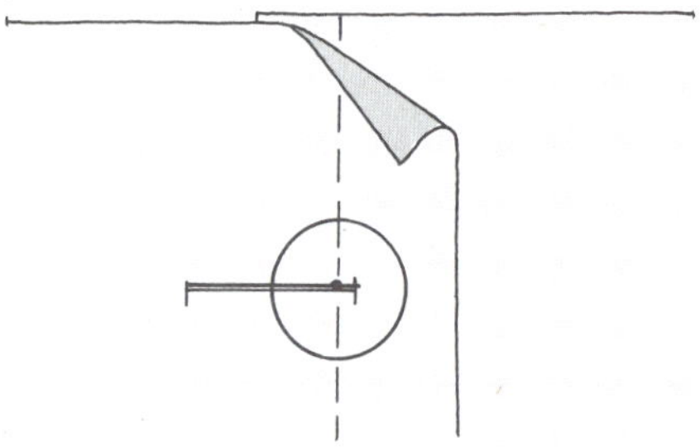

Boutonnière horizontale. Le bouton, dans ce cas, vient se loger à l'extrémité de la boutonnière. Cette dernière dépasse de 2 ou 3 mm la ligne du milieu-devant ou la ligne du milieu de la croisure des bords du vêtement.

Boutonnière brodée à deux brides

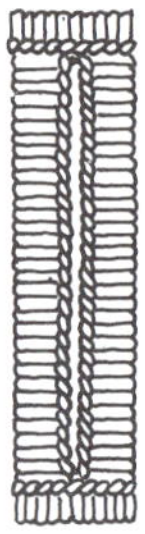

C'est une boutonnière verticale.

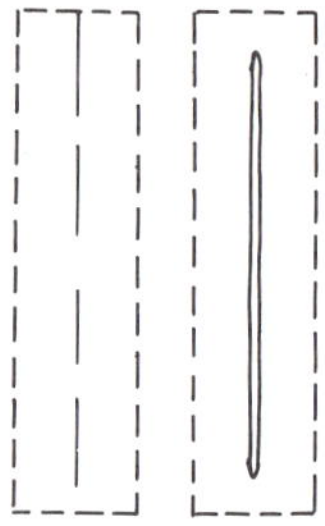

1 Marquez l'emplacement de la fente et les extrémités de la boutonnière. Faites une piqûre machine de chaque côté de cette ligne; ces piqûres, espacées l'une de l'autre de 3 ou 4 mm, serviront de guide pour la hauteur des points de boutonnière.
Fendez la boutonnière avec des ciseaux à broder bien affûtés; veillez à ne pas dépasser la dimension prévue.

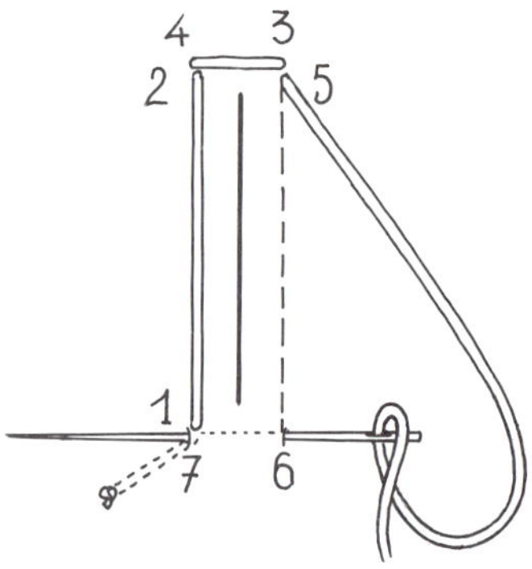

2 Sur la piqûre machine, en procédant selon le dessin et en suivant l'ordre de 1 à 7, posez un cordonnet qui renforcera les bords de la boutonnière et donnera du volume et du relief à la broderie. Laissez l'extrémité du cordonnet libre (sans nœud), vous le couperez quand la broderie sera terminée.

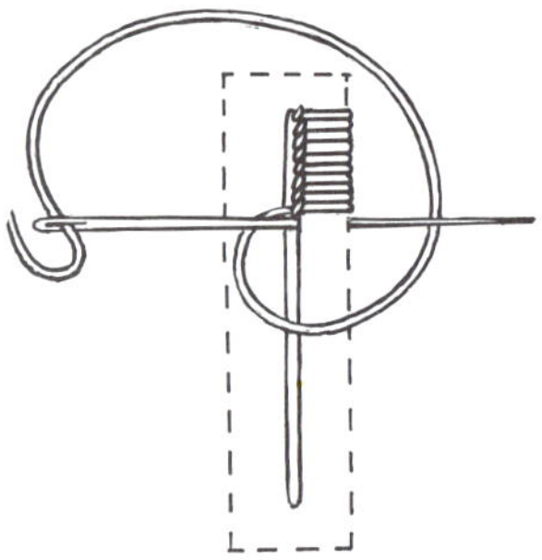

3 Brodez une première fente, puis l'autre en travaillant de droite à gauche au point de boutonnière. Piquez dans la fente à gauche du point précédent, faites passer les fils sortant du chas de droite à gauche sous l'aiguille, puis tirer l'aiguille et le fil vers le haut de la fente pour que la boucle se fasse au bord de la fente.

4 Faites ensuite les extrémités. Pour cela, passez deux fils d'un bord à l'autre, brodez autour de ces fils en prenant dans l'épaisseur du tissu et en dirigeant les boucles des points vers la boutonnière. Coupez le fil sous les points à l'envers de la boutonnière après avoir fait un point arrière.

Fausse boutonnière

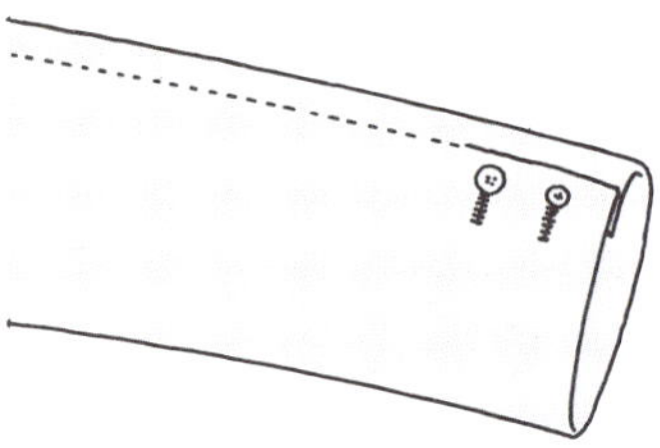

C'est une boutonnière décorative. Vous l'exécuterez sur le revers d'une veste ou au bas de la manche comme une boutonnière à une bride. Elle doit être particulièrement soignée, à points égaux.

Boutonnière brodée à une bride

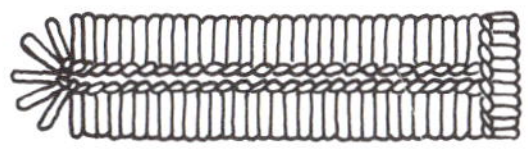

C'est une boutonnière horizontale.

Procédez comme pour la boutonnière à deux brides pour le marquage et la pose du cordonnet (voir ci-contre).

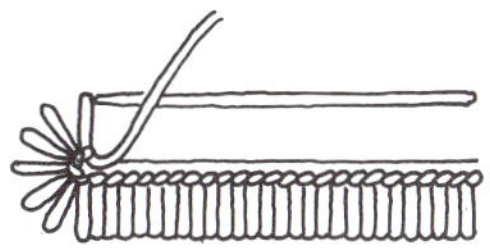

1 Brodez tout autour de la fente : partez du côté opposé au bord du vêtement en faisant un point de boutonnière. Arrivée à l'arrondi, répartissez bien les points tout autour en un demi-cercle régulier.

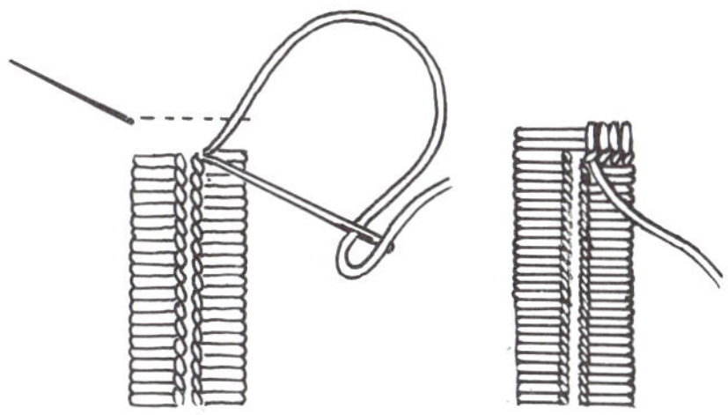

2 Pour terminer, piquez l'aiguille dans le premier point de boutonnière; faites-la ressortir en oblique à côté du dernier point.

3 Faites deux points d'un bord à l'autre de l'extrémité de la boutonnière. Brodez autour de ces fils en prenant dans l'épaisseur du tissu et en dirigeant les boucles des points vers la boutonnière.
Glissez le fil sous les points à l'envers de la boutonnière et coupez-le après avoir fait un point arrière.

Boutonnière brodée à œillet

C'est une boutonnière horizontale. On l'utilise pour des vêtements dont l'étoffe est épaisse. L'œillet est destiné à loger la tige du bouton dans un espace suffisant pour que la boutonnière ne se déforme pas lorsque le vêtement est fermé.

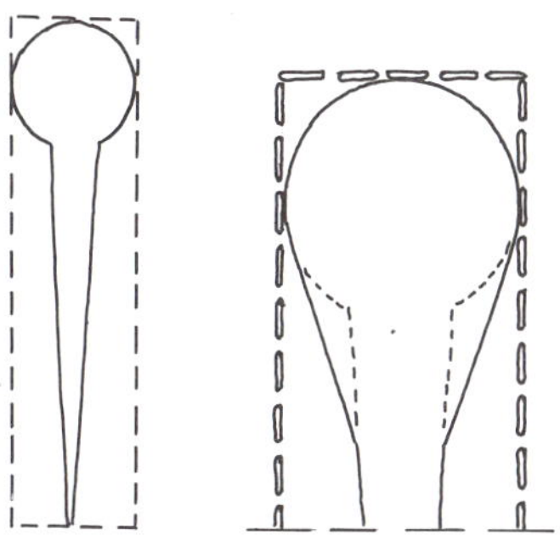

1 Marquez l'emplacement de la fente de la boutonnière et ses deux extrémités. Faites une piqûre machine de chaque côté de cette ligne. Perforez l'œillet du côté du bord du vêtement, puis fendez le reste du tissu jusqu'au ras de la piqûre. Dégagez les petits triangles de tissu entre la fente et l'œillet.

2 Passez un cordonnet autour de la boutonnière selon le dessin en suivant l'ordre de 1 à 7.

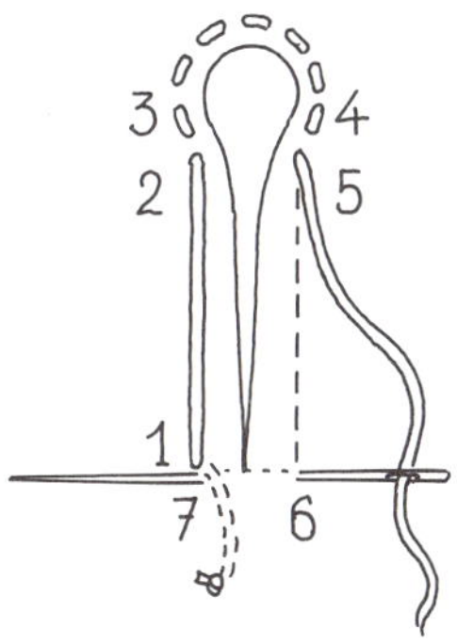

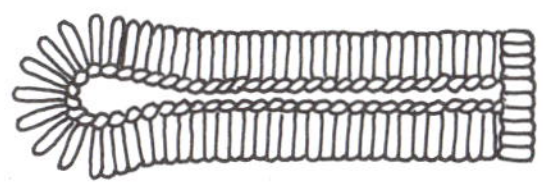

3 Brodez la boutonnière tout autour de la fente en suivant les mêmes explications que pour la boutonnière brodée à une bride.

Œillet

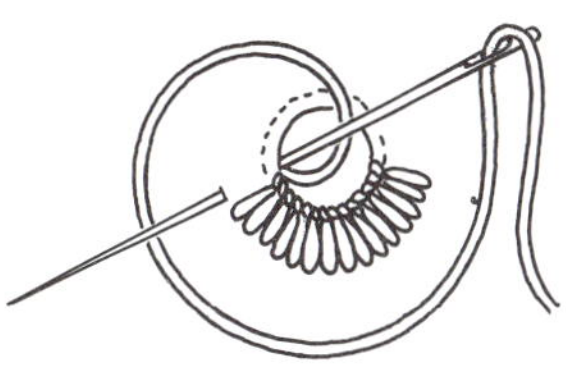

On l'emploie pour les fermetures lacées et sur les ceintures.
Perforez l'œillet; exécutez tout autour un point de devant avec du cordonnet pour renforcer le tissu. Brodez ensuite avec un point de feston très régulier.

Boutonnière passepoilée

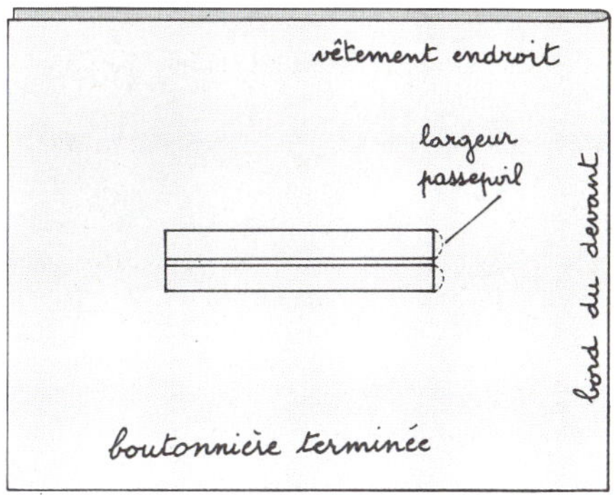

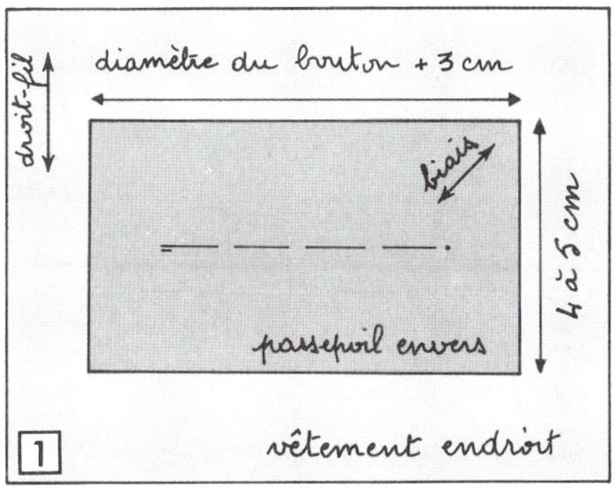

1 Coupez un rectangle de tissu en plein biais, dont la longueur sera égale au diamètre du bouton plus 3 cm, et la largeur de 4 à 5 cm, selon l'épaisseur du bouton. Appliquez-le, endroit contre endroit du vêtement, à l'emplacement prévu pour la boutonnière. Marquez l'emplacement de la fente.

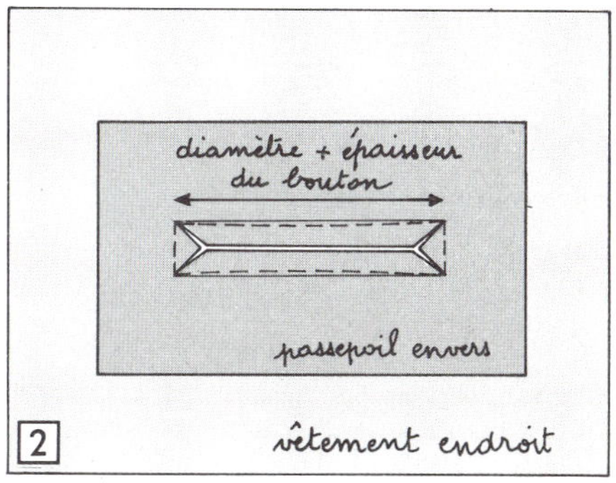

2 Délimitez à l'aide d'un bâti le contour extérieur de la boutonnière et faites une piqûre machine à points très serrés autour de l'emplacement de la fente.
Cette piqûre en rectangle a pour longueur le diamètre du bouton additionné de son épaisseur, et pour largeur de 3 à 5 mm selon l'épaisseur du bouton.
Coupez très proprement les deux épaisseurs de tissu, au milieu du rectangle en vous arrêtant à 4 mm des deux extrémités afin de couper les angles en biseau jusqu'au point d'angle de la piqûre.

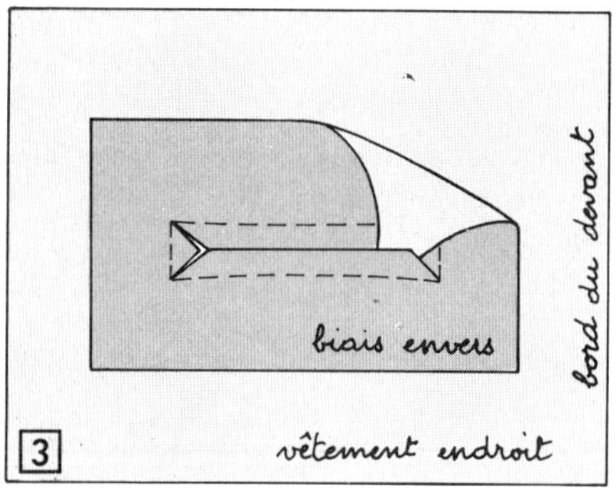

3 Retournez le biais sur l'envers du vêtement en passant par la fente qui vient d'être ouverte.

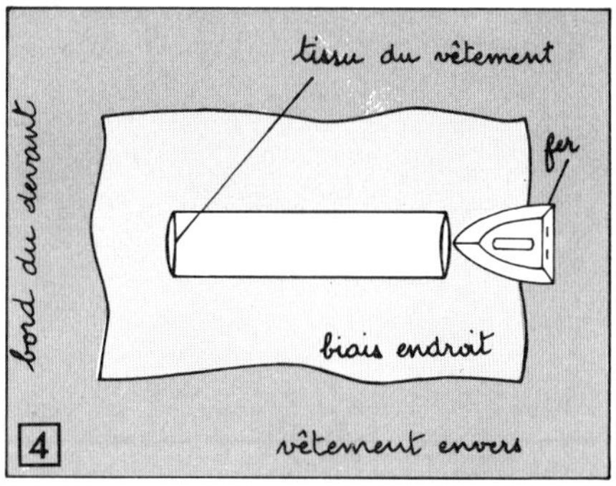

4 Sur l'envers du vêtement, repassez très délicatement, en tirant légèrement le tissu du passepoil sur la largeur de la boutonnière de telle sorte que le tissu de l'endroit apparaisse un peu sur l'envers.

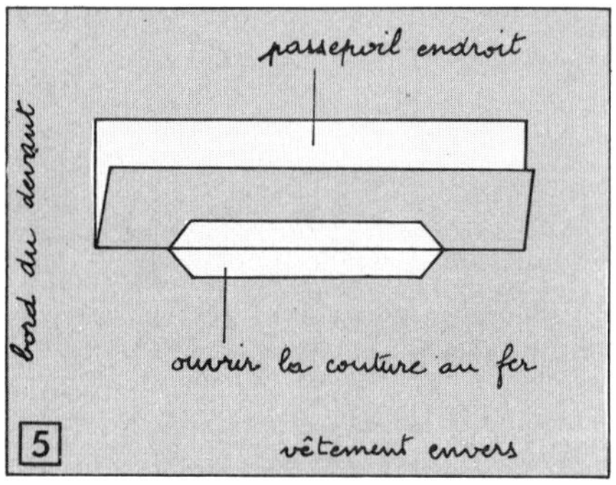

5 Écrasez ensuite au fer la couture entre les deux lèvres de la boutonnière.

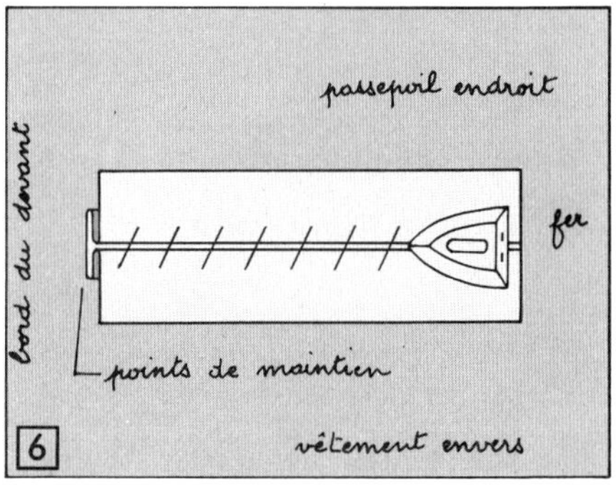

6 Rabattez chaque côté du passepoil de façon à juxtaposer les deux lèvres de la boutonnière. Maintenez les replis par quelques points et repassez.

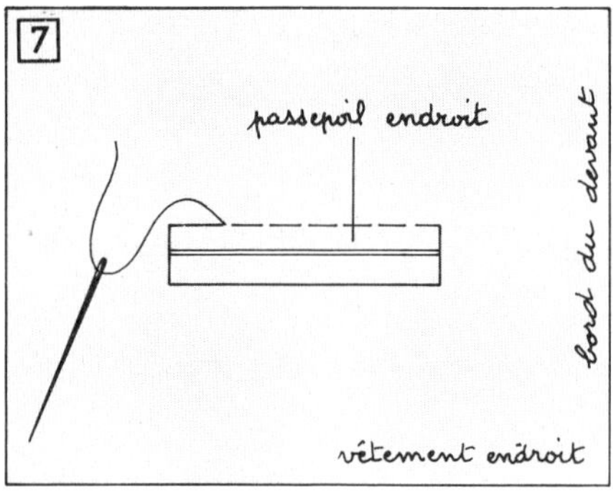

7 Sur l'endroit du vêtement, faufilez le passepoil dans la couture précédemment faite.

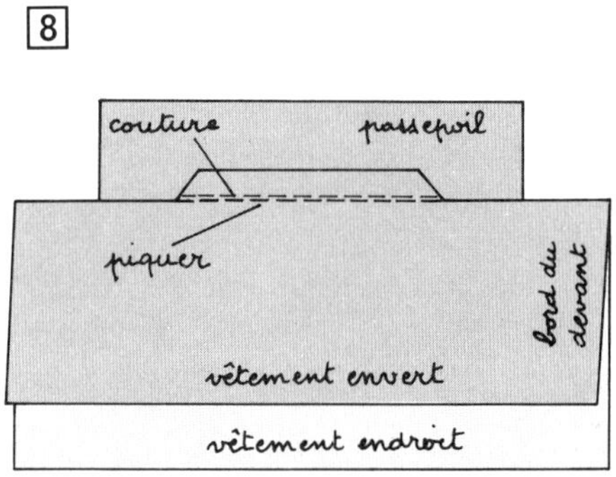

8 Sur l'envers du vêtement, faites une piqûre machine au ras de la couture d'assemblage pour fixer la marge de couture du passepoil et le morceau replié.

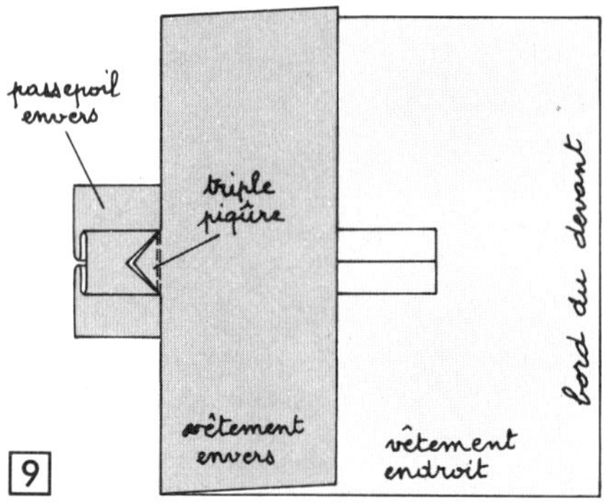

9 Fixez sur le rectangle les petits triangles, qui se trouvent à l'envers, entre le vêtement et le passepoil, par une triple piqûre.

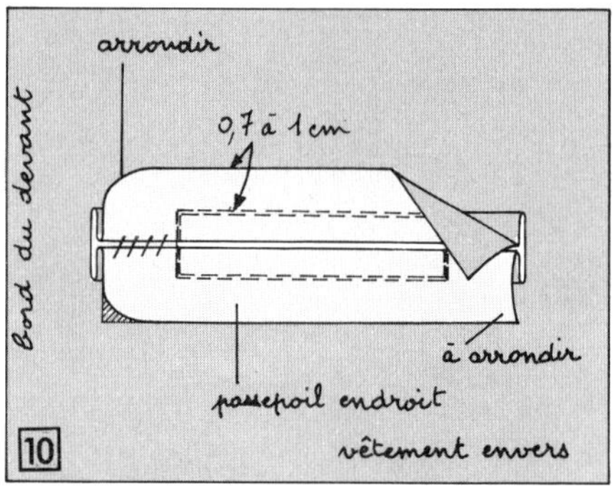

10 Sur l'envers, recoupez nettement les bords du tissu du passepoil (de 0,7 à 1 cm) sur la longueur, et arrondissez les angles. Faites sur l'envers un point coulé pour maintenir le pli creux formé par le passepoil.

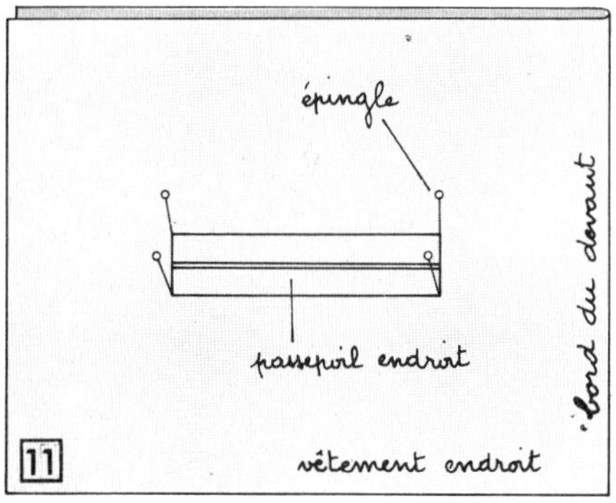

11 Fixez la parmenture sur l'envers de la boutonnière. Pour cela, piquez 4 épingles sur l'endroit dans chaque angle afin de déterminer l'emplacement de la fente sur la parmenture. Marquez le pourtour du passepoil sur la parmenture.

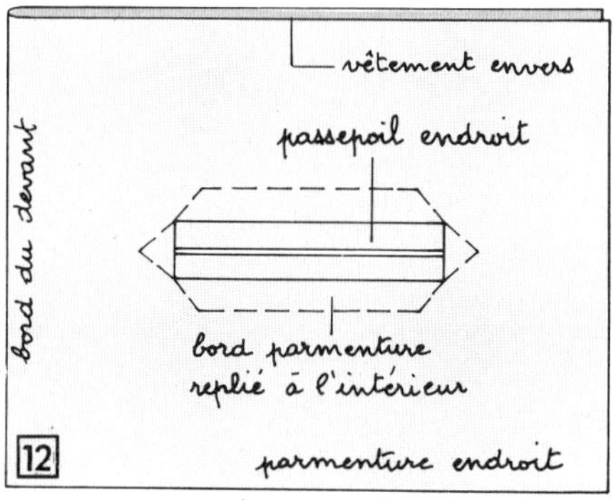

12 Fendez la parmenture au milieu du rectangle ainsi marqué, droit sur la longueur, en biais dans les angles (voir dessin 3), puis repliez les bords vers l'intérieur entre le tissu du vêtement et celui de la parmenture.

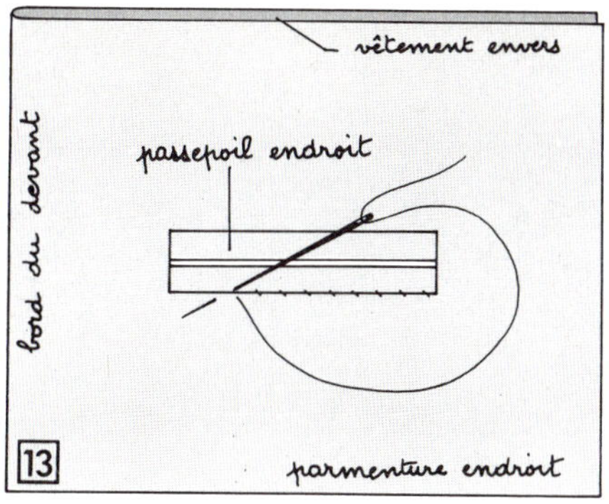

13 Fixez la parmenture autour du passepoil, à points d'ourlet très réguliers.

Boutonnière passepoilée à œillet

Elle convient aux vestes et manteaux pour lesquels il faut de grands boutons.

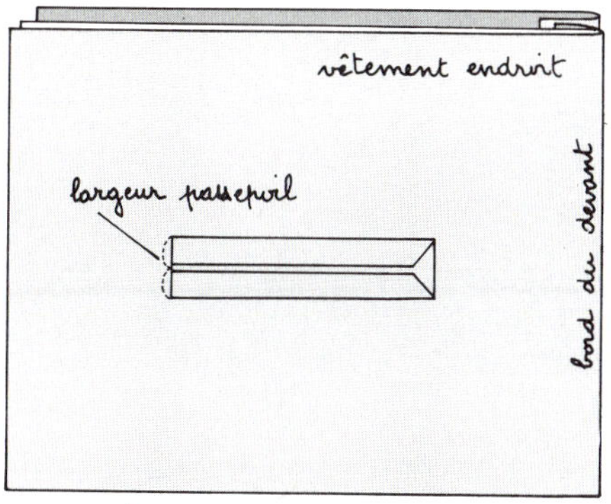

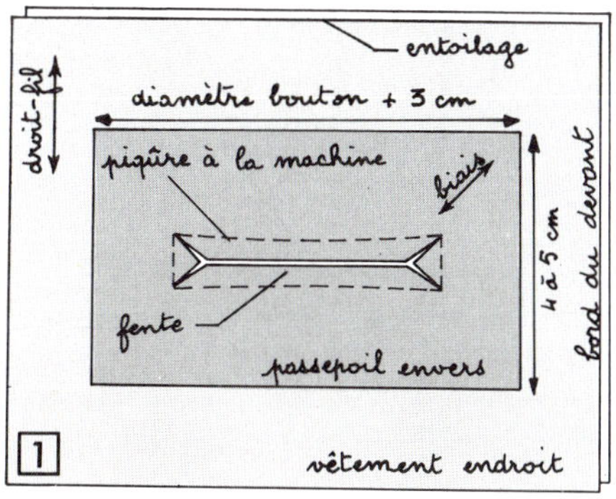

1 Le principe est le même que pour la boutonnière passepoilée simple. (Noter toutefois l'entoilage préalable.)

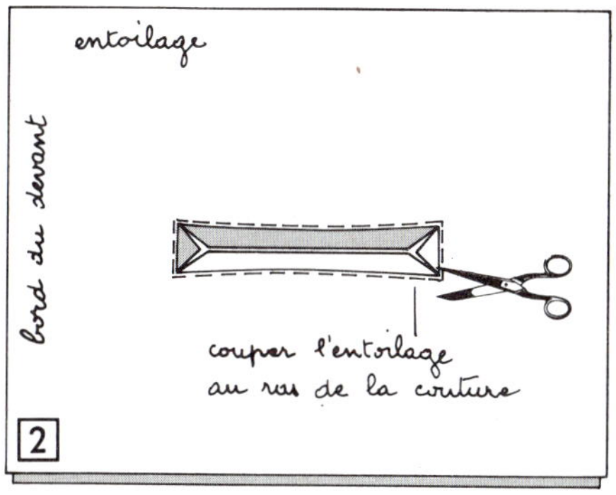

2 Sur l'envers, recoupez l'entoilage au ras de la couture.

3 Du côté du bord du vêtement, fendez le tissu du passepoil jusqu'à quelques millimètres des piqûres de la boutonnière.

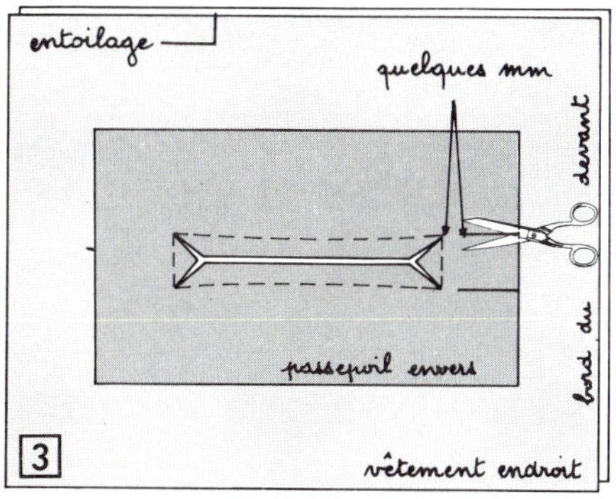

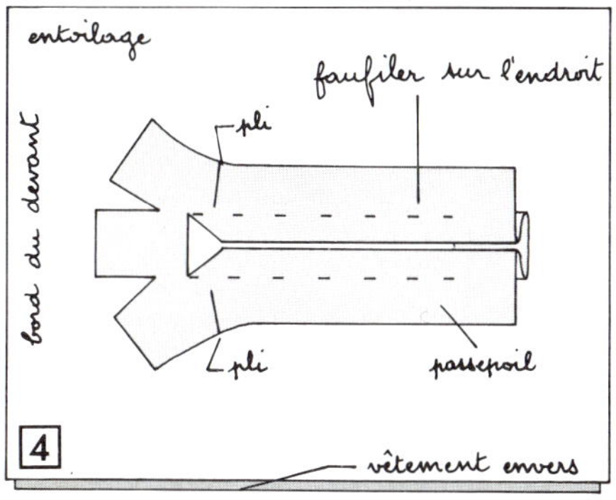

4 Retournez sur l'envers du vêtement et formez le pli du passepoil de chaque côté. Ouvrez les fentes en formant un pli à quelques millimètres de l'extrémité de la boutonnière, ce qui formera l'œillet. Faufilez le passepoil dans la couture d'assemblage, sur l'endroit du vêtement.

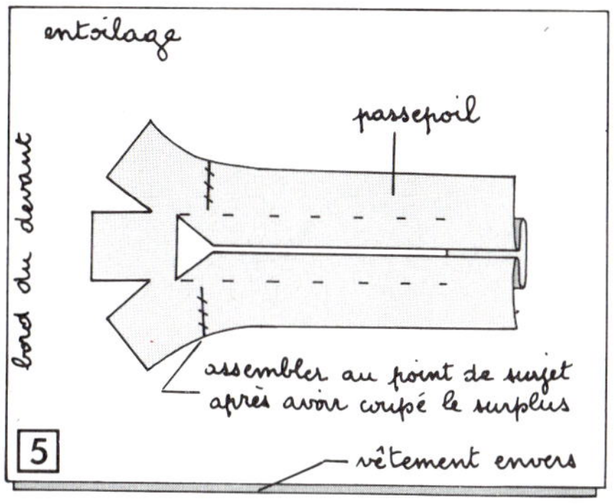

5 Si le tissu est épais, coupez le surplus de cette pince et fermez à petits points de surjet (voir p. 39).

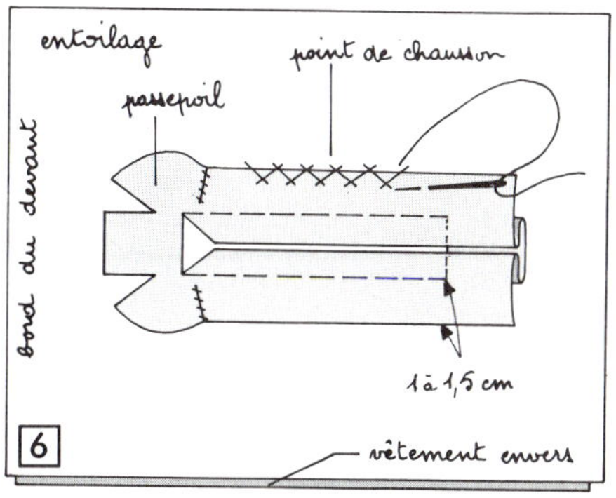

6 Fixez le passepoil comme indiqué pour la boutonnière passepoilée simple (dessins 9 et 10). Fixez le tissu du passepoil sur l'entoilage au point de chausson, tout autour de la boutonnière, après avoir arrondi les angles près de l'œillet.

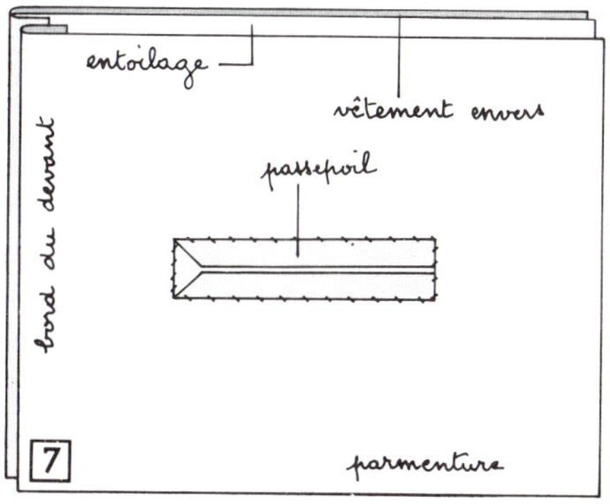

7 Posez la parmenture ou le rabat sur la boutonnière, marquez l'emplacement du passepoil et coupez comme pour la boutonnière passepoilée simple (voir dessins 11 et 12). Repliez les bords à l'intérieur et fixez à points de côté très délicatement, particulièrement autour de l'œillet.

Les brides

Il en existe de deux sortes : les brides brodées, qui s'utilisent en lingerie ou sur les vêtements légers pour les petits boutons et peuvent également servir de portes aux agrafes, et les brides en tissu (généralement réalisées dans le même tissu que le vêtement). Ces dernières se taillent dans le biais; les « queues de rat » ont une forme arrondie, les « cocottes » sont repliées en pointe (voir p. 224).

Brides brodées

On les fixe au bord de la croisure, à l'intérieur d'un ourlet ou d'une parmenture.

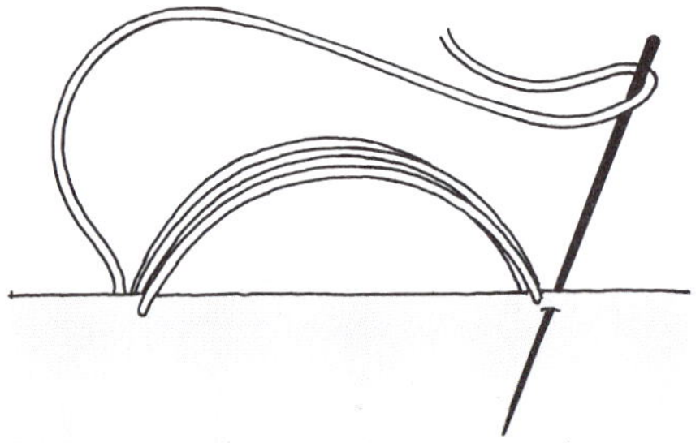

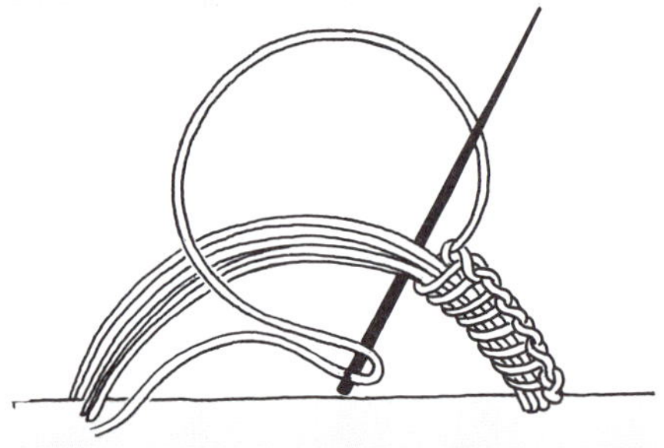

1 2 Bride au point de feston. Lancez quatre ou cinq fois le fil d'un point à l'autre; brodez serré par-dessus. Terminez sur l'envers en faisant plusieurs points d'arrêt solides.

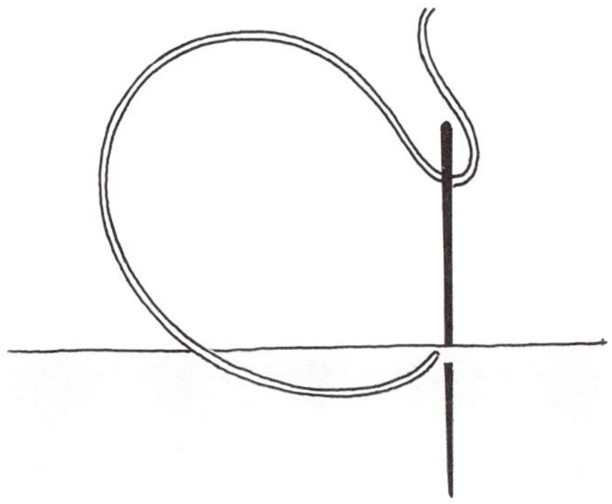

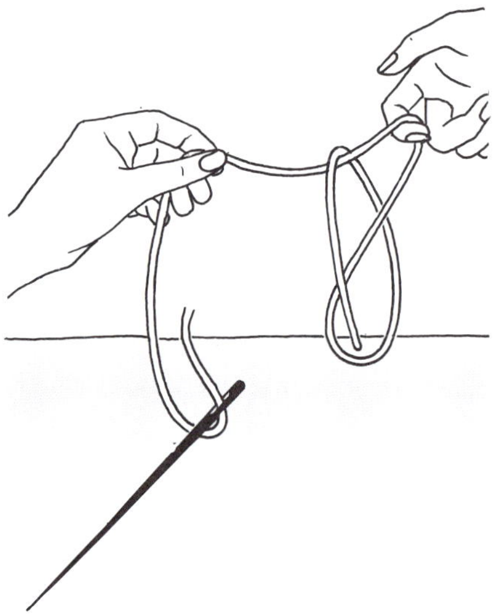

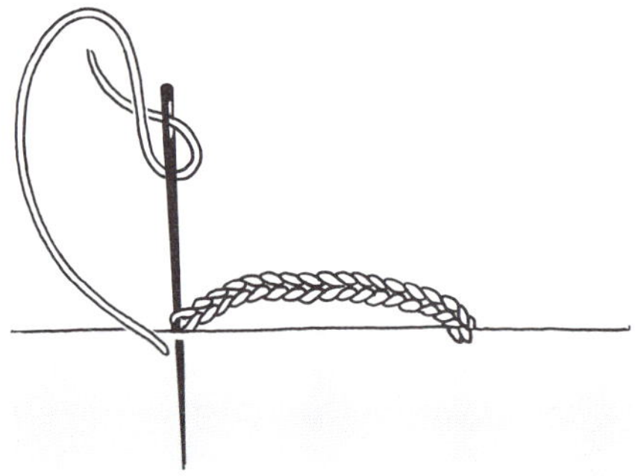

1 2 3 4 Bride au point de chaînette. Procédez selon les dessins. Terminez sur l'envers par des points d'arrêt. Moins solide que la bride-feston.

Brides en tissu

On distingue les cocottes, plates avec une pointe triangulaire (voir p. 224), et les queues de rat de forme arrondie (ci-contre).
Taillez en plein biais un ruban de 2 cm de large. Étirez-le au fer pour éviter que les coutures craquent lorsqu'il sera retourné. Pliez-le en deux dans le sens de la longueur. Piquez à 2 ou 2,5 mm de la pliure. Recoupez la ressource à 2 ou 3 mm selon que vous désirez un fini plat ou épais. Retournez et repassez avec grand soin.
Ces brides sont généralement prises en fourreau entre le tissu et la parmenture. La distance entre les deux extrémités d'une bride est égale au diamètre du bouton.

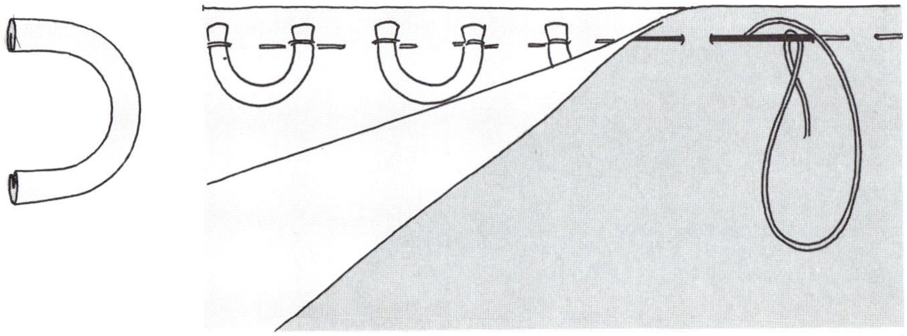

Boutons, boutons-pression, agrafes

Leur taille, le fil qui servira à les fixer doivent être adaptés au type de tissu auquel ils sont destinés.
Les finitions ayant toujours une grande importance dans la réussite d'un ouvrage, procédez à leur mise en place avec soin et cousez-les fortement avec un fil solide ou du cordonnet de coloris assorti.

Les boutons

Marquez l'emplacement avec une épingle piquée à travers la boutonnière du vêtement fermé. Faites un ou deux points arrière à cet emplacement; ôtez l'épingle.

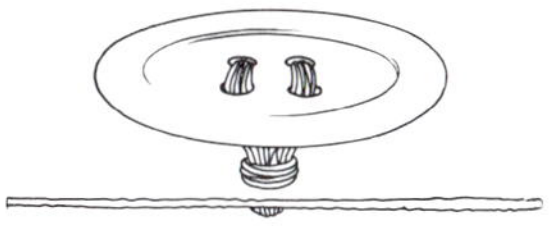

1 Pose classique. Faites une tige en passant plusieurs fois l'aiguillée au travers de chaque trou du bouton, puis entourez la tige avec le fil. Passez le fil sur l'envers et faites un nœud ou plusieurs points arrière superposés.

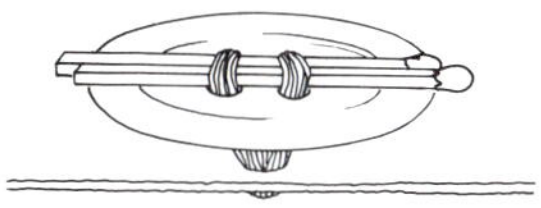

2 Sur un tissu épais. La tige doit être très haute pour que la boutonnière ne tire pas sur le bouton. Cousez ce dernier comme expliqué précédemment, mais en maintenant une allumette ou une grosse aiguille entre le dessus et le fil.

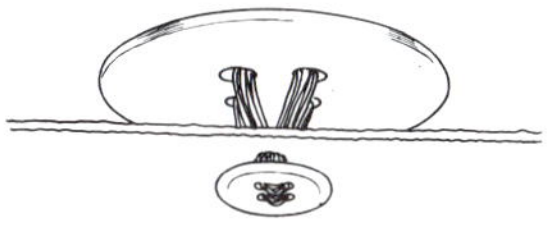

3 Pour éviter le déchirement. Sur des matières fragiles (ciré, skaï, laine), procédez de la manière classique, mais en cousant en même temps un petit bouton sur l'envers du travail.

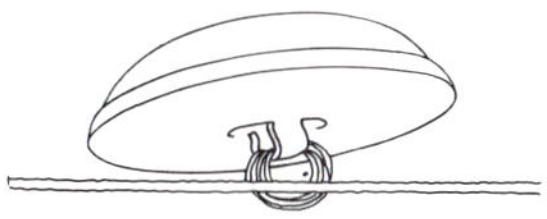

4 Pour le bouton à tige. Utilisez un fil très solide, surtout si la tige est métallique et plate. Suivez la méthode classique, mais il est inutile d'entourer la tige avec le fil.

Les boutons-pression

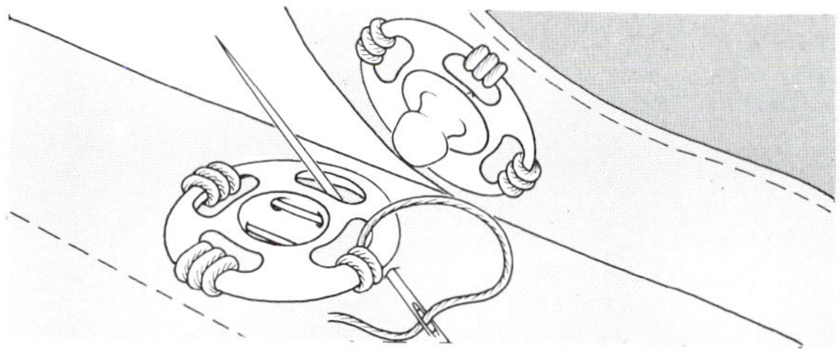

Fixez d'abord la partie creuse. Marquez l'emplacement par une épingle. Cousez en passant quatre ou cinq fois dans chaque trou. Enduisez l'autre partie du bouton de craie. Superposez et pressez l'autre bord du vêtement pour marquer l'emplacement. Cousez.

Les agrafes

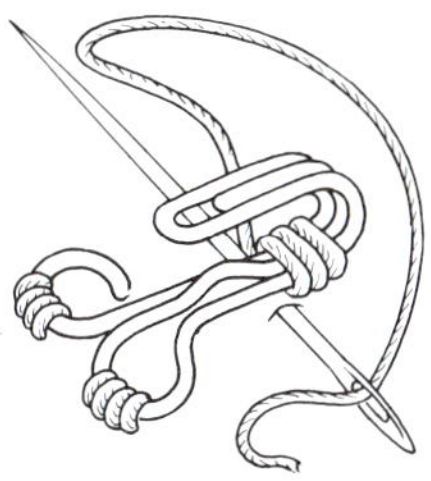

1 Marquez l'emplacement de chacun des éléments. Posez d'abord l'agrafe, que vous placerez légèrement en retrait du bord. Fixez d'abord les deux anneaux, puis la tige.

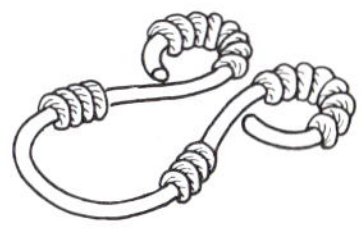

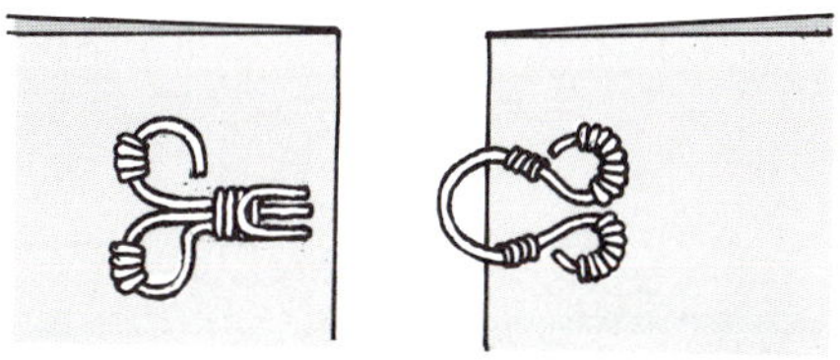

2 Pour une fermeture bord à bord, utilisez la porte métallique que vous fixerez de telle sorte qu'elle dépasse de quelques millimètres du bord. Cousez d'abord les crochets, puis maintenez les deux bras.

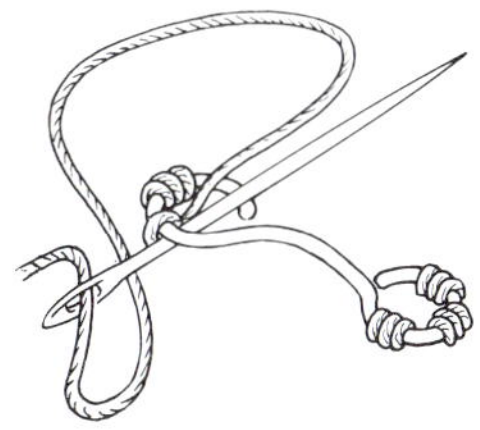

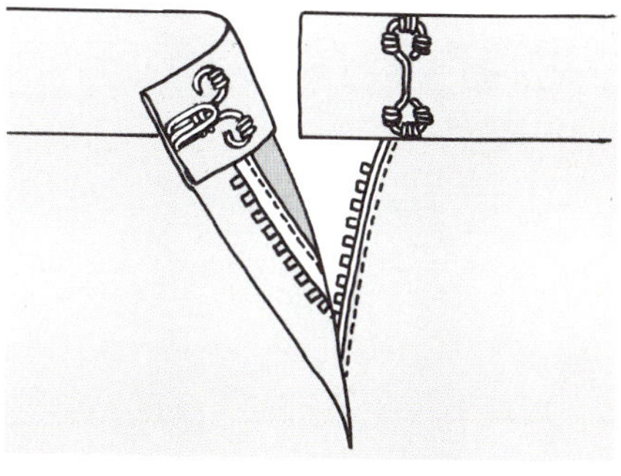

3 Pour une fermeture à bords croisés, utilisez la bride que vous fixerez par ses deux anneaux à quelques millimètres en retrait du bord. Dans ce cas, l'agrafe est posée sur l'envers du vêtement, et la bride sur l'endroit.

Pour les fermetures à glissière, consulter l'Index.

COMMENT RÉUSSIR...

Les pinces

Leur rôle est de permettre d'ajuster le vêtement en résorbant l'excès d'ampleur provoqué par la poitrine, les hanches, etc. Qu'elles soient droites, obliques, horizontales, courbes, fermées ou ouvertes selon leur emplacement ou le tissu employé, elles doivent être à peine visibles sur l'endroit. Veillez donc à leur bonne exécution (ne les piquez que lorsque l'essayage sera définitivement réglé) et finissez la piqûre en mourant pour qu'elle ne forme ni poche ni bec.

Pince droite ou oblique

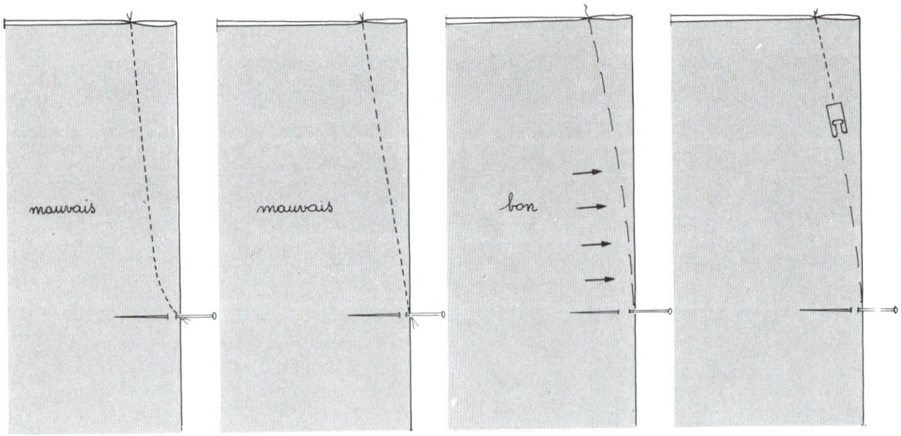

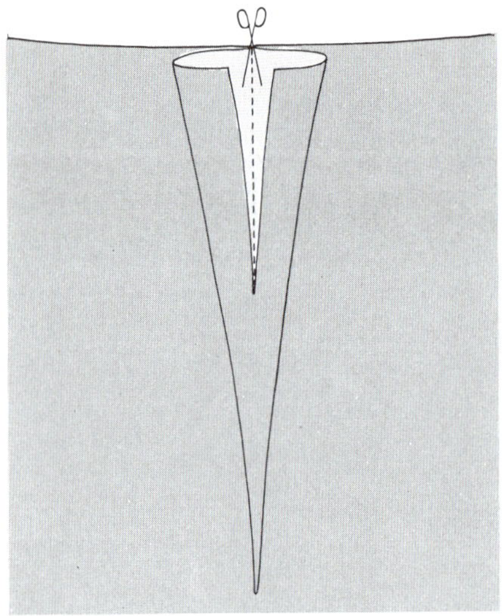

1 La pince est bâtie, son tracé est définitif; il a été éventuellement corrigé à l'essayage et doit épouser la forme arrondie du corps. Piquez en commençant par le côté le plus large. Terminez par la pointe. Ne faites surtout pas de point d'arrêt, mais nouez les 2 fils à la main.

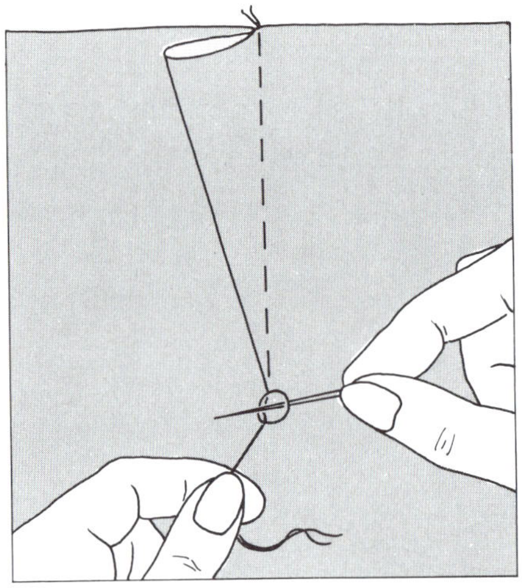

2 Repassez sur le cochonnet ou sur la jeannette. Si le tissu est fin (cotonnade, voile), couchez la pince sur le côté vers le milieu du vêtement (pince oblique) ou vers le bas (pince droite).

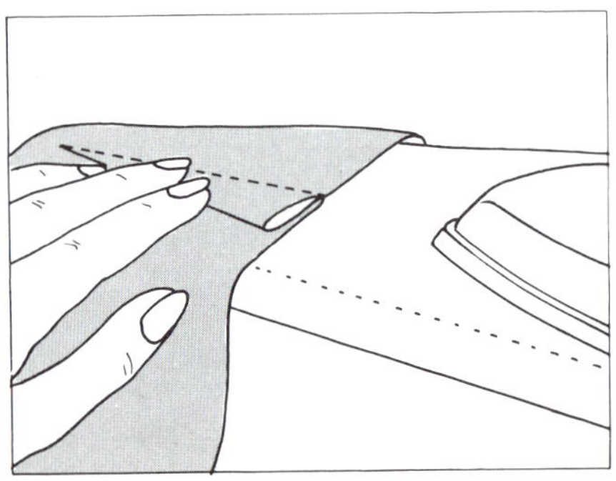

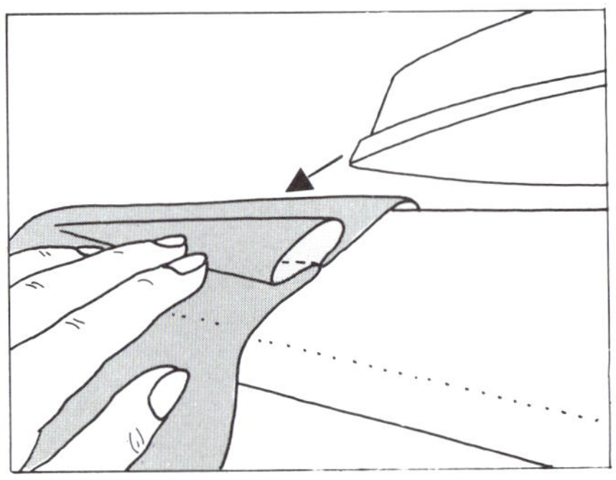

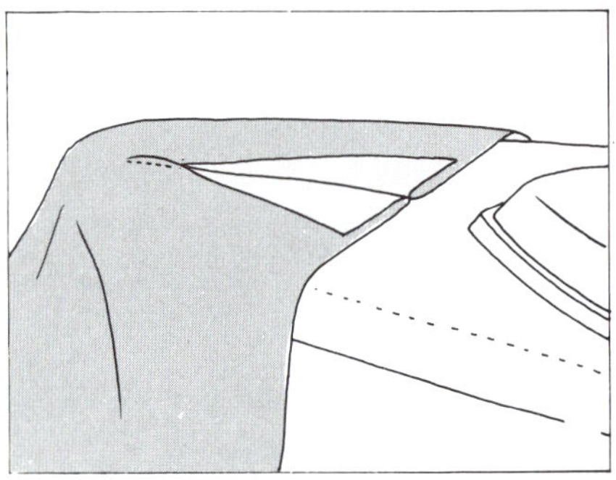

Si le tissu est plus épais (crêpe, lainage), repassez la pince à plat, c'est-à-dire en faisant coïncider le milieu de la pince avec la piqûre. Veillez à ne pas écraser la pointe de la pince.

Si le tissu est très épais, fendez la pince ou retirez une partie des ressources parallèlement à la couture. Surfilez les bords. Ouvrez au fer comme une couture sans pour autant écraser la pointe.

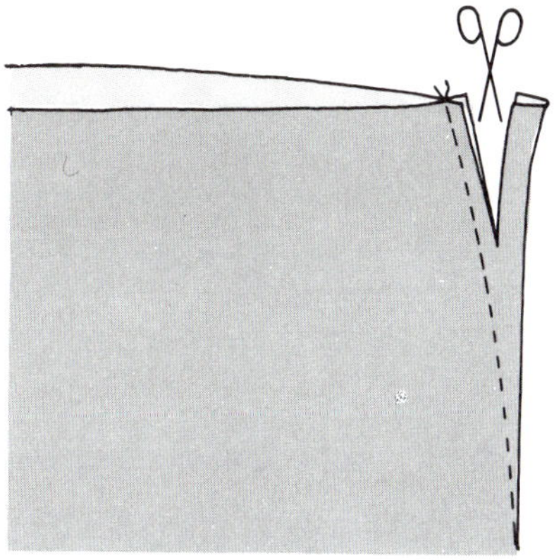

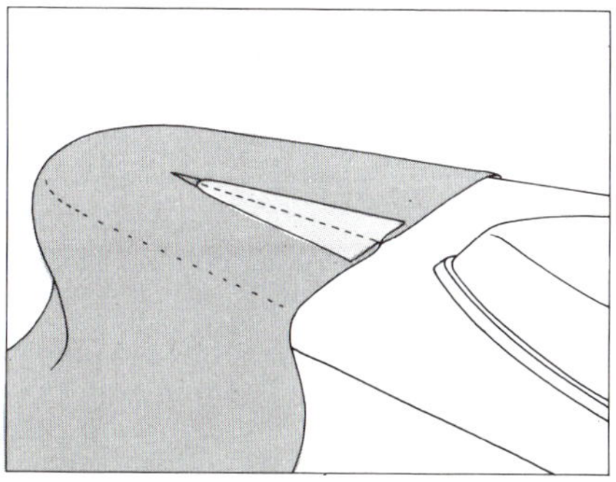

Pince oblique ouverte

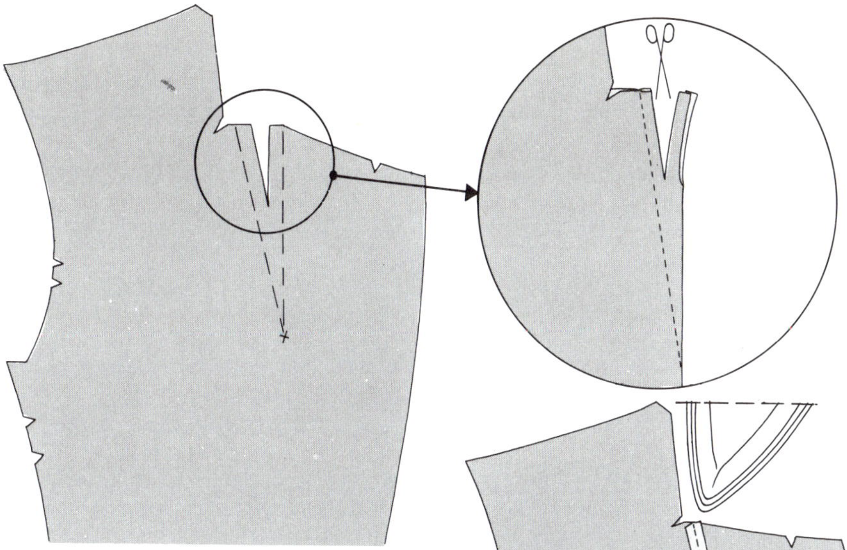

Une partie de la pince était déjà découpée dans le patron. Quand le tracé définitif de cette pince a été établi, puis bâti, piquez la pince en suivant les mêmes conseils que pour une pince oblique normale. Puis recoupez le creux de la pince jusqu'à 1 cm de surplus de couture. Procédez au repassage comme pour la pince oblique sur tissu épais

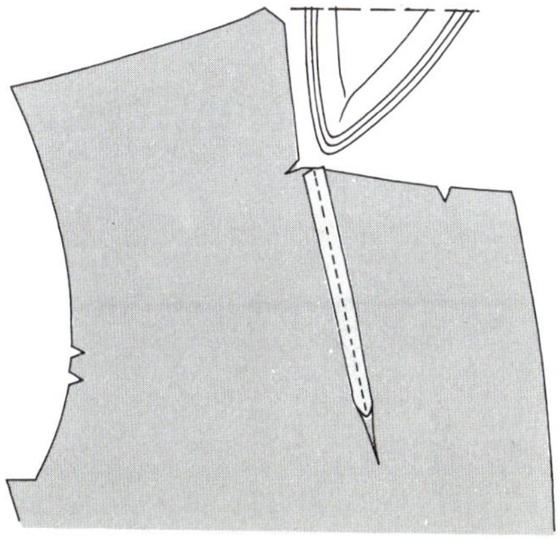

Pince courbe à deux pointes

1 Elle se présente, à plat, sous forme de losange légèrement arrondi avec une pointe à chaque extrémité. Elle est utilisée pour cintrer les robes. Le tracé de la pince est définitif, elle est bâtie. Piquez la pince en deux fois, d'abord la moitié supérieure en commençant par la partie la plus large, puis l'autre moitié. Les deux piqûres doivent se superposer sur 2 cm environ. Arrêtez les fils à chacune des pointes par un nœud.

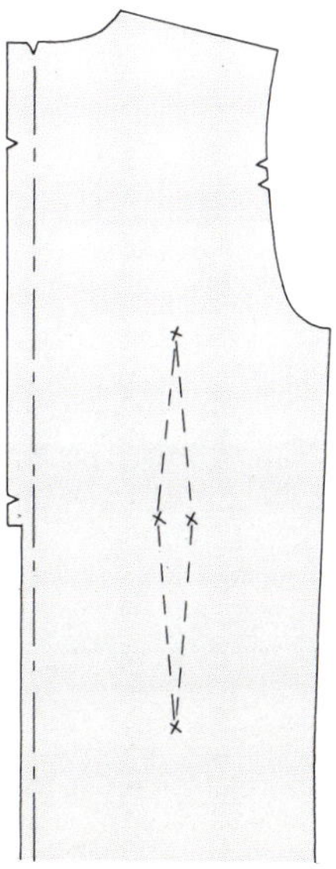

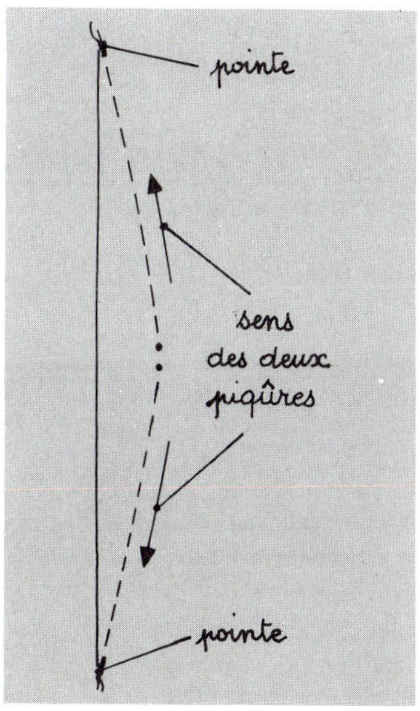

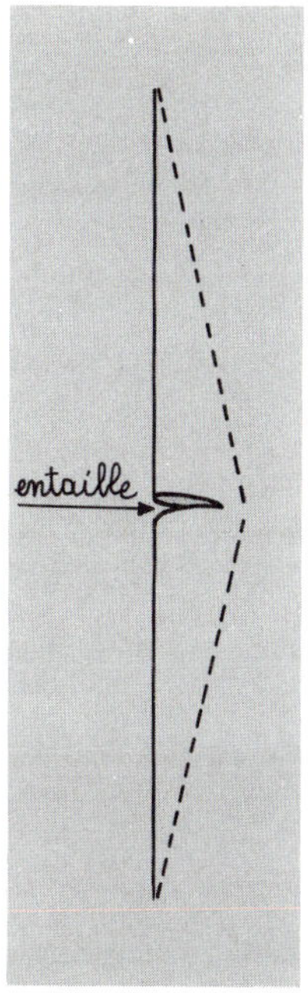

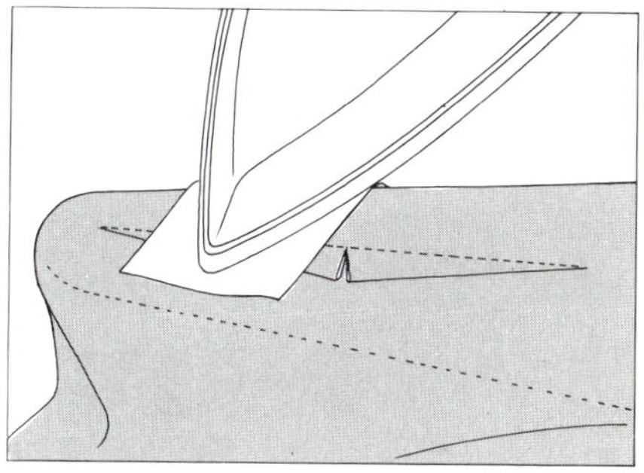

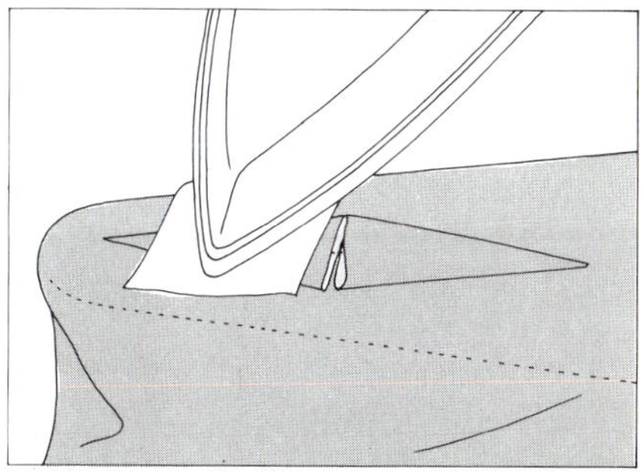

2 Crantez la pince dans sa partie la plus large jusqu'au ras de la piqûre. Repassez selon l'épaisseur du tissu soit en couchant la pince vers le milieu du vêtement, soit en écrasant chacune des deux parties en leur milieu en partant de l'entaille et en allant vers la pointe.

Les smocks

Broderies sur fronces, les smocks ornent admirablement les vêtements d'enfants. Suivant la qualité du tissu et le point choisis, il faut prévoir deux fois et demie à trois fois la largeur des smocks une fois terminés.
Avant de vous lancer dans leur réalisation, il est plus prudent d'exécuter un échantillon sur le tissu que vous avez choisi d'utiliser pour évaluer la longueur dont vous aurez besoin.
Pour notre modèle (voir p. 152-155), la largeur des fronces terminées devra coïncider avec la largeur de l'empiècement.

Les smocks à la main

Le fronçage

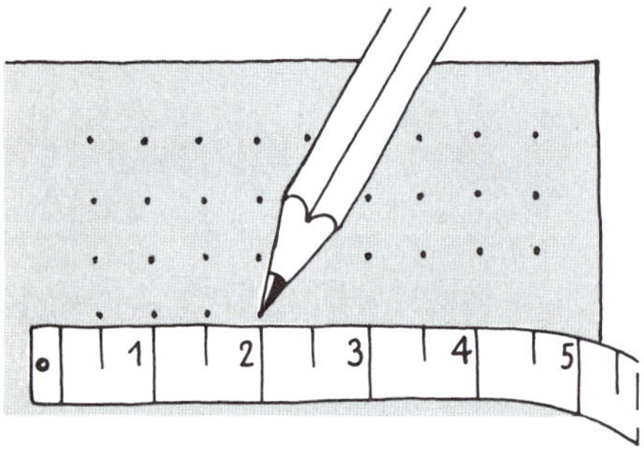

1 Avec un crayon très effilé, sur l'envers du tissu, marquez des rangées de pointillés bien régulières, les uns exactement au-dessous des autres en gardant la même distance entre les lignes, de manière à former des carrés.
Dans les tissus fins, le côté du carré mesurera environ 7 mm ; dans les tissus épais, 14 mm.

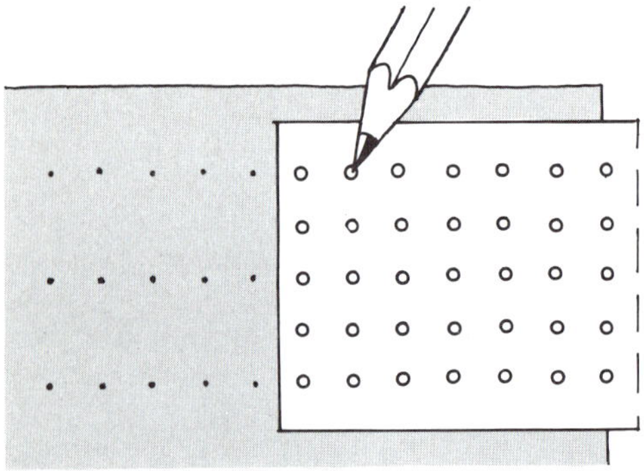

Pour gagner du temps, il existe des guides avec des perforations, au travers desquelles on marque les points au crayon.

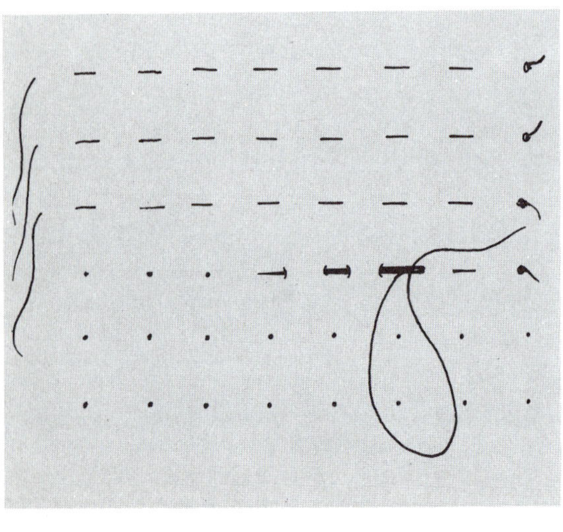

2 Exécutez une rangée de points devant de droite à gauche de telle façon que chaque partie visible du fil recouvre un pointillé. Les points doivent être petits et réguliers. En fin de ligne, laissez pendre le fil sans le couper.
Procédez de la même manière pour toutes les rangées.

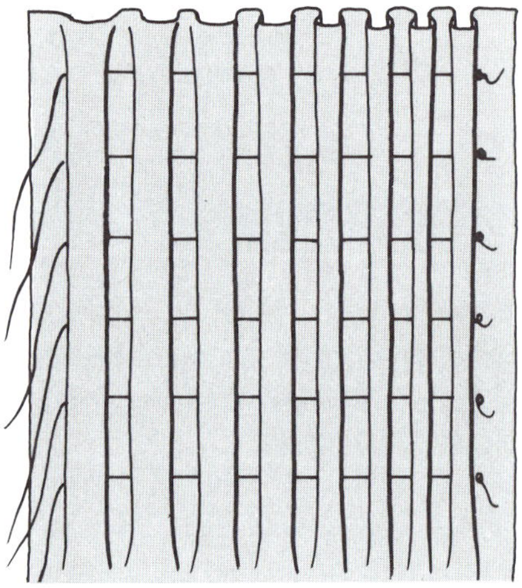

3 Tirez doucement ensemble tous les fils jusqu'à obtention de fronces verticales et régulières.

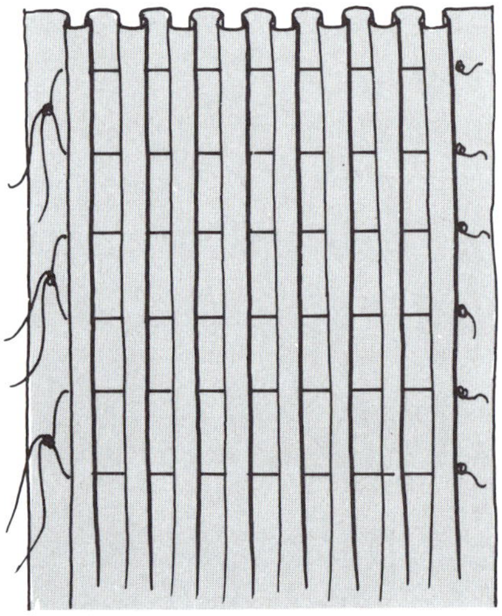

4 Nouez ensemble les fils deux par deux à gauche du travail.

Broderie au point câblé

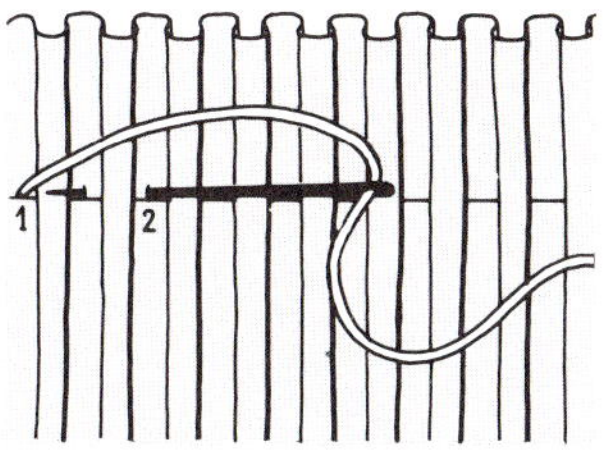

1 Il s'exécute de gauche à droite. Sortez l'aiguille en 1; faites un point en 2, en mettant le fil au-dessus de l'aiguille et en ne prenant que quelques fils au sommet du pli.

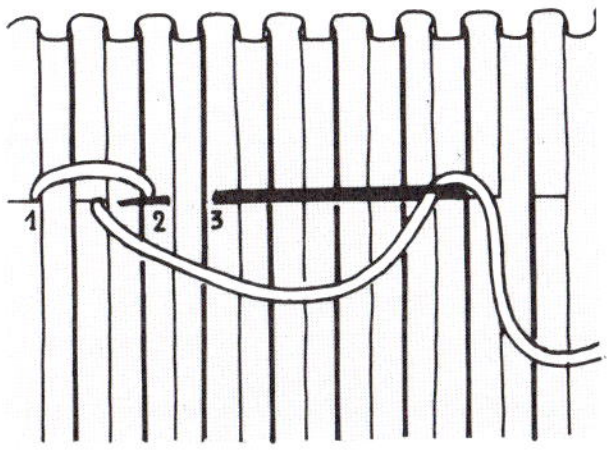

2 Tirez sur l'aiguillée pour maintenir les deux plis bien rapprochés. Faites un autre petit point en 3, en mettant le fil au-dessous de l'aiguille.

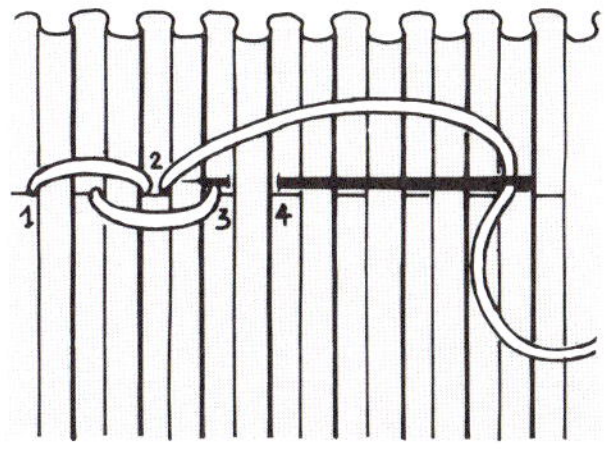

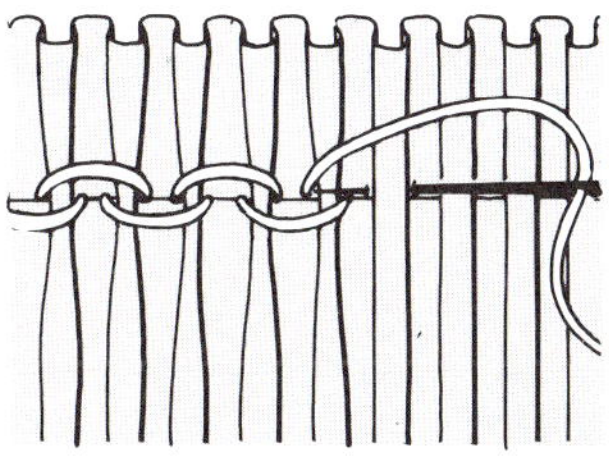

3 Faites un point en 4, en mettant le fil au-dessus de l'aiguille. Continuez en alternant la position du fil, au-dessus et au-dessous de l'aiguille.

Broderie au point de chevron allongé

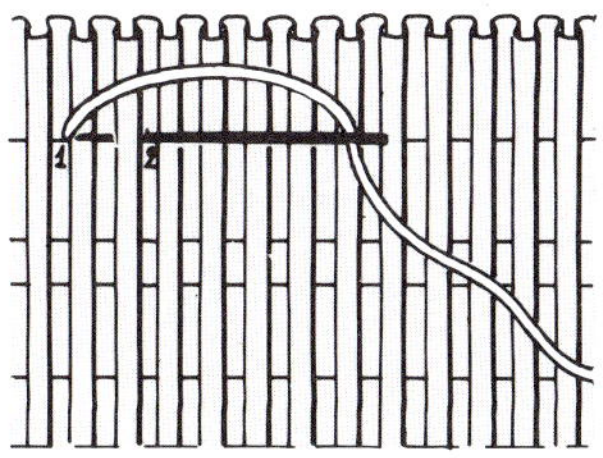

1 Sortez l'aiguille en 1 et faites un point en 2, comme pour un point câblé.

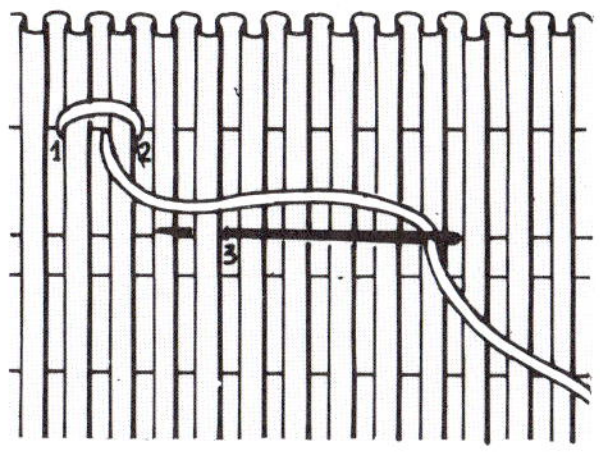

2 Serrez le fil. Faites un autre point en 3, au-dessous de 2 et un peu à droite, sur la seconde rangée. Ce point de broderie s'exécute sur deux rangs.

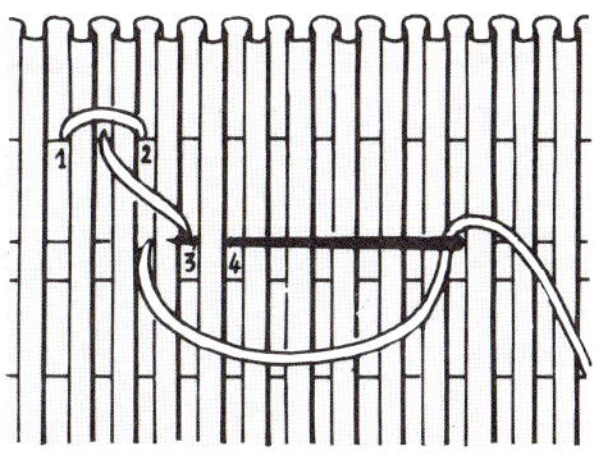

3 Le fil étant au-dessous de l'aiguille, faites un autre point en 4, à droite de 3. Tirez sur le fil pour rapprocher les plis.

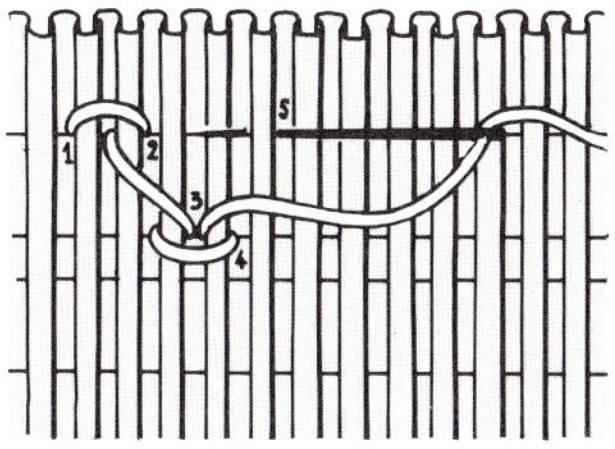

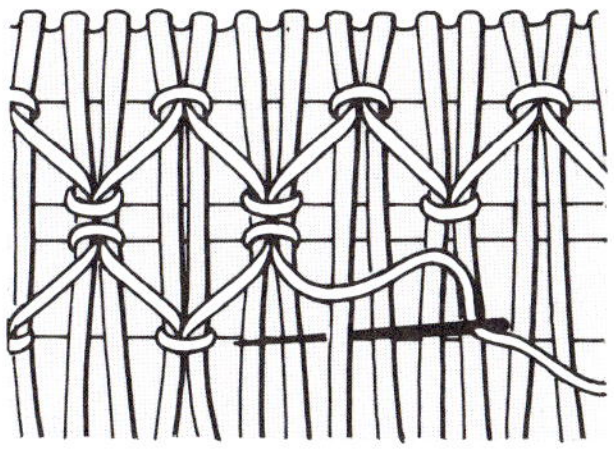

4 Revenez à la rangée supérieure et faites un point en 5; 5 est maintenant le numéro 1 du nouvel enchaînement. Continuez ainsi la rangée.

Otez les fils de fronces, la broderie une fois terminée.

Les smoks à la machine

Ils peuvent s'exécuter de trois manières, avec du fil simple ou du lastex (en faisant ou non une canette).

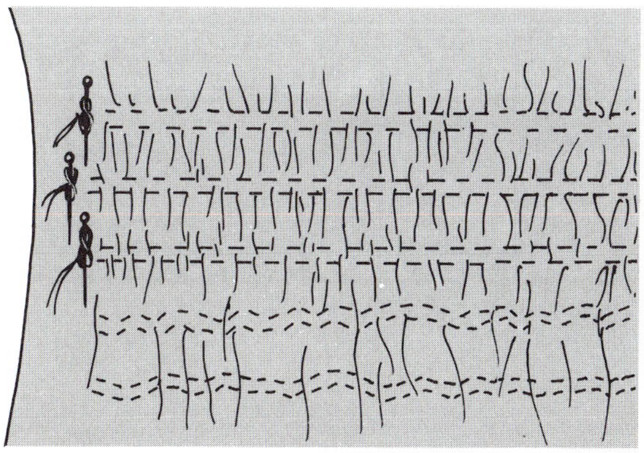

Le fronçage 1re manière
Desserrez la tension du fil supérieur (les nœuds apparaîtront sous le tissu, voir p. 35). Piquez des rangées de fronces, deux par deux, espacées de 1 cm au plus. Couvrez la surface à froncer en espaçant chaque groupe de rangées de 2 cm. Pour chaque rangée, partez exactement sous le premier point de départ.
Froncez en tirant sur les fils de canette. Puis nouez les fils deux par deux.
Exécutez sur l'endroit du tissu le point de broderie choisi entre les deux rangées de piqûres.
Retirez ensuite les fils de fronces.

Le fronçage 2e manière

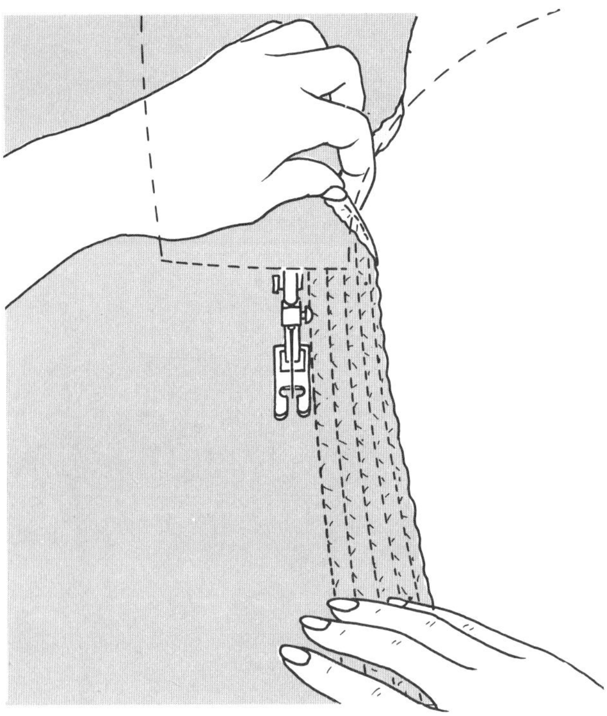

Faites une canette de lastex en desserrant légèrement la tension, mais en tendant bien le fil de lastex.
Faites votre première rangée de piqûres : le tissu se fronce de lui-même au-delà du pied. Laissez pendre un peu de fil. Pour les rangées suivantes, repartez exactement sous le premier point de départ. Piquez en tendant à chaque fois votre tissu.
Nouez ensuite les fils deux par deux. Égalisez les fronces. Brodez : le point de broderie devra cacher la piqûre de fronce.

Le fronçage 3e manière

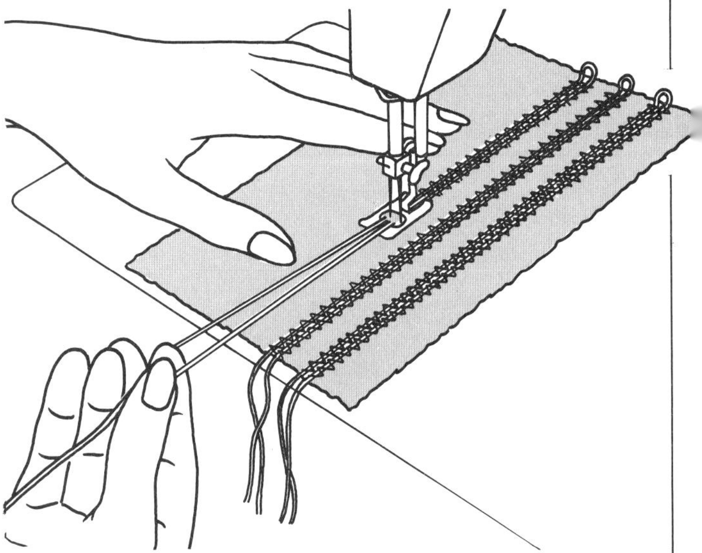

Ne faites pas de canette de lastex (surtout si votre machine est sensible). Sur l'envers du tissu, tracez les lignes à espacement régulier. Pour chaque rangée, coupez une longueur de lastex égale au double de la largeur du tissu à froncer. Pliez chaque fil de lastex en deux, et placez la boucle sur le pied bourdon ou à boutonnière. Vous pouvez utiliser la double aiguille. Exécutez un point de zigzag : guidez le lastex, mais ne l'étirez pas; celui-ci sera entièrement recouvert par le zigzag, sous lequel il pourra coulisser.
En fin de ligne, laissez pendre un peu de fil. Piquez toutes les rangées. Tirez les rangées de lastex deux par deux. Pour finir, nouez les fils de lastex et les fils de piqûre. Brodez.

Les points de broderie

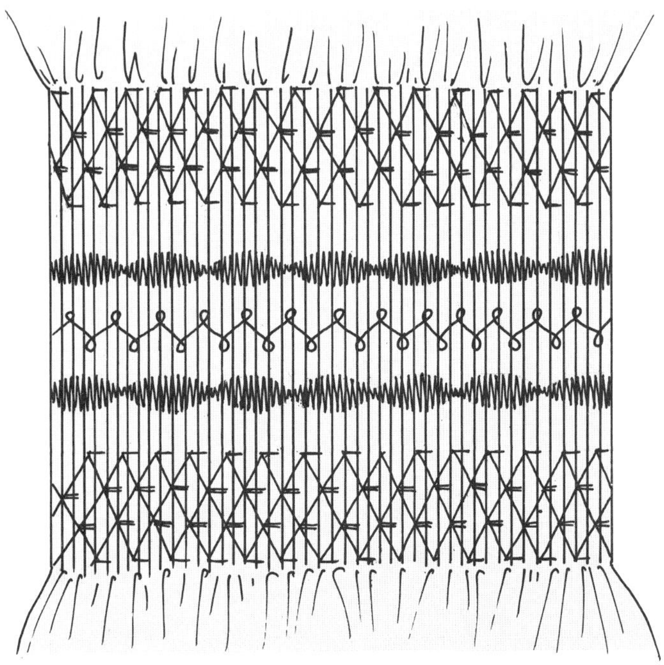

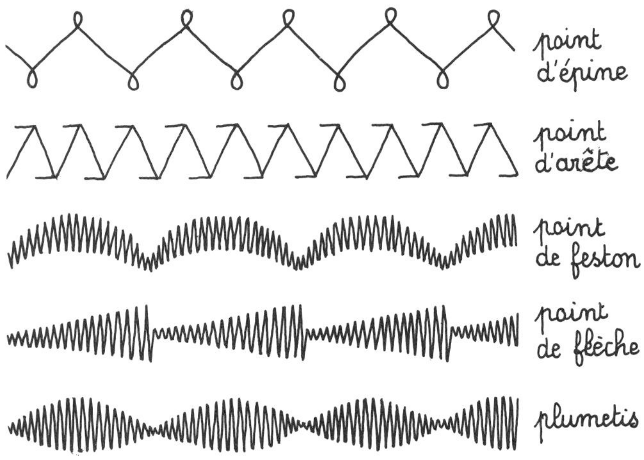

Suivant le nombre de points incorporés de votre machine, vous pouvez opter pour toutes sortes de broderies allant du point de zigzag multiple au point de flèche, de feston ou encore de plumetis, d'épine ou d'arête. Plus votre machine est sophistiquée, plus vous disposez de points.

Si votre machine ne fait pas de points de broderie, brodez par-dessus les fils de fronces, à la main.

La pose de croquet, galon, entre-deux

Si vous hésitez à vous lancer dans la broderie décorative à la main ou à la machine, si vous manquez de temps pour poser une bordure à confectionner vous-même, ne renoncez pas pour autant au plaisir d'orner vêtements d'enfants, sets de table, serviettes, nappes, rideaux, dessus-de-lits, etc. Procurez-vous en mercerie galons, croquets et entre-deux. Ces éléments décoratifs, dont les motifs, les largeurs, les couleurs, les matières varient à l'infini, sont faciles à poser; ils apporteront une note de gaieté et d'originalité à vos travaux.

Le croquet

Vous pouvez l'appliquer sur le tissu pour souligner un contour ou cacher la pliure de l'ourlet d'un vêtement que vous avez rallongé, ou encore le poser au ras d'un contour de telle sorte que seules les dents apparaissent, pour orner un poignet, un bord de set ou donner un petit air rétro à un abat-jour mouchoir (voir p. 275).

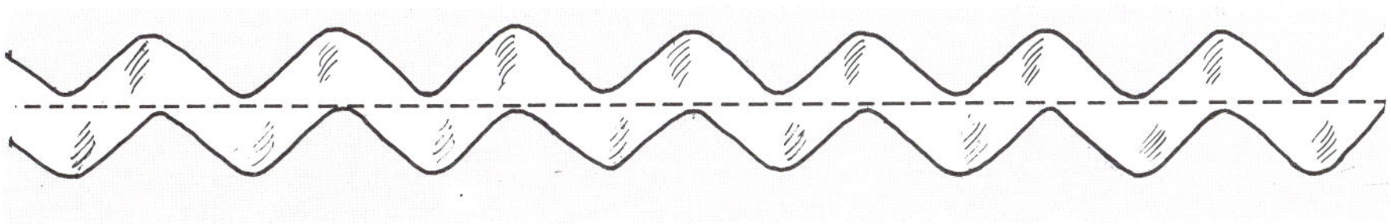

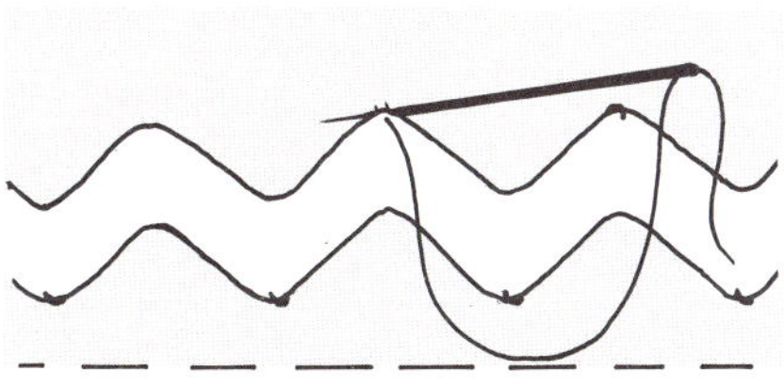

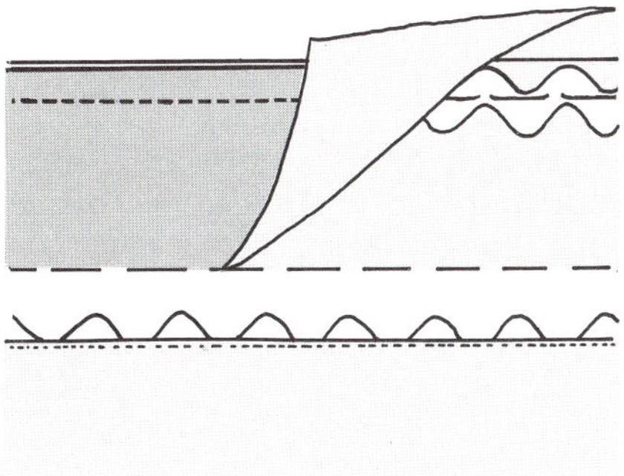

1 Croquet appliqué. Marquez à la craie tailleur l'emplacement du croquet sur l'endroit du tissu. Posez-le sur le tracé; bâtissez. Fixez à la machine en piquant au milieu du croquet, ou à la main avec un point invisible à la pointe de chaque dent.

2 Sur un bord entre deux épaisseurs de tissu. Bâtissez le croquet en son milieu à 0,5 cm du bord sur l'endroit de la première épaisseur de tissu; posez la deuxième épaisseur, bord vif sur bord vif de la première, endroit contre endroit; bâtissez puis piquez à 0,5 cm sur la piqûre de montage du croquet. Retournez, repassez en faisant bien ressortir les dents du croquet; surpiquez nervure au ras du bord pour maintenir le croquet dans sa position. Si vous n'avez qu'une épaisseur de tissu, remplacez la deuxième épaisseur par une bande de même tissu; après la pose du croquet, faites un rempli sur la bande et ourlez à points invisibles.

L'entre-deux

Idéal pour orner les taies d'oreiller, draps de dessus ou nappes. Posez et bâtissez en procédant exactement de la même façon que pour le galon, mais au lieu de piquer, sur l'envers, fendez le tissu au milieu sous l'entre-deux. Faites un rempli de chaque côté; repassez. Sur l'endroit, sur les bords de l'entre-deux, exécutez un zigzag serré ou un bourdon. Sur l'envers, recoupez les ressources au ras du point.

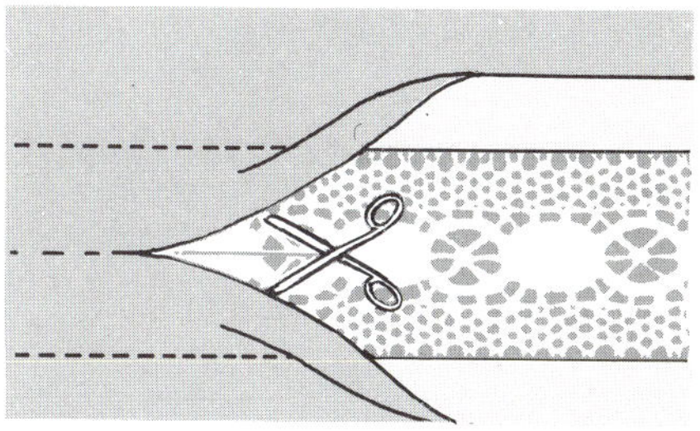

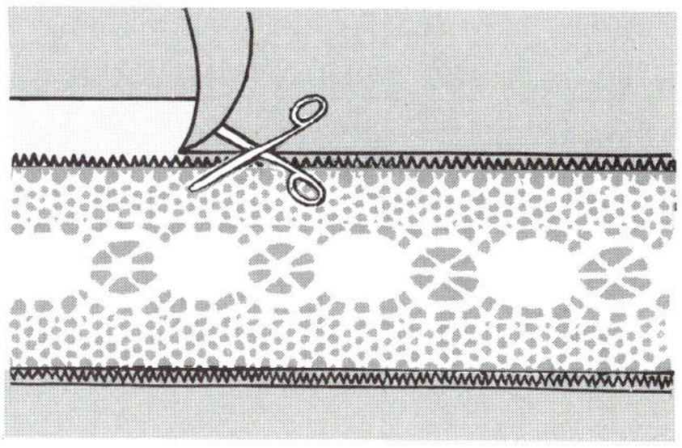

Le galon

Il s'applique sur l'endroit du tissu; il est idéal pour décorer un dessus-de-lit ou des doubles rideaux. Au lieu de faire une bande de bordure comme dans le modèle de la page 257, taillez normalement le tissu sans tenir compte de la bordure, et à l'emplacement de celle-ci, posez le galon.

Tracez l'emplacement du galon. Fixez par un bâti au ras des bords. Quand vous arrivez au coin, formez l'angle en pliant le galon. Repassez pour marquer la pliure. Si le galon est épais, piquez le long de la pliure, recoupez la

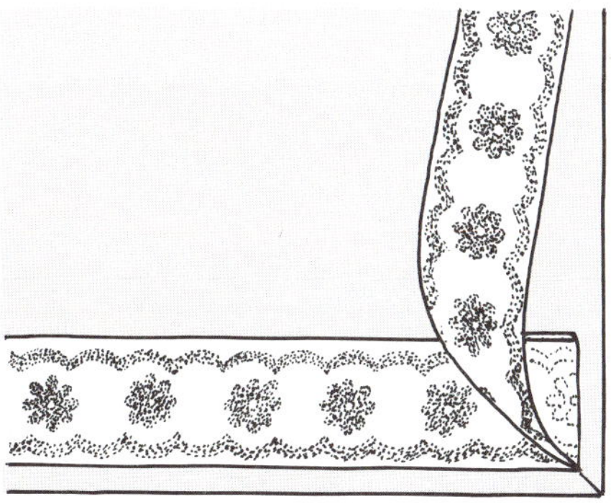

ressource. Sinon, bâtissez sur l'angle et piquez ensuite le galon tout autour, exactement au ras des bords. Sur un galon fin, piquez aussi sur l'angle.

LA PRISE DES MESURES

Le corsage

Pour savoir choisir son patron, le rectifier afin de réussir le modèle désiré, la prise des mesures est indispensable. Aussi doit-elle être faite avec rigueur. Pour vos propres mesures, faites-vous aider par quelqu'un. Ne portez que vos sous-vêtements habituels et des chaussures, nouez un ruban fin et souple autour de la taille, faites-le aller de droite à gauche pour qu'il prenne bien sa place. Gardez une attitude naturelle, les bras le long du corps, les pieds légèrement écartés. Les mesures de corps des enfants se prennent de la même manière.

Mesures de tours

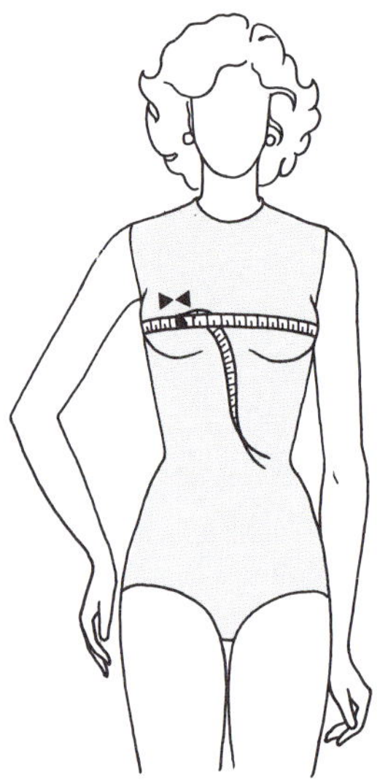

Tour de poitrine. Le mètre ruban doit passer derrière, sur les omoplates, de côté, sous les bras à la naissance de la poitrine, et devant sur la pointe des seins.

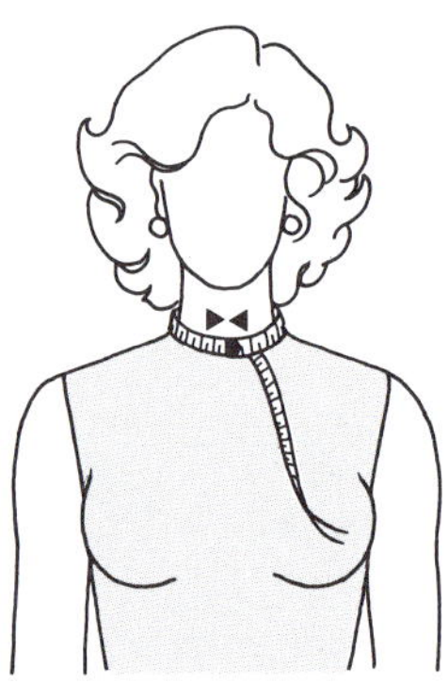

Tour de cou. Prenez cette mesure à la base du cou, le mètre ruban étant appliqué à plat sur les épaules. C'est avant tout une mesure de contrôle.

Mesures de largeurs

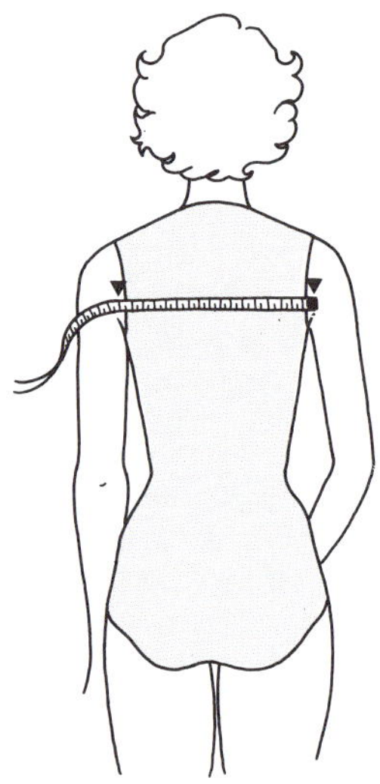

Carrure-dos. Elle se mesure à la hauteur des omoplates en déroulant le mètre ruban d'une naissance de bras à l'autre.

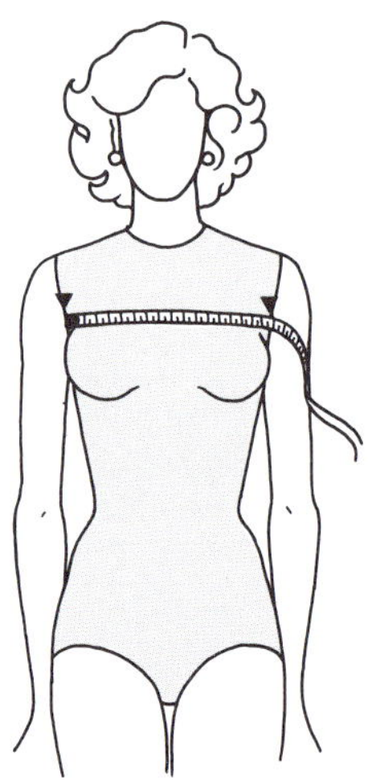

Carrure-devant. C'est la distance d'une aisselle à l'autre, mais elle ne doit pas passer sur les rondeurs de la poitrine. Au besoin, on peut la prendre plus haut, mais à l'aplomb des petits plis de l'aisselle.

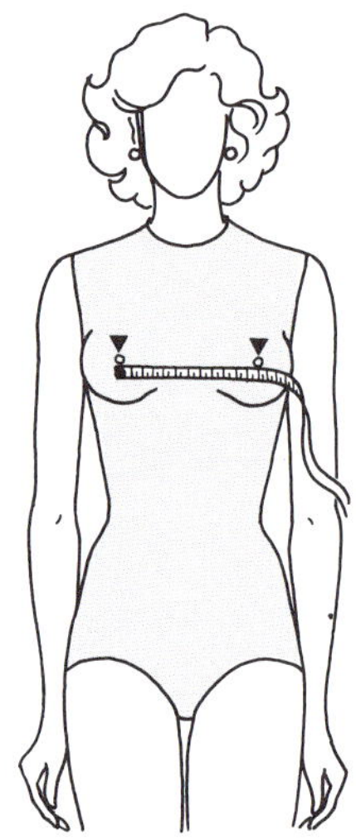

Écart de poitrine. Il correspond à la distance prise d'une pointe de sein à l'autre.

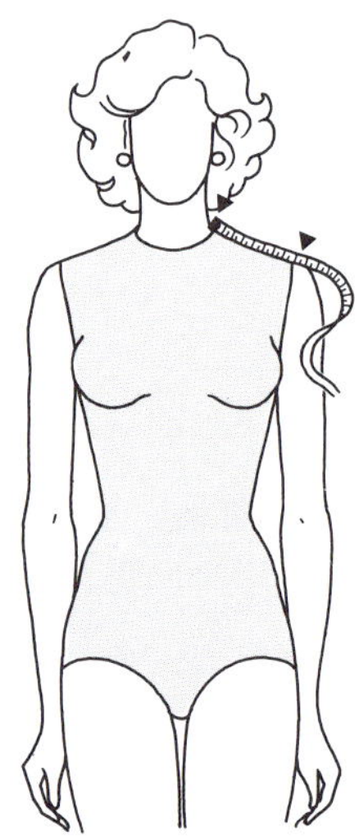

Largeur d'épaule. Distance mesurée de la base du cou au haut du bras.

Mesures de longueurs

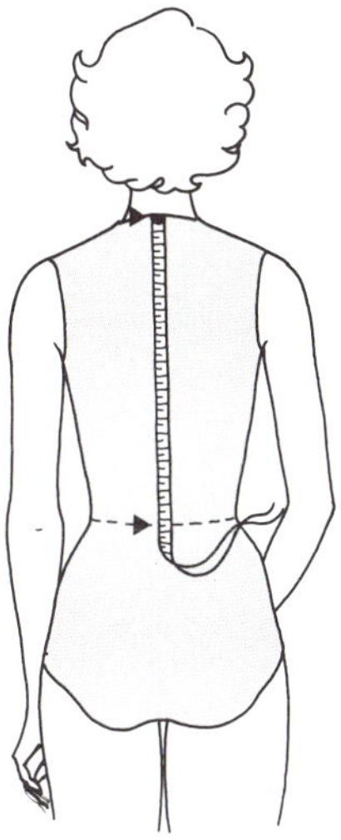

Longueur du buste-dos. Prenez la mesure depuis la vertèbre cervicale jusqu'au bord inférieur du ruban de taille.

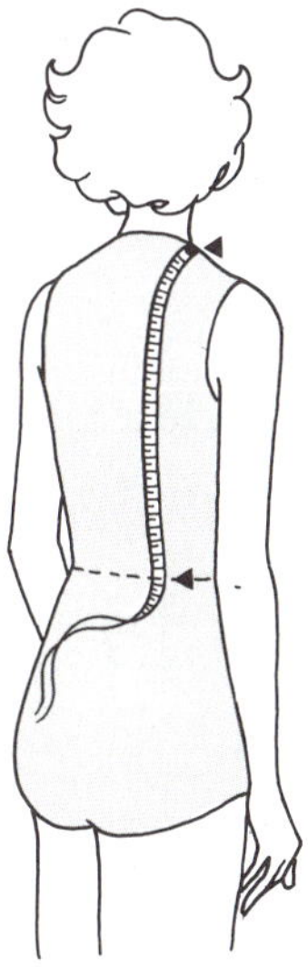

Longueur du corsage-dos. Prenez la mesure depuis le milieu de l'épaule en passant sur la pointe de l'omoplate pour aboutir au bord du ruban de taille. Cette ligne est celle des bretelles. Elle est aussi sur la ligne de la pince de taille du dos.

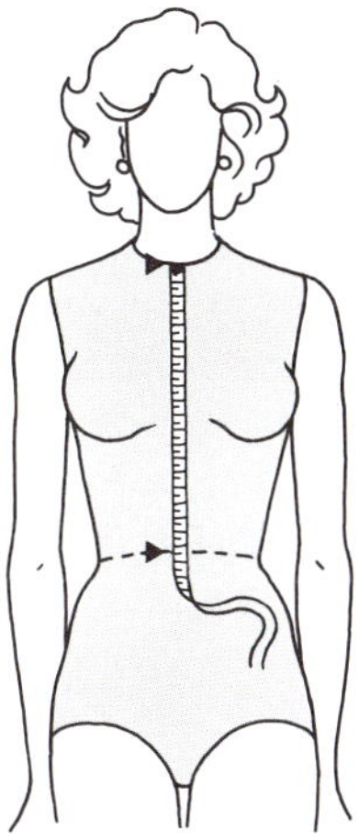

Longueur buste-devant. Mesurez de la base du cou au bord inférieur du ruban de taille, le mètre ruban doit rester souple. Tendez un ruban entre les deux pointes des seins et prenez la mesure en passant par-dessus.

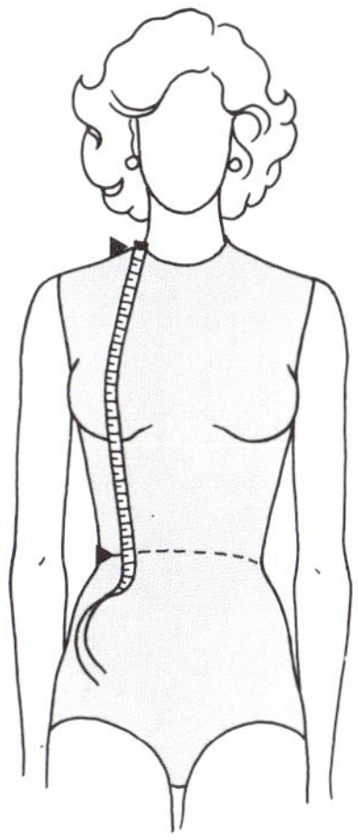

Longueur du corsage-devant. Elle se mesure de la base du cou, à la couture d'épaule, en passant par la pointe de sein pour aboutir à la ligne de taille. La longueur du corsage devant est plus grande que celle du corsage dos. Cela montre que le dos est droit, la poitrine saillante; dans le cas contraire, le dos est courbé, la poitrine peu développée.

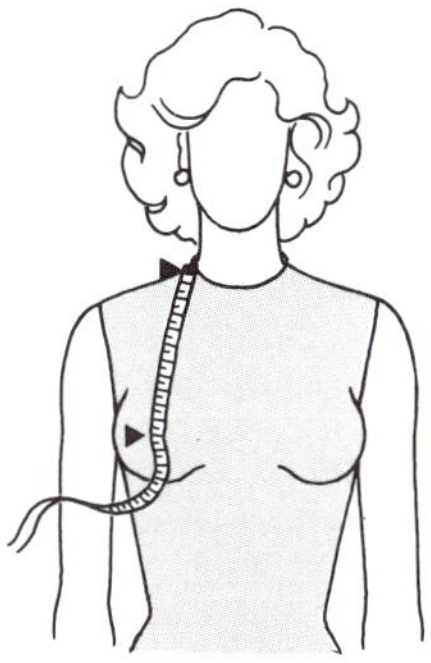

Hauteur de la poitrine. Mesurée en biais de la base du cou à la pointe du sein.

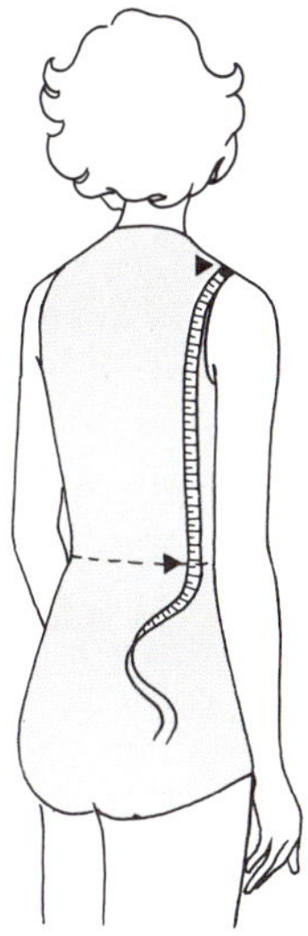

Longueur du buste-dos depuis l'épaule. Mesurez en partant de la pointe de l'épaule, descendez jusqu'à l'aisselle, puis jusqu'à la ligne de taille. Cela permet d'évaluer la pente de l'épaule.

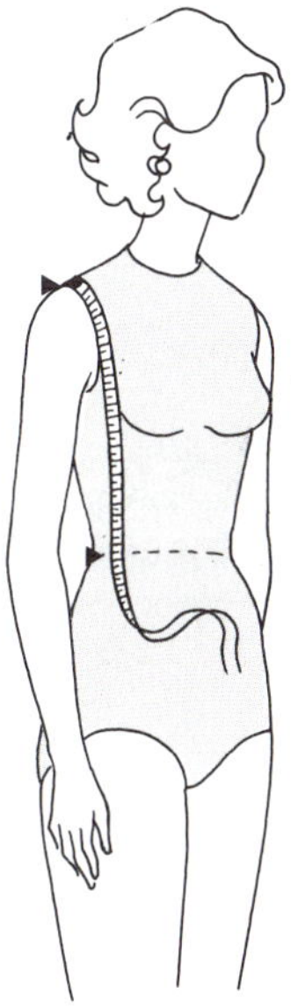

Longueur du buste-devant depuis l'épaule. Partez de la pointe de l'épaule, descendez jusqu'à l'aisselle, puis jusqu'à la ligne de la taille; ce qui permet également d'évaluer la pente de l'épaule.

Mesures de bras

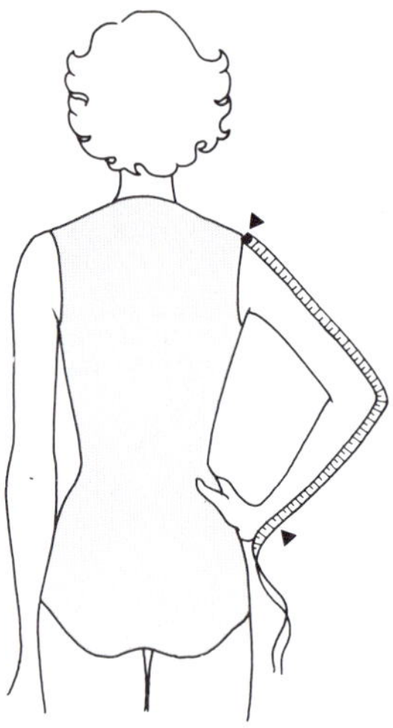

Longueur de manche. Mesurez-la à partir de la pointe de l'épaule jusqu'au poignet en passant par l'extérieur du coude. Le bras est légèrement plié vers l'avant pour éviter que les manches ne soient trop courtes.

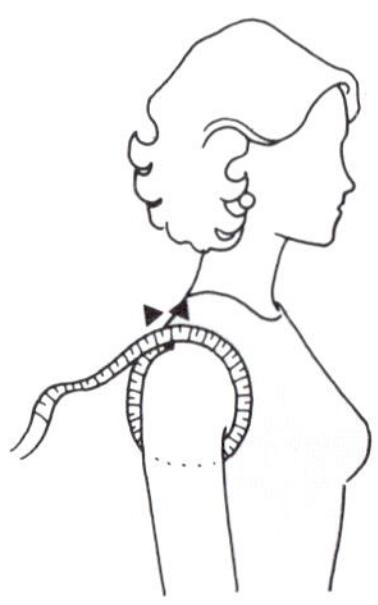

Tour d'emmanchure. Partez de la pointe de l'épaule, longez le bras côté devant, passez sous l'aisselle, sans serrer; remontez le long du bras côté dos jusqu'au point de départ.

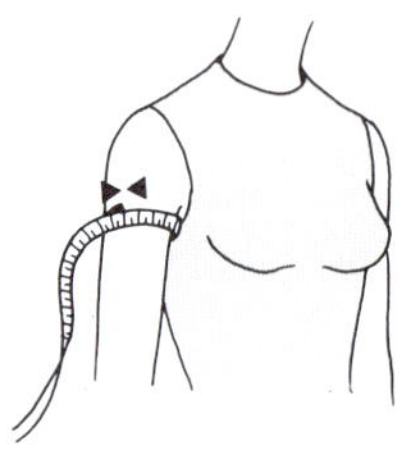

Tour de bras. Mesurez la partie la plus charnue avec le mètre ruban, à peu près à la hauteur de l'aisselle.

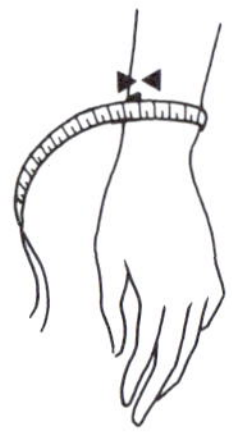

Tour de poignet. Il se mesure en passant sur les parties saillantes de l'os.

La jupe

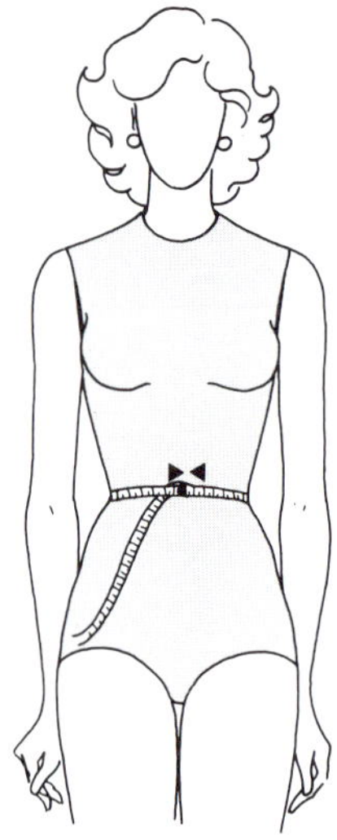

Tour de taille. Mesurez sur le ruban ceint autour de la taille. Ne prenez pas la mesure trop serrée.

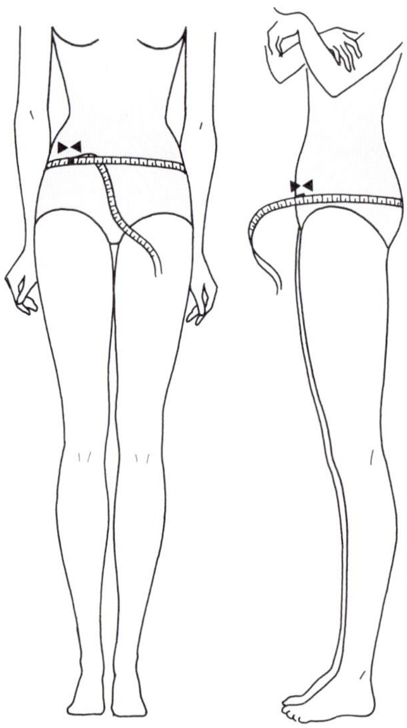

Les petites hanches. Mesurez en passant le mètre ruban devant le saillant des os iliaques. Ce périmètre se situe à une distance de 6 à 10 cm au-dessous du tour de taille.

Les grandes hanches ou bassin. La mesure se fait en passant par le point le plus fort des fesses à une distance variant de 18 à 22 cm au-dessous de la taille. Tenez compte de la saillie du ventre et des cuisses.

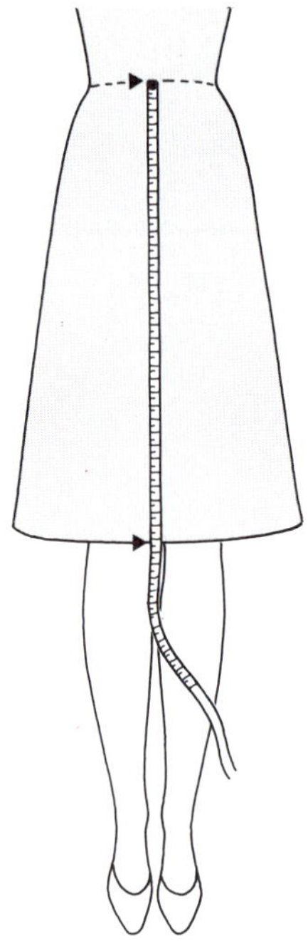

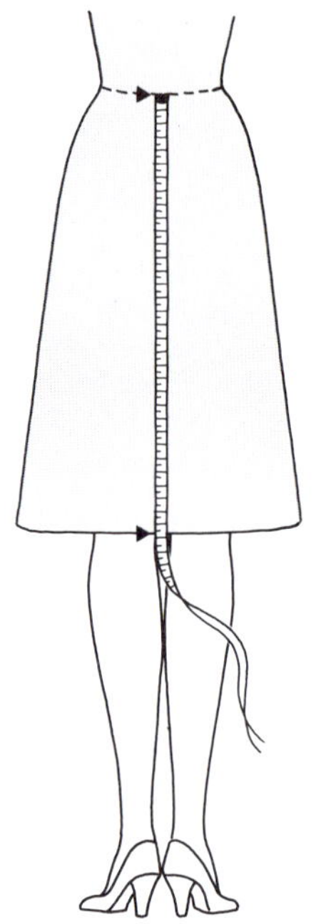

Longueur de la jupe. Partez de la ligne de taille au milieu du devant, puis au milieu du dos, et descendez jusqu'à l'ourlet.

La robe

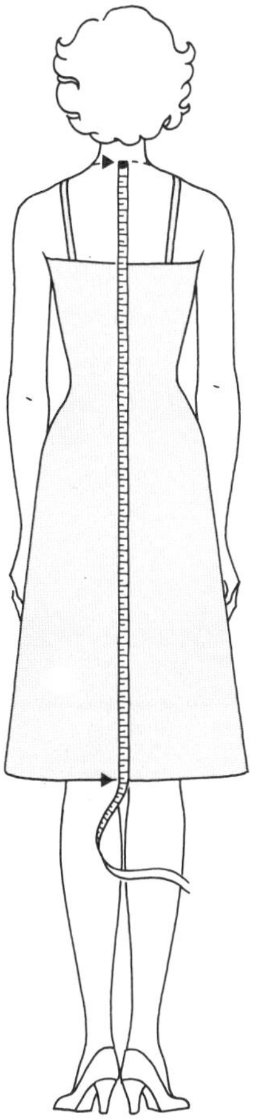

Pour la robe, reportez-vous au corsage ou à la jupe. S'il s'agit d'une robe qui n'est pas coupée à la taille, pour déterminer sa longueur, mesurez depuis la vertèbre cervicale en passant par la taille, jusqu'à l'ourlet.

Le pantalon

Les mesures de tours (taille, grandes et petites hanches) sont nécessaires, elles seront prises comme pour la jupe.

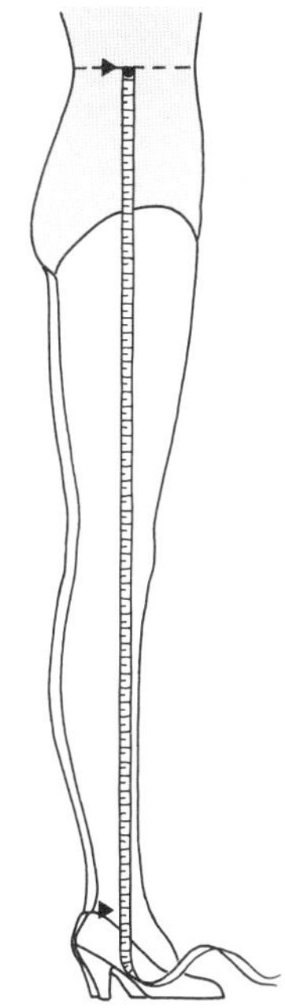

Longueur du côté. Mesurez de la taille à la cheville à l'endroit où sera placée la couture de côté du pantalon.

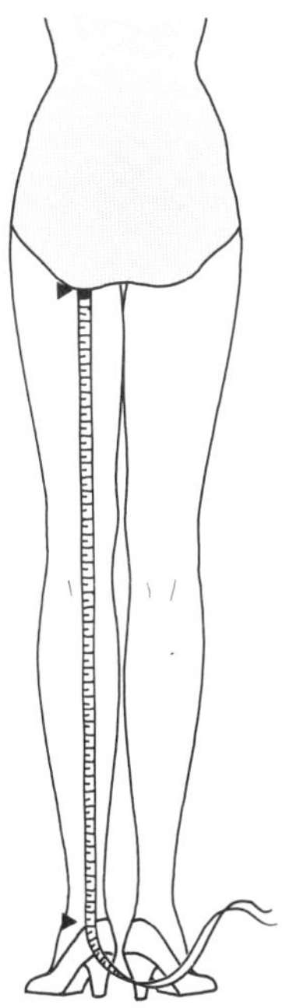

Longueur d'entrejambe. Elle se mesure en partant du haut de la face intérieure de la cuisse jusqu'à la cheville.

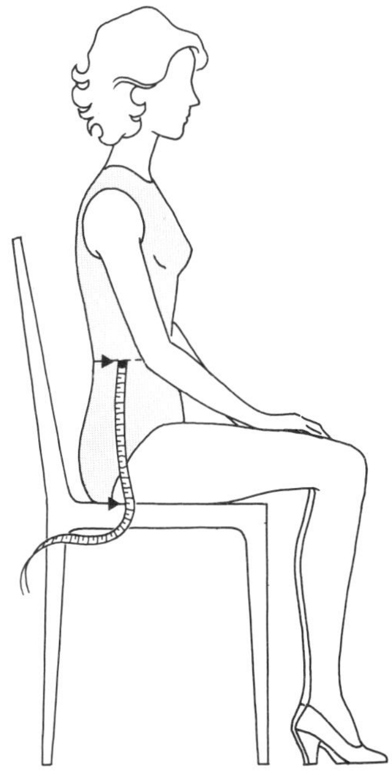

Hauteur du bassin. Cette mesure se prend en partant de la ligne de taille jusqu'au bord supérieur de la chaise, la personne étant assise.

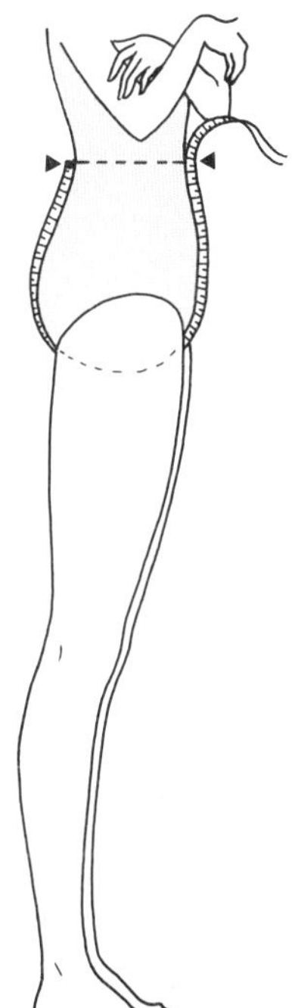

La fourche. Faites partir le mètre ruban du milieu de la taille-devant, glissez-le entre les cuisses pour atteindre le milieu de la taille-dos. Cette mesure doit être prise très près du corps; sans laisser de souplesse au mètre ruban. Il est en effet possible de reprendre une fourche trop petite, mais il est impossible de reprendre une fourche trop grande.

LE PATRON

Comment choisir votre patron

Après avoir choisi un modèle en fonction de vos goûts et de l'usage que vous comptez en faire, examinez bien les détails que comporte le vêtement, la complexité de l'exécution; et si vous ne vous sentez pas capable d'aborder certaines difficultés, optez pour un autre modèle plus simple. La présentation des modèles de ce livre est d'ailleurs conçue pour vous aider à faire ce choix. Quand vous aurez pris votre décision, avant de vous lancer dans l'élaboration du patron, il vous faudra décider quelle taille vous convient; c'est une étape indispensable pour obtenir un bon résultat.

Présentation du modèle

Le symbole à côté du titre donne l'indication de la difficulté

facile

difficulté moyenne

difficile

très difficile

Dans le cas où deux modèles sont présentés dans un même chapitre, par exemple une jupe et un chemisier, et que l'un est plus difficile à réaliser que l'autre, à côté du titre du chapitre le symbole correspondra au modèle le plus difficile; mais à côté du sous-titre de chaque modèle, le symbole sera répété pour chacun selon la difficulté de réalisation. Par exemple :

la jupe — le chemisier

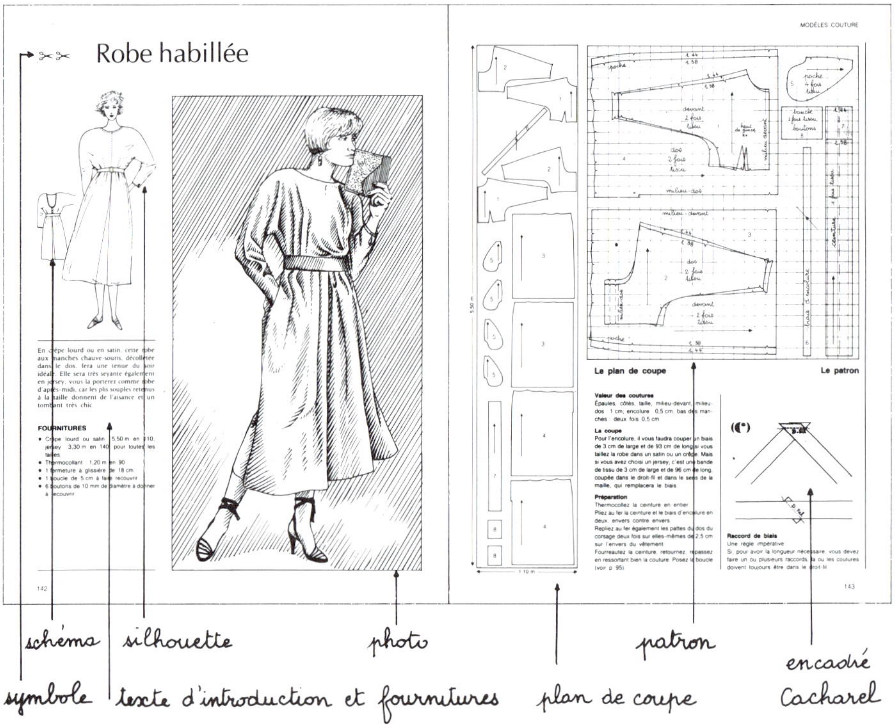

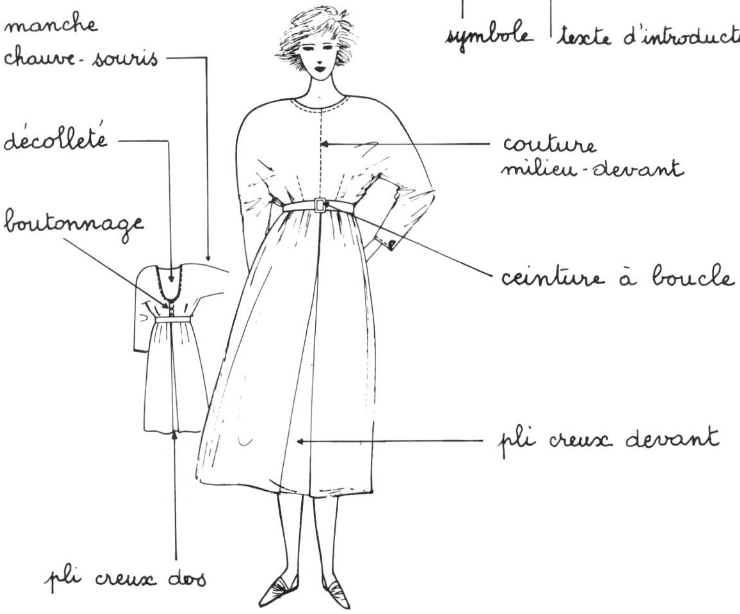

La photo
Elle vous montre l'allure générale et le style du vêtement, mais certains détails ne sont pas visibles; elle est donc accompagnée d'une figurine et d'un schéma qui apportent un complément d'information.

La figurine et le schéma. La première présente le vêtement de face, le second de dos. Ainsi, le schéma et la figurine de la page 142 permettent de se rendre compte que la robe se ferme dans le dos, qu'il s'agit de manches chauve-souris, que le décolleté est dans le dos, et qu'il y a une couture au milieu-devant, un pli creux au milieu-devant et un autre au milieu-dos.

Un texte d'introduction, sous la figurine, attire éventuellement l'attention sur des points délicats à réaliser, tels que poche à soufflet, travail en biais, etc.

Choix de la taille

Les fabricants de patrons ou de prêt-à-porter ne travaillent pas avec les mêmes mesures; il vous est certainement arrivé de constater qu'une taille 38 vous convenait dans une marque, mais que dans une autre il vous fallait un 40. Pour déterminer votre taille Cacharel, comparez donc vos mesures ou celles de votre enfant avec les mesures (en centimètres) des tableaux ci-dessous. Mais rappelez-vous que pour une jupe ou un pantalon, c'est la mesure du tour de bassin qui est déterminante et que, pour un vêtement destiné au haut du corps, c'est celle du tour de poitrine. Si vous choisissez la taille de votre patron en fonction de ces critères, vous n'aurez jamais à effectuer de rectifications très importantes.

Femmes

Taille	36	38	40	42	44	46
Tour de poitrine	81	85	89	93	97	101
Tour de taille	62	66	70	74	78	82
Tour de petites hanches	83	87	91	95	99	103
Tour de bassin	88	92	96	100	104	108
Longueur épaule-poitrine	25,5	26	26,5	27	27,5	28
Carrure dos	34	35	36	37	38	39
Carrure devant	33	34	35	36	37	38

Pour une robe, c'est aussi le tour de poitrine qui est déterminant; il est plus facile en effet d'apporter une rectification au tour de hanches que de toucher à la construction beaucoup plus complexe du corsage.

Garçons

Taille	2 ans	3 ans	4 ans	5 ans	6 ans	7-8 ans	9-10 ans	11-12 ans
Tour de poitrine	52	54	56	58	60	64	68	75
Tour de taille	48	50	52	53	54	56	59	63
Tour de bassin	56	57	58	60	62	66	71	78
Carrure dos	21	23	24	25	26	28	30,5	33,5
Carrure devant			22,6	23,2	24,2	26	28	31
Longueur de bras	30	33	35	37,5	40	45	50	55

Fillettes

Taille	2 ans	3 ans	4 ans	5 ans	6 ans	7-8 ans	9-10 ans	11-12 ans
Tour de poitrine	52	54	56	58	60	64	70	78
Tour de taille	48	50	52	53	54	56	58	60
Tour de bassin	56	59	62	64	66	70	76	84
Carrure dos	21	23	24	25	25,5	27	29	31,5
Carrure devant			22,6	23,2	23,7	25	26,7	28,9
Longueur de bras	30	33	35	37,5	39,6	44,2	49,2	53,8

Comment reproduire votre patron

Nos patrons sont présentés réduits au 1/10 (1 mm = 1 cm). Pour les utiliser, il faut d'abord les reproduire à grandeur réelle. Mais seules deux tailles sont dessinées : le 38 et le 44; si ces tailles ne correspondent pas à la vôtre, reproduisez le tracé de la taille la plus proche de la vôtre : le 38 si vous faites un 36 ou un 40, le 44 si vous faites un 42 ou un 46. Ce n'est qu'après avoir tracé ce patron de base que vous exécuterez les adaptations nécessaires pour obtenir un patron élaboré qui vous convienne parfaitement. Ces diverses opérations ne sont pas vraiment difficiles, elles demandent seulement un peu d'attention et de patience à celles qui ne l'ont jamais fait.

Pour tracer le patron

Munissez-vous de papier à patron quadrillé, de règles métalliques millimétrées, d'un crayon et d'une gomme (voir aussi p. 24). Sur votre papier à patron, établissez une grille composée de carreaux de 5 cm de côté. Reportez sur votre grille des points de repère en vous aidant du tracé de la grille en réduction, puis joignez les repères pour obtenir le contour des pièces, toujours en vous référant à la grille du livre. Procédez ainsi pour chaque pièce du patron, sans hésiter à contrôler régulièrement les mesures. Reportez également avec soin sur chacune des pièces que vous avez reproduites les indications figurant sur le modèle : nom de la pièce, lignes du milieu-dos ou du milieu-devant, ligne de pliure, crans de repère, droit-fil, etc. Si votre taille est exactement celle du patron-modèle, ajoutez le tracé des lignes de couture et des lignes d'ourlet, ainsi que leur valeur; vous trouverez cette dernière dans le texte figurant à côté du patron et intitulé « Valeur des coutures ».

Sachez lire le patron

Tracé de plis.
A découper absolument selon le tracé, sinon il y aurait un manque et vous n'auriez pas assez de ressource pour exécuter votre couture.

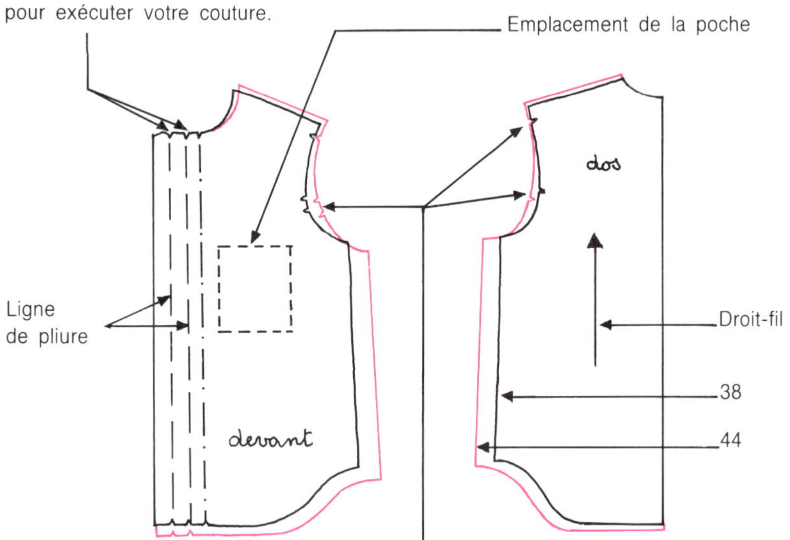

Crans de repère.
Deux crans = devant;
un cran = dos.
Ils indiquent le milieu d'une pièce, les extrémités des pliures de pattes ou de sous-pattes, les endroits où les pièces doivent se raccorder.

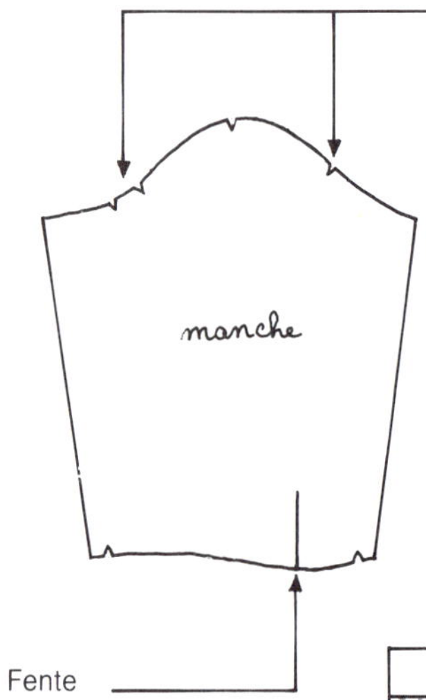

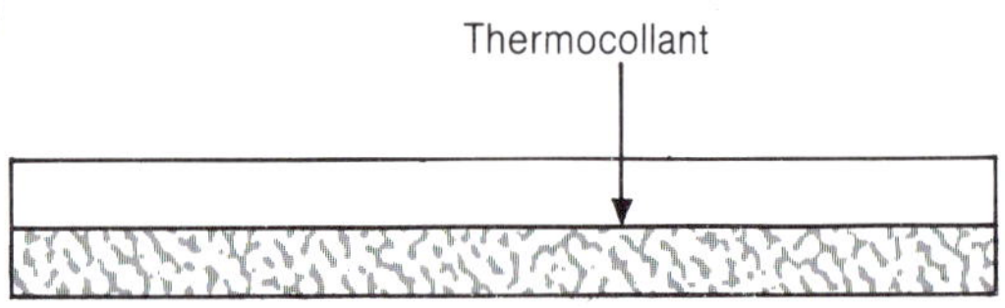

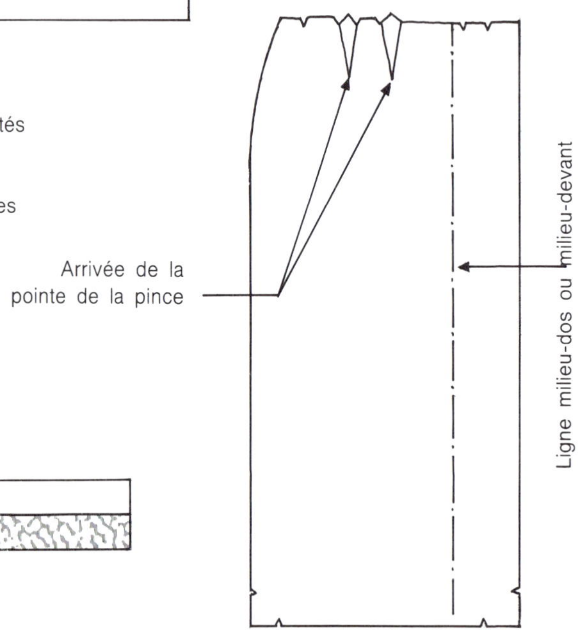

Agrandir ou réduire votre patron

Les différentes pièces d'un patron sont destinées à être assemblées pour faire un tout, et par conséquent toute modification d'une pièce entraîne celle de la pièce qui va être assemblée avec elle, et ainsi de suite. Méfiez-vous donc des conséquences en chaîne qu'entraîne la moindre retouche. Pour vous aider, voici une méthode simple. Elle consiste à tracer sur le patron des lignes d'adaptation droit-fil sur lesquelles vous reporterez la différence de mesure d'une taille à l'autre. Si vous débutez, choisissez, comme nous l'avons fait, des modèles simples pour vous exercer. Toutefois, cette méthode est valable pour tous les modèles, et lorsque vous aurez acquis suffisamment d'expérience, vous pourrez l'appliquer aux plus difficiles.

Le corsage

Corsage classique

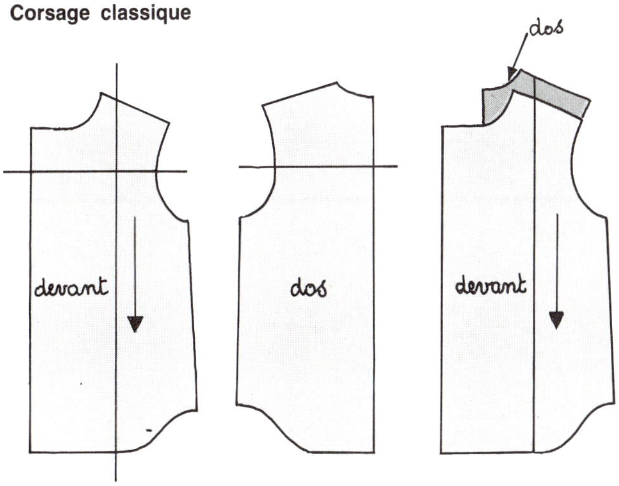

Dessinez sur le patron, dans le droit-fil, une ligne d'adaptation verticale partant d'un point situé à une distance d'environ 1/3 de la longueur d'épaule, à partir de l'encolure sur le devant. Tracez une autre ligne d'adaptation perpendiculaire à la première, au niveau de la ligne de carrure. Faites la même chose sur le patron du dos en veillant à ce que la ligne verticale et la ligne horizontale se raccordent à celles du devant lorsque vous mettrez les pièces bord à bord.

Comparez vos mesures avec celles du patron-modèle et notez la différence.

Pour agrandir Le patron modèle est un 38		Votre taille = 40	Différence
Tour de poitrine	85	89	+ 4
Tour de taille	66	70	+ 4
Tour de petites hanches	87	91	+ 4
Tour de bassin	92	96	+ 4
Longueur épaule-poitrine	26	26,5	+ 0,5
Carrure dos	35	36	+ 1
Carrure devant	34	35	+ 1

Pour réduire Le patron modèle est un 44		Votre taille = 42	Différence
Tour de poitrine	97	93	– 4
Tour de taille	78	74	– 4
Tour de petites hanches	99	95	– 4
Tour de bassin	104	100	– 4
Longueur épaule-poitrine	27,5	27	– 0,5
Carrure dos	38	37	– 1
Carrure devant	37	36	– 1

La différence par taille pour la longueur du dos et pour celle du devant est de 0,5 cm seulement.

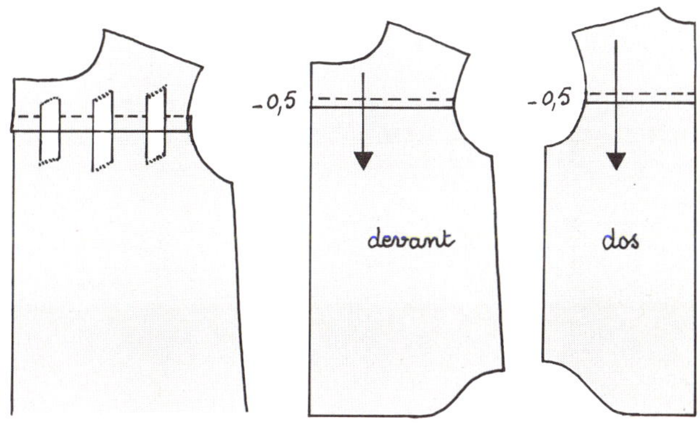

Pour agrandir, vous devez augmenter la longueur du buste devant de 0,5 cm et celle du dos pareillement. Fendez le patron le long de la ligne de carrure. Collez sous l'une des parties un morceau de papier à patron. Tracez une ligne perpendiculaire au droit-fil, à 0,5 cm du bord fendu. Posez le bord de l'autre partie sur le surplus de papier, le long de cette ligne, en veillant à ce que la ligne du droit-fil soit bien continue. Pour réduire : à 0,5 cm de la ligne de carrure, tracez une ligne parallèle. Fendez le long de la ligne de carrure et faites glisser le bord de la partie inférieure sur l'autre jusqu'à la seconde ligne. Maintenez avec du papier collant. La flèche du droit-fil doit toujours être bien continue.

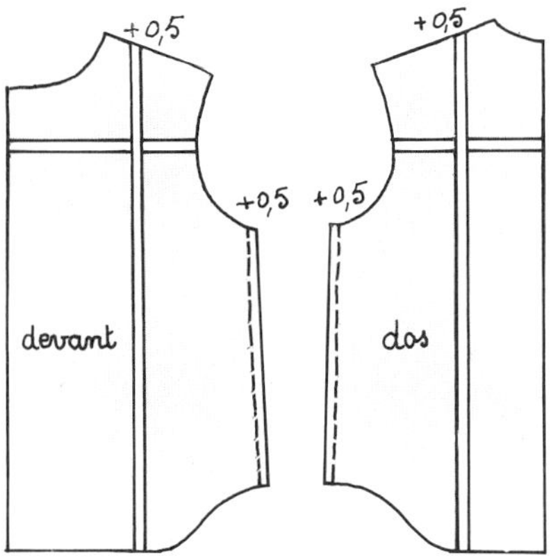

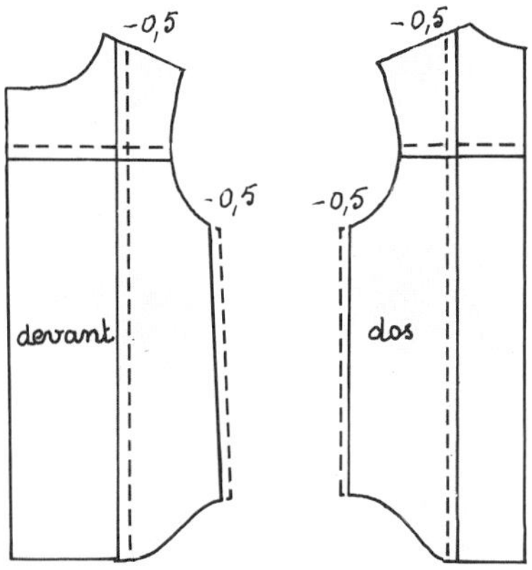

Il y a 4 cm de différence au tour de poitrine, soit 2 cm devant et 2 cm au dos. Mais si vous travaillez sur un demi-devant ou un demi-dos, il faut encore diviser ces mesures par 2, soit 1 cm à redonner ou à ôter par demi-dos et demi-devant. Cette différence de 1 cm doit être répartie entre la ligne d'adaptation et le côté. Fendez la ligne d'adaptation verticale, et élargissez ou rétrécissez selon le cas de 0,5 cm le long de cette ligne, en procédant comme expliqué précédemment. Redonnez ou ôtez également 0,5 cm à la couture de côté. Retracez ce nouveau contour.

Corsage avec empiècement

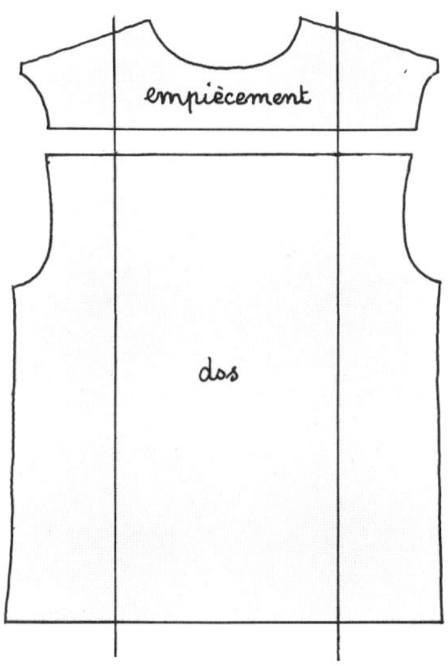

S'il s'agit d'un empiècement dans le dos, tracez sur chaque demi-dos et demi-devant une ligne d'adaptation verticale, puis deux sur l'empiècement, en suivant les conseils donnés pour la modification du corsage classique. Tracez sur le devant une ligne d'adaptation au niveau de la ligne de carrure.

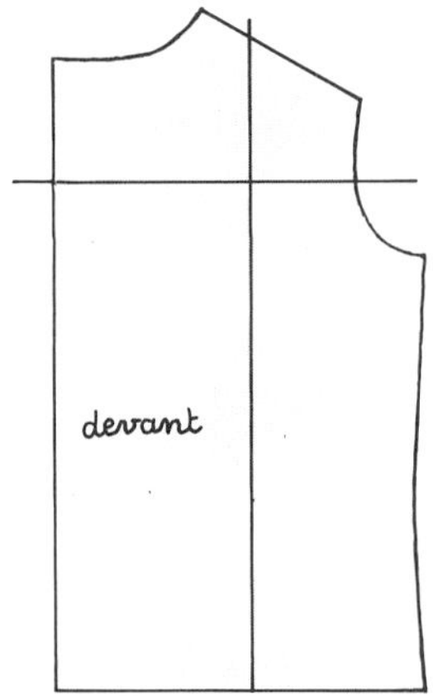

Pour modifier la longueur du dos de 0,5 cm, il vous suffira de redonner ou d'ôter 0,5 cm en bas de l'empiècement. Modifiez le devant de 0,5 cm à la ligne de carrure; ôtez ou redonnez 0,5 cm le long des lignes d'adaptation verticales, et encore 0,5 cm le long des coutures de côté du dos et du devant.

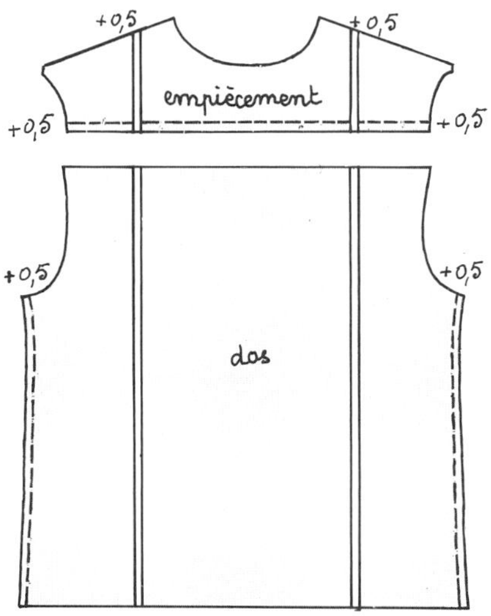

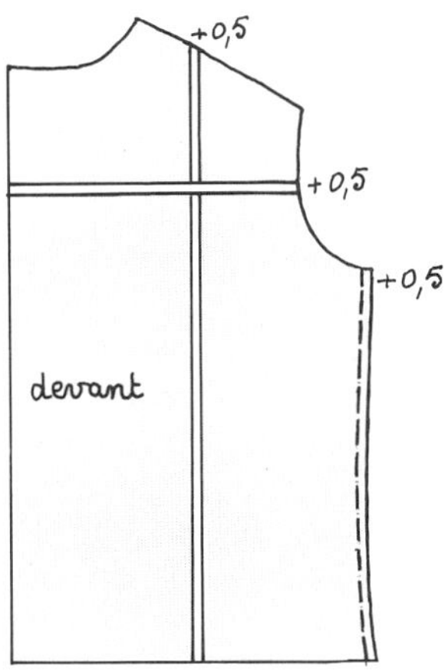

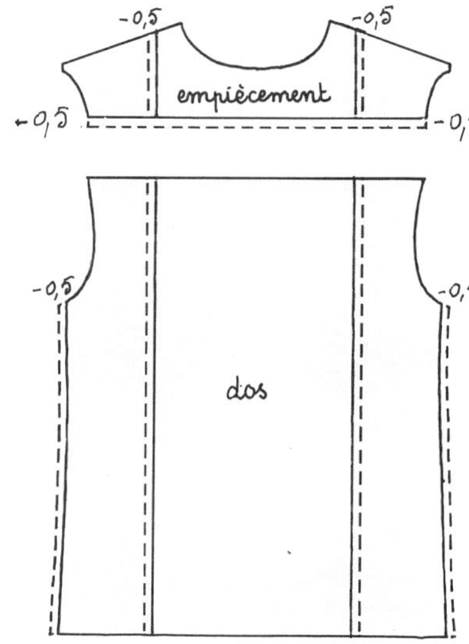

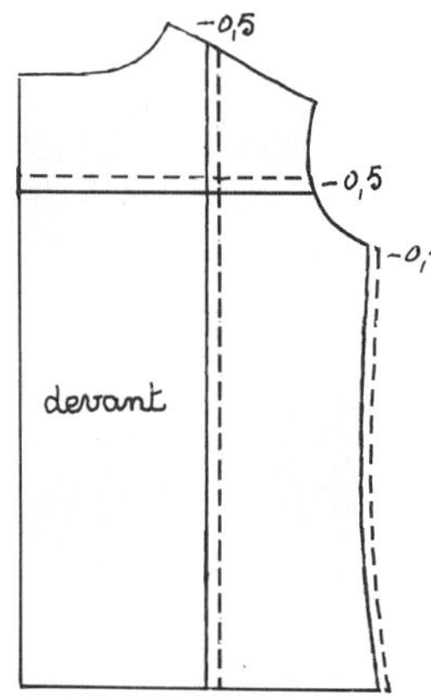

S'il y a deux empiècements, un dans le dos et un sur le devant, procédez comme expliqué ci-dessus, mais sans tracer de ligne de carrure sur le devant.

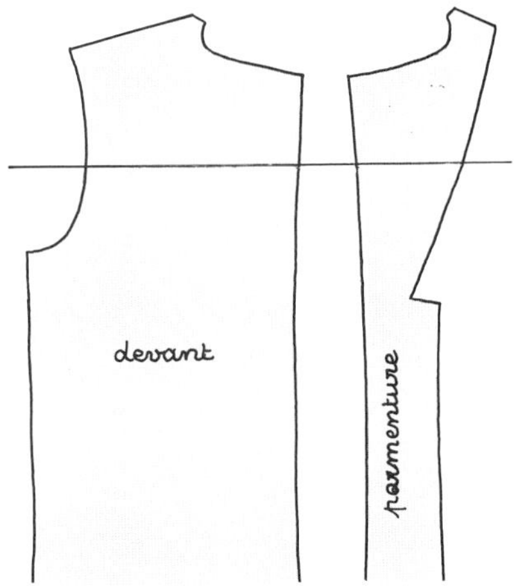

Corsage avec parmenture Qu'elle soit tenante ou séparée, procédez de la même façon. Tracez, sur la parmenture, une ligne d'adaptation qui corresponde à la ligne de carrure du devant à modifier. Augmentez ou réduisez le long de cette ligne de 0,5 cm, comme pour le devant.

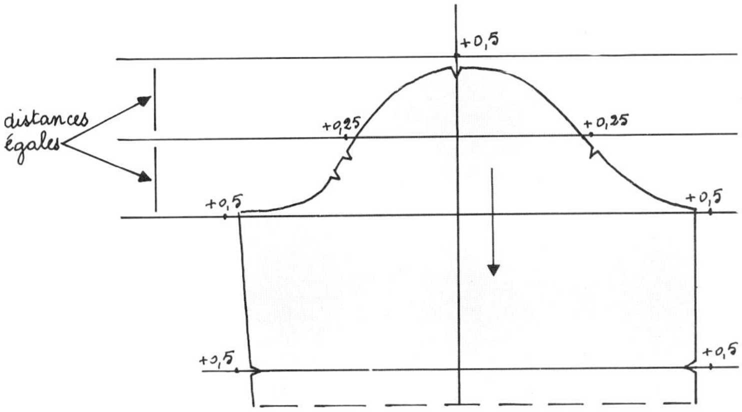

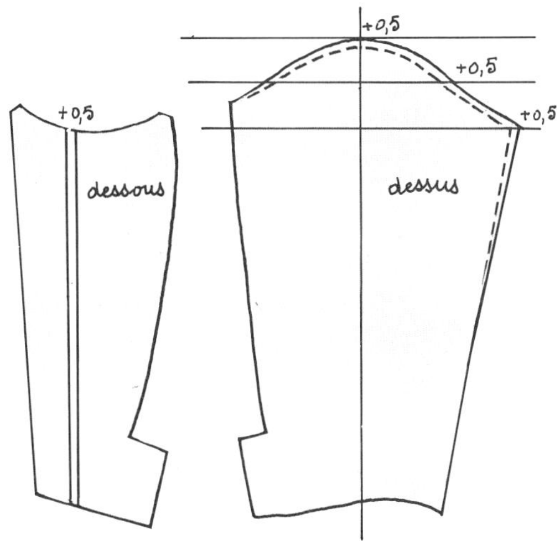

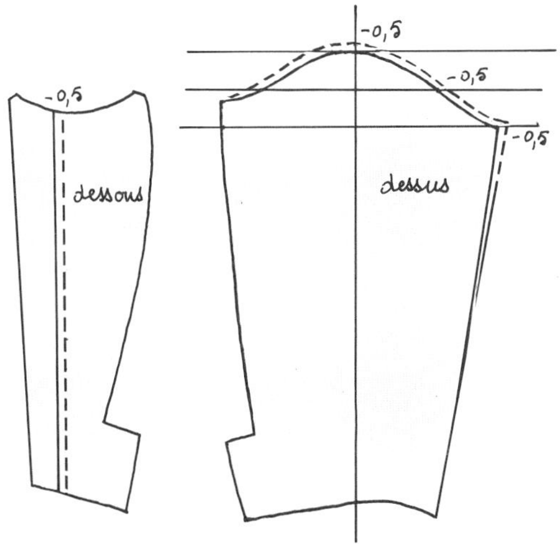

Manche simple

Qu'elle soit longue, courte ou ballon, vous procéderez de la même façon. En exécutant les retouches du dos et du devant, vous avez modifié l'emmanchure de 2 cm : 0,5 cm au côté devant + 0,5 cm au côté dos + 0,5 cm à la ligne de carrure dos + 0,5 cm à la ligne de carrure devant. Vous devez donc maintenant reporter l'équivalent sur la tête de manche. Tracez une ligne horizontale légèrement en dessous de la tête de manche et perpendiculaire au droit-fil; tracez également une ligne verticale perpendiculaire à la première et passant par le haut de la tête de manche. Marquez de chaque côté de l'horizontale un point à 0,5 cm en deçà du contour pour réduire, au-delà pour agrandir. Faites la même chose au bas de la manche.

Sur la ligne verticale en haut de la tête de manche, marquez un point à 0,5 cm.

Tracez une autre horizontale à égale distance de la première et du nouveau point marquant la tête de manche, et marquez à chaque extrémité de cette ligne un point à 0,25 cm en deçà ou au-delà du contour initial.

A partir de tous les points tracés, redessinez les contours de la manche.

Manche tailleur

L'emmanchure a été modifiée de 2 cm, vous devez donc reporter l'équivalent sur la tête de manche. Toutefois, le bas de la manche ne sera élargi ou réduit que de 0,5 cm. Tracez sur le patron du dessous de manche, dans le droit-fil, une ligne d'adaptation verticale partant de l'endroit le plus creux du haut de la pièce. Fendez le long de cette ligne et agrandissez ou réduisez de 0,5 cm. Sur le dessus de manche, tracez dans le droit-fil une ligne verticale partant du haut de la tête de manche, et une ligne horizontale perpendiculaire à la première et passant par le devant de la manche. Sur la verticale, marquez un point à 0,5 cm en deçà ou au-delà du contour initial. Sur l'horizontale, marquez un point à 0,5 cm en deçà ou au-delà du bord du devant de la tête.

Tracez une autre horizontale perpendiculaire à la verticale à mi-distance entre le nouveau point du haut de la tête de manche et la première horizontale. Sur cette ligne, en deçà ou au-delà du contour initial de la manche, tracez un point à 0,5 cm. Redessinez le contour de la tête de manche, puis tracez le long de l'ancienne ligne de couture une droite partant du nouveau point et rejoignant l'ancien tracé.

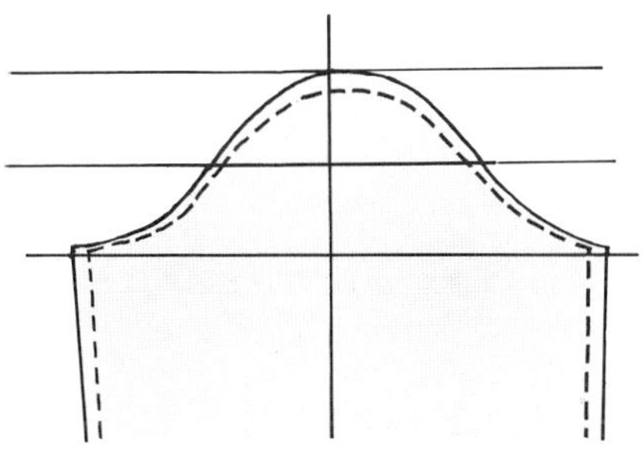

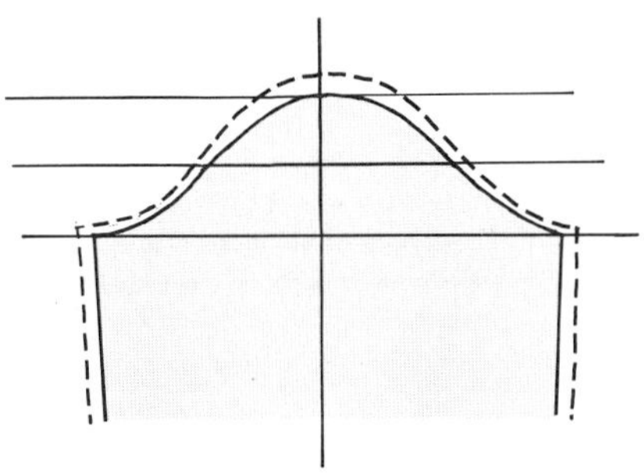

Corsage à manches kimono

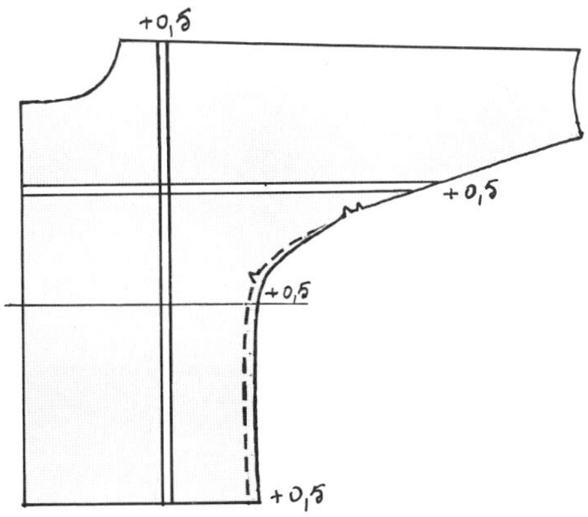

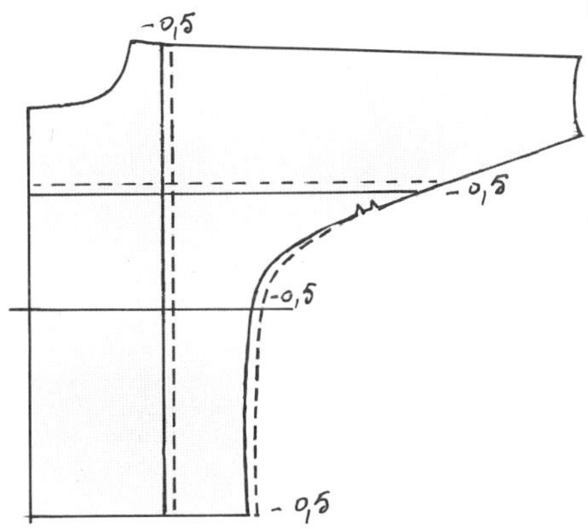

Tracez sur le demi-devant et le demi-dos une ligne d'adaptation horizontale et une autre verticale, comme pour le corsage classique. Modifiez de 0,5 cm le long de ces lignes. Tracez une autre horizontale perpendiculaire au droit-fil à la limite de l'emmanchure; marquez un point à 0,5 cm du contour. Faites la même chose au bas du chemisier et redessinez le tracé du côté en venant mourir aux crans du dessous de manche.

Corsage à manches chauve-souris. Procédez selon le même principe que pour le corsage à manches kimono, mais ne touchez pas à la pince. Au besoin, vous ferez une retouche lors du premier essayage.

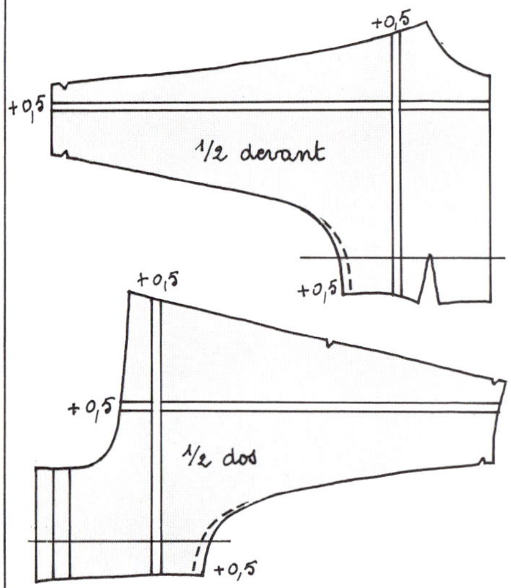

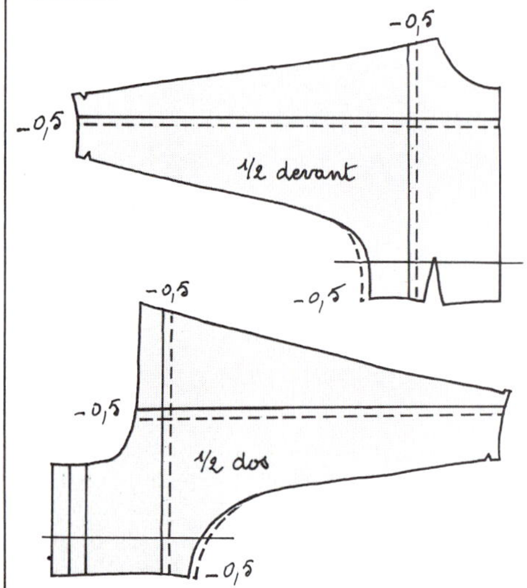

L'encolure et le col. Vous avez changé la longueur d'épaule et sa hauteur en réduisant ou en élargissant les lignes d'adaptation verticale et de carrure, et par conséquent vous avez modifié l'encolure. N'y touchez pas sur le patron, ne faites les retouches qu'au moment du premier essayage. Quand l'encolure sera au point, prenez les mesures et modifiez le col en fonction des résultats en reprenant le patron par le milieu.

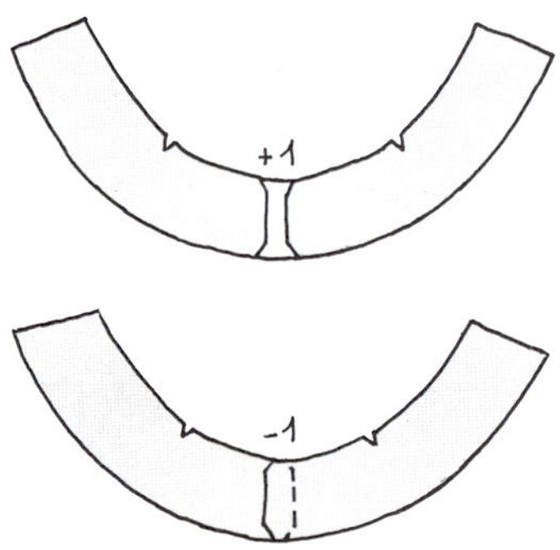

La jupe

Jupe droite. En comparant les tableaux des mesures, vous avez constaté une différence d'une taille à l'autre de 4 cm au tour de taille et de bassin. Vous agrandirez ou rétrécirez par les coutures de côtés. Tracez deux lignes d'adaptation perpendiculaires au droit fil, l'une à la hauteur des hanches, l'autre à la-hauteur du bassin. Marquez un point sur ces lignes, à 1 cm de chaque côté du bord latéral : en deçà du bord pour rétrécir, au-delà pour agrandir. Faites la même chose en prolongeant ou en diminuant la ligne de taille et la ligne d'ourlet.

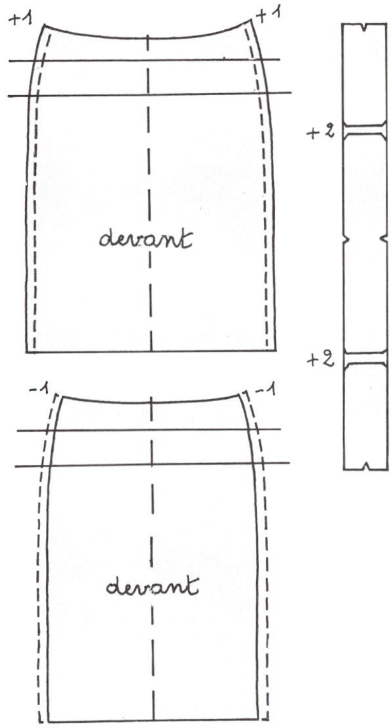

Refaites le tracé des bords latéraux de la jupe. Vous avez modifié les quatre côtés de 1 cm, soit en tout 4 cm. Pour retoucher la ceinture, coupez au niveau des crans indiquant les coutures de côtés pour agrandir ou rétrécir de 2 cm par cran.

Jupe à lés. Adaptez sur les coutures de côtés. Surtout, ne touchez pas aux panneaux centraux dos ou devant. Pour la ceinture, procédez comme pour la jupe droite.

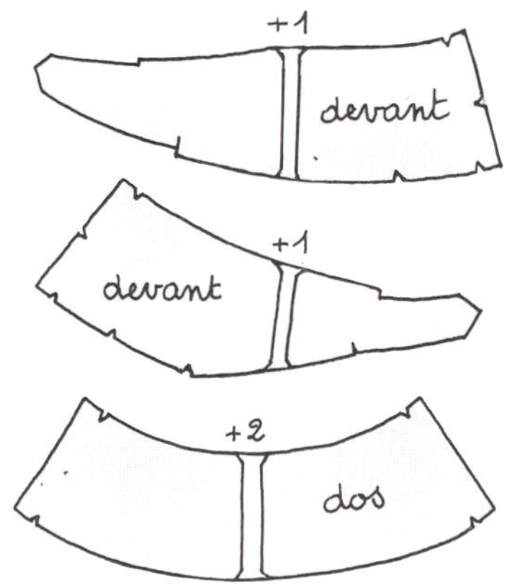

Jupe à ceinture-empiècement. Les modifications se font sur les côtés comme pour la jupe droite. Pour l'empiècement, vous devez répartir vos 4 cm de différence sur le dos et les deux demi-devants. Coupez le long de la ligne du milieu-dos et redonnez ou rétrécissez de 2 cm. Pour chaque demi-devant, coupez le long de la ligne du milieu-devant et redonnez ou retirez 1 cm.

Dans le cas de poches dans la découpe, ne retouchez que les côtés de la jupe, pas le fond de poche.

Pour une jupe-culotte, procédez comme pour une jupe droite.

Le pantalon

Tracez une ligne d'adaptation droit-fil correspondant à la ligne de bassin, une autre sous la fourche, au niveau du gras de la cuisse, une troisième, verticale, correspondant au pli devant et dos. Vous devez modifier la longueur du pantalon et celle de la fourche de 0,5 cm. Coupez et rectifiez de 0,5 cm le long de la ligne du bassin.

La différence à la taille et aux hanches est de 4 cm (soit 1 cm par pièce); mais la largeur du bas du pantalon ne doit pas être modifiée. Fendez le long de la ligne d'adaptation verticale, écartez ou rapprochez de 1 cm à la taille, aux hanches, jusqu'à la ligne transversale située à peu près au niveau du gras de la cuisse. Au-dessous de cette ligne, vous devez résorber la différence petit à petit pour retrouver la même largeur au bas du pantalon en faisant glisser les bords des coupures.

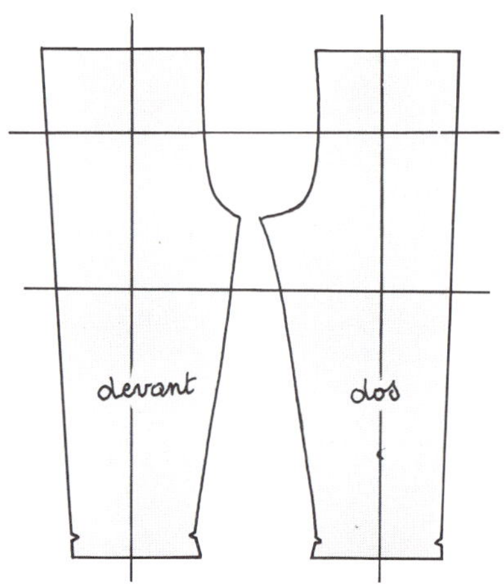

Surtout, respectez bien le droit-fil; le milieu du patron correspondant au pli doit être absolument dans le droit-fil.

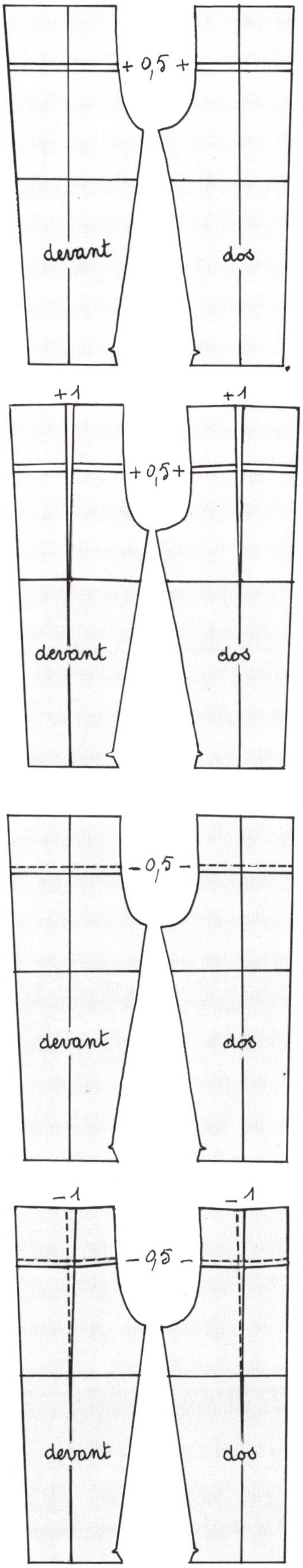

Si le pantalon a des plis à la taille, coupez le patron à côté du pli ou entre deux plis.

Retoucher votre patron

Vous avez maintenant un patron de taille standard correspondant à la vôtre, sur lequel vous avez reporté toutes les indications en y ajoutant les lignes de coutures. Toutefois, vous avez remarqué qu'entre cette taille standard et la vôtre il existe des différences de mesures. Vous voulez donc retoucher votre patron. Pour cela, utilisez la même méthode que précédemment, en commençant toujours par les modifications de longueur. Mais agissez avec prudence, des retouches trop importantes risquent de dénaturer le style et la ligne du modèle qui vous avait séduite.

Problèmes de longueur

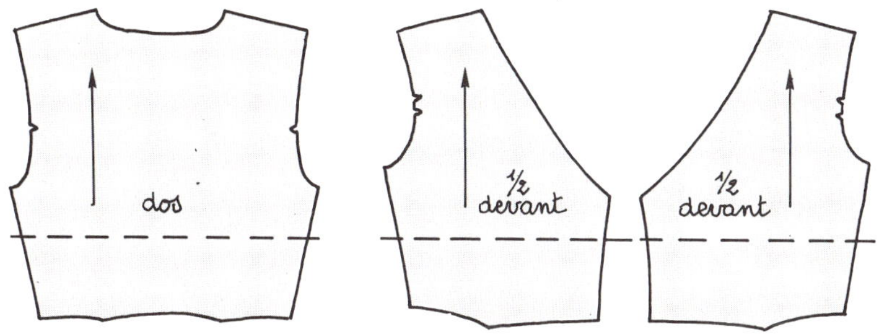

Le corsage. Il est possible dans une robe composée d'un corsage et d'une jupe que la longueur du buste soit ou un peu courte ou un peu longue. Dans ce cas, tracez une ligne d'adaptation sous l'emmanchure entre la ligne de poitrine et celle de la taille. Fendez le patron et diminuez ou augmentez de la différence selon la méthode évoquée précédemment. Faites cette correction sur le devant et le dos.

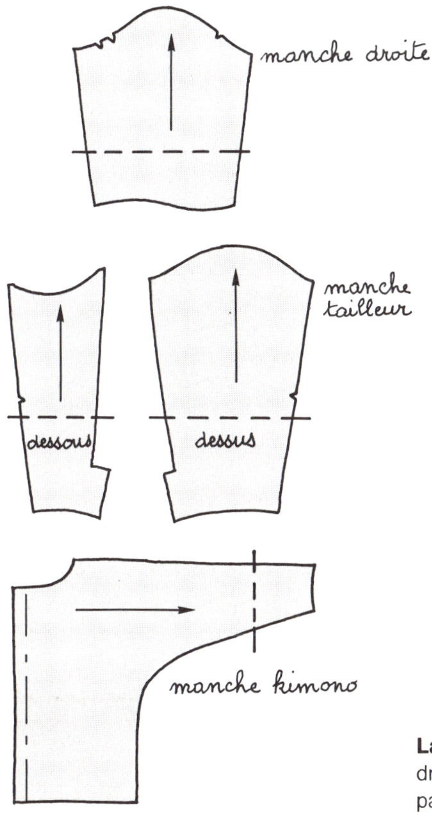

La manche. Pour raccourcir ou rallonger, tracez une ligne d'adaptation entre le coude et le poignet, rajoutez ou diminuez de la différence le long de cette ligne. S'il s'agit d'une manche tailleur, n'oubliez pas de porter la correction sur le dessus et le dessous.

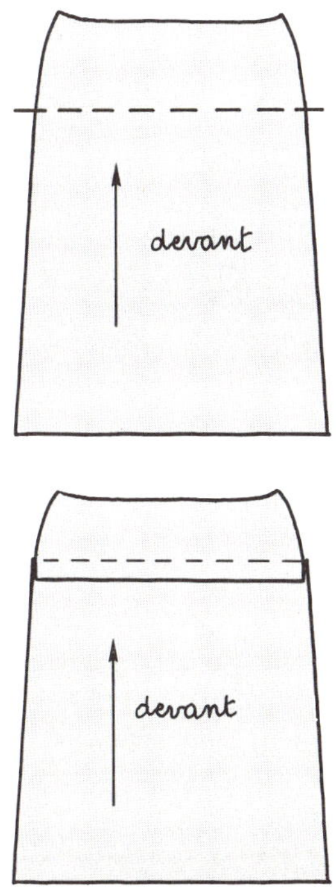

La jupe. Si vous raccourcissez une jupe droite, la largeur du bas de cette jupe ne doit pas être modifiée, afin que le vêtement garde son style. Tracez une ligne d'adaptation correspondant à la ligne de bassin et corrigez à ce niveau. Pour une retouche très importante, répartissez la différence en corrigeant à la ligne de bassin et à la ligne d'ourlet. Corrigez le dos de la même façon.

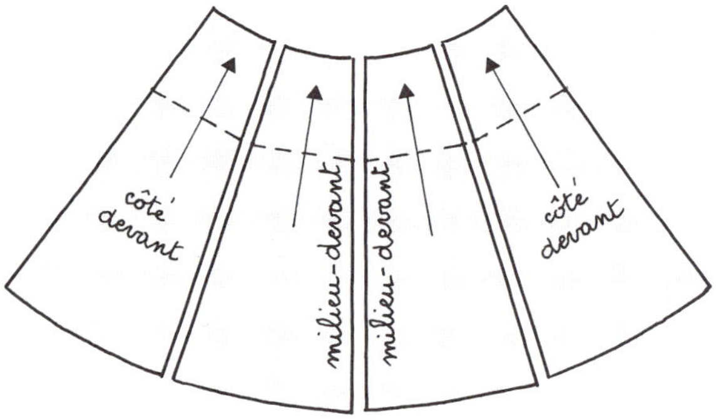

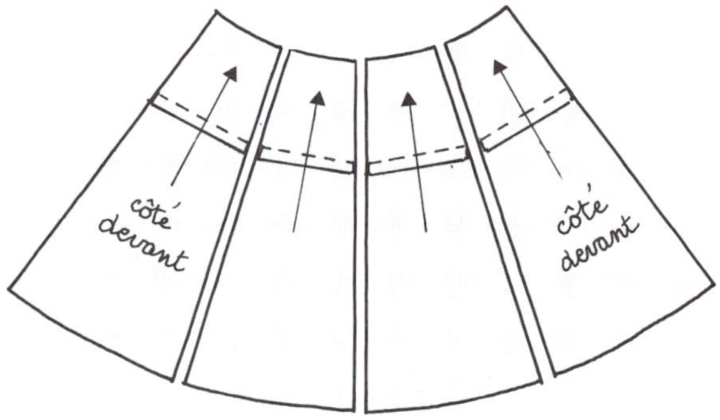

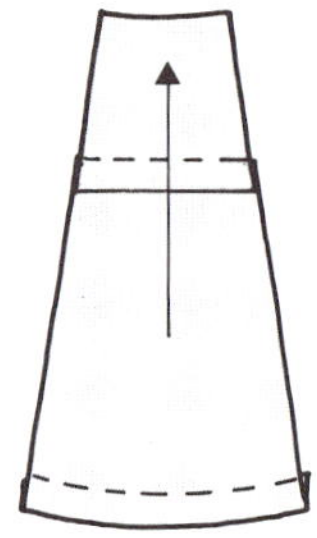

Pour raccourcir une jupe à lés, posez les panneaux du devant les uns à côté des autres, tracez une ligne d'adaptation droit-fil correspondant à la ligne du bassin. Raccourcissez chacun des quatre panneaux le long de cette ligne. Redessinez le contour, du haut vers le bas, en retrouvant peu à peu le tracé initial. Reportez, bien sûr, la correction sur les panneaux du dos.

Le pantalon

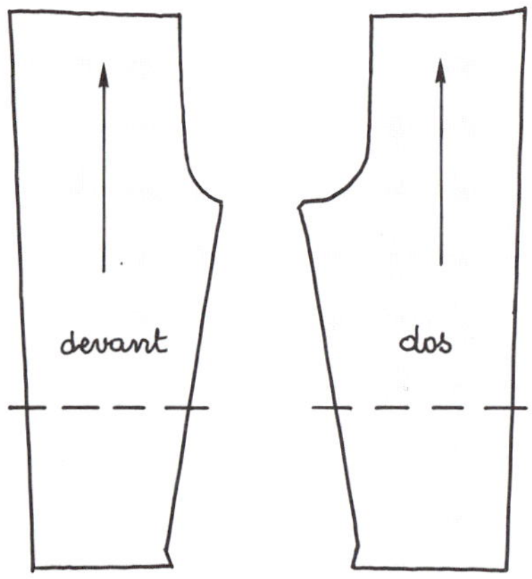

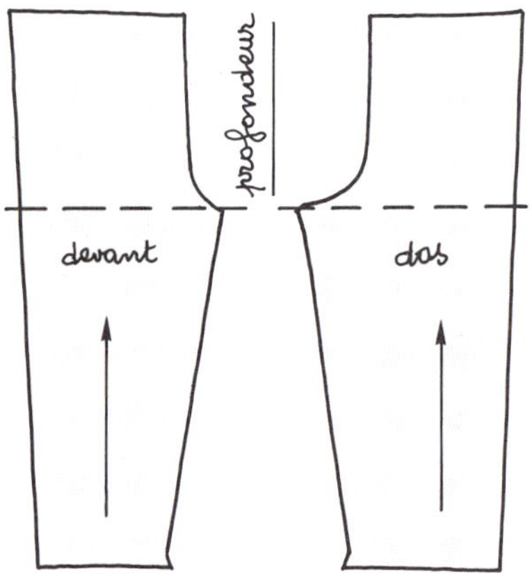

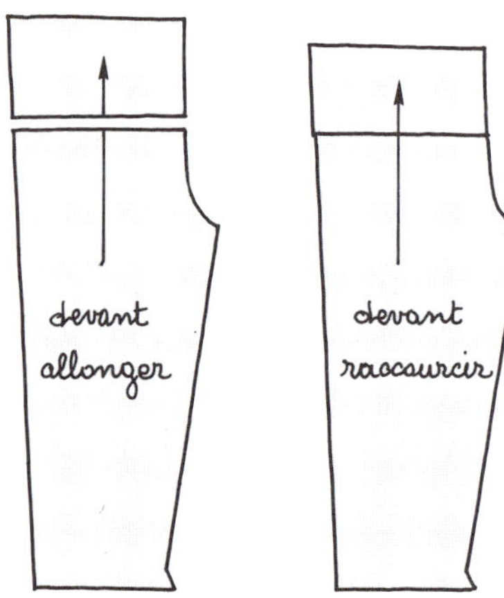

1 Pour modifier la longueur des jambes d'un pantalon, tracez sous le genou une ligne d'adaptation horizontale, et perpendiculaire au droit-fil. Corrigez de la différence le long de cette ligne.

2 Pour augmenter ou diminuer la profondeur de la fourche, commencez d'abord par comparer votre mesure de hauteur de bassin avec la profondeur de la fourche du patron. Pour mesurer la profondeur de la fourche du patron, tracez une ligne horizontale sur le devant du pantalon; cette ligne horizontale, perpendiculaire au pli et au droit-fil du pantalon, part de la pointe de la fourche; tracez une ligne semblable sur le dos au même niveau que celle du devant. Mesurez la hauteur de la taille à cette ligne (n'oubliez pas de tenir compte de la valeur des coutures).

3 Si vous constatez une différence entre votre hauteur de bassin et la profondeur de la fourche du patron, modifiez le patron devant *au niveau du bassin* en traçant une ligne d'adaptation horizontale perpendiculaire au droit-fil. Reportez la correction sur le dos.

Problèmes de largeur

Le corsage

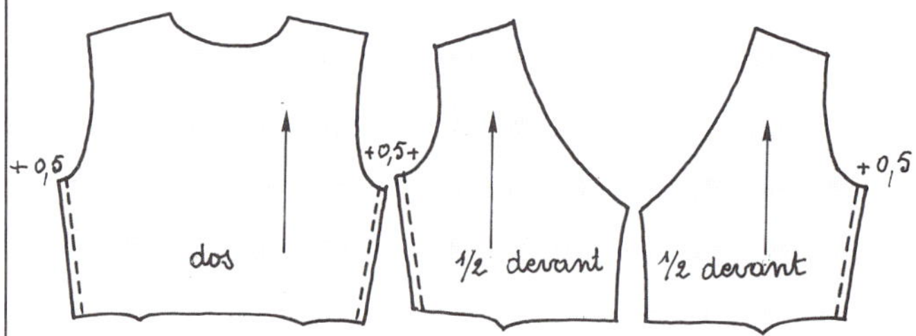

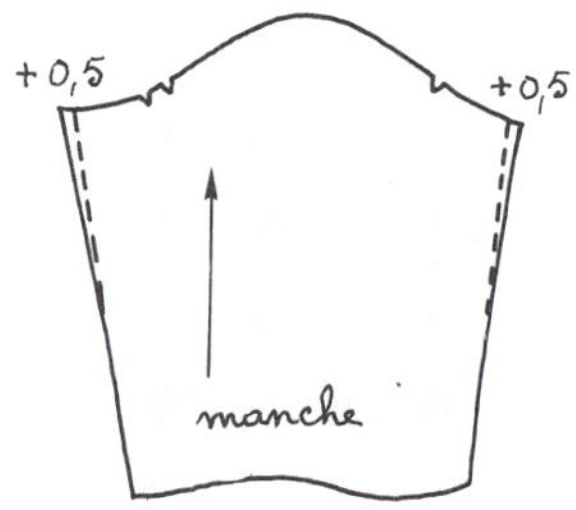

1 Votre tour de poitrine est un peu différent de celui de la taille standard. (Cette différence ne doit pas excéder 2 cm, sinon, c'est que vous avez mal choisi votre taille.) Pour un corsage ajusté, diminuez ou augmentez en répartissant la différence sur les coutures de côté. Par exemple, 2 cm de différence seront répartis par 0,5 cm pour chaque côté des deux demi-dos et des deux demi-devants. Ce faisant, vous aurez modifié chaque emmanchure de 1 cm; il faudra également modifier la manche de la même valeur en répartissant la différence sur le devant et le dos de la manche, à la couture de côté et en reprenant le tracé jusqu'au coude.

2 Si vous avez une forte poitrine, ne retouchez que le devant du corsage, pas le dos. Pour une différence de tour de 2 cm, ajoutez 1 cm aux coutures de côté. Dans ce cas aussi, il faudra modifier la manche en conséquence. Rajoutez 1 cm sur le devant de la manche à la couture de côté et en reprenant le tracé jusqu'au niveau du coude.

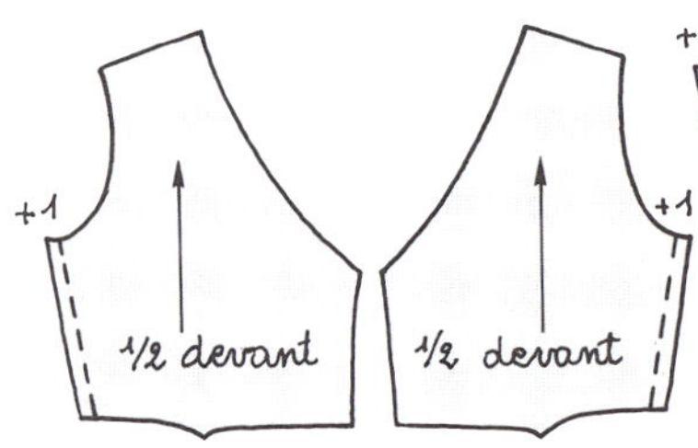

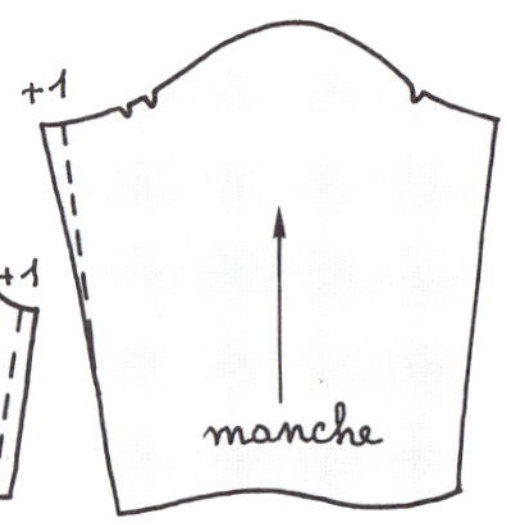

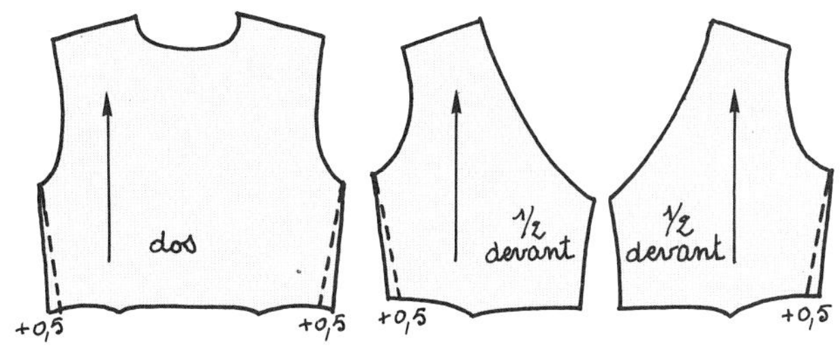

3 A la taille, dans le cas d'une robe composée d'un corsage et d'une jupe, réduisez ou augmentez en répartissant la différence sur les côtés du dos et du devant, redessinez le contour en rejoignant peu à peu le tracé initial. Reportez la correction sur la jupe (voir ci-dessous).

La jupe

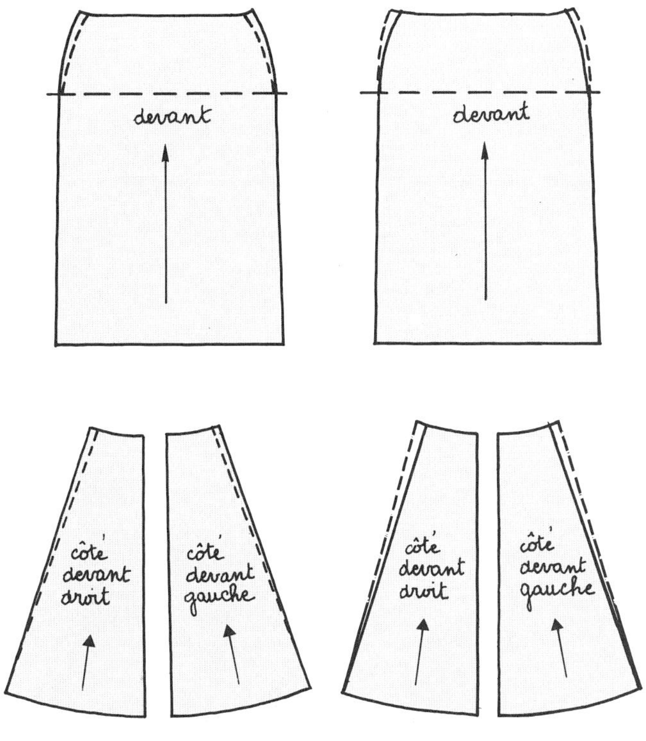

1 Problème de taille. Sur une jupe droite, augmentez ou diminuez en répartissant la différence sur les coutures de côté du dos et du devant. Redessinez le contour; le tracé vient mourir au niveau de la ligne du bassin. Reportez la modification sur la ceinture au niveau des crans indiquant les coutures de côté.

Pour une jupe à lés, procédez comme pour la jupe droite. Ne touchez qu'aux panneaux des côtés.

Pour une jupe avec ceinture-empiècement, augmentez ou diminuez en répartissant la différence sur les coutures de côté de l'empiècement; modifiez également le tracé sur les côtés de la jupe jusqu'au niveau de la ligne du bassin.

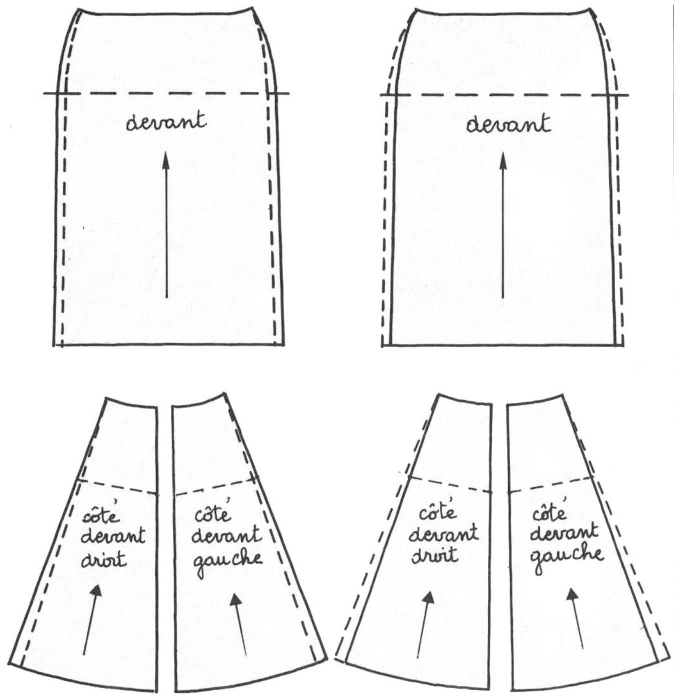

2 Problème de hanches. Modifiez de chaque côté de la ligne d'adaptation du bassin en répartissant la différence sur les côtés du devant et du dos. Reprenez le contour par un nouveau tracé partant de la taille et allant progressivement jusqu'au bas de la jupe. Pour une jupe à lés, ne touchez qu'aux panneaux des côtés.

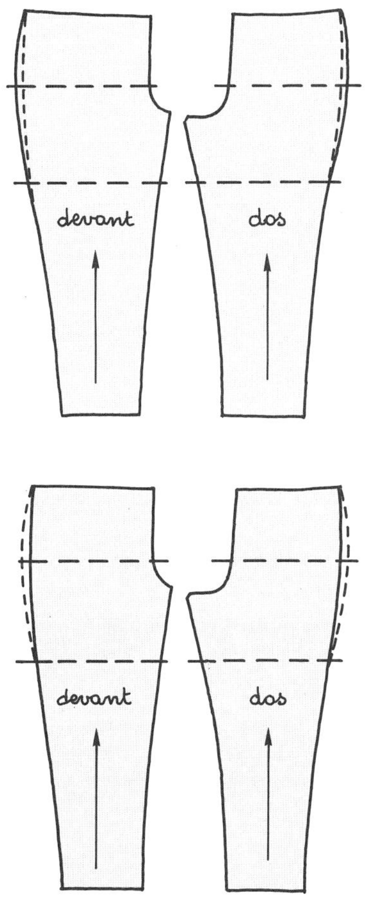

Le pantalon

Pour la taille, procédez comme pour la jupe (n'oubliez pas de modifier la ceinture). Pour les hanches, modifiez de chaque côté de la ligne d'adaptation du bassin sur le dos et le devant du pantalon. Redessinez un nouveau contour partant de la taille et se fondant dans l'ancien tracé au niveau du gras de la cuisse.

LA COUPE

La coupe est une étape déterminante dans la confection d'un vêtement. Sa réussite dépend, d'une part, de la préparation minutieuse du tissu, qui doit être adapté au modèle que vous avez choisi, et d'autre part, du soin que vous aurez apporté au placement du patron sur ce tissu. Après la coupe, vous procéderez au marquage des différentes pièces, qui, s'il est bien fait, vous permettra de réaliser le montage et les essayages sans problèmes.

Préparation du tissu

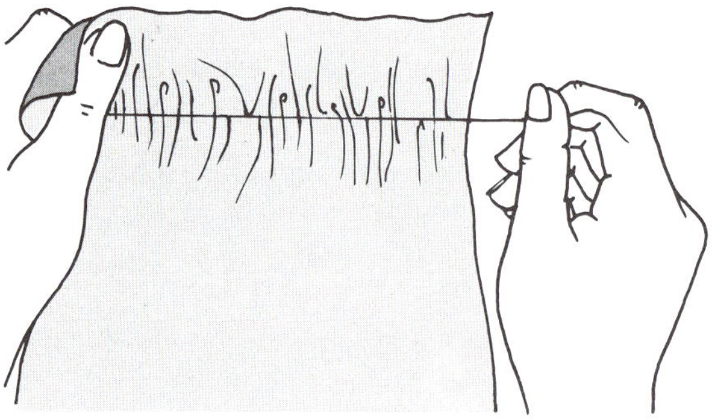

1 Redressez la ligne de coupe si le tissu a été mal coupé lors de l'achat. La méthode la plus sûre consiste à tirer un fil. Entaillez la lisière; saisissez un ou deux fils de la trame. Faites-les coulisser en fronçant le tissu. Coupez le long des jours.

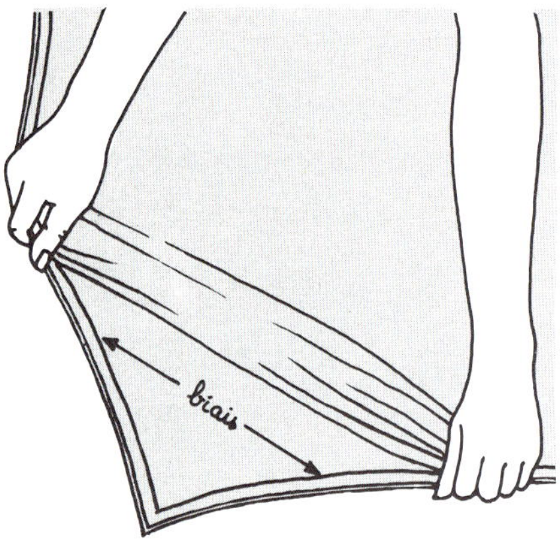

2 Équerrage. C'est la vérification avec une équerre du droit-fil. Si les fils de chaîne et de trame ne forment pas un angle droit parfait, il suffit habituellement d'étirer le tissu dans le biais (s'il est en coton) pour le remettre d'aplomb. Tirez doucement mais fermement jusqu'à ce qu'il soit lisse et que tous ses coins forment des angles droits (c'est plus facile à deux). Soyez prudente : si vous tirez trop, vous déformerez davantage. Pour redresser les angles, vous pouvez aussi repasser dans le biais avec le fer à vapeur.

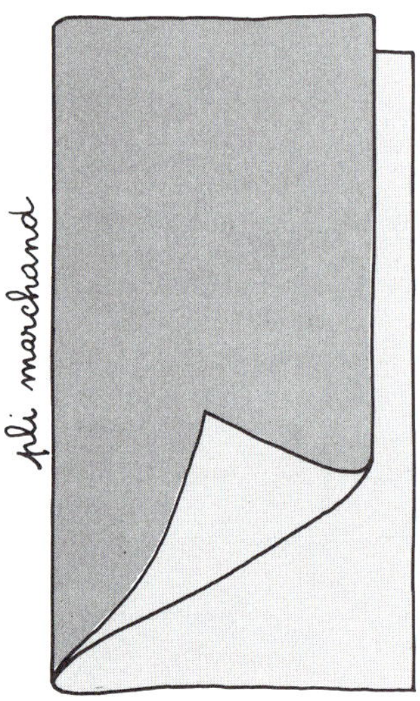

3 Décatissage. Un rétrécissage préliminaire est à recommander si vous ne savez comment se comportera le tissu au lavage ou au nettoyage à sec. Décatissez les tissus lavables en les lavant et séchant comme vous le ferez pour le vêtement terminé — ceci également pour retirer l'apprêt de fabrication. Pour décatir les tissus nettoyables à sec, humectez-les, étendez-les à plat et laissez-les sécher (ne les suspendez surtout pas). Repassez légèrement sur l'envers. Par prudence, faites un essai avant sur un échantillon.

S'il faut redresser et rétrécir le tissu, rétrécissez-le d'abord, puis rétablissez le sens du fil. Repassez le tissu froissé ou celui dont le pli marchand (pliure des tissus qui sont vendus dossés) est trop marqué.

Certains tissus modernes n'ont pas besoin d'être décatis.

Qu'est-ce que le droit-fil ?

La lisière forme les bords finis parallèles aux fils de chaîne; le fil de trame rencontre la lisière à angle droit. La diagonale qui croise ces sens se nomme biais; l'angle de 45° forme le plein biais. Le droit-fil est le sens du tissu qui suit les fils de tissage. Le droit-fil de chaîne (parallèle aux lisières), plus ferme et indéformable, est celui qui doit être respecté pour la coupe des différentes pièces de tissu.

Placement du patron sur le tissu

Le plan de coupe dépend du vêtement lui-même : s'il est symétrique, la coupe se fait sur tissu plié; s'il est asymétrique, elle se fait sur tissu ouvert. Il est possible dans certains cas de plier le tissu partiellement. Nous présentons un plan de coupe à chaque modèle de vêtement. Ce plan indique la disposition la plus rationnelle des pièces du patron sur le tissu. Toutes les pièces du plan de coupe sont numérotées; ces numéros renvoient aux différentes pièces du patron et permettent de les identifier. Les flèches symbolisent le sens du droit-fil. La rubrique « La coupe » donne des précisions sur la méthode de coupe à adopter. Le plan de coupe des vêtements pour femmes correspond à la taille 44; celui des vêtements pour enfants à la taille indiquée sur le patron.

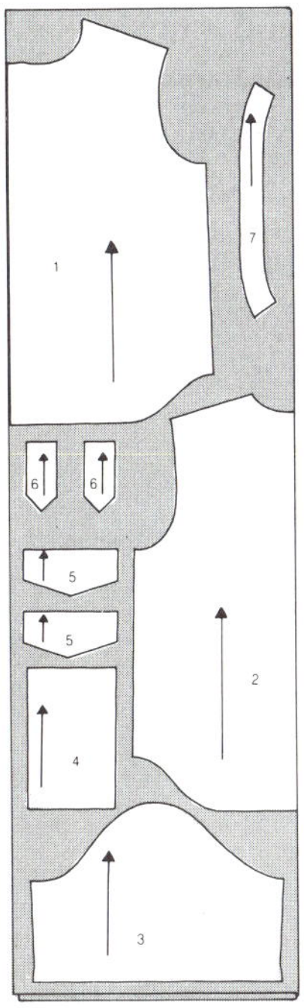

1

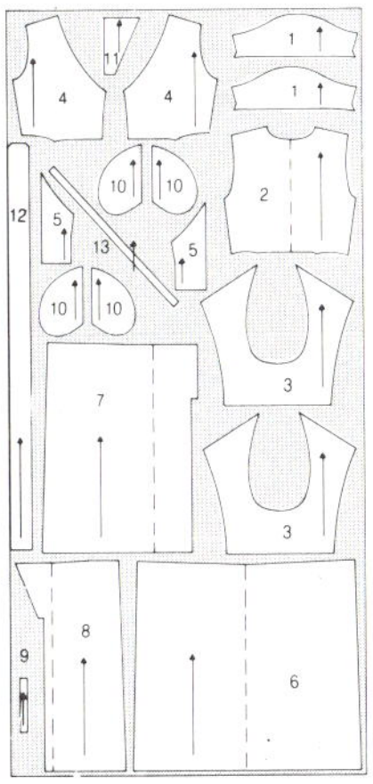

2

3

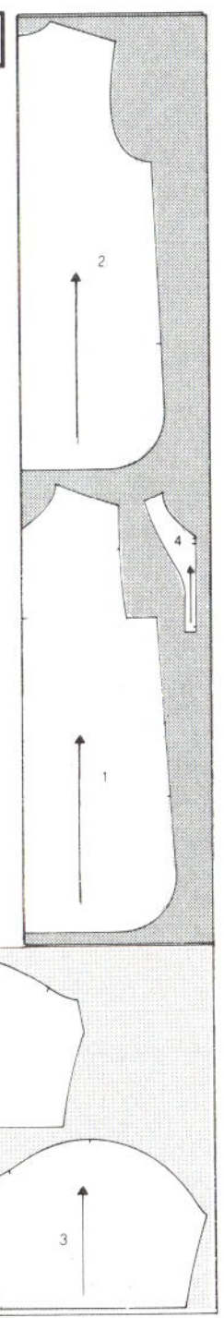

1 Pliez le tissu endroit contre endroit. Les lisières se raccordent sur un des côtés : épinglez-les ensemble. La ligne milieu-dos doit être à la pliure.

2 Le tissu est à plat, l'envers contre la table de coupe. Posez le patron sur l'endroit.

3 Une partie du tissu est pliée, endroit contre endroit, lisière sur lisière, et épinglée. Le reste du tissu est à plat.

Épinglage du patron. Lissez votre tissu pour qu'il ne forme pas de plis. Vérifiez bien le sens droit-fil en mesurant la distance entre la lisière et l'indication du droit-fil du patron. Cette distance doit être absolument égale du haut en bas de la pièce.
Allez de gauche à droite et de pliure à lisières quand vous épinglez les pièces du patron. Fixez d'abord la ligne de pliure (s'il y en a une), puis les coins, et enfin les bords, lissant le patron au fur et à mesure. Placez les épingles des coins en diagonale, et les autres, pointées perpendiculairement, à l'intérieur des lignes de coupe.

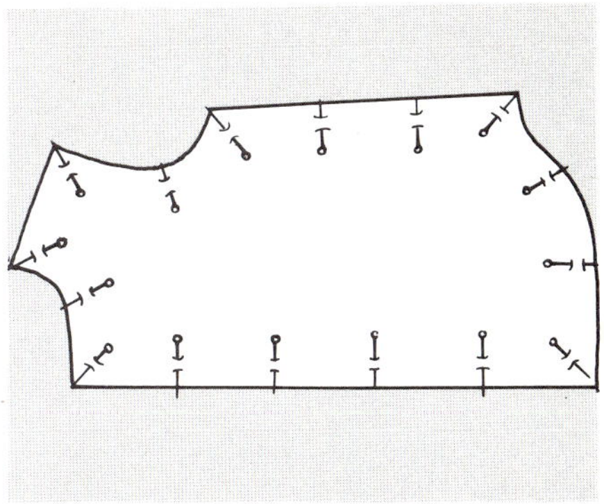

La coupe et le marquage

La coupe. Si vous êtes débutante, après vous être assurée d'avoir bien disposé toutes les pièces sur le tissu, tracez à la craie le contour des différentes pièces (pour les lignes droites aidez-vous d'une règle), ceci vous permettra de reconnaître le tracé original et de couper très légèrement au large du patron pour éviter les surprises.
Obtenez une coupe précise en maintenant le tissu bien à plat (ne le soulevez jamais) sur la surface de coupe, en utilisant les ciseaux qui conviennent (voir p. 25) et en taillant à coups fermes, en avançant les ciseaux légèrement à chaque coup en suivant le tracé.

Le marquage et le crantage. Après la coupe, il faut reporter fidèlement sur le tissu les pinces, les repères d'assemblage (crans), l'emplacement des poches, de la fermeture à glissière et de l'ourlet, les lignes de taille, puis les contours (si vous avez taillé au large), et toutes les lignes de coutures qui figuraient sur le patron.

Vous pouvez marquer au point tailleur, à la craie ou à la roulette. Mais quelle que soit la méthode utilisée, nous vous conseillons vivement de marquer par un fil de bâti le milieu-dos et le milieu-devant dans la pliure du tissu si ceux-ci ne comportent pas de coutures.
Le point tailleur permet de marquer simultanément les deux épaisseurs d'une pièce (voir p. 39, 40). Le tracé obtenu de cette manière est très précis, puisqu'il se trouve sur les deux épaisseurs à la fois. Après l'essayage et avant de piquer, retirez tous ces petits fils à l'aide d'une pince à épiler.
A la craie, tracez les contours du patron. Pour les pinces et les repères se trouvant dans le centre d'une pièce, piquez des épingles à travers le patron et les deux épaisseurs du tissu. Sur l'autre côté du vêtement, marquez les points de piqûre des épingles par des épingles croisées, puis unissez ces points par un trait à la craie.
La roulette à patron ne peut être utilisée qu'avec certains tissus assez serrés pour que les trous faits par les dents de la roulette restent bien apparents (cotonnades fines, satin de coton, doublures).

Reportez sur le tissu tous les crans qui sont marqués sur votre patron, ce sont des repères indispensables. Faites aux ciseaux une petite fente dans la ressource de couture.
Attention ! ayez la main légère, arrêtez-vous un peu avant la ligne de couture.

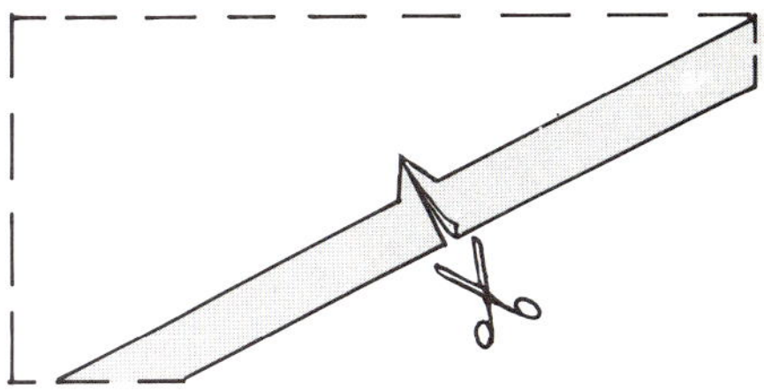

Pour faire un marquage rapide

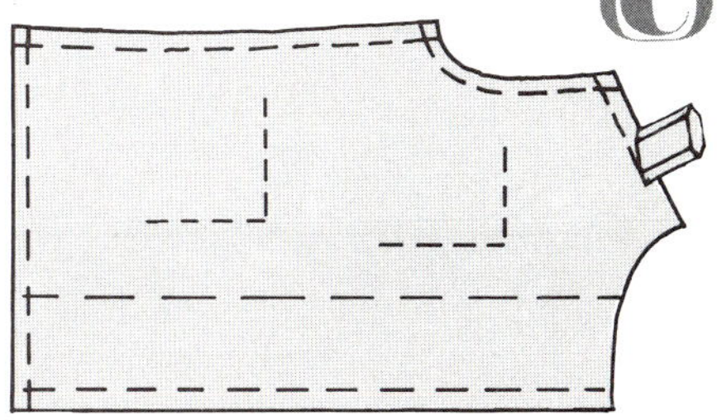

Nous vous conseillons d'utiliser, dans un même vêtement, les points tailleur pour les pinces, les fentes, etc., et la craie pour les coutures. Il faut auparavant découper les pinces et les poches dans le patron afin de pouvoir en suivre le contour.

ESSAYAGES ET RECTIFICATIONS

Les essayages

Même si vous avez modifié votre patron avec soin en fonction de vos mesures personnelles, il vaut mieux (surtout si vous n'êtes pas experte) faire au moins deux essayages avant de monter définitivement le vêtement, car il serait dommage de ne pas mettre toutes les chances de réussite de votre côté.
Vous aurez à faire preuve d'un peu d'imagination, car découvrir un vêtement pour la première fois, seulement bâti, est un peu décevant; essayez donc de vous représenter le modèle rectifié, à un stade plus avancé, et ne vous découragez pas.

Préparatifs avant l'essayage

Mettez vos sous-vêtements habituels et les chaussures que vous comptez porter avec le vêtement en cours de confection. Il est très difficile de faire son propre essayage, faites vous aider par quelqu'un.

Le vêtement est bâti suffisamment solidement pour que les coutures ne se défassent pas au cours du travail; n'oubliez pas de faire des points d'arrêt au début et à la fin des bâtis. Le vêtement n'est pas froissé. Il a été repassé. Les coutures ont été légèrement aplaties au fer pour éviter les bosses disgracieuses qu'elles forment et qui pourraient laisser supposer qu'il y a des retouches à faire. Les pièces qui l'exigeaient ont été thermocollées.

Vous avez sous la main de la craie tailleur, des aiguilles et du fil de couleur pour tracer de nouvelles lignes de couture ou de coupe et rebâtir; des épingles pour reprendre les coutures, les pinces, etc.; des ciseaux pour cranter et recouper.

Le premier essayage

Il est conseillé de faire le premier essayage plutôt sur l'endroit. Certes l'essayage sur l'envers a l'avantage de permettre de reprendre ou d'élargir facilement les coutures et de réépingler les pinces à leur place, mais cette méthode n'est pas utilisable s'il existe une dissymétrie entre la droite et la gauche du corps ou si le modèle est asymétrique.

Fermez le vêtement avec la fermeture à glissière qui a été bâtie , elle aussi, ou par des épingles s'il s'agit d'un autre mode de fermeture. L'épinglage se fait perpendiculairement aux ouvertures ou aux coutures. Vérifiez d'abord que le vêtement est bien calé, qu'il ne fait pas de faux plis à l'encolure, aux emmanchures, à la taille; puis vérifiez les aisances et les largeurs, asseyez-vous, baissez-vous, marchez : vous devez être à l'aise; vérifiez enfin les aplombs. Le vêtement ne doit pas plonger vers l'arrière ou vers l'avant, plaquer contre une jambe ou l'autre. Il faut que les coutures des côtés soient parfaitement verticales, de même que les milieu-dos et milieu-devant, qui doivent en plus être parfaitement au milieu du corps.
Vérifiez le bon emplacement des poches. Rectifiez au fur et à mesure. Ne retouchez qu'un côté (vous reporterez les modifications sur l'autre côté) si le corps est symétrique. Sinon rectifiez chaque côté séparément.

Préparatifs pour le deuxième essayage

Remettez le vêtement à plat : débâtissez la fermeture à glissière, l'ourlet, ôtez les épingles qui ne concernent pas les retouches. Retracez les nouvelles lignes de couture en suivant le tracé des épingles « retoucheuses » avec un fil de couleur. Séparez les pièces assemblées. Au besoin, si le bâti couleur ne dessine pas des lignes bien droites ou de belles courbes, refaites un tracé correct sur l'envers à la craie tailleur.

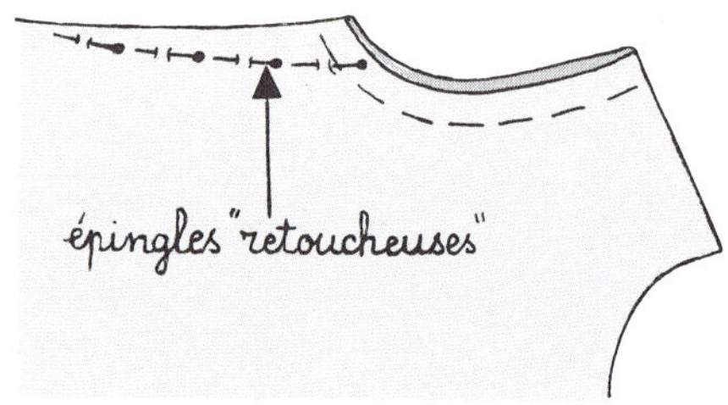

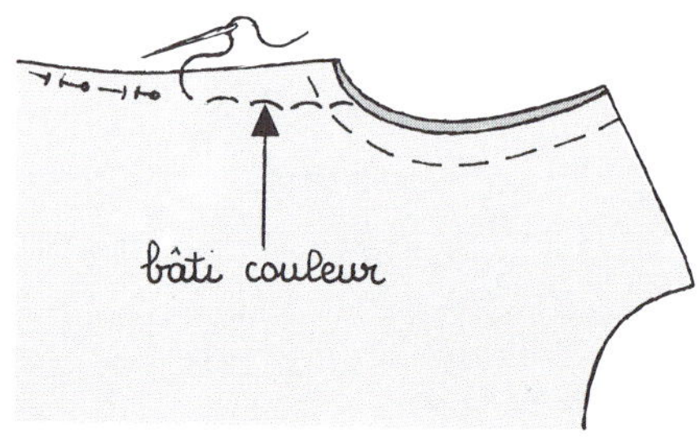

N'oubliez pas de reporter les corrections d'une partie à l'autre, par exemple, si vous avez modifié la couture de côté sous l'emmanchure sans modifier la manche, il faut reprendre l'emmanchure.

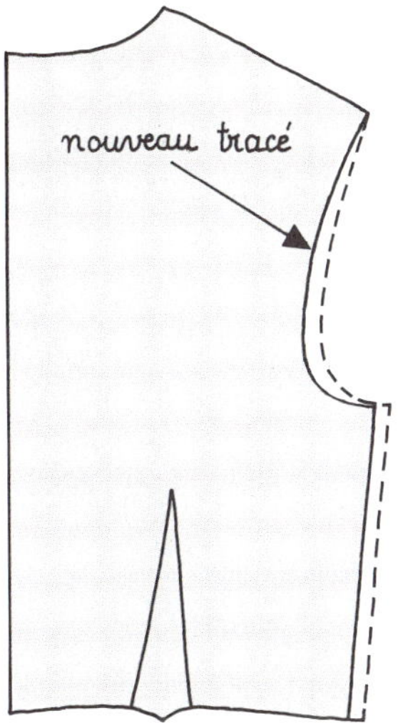

Reportez toutes vos corrections sur le patron. Vous disposerez ainsi plus tard d'un patron parfait pour tailler le même vêtement dans un tissu différent.

Si vous n'êtes pas sûre de vous, refaites un essayage après avoir piqué les pinces et rebâti les coutures. Sinon procédez au montage. Piquez les coutures au ras du bâti sur la ressource de couture et non pas directement sur le bâti (pour pouvoir retirer les fils facilement).

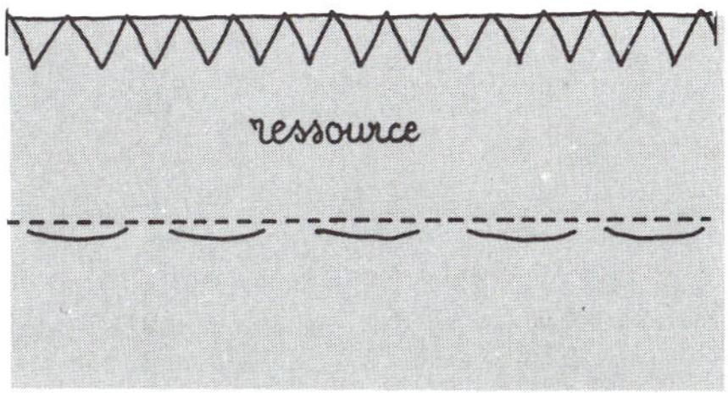

Le deuxième essayage

Le col, normalement, est terminé, excepté si vous avez eu à faire de grosses retouches à l'encolure. Dans ce cas, le col n'est que bâti. Épinglez-le sur le vêtement, procédez aux rectifications nécessaires s'il y a lieu.
Après seulement, épinglez les manches, qui ne sont que bâties, sur le vêtement. Rectifiez si besoin est.
Vérifiez l'arrondi du vêtement.
Procédez ensuite au montage définitif.

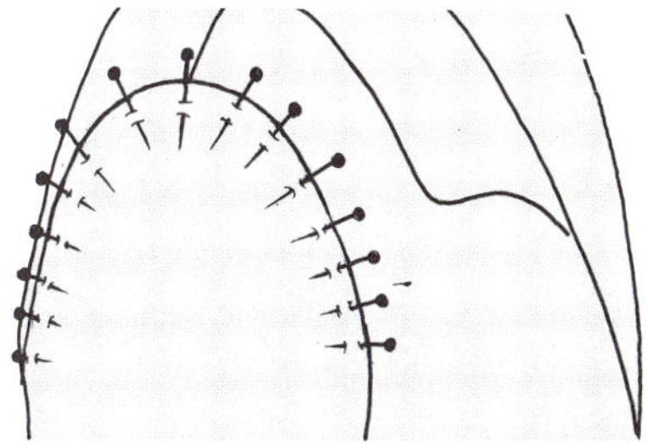

Les rectifications

Le corsage

Épinglez la fermeture devant ou dos. Les coutures d'épaule sont bâties, celles des côtés aussi, sauf s'il s'agit de monter les manches à plat; dans ce cas elles seront épinglées.

1 Des plis se forment au niveau de l'encolure. Elle est trop juste. La ressource de la couture est trop importante ou la ligne de couture est trop haute. Abaissez la ligne de couture jusqu'à la base du cou, entaillez la ressource à intervalles réguliers jusqu'à ce que l'encolure soit confortable.

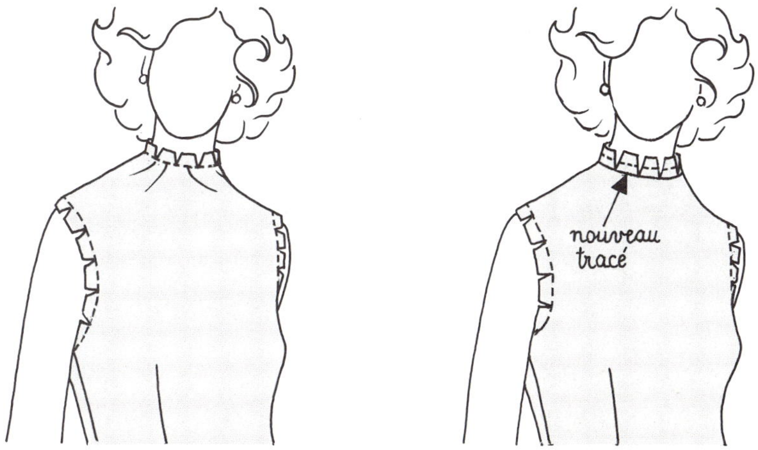

2 L'encolure bâille un petit peu. Reprenez les coutures d'épaule et, si ce n'est pas suffisant, répartissez l'embu sur le devant, rentrez-le au fer, vous le cacherez lors du montage du col; ceci est possible s'il n'y a pas trop d'ampleur car ça ne doit pas faire de fronces. Dans le cas contraire, vos mesures ont été mal prises; reprenez le patron et redessinez les lignes de coupe en rallongeant l'encolure et l'épaule.

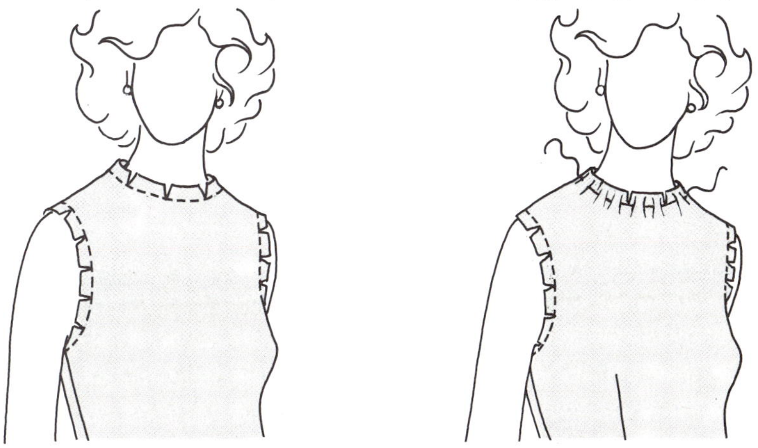

3 Des plis se forment au-dessus du buste, à l'emmanchure et sous l'épaule dans le dos, soit d'un côté, soit des deux (épaule asymétrique ou épaules tombantes).

Reprenez la couture d'épaule plus bas en l'amenuisant jusqu'à retrouver la couture originale près de l'encolure. Redessinez l'emmanchure pour lui redonner sa forme.

4 Le tissu est serré et bride d'une épaule à l'autre sur le devant et le dos. Refaites les coutures d'épaule plus étroites en dégradant jusqu'à la ligne de couture originale près de l'encolure. Découpez l'emmanchure pour lui redonner sa forme.

5 Les manches se règlent au deuxième essayage. Contrôlez la longueur, l'ourlet, la largeur; reprenez si besoin est. La manche visse : tournez la tête de manche légèrement vers l'avant ou vers l'arrière.

Des plis se forment en haut de la manche. Plis horizontaux : la tête de manche est trop haute, enlevez l'excédent, reprenez le tracé.

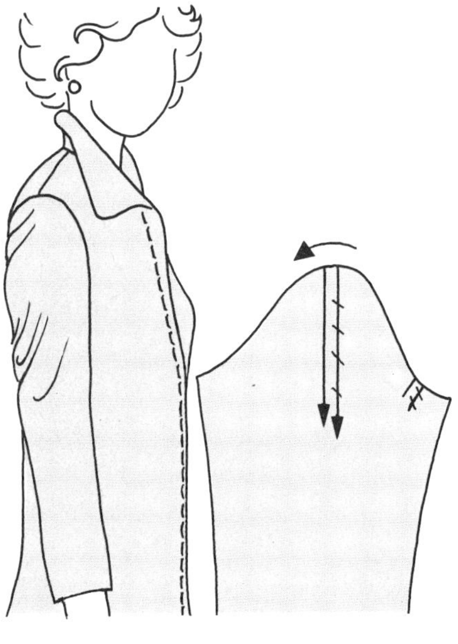

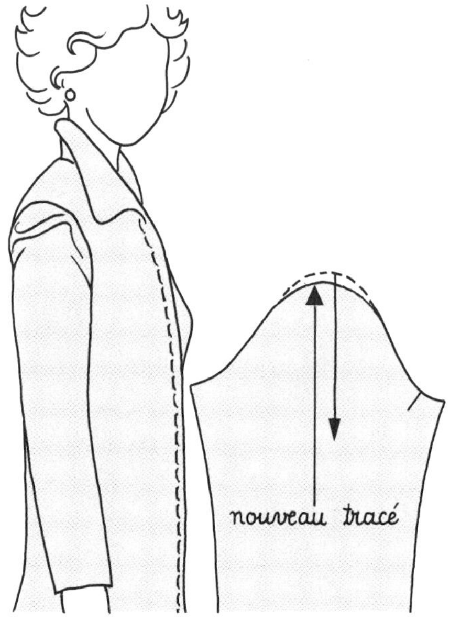

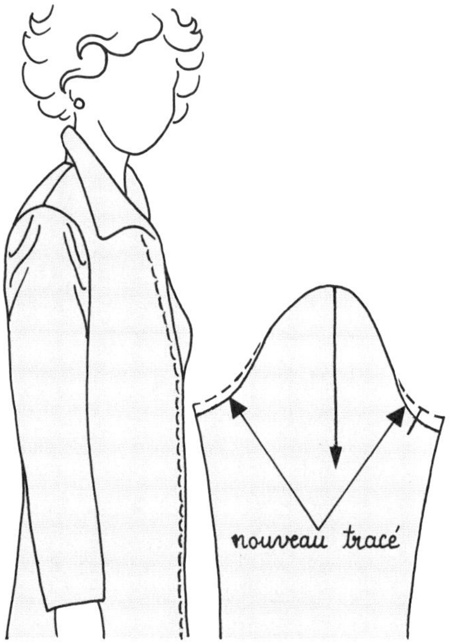

Plis obliques de bas en haut : la tête de manche est trop courte, creusez les bords de la tête de manche, reprenez le tracé.

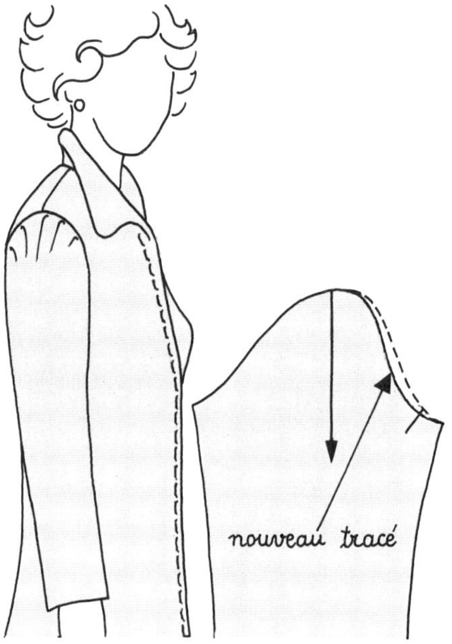

Plis verticaux : la tête de manche est trop large devant, ôtez l'excédent.

La jupe

La ceinture est bâtie. Ajustez-la sur la personne, épinglez la jupe dessus en faisant correspondre les crans. Les épingles sont légèrement en biais, la pointe vers le bas.

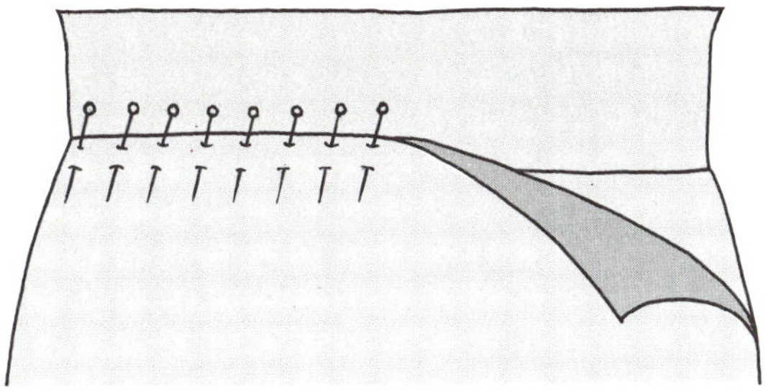

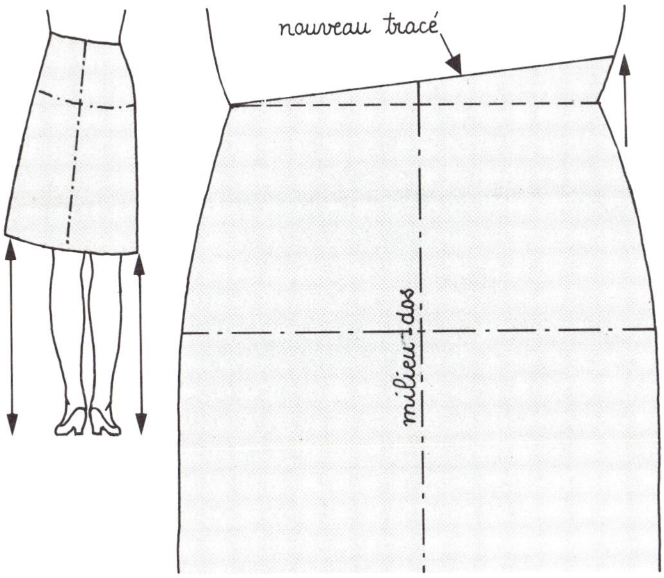

1 La jupe remonte sur un des côtés. Relevez-la sur la ceinture, du côté qui plaque à la jambe jusqu'à ce que les lignes milieu-dos et milieu-devant soient à nouveau verticales.

2 La jupe tire sur un des côtés et fait des plis. Une des hanches est plus grosse que l'autre. Relâchez la couture de taille et des côtés, rajustez les pinces les plus proches du milieu-devant, au besoin même, diminuez les pinces de cambrure-dos.

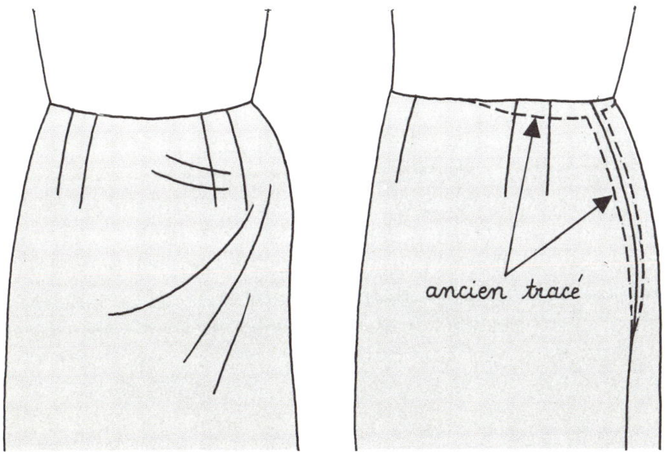

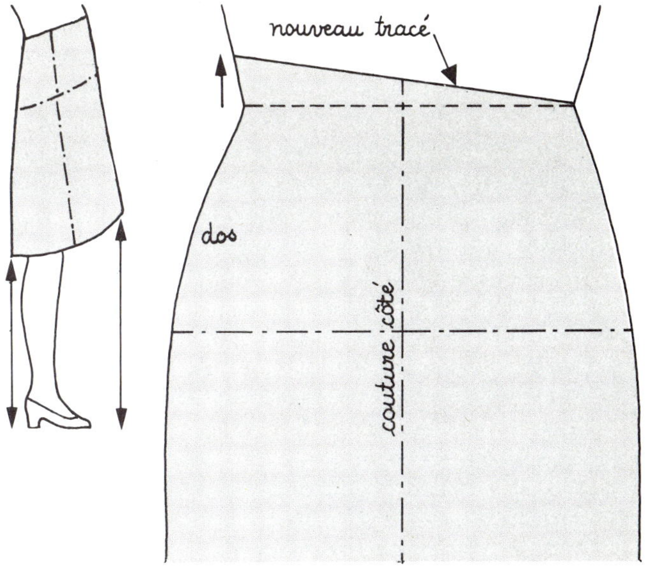

3 La jupe remonte devant. Relevez le milieu-dos sur la ceinture jusqu'à ce que les coutures de côté soient bien verticales; si nécessaire, donnez plus de profondeur aux pinces les plus proches du milieu-devant et même diminuez les pinces de cambrure-dos.

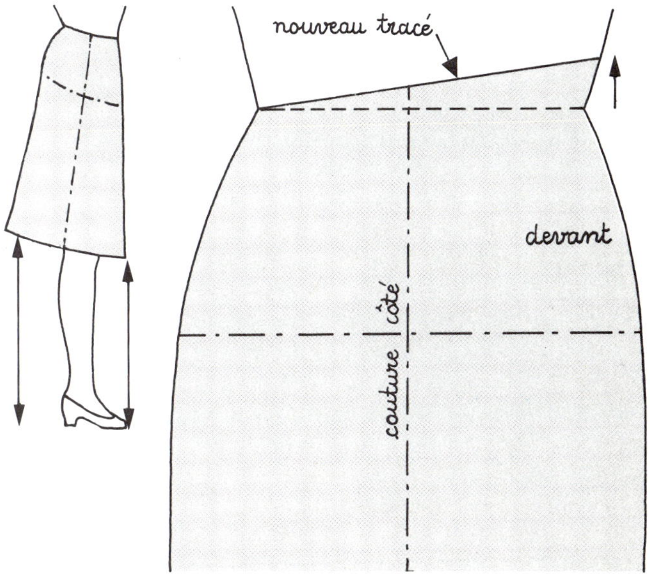

4 La jupe remonte derrière. Reprenez la taille devant en la relevant sur la ceinture; si cela ne suffit pas, reprenez les pinces de la taille du devant en les diminuant et celles de la cambrure-dos en les augmentant.

5 La jupe tire et fait des plis dans le dos sous la taille. Relâchez les pinces les plus proches du milieu-dos et la couture au niveau des fesses et des hanches.

6 La jupe creuse dans le dos. Augmentez la profondeur des pinces près du milieu-dos, rentrez l'excédent de largeur dans les coutures de côté pour résoudre le problème.

Le pantalon

Épinglez le pantalon sur la ceinture comme pour la jupe.

1 Des plis obliques se forment sous les fesses. Il faut reprendre la couture de la fourche et la creuser en profondeur sur le dos et même éventuellement un peu sur le devant.
Formez le pli avec des épingles tel qu'il se présente. Défaites la couture de la fourche en laissant pourtant une petite partie fermée dans le haut du dos. Glissez les jambes l'une dans l'autre endroit contre endroit, celle où le pli est épinglé étant à l'extérieur.
Épinglez les ressources de couture telles qu'elles se présentent le long de l'ancienne piqûre. Tracez sur l'envers de la jambe à l'intérieur de l'autre, une courbe suivant les épingles. Défaites les épingles sur la jambe extérieure. Mettez les deux ressources bord à bord, réépinglez en suivant la courbe tracée sur la jambe intérieure. Tracez la courbe sur la jambe extérieure le long des épingles. Bâtissez. Refaites l'essayage.

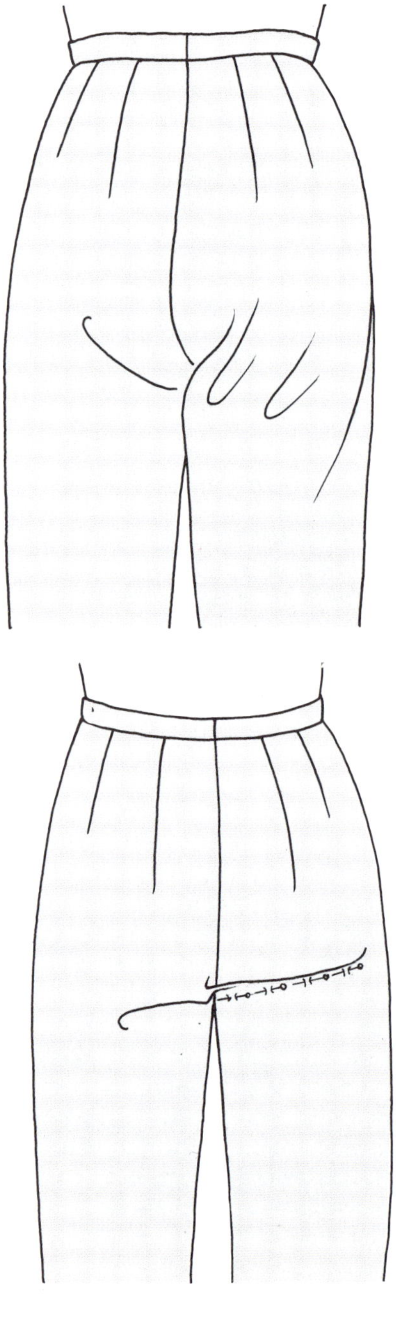

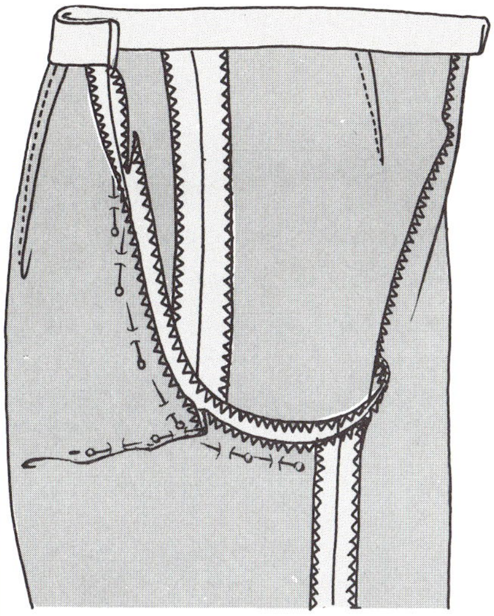

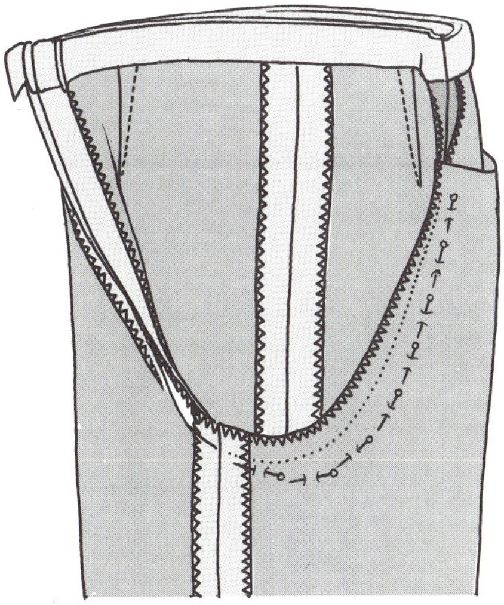

2 Des plis se forment sur le devant; le pantalon tire. Il est un peu étroit au niveau du ventre ou des cuisses, ou des deux. Il faut redonner un peu d'ampleur à la couture du milieu-devant et aux coutures d'entrejambe éventuellement, mais veillez à ce que vos coutures de côté restent bien en place; au besoin relâchez-les un peu aussi. D'une manière générale, que ce soit pour élargir ou rétrécir, il faut répartir également la différence entre les coutures de côté, les coutures d'entrejambe, parfois aussi la fourche, sinon le pli de votre pantalon ne sera pas d'aplomb et vos coutures chasseront d'un côté vers le devant ou vers l'arrière.

2

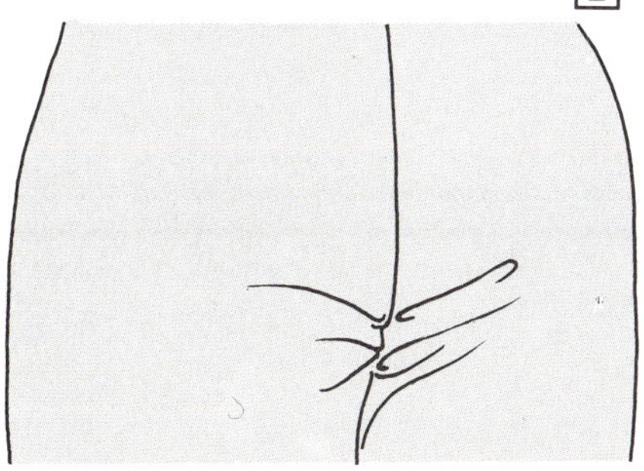

2

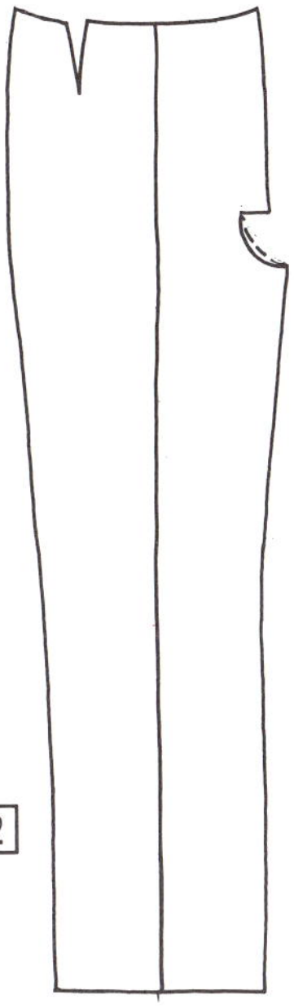

3 Le pli n'est pas d'aplomb. Il s'en va vers l'intérieur. Faites les vérifications notifiées dans le paragraphe précédent. Si le défaut persiste, remontez la taille sur la ceinture au niveau des coutures de côté.

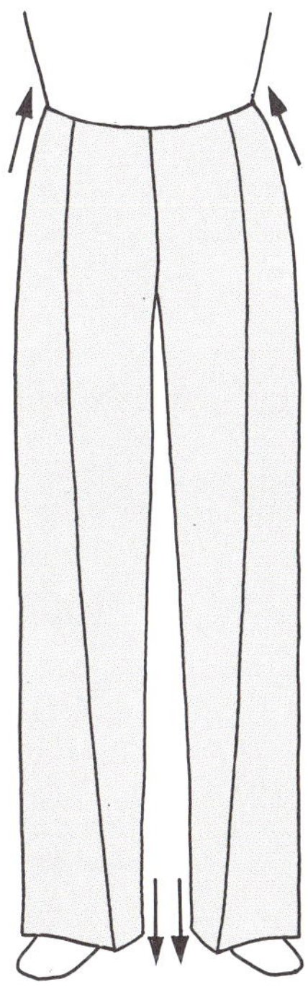

4 Le pli s'en va vers l'extérieur (jambes arquées) : dans ce cas, descendre un peu la taille au niveau des coutures de côté ou encore creuser le milieu-dos et le milieu-devant à la taille.

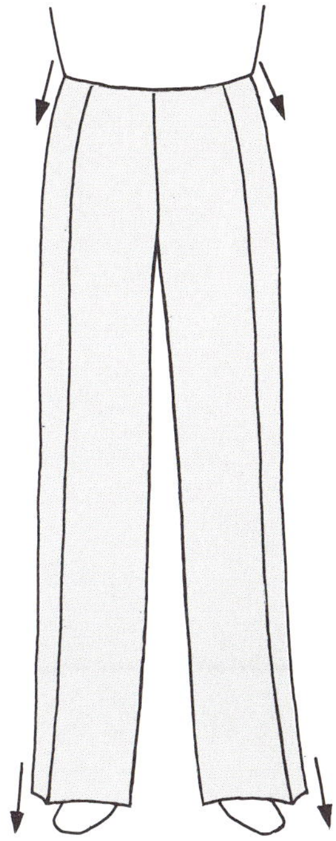

La robe

Mêmes rectifications que le corsage ou la jupe. Mais faites en plus le contrôle de la couture de taille. Vérifiez si elle est bien à sa place; si elle est trop haute ou trop basse, défaites les coutures de côté, épinglez et rajustez en place.

Vérifiez les pinces. Une pince de poitrine placée trop haut provoque des plis disgracieux. La pointe de la pince doit arriver à 1,5 cm en dessous de la pointe de sein.

Pour retoucher les pinces de taille, il faut que le point le plus profond de la pince se trouve exactement à la hauteur de la taille. Défaites et corrigez.

MODÈLES
COUTURE

Salopette à volants

Les volants, les fronces à la taille et au bas des jambes donnent à cette salopette un petit air d'élégance décontractée. Elle peut se porter dos nu par une belle journée d'été, ou avec un corsage à manches courtes pour faire plus sage. Le patron est donné en 3 ans, mais vous pouvez le réaliser aussi en 4 ans. Faites-la en coton ou en coton et polyester mélangés, mais, attention ! dans ce cas, le mélange doit contenir au moins 55 % de coton.
Dans l'ensemble, l'exécution ne présente pas de difficulté majeure, mais la confection des bretelles demande une minutie et un soin particuliers.

FOURNITURES

- Coton uni : 1,90 m en 90 pour le 3 ans; 2 m pour le 4 ans.
- Thermocollant : 25 cm en 80.
- Ruban élastique : 2 cm de large, 26 cm de long.
- 4 boutons de 10 mm de diamètre.

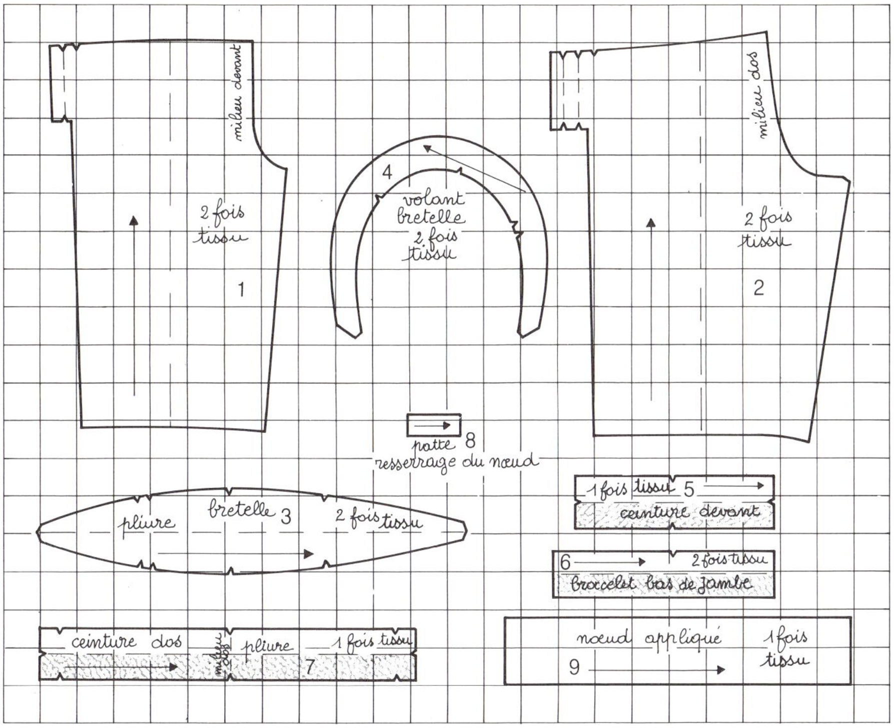

Le patron

Valeur des coutures
Côtés, entrejambes, milieux-dos et devants, ceinture : 1 cm. Bracelet bas de jambe, bretelles, volants, nœud : 0,75 cm. Bord du volant : 0,3 cm.

Le patron
Si vous voulez réaliser le patron du 4 ans, comptez en plus : 1 cm de tour de ceinture, 4,5 cm de longueur de côté, 5 cm de longueur d'entrejambe, 1 cm de longueur de bracelet (voir p. 65).

La coupe
N'oubliez pas de prévoir la coupe du thermocollant des deux morceaux de ceinture et des bracelets des jambes (en grisé sur le patron).

Préparation
Thermocollez les deux morceaux de ceinture et les bracelets des bas de jambe. Fermez ces derniers par une couture ouverte. Préparez la patte de resserrage du nœud : pliez endroit contre endroit; piquez sur un côté et sur un bout; retournez; fermez.

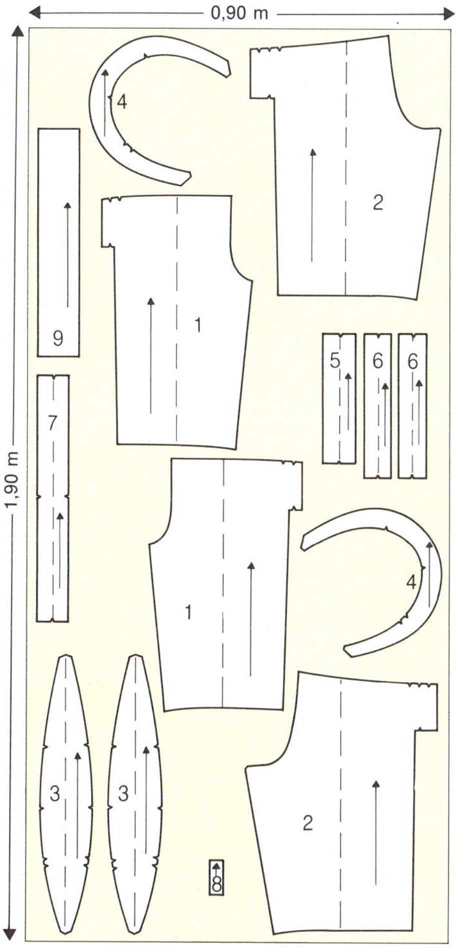

Le plan de coupe

Le nœud

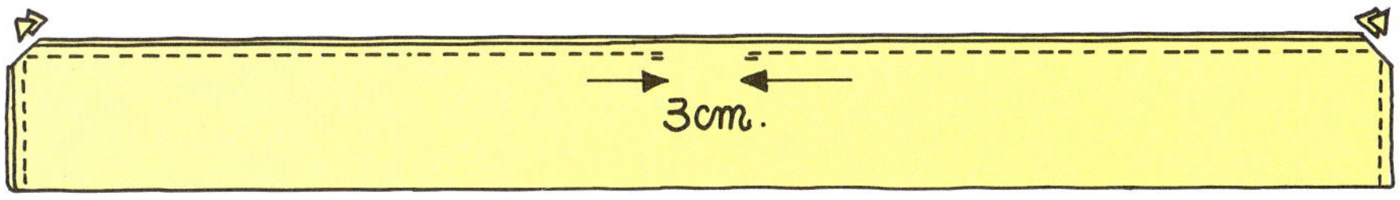

1 Pliez la bande endroit contre endroit dans le sens de la longueur; piquez en fourreau les bouts et le côté en laissant au milieu un espace sans piqûre de 3 cm.

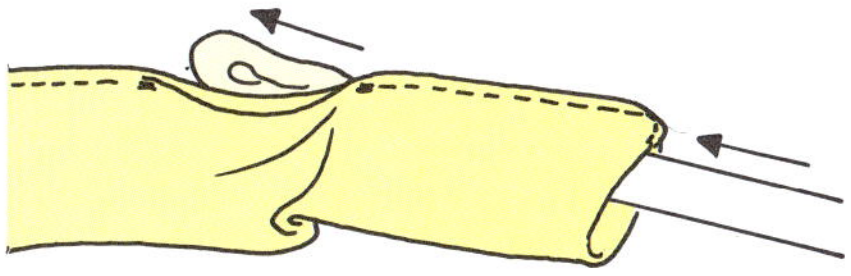

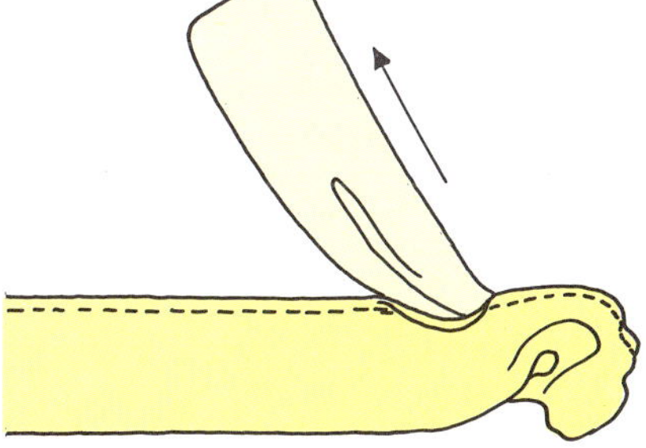

2 Par cette ouverture, retournez sur l'endroit à l'aide d'une tige ou d'un crayon. Repassez. Surpiquez tout autour par une piqûre nervure.

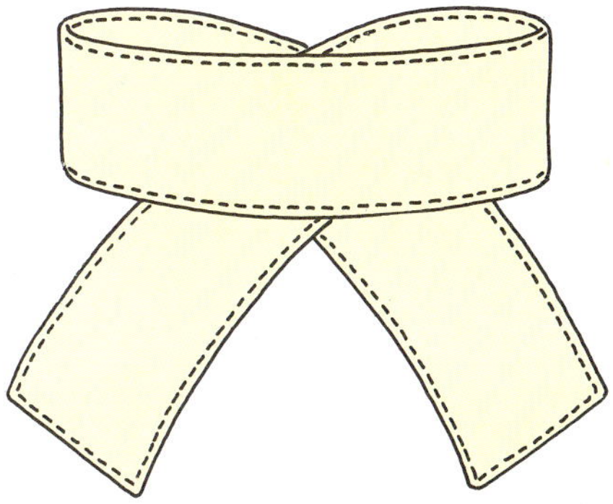

3 Confectionnez le nœud.

4 Maintenez-le avec la patte de resserrage que vous fermez derrière.

Les bretelles

Surfilez les bouts et le bord non cranté des volants. Faites un petit rentré de 0,3 cm piqué nervure, sauf sur le petit bout du devant (voir encadré, ci-contre).

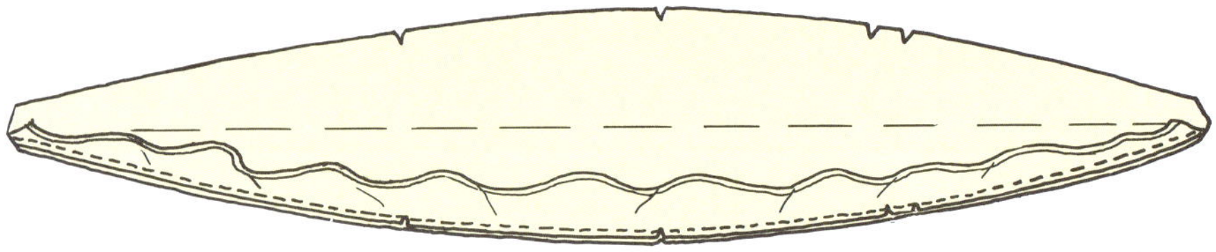

1 Posez le côté cranté du volant sur le bord de la bretelle, endroit contre endroit, en ayant soin de bien faire raccorder les crans. Côté dos de la bretelle, positionnez le volant à 0,7 cm du bord pour la couture. Bâtissez, puis piquez le volant.

2 Repliez le deuxième côté de la bretelle vers la couture endroit contre endroit, et bord à bord. Assemblez en piquant sur la couture de montage du volant. Attention à ne pas prendre le volant dans la piqûre. Fermez le bout dos de la bretelle.

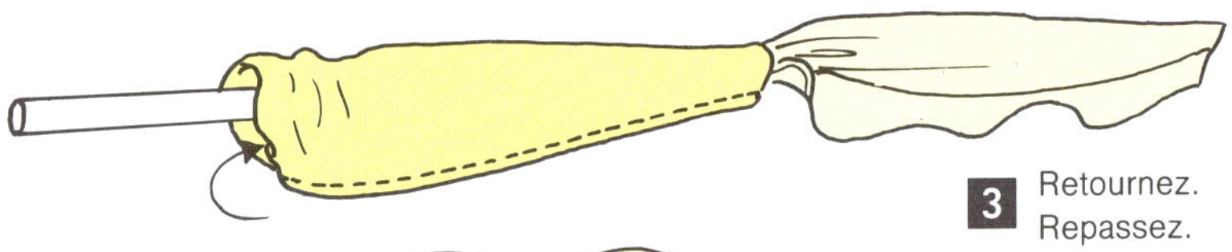

3 Retournez. Repassez.

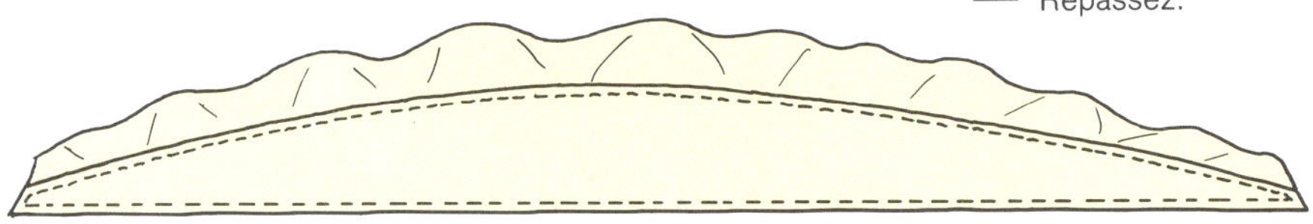

4 Surpiquez nervure sur les deux bords des bretelles.

Signification des crans

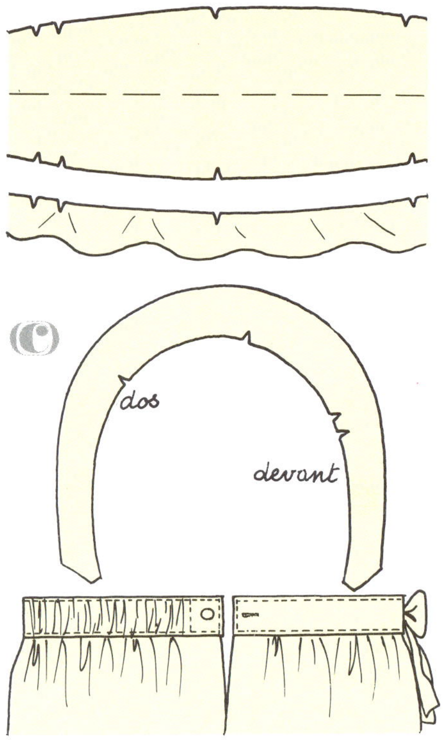

Les crans ont une grande importance. Reportez-les bien sur l'agrandissement du patron et sur le tissu lors de la coupe. Ils vous seront d'une aide précieuse pour raccorder exactement deux pièces ensemble (ici, le volant et la bretelle). Ils permettent aussi de distinguer le dos du devant sur les pièces du vêtement sans se tromper :
1 cran = dos; 2 crans = devant.

Les jambes

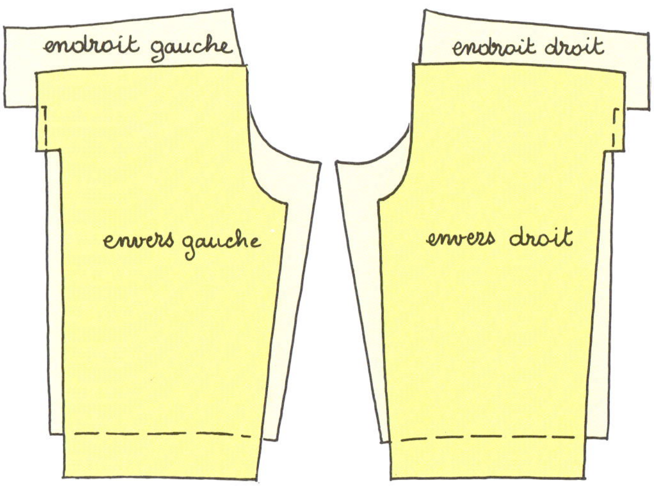

1 Superposez les dos et devants endroit contre endroit. Piquez les coutures des côtés jusqu'à la sous-patte et les coutures d'entrejambe jusqu'à la fourche. Surfilez en double.

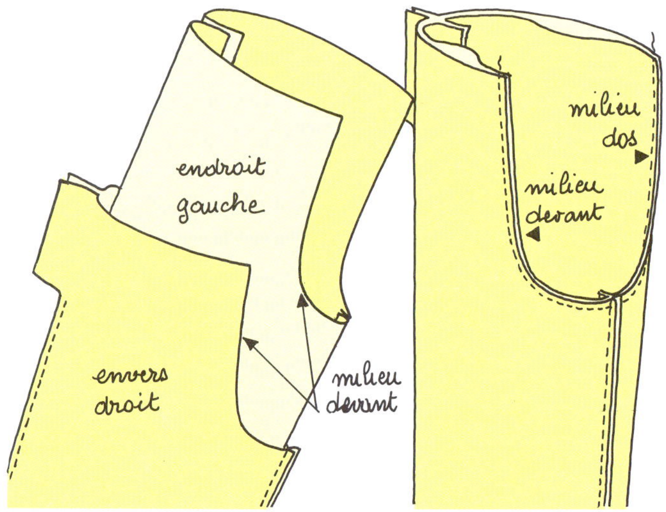

2 Assemblez les coutures milieu-dos, milieu-devant, en glissant les deux jambes l'une dans l'autre endroit contre endroit (les coutures d'entrejambe coïncident); surfilez en double.

La ceinture

Surfilez les sous-pattes, puis repassez-les en les repliant deux fois.
Passez 2 fils de fronces sur le devant à la taille à partir des bords des sous-pattes de côté; le premier à 0,7 cm du haut, le second à 0,5 cm plus bas, tirez les fils pour froncer.

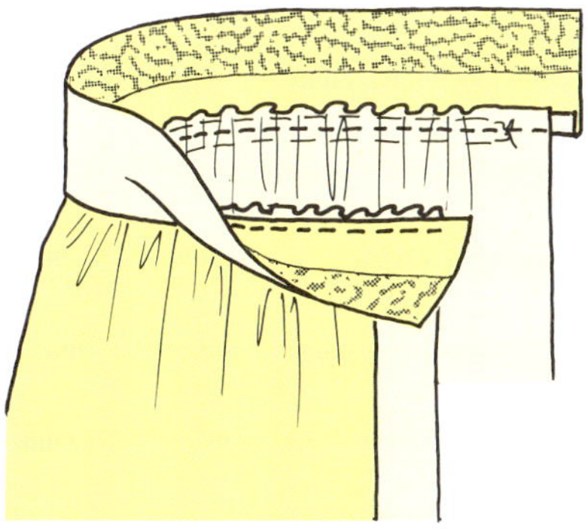

1 Posez la ceinture devant, endroit de la ceinture, côté non thermocollé sur l'envers de la salopette en laissant la ceinture dépasser de 0,7 cm à chaque bout. Piquez entre les deux rangs de fronces en répartissant bien celles-ci.

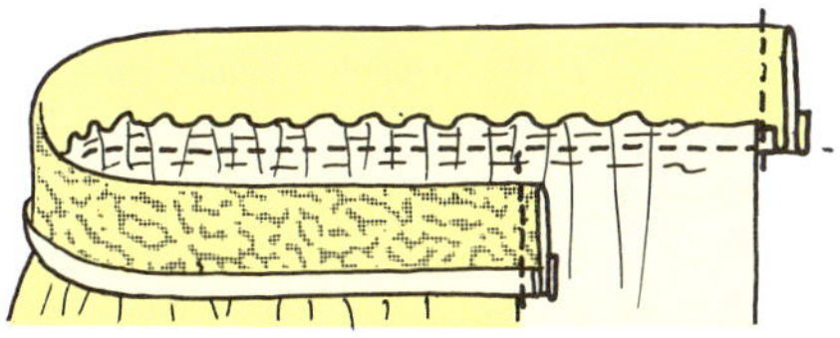

2 Coulissez les deux bouts de la ceinture. Retournez.

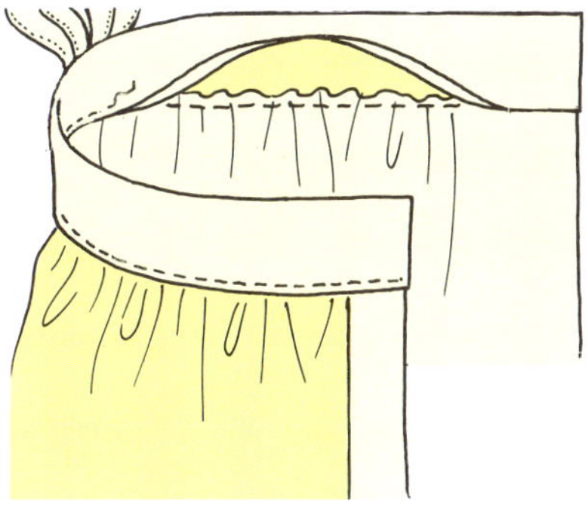

3 Rabattez la ceinture sur l'endroit en faisant un rentré de 1 cm, et en plaçant les bretelles, volants vers l'extérieur, au milieu du devant sur l'envers de la ceinture.

4 Elles devront se superposer de 1 cm à la couture pour être bord à bord en haut de la ceinture. Bâtissez soigneusement pour éviter de faire visser la ceinture. Piquez nervure et continuez cette piqûre tout autour de la ceinture.

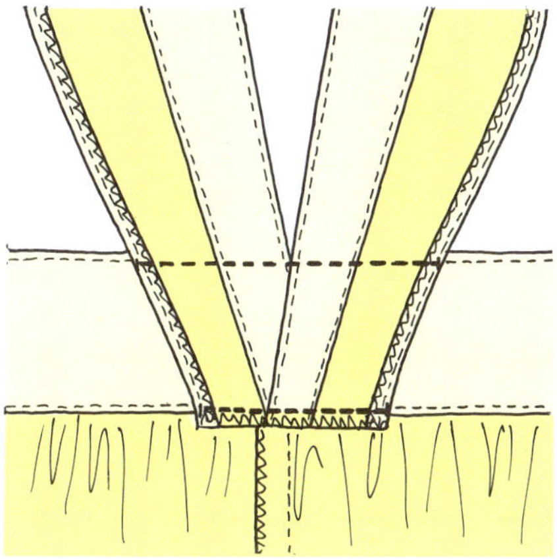

Montez la ceinture-dos (sans fronces) sur l'envers de la salopette et rabattez sur l'endroit comme la ceinture-devant. Mais, avant de piquer, positionnez l'élastique (voir p. 137) que vous maintiendrez à chaque extrémité par une piqûre verticale à 2 cm du bord, et sur la longueur par une piqûre au milieu de la ceinture.

Détail de la patte de boutonnage côté droit. Remarquez la position de la boutonnière, les surpiqûres nervure sur les bords de la ceinture et, côté dos, les piqûres de maintien de l'élastique.

Les bracelets

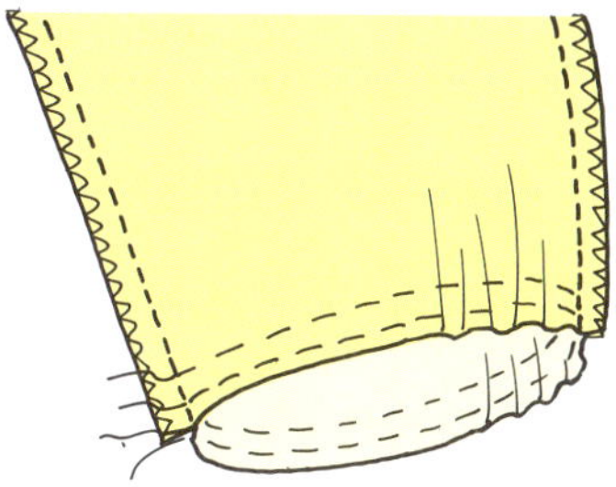

1 Froncez le bas des jambes.

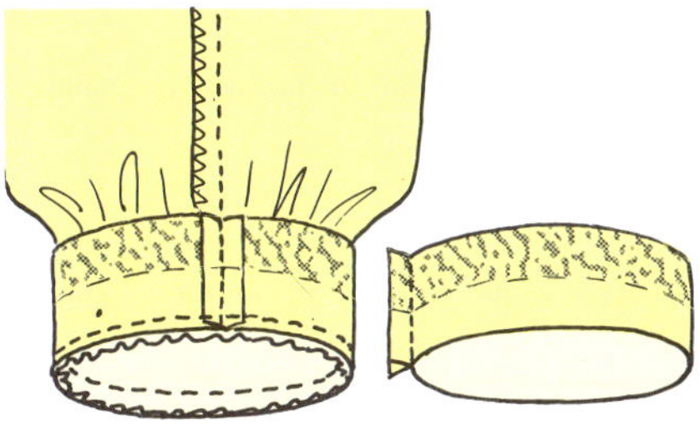

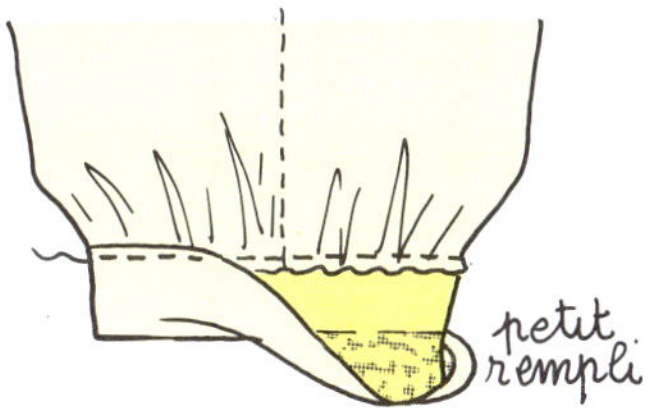

2 Montez les bracelets comme la ceinture, rabattus sur l'endroit par une piqûre nervure. Faites aussi une piqûre nervure au bord du bracelet.

Brodez les boutonnières à la main ou à la machine sur la ceinture de chaque côté du devant, à 1,5 cm du bord, et sur les bouts des bretelles-dos.

Posez le nœud au milieu du devant; fixez-le par un petit point. Cousez les boutons sur la ceinture-dos, de chaque côté, et à l'intérieur pour accrocher les bretelles.

Jupe portefeuille

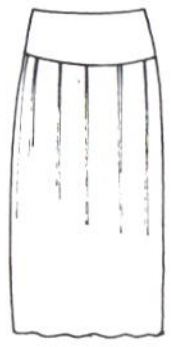

Légère et souple, cette jupe aux plis amples peut convenir à toutes grâce à son empiècement croisé devant qui prend bien l'amorce des hanches. Vous pourrez la réaliser en sahara à rayures noires et blanches, en crêpon, en popeline, en gabardine de coton ou encore en coton léger, uni ou fantaisie. Portez-la avec un chemisier, un T-shirt, un bustier ou un débardeur (comme sur notre photo), que vous taillerez dans le même tissu, si cela vous tente, en recopiant un modèle qui vous plaît.

FOURNITURES

- Sahara à rayures : 2,45 m en 140 pour toutes tailles jusqu'au 44.
- Thermocollant : 60 cm en 80.
- 4 boutons de 16 mm de diamètre.

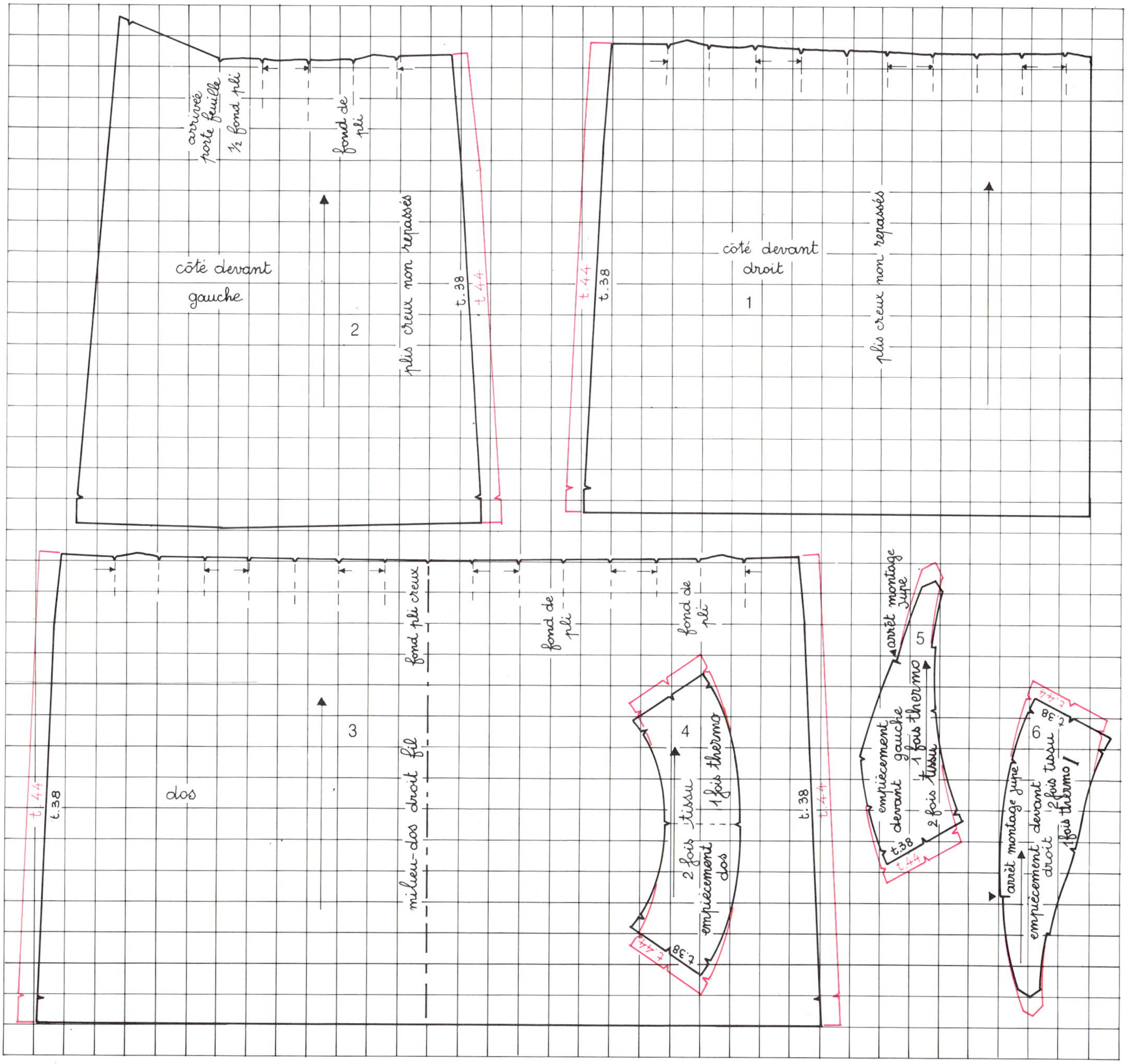

Le patron

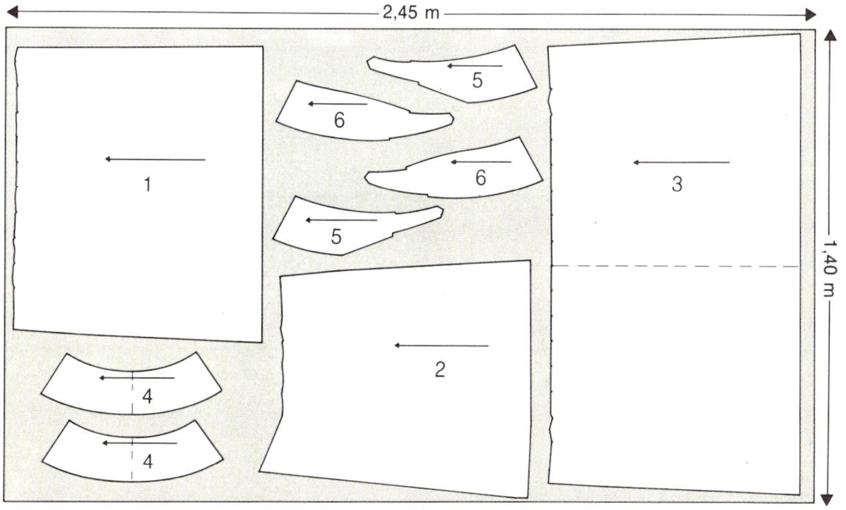

Le plan de coupe

La coupe

A cause de son ampleur, cette jupe n'est pas réalisable en taille 46 dans un tissu en 140.

Valeur des coutures

Côtés : 2 cm; montage de l'empiècement à la taille et sur la jupe : 1 cm; fourreau des pointes de l'empiècement : 0,75 cm; ourlet : 4 cm.

La ceinture

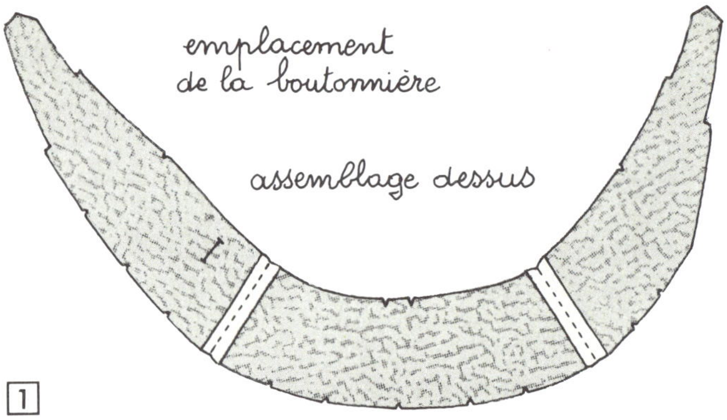

1

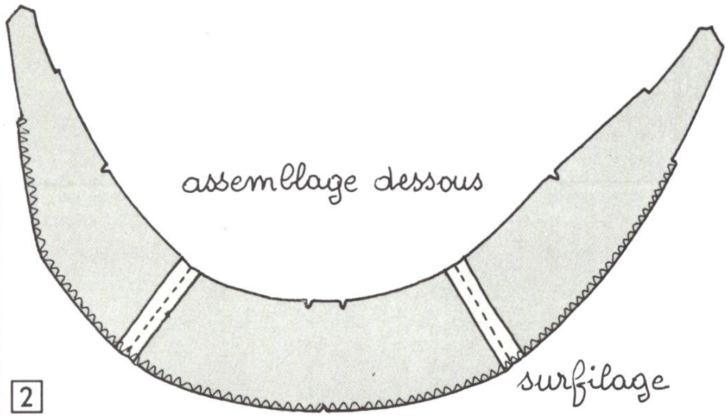

2

1 2 Après avoir thermocollé les dessus de la ceinture-empiècement, assemblez celle-ci par les coutures de côté en raccordant les raies, les dessus entre eux, les dessous non thermocollés entre eux. Faites une boutonnière passepoilée sur le dessus droit de la ceinture (voir p. 47, dessins 1 à 10) de 2 cm de long et verticale à l'emplacement noté sur le patron. Surfilez le bord inférieur de la ceinture.

La jupe

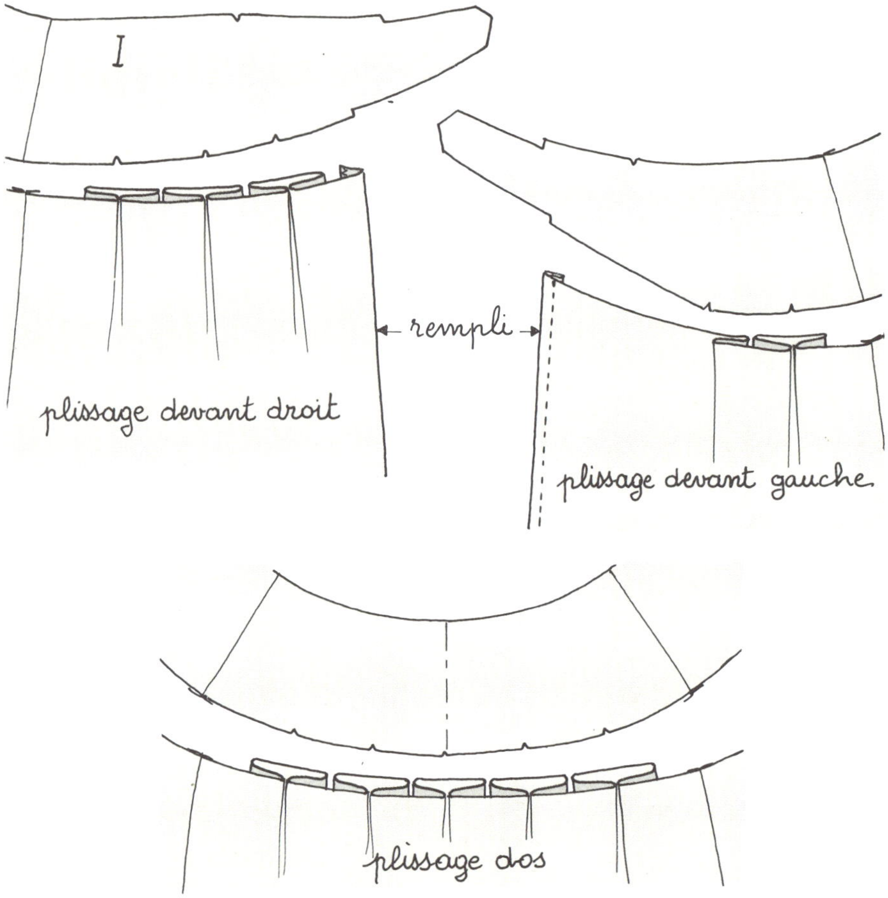

Piquez les coutures de côté de la jupe (coutures ouvertes de 2 cm). Épinglez et bâtissez les plis : sur le devant-droit le premier cran correspond au rempli de la parmenture à casser au fer, ensuite trois plis creux. Un pli creux et un pli couché vers le milieu-devant à gauche, cinq plis creux dans le dos, vous avez donc un pli creux au milieu du dos. Faites un rempli de deux fois 1 cm sur le bord du côté gauche, piquez nervure.

La boutonnière passepoilée. Posée sur le côté droit, elle permet de glisser de dessous sur le dessus la pointe de l'empiècement gauche. Remarquez aussi le raccord des raies sur la couture de côté (voir l'encadré page suivante).

Pose de la ceinture

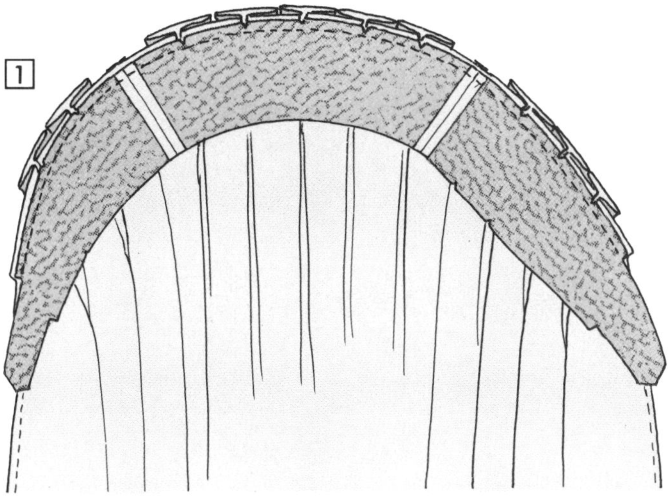

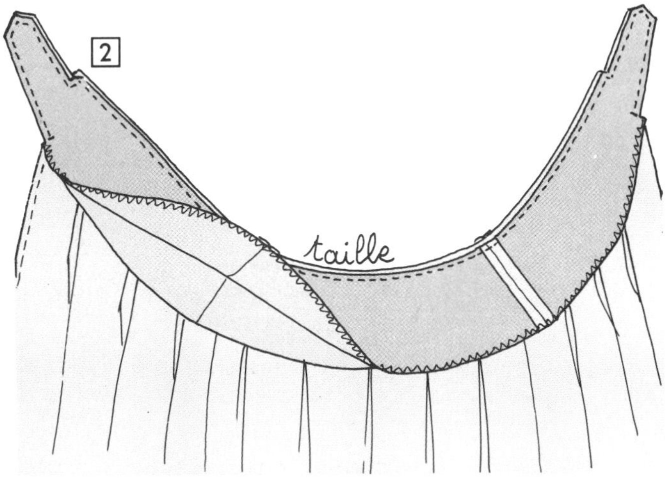

1 Bâtissez le dessus (thermocollé) de la ceinture sur la jupe, endroit contre endroit, respectez bien les repères : crans de la ceinture correspondant aux plis de la jupe. Piquez à 1 cm.

2 Assemblez le dessus et le dessous (endroit contre endroit) à la taille en faisant le bout des petites pattes bien régulier et en terminant la couture au bord de l'ouverture devant.

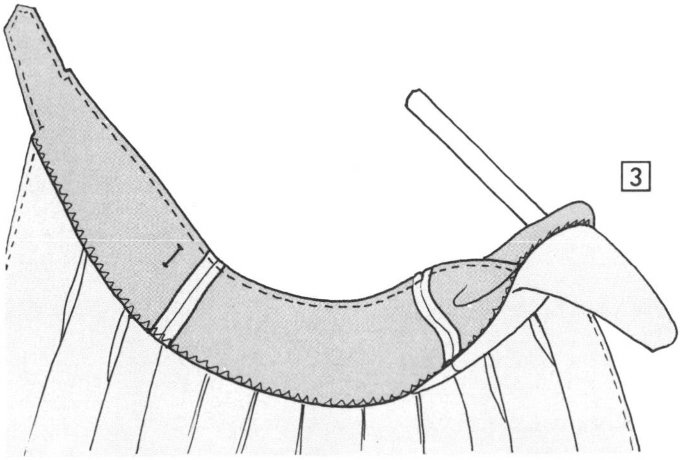

3 Retournez. Repassez sans déformer. Bâtissez le haut de l'empiècement, le tour des pattes, le dessous de l'empiècement qui sera rabattu à plat sur la couture de montage. Surpiquez nervure tout le tour de l'empiècement.

Terminez la boutonnière passepoilée en faisant une ouverture sur le dessous de l'empiècement (voir p. 48, dessins 11 et 12). Brodez 2 boutonnières horizontales de 2 cm de long sur chaque patte; la première est à 2 cm de la pointe, la seconde à 2 cm de la première. Placez les boutons de manière à croiser le devant-droit sur le gauche jusqu'au pli couché, pour former un pli creux.

Surfilez le bas de la jupe et faites un ourlet de 4 cm à petits points invisibles à la main ou à la machine.

Raccordement des rayures

Dans ce modèle, il ne pose de problème que pour les coutures des différents morceaux de l'empiècement du dessus.

A la coupe
Coupez d'abord la partie dos; mais avant d'ôter le patron, dessinez sur les bords à raccorder l'emplacement des raies. Posez sur le tissu l'un des côtés de l'empiècement que vous voulez couper ensuite; mettez à côté le patron sur lequel vous avez dessiné les raies; faites bouger le patron de la pièce à couper pour le positionner de telle sorte que les raies du tissu concordent avec celles qui sont dessinées.

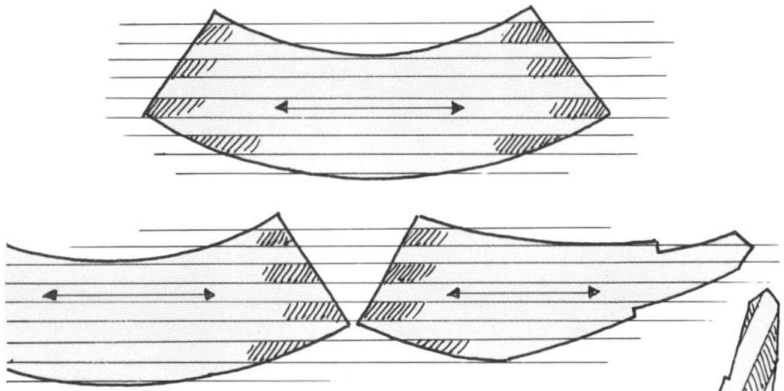

Au montage
Épinglez la raie du dessus légèrement en avant de celle du dessous, la machine, en entraînant le tissu, les fera se raccorder exactement.

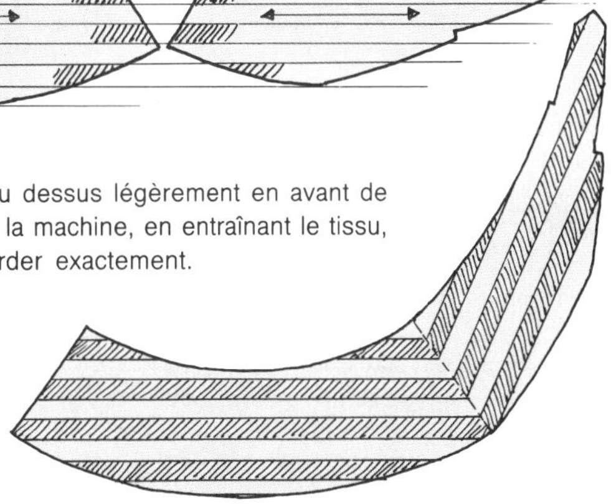

Cache-cœur et pantalon

Aucune difficulté dans ces deux modèles à faire ensemble ou séparément. Le pantalon, un peu resserré dans le bas, est fermé par une braguette à boutons et coulissé à la taille; il est parfait pour l'été, en popeline légère, en liberty ou en coton uni ou imprimé. Le cache-cœur peut se nouer dans le dos ou sur le devant, mais il découvre alors largement la poitrine. Vous l'exécuterez dans les mêmes tissus que le pantalon ou bien encore en jersey ou en crêpe.

FOURNITURES

Ensemble :

- Popeline légère : 3,15 m en 140 pour toutes les tailles.
- Thermocollant : 10 cm en 90.
- Élastique : 34 cm de long, 2,5 cm de large
- 3 boutons de 15 mm de diamètre.

Pantalon :

- Popeline légère ou sahara : 1,70 m en 140 pour toutes les tailles (sans oublier les autres fournitures citées plus haut).

Cache-cœur :

- Popeline légère, sahara, jersey : 1,35 m en 140; crêpe lourd : 2 m en 110; toutes tailles.

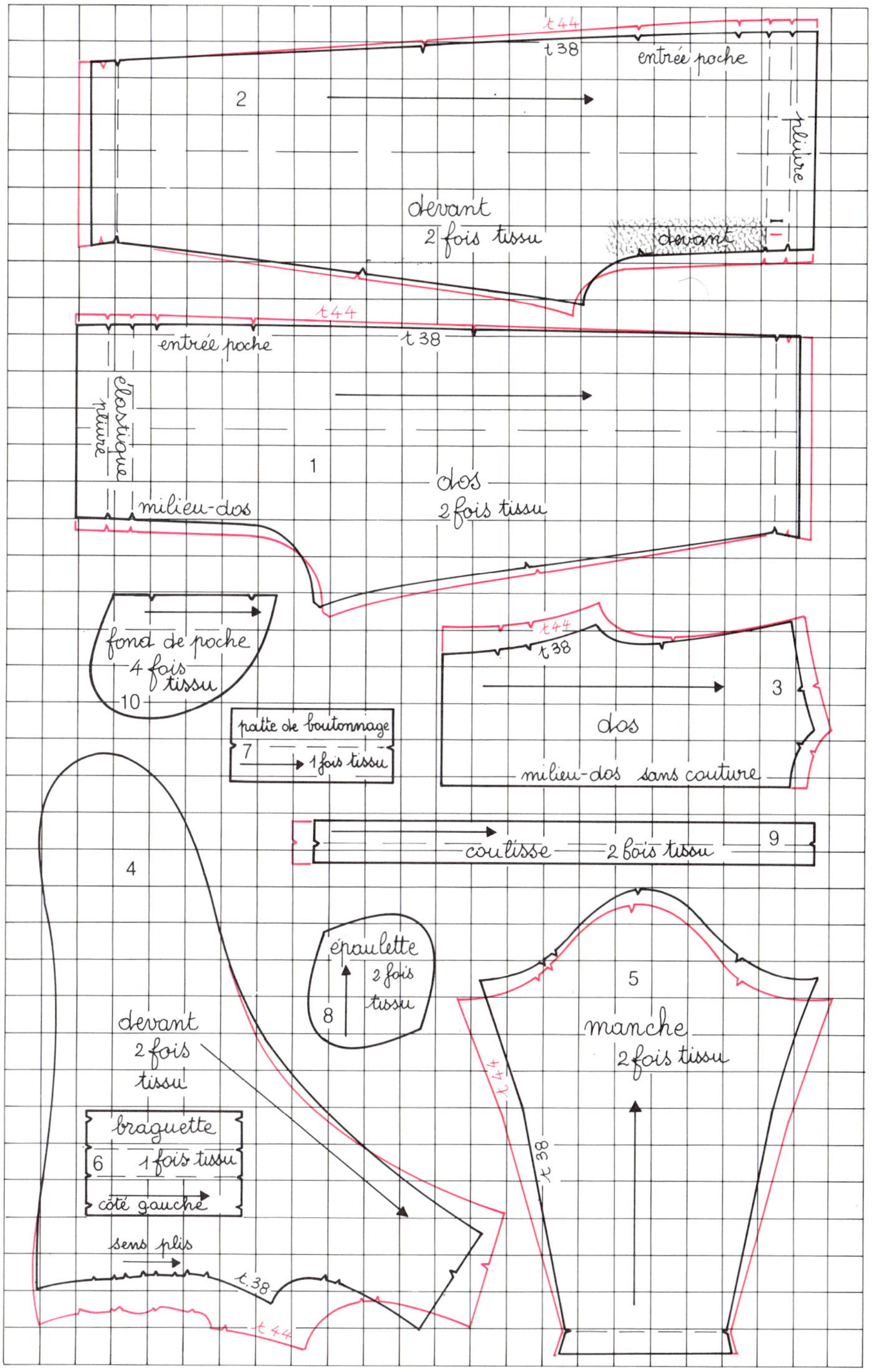

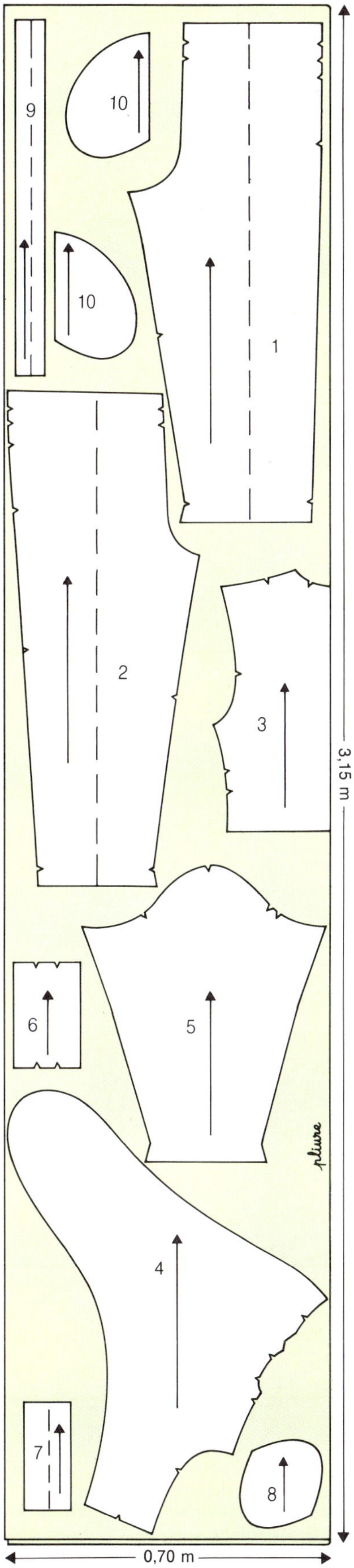

Le plan de coupe

Le patron

Le patron
Les deux côtés du dos du cache-cœur étant identiques, nous ne présentons ici qu'un demi-dos.

La coupe
Elle se fait tissu plié. La ligne du milieu du dos doit impérativement se trouver sur la pliure.

Valeur des coutures
Cache-cœur : côtés, épaules, emmanchures, dessous de manche, 1 cm; encolure, ourlet, 0,5 cm; ourlet du bas des manches, 2 cm.
Pantalon : toutes les coutures, 1 cm; ourlet au bas des jambes : 3 cm.

Cache-cœur

Le devant

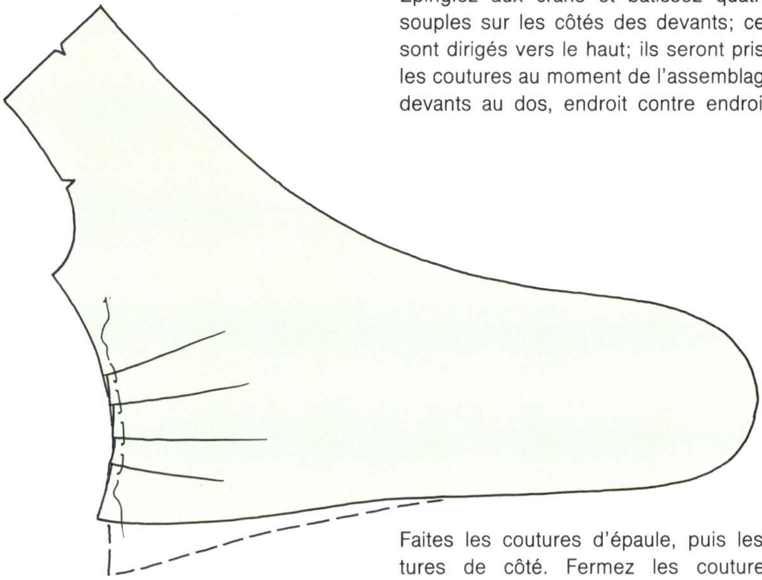

Épinglez aux crans et bâtissez quatre plis souples sur les côtés des devants; ces plis sont dirigés vers le haut; ils seront pris dans les coutures au moment de l'assemblage des devants au dos, endroit contre endroit.

Faites les coutures d'épaule, puis les coutures de côté. Fermez les coutures de manche. Toutes les coutures doivent être surfilées en double.

Les manches

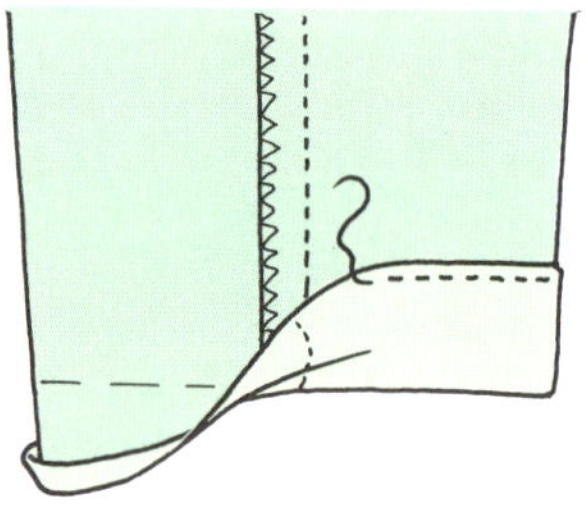

1 Dans le bas des manches, faites un ourlet au cran après un premier rempli de 0,75 cm; il sera piqué nervure.

2 Montez les manches en faisant coïncider la couture du côté et la couture de manche, et le cran du haut de la manche à la couture d'épaule du cache-cœur.

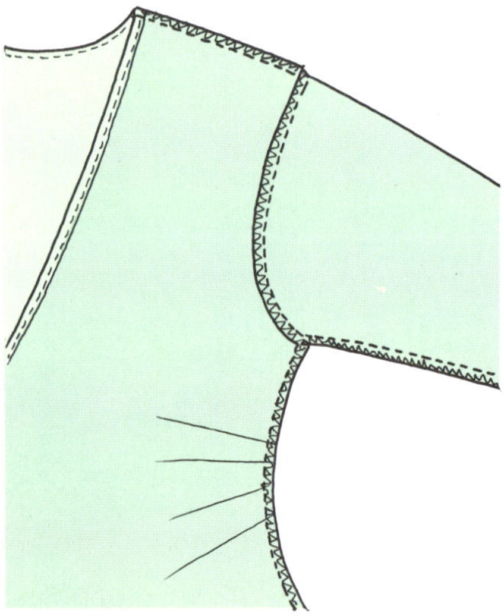

Bâtissez; piquez sans tirer pour ne pas déformer l'emmanchure.
Surfilez; couchez la couture vers le vêtement et surpiquez nervure.

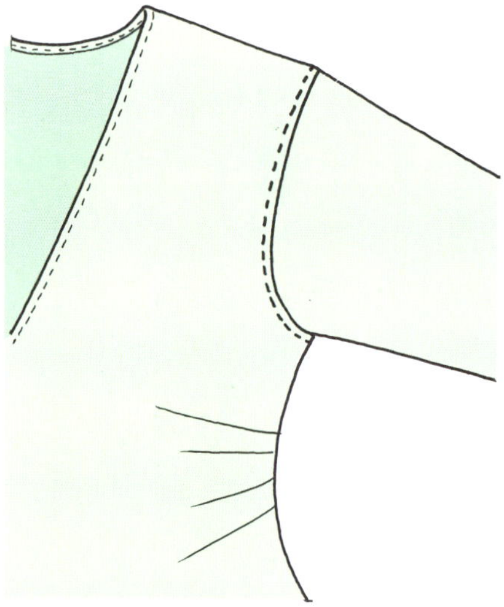

Surfilez tout le tour du cache-cœur, faites un rempli de 0,5 cm et piquez sans déformer.

Les épaulettes

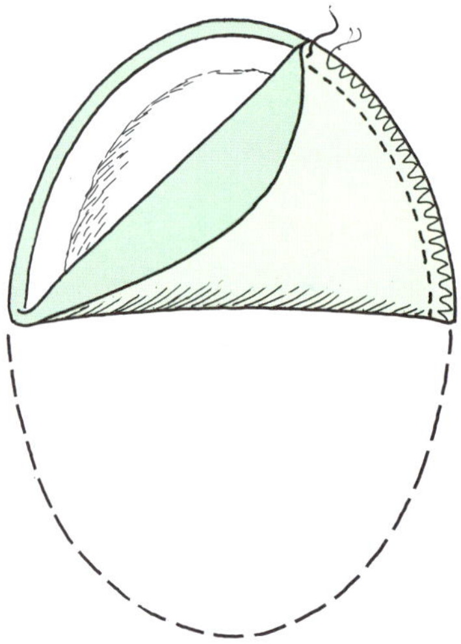

Pour recouvrir les épaulettes, maintenez-les dans le tissu replié, faites une piqûre sur le côté arrondi. Surfilez.

Placez l'épaulette sur le haut de l'emmanchure par un point glissé dans la couture; elle doit dépasser de la piqûre de montage de 1 cm. Maintenez le haut par un point serré sur la couture d'épaule (voir p. 187).

Pantalon

Préparation

Thermocollez sur le devant, le bord de la braguette (en grisé sur le patron). Surfilez les bords des parmentures de la braguette et le bas des jambes.

La coulisse

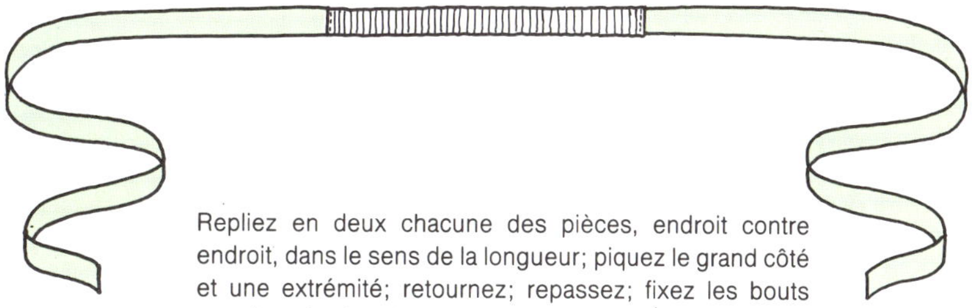

Repliez en deux chacune des pièces, endroit contre endroit, dans le sens de la longueur; piquez le grand côté et une extrémité; retournez; repassez; fixez les bouts non fermés de chaque côté de l'élastique.

Pose de la patte et sous-patte de boutonnage

Fermez la couture de la fourche devant à partir du cran de la braguette sur 6 cm.

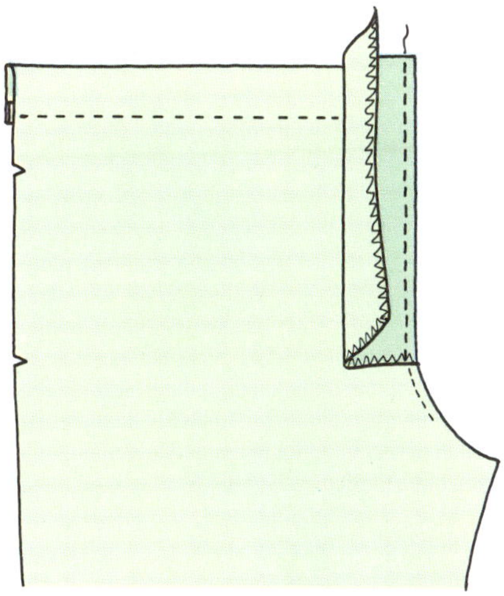

1 Toujours sur le devant, à droite, repliez l'ourlet de la ceinture au cran. Cassez en deux au fer la petite parmenture et posez-la endroit contre endroit en laissant dépasser 1 cm pour le fourreau en haut. Piquez.

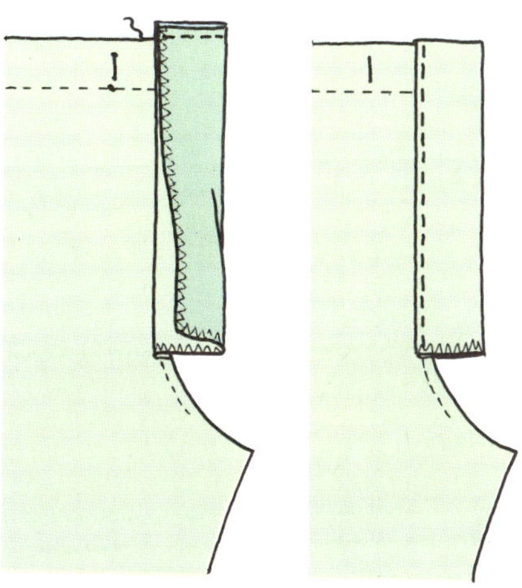

2 Retournez. Surpiquez nervure en prenant le dessous pour le tenir.

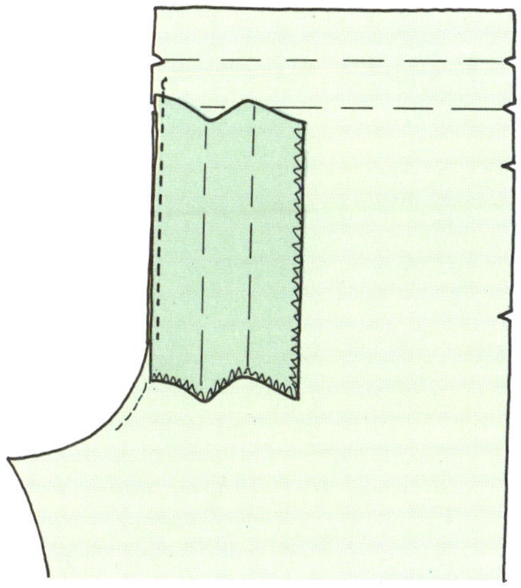

3 A gauche, posez la grande parmenture, repliez-la deux fois pour faire un sous-pont. Piquez.

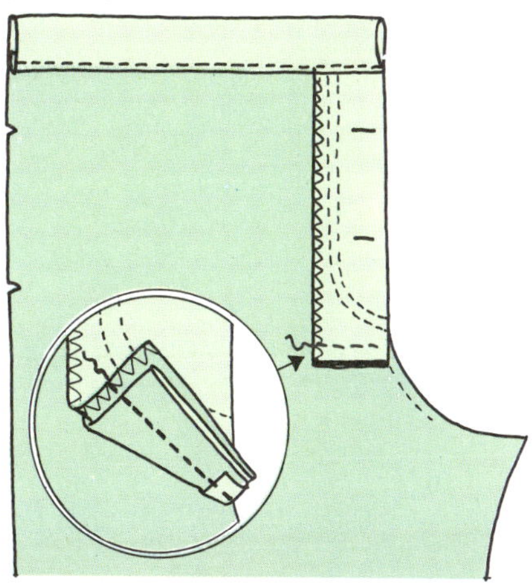

4 Surpiquez à 3 cm du bord en prenant toutes les épaisseurs et en finissant en arrondi pour donner la forme de la braguette. Si vous n'avez pas l'habitude, pour être sûre de réussir cet arrondi, faites un gabarit (voir p. 149) à l'aide duquel vous dessinerez la forme sur le tissu avant de piquer. Faites une deuxième piqûre à 0,5 cm de la première.

Montez les poches dans la couture (voir p. 151).

Assemblez les dos et devant, endroit contre endroit, par les coutures de côté et les coutures d'entrejambe. Reprenez la couture de la fourche sur le devant et continuez-la jusqu'en haut du dos. Surfilez coutures ouvertes.

Repliez l'ourlet de la taille. Piquez-le; le bout gauche restera ouvert pour passer la coulisse; celle-ci ressortira à droite par une boutonnière verticale que vous ferez sur le dessus de l'ourlet de la ceinture, à 7 cm du bord de la braguette.

Passez la coulisse dans la ceinture, placez l'élastique dans le dos en le maintenant par une piqûre faite sur le prolongement de la couture de côté.

Rempliez le bas des jambes aux crans pour faire un ourlet piqué de 3 cm.

Faites 2 boutonnières sur le sous-pont, horizontales et espacées de 6 cm. Une autre horizontale au milieu de la patte côté droit à 1 cm du haut. Posez un bouton côté envers en haut du sous-pont sur la ceinture et deux sur la patte côté droit.

Pour le montage d'un pantalon, commencez toujours par les coutures de côté et celles de l'entrejambe; terminez par la couture de la fourche.

Robe dos nu

Votre robe d'été, la voilà. Les lignes sobres, le tissu (gabardine ou popeline de coton), le liseré bleu marine lui donnent un air d'élégance discrète. Si vous souhaitez plus de fantaisie ou de décontraction, confectionnez-la dans un imprimé, mais choisissez un tissu de bonne tenue.
Les poches sont prises dans la couture, mais pas les rabats, veillez donc bien au montage à ne pas les prendre aussi dans les coutures. La pose du liseré, le montage des nombreuses pièces demandent de la minutie et de la patience, c'est pourquoi cette robe n'est pas aussi facile à réaliser qu'il y paraît au premier abord.

FOURNITURES

- Popeline de coton : 1,90 m en 140 pour toutes les tailles.
- Thermocollant : 1,50 m en 90.
- Liseré : 3,20 m.
- Boutons : 9 de 16 mm de diamètre pour la fermeture devant; 4 de 10 mm de diamètre pour le boutonnage des bretelles dans le dos.
- 1 boucle de ceinture à donner à recouvrir.

Valeur des coutures
Bord du devant, bretelles, décolleté (tout le tour) : 0,75 cm; Découpes, côtés, taille : 1 cm; ourlet : 4 cm.

Le patron
Les deux parties du dos étant identiques, une moitié seulement est représentée ici.

La coupe
Elle se fait tissu plié. Le milieu-dos doit impérativement se trouver à la pliure. La ceinture n'étant coupée que sur une épaisseur, vous trouverez sans problème le tissu nécessaire pour recouvrir la boucle dans la deuxième épaisseur.

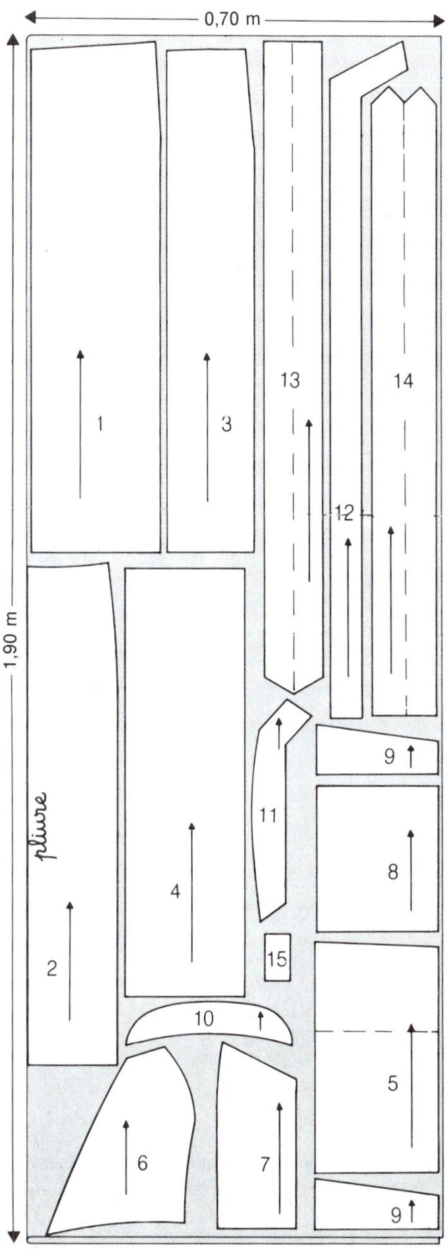

Le plan de coupe

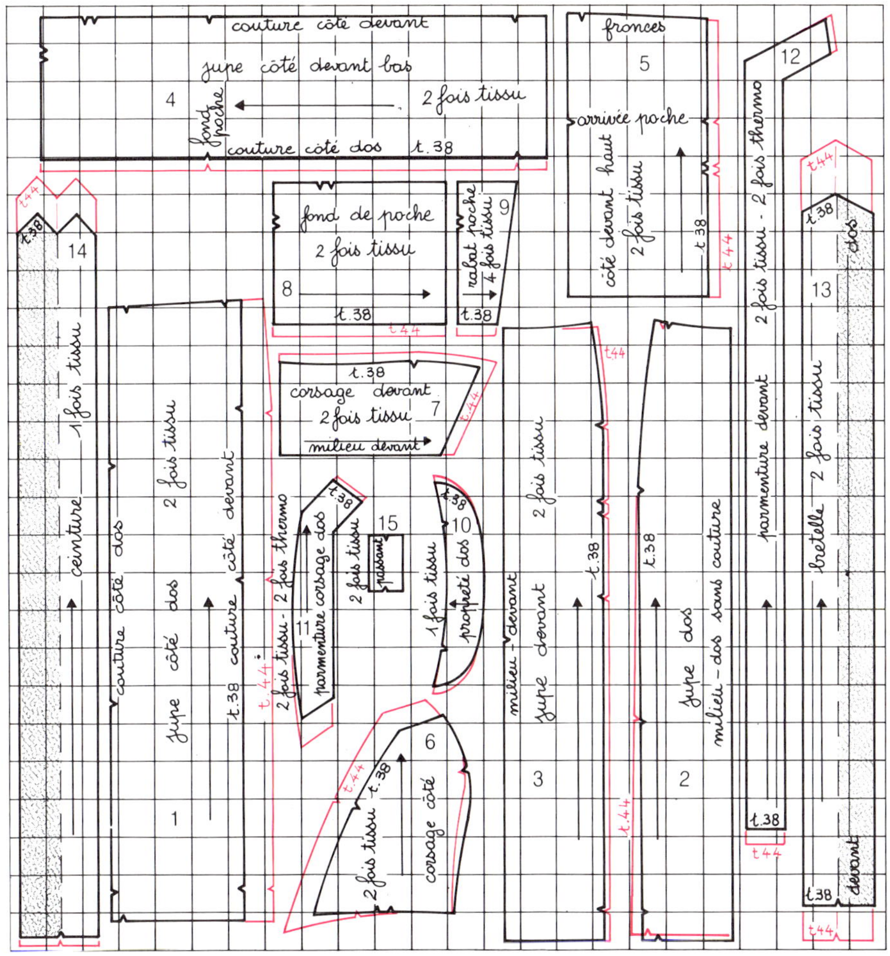

Le patron

Préparation
Thermocollez les parmentures, les bretelles, les rabats de poche et la ceinture. Pliez les passants en deux, piquez-les sur la longueur et sur un bout; retournez et surpiquez nervure. Piquez la ceinture et les bretelles sur les longueurs et la pointe; retournez, repassez; surpiquez les bretelles à 0,5 cm et piquez nervure tout autour de la ceinture. Montez la boucle de la ceinture (voir ci-dessous). Bâtissez, piquez les rabats en laissant ouvert le haut. Retournez après avoir dégarni les coins. Repassez et faites la surpiqûre à 0,5 cm du bord sur les côtés et le bas.

Pose de la boucle de ceinture et des passants

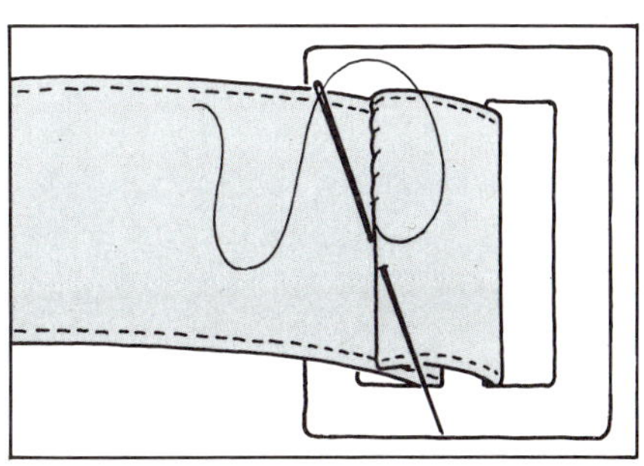

1 Rempliez deux fois la ceinture autour de la partie servant à fixer la boucle; piquez nervure sur l'envers ou fermez la couture à la main par un point glissé.

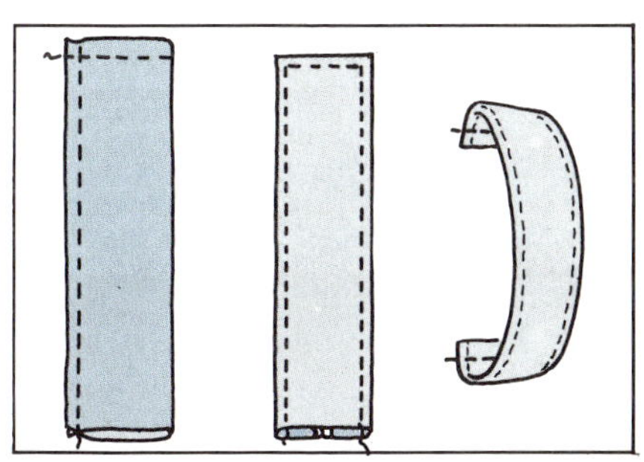

2 Les passants. Faites un rempli en haut et en bas du passant. Positionnez-le sur le vêtement, et piquez en travers sur la ressource en haut et en bas pour que la couture ne se voie pas sur l'endroit du passant.

Pose des poches

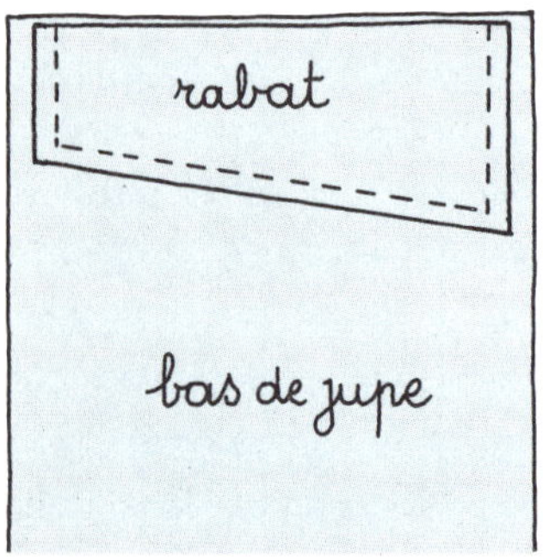

1 Sur la découpe du bas de la jupe, appliquez le rabat juste au bord, envers du rabat sur endroit de la jupe.

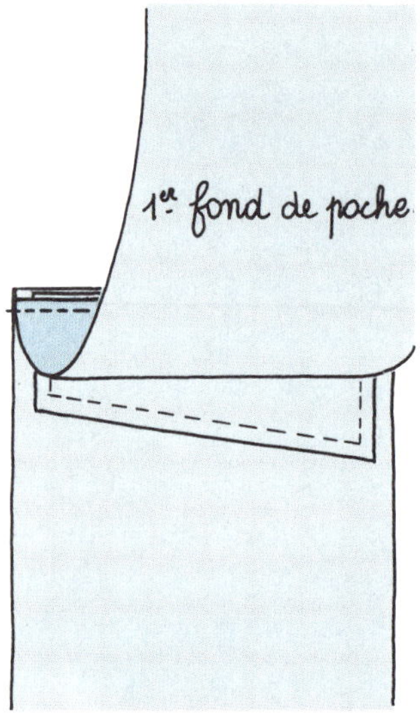

2 Superposez l'endroit du fond de poche sur le rabat, piquez à 1 cm du bord; retournez.

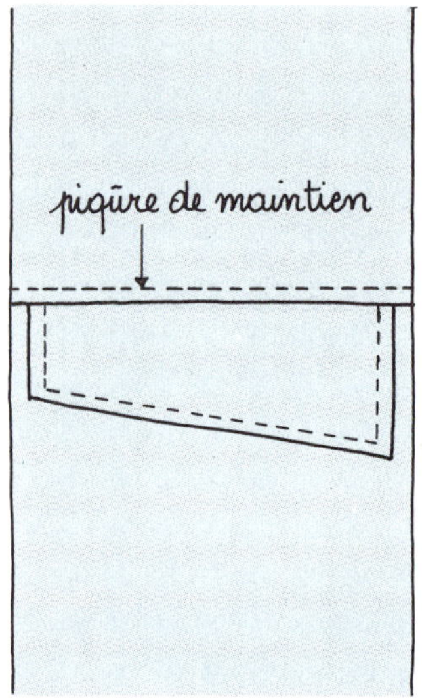

3 Faites une piqûre de maintien sur le haut de la découpe.

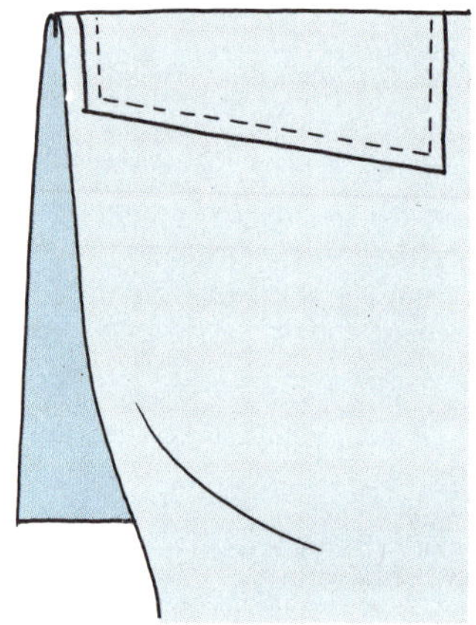

4 Rabattez le fond de poche sur l'envers.

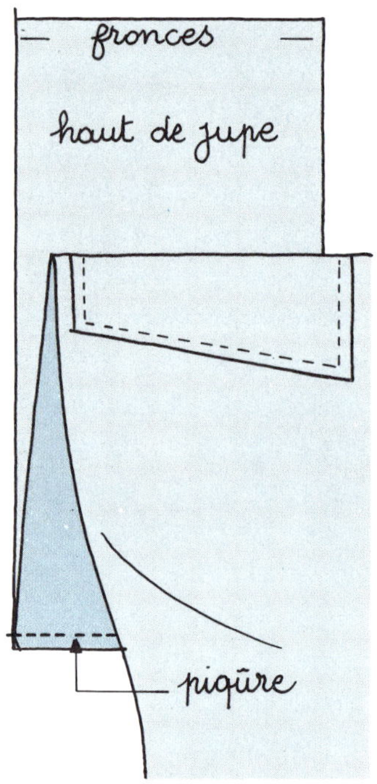

5 Positionnez l'ensemble sur le haut de la jupe aux crans. Bâtissez le bas des deux fonds de poche; piquez, surfilez coutures fermées.

Assemblage de la jupe

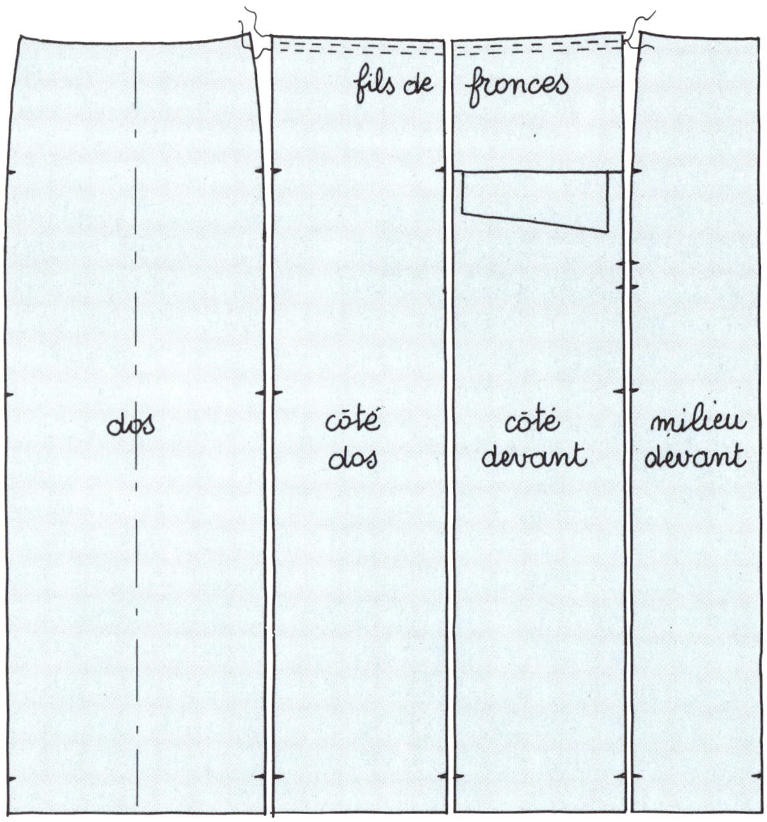

Montez les panneaux du milieu-devant et du côté-dos de chaque côté de la poche; bâtissez en raccordant les crans aux poches sans faire d'erreur de morceau. Piquez. Couchez les coutures du côté opposé aux poches; surfilez. Repassez, surpiquez à 0,5 cm du bord. Les panneaux du dos sont montés de la même façon. Passez 2 fils de fronces à la taille sur les panneaux des côtés.

Assemblage de la jupe et du corsage

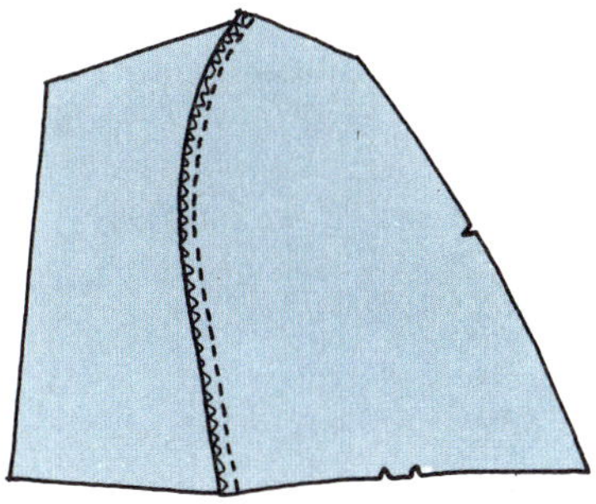

1 Montez les découpes du corselet, surfilez coutures fermées et surpiquez comme la jupe. Montez la taille en bâtissant le corselet sur la jupe endroit contre endroit, du milieu-devant au bord du panneau du milieu-dos; du côté du dos, laissez 2 cm non cousus pour le liseré. Piquez au milieu des fils de fronces en égalisant bien celles-ci. Surfilez.

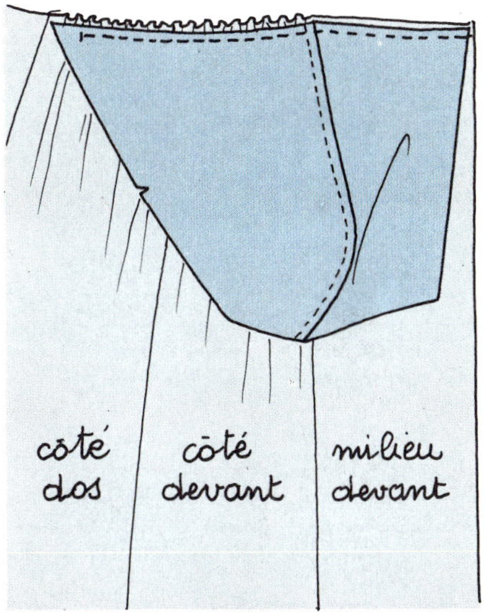

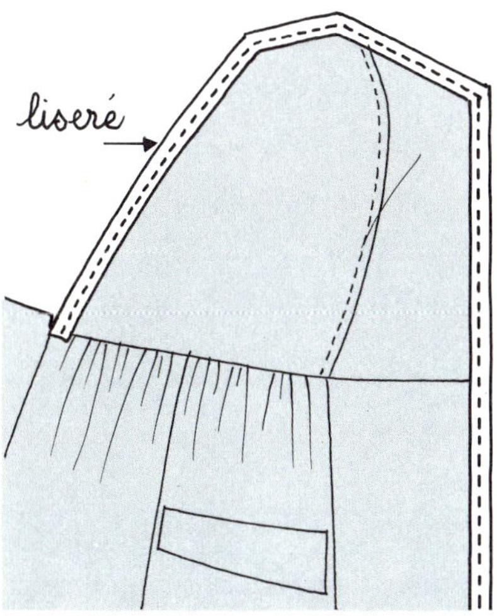

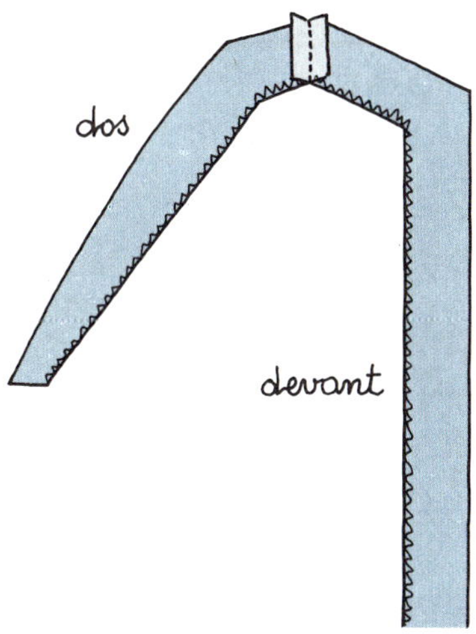

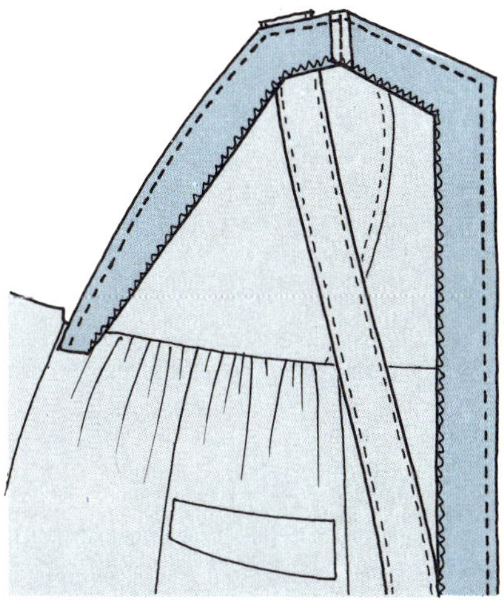

2 Bâtissez et piquez le liseré sur le bord de la robe, en partant du bas devant jusqu'en bas du corselet-dos. Assemblez les parmentures du dos aux parmentures du devant par une couture en biais; surfilez les côtés tournés vers l'intérieur du vêtement. Appliquez l'endroit de la parmenture sur la robe côté liseré, bâtissez et piquez sur la piqûre de montage du liseré, sans oublier de glisser le devant de la bretelle entre les deux à partir de la couture du corselet. Retournez la parmenture.

Surpiquez nervure après avoir repassé minutieusement le bord de la robe pour que le liseré soit bien régulier.

3 Rabattez le corselet-dos sur la jupe à l'endroit, posez la propreté dont vous aurez surfilé le bas et les côtés sur le panneau du milieu-dos; piquez à partir de la piqûre de la taille; retournez et maintenez par une piqûre en haut de la propreté. En bas de la propreté, faites un ourlet à 0,5 cm et piquez. Fixez les côtés à la main sur les coutures des côtés de la jupe.

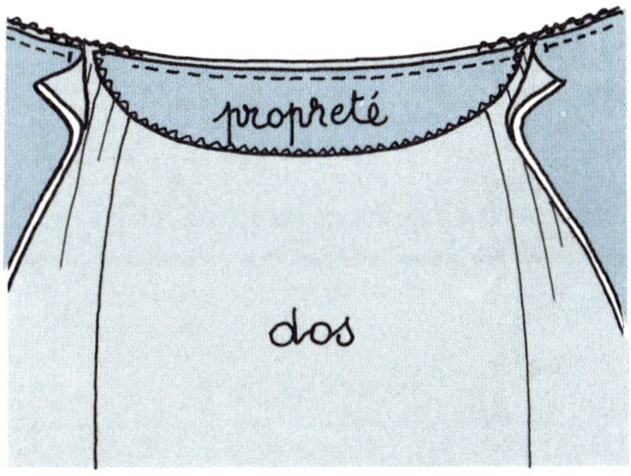

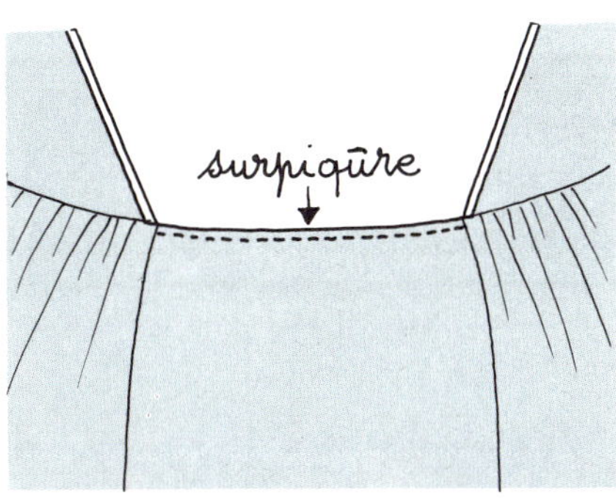

Posez les passants devant sur les coutures d'assemblage milieu-devant-côté-devant, à cheval sur la couture de taille (voir p. 95). Brodez 2 boutonnières sur les côtés du corselet-dos, la première à 3 cm de la taille, la deuxième à 3 cm au-dessus.
Sur le devant, faites 9 boutonnières verticales, une au coin à 1,5 cm du bord, les autres espacées de 8 cm. Elles sont brodées sur 2 cm. Cousez les boutons.

Jupe et chemisier coordonnés

Cette jupe froncée toute fraîche et pimpante est en piqué blanc, mais vous pouvez aussi la faire dans une cotonnade rayée. Une légère broderie souligne la ceinture et les revers de poche. Le chemisier, en coton et polyester rose saumoné, a un col, un pied de col et une patte de boutonnage blancs.
L'ensemble est donné pour une fillette de 4 ans, mais vous pouvez aussi l'exécuter en 6 ans si vous le souhaitez.

FOURNITURES

Jupe :

- Piqué de coton : 95 cm en 90 pour le 4 ans; 1,10 m pour le 6 ans.
- 2 boutons de 11 mm de diamètre.

Chemisier :

- Coton et polyester rose : 95 cm en 90 pour le 4 ans; 1,10 pour le 6 ans.
- Coton et polyester blanc : 45 cm en 90.
- Boutons : 7 de 9 mm de diamètre.

Le chemisier

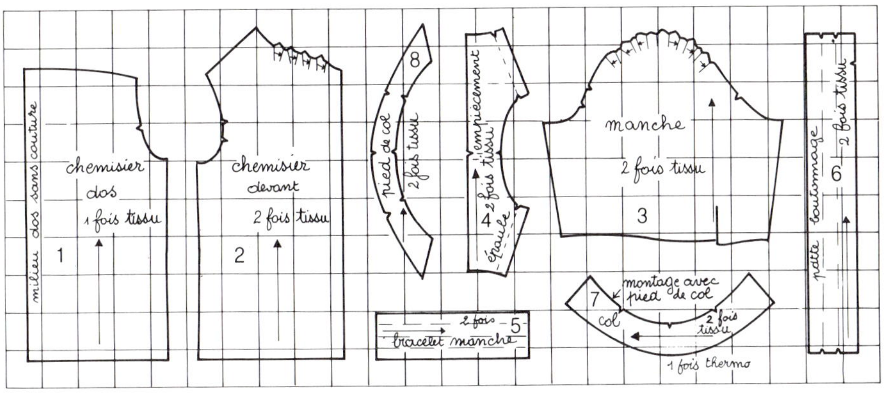

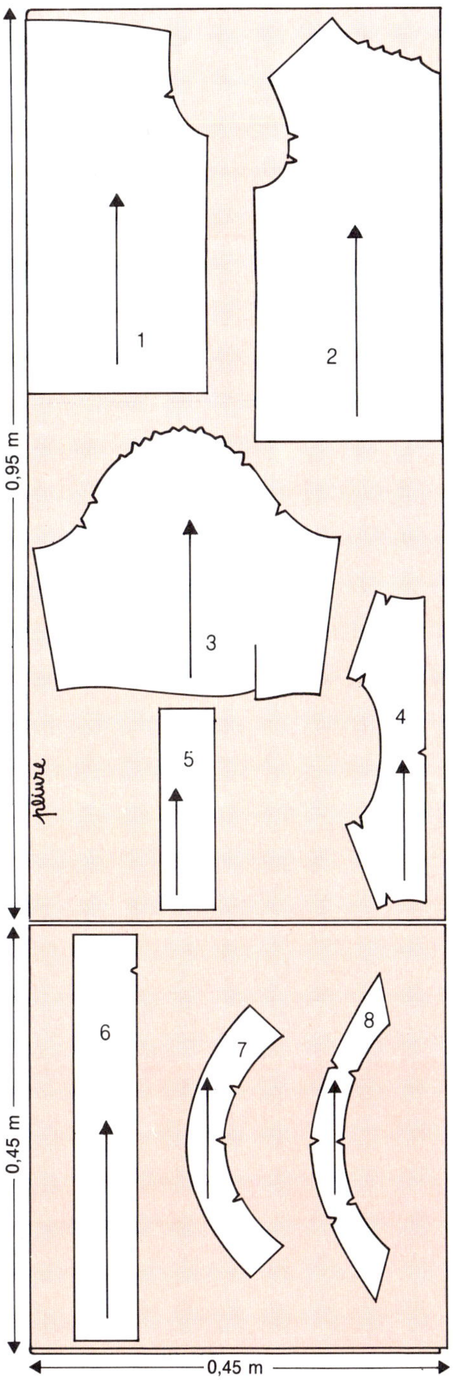

Le patron

Le plan de coupe

Valeur des coutures
Côtés, côtés des manches, emmanchures, tête de manche : 1 cm; patte de boutonnage, bracelets des manches, empiècement : 0,75 cm; col, pied de col, encolure : 0,5 cm.

Le patron
Si vous voulez réaliser ce patron en 6 ans, comptez en plus : 4,25 cm de tour de poitrine, 4 cm de tour de ceinture; 3,5 cm de longueur-dos, 1 cm de longueur de manche, 2 cm de largeur de manche, 0,75 cm de longueur d'épaule, 2,75 cm de longueur de poignet, 2 cm de carrure-dos, 1 cm d'encolure. (Voir aussi p. 65.)

La coupe
Elle se fait tissu plié. Il est donc impératif que la ligne du milieu-dos se trouve sur la pliure.

Les manches

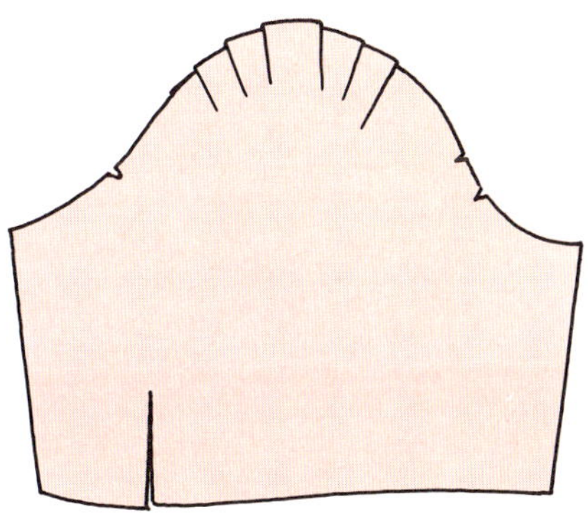

Faites les fentes au bas des manches (voir p. 132).
Épinglez et bâtissez les plis du haut des manches : faites un pli rond au milieu, suivi de deux plis plats tournés vers le bas.
Fermez les coutures de côté, montez les poignets (voir p. 132).

Le col avec pied de col en pointe

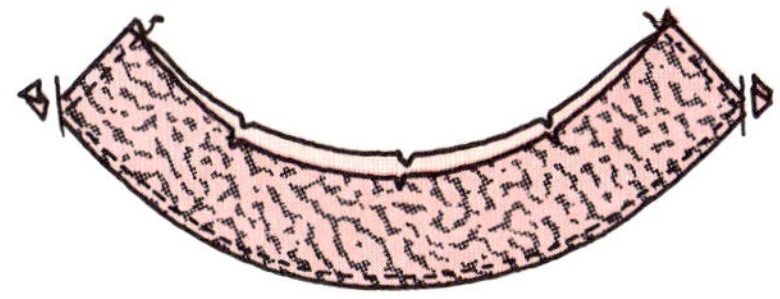

1 Faites votre col, après avoir thermocollé le dessus, en positionnant les deux morceaux endroit contre endroit; bâtissez, piquez les deux petits côtés et le bord extérieur qui est le plus évasé; dégarnissez bien les coins.

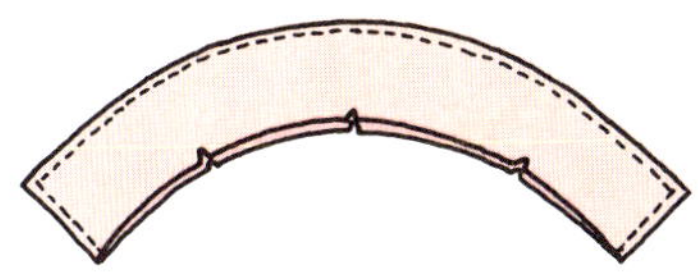

2 Retournez, repassez sans déformer, surpiquez nervure.

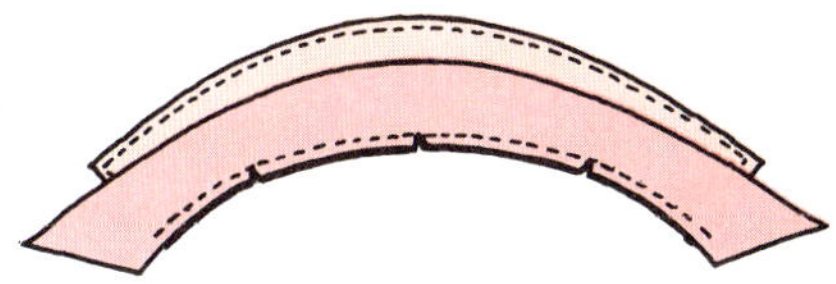

3 Positionnez le col entre les deux pieds de col, qui sont placés endroit contre endroit, cela sur le petit côté du pied de col, le grand côté sera monté sur l'encolure.

Épinglez au milieu en raccordant bien les crans l'un sur l'autre et aux extrémités à 1 cm de chaque bout du pied de col. Bâtissez. Quand vous êtes sûre que le montage est correct, piquez.

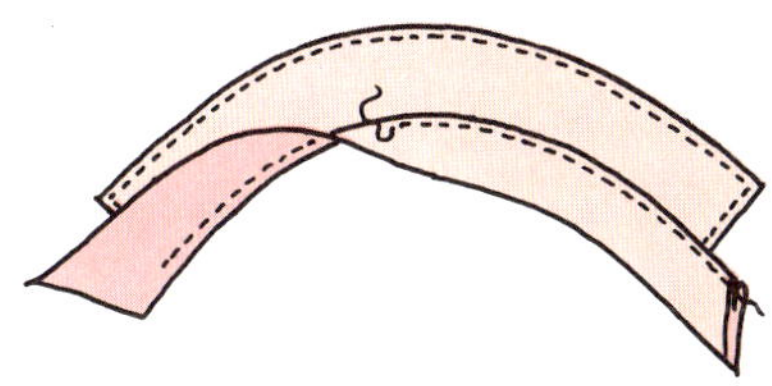

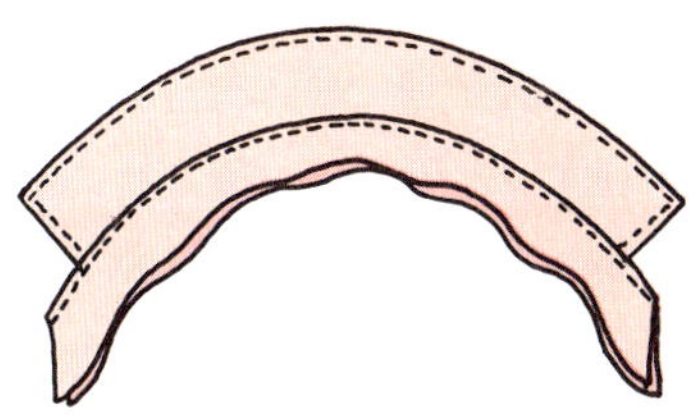

4 Rabattez les deux pieds de col et surpiquez nervure sur la couture de montage, du côté du pied de col.

Assemblage du corsage

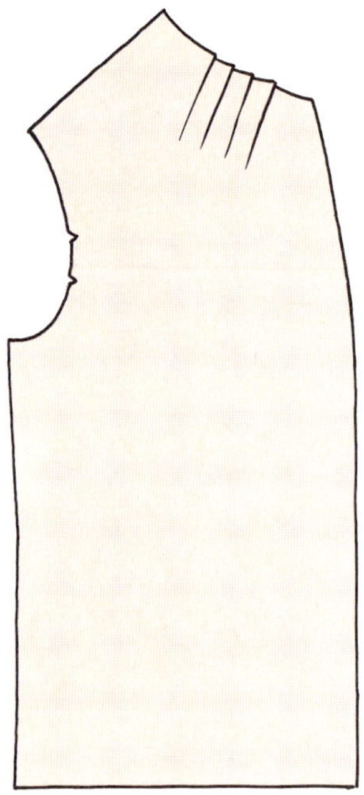

1 Sur les devants, formez les quatre plis de l'encolure; les plis sont tournés vers le milieu-devant. Bâtissez-les.

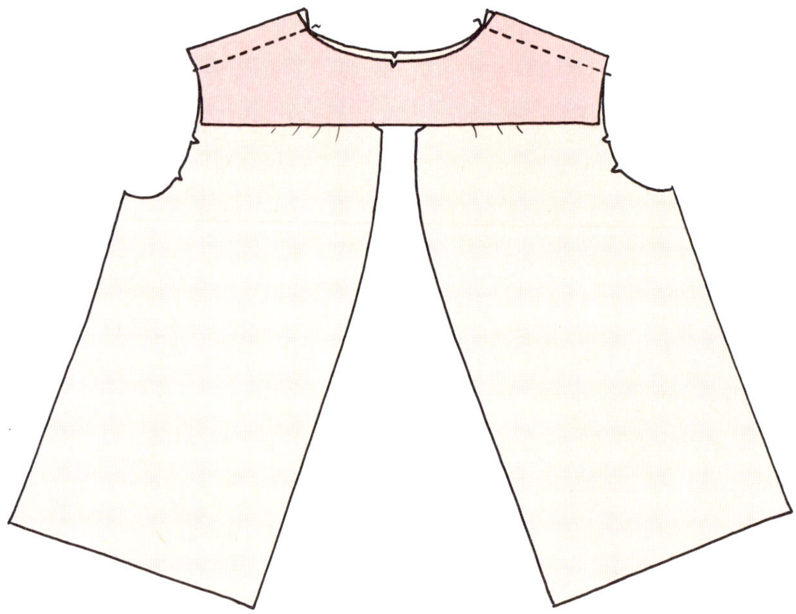

2 Posez les devants entre les deux empiècements; bâtissez les petits côtés; piquez.

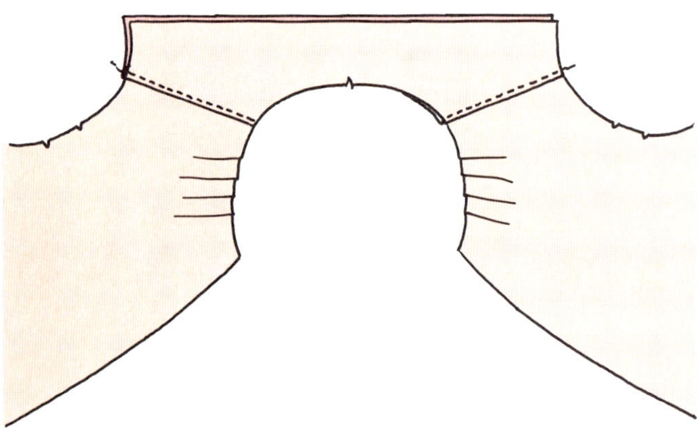

3 Retournez les empiècements vers le haut; surpiquez nervure sur l'empiècement du dessus seulement.

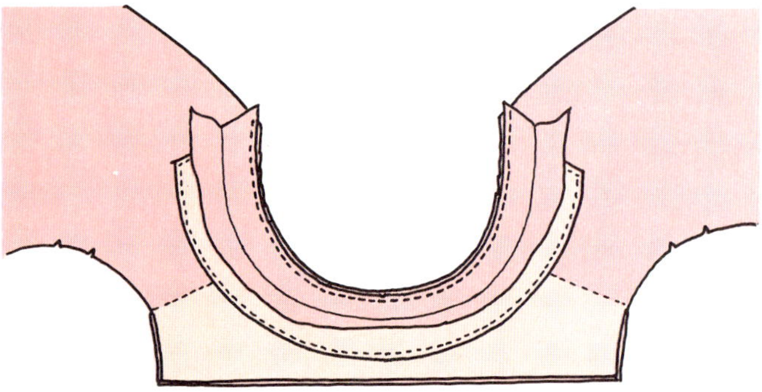

4 Bâtissez l'endroit du pied de col intérieur sur l'envers du chemisier, en partant du bord du devant de chaque côté et en raccordant les crans milieu-dos et aux épaules. Piquez.

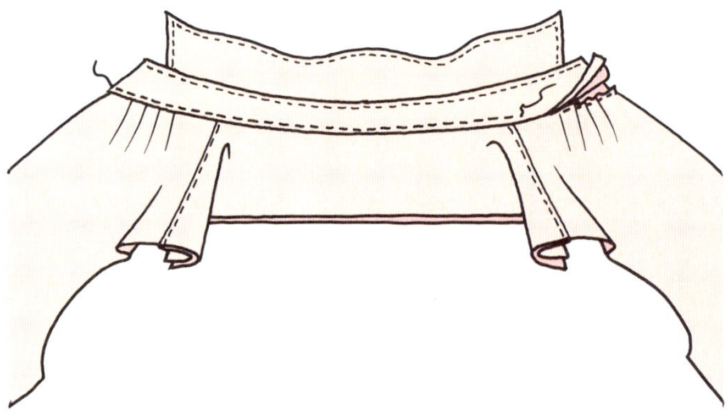

5 Rabattez le pied de col sur l'endroit par une piqûre nervure.

Quand surfiler ?
Si vous possédez une machine qui fait le surfil, vous surfilerez les bords des coutures qui resteront ouvertes avant le montage, et les coutures couchées du même côté surfilées ensemble dès qu'elles seront piquées.

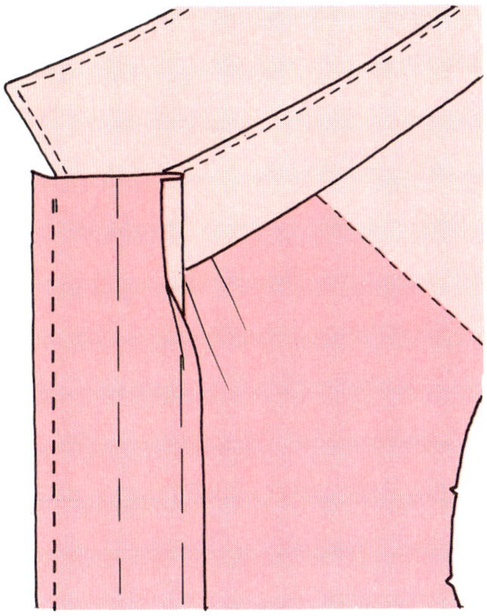

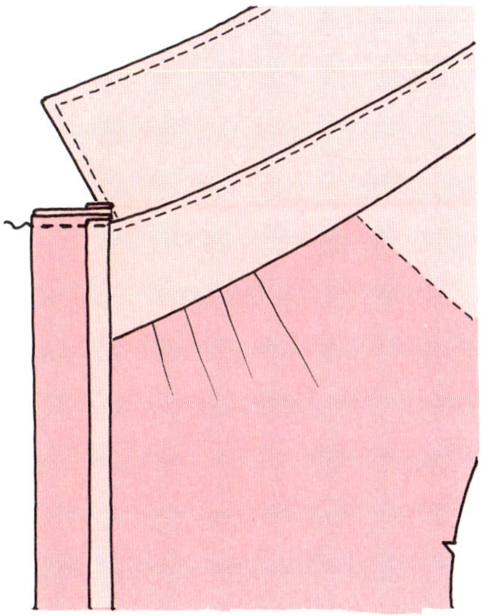

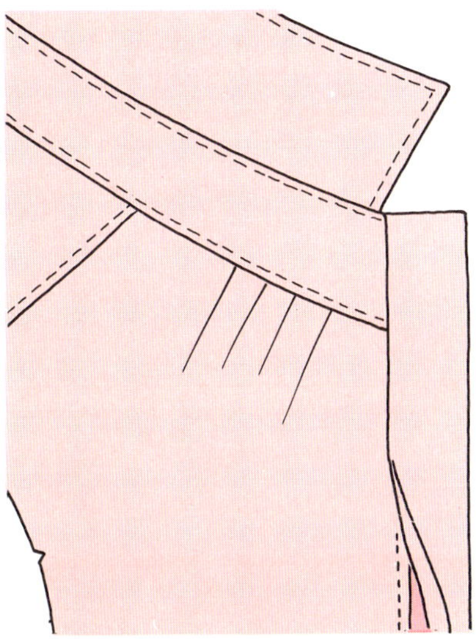

6 Posez les pattes sur les devants, endroit contre envers du chemisier, laissez dépasser en haut de 0,7 cm pour la couture. Piquez à 0,7 cm du bord.
Repliez les pattes sur elles-mêmes endroit contre endroit avec un rentré de 0,7 cm, faites le fourreau en haut.

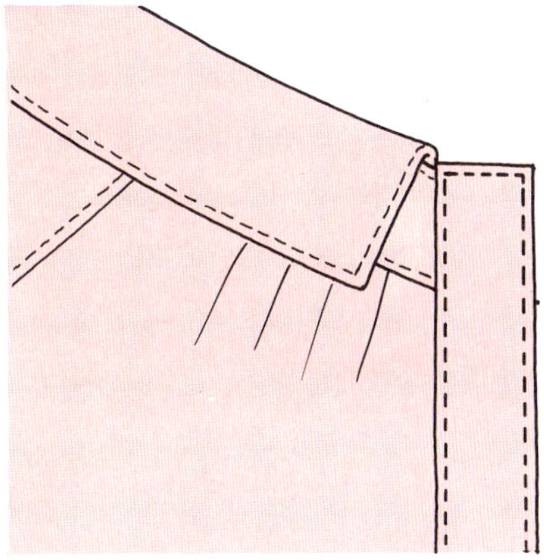

7 Retournez et rabattez sur la couture de montage en piquant nervure tout autour de la patte.

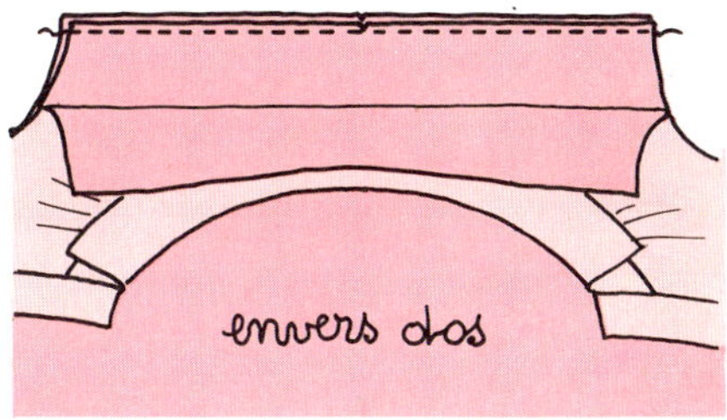

8 Montez l'empiècement du dessous endroit contre envers du dos, rabattez le dessus sur la piqûre de montage en piquant nervure.

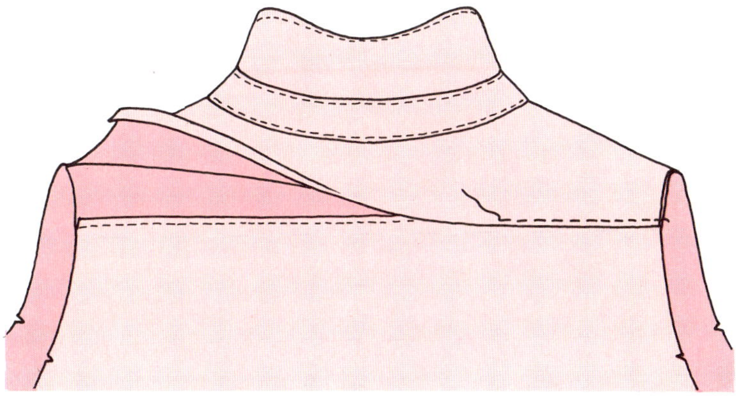

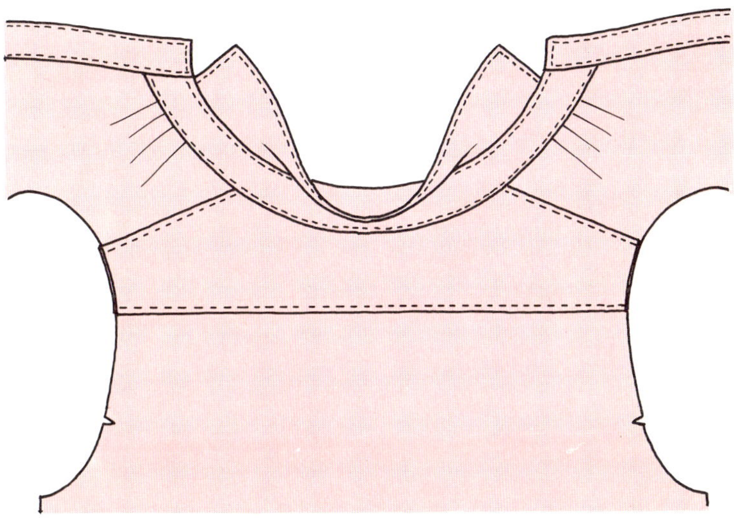

Fermez les coutures de côté.
Rempliez deux fois 0,5 cm dans le bas du chemisier et faites un ourlet; piquez nervure.
Montez les manches. Bâtissez en respectant les crans; piquez.
Surfilez fermées les coutures de côté et coutures des manches. Faites les boutonnières au milieu des poignets du côté des plis de la manche, et sur la patte devant côté droit du chemisier, la première à 0,5 cm du début de la patte, les quatre suivantes espacées de 6 cm; elles seront verticales et auront 1,5 cm de long.
Cousez les boutons.

La jupe

Valeur des coutures
1 cm partout, sauf pour les coutures de montage des poches et celles des revers de poche, qui sont de 0,75 cm.

Le patron
Pour faire le patron en 6 ans, comptez en plus : 2,5 cm de tour de ceinture, 6,5 cm de largeur dans le bas, 5 cm de longueur.

Préparation
Surfilez : les parmentures tenantes, le bord de la ceinture et le bord des revers sur la longueur de la partie non brodée.

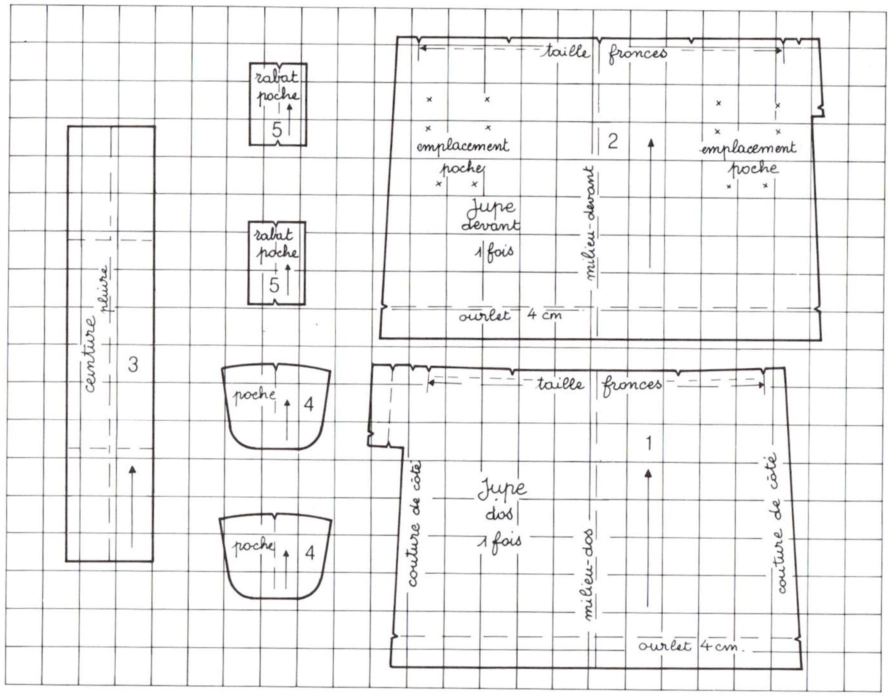

Le patron

Les broderies

Vous pouvez les exécuter à la main, comme il est expliqué ici, ou à la machine, si vous en avez une qui le permet (voir photo ci-contre).

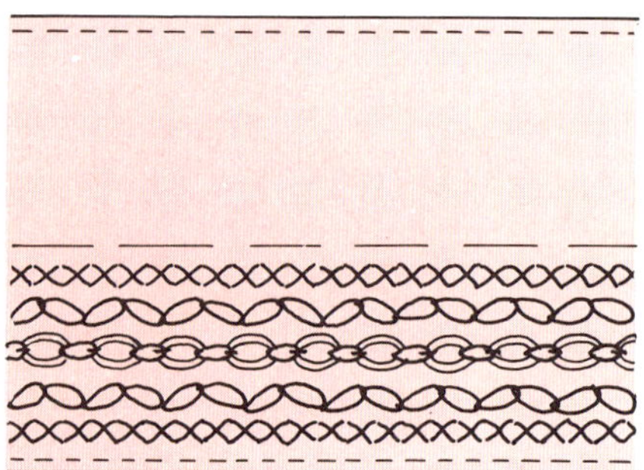

1 Brodez ceinture et revers de poches ton sur ton sur leur demi-hauteur. Pour la ceinture, faites 5 rangs avec 1 point de croix simple, 1 point de chaînette en zigzag, 1 point de chaînette entrelacé.

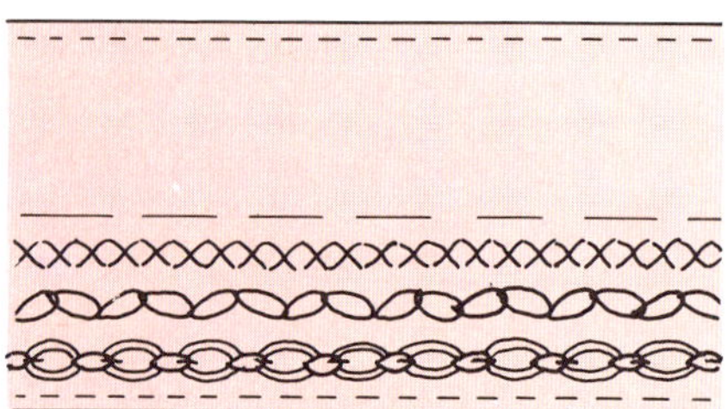

2 Pour les revers, 3 lignes de broderie, 1 point de croix simple, 1 point de chaînette en zigzag et 1 point de chaînette entrelacé.

Point de croix simple.

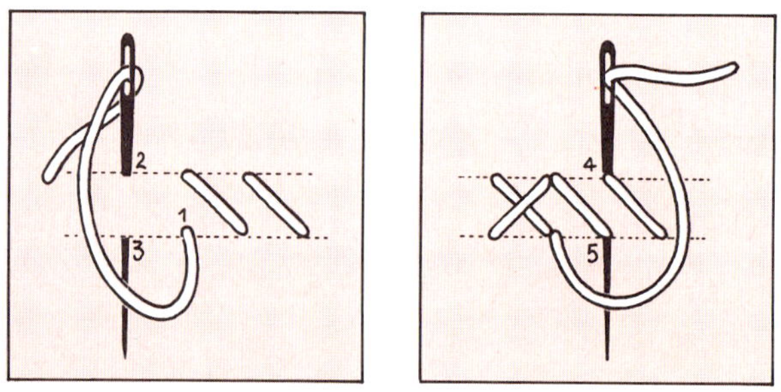

Point de chaînette en zigzag.

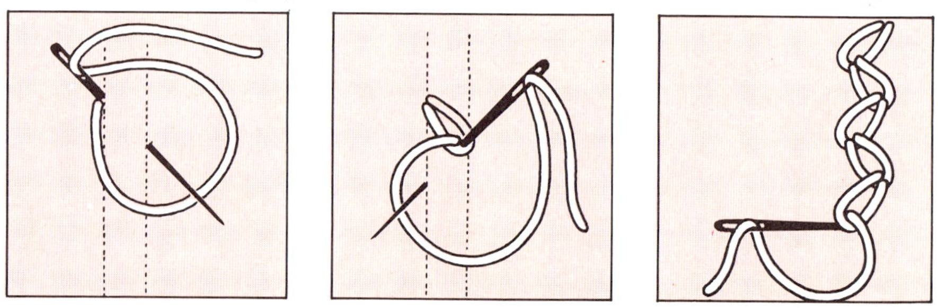

Point de chaînette entrelacé.

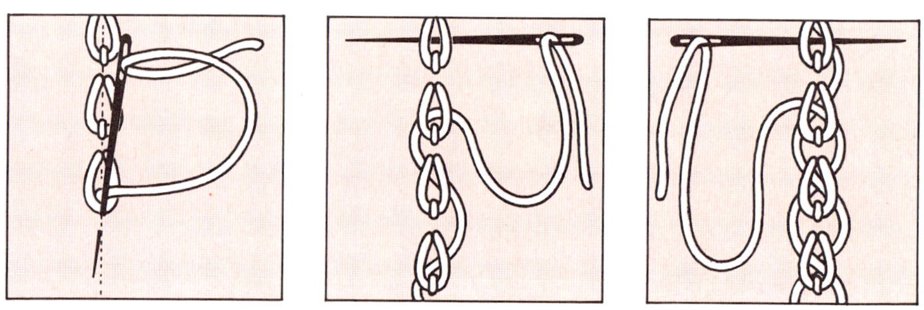

Les poches

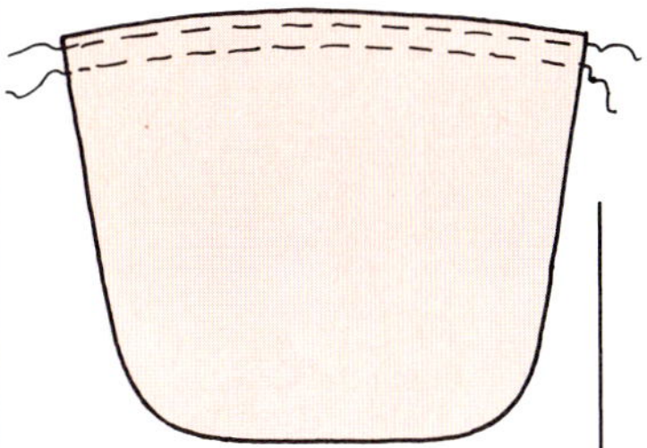

1 Passez 2 fils de fronces sur le haut des poches, froncez et égalisez pour avoir la même longueur que celle du revers.

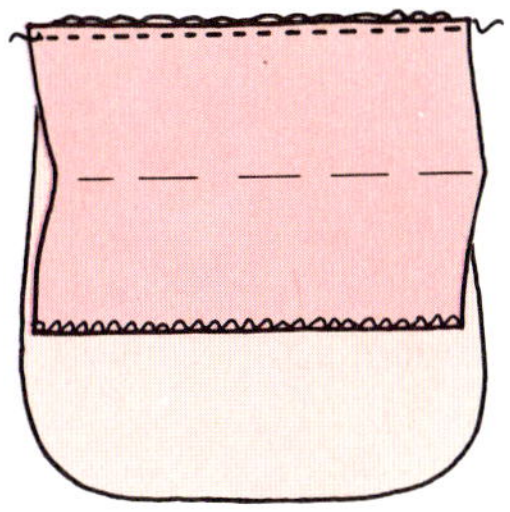

2 Bâtissez et piquez les revers sur la poche, endroit contre endroit, à 0,75 cm.

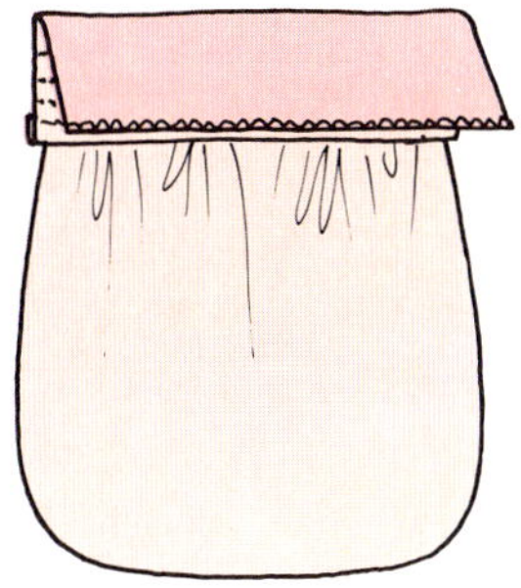

3 Repliez le revers sur lui-même au ras des broderies et faites un fourreau.

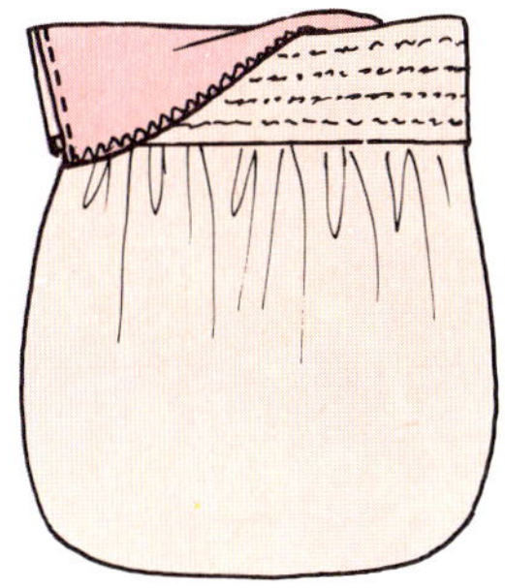

4 Retournez, faites une piqûre de maintien cachée sur la couture de montage.

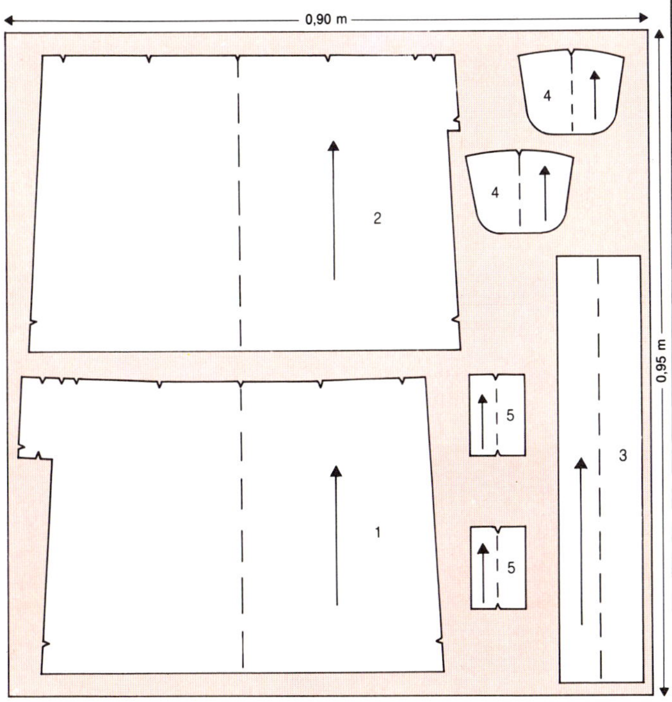

Le plan de coupe

Assemblage de la jupe

Posez les poches avec une piqûre nervure; pour réussir les arrondis, voir p. 132 et p. 149 (encadré).

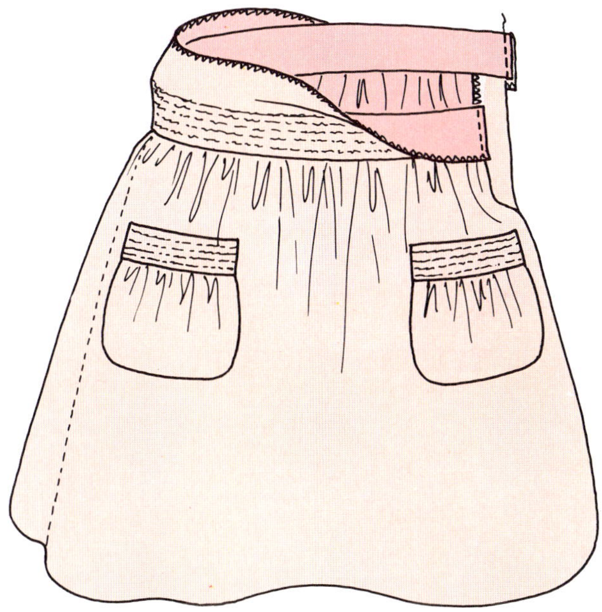

Faites la couture du côté droit; pour cela, positionnez le devant sur le dos, endroit contre endroit.
Repliez au fer les parmentures tenantes à chaque bout aux crans.

Passez 2 fils de fronces à la taille. Montez la ceinture comme les revers de poche, mais la piqûre de maintien sera nervure et vous la continuerez tout autour.
Fermez la couture du côté gauche à partir du bas des parmentures.
Surfilez les coutures de côté fermées.
Surfilez le bas de jupe et faites un ourlet de 4 cm à points coulés.

Brodez 2 boutonnières horizontales de 2 cm sur le bout de la ceinture devant, espacées de 3 cm, elles seront à 1 cm du bord.
Posez les boutons.

Saharienne et jupe boutonnée

Beaucoup de charme dans ce tailleur de printemps en gabardine de laine. La saharienne demande un certain savoir-faire. La jupe droite, doublée et boutonnée sur le côté, est plus facile à réaliser.

FOURNITURES

Ensemble :

- Gabardine de laine : 2,90 m en 150 pour toutes les tailles.
- Doublure : 85 cm en 140.
- Thermocollant : 50 cm en 100.
- Une paire d'étriers.
- Boutons : 16 de 14 mm de diamètre.

Saharienne :

- Gabardine de laine, toile, chevron : en 140, 2,20 m pour le 36-38; 2,30 m pour le 40-42; 2,40 m pour le 44-46.
- Thermocollant : 15 cm en 80.
- Une paire d'étriers.
- Boutons : 9 de 14 mm de diamètre.

Jupe :

- Gabardine de laine, lin, chevron : 1,15 m en 150 pour toutes les tailles.
- Doublure : 85 cm en 140.
- Thermocollant : 30 cm en 100.
- Boutons : 7 de 14 mm de diamètre.

Le patron

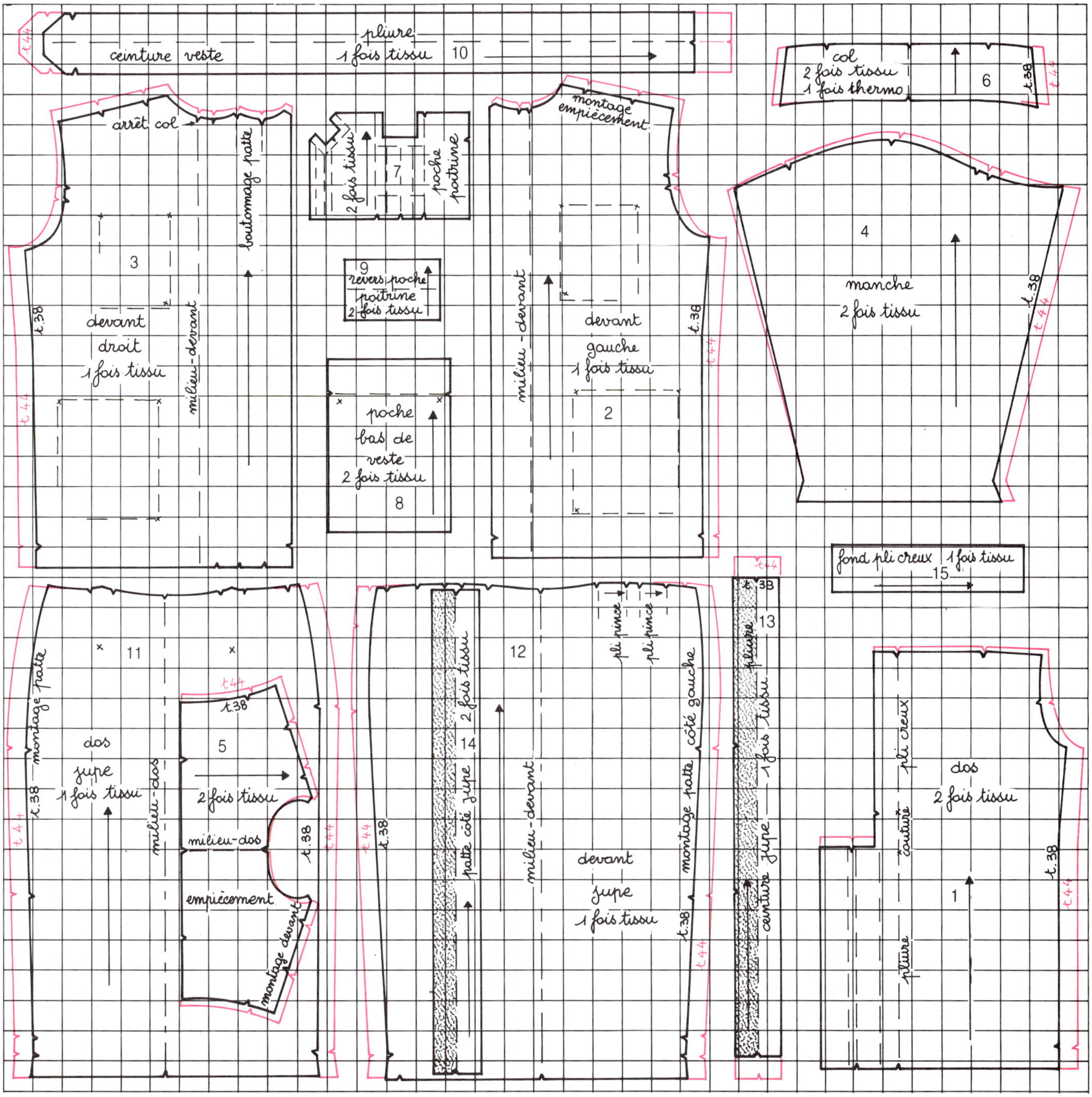

Valeur des coutures

Jupe : 1 cm partout, sauf pour la couture du côté droit, qui est de 2 cm et l'ourlet de 4 cm.

Saharienne : 1 cm partout, sauf pour les coutures des bords et des coins du col qui sont de 0,75 cm.

Le patron

Pour dessiner le patron de la doublure, reprenez celui du dos et du devant de la jupe (plus 2 cm en largeur pour l'aisance), dont vous ôterez la valeur de l'ourlet.

La jupe

Préparation

Thermocollez les pattes des côtés et la ceinture (voir patron).

Surfilez les côtés non thermocollés des pattes et de la ceinture que vous plierez ensuite au fer dans le sens de la longueur.

Faites les deux pinces sur le dos de la jupe. Assemblez le dos au devant côté poche en passant la machine bien au ras de la poche, par une couture de 2 cm; ouvrez ensuite la couture au fer.

Les pattes de côté

Montez les pattes sur le côté du devant et du dos, endroit contre endroit, retournez, surpi-

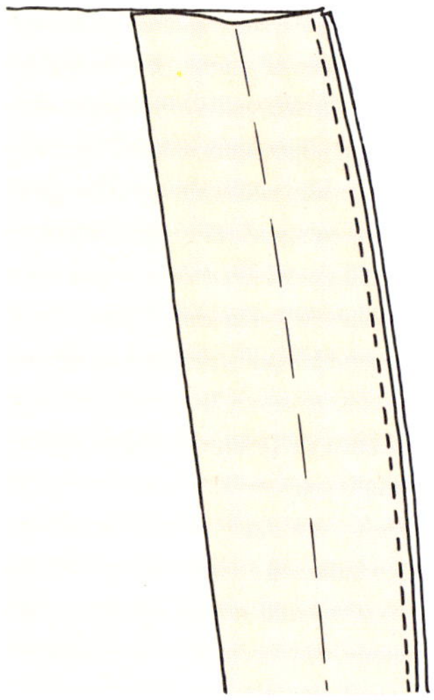

quez nervure jusqu'à 10 cm environ du bas de la jupe.

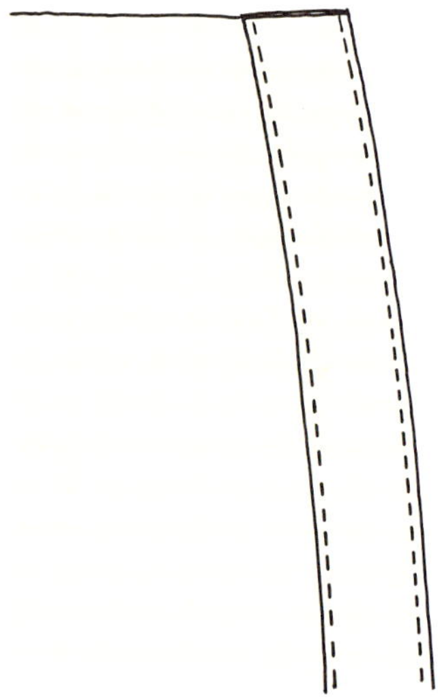

Montage de la ceinture

Épinglez et bâtissez les plis souples de la taille devant tournés vers les côtés.

1 Montez la ceinture endroit contre endroit en posant le côté thermocollé sur le haut de la jupe. Laissez dépasser 0,7 cm à chaque extrémité pour la couture. Piquez à 1 cm du bord en veillant à bien raccorder les crans.

1

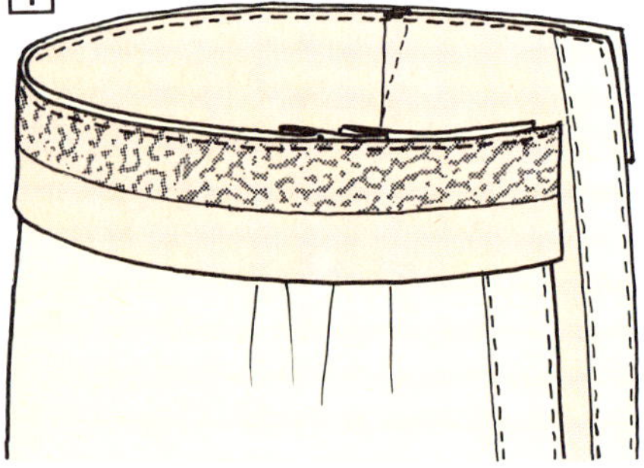

2 Fermez les extrémités de la ceinture après l'avoir repliée sur elle-même endroit contre endroit.

2

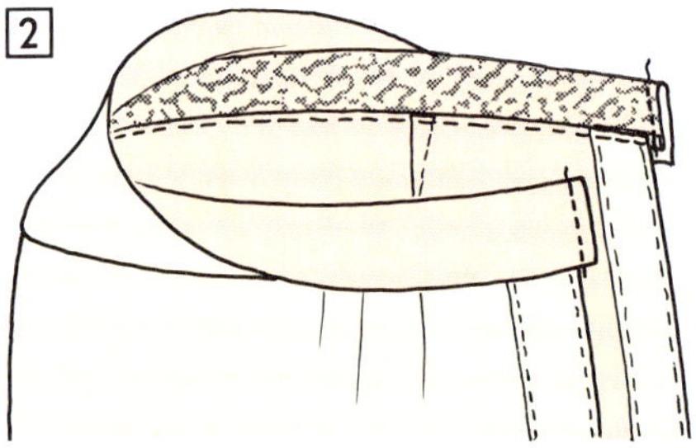

3

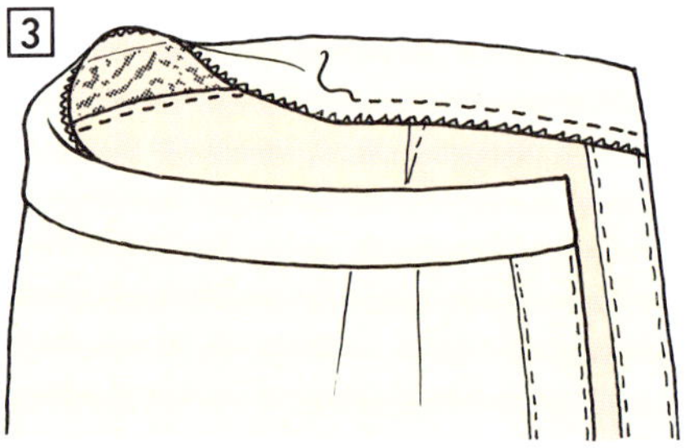

3 Retournez et rabattez sur l'envers par une piqûre nervure que vous continuerez tout le tour de la ceinture.

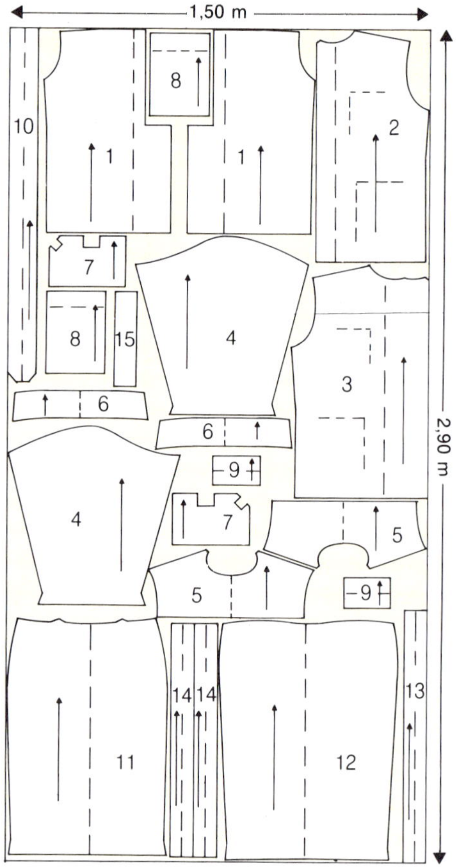

La coupe

La coupe de la doublure de la jupe se fait aussi tissu à plat. Garder dans les chutes de tissu de quoi faire les passants.

Pose de la doublure

1 Assemblez les devant et dos de la doublure en faisant la couture du côté droit; attention ! la droite de la doublure est inversée par rapport à celle de la jupe puisqu'elle est posée envers contre envers. Surfilez cette couture en double.

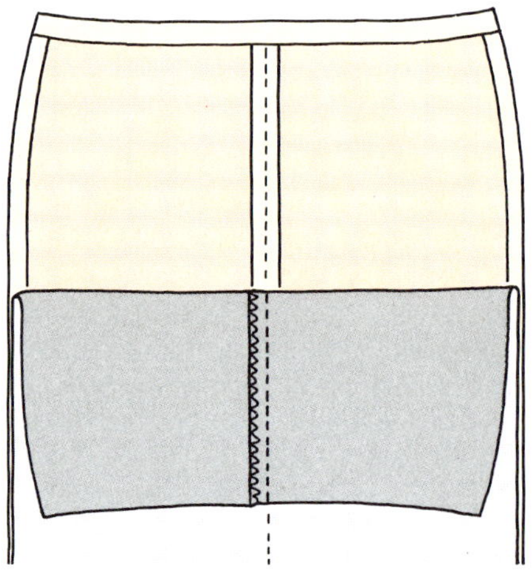

2 Posez la doublure endroit contre endroit de la jupe. Rabattez la ceinture vers vous et bâtissez le haut de la doublure sur le bord surfilé de la ceinture, à 0,7 cm de la couture de la ceinture. Les pinces de la doublure sont souples, prises seulement dans la couture de montage. Procédez de la même façon pour le montage de la doublure côté pattes. Quand le montage est correct, piquez, sauf sur les coins que vous finirez à la main sur l'endroit.

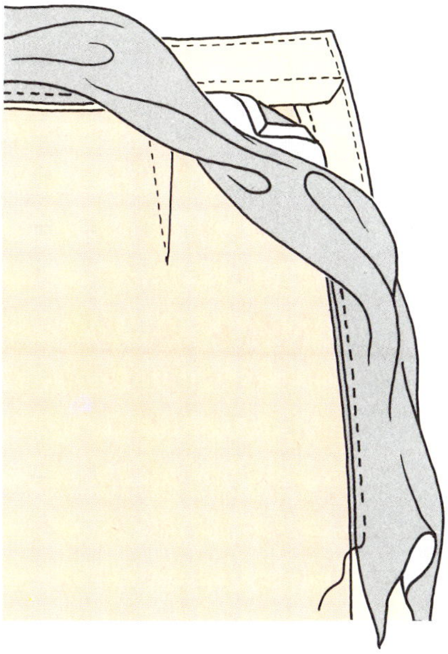

Finitions du bas de la jupe

Surfilez le bas de la jupe. Repliez 4 cm pour l'ourlet, aplatissez au fer. Piquez les pattes sur l'envers le long de la ligne de l'ourlet pour faire un fourreau (comme pour le bas gauche de la veste, voir p. 109). Retournez, terminez les piqûres nervures sur le côté.
Rabattez l'ourlet à la main à points glissés. Réglez la longueur de la doublure à 2 cm du bas, faites un ourlet machine en repliant deux fois 1 cm.

Brodez les boutonnières sur la patte du dessus : vous en faites une sur le bout de la ceinture, au milieu, elle sera horizontale; les autres seront verticales, la deuxième à 5 cm de la première, les cinq suivantes seront espacées de 10 cm.

Posez les boutons.

La saharienne

Préparation
Thermocollez le dessus du col (voir patron). Faites les passants (voir p. 95).
Préparez la ceinture : pliez en deux, faites un fourreau sans fermer les extrémités. Ouvrez la couture au fer après l'avoir placée au milieu de la ceinture; fermez une des extrémités, retournez, repassez; surpiquez tout autour en nervure. Placez les étriers sur le bout que vous avez fermé en dernier, et maintenez par une piqûre en faisant un rempli de 1 cm (voir p. 95).
Surfilez le fond de pli et les bords des plis des milieux-dos.

Les poches

1 Préparez d'abord celles du bas qui sont les plus grandes. Rempliez en haut au cran d'abord 1 cm envers contre envers, puis 5 cm endroit contre endroit.

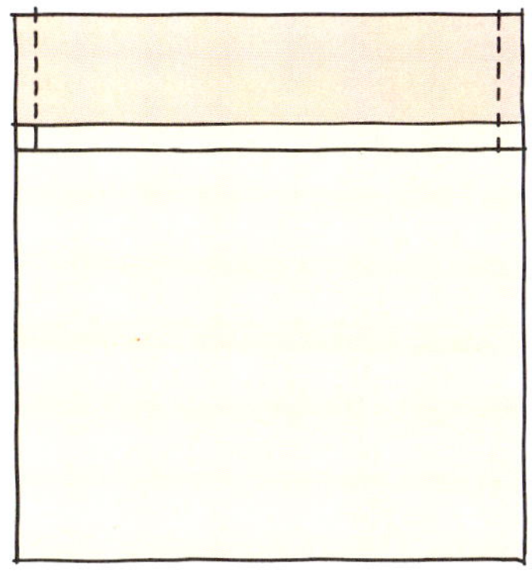

2 Faites un fourreau de chaque côté.

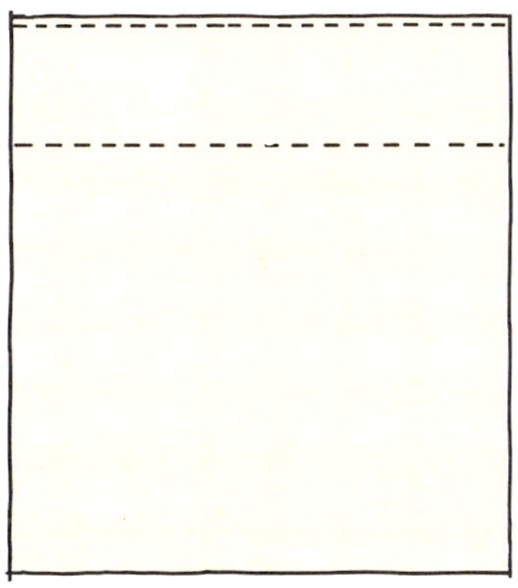

3 Retournez, piquez l'ourlet et faites une piqûre nervure au bord en haut.

4 Repassez soigneusement, pour marquer le rentré des côtés et du bas.

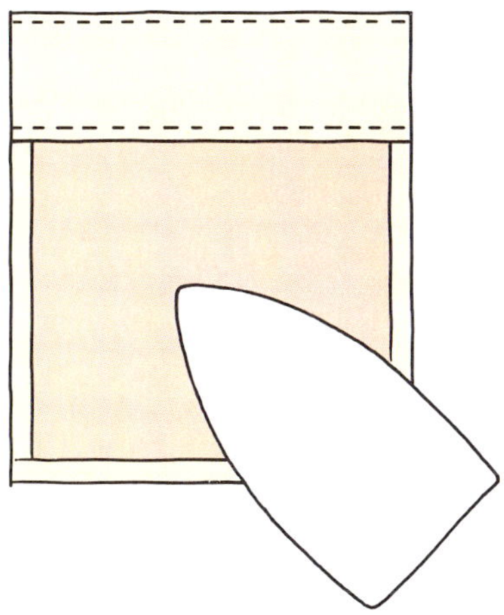

5 Les poches du haut ont un pli creux au milieu, un soufflet du côté du milieu-devant de la veste et sur le bas de la poche, d'où leur découpe particulière.

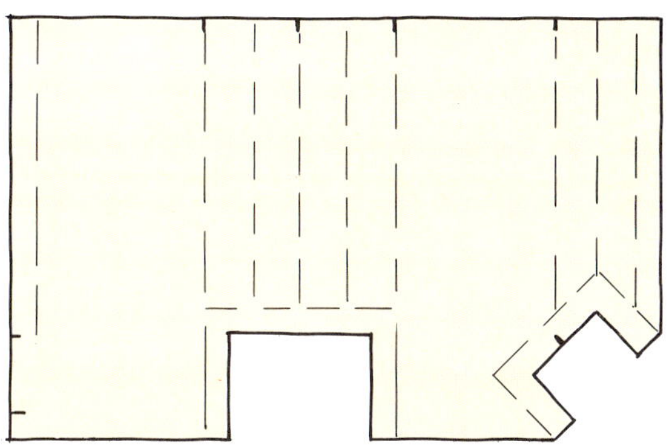

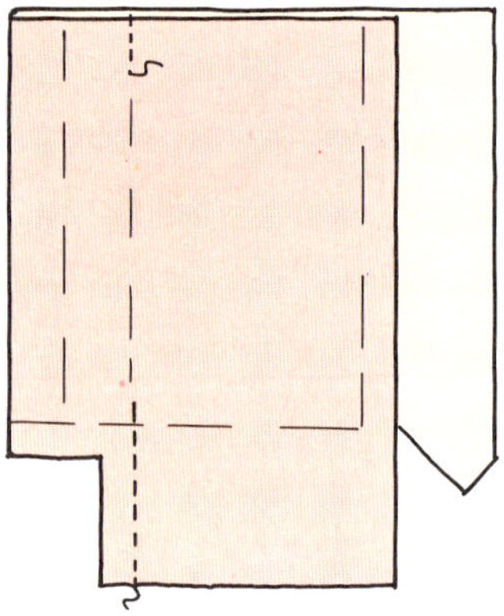

6 Pliez endroit contre endroit; piquez en haut du pli sur 1 cm et en bas sur 5 cm.

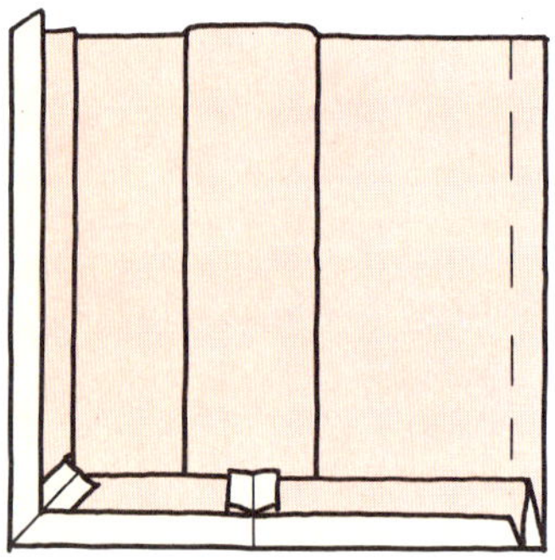

9 Repassez en superposant les plis : la ligne du creux du pli étant à 1 cm des arêtes de plis.

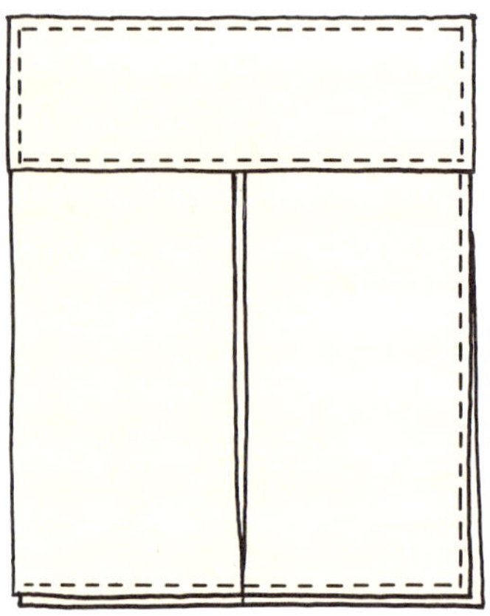

11 Retournez, rabattez nervure sur la couture de montage; piquez nervure le bord du haut du revers, et le côté et le bas de la poche sur le soufflet soulevé.
Appliquez les poches du haut sur la saharienne par une piqûre nervure, d'abord sur les fonds des soufflets, ensuite sur le côté sans soufflet. Posez les poches du bas et piquez nervure.

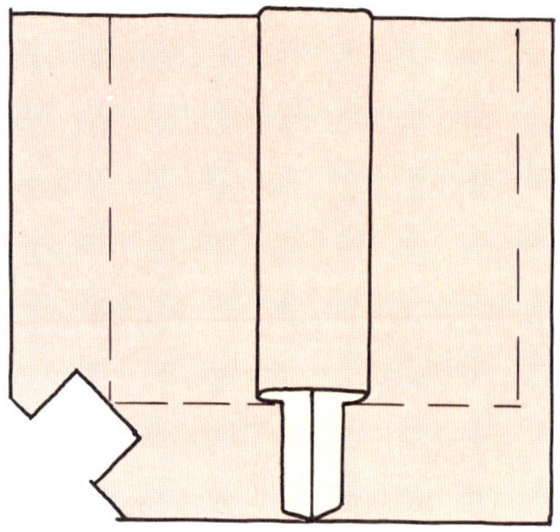

7 Ouvrez et aplatissez au fer.

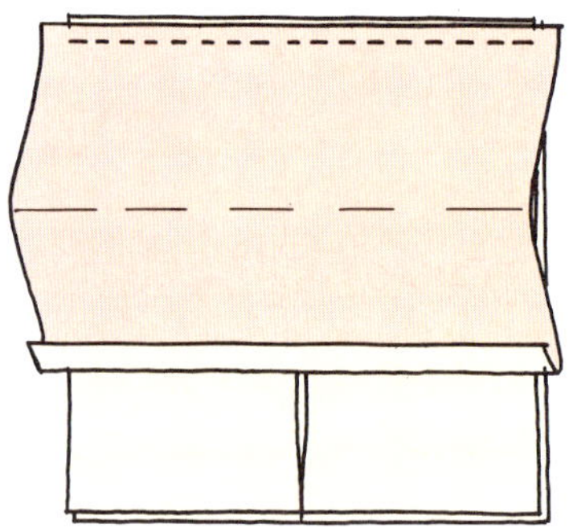

10 Posez l'endroit du revers sur l'endroit du haut de la poche. Piquez à 1 cm. Pliez le revers avec en plus un rempli; faites les fourreaux. Dégarnissez les coins.

8 Fermez les angles du bas, qui sont découpés pour faire un soufflet, par une couture de 0,5 cm. Retournez.

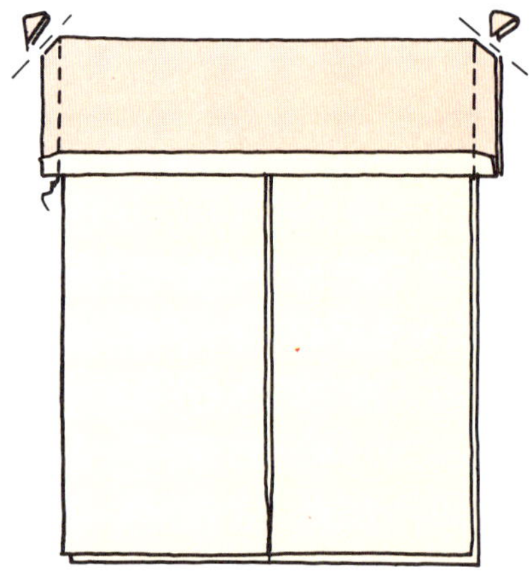

Le pli creux et le système de boutonnage du dos

1 A partir de la fente, repliez de chaque côté la parmenture tenante au cran; vous obtenez ainsi un double pli creux plus simple dans sa partie supérieure que dans la partie inférieure. Cette dernière servira au boutonnage, la précédente à la formation du pli ouvert dans le dos.

1

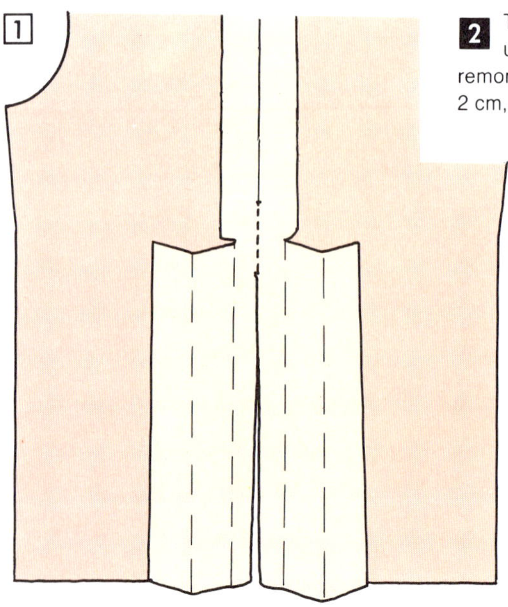

2 Tenez le pli de la partie supérieure par une piqûre de 5 cm (voir patron) en remontant du bas vers le haut, et en haut de 2 cm, piquez sur l'envers au fond du pli creux.

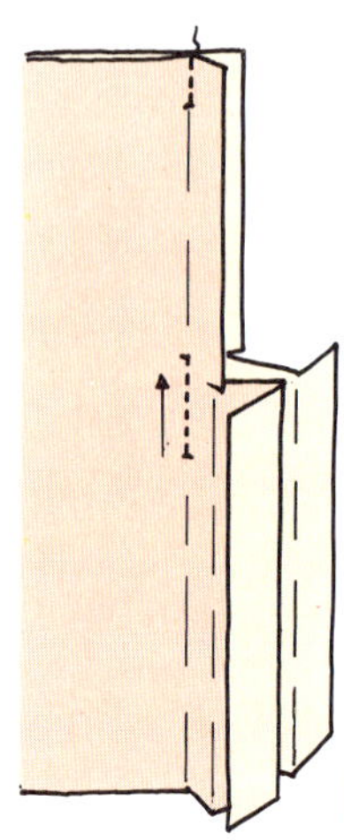

2

3 Appliquez sur l'envers le fond de pli, sur la partie supérieure du pli creux; piquez ensemble de chaque côté à 1 cm, les bords du pli et ceux du fond de pli.

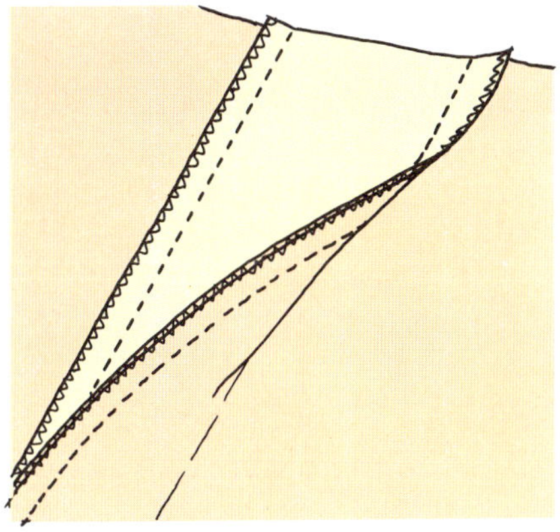

4 Sur l'envers du vêtement, repliez les éléments de la partie inférieure du pli creux. De part et d'autre de la fente, vous obtenez deux plis. Celui de droite, quand vous tenez le vêtement sur l'envers face à vous, doit venir s'imbriquer dans celui de gauche.

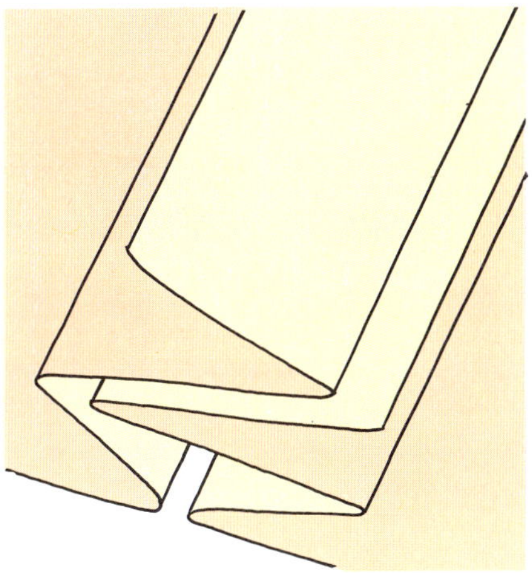

5 Maintenez par un fil de bâti les plis ainsi positionnés et piquez sur l'envers (en prenant aussi le fond de pli) par une piqûre en travers (sur un côté, puis sur l'autre).

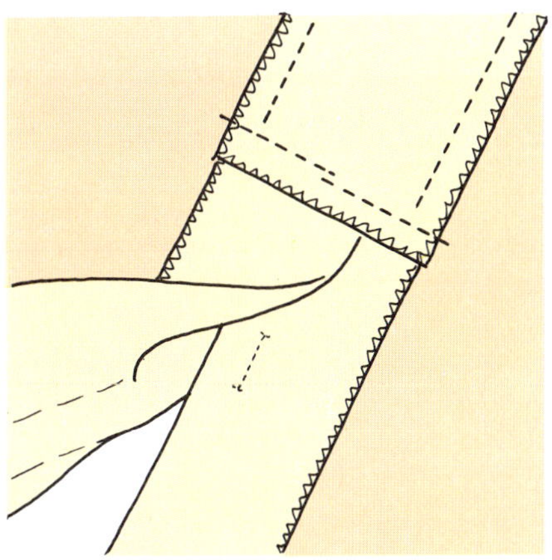

Pour la fermeture, procédez comme il est indiqué p. 206. Mais, ne piquez pas la patte et sous-patte jusqu'en bas, arrêtez-vous à une dizaine de centimètres.
Montez le double empiècement (voir p. 140).

Le col

1 Positionnez le dessus du col sur le dessous, endroit contre endroit, en raccordant les crans. Coulissez à 0,75 cm, dégarnissez les coins; retournez, repassez soigneusement.

2 Posez et bâtissez le dessous du col endroit contre endroit sur l'empiècement en partant du milieu de la gorge. Piquez. Rabattez ensuite le dessus du col sur l'intérieur du vêtement par une piqûre nervure que vous continuerez sur le tour du col.

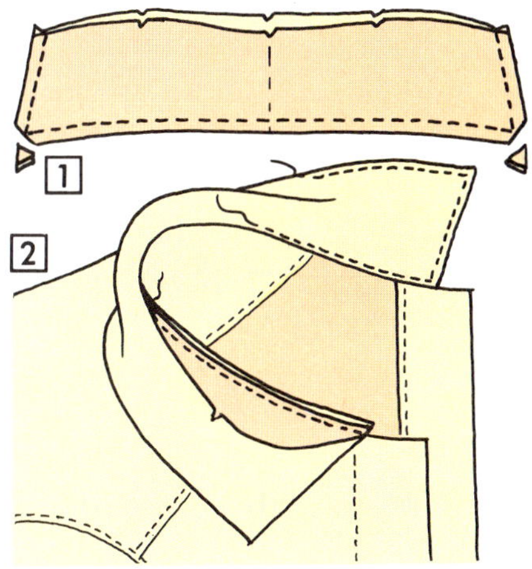

Montez les manches à plat (voir p. 141). Fermez les coutures des côtés et des manches en débutant par le bas de la manche jusqu'en bas de la veste. Surfilez coutures ouvertes. Ourlez le bas des manches.

Finitions du bas des ouvertures de devant et du dos

Pour le côté gauche du devant, retournez votre pli sur l'envers. Piquez en fourreau à la hauteur de la ligne de pliure de l'ourlet. Retournez. Procédez de la même façon pour les deux côtés de l'ouverture-dos.

1 Pour le côté droit. Retournez votre pli sur l'envers. Piquez sur le fond de pli à partir de la ligne de pliure de l'ourlet en remontant sur 3,5 cm.

2 Toujours sur l'envers, rabattez la sous-patte sur la gauche et piquez le long de la ligne de pliure de l'ourlet. Dégarnissez. Retournez. Faites l'ourlet de 2,5 cm avec un rentré de 1 cm piqué nervure. Reprenez et terminez les piqûres nervure des pattes et sous-pattes de boutonnage.

Posez les passants sur les coutures de côté de la taille (voir p. 95).

Brodez une boutonnière horizontale de 2 cm sur la gorge à 1 cm du haut et à 1,5 cm du bord, les quatre autres sous la gorge seront verticales, la première à 12 cm de la pointe, les autres espacées de 10 cm. Dans le dos, brodez 4 boutonnières, la première à 8,5 cm du bas de la veste, les autres espacées de 6 cm. Posez les boutons.

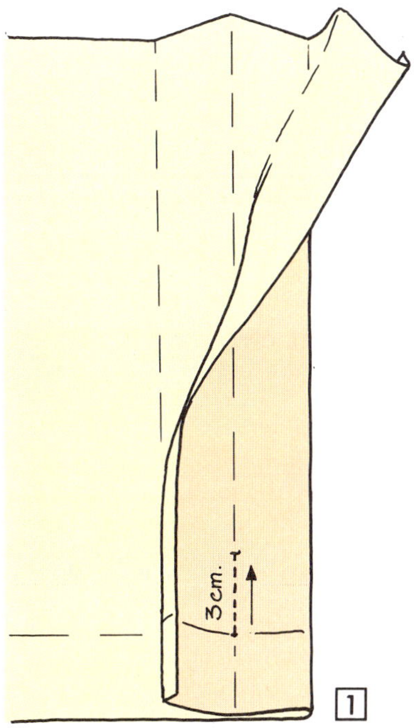

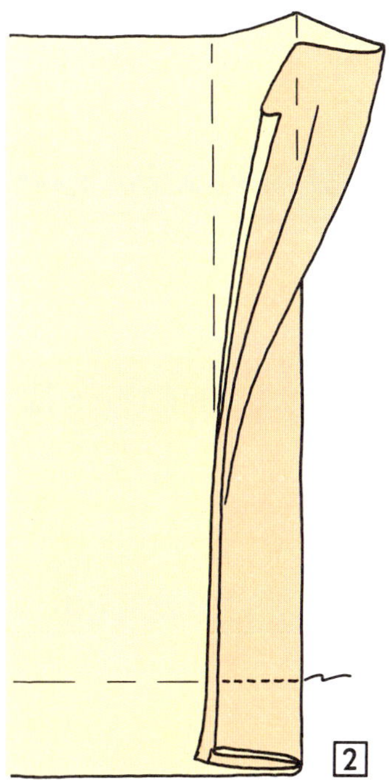

Robe d'après-midi

Voilà une robe toute de douceur et de charme que vous porterez aussi bien à la ville qu'à la campagne, au gré de votre humeur. Choisissez un tissu léger pour conserver cette fluidité et cette souplesse qui lui confèrent un aspect vaporeux. Le col marin et les plis à la taille, qui accentuent son côté ingénu, l'ouverture croisée devant, les finitions soignées ne présentent pas de complications insurmontables; toutefois, la légèreté même du tissu les rend plus difficiles et plus longs à réaliser.

FOURNITURES

- Voile de coton ou sahara ou toile de soie : 2,90 m en 140 pour toutes les tailles.
- 6 boutons de 18 mm de diamètre.

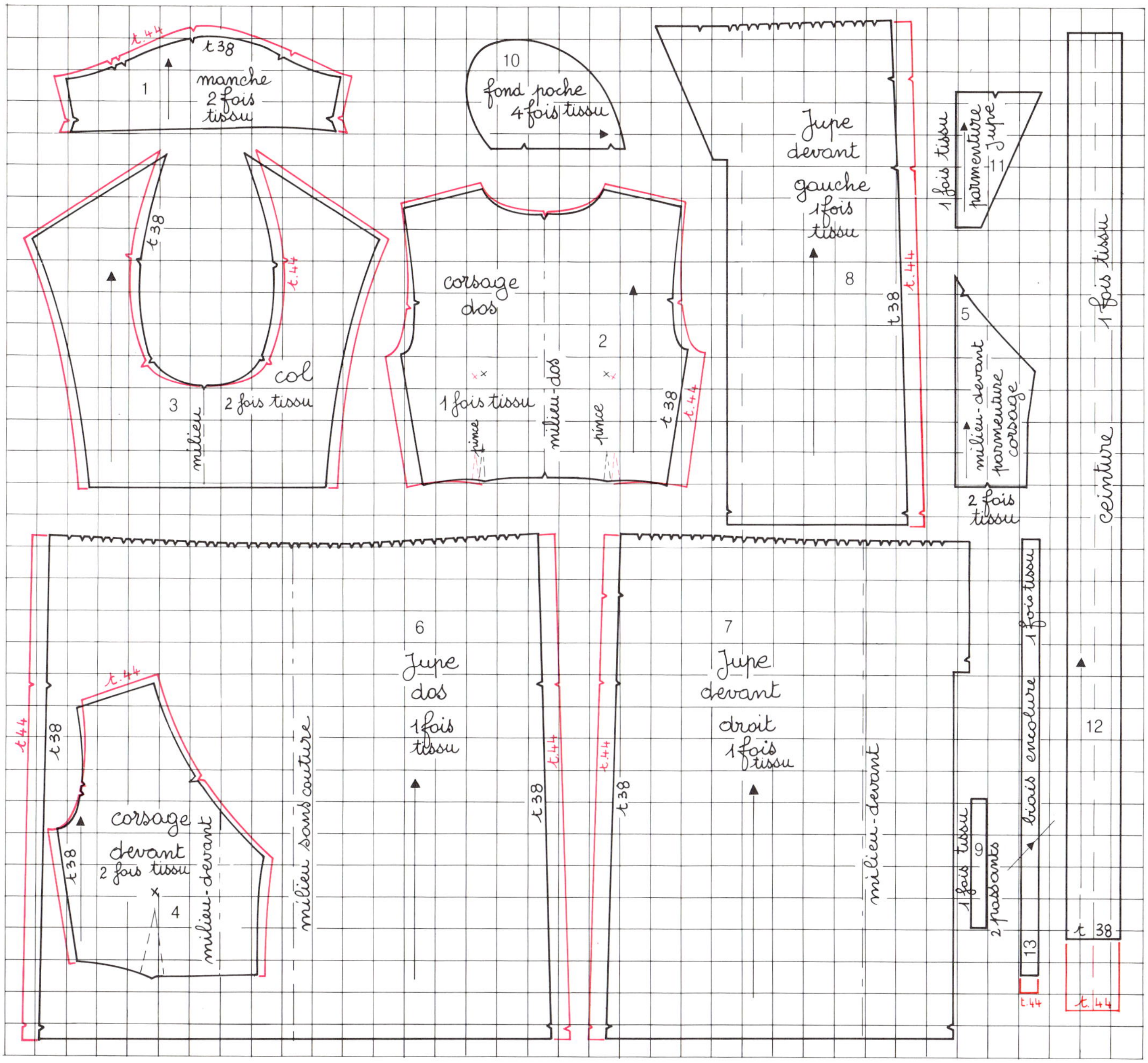

Le patron

Le plan de coupe

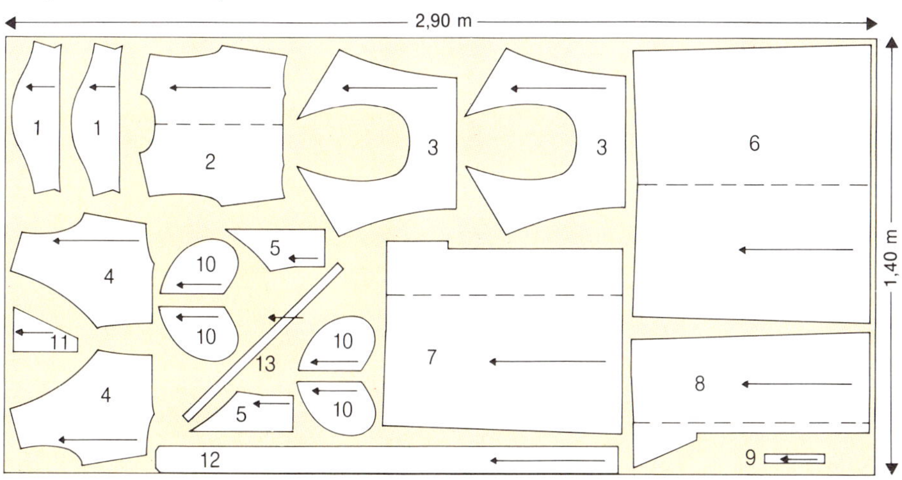

Valeur des coutures

Encolure, col : 0,75 cm; autres coutures : 1 cm; ourlet : 2 cm

La coupe

Attention de bien positionner le biais d'encolure sur le tissu.

Préparation

Exécutez la ceinture : pliez-la en deux, endroit contre endroit. Faites un fourreau en laissant un espace de 3 cm ouvert sur le milieu du grand côté. Retournez. Surpiquez nervure tout autour (voir p. 83). Faites les passants (voir p. 95).

Bâtissez et piquez les pinces du devant et du dos du corsage. Assemblez les coutures d'épaules et surfilez en double. Surfilez les parmentures séparées du corsage et de la jupe sur la grande base et la petite parmenture tenante de la jupe.

Le col

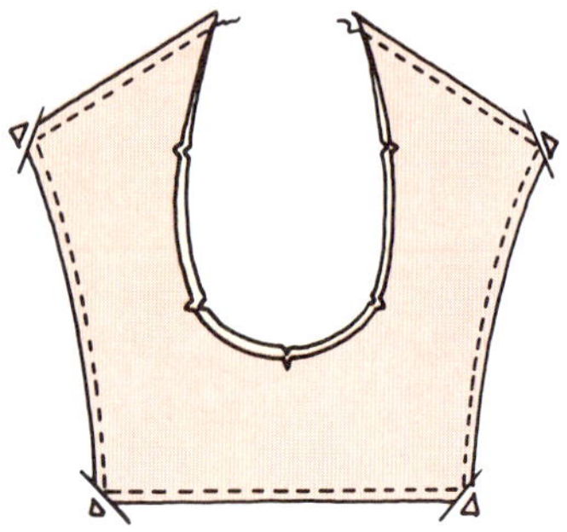

1 Bâtissez, endroit contre endroit, les deux morceaux de col sur cinq côtés; laissez ouvert le côté de l'encolure qui est arrondi; piquez régulièrement, dégarnissez les coins. Retournez, repassez et surpiquez nervure.

2 Posez le col sur l'encolure en veillant bien à ce que le milieu du col et le milieu du dos soient raccordés, et que les extrémités du col arrivent au ras des bords des devants; bâtissez.

3 Positionnez les parmentures exactement sur les devants, endroit contre endroit, le petit décroché de la parmenture s'appliquant sur le col.
Pliez en deux le biais d'encolure, envers contre envers, dans le sens de la longueur. Placez-le sur le bâti de l'encolure, en partant de la parmenture (2 à 3 cm avant la pointe du haut). Bâtissez le tout. Piquez d'un bout à l'autre parmenture, biais d'encolure, parmenture. Dégarnissez les coins des parmentures pour éviter les épaisseurs.

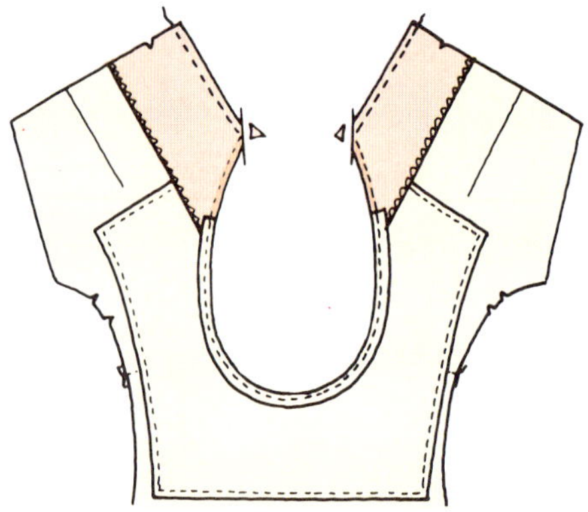

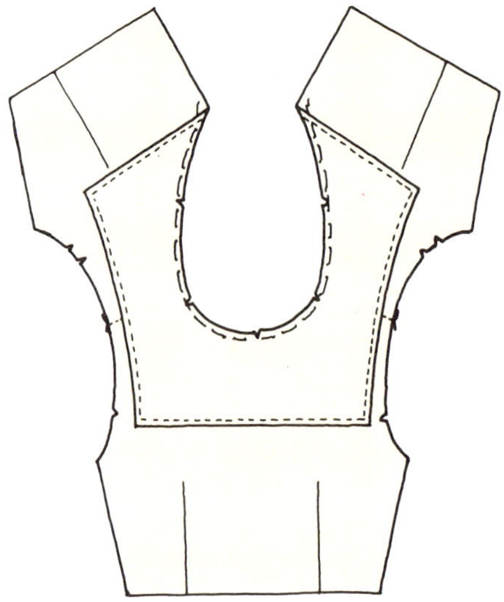

4 Retournez les parmentures. Rabattez le biais par une surpiqûre que vous ferez à 0,5 cm de la couture de montage, en démarrant et terminant sur le surfil des parmentures.

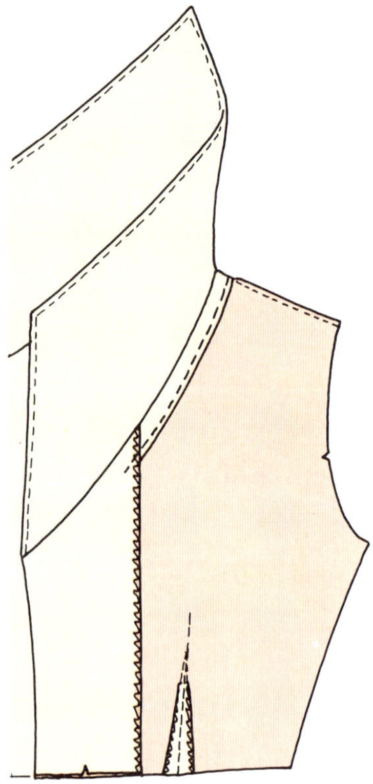

Assemblage du corsage

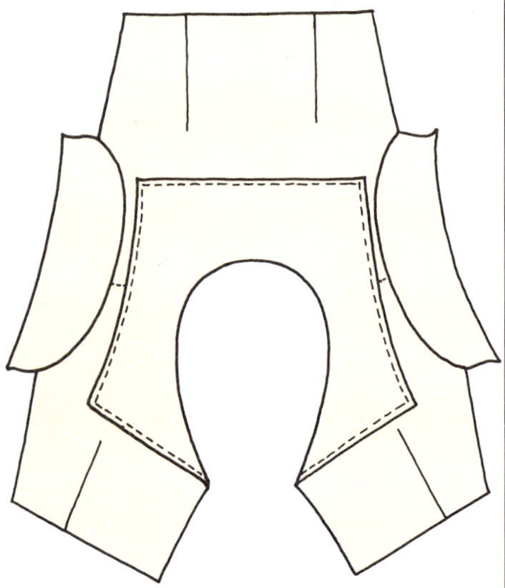

1 Montez les manches à plat; vérifiez que le cran du milieu de la manche en haut se raccorde bien à la couture d'épaule.

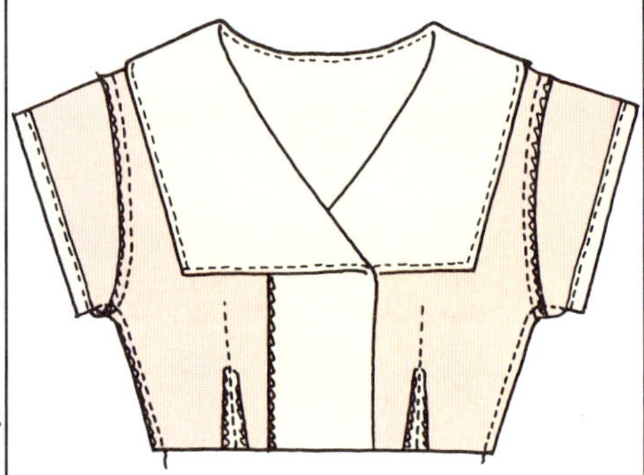

2 Fermez les coutures de côté du corsage et les coutures de manche : partez du bas du corsage jusqu'au bas des manches, en prenant soin de raccorder l'une à l'autre les extrémités des coutures d'emmanchure.
Faites l'ourlet du bas des manches. Pour cela, repliez deux fois 1 cm, puis piquez nervure au bord du rempli.

La parmenture du corsage retournée sur l'endroit. Grâce au fourreau, la couture est très nette.

Assemblage de la jupe

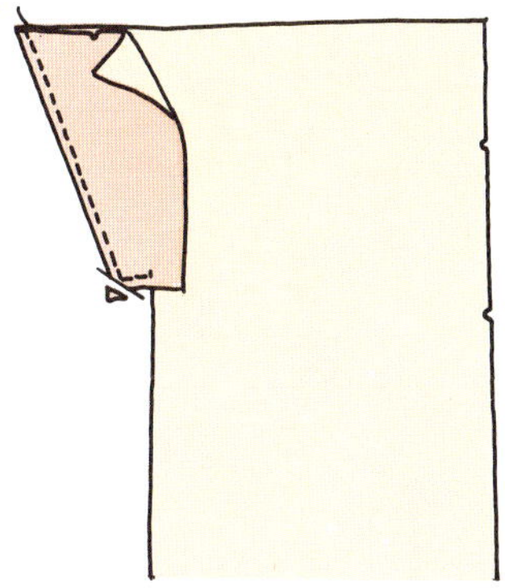

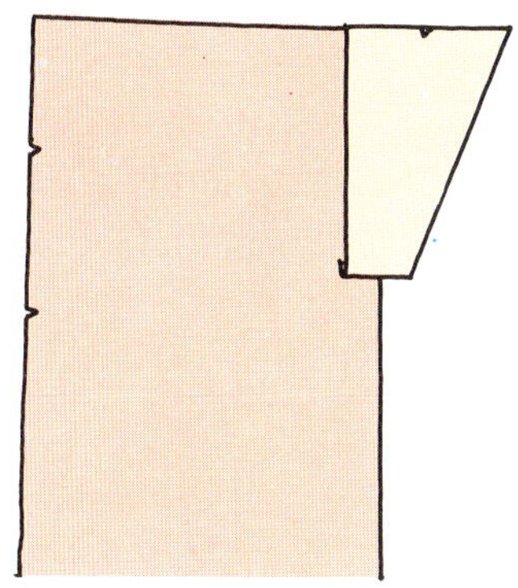

1 Sur le grand côté, c'est-à-dire le côté droit, repliez la parmenture au cran envers contre envers.

2 Sur le côté gauche du devant, positionnez en raccordant les crans la parmenture coupée à part sur la parmenture tenante, endroit contre endroit. Piquez à 1 cm sur la grande longueur et le bas. Dégarnissez le coin; retournez.

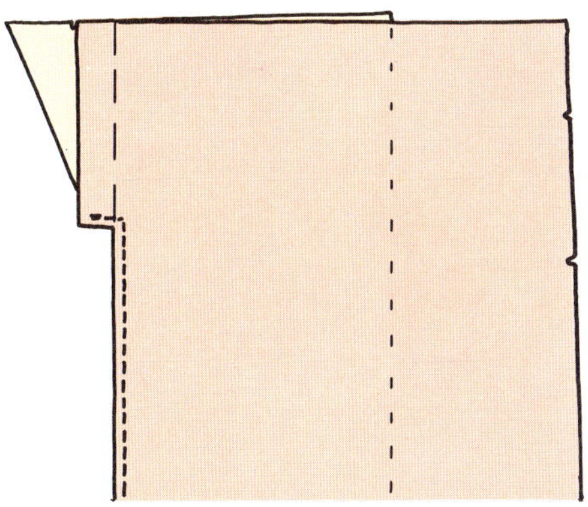

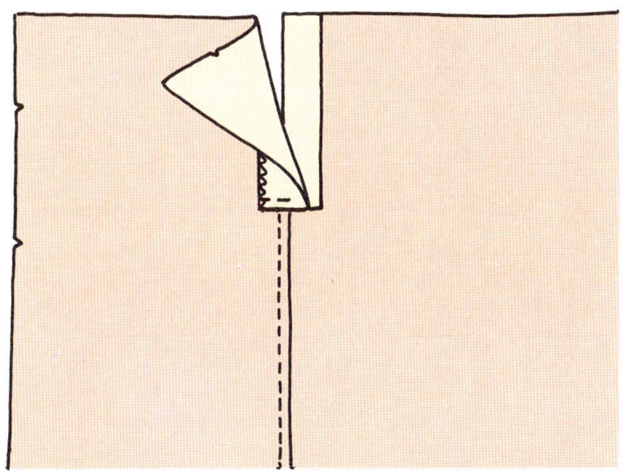

3 Posez endroit contre endroit le devant droit et le devant gauche, de telle sorte que le cran du haut de la parmenture du côté droit se raccorde au coin du haut de la parmenture du côté gauche. Piquez la couture du milieu devant jusqu'au bas de la fente.

Posez les poches dans les coutures de côté sur le devant de la jupe (voir p. 151).
Assemblez le dos au devant par les coutures de côté.

Assemblage du corsage et de la jupe

1 Épinglez et bâtissez les plis de la taille suivant les crans, tous les plis sont tournés vers la gauche du devant et continuent dans le dos dans le même sens; les coutures de côté sont au fond d'un pli.

2 Montez la taille en plaçant les bords de la jupe juste aux bords du corsage des deux côtés, ramenez les parmentures du haut sur la couture de montage endroit contre endroit, bâtissez, piquez à 1 cm; retournez les parmentures; la couture de taille est ainsi prise en fourreau (voir photo).

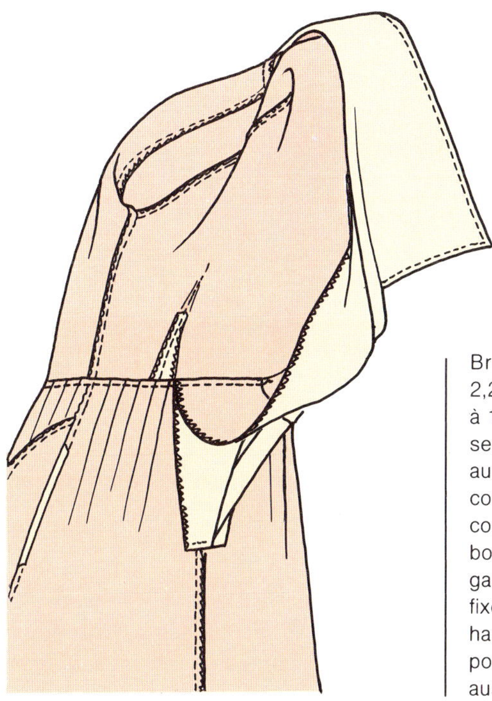

Repliez deux fois 1 cm au bas de la jupe pour faire l'ourlet; piquez nervure.

Surfilez toutes les coutures en double.

Posez les passants sur les coutures de côté à 2 cm au-dessus et 2 cm au-dessous de la couture de la taille (voir p. 95).

Brodez 2 boutonnières horizontales de 2,2 cm de long sur le devant droit du corsage à 1 cm du bord : la première au ras du col, la seconde 12 cm plus bas. Brodez-en deux autres identiques sur le devant gauche du corsage à 1 cm du bord, la première au ras du col, la seconde au ras de la taille. Posez les boutons : 2 sur le devant droit, 2 sur le devant gauche. Puis, sur l'envers du devant droit, fixez un bouton de maintien sous le bouton du haut, un autre au ras de la ceinture (correspondant à la boutonnière du côté gauche aussi au ras de la ceinture).

Blouse et jupe surprise

Ce chemisier, que vous aimerez pour sa légèreté, sera réalisé en crêpe, en voile de coton à pois (comme ici), uni ou fantaisie. Vous le porterez au printemps avec cette jupe droite, ouverte devant, qui s'agrémente d'un tablier plissé noué dans le dos; idée astucieuse qui vous permet d'avoir ainsi deux tenues différentes. Les poches passepoilées sont la seule difficulté de ce modèle pour lequel vous choisirez un lainage fin; vous aurez ainsi des plis qui tiendront bien.

FOURNITURES

Chemisier

- Voile : 1,65 m en 140; crêpe : 2,10 m en 110; pour toutes les tailles.
- 8 boutons en nacre de 11 mm de diamètre.

Jupe

- Gabardine de laine, flanelle : 2,50 m en 140 pour toutes les tailles.
- Thermocollant : 0,10 m en 80.
- 6 boutons de 18 mm de diamètre.

La blouse

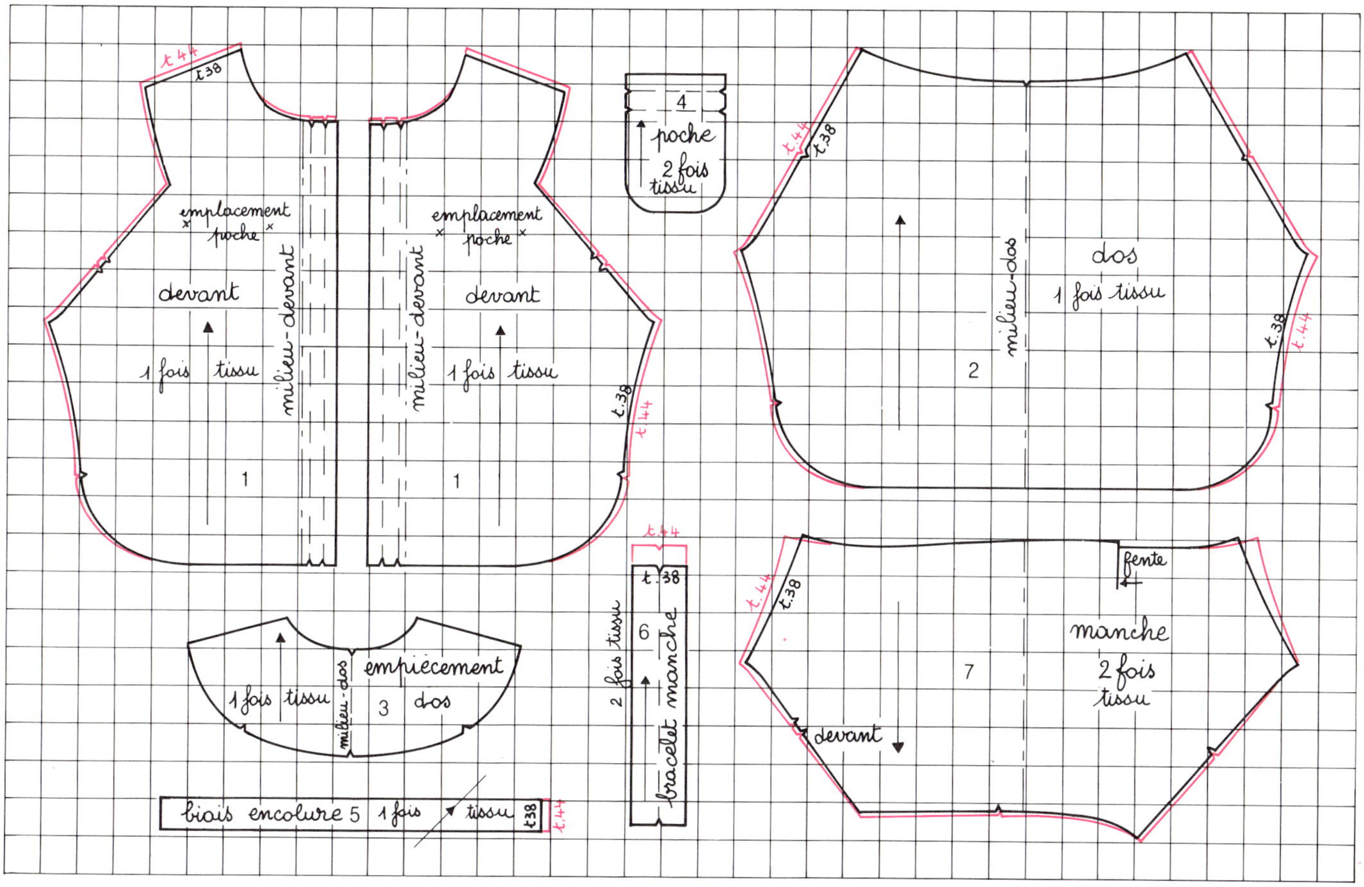

Le plan de coupe

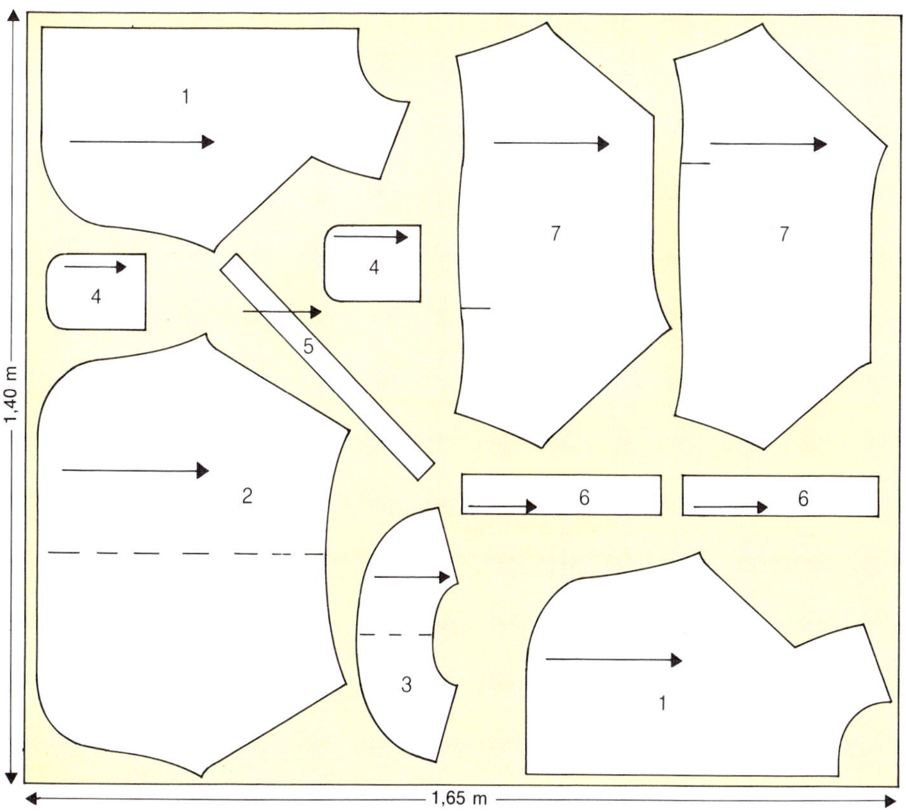

Le patron

Valeur des coutures
Épaules, côté des manches : 1 cm; encolure, poche, empiècement emmanchure : 0,75 cm; poignet : 0,5 cm.

Le patron
Étant donné l'ampleur de cette blouse, le patron en 38 est valable pour la taille 40, de même que le 44 est valable pour le 42.

La coupe
Attention à la coupe du biais, positionnez bien la ligne droit fil de cette pièce sur le tissu.

Préparation
Préparez les manches en suivant les explications de la page 132, mais au lieu de faire des plis dans le montage des poignets, qui ici ne sont pas arrondis, faites des fronces bien égalisées en passant 2 fils de fronces.

Les poches

En haut, faites un rempli double sur l'envers aux crans. Piquez nervure sur la longueur. Sur les côtés et le bas, faites un rempli en soignant l'arrondi (voir p. 132). Posez les poches sur les devants (emplacement indiqué sur le patron), bâtissez, piquez nervure.

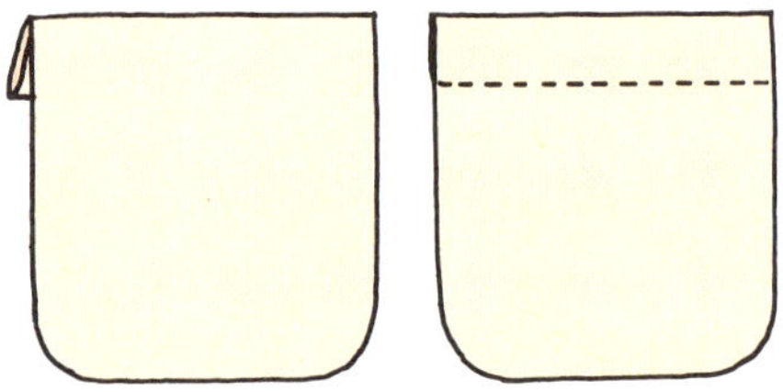

Les gorges

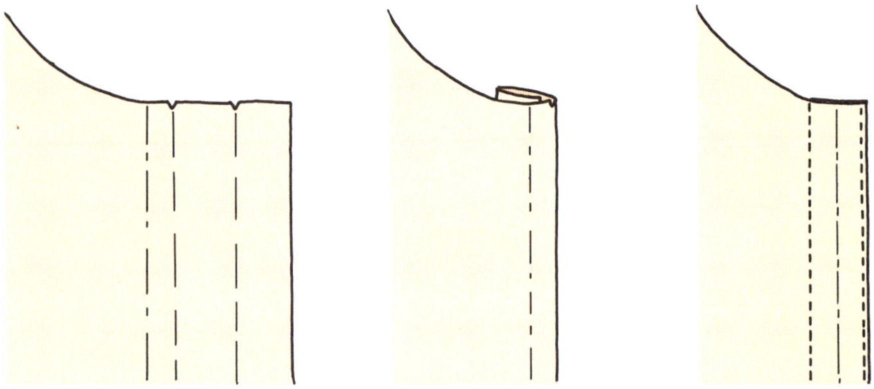

Au fer, pliez deux fois aux crans les gorges sur le devant. Piquez nervure sur les longueurs de celle du côté droit. Bâtissez celle du côté gauche pour la maintenir en place, mais ne piquez pas.

Assemblage

Posez endroit contre endroit le haut du devant et le haut de l'empiècement-dos. Bâtissez et piquez les coutures d'épaules, surfilez-les fermées; elles seront tournées vers le dos du vêtement.
Fermez les coutures des côtés dos-devant à partir du cran en haut de l'arrondi. Surfilez coutures ouvertes.

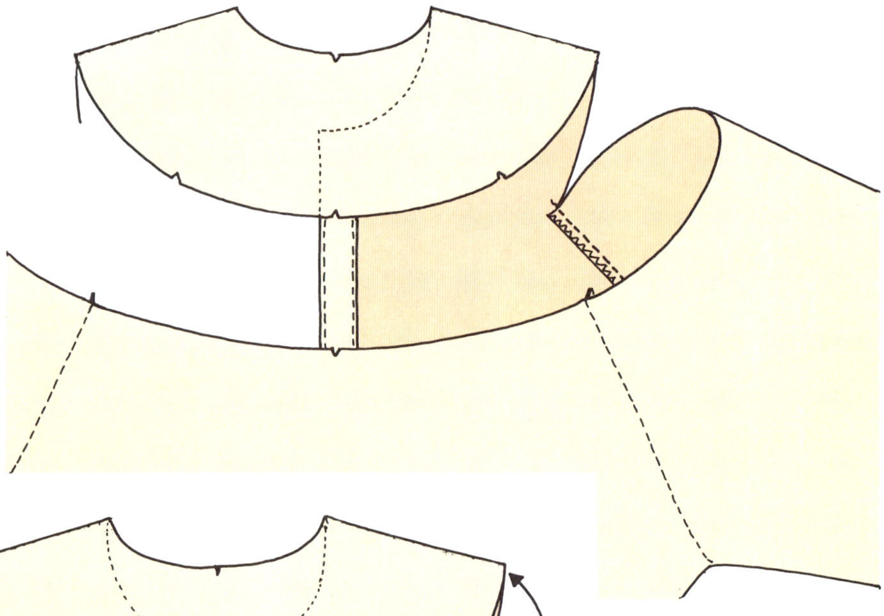

1 Montez les manches en partant de l'angle devant, en raccordant la couture de dessous de bras avec la couture de côté et en remontant jusqu'en haut de l'emmanchure-dos. Le haut des manches, qui sera à cheval sur le haut du devant et de l'empiècement, n'est pas encore monté, de même que le dos n'est pas monté sur l'empiècement.

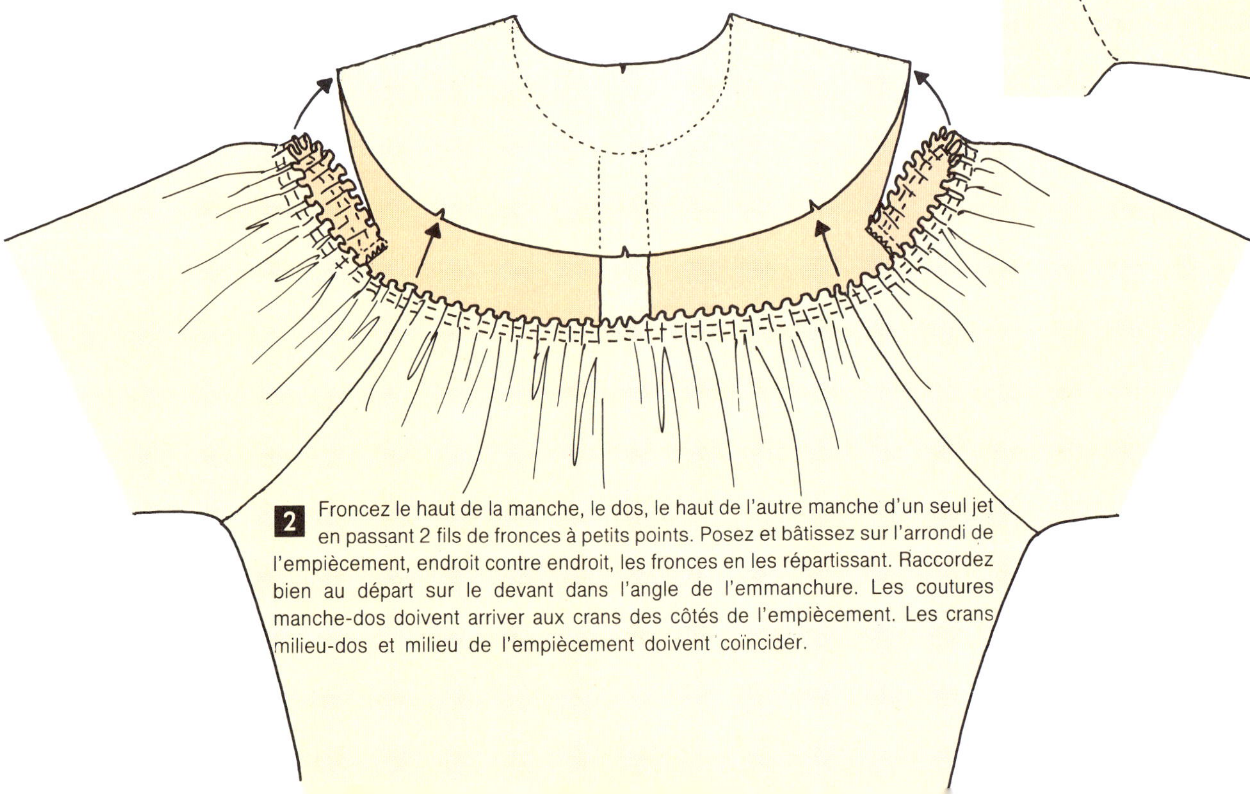

2 Froncez le haut de la manche, le dos, le haut de l'autre manche d'un seul jet en passant 2 fils de fronces à petits points. Posez et bâtissez sur l'arrondi de l'empiècement, endroit contre endroit, les fronces en les répartissant. Raccordez bien au départ sur le devant dans l'angle de l'emmanchure. Les coutures manche-dos doivent arriver aux crans des côtés de l'empiècement. Les crans milieu-dos et milieu de l'empiècement doivent coïncider.

3 Piquez entre les 2 fils de fronces. Sur l'endroit du vêtement surpiquez nervure pour cacher la couture de montage. Commencez par une manche, finissez par l'autre en partant du haut de la couture d'emmanchure dos-manche, en continuant sur la couture d'emmanchure devant-manche, en poursuivant sur le haut du devant, puis sur tout l'empiècement, enfin sur tout le tour de l'autre emmanchure en finissant en haut de la couture dos-manche.

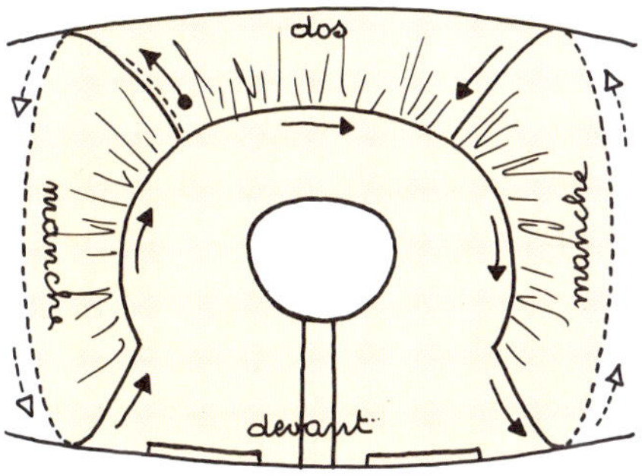

4 Pliez en deux, envers contre envers, le biais d'encolure. Placez-le endroit contre envers du vêtement. Maintenez légèrement pour ne pas déformer l'encolure. Piquez à 0,75 cm. Retournez sur l'endroit, repliez chaque bout et rabattez nervure.

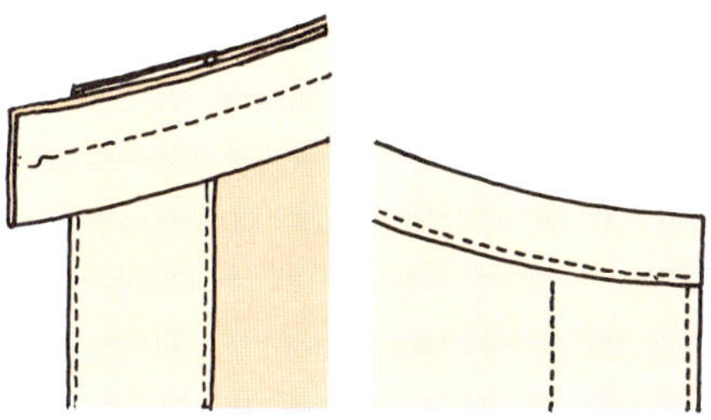

Dans le bas du chemiser, rempliez deux fois 0,5 cm; piquez ou cousez à la main à petits points.

Brodez une boutonnière horizontale de 1,5 cm de long sur chaque poignet à 0,5 cm du bord de la fente. Elle est située sur la partie du poignet la plus longue en partant de la couture de la manche. Posez les boutons. Sur le devant droit, brodez au milieu de la gorge 6 boutonnières verticales de 1,5 cm de long. La première est à 1 cm du haut, les autres sont espacées de 8,5 cm.
Sur le devant gauche, cousez les boutons, et ôtez les fils de bâti que vous aviez posés pour maintenir la gorge.

Pour piquer le voile sans problème, voir encadré p. 129.

La jupe

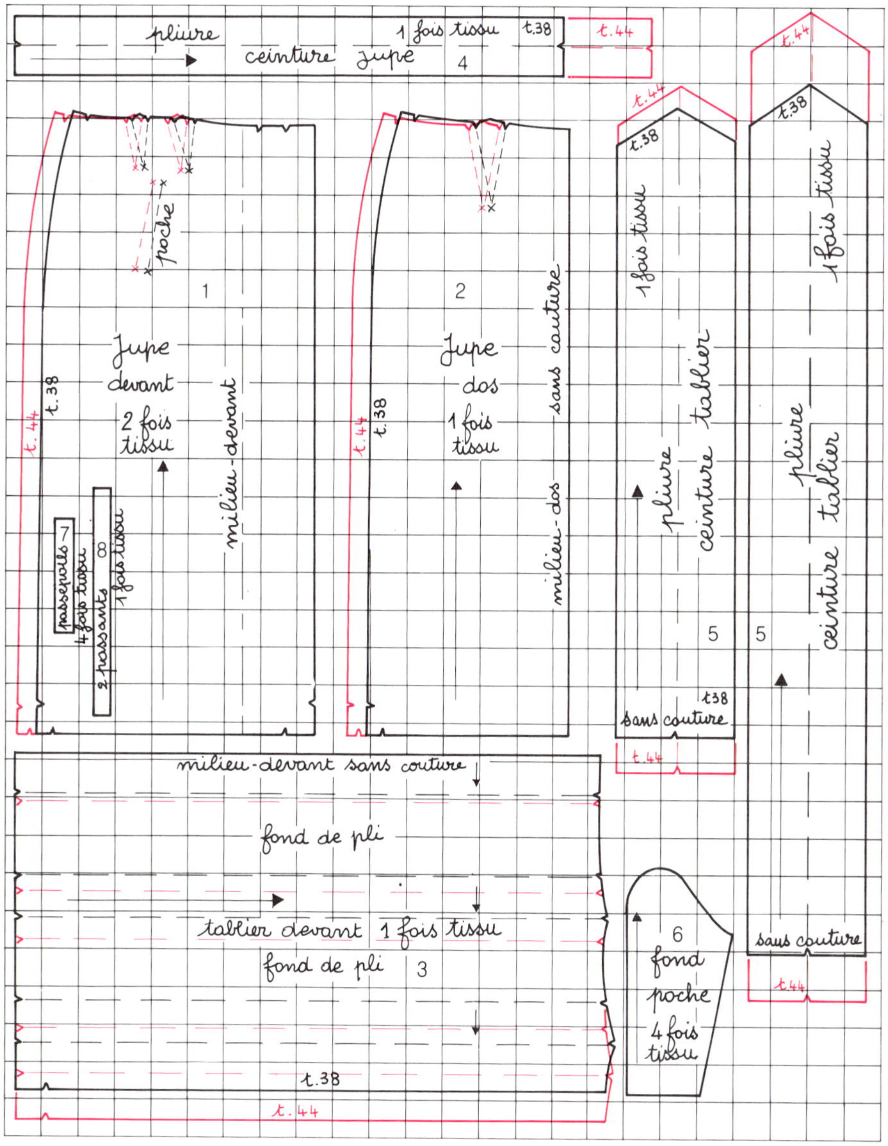

Le patron

Le patron
Nous avons représenté la ceinture en deux morceaux, pour des raisons d'encombrement. En réalité, elle n'en fait qu'un, comme indiqué sur le plan de coupe.

Valeur des coutures
Côtés : 2 cm; ceinture de la jupe, ceinture du tablier, fonds de poches : 1 cm.

Préparation
Faites les passants (voir p. 95).
Marquez les parmentures de la jupe au fer en les repliant deux fois sur elles-mêmes sur l'envers du vêtement.
Pliez les passepoils en deux, envers contre envers, dans le sens de la longueur.

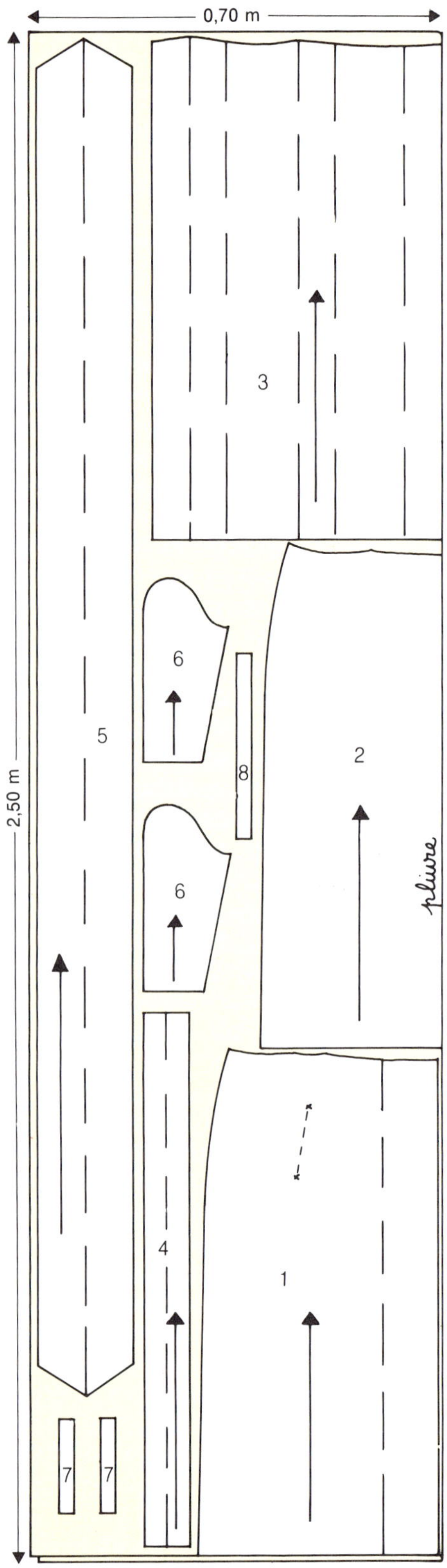

Le plan de coupe

La coupe
Elle se fait tissu plié. Il est impératif que la ligne milieu-devant du tablier et la ligne milieu-dos de la jupe soient à la pliure, car le devant du tablier et le dos de la jupe sont sans couture médiane.

Le tablier

1 Surfilez les côtés et le bas du tablier. En vous référant aux crans, tracez au fer, épinglez et bâtissez un pli rond au milieu et deux plis plats couchés vers l'extérieur de chaque côté. Marquez au fer également un rentré de 1 cm sur les parmentures (bords ramenés sous les plis des côtés). Faites un fourreau en bas du tablier le long de la pliure du rentré. Retournez. Piquez nervure sur 17,5 cm, pour appliquer les plis du milieu et piquez nervure également les deux côtés sur le repli de la parmenture. Faites l'ourlet de 4 cm à points invisibles.

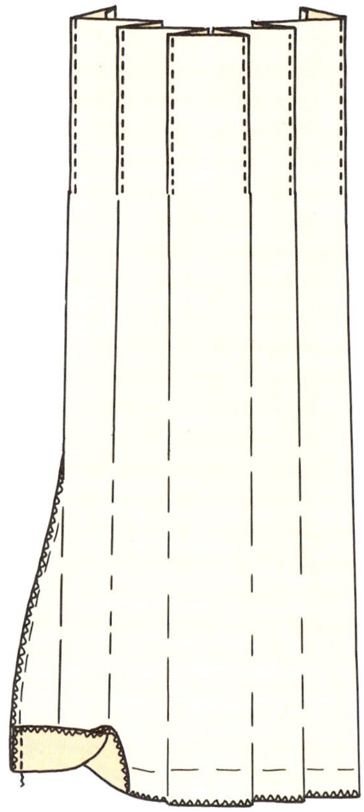

2 Pliez la ceinture en deux dans le sens de la longueur, endroit contre endroit. Faites un fourreau en laissant au centre un espace suffisant pour le montage du panneau plissé. Retournez.

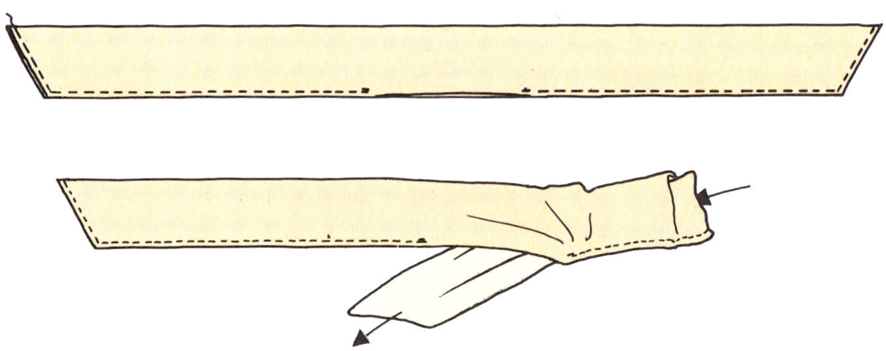

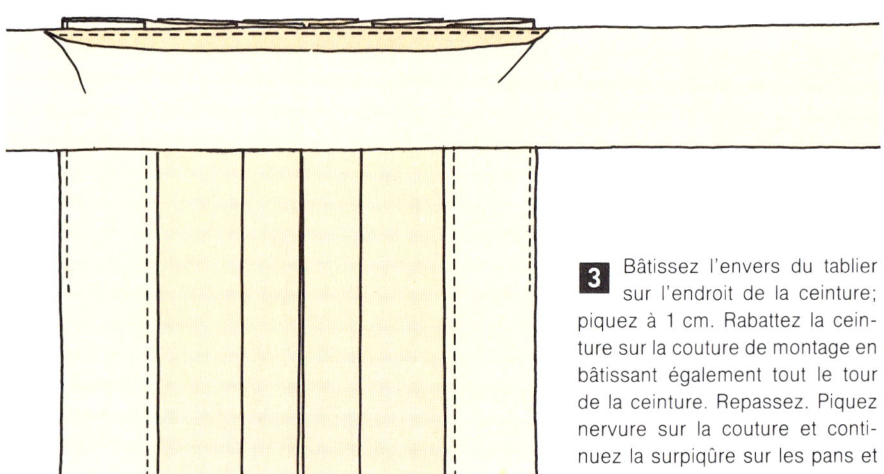

3 Bâtissez l'envers du tablier sur l'endroit de la ceinture; piquez à 1 cm. Rabattez la ceinture sur la couture de montage en bâtissant également tout le tour de la ceinture. Repassez. Piquez nervure sur la couture et continuez la surpiqûre sur les pans et sur le haut de la ceinture.

Les poches passepoilées

Elles sont montées sur la jupe à plat.

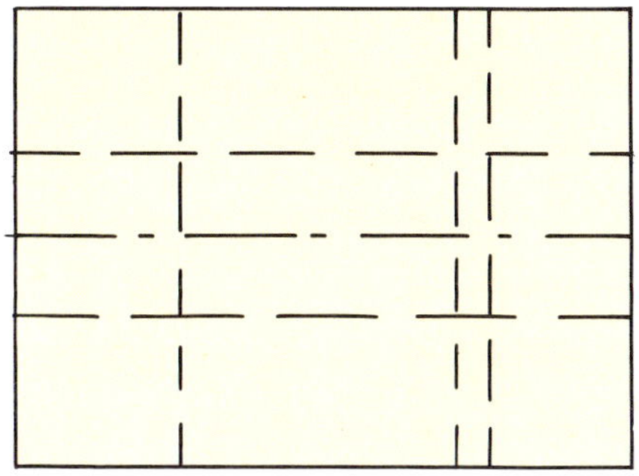

1 Sur l'endroit de la jupe, tracez avec un fil de bâti l'ouverture de la poche, en reliant les points marqués sur le patron, et la ligne de coupe.

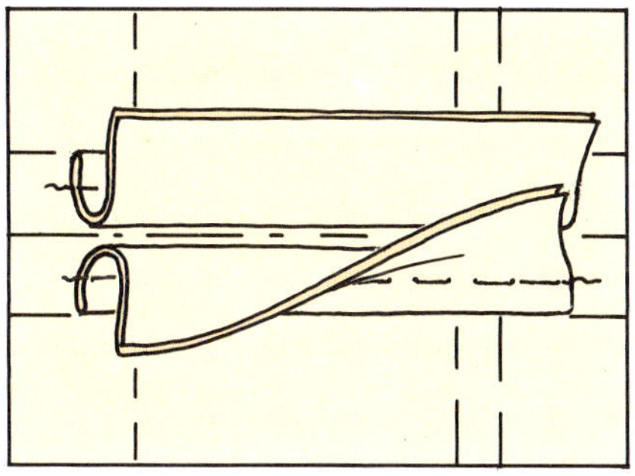

2 Endroit contre endroit, posez les pliures des passepoils sur la ligne extérieure que vous avez tracée.

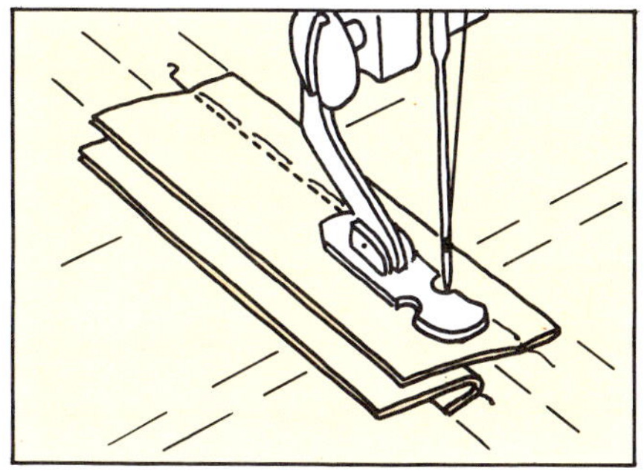

3 Bâtissez, puis cousez chaque passepoil sur la longueur, au milieu entre la ligne de coupe de la poche et le bord de la pliure de chaque passepoil.

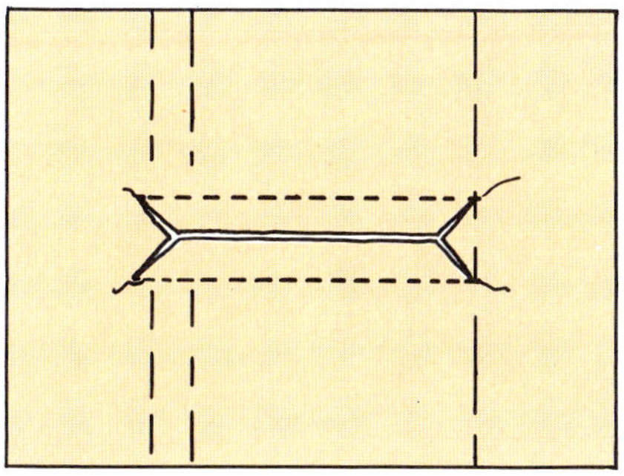

4 Écartez les passepoils et fendez le tissu le long de la ligne de coupe. Utilisez des ciseaux fins et partez du milieu de la ligne vers les bords. Ouvrez les extrémités en queue d'hirondelle.

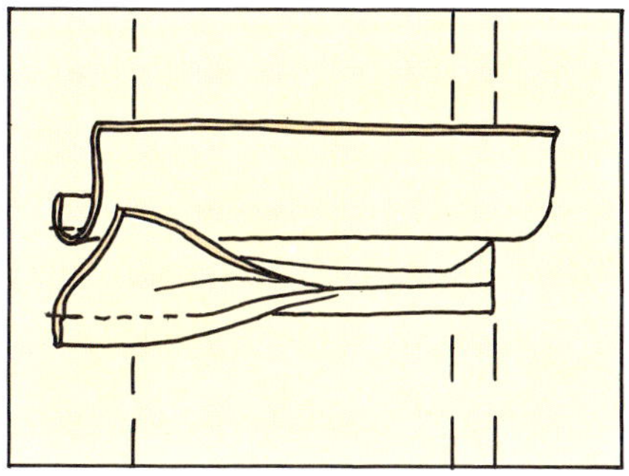

5 Rabattez les passepoils sur l'envers. Mettez les bouts triangulaires en place.

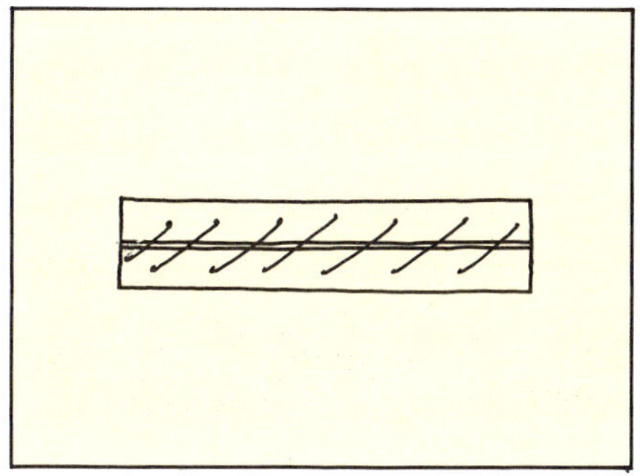

6 Sur l'endroit du vêtement, juxtaposez et bâtissez à points lancés les passepoils qui doivent être de largeur identique et combler la fente.

7 Posez d'abord un premier fond de poche endroit contre endroit sur le passepoil le plus proche du milieu-devant. Piquez dans la couture de montage du passepoil. Posez de la même façon le deuxième fond de poche. Maintenez passepoils et fonds de poches par une piqûre nervure faite sur l'endroit du vêtement au ras de la découpe de la jupe.

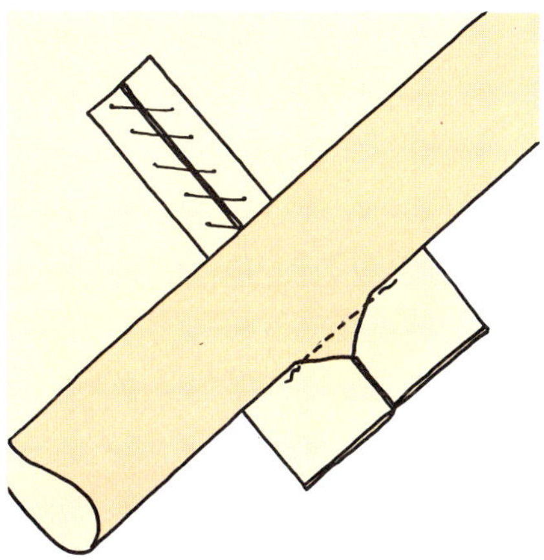

8 Pour maintenir les extrémités des fentes, piquez les bouts triangulaires sur les passepoils.

9 Fermez les fonds de poches par une couture de 1 cm.

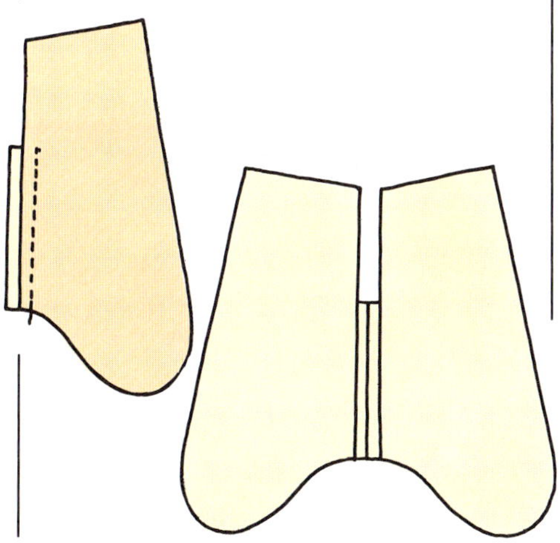

Bâtissez et piquez les pinces devant et dos. Assemblez le dos aux devants par des coutures ouvertes de 2 cm.
Montez la ceinture (voir p. 129) en positionnant le haut des poches qui est pris dans la couture de montage. Fixez les passants.
Surfilez le bas de la jupe. Faites un fourreau au bas des parmentures (voir p. 141); retournez et cousez l'ourlet à points invisibles.

Brodez 6 boutonnières de 2 cm de long, à 1 cm du bord. La première sur le côté droit de la ceinture est horizontale, la deuxième verticale est à 5 cm de la première, les autres, verticales également, sont espacées de 10 cm.
Croisez de 3 cm les devants pour placer les boutons.

Robe d'enfant sage

A la fois sage et sophistiquée, cette robe de coton ou coton et polyester plaira aux petites coquettes. Elle séduira aussi leur maman, car elle est confortable et pratique avec l'ampleur donnée par les fronces, la fermeture boutonnée dans le dos et les plis religieuses du bas, qui permettent de rallonger la jupe lorsque l'enfant grandit.
Vous réussirez les plis religieuses sans difficulté si vous les tracez au fer avant de les piquer, mais il vous faudra un peu de patience pour monter l'empiècement, qui est doublé.

FOURNITURES

- Coton imprimé ou liberty : 1,65 m en 90 pour le 6 ans; 1,45 m pour le 4 ans.
- Coton blanc : 60 cm en 90 pour le 6 ans et le 4 ans.
- 7 boutons de nacre de 10 mm de diamètre.

Le patron

Nous ne présentons qu'un demi-devant, mais le milieu-devant est sans couture.

Pour le 4 ans, comptez en moins : 9 cm de tour du bas de la jupe; 7,5 cm de longueur-dos et longueur-devant; 0,8 cm de longueur d'épaule; 1,6 cm de carrure-devant, et de carrure-dos; 2,1 cm d'encolure (fermée).

La coupe

Pour la jupe devant; une fois le traçage du demi-devant terminé, retournez le patron, la ligne milieu-devant servant d'axe pivotant.

Valeur des coutures

Côtés, épaules : 1 cm; empiècement, emmanchures, encolure, col : 0,75 cm.

Le patron

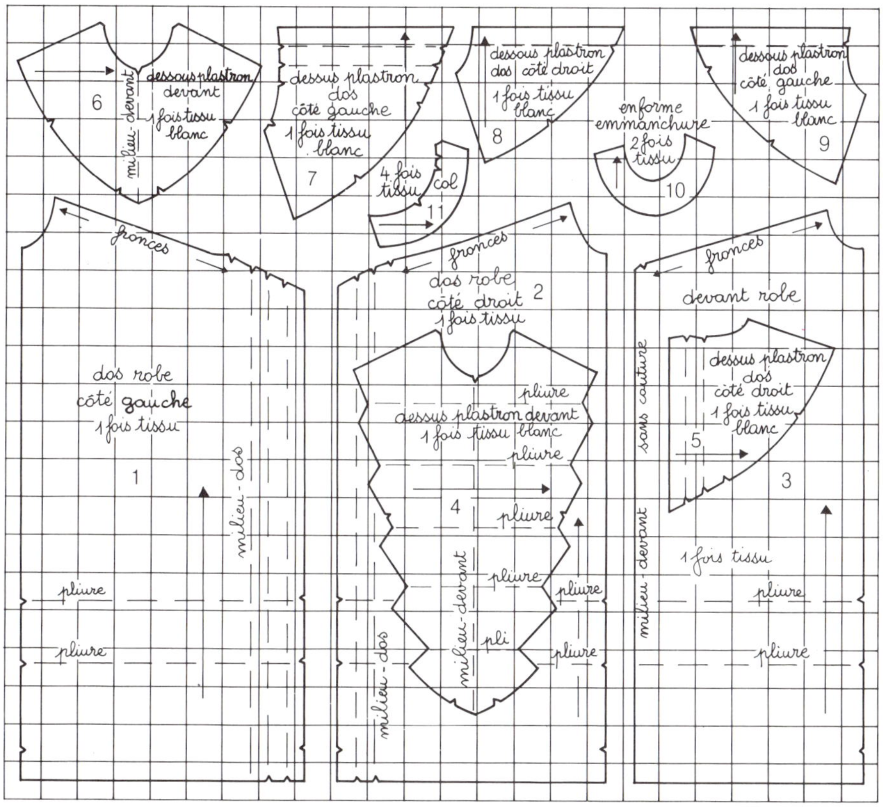

Les plans de coupe

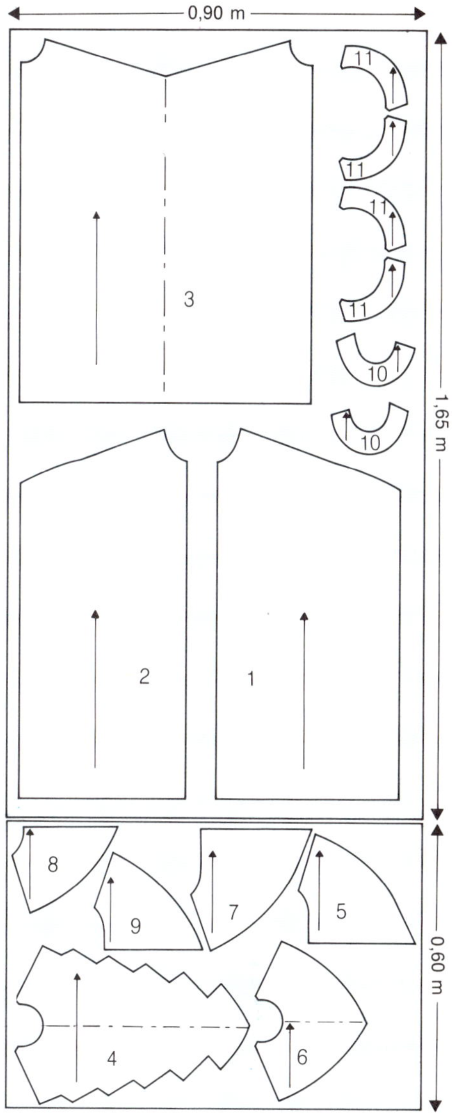

Les plis du plastron

Tracez au fer les plis du dessus du plastron-devant en partant des crans. Piquez-les régulièrement à 2,7 cm. Le pli de dessus doit venir cacher la piqûre du pli précédent. Bâtissez les plis de chaque côté pour les maintenir.

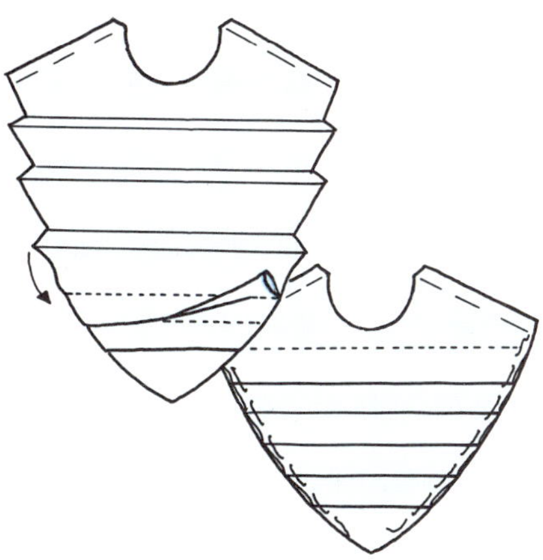

Assemblage de la jupe

Faites les coutures de côté de la robe; tracez et piquez les deux plis religieuses comme ceux du plastron.

Passez 2 fils de fronces en haut de la jupe sur le dos et sur le devant, en laissant 3 cm à plat au milieu, de chaque côté de la pointe.

Surfilez le bas des enformes des dessous d'emmanchures, puis posez-les sur la jupe endroit contre endroit. Piquez à 0,75 cm; crantez dans l'arrondi. Ensuite, retournez et surpiquez à 0,5 cm.

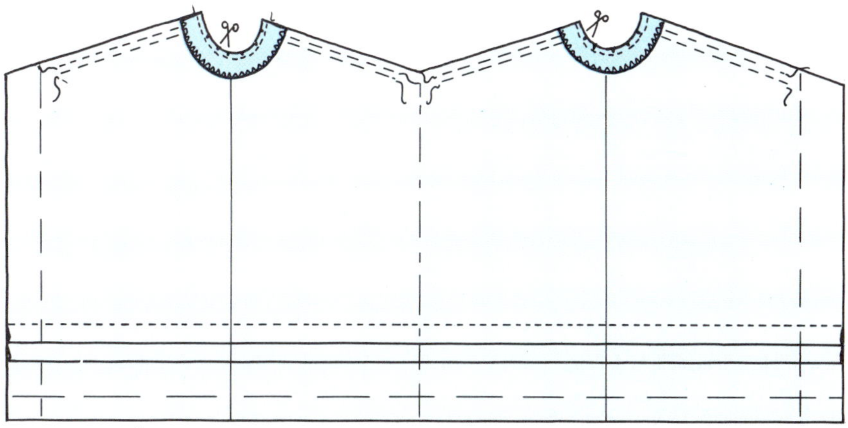

Assemblage du plastron

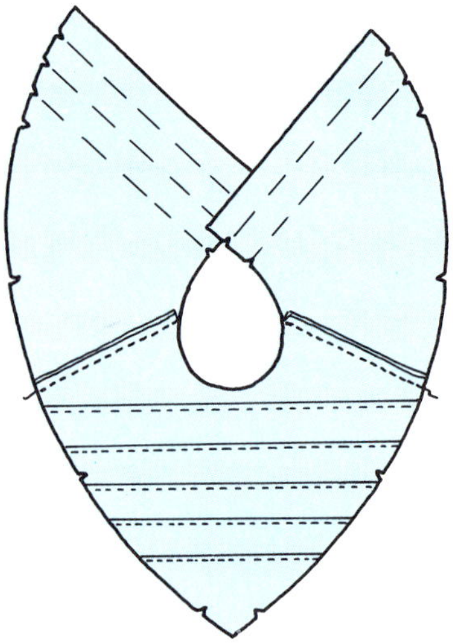

1 Assemblez les coutures d'épaules du dessus du plastron. Le grand côté du plastron-dos est monté à gauche. Repassez en couchant les coutures vers le dos.

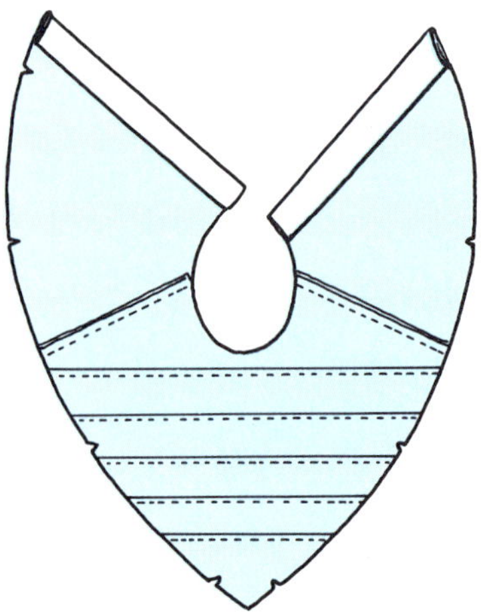

2 Marquez au fer les parmentures en les repliant deux fois sur elles-mêmes (les crans servent de repères).

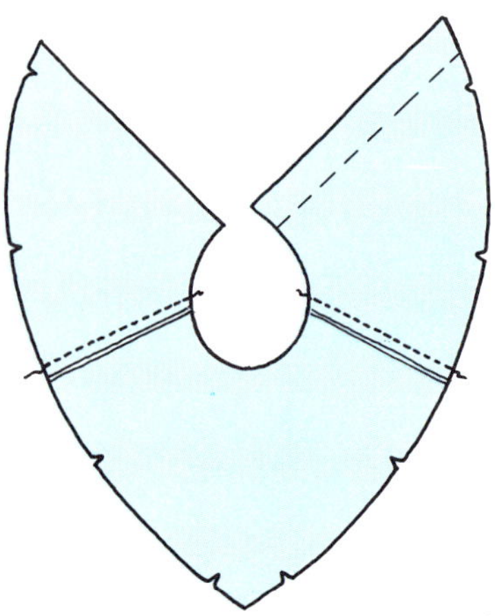

3 Faites les coutures d'épaules du dessous du plastron en plaçant le plus grand côté à droite. Repassez les coutures couchées vers le devant.

Le col

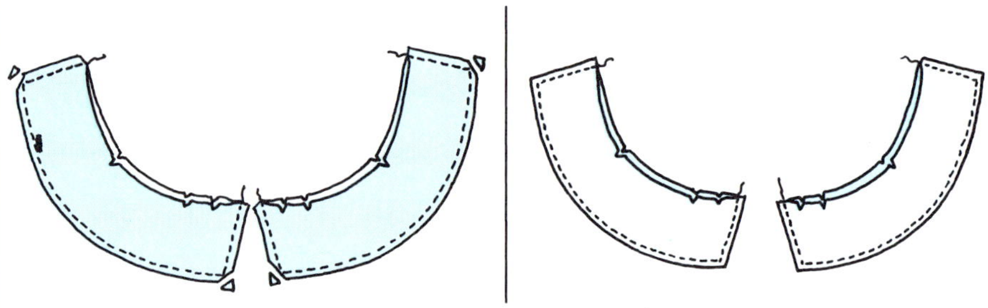

Coulissez les deux parties du col en piquant les deux bouts et le côté le plus évasé, dégagez les coins, retournez, surpiquez nervure.

Montage du col sur le plastron

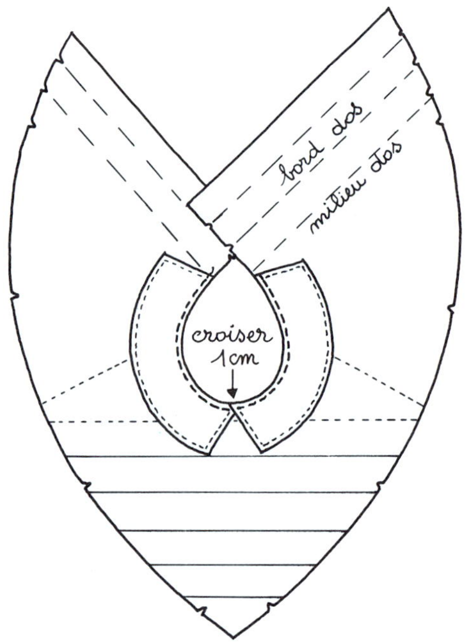

1 Positionnez le col à plat sur le dessus du plastron. Le dessous du col est posé sur l'endroit du plastron. Croisez les deux morceaux de col-devant de 1 cm et placez-les juste sur le milieu du plastron (au cran); sur le dos droit le col est fixé au départ de la ligne de pliure de la parmenture, à gauche du cran de croisage à 2,5 cm du bord.

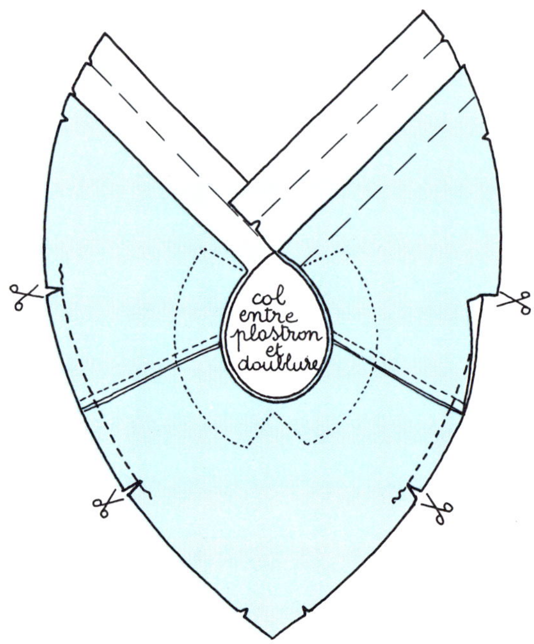

2 Placez l'endroit de la doublure sur le col, bâtissez les trois sans déformer l'encolure. Piquez à 0,75 cm. Fermez le haut des emmanchures (entre les crans de repère); crantez; retournez sur l'endroit.

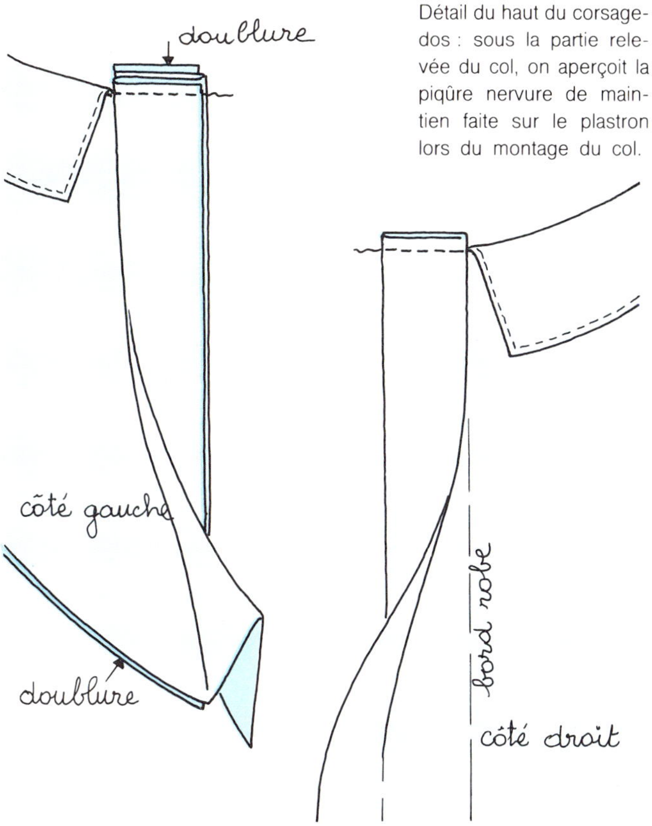

Détail du haut du corsage-dos : sous la partie relevée du col, on aperçoit la piqûre nervure de maintien faite sur le plastron lors du montage du col.

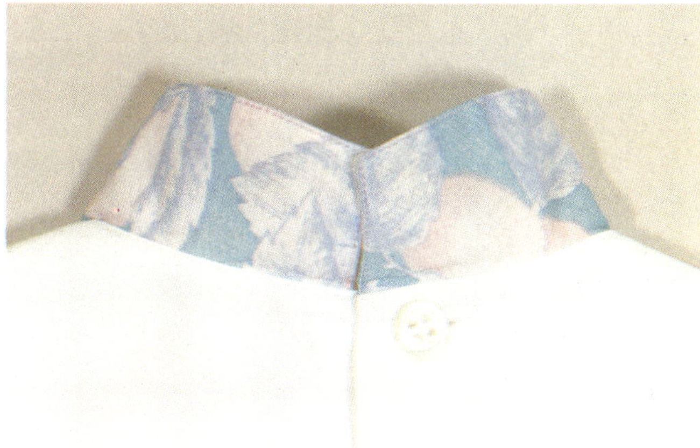

3 Faites les fourreaux en haut des parmentures. Retournez. Les bords du dessous de l'empiècement viennent se placer sous les parmentures du dessus de l'empiècement. Rabattez la parmenture de droite sur l'envers du vêtement.

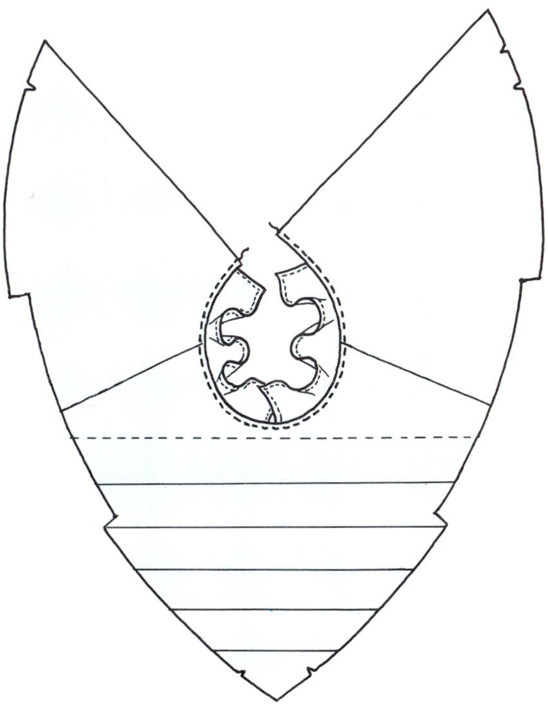

4 Mettez votre encolure à plat, et faites sur l'endroit une piqûre-nervure de maintien côté plastron sous le col, d'un bout à l'autre de l'encolure.

Assemblage du plastron et de la jupe

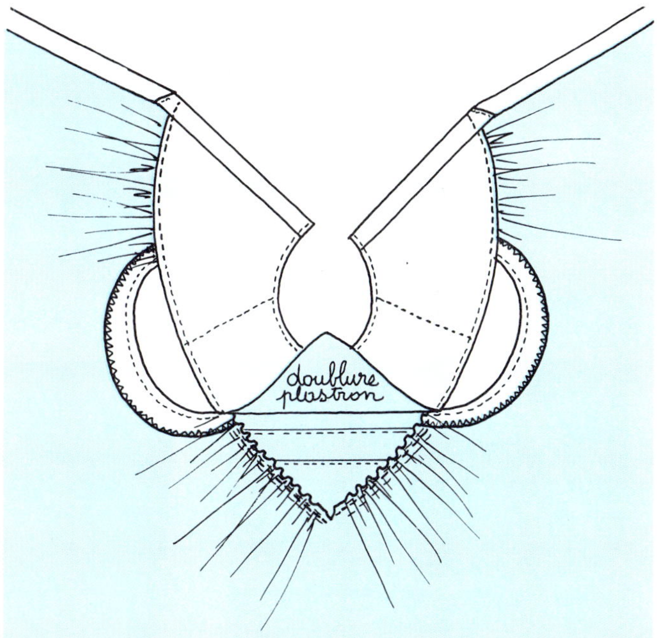

Dans le dos, montez le dessus du plastron sur la jupe endroit contre endroit, en partant du début des parmentures dans le dos jusqu'à l'emmanchure, en répartissant les fronces régulièrement. Sur le devant, placez la pointe du plastron sur le creux de la robe que vous aurez ouvert sur 0,75 cm pour avoir une pointe bien nette. Bâtissez et piquez. Rabattez le dessous du plastron sur la couture de montage. Bâtissez, puis piquez nervure sur l'endroit le bord du plastron tout autour.

Faites les fourreaux du bas de la robe de 4 cm (voir p. 141). Surfilez l'ourlet et cousez-le à petits points invisibles.

Les boutonnières, de 1,5 cm, sont horizontales sur le plastron, verticales sur la robe. Elles se font sur le côté droit du dos à 0,5 cm du haut, la première à 0,5 cm du haut du plastron sous le col, la deuxième au milieu du plastron, la troisième près de la pointe; les quatre suivantes sur la jupe sont espacées de 8 cm. Posez les boutons.

Col officier et jupe plissée

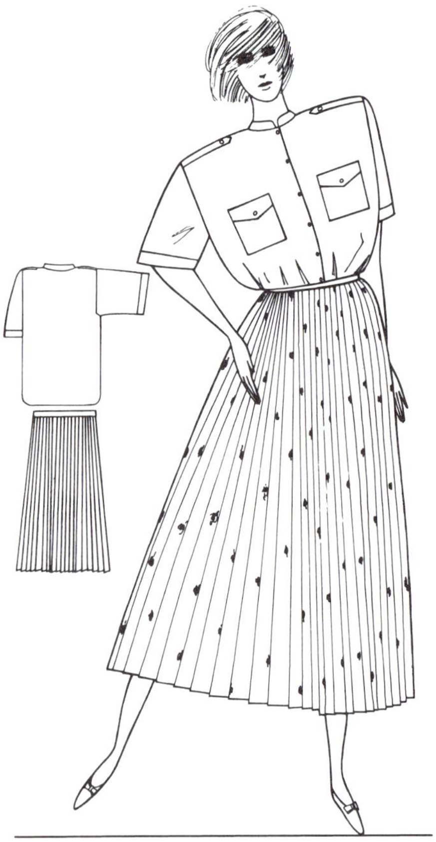

C'est le tissu (crêpe ou toile de soie, voile) qui confère à ce chemisier son chic particulier; mais si vous préférez plus de fantaisie, taillez-le dans un liberty. Si vous choisissez le crêpe ou le voile, vous aurez un peu plus de difficulté à le confectionner à cause de la texture du tissu (voir encadré, p. 129). La jupe, elle, est d'une grande simplicité, exercice idéal pour les débutantes, quel que soit le tissu dans lequel vous déciderez de la faire.

FOURNITURES

Chemisier

- Crêpe : 1,85 m en 110; liberty : 2,25 m en 90; toile de soie, voile : 1,55 m en 140; pour toutes les tailles.
- Thermocollant : 20 cm en 80
- Boutons : 9 de 11 mm de diamètre.

Jupe

- Crêpe : en 110, 2,65 m pour le 36-38 et 3,50 m du 40 au 46; toile, gabardine ou flanelle : mêmes métrages, mais en 140 (vous aurez beaucoup de pertes).
- Thermocollant : 15 cm en 100.
- 1 bouton de 16 mm de diamètre.

Le chemisier

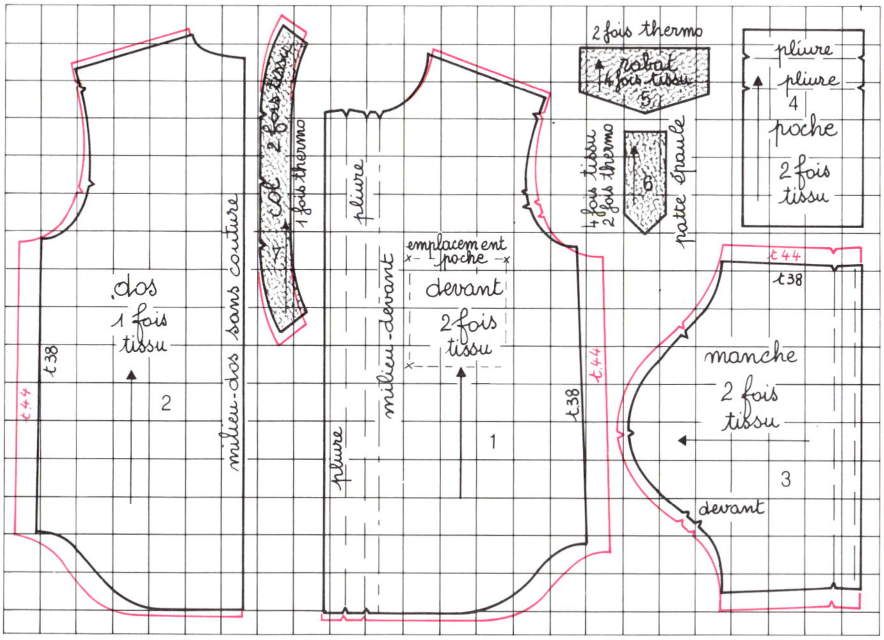

Le patron

Préparation

Thermocollez le dessus des pattes d'épaule, le dessus du col (en grisé sur le patron), le dessus de chaque rabat de poche.

Préparez les pattes d'épaule : procédez comme pour les rabats des poches (voir p. 126), mais en piquant sur les grands côtés et la pointe, et en laissant ouvert le petit côté. Repassez soigneusement.

Les poches

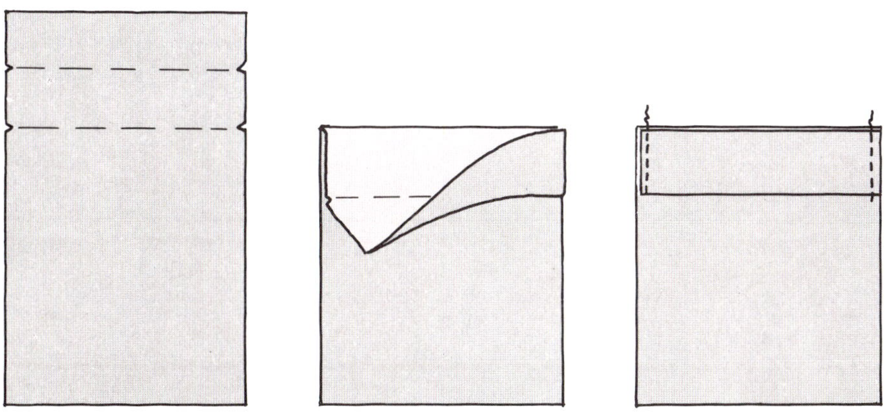

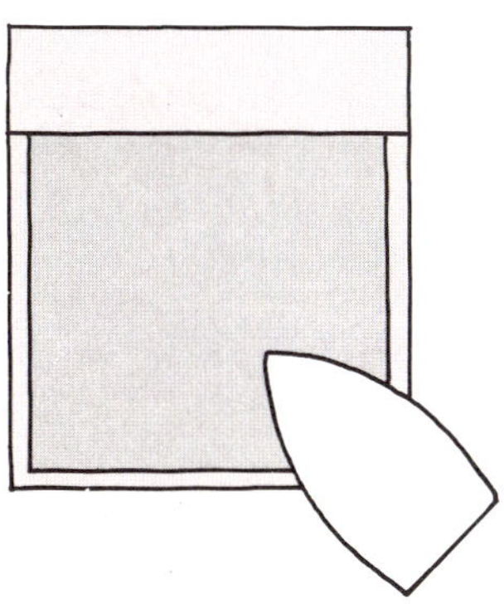

1 Rempliez deux fois aux crans : une première fois, endroit contre endroit, une seconde fois, envers contre envers. Faites un fourreau de chaque côté, piqué à 0,75 cm. Retournez et faites un rempli au fer tout autour qui aura la valeur de la couture du fourreau.

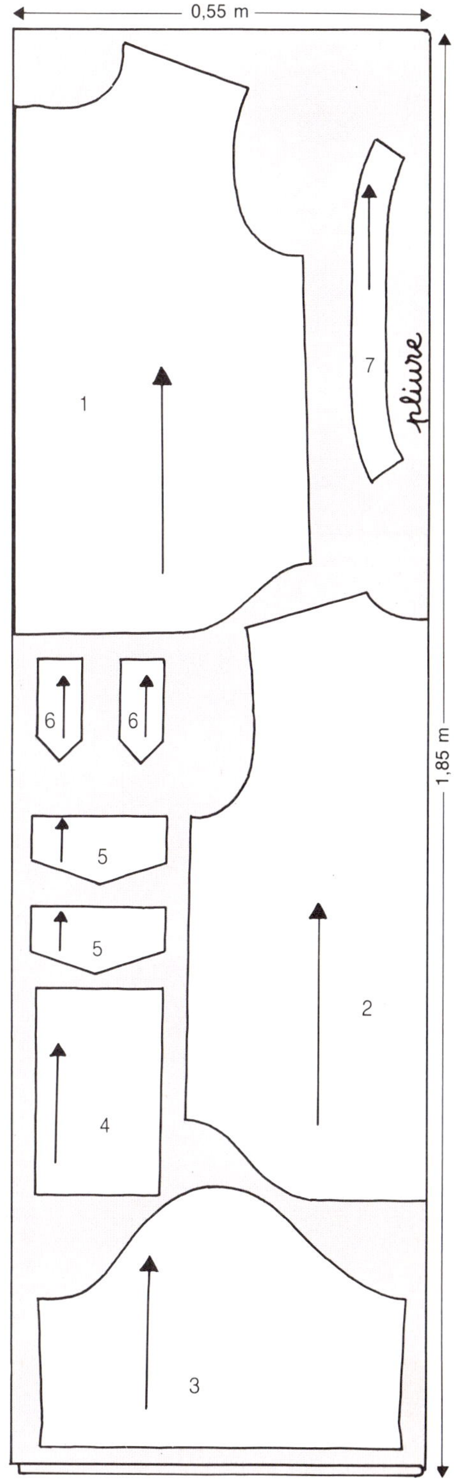

Le plan de coupe

La coupe

Elle se fait tissu plié. Il est indispensable que la ligne du milieu-dos se trouve à la pliure.

Valeur des coutures

Rabats de poche, pattes d'épaule, col, montage de l'encolure : 0,7 cm; autres coutures : 1 cm; ourlet des manches 3 cm.

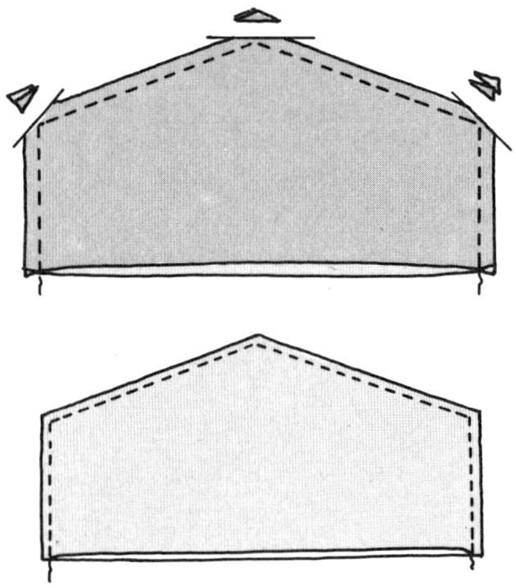

2 Préparez les rabats : piquez les deux petits côtés et la pointe; dégarnissez coins et pointes, retournez. Bâtissez, repassez sans déformer, surpiquez nervure.

3 Posez les poches à plat sur les points de repère (indiqués sur le patron). Bâtissez pour que les côtés des poches soient bien droits. Veillez à ce que celles-ci soient à égale distance du milieu-devant. Piquez nervure.

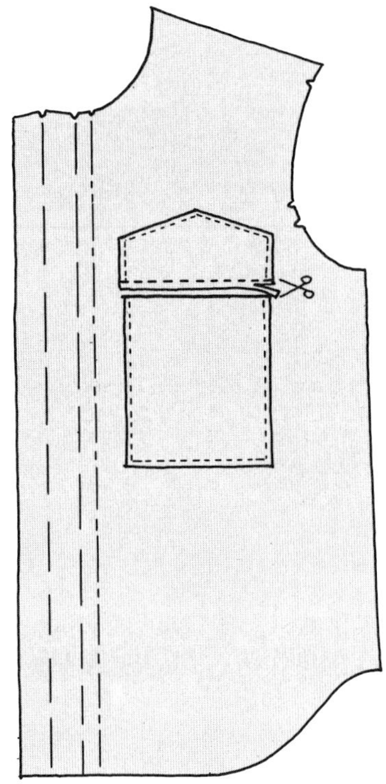

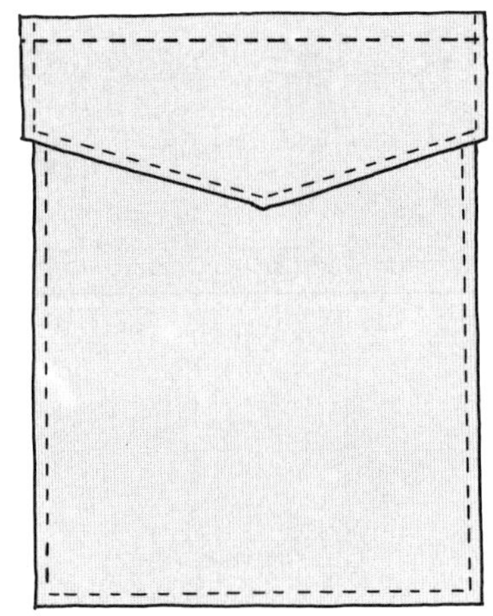

4 Placez les rabats à 1 cm au-dessus des poches, endroit contre endroit du chemisier, la pointe dirigée vers le haut; ils sont légèrement plus larges que la poche et dépassent un peu de chaque côté de celle-ci. Piquez à 0,75 cm. Recoupez légèrement votre couture de montage. Rabattez les rabats sur les poches en les repassant; faites une surpiqûre à 0,5 cm du bord en haut.

Assemblage du dos et des devants

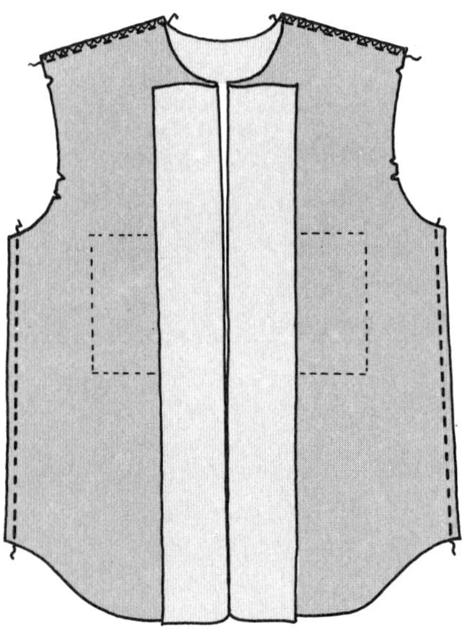

1 Positionnez les devant sur le dos, endroit contre endroit; bâtissez les coutures de côté et les coutures d'épaule; les coutures de côté partent du cran du début de l'arrondi. Piquez, ouvrez au fer les coutures de côté, couchez les coutures d'épaule vers le dos. Surfilez.

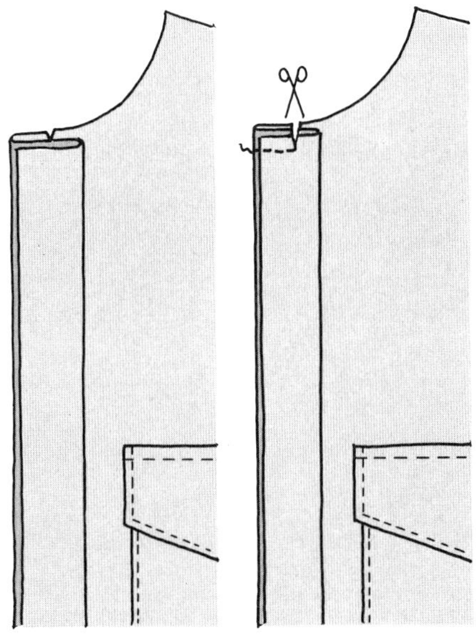

2 Repliez deux fois les gorges au fer; faites un fourreau de 1,5 cm en haut, crantez au départ de la piqûre et retournez.

Le col

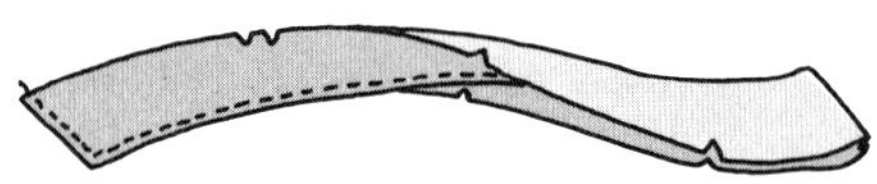

1 Coulissez-le en superposant le dessus et le dessous endroit contre endroit, piquez les deux bouts et le petit côté. Dégarnissez. Retournez, surpiquez nervure.

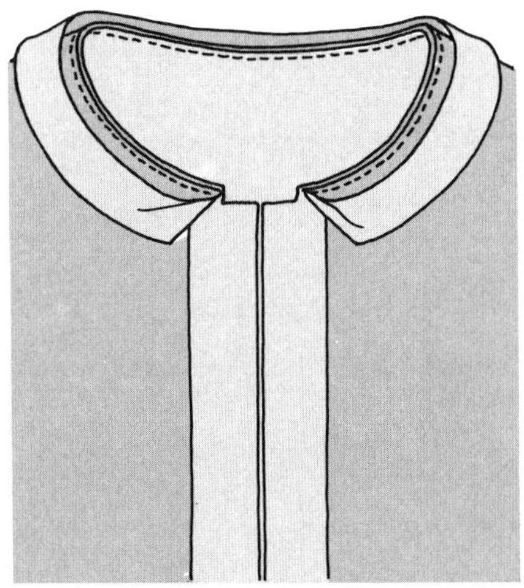

2 Bâtissez le col sur l'encolure : l'endroit du col (côté non thermocollé) est placé sur l'envers du chemisier. Les extrémités du col arrivent au cran que vous avez fait sur le devant lors de la confection des gorges. Vérifiez que le cran du milieu du col correspond à celui du milieu-dos, et que les crans des côtés correspondent aux coutures d'épaule. Piquez à 0,75 cm; retournez.

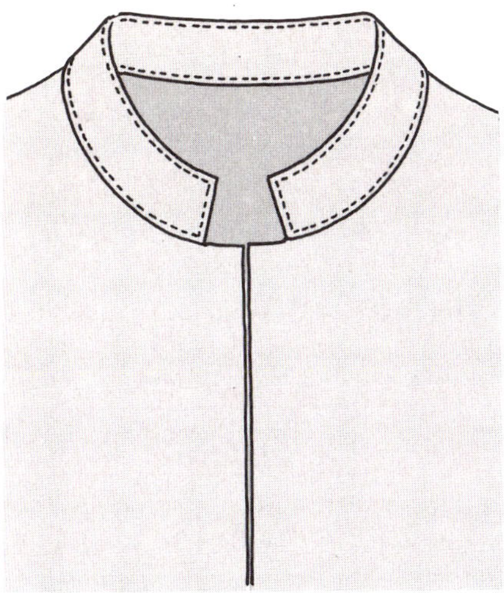

3 Rabattez sur l'endroit en rempliant à 0,75 cm. Bâtissez soigneusement à petits points pour éviter que le col bouge et visse quand vous fermerez la couture. Piquez par une piqûre nervure, qui cachera la couture de montage et que vous continuerez tout autour du col.

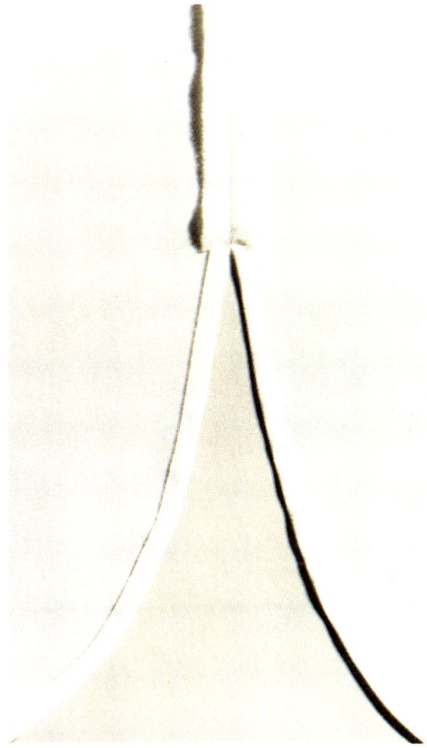

Dans le bas du chemisier, faites un double rentré de 0,75 cm. Bâtissez soigneusement en maintenant légèrement l'ourlet pour lui éviter de visser dans les arrondis.

Les manches

Fermez la couture des manches après avoir surfilé les bords; repassez couture ouverte.

Au bas des manches, pliez aux crans et faites un rentré, vous obtenez alors un ourlet de 3 cm que vous maintenez par une piqûre nervure faite au bord du rentré.

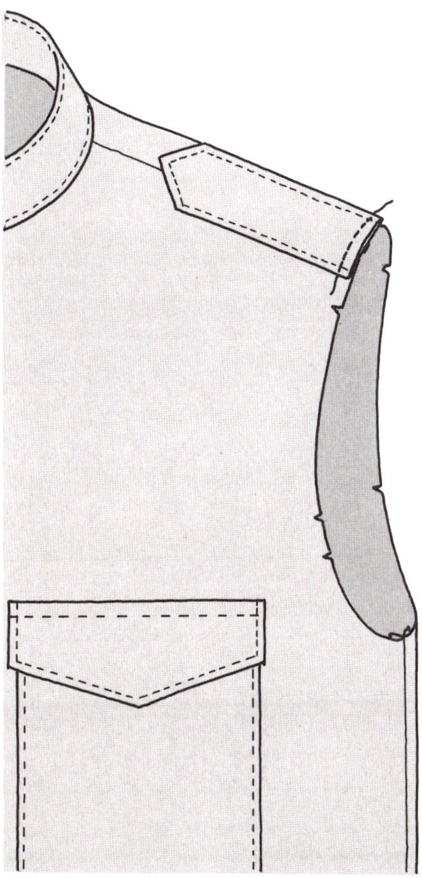

1 Posez les pattes d'épaule à cheval sur les coutures d'épaule, la pointe vers l'encolure, le bout non fermé à ras de la couture d'emmanchure, le dessous de la patte sur le vêtement; maintenez-les en place par un fil de bâti que vous enlèverez après le montage des manches.

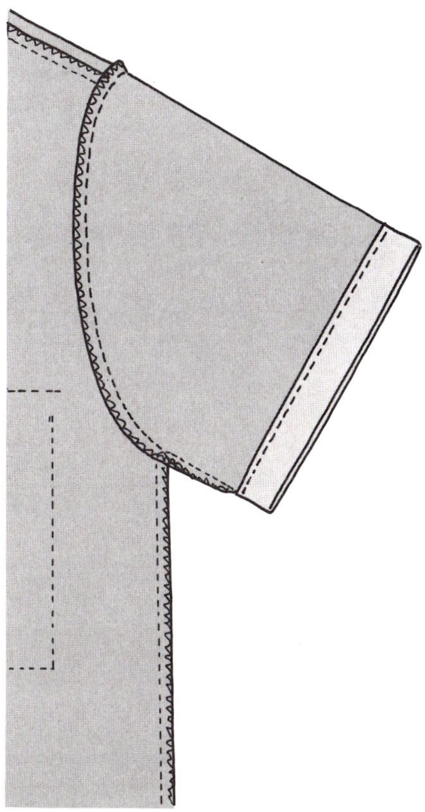

2 Montez les manches sur le chemisier : le cran du milieu du haut de la manche doit correspondre à la couture d'épaule et au milieu de la patte d'épaule; la couture se raccorde exactement à la couture de côté. Piquez. Surfilez la couture en double et couchez-la vers le chemisier.

Sur chaque rabat de poche, à 1,5 cm de la pointe, brodez une boutonnière verticale de 1,5 cm de long. Procédez de la même façon sur les pattes d'épaule, mais la boutonnière est horizontale.

Sur la gorge du devant droit, à 1,5 cm du bord, brodez 5 boutonnières verticales de 1,5 cm de long; la première est à 1 cm du haut, les autres sont espacées de 8,5 cm.
Cousez les boutons.

La jupe

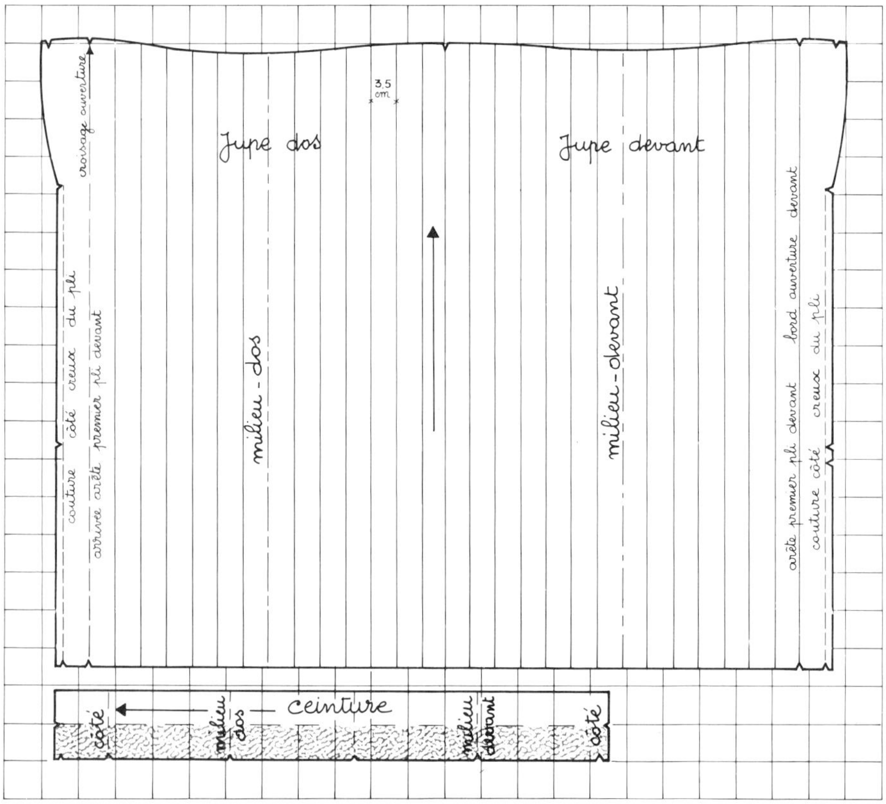

Le patron

Il est donné ici en 38. Il s'agit du patron de la jupe une fois le plissage et l'ourlet terminés. Pour augmenter ou diminuer les mesures, comptez la valeur d'un pli par taille en largeur en plus ou en moins. Pour la ceinture, comptez 2 cm de chaque côté sur la longueur en plus ou en moins.

La coupe

Comptez 2 hauteurs de tissu ouvert à plat pour le 36-38 et 3 hauteurs pour les autres tailles jusqu'au 46 (ceinture non comprise) qu'il faut couper en plus. N'oubliez pas d'ajouter les 2 cm nécessaires à l'ourlet.

Le plissé

Surfilez le bas des morceaux de tissu. Faites un ourlet de 2 cm à points invisibles. Portez la jupe et le patron chez un plisseur ou chez un teinturier qui l'enverra à un spécialiste. Spécifiez bien la taille des plis.

Préparation

Thermocollez le dessus de la ceinture. Surfilez le dessous de la ceinture sur la longueur.

Le patron

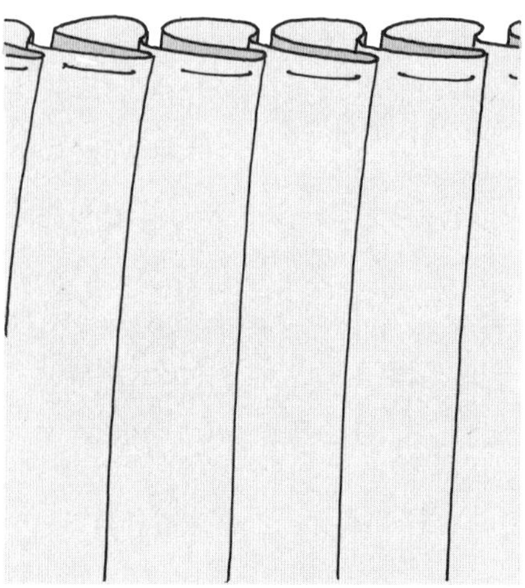

1 Les plis, qui ont 3,5 cm aux hanches, seront resserrés à la taille de 1 cm par pli. Épinglez-les et bâtissez soigneusement à points serrés.

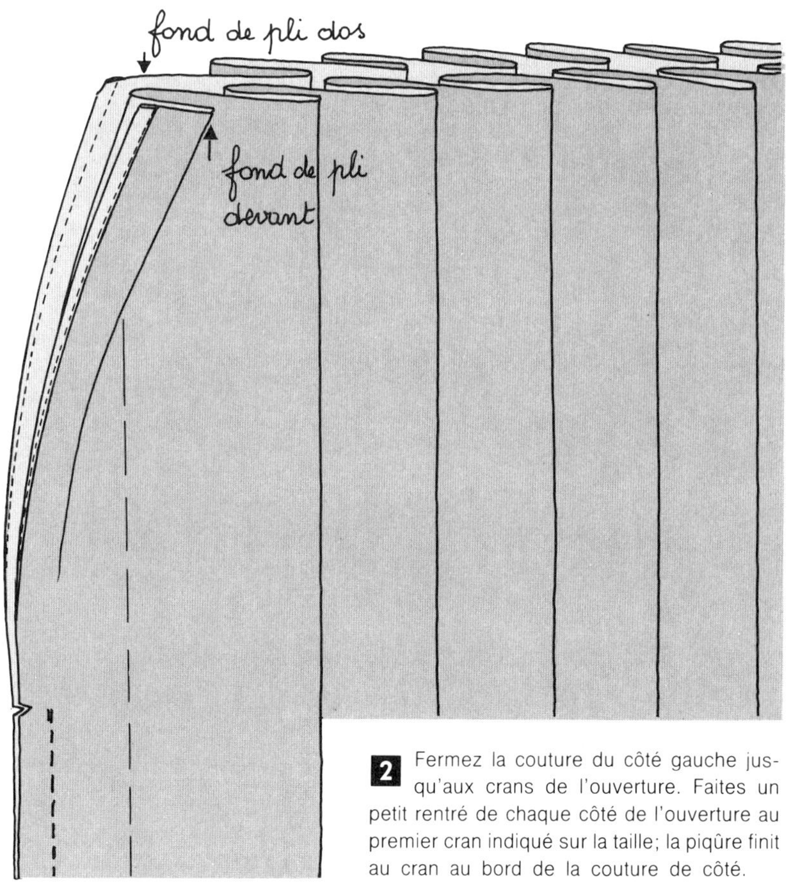

2 Fermez la couture du côté gauche jusqu'aux crans de l'ouverture. Faites un petit rentré de chaque côté de l'ouverture au premier cran indiqué sur la taille; la piqûre finit au cran au bord de la couture de côté.

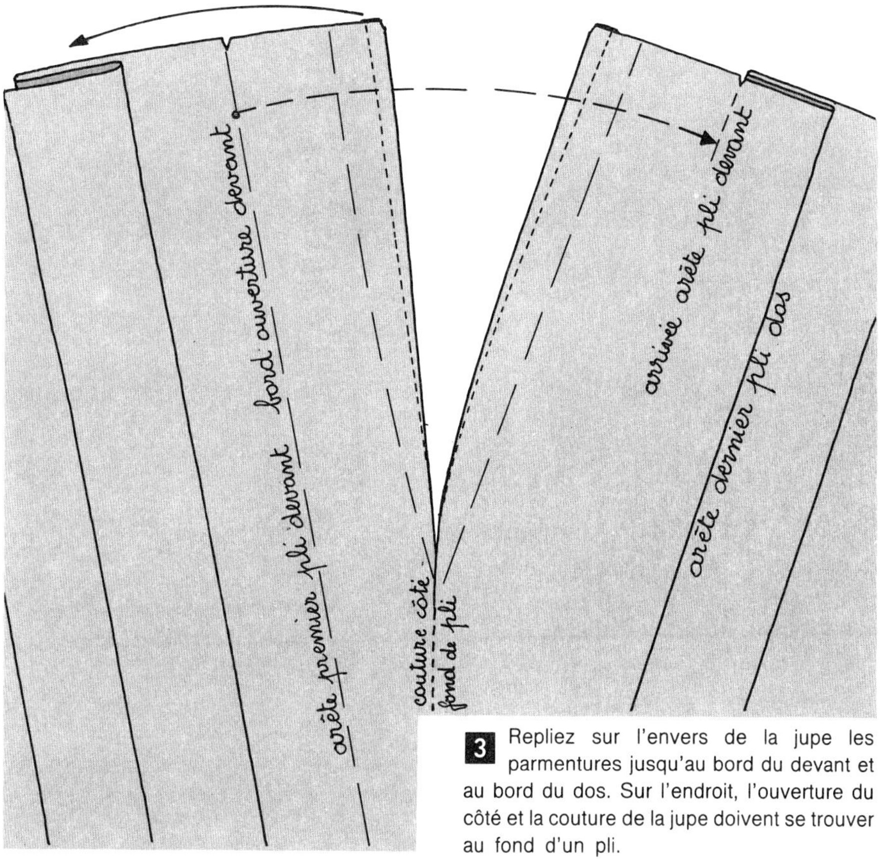

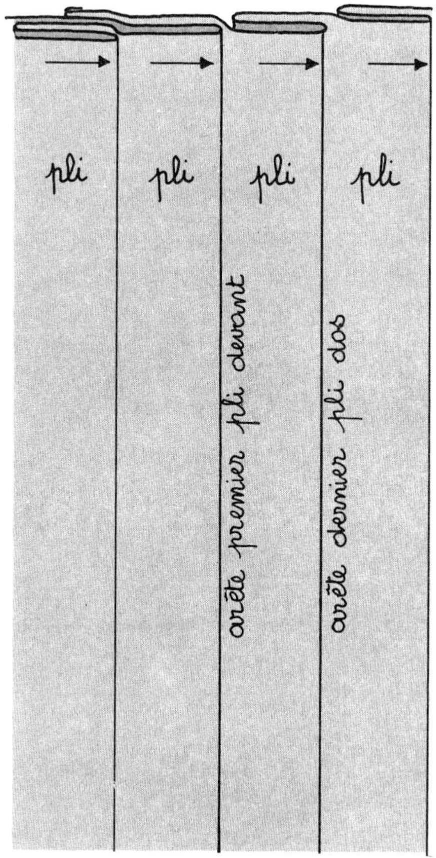

3 Repliez sur l'envers de la jupe les parmentures jusqu'au bord du devant et au bord du dos. Sur l'endroit, l'ouverture du côté et la couture de la jupe doivent se trouver au fond d'un pli.

Montage de la ceinture

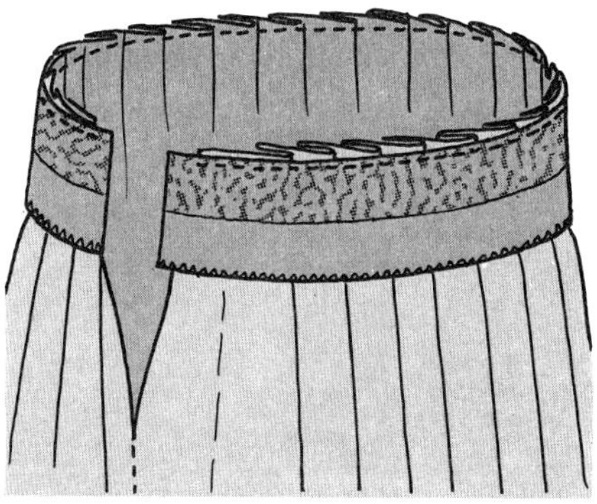

1 Montez l'endroit de la ceinture thermocollée sur l'endroit de la jupe en respectant les crans et en plaçant chaque bout sur le bord du pli reconstitué. Bâtissez du côté des plis. Piquez régulièrement à 1 cm du bord.

2 Placez le dessous de la ceinture, côté non surfilé, sur le dessus endroit contre endroit. Piquez à 1 cm. Faites un fourreau à chaque extrémité de la ceinture.

3 Retournez. Rabattez la ceinture sur l'envers, sans faire de rentré. Bâtissez en maintenant le bord du dessous surfilé bien à plat. Surpiquez nervure tout autour de la ceinture.

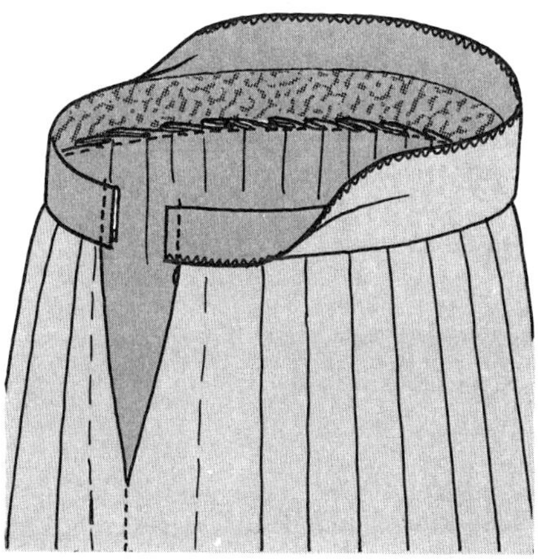

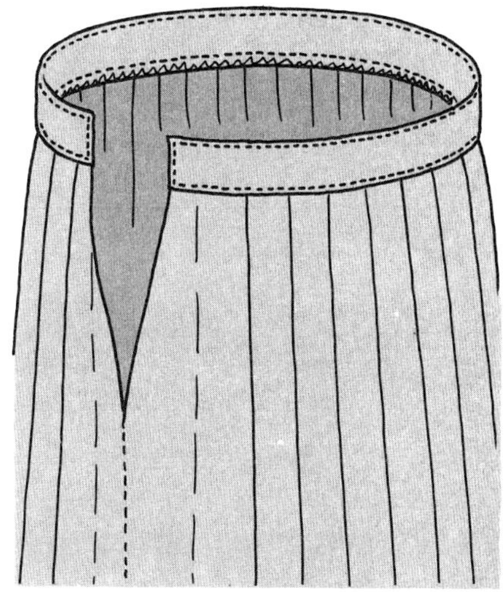

Brodez une boutonnière horizontale de 2 cm sur le bout de la ceinture devant, au milieu, et à 1 cm du bord. Posez le bouton en croisant de façon à reconstituer un pli.

Un truc pour la couture des tissus légers

Le crêpe, le voile sont difficiles à piquer, car ils rentrent dans la lumière, c'est-à-dire le petit trou où passe l'aiguille. Pour que cela ne se produise pas, nous vous conseillons de mettre un papier de soie entre votre tissu et la machine.

Robe chemisier fantaisie

Classique cette robe chemisier ? Pas autant qu'il semblerait au premier coup d'œil. Les épaules carrées, les rayures, la symétrie des poches et l'ouverture devant lui donnent une allure un peu stricte, atténuée toutefois par la profonde échancrure du col devant et la longue fente du dos qui laisse apercevoir la peau. Choisissez une toile rayée, ou unie, ou fantaisie, ou encore un crêpe pour accentuer son côté raffiné.

FOURNITURES

- Toile ou popeline : 2,50 m en 140; crêpe : 3,60 m en 110; pour toutes les tailles.
- Thermocollant : 1,20 m en 90
- 2 épaulettes
- 12 boutons de 16 mm de diamètre.

Le plan de coupe

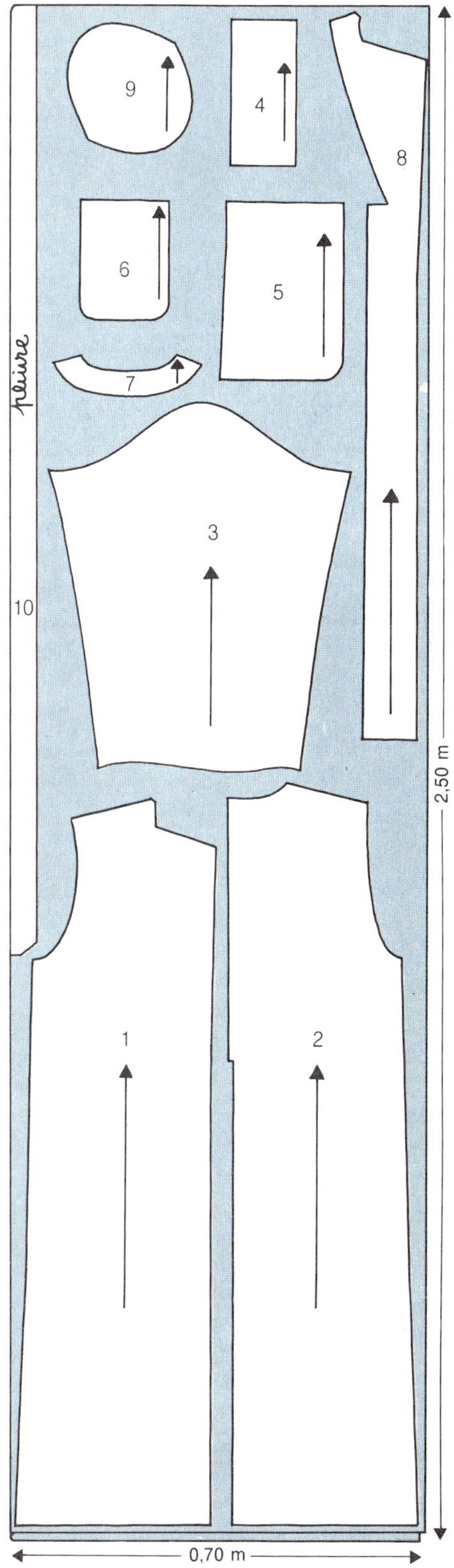

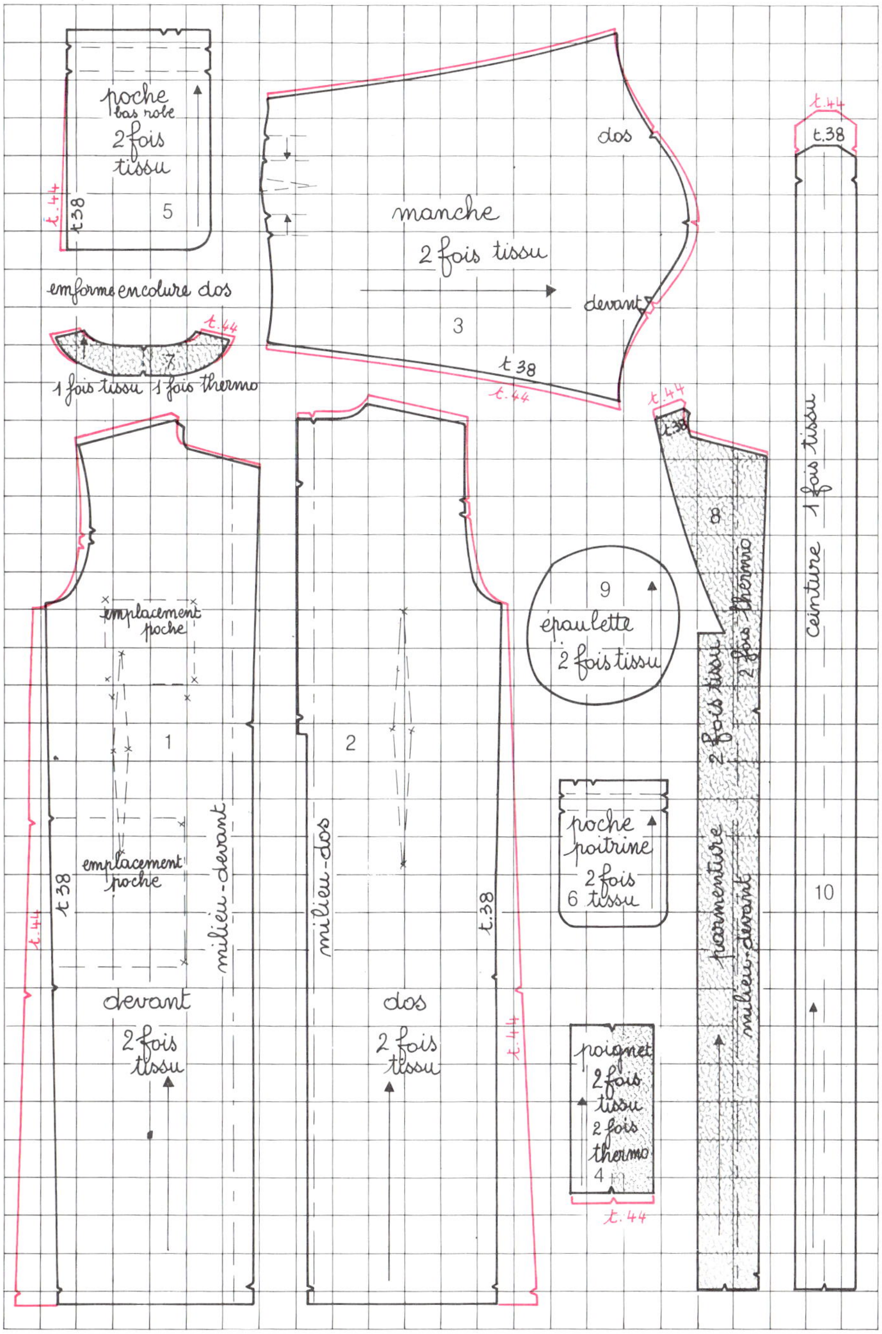

Le patron

Le patron

Les deux côtés des devants et des dos étant identiques, nous ne présentons qu'un demi-dos et un demi-devant.

Valeur des coutures

Bord devant, encolure, fourreau de ceinture, poignets : 0,75 cm; autres coutures : 1 cm.

La coupe

Elle se fait tissu plié. Posez le milieu de la ceinture dans le droit-fil à la pliure.

Préparation

Thermocollez la moitié de chaque poignet, les parmentures, l'enforme-dos.

Préparez les épaulettes (voir p. 92).

Confection de la ceinture : faites le fourreau, retournez, surpiquez nervure (voir p. 83).

Les manches

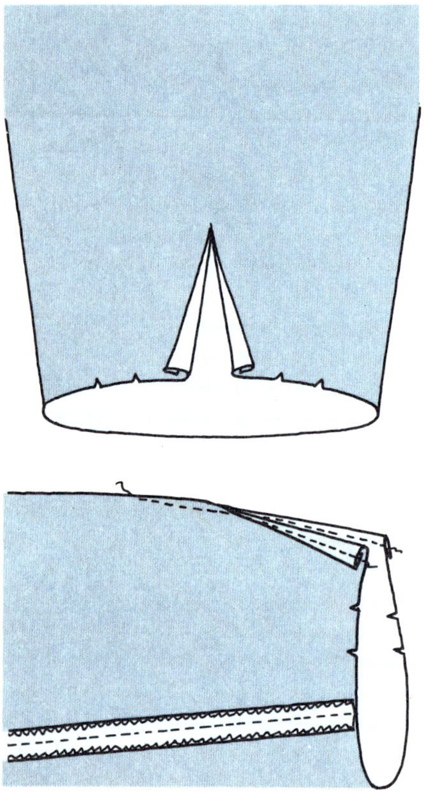

1 Faites un petit rempli double au bord de la fente du bas; consolidez par une petite pince en prolongement. Fermez la couture de manche. Surfilez couture ouverte.

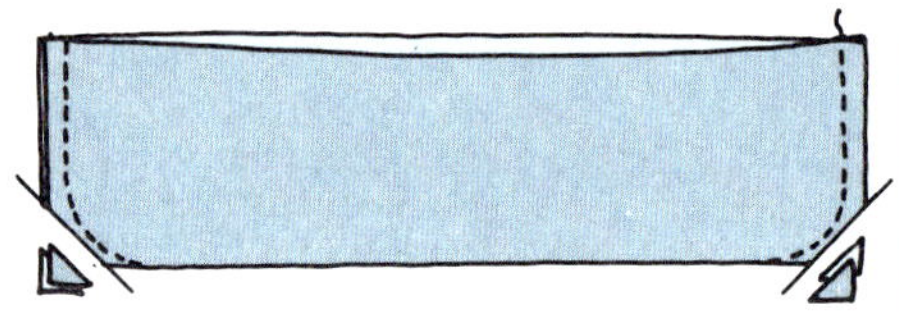

2 Pliez au fer les poignets endroit contre endroit, fermez les extrémités, dégarnissez les coins. Pour piquer les arrondis sans problème, voir p. 149.

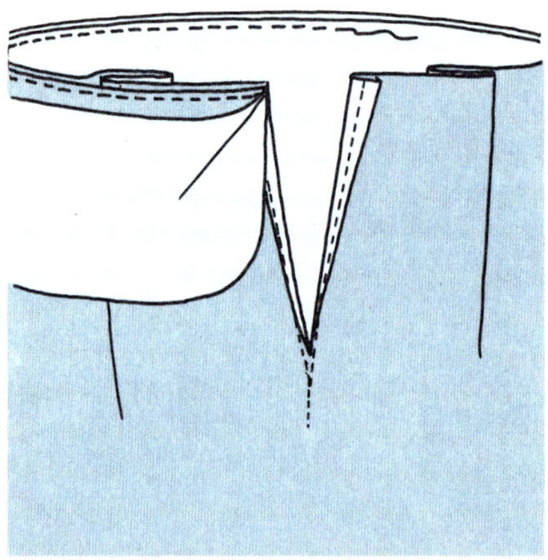

3 Retournez. Montez le dessous du poignet (non thermocollé) endroit contre envers de la manche. N'oubliez pas de prendre dans la couture les deux plis souples de chaque côté de la fente de telle sorte que, sur l'endroit, ils soient couchés vers celle-ci.

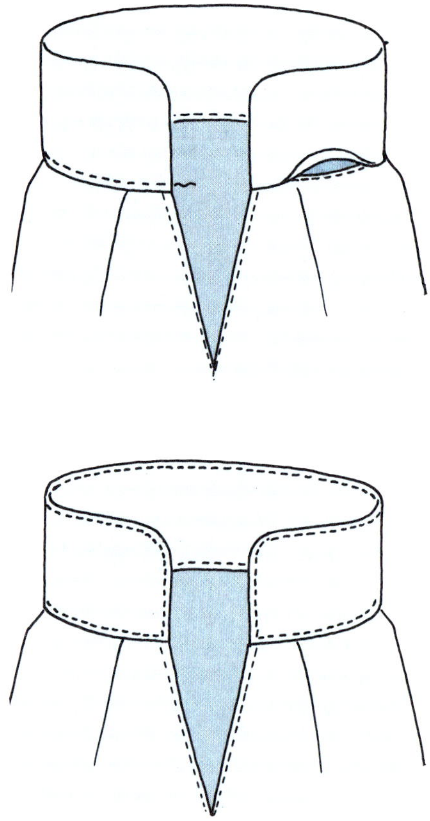

4 Rabattez le côté thermocollé sur l'endroit en faisant un rentré de 1 cm. Piquez nervure et continuez tout autour du poignet.

Les poches

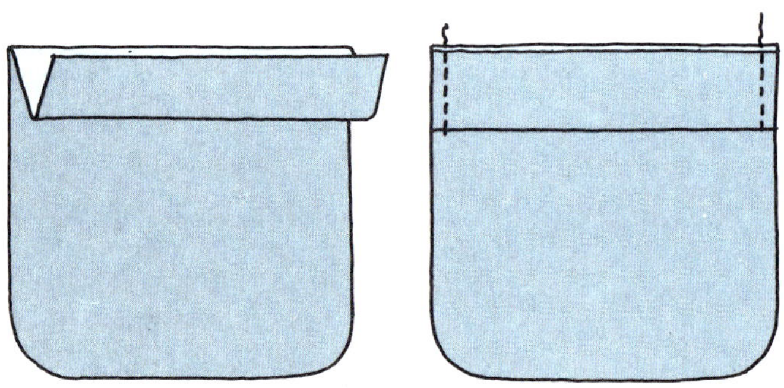

1 Repliez le haut des 4 poches endroit contre endroit au niveau du cran du bas, puis à nouveau envers contre envers au cran, faites un petit fourreau de chaque côté.

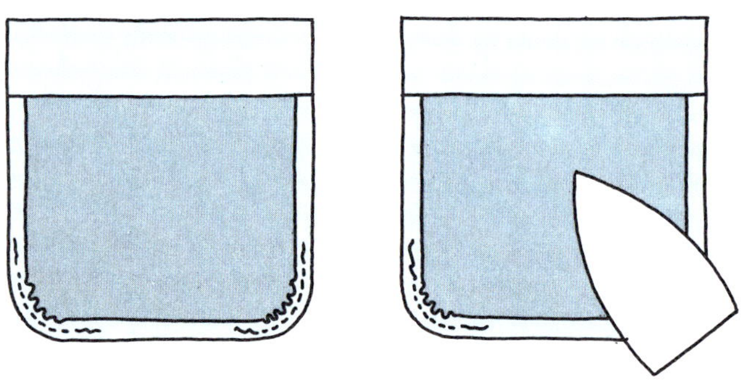

2 Retournez; faites un rempli tout autour; pour bien réussir les arrondis, passez un fil de fronces sur les coins du bas avant le repassage.

A la taille, piquez les pinces longues du devant et du dos de la robe en partant 1 cm au-dessus du point marqué sur le patron en haut et en finissant à 1 cm audessous du point du bas.

Appliquez les poches sur le devant de la robe par une piqûre nervure. Pour celles du bas, qui seront prises dans la couture de côté, ne piquez que sur les deux autres côtés.

Assemblage de la robe

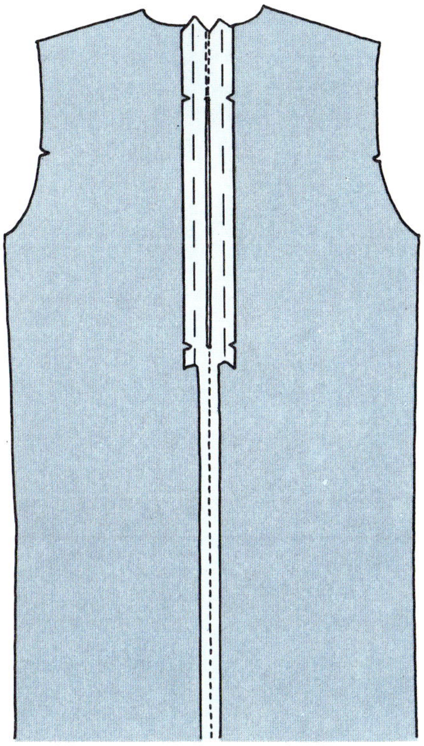

1 Assemblez les deux parties du dos par la couture du milieu en laissant une ouverture entre les crans (36 cm). Repassez la couture ouverte.

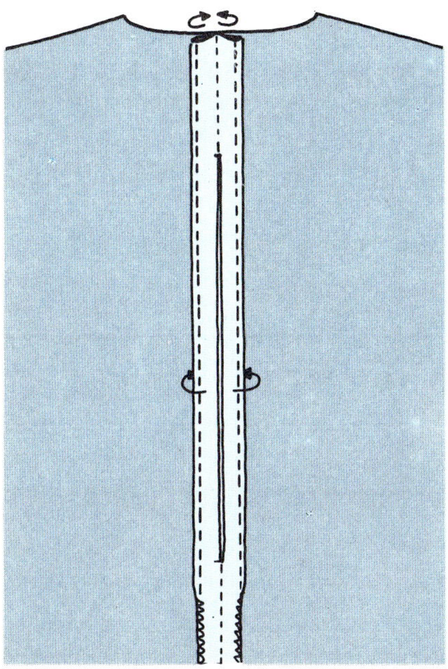

2 Repliez les parmentures sous les bords de la couture; surpiquez de chaque côté de l'ouverture à 0,75 cm du bord de la fente. Surfilez les bords de la couture ouverte. Assemblez le dos et le devant en piquant les coutures des côtés et celles des épaules. Surfilez coutures ouvertes.

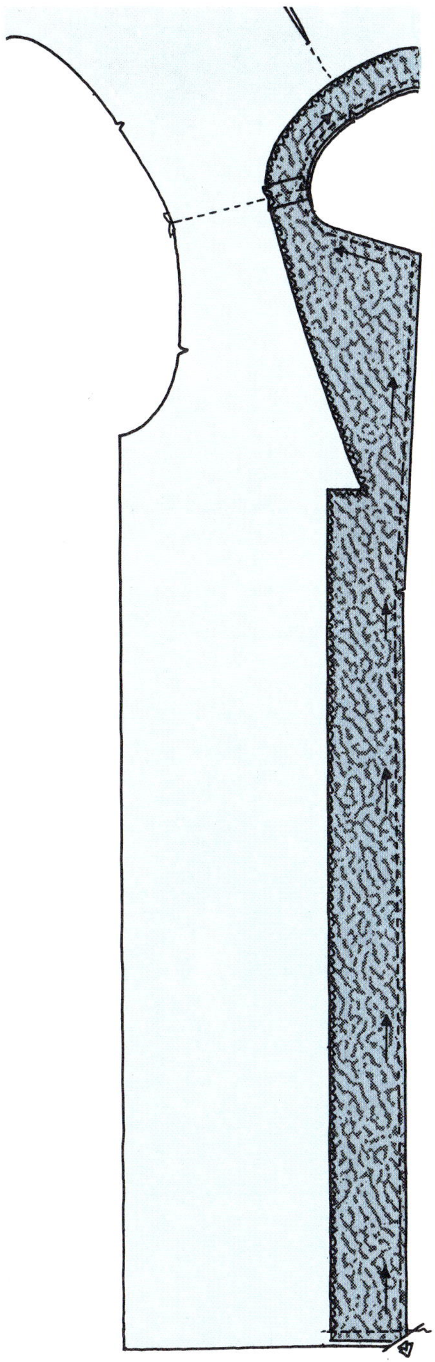

3 Assemblez l'enforme du dos à chacune des parmentures des côtés. Surfilez le bord extérieur.
Posez cette parmenture sur la robe, endroit contre endroit. Bâtissez. Piquez en partant du bas d'une parmenture, en remontant sur l'encolure, et finissez sur le bas de l'autre parmenture.
Au bas de chaque parmenture, au niveau de la ligne de pliure du bas de l'ourlet, faites un fourreau. Dégarnissez les coins. Retournez. Repliez deux fois 1 cm pour faire l'ourlet que vous piquerez nervure.

Repassez minutieusement les parmentures; surpiquez nervure tout le tour de l'ouverture devant de la robe, y compris l'encolure.

Montez les manches. Posez les épaulettes (voir p. 92).

Sur les poches, brodez une boutonnière horizontale à 1 cm du bord et au milieu de la poche. Sur les poignets une boutonnière horizontale au milieu. Sur le devant, 6 boutonnières verticales à 2 cm du bord du devant; elles sont espacées de 10 cm, la première en haut est à 24 cm du bord de l'encolure. Elles ont toutes une longueur de 20 mm. Posez les boutons.

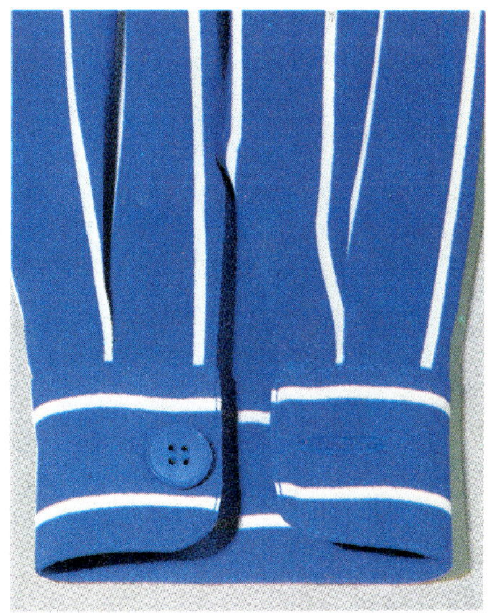

Détail de la fermeture du poignet. On voit les petits plis tournés vers la fente. La boutonnière est brodée sur le côté le plus long du poignet à partir de la couture de manche.

Ensemble Madras

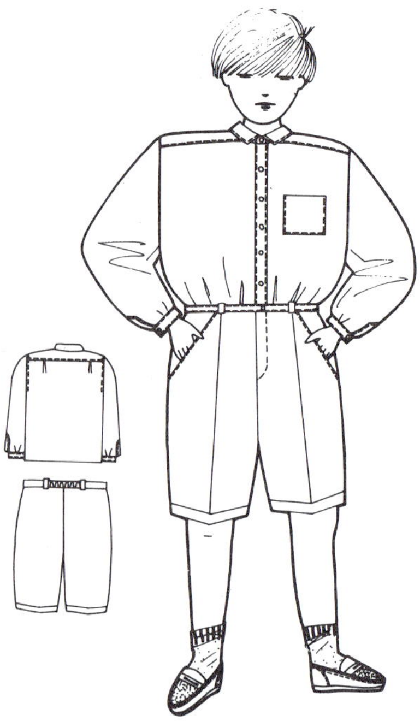

Si votre fils de huit ans aime le style cow-boy, faites-lui plaisir en trouvant un bel écossais de coton pour cet ensemble d'été chemise-bermuda. Mais si vous souhaitez plus de classicisme, prenez alors une flanelle unie, idéale pour les jours plus frais du printemps ou de l'automne.

FOURNITURES

Ensemble :

- Coton ou flanelle : 1,70 m en 140 en 8 ans; 1,60 m en 6 ans. Pour un écossais, comptez en plus en longueur la valeur d'un motif.

Chemise :

- Coton ou flanelle : 1 m en 140 en 8 ans; 0,95 m en 6 ans.
- Thermocollant : 30 cm en 90.
- 8 boutons de 9 mm de diamètre.

Bermuda :

- Coton ou flanelle : 0,70 m en 140 en 8 ans; 0,65 m en 6 ans.
- Thermocollant : 5 cm en 90.
- 1 bouton de 14 mm de diamètre.
- 1 fermeture à glissière de 12 cm.
- 1 ruban élastique de 2,5 cm de large et de 25 cm de long (6 ans); 27 cm (8 ans).

Le patron
Il est donné en 8 ans.
Si vous voulez réaliser cet ensemble en 6 ans, comptez en moins pour le bermuda : 2,5 cm de tour de ceinture, 5 cm de tour de bassin, 1,5 cm de longueur d'entrejambe, 1,7 cm de largeur du bas, 3 cm de longueur de côté, 1 cm de longueur de poche en biais; pour la chemise : 6,8 cm de tour de poitrine, 1,5 cm d'encolure (fermée), 3 cm de carrure-dos, 4,5 cm de longueur-dos, 6,8 cm de largeur du bas, 1 cm de longueur de poignet (fermé), 4,5 cm de longueur de manche, 2 cm de largeur de manche, 1 cm de longueur d'épaule.

Valeur des coutures
Chemise : côtés, manches, 1 cm; empiècement, poignets, 0,75 cm; col, encolure, pied de col, poche, 0,5 cm. Pantalon : 1 cm partout, sauf à l'ouverture de la poche, 0,75 cm.

La coupe
Elle se fait tissu plié. Le milieu de la ceinture et le milieu-dos de la chemise sont à la pliure. Pour le raccord des carreaux, voir p. 179.

Le plan de coupe

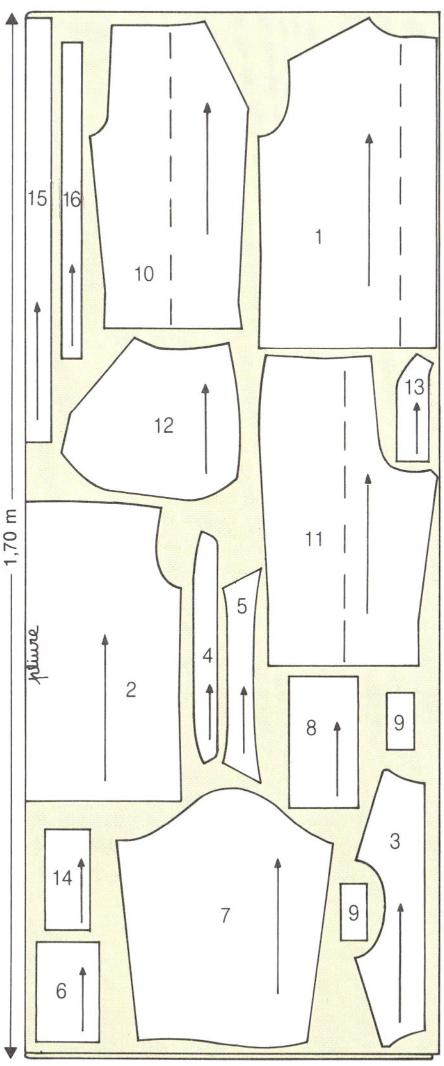

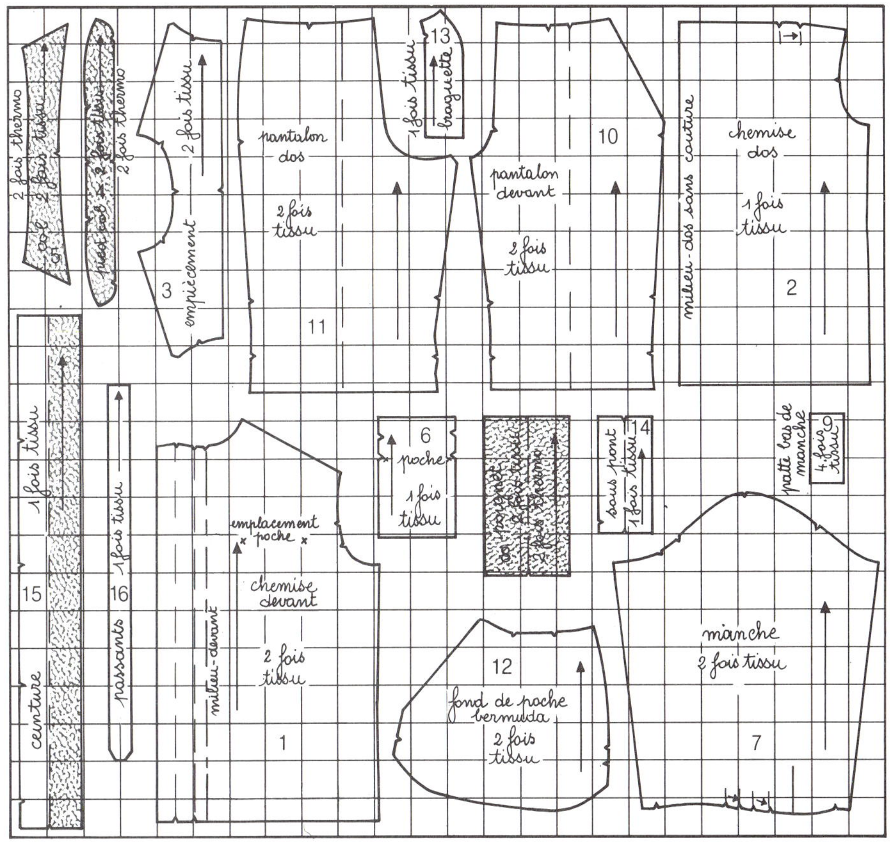

Le patron

La chemise

Préparation
Thermocollez les deux morceaux de col, les deux morceaux de pied de col et les poignets entièrement.
Préparez la poche de poitrine : au fer, repliez deux fois sur lui-même, sur l'envers, le haut de la poche. Tracez au fer également, et sur l'envers de la poche, le rempli du tour. Appliquez la poche sur la chemise envers contre endroit de la chemise par une piqûre nervure à l'emplacement prévu par le patron.
Coulissez le col : piquez les bouts et le plus petit côté dans le sens de la longueur; retournez, piquez nervure et montez-le sur le pied de col (voir p. 99).
Cassez au fer les deux gorges devant. Appliquez celle de gauche par une piqûre nervure. Celle de droite sera maintenue par les boutons lorsqu'ils seront posés.

Poignets à patte capucin et sous-patte

1 **2** Sur l'envers de la manche, posez une patte pliée en deux dans le sens de la longueur, au bord de la fente, du côté le plus près de la couture de manche. Faites une couture de 3 mm en mourant vers le fond de la fente. Retournez et rabattez sur l'endroit en piquant sur la couture de montage.

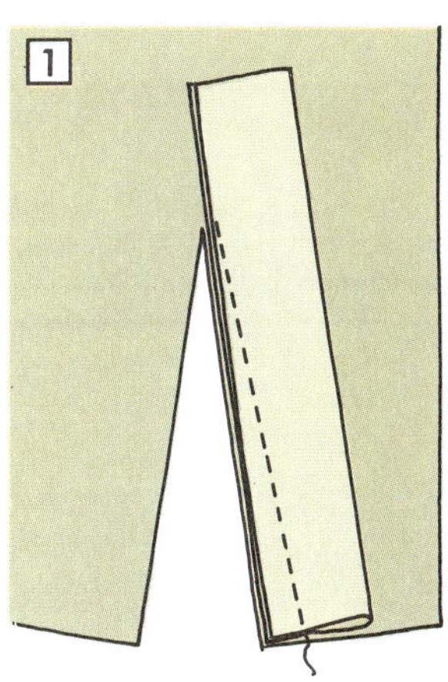

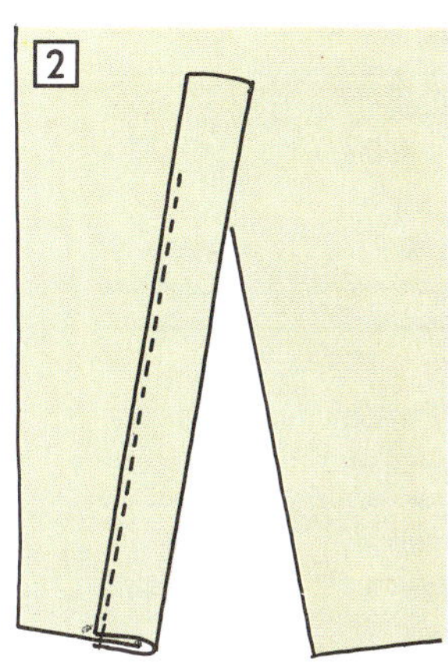

3 **4** Sur l'autre côté de la fente, posez la patte (pli marqué au fer) endroit sur envers de la manche; piquez, ramenez vers l'endroit, rabattez sur la piqûre de montage en faisant attention de ne pas prendre la sous-patte. Formez le capucin, qui doit dépasser le fond de la fente. Bâtissez. Surpiquez en prenant toutes les épaisseurs en travers de la patte et autour des bords jusqu'en haut.

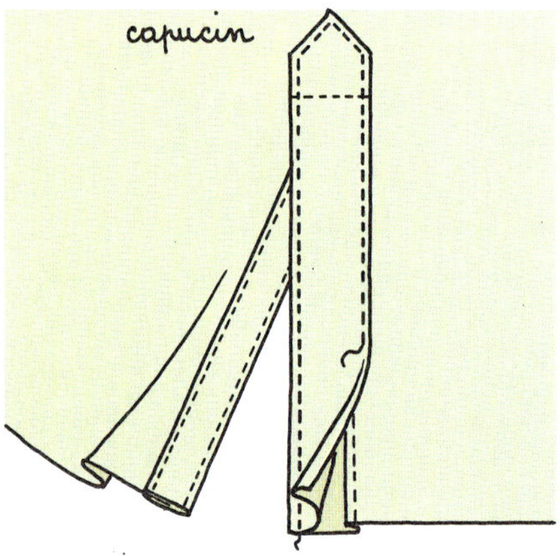

Fermez les coutures de manche. Bâtissez deux plis souples sur le dessus de la manche, un autre sur le petit côté. Montez les poignets (voir p. 132).

Montez le double empiècement (voir p. 140). Fermez les coutures de côté de la chemise. Montez le col avec pied de col (voir p. 141). Montez les manches en respectant les crans de repère. Couchez la couture d'emmanchure vers la chemise et, sur l'endroit, surpiquez nervure. Surfilez en double les coutures de côté des manches jusqu'au bas de la chemise.

Ourlez la chemise : repliez deux fois 0,5 cm dans le bas de la chemise et piquez nervure ce petit ourlet.

Brodez les boutonnières : elles ont 1,3 cm de long. La première sur le pied de col à gauche est horizontale; les autres sont verticales et espacées de 6 cm. Brodez également une boutonnière horizontale au milieu sur chaque poignet à 0,5 cm du bord.
Posez les boutons.

Le Bermuda

Préparation

Faites 4 passants : piquez chacun en fourreau, retournez, surpiquez nervure (voir p. 95). Thermocollez la moitié de la ceinture.

Pliez le sous-pont en deux et surfilez les bords. Surfilez aussi la plus grande longueur de la parmenture (braguette).

Pose de la fermeture à glissière

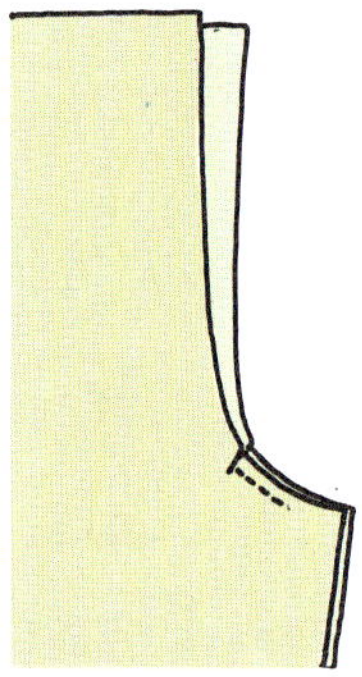

1 Assemblez endroit contre endroit la fourche devant à partir du cran de l'ouverture sur 4 cm.

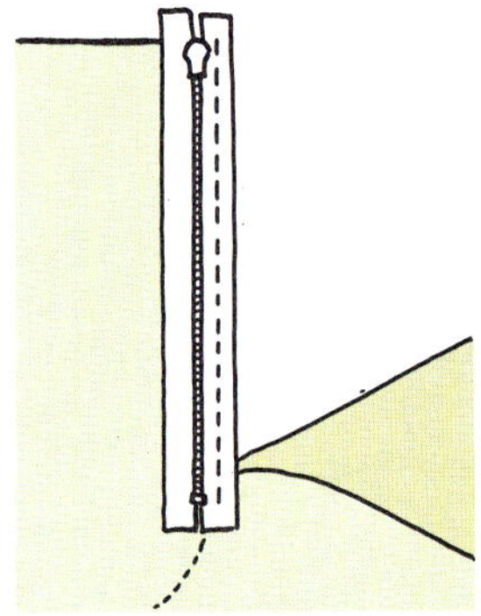

2 Sur le côté droit, posez la fermeture à glissière juste bord à bord sur le tissu, endroit contre endroit. Piquez sur le bord de la fermeture.

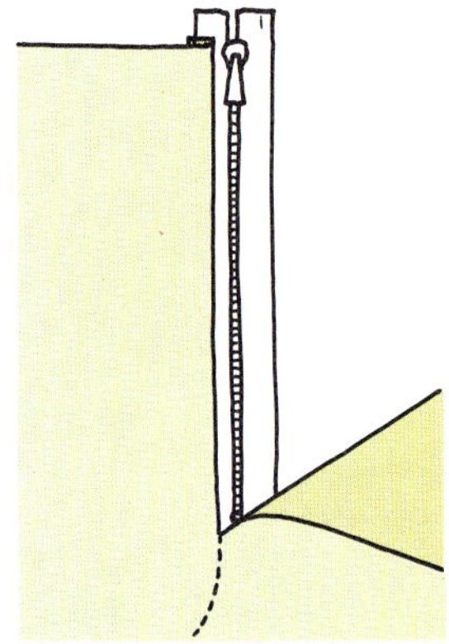

3 Retournez. Ramenez le tissu sur le bord de la fermeture.

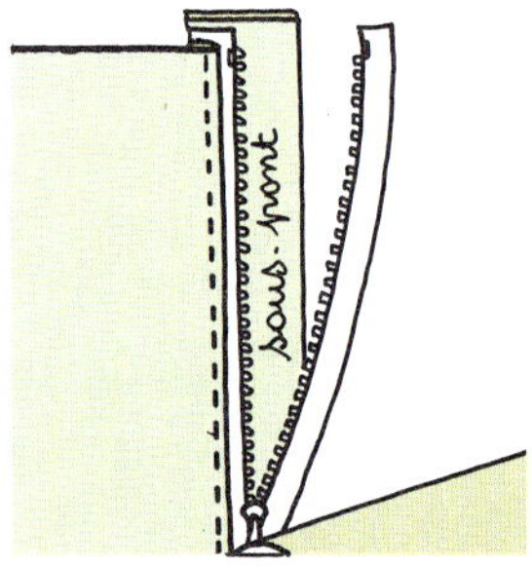

4 Positionnez le sous-pont, bâtissez le tout en maintenant solidement. Otez votre pied presseur, remplacez-le par le pied à fermeture. Piquez nervure sur le bermuda au ras des mailles de la fermeture à glissière.

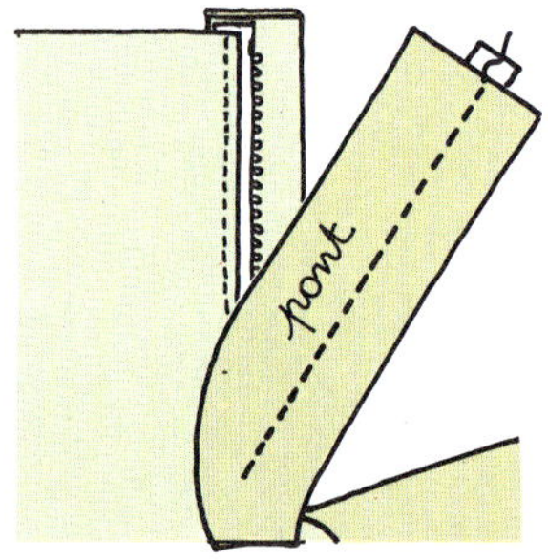

5 Sur la fermeture à glissière, posez et piquez l'autre parmenture (celle qui viendra sur le côté gauche) endroit contre endroit; les mailles doivent arriver à 2 cm du bord.

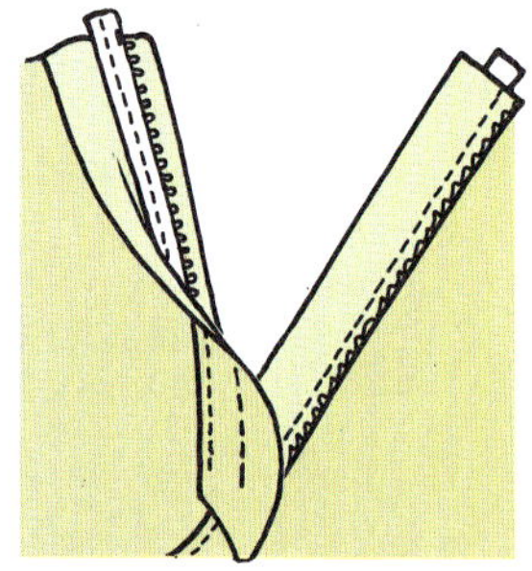

6 Remettez votre pied presseur usuel. Posez la parmenture sur le côté gauche du bermuda endroit contre endroit, à ce moment vous ne devez pas voir la fermeture. Piquez au bord à 0,75 cm.

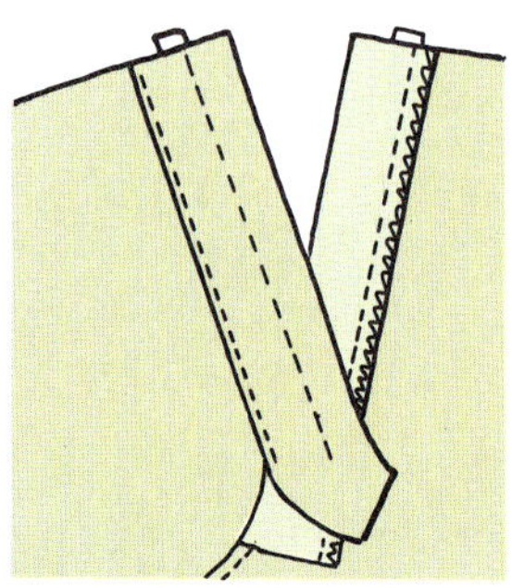

7 Écartez vos deux morceaux, faites une piqûre de maintien sur la parmenture au bord de la couture de montage.

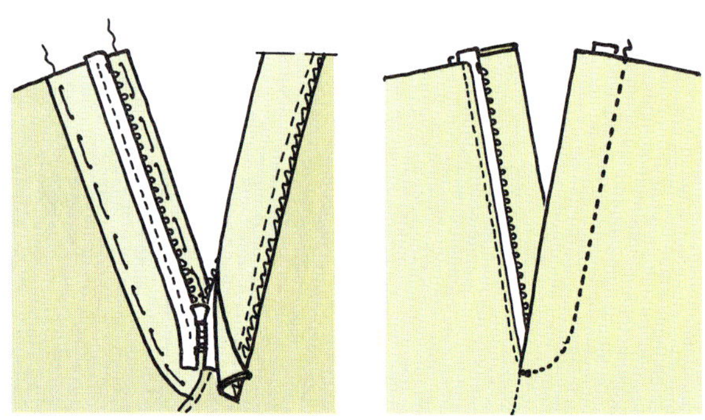

8 Bâtissez sur l'envers la parmenture en place pour la maintenir bien à plat. Faites sur l'endroit une surpiqûre à 2,5 cm du bord en finissant en arrondi sur la couture de la fourche. Fermez la fermeture à glissière jusqu'en haut, la parmenture et le sous-pont se chevauchent en bas sur l'envers; piquez-les en travers pour les maintenir fermés sans prendre le pantalon.

Assemblage du bermuda

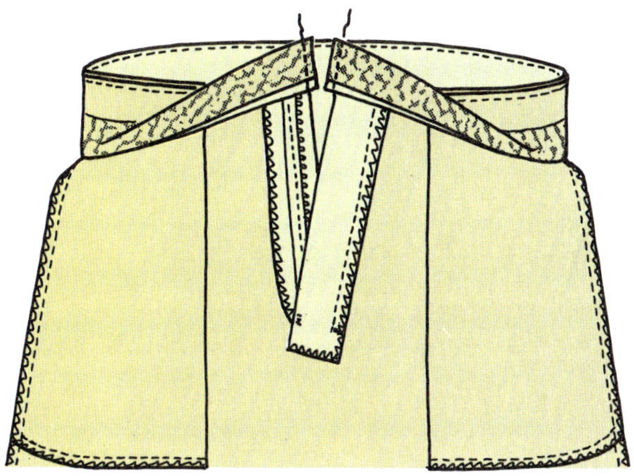

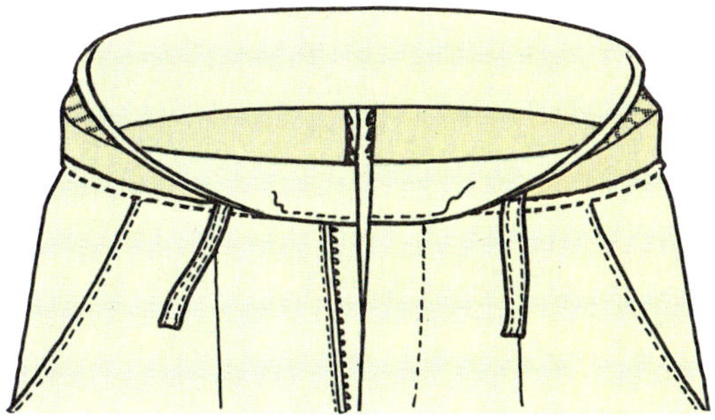

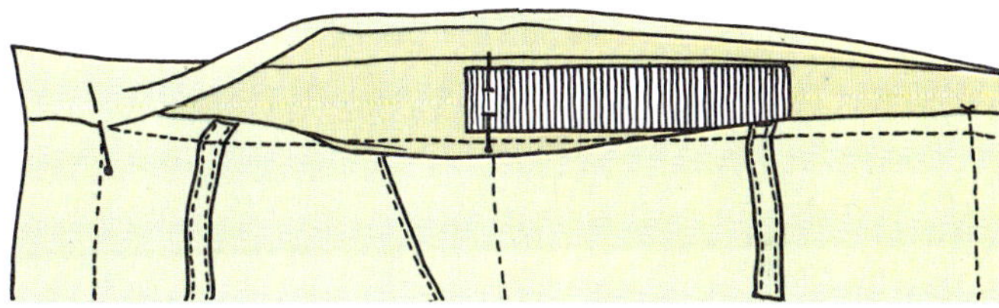

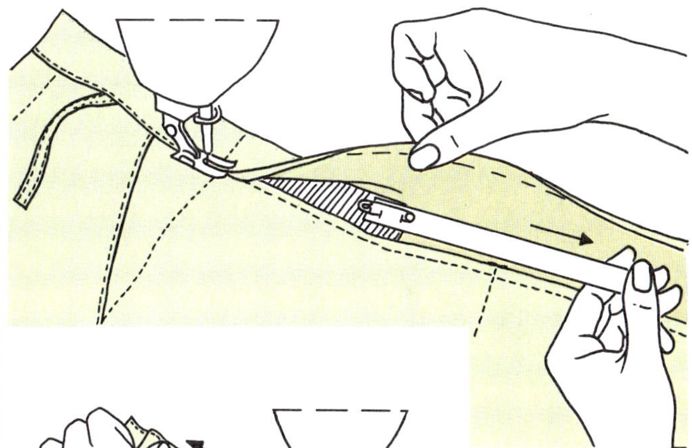

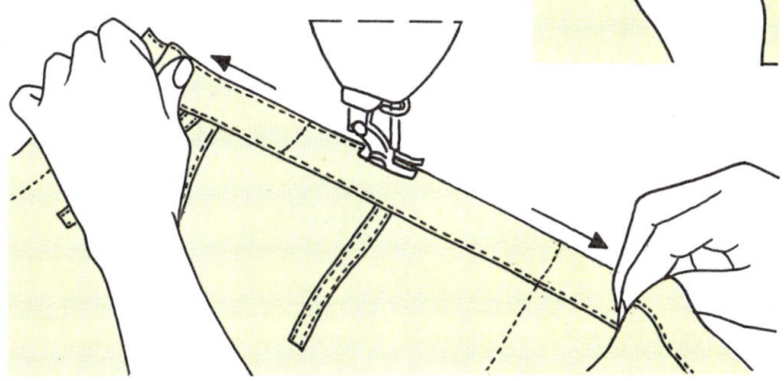

Posez les poches (voir p. 163, 164).

1 Positionnez les devants et les dos endroit contre endroit. Bâtissez les coutures de côté et d'entrejambe en veillant à raccorder vos carreaux. Reprenez la couture de la fourche devant et finissez cette couture jusqu'en haut du dos en faisant coïncider les deux coutures d'entrejambe. Surfilez coutures fermées.

Épinglez les deux plis souples à la taille devant, bâtissez-les sur la couture de taille.

2 Montez la ceinture endroit non thermocollé sur l'envers du bermuda, bâtissez, en maintenant la parmenture, les fonds de poche et le sous-pont. Piquez à 1 cm.

Les finitions

Surfilez le bas des jambes. Repliez le bas du bermuda au deuxième cran en partant du bas, sur l'envers; bâtissez régulièrement, fixez à points invisibles. Repassez l'ourlet en le repliant en deux sur l'endroit pour faire un revers. Faites une piqûre de maintien en piquant dans les coutures sur le bord du haut du revers sur 1 cm.

Faites une boutonnière horizontale sur le milieu de la ceinture à gauche, elle sera à 1 cm environ du bord. Cousez le bouton. Au repassage, formez les plis sur le devant à partir des plis souples de la taille.

3 Faites les fourreaux de chaque bout au ras des bords de l'ouverture. Retournez. Placez les passants sur la couture de montage à l'endroit au ras du bord de la couture, la tête en bas.

4 Posez et épinglez l'extrémité de l'élastique sur la couture de côté. Maintenez-le par une piqûre verticale.

5 Prenez une bande de tissu solide, fixez-la à l'autre extrémité de l'élastique. A l'aide de cette bande, tirez sur l'élastique, tandis que vous rabattez la ceinture sur l'endroit par une surpiqûre nervure qui doit cacher la piqûre de montage.Veillez à ce que le tissu reste bien à plat.

6 Quand vous arrivez à la deuxième couture de côté, fixez l'élastique par une piqûre verticale. Otez la bande de tissu qui vous a servi à le tirer. Finissez de rabattre la ceinture. Sur le haut de cette dernière, faites une piqûre nervure en évitant, sur le dos, de piquer l'élastique qui est à l'intérieur.

Repliez le bout des passants; fixez-les par un point d'arrêt sur la piqûre du haut de la ceinture.

Robe chemisier nouveau style

Pratique et confortable, vous la porterez selon votre humeur : très vague sans ceinture, bien serrée à la taille en faisant blouser le corsage, ou bien encore avec la ceinture drapée sur la hanche. Choisissez un tissu assez léger : popeline, soie ou toile de soie pour qu'elle garde son élégance.

FOURNITURES

- Popeline, toile de soie, soie : 4,20 m en 140 du 36 au 44.
- Thermocollant : 15 cm en 90.
- 8 boutons de 16 mm de diamètre.
- 2 étriers de 4 cm de large.

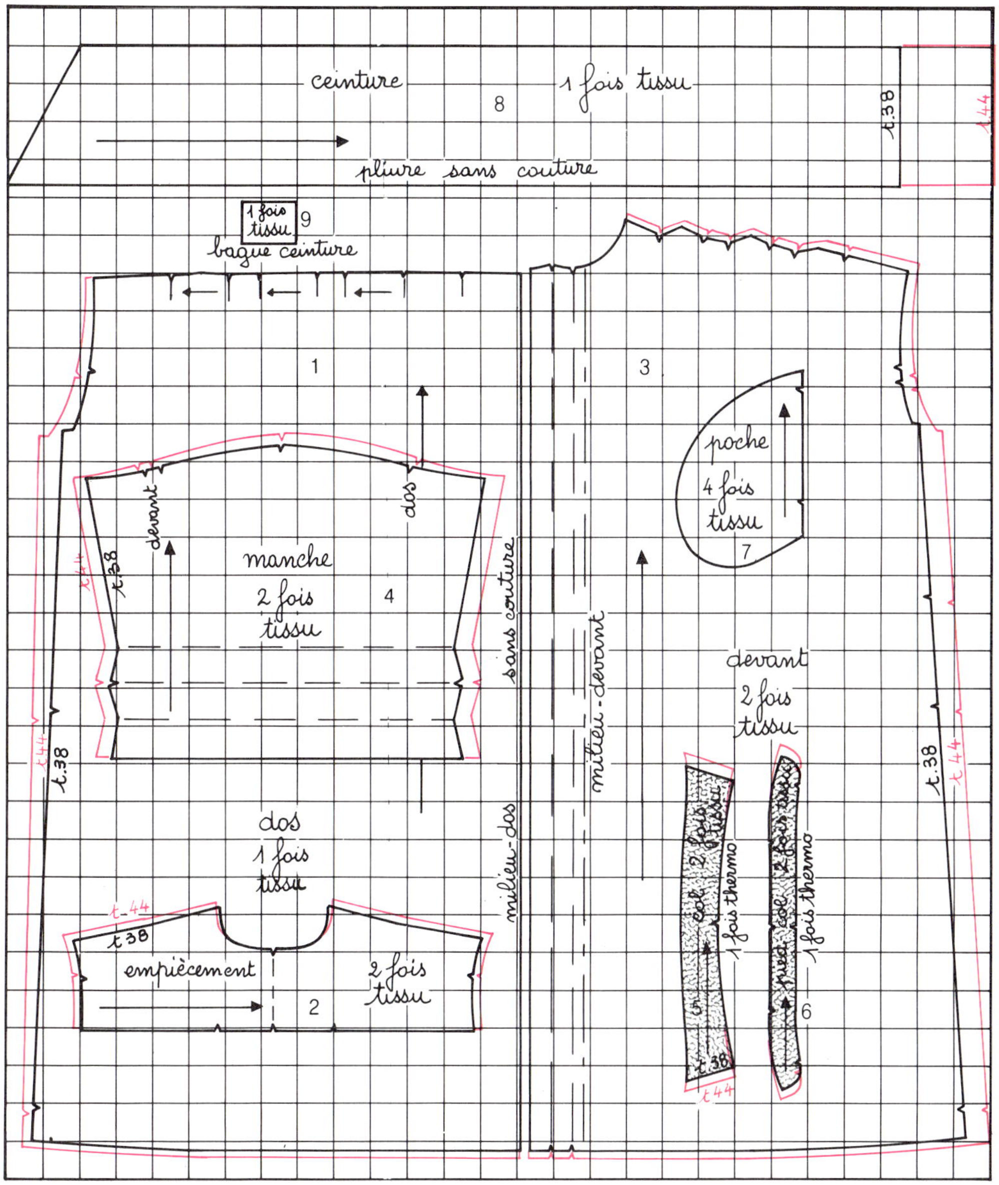

Le patron

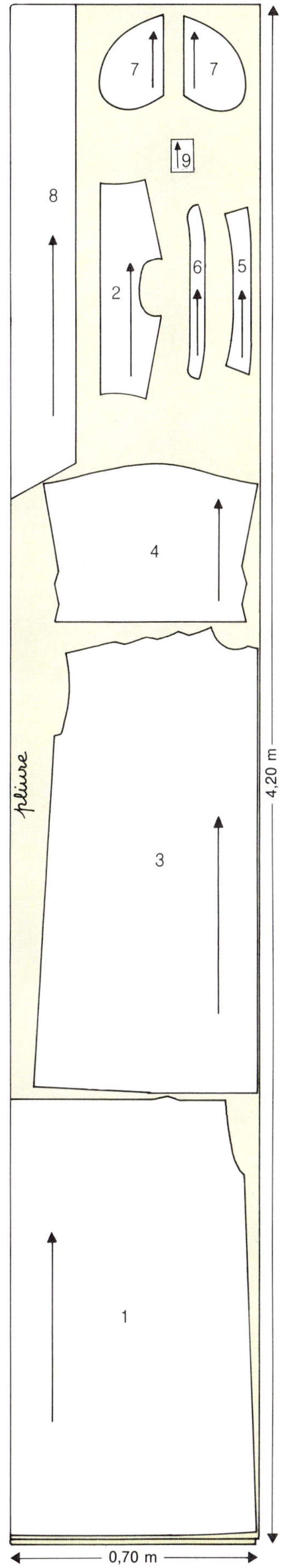

Le plan de coupe

Le patron
Il est donné pour les tailles 38-40 et 42-44. Nous ne présentons qu'une demi-ceinture et un demi-dos.

Valeur des coutures
Encolure, col, pied de col, empiècement, fourreau de ceinture : 0,75 cm; côtés, emmanchures, côtés des manches : 1 cm.

La coupe
Étant donné sa largeur, cette robe n'est pas réalisable en 46, car elle ne tient pas dans la laize.
Il est impératif que le milieu de la ceinture dans le sens de la longueur et la ligne du milieu-dos soient à la pliure.

Préparation
Thermocollez le dessus de col et le dessus du pied de col. Préparez le col et montez-le sur le pied de col (voir p. 99).

La ceinture

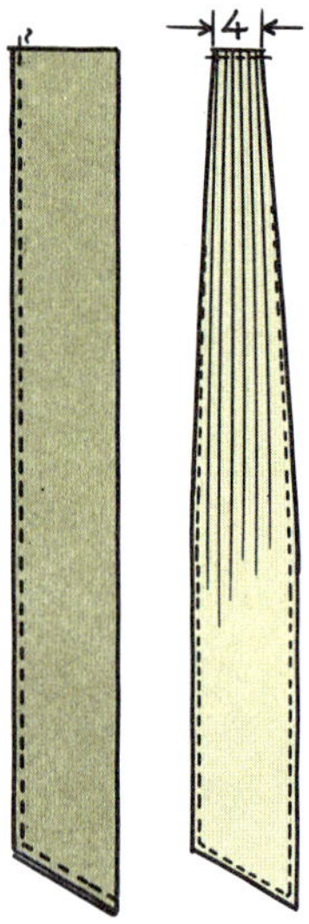

1 Pliez-la en deux dans le sens de la longueur, endroit contre endroit. Pour éviter qu'elle ne visse au moment de la piquer, bâtissez soigneusement le grand côté et le bout en biseau. Piquez à 0,75 cm du bord.

2 Retournez, repassez et surpiquez nervure, sauf le bout resté ouvert. Plissez ce dernier en faisant des petits plis couchés réguliers pour obtenir une largeur de 4 cm; maintenez ces plis par une piqûre.

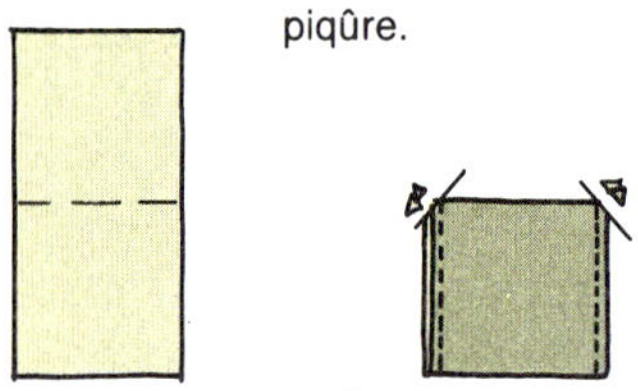

3 Faites la bride : pliez en deux dans le sens de la hauteur; piquez en fourreau des deux côtés, dégarnissez les coins, retournez. Faites un petit rentré.

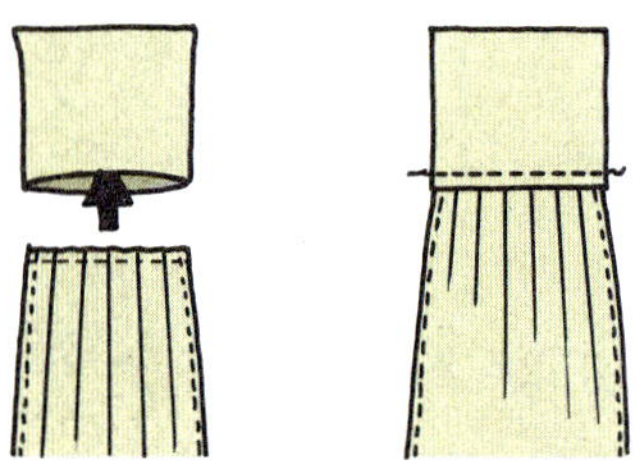

4 Introduisez le bout plissé de la ceinture dans la bride. Piquez nervure.

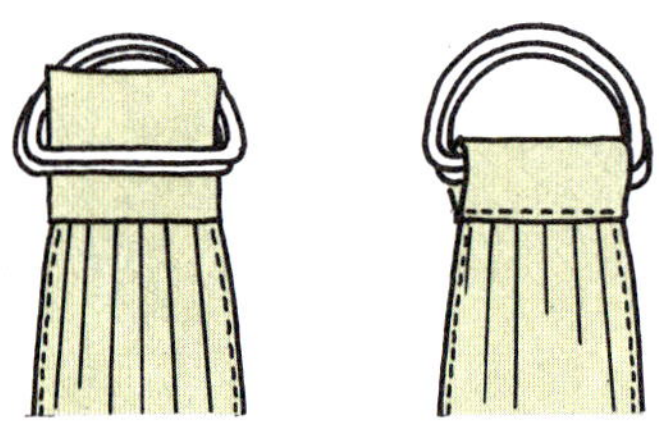

5 Glissez les 2 étriers dans la bride, rabattez l'autre extrémité de la bride sur la ceinture et piquez nervure sur le dessus exactement sur la piqûre nervure du dessous de la bride.

Montez les poches dans les coutures de côté sur le devant (voir p. 151). Tracez au fer les gorges de chaque côté du devant en les repliant deux fois sur elles-mêmes sur l'envers au cran; non cousues, elles seront maintenues par boutons et boutonnières.

Les plis

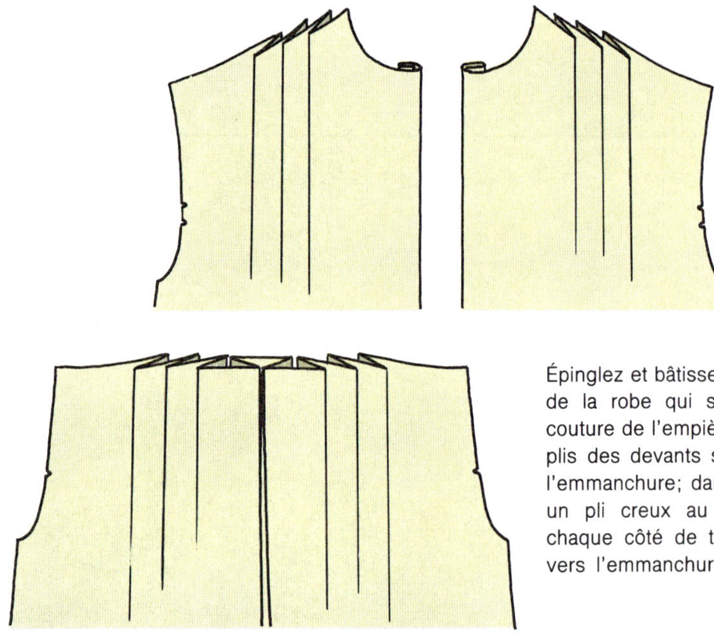

Épinglez et bâtissez les plis souples de la robe qui sont pris dans la couture de l'empiècement. Les trois plis des devants sont tournés vers l'emmanchure; dans le dos, formez un pli creux au milieu, suivi de chaque côté de trois plis couchés vers l'emmanchure.

Montage du double empiècement

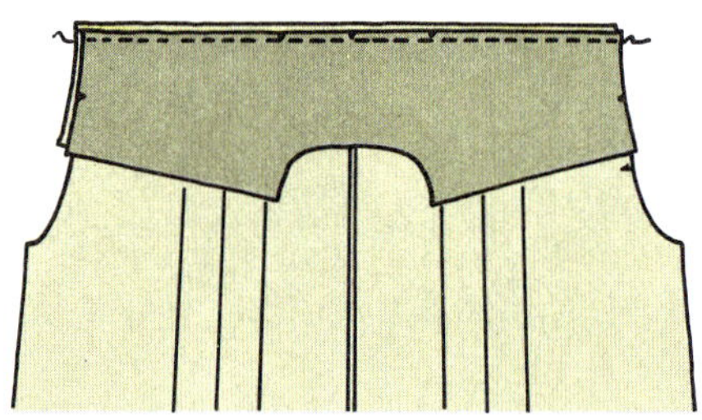

1 Placez le dos de la robe entre les deux empiècements superposés endroit contre endroit; bâtissez les 3 épaisseurs; piquez à 1 cm.

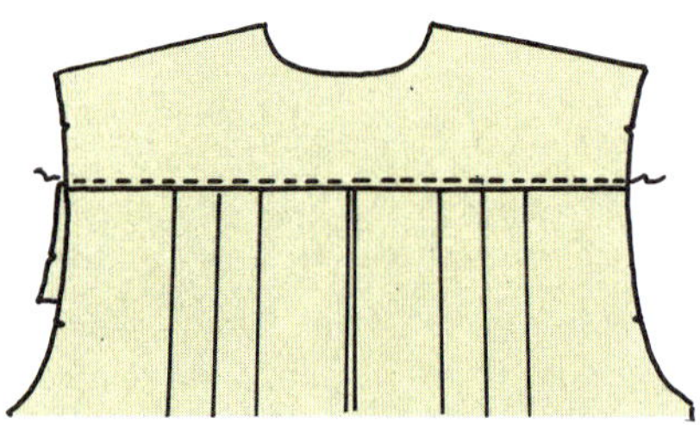

2 Retournez sur l'endroit, rabattez vers le haut l'empiècement du dessus et surpiquez nervure pour le maintenir (faites attention de ne pas prendre l'empiècement du dessous dans la piqûre).

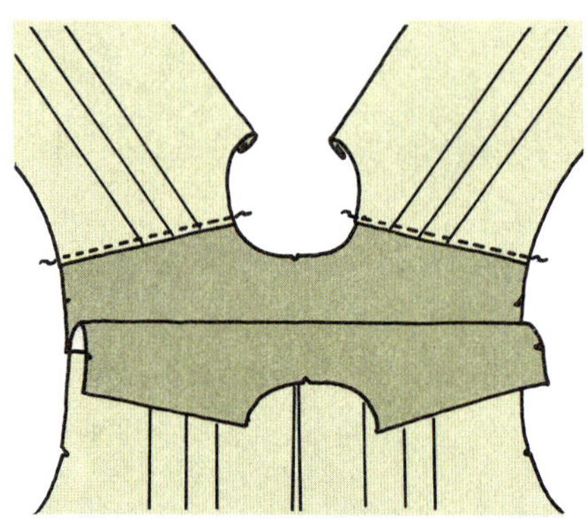

3 Pour monter l'empiècement sur les devants, repérez bien le côté encolure et le côté emmanchure; bâtissez l'endroit de l'empiècement de dessous, sur l'envers du devant; piquez à 0,75 cm.

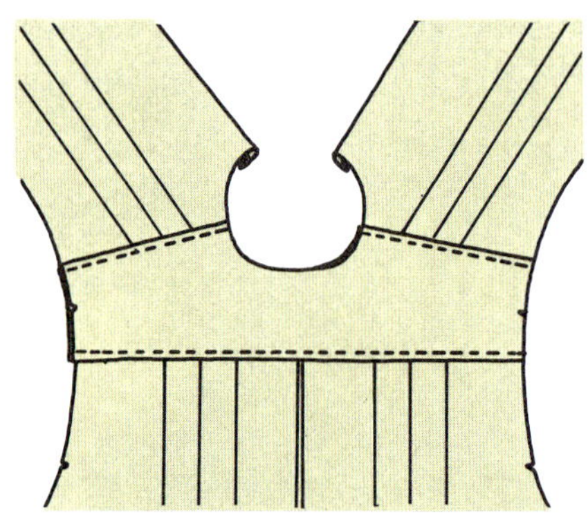

4 Sur l'endroit de la robe, rabattez le dessus de l'empiècement en faisant un rentré de 0,75 cm; piquez nervure en cachant la couture de montage.

Montage du col avec pied de col

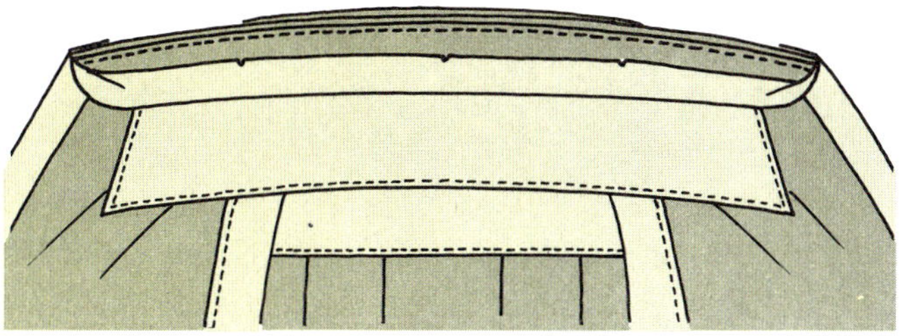

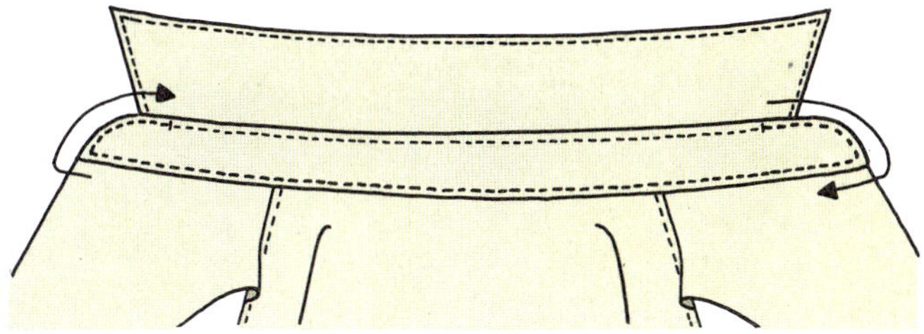

1 Placez le dessous du pied de col (partie non thermocollée) endroit contre envers de la robe. Raccordez les crans : celui du milieu du pied de col avec celui du milieu de l'empiècement, ceux du côté du pied de col avec les coutures d'empiècement, les extrémités du pied de col arrivent au ras du bord de la gorge. Bâtissez. Piquez à 0,75 cm.

2 Rabattez le pied de col en faisant un petit rentré et en cachant la couture de montage; piquez nervure en partant de la piqûre de maintien du pied de col et en finissant sur cette piqûre à l'autre extrémité du pied de col.

Montage des manches

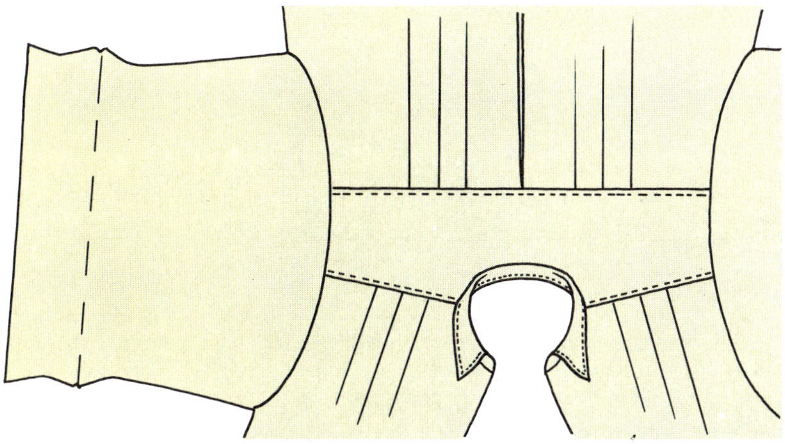

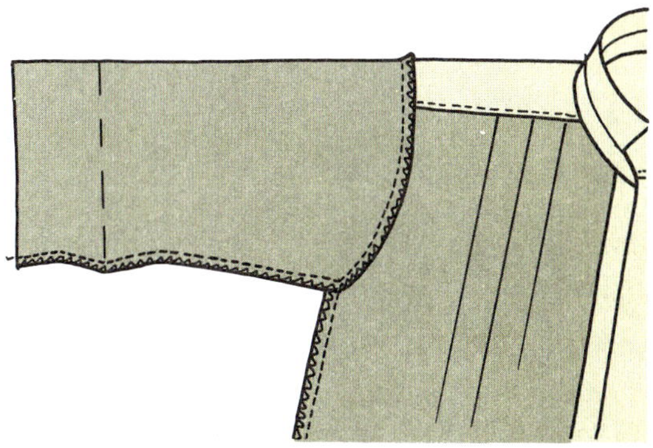

1 Montez-les à plat sur la robe, le cran du milieu se raccordant avec le cran du milieu de l'empiècement qui marque l'épaule; piquez à 1 cm. Surfilez en double la couture que vous tournerez vers la robe.
Bâtissez les coutures de côté en débutant par le bas de la manche, jusqu'au bas de la robe; faites raccorder les coutures d'emmanchure du devant et du dos, les crans du dos avec les poches et les crans de repère entre eux. Surfilez coutures fermées.

2 Faites l'ourlet de la manche : repliez au fer sur l'envers au cran du milieu; faites un rentré de 1 cm, bâtissez et piquez nervure en évitant de faire visser l'ourlet. Pliez ensuite au fer les revers sur l'endroit et maintenez-les en place par une piqûre dans la couture de la manche.

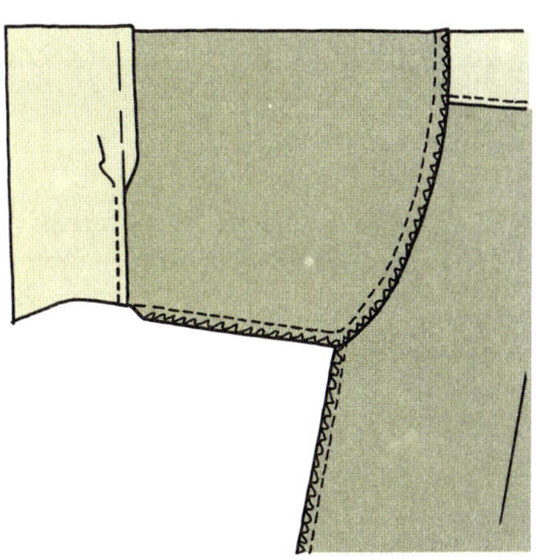

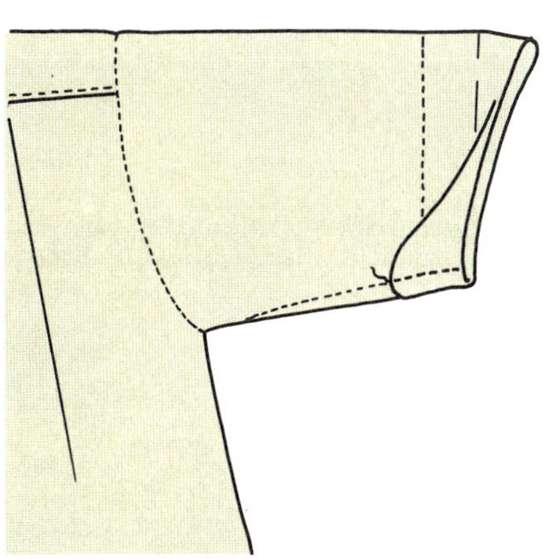

Les finitions

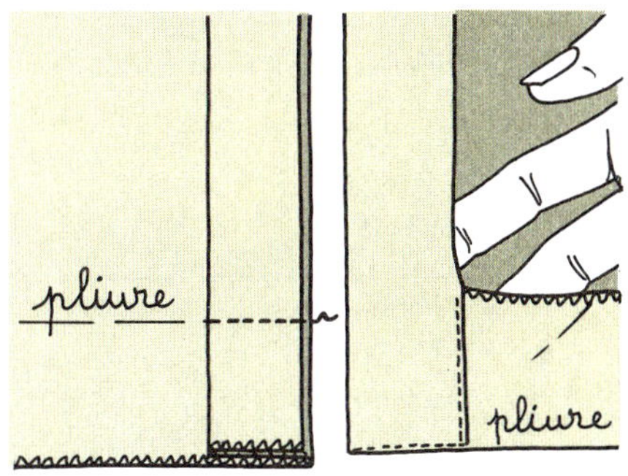

Surfilez le bas de la robe.
Faites un fourreau de 4 cm de hauteur dans le bas de chaque côté des devants : retournez la gorge sur le devant; piquez horizontalement au niveau de la ligne de pliure. Retournez et piquez verticalement le long de la gorge pour maintenir l'ourlet, mais en faisant attention de ne pas prendre le tissu du vêtement.

Faites l'ourlet à points invisibles.
Brodez les boutonnières de 2 cm de long, la première horizontale sur le pied de col du devant droit; les sept autres seront verticales et espacées de 10 cm; cousez les boutons.

Robe habillée

En crêpe lourd ou en satin, cette robe aux manches chauve-souris, décolletée dans le dos, fera une tenue du soir idéale. Elle sera très seyante également en jersey, vous la porterez comme robe d'après-midi, car les plis souples retenus à la taille donnent de l'aisance et un tombant très chic.

FOURNITURES

- Crêpe lourd ou satin : 5,50 m en 110; jersey : 3,30 m en 140; pour toutes les tailles.
- Thermocollant : 1,20 m en 90
- 1 fermeture à glissière de 18 cm.
- 1 boucle de 5 cm à faire recouvrir.
- 6 boutons de 10 mm de diamètre à donner à recouvrir.

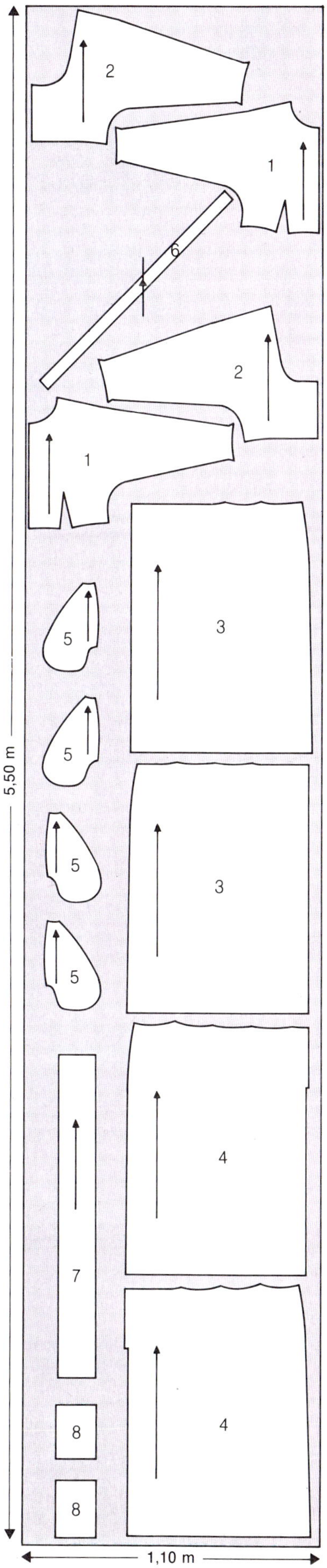

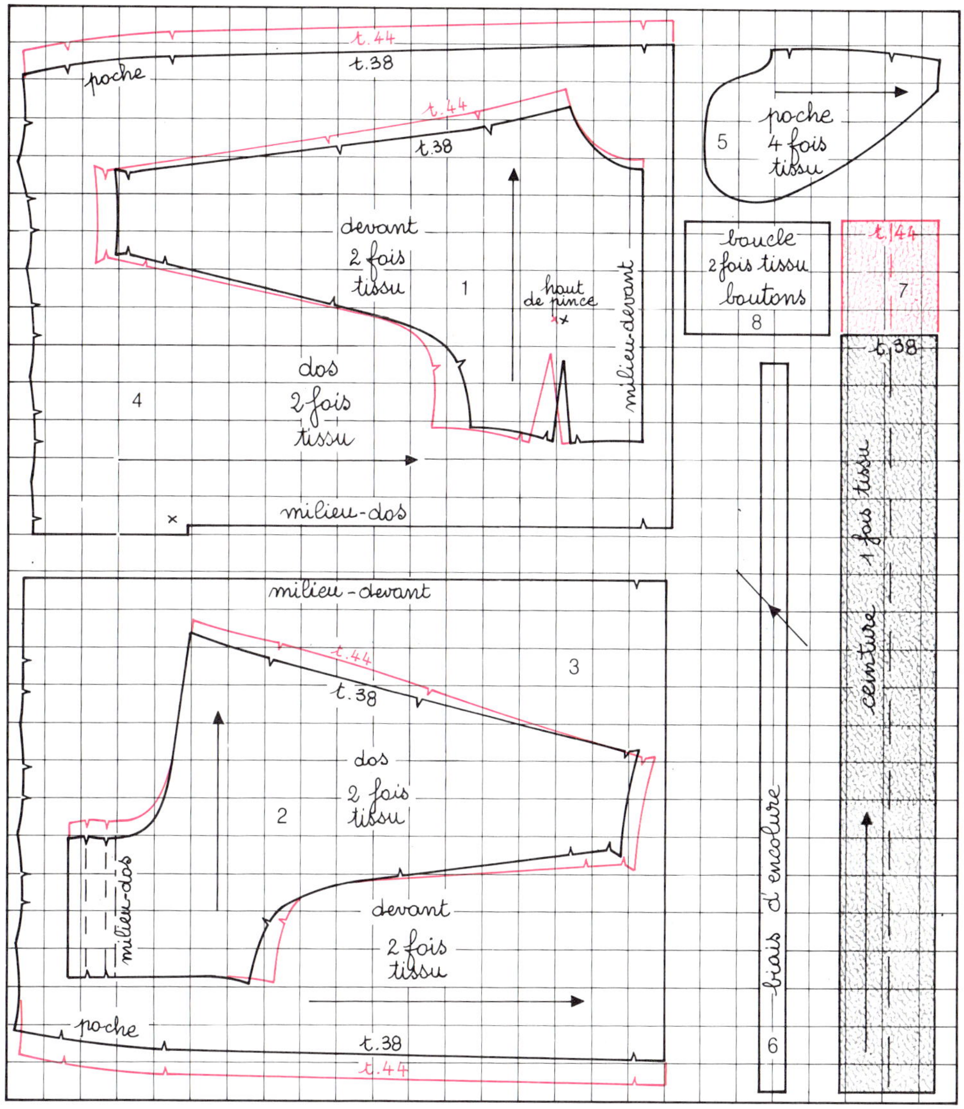

Le plan de coupe

Le patron

Valeur des coutures

Épaules, côtés, taille, milieu-devant, milieu-dos : 1 cm; encolure : 0,5 cm; bas des manches : deux fois 0,5 cm.

La coupe

Pour l'encolure, il vous faudra couper un biais de 3 cm de large et de 93 cm de long si vous taillez la robe dans un satin ou un crêpe. Mais si vous avez choisi un jersey, c'est une bande de tissu de 3 cm de large et de 96 cm de long, coupée dans le droit-fil et dans le sens de la maille, qui remplacera le biais.

Préparation

Thermocollez la ceinture en entier.

Pliez au fer la ceinture et le biais d'encolure en deux, envers contre envers.

Repliez au fer également les pattes du dos du corsage deux fois sur elles-mêmes de 2,5 cm sur l'envers du vêtement.

Fourreautez la ceinture, retournez, repassez en ressortant bien la couture. Posez la boucle (voir p. 95).

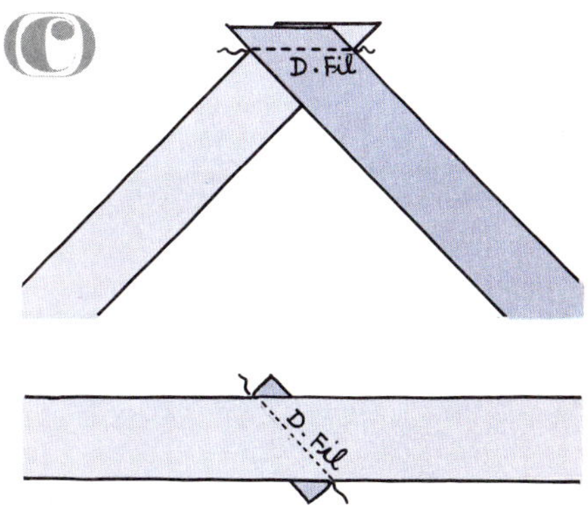

Raccord de biais

Une règle impérative :

Si, pour avoir la longueur nécessaire, vous devez faire un ou plusieurs raccords, la ou les coutures doivent toujours être dans le droit-fil.

Assemblage du corsage

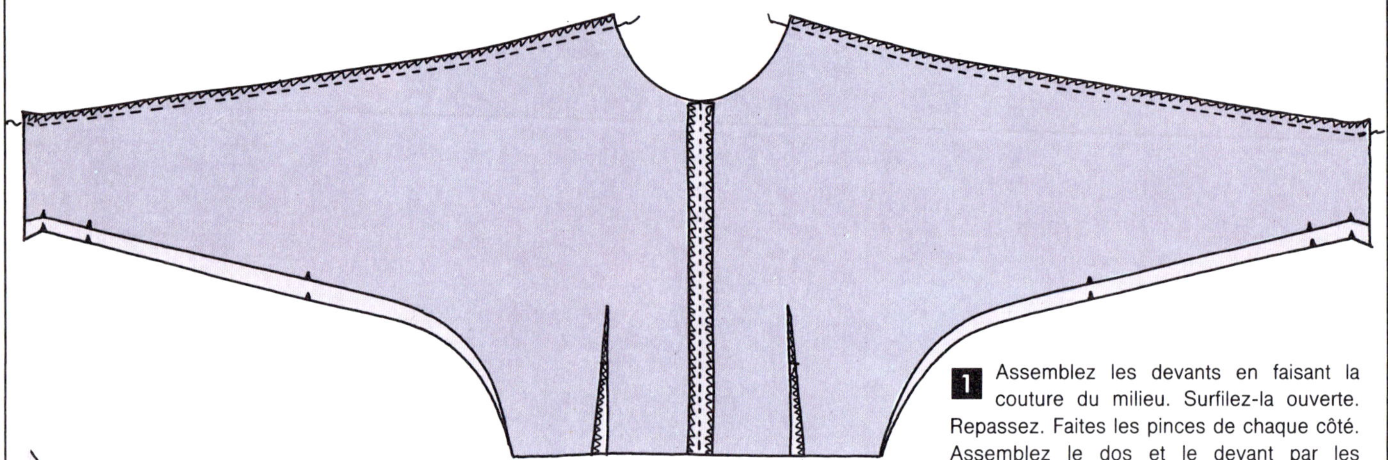

1 Assemblez les devants en faisant la couture du milieu. Surfilez-la ouverte. Repassez. Faites les pinces de chaque côté. Assemblez le dos et le devant par les coutures d'épaule. Surfilez en double.

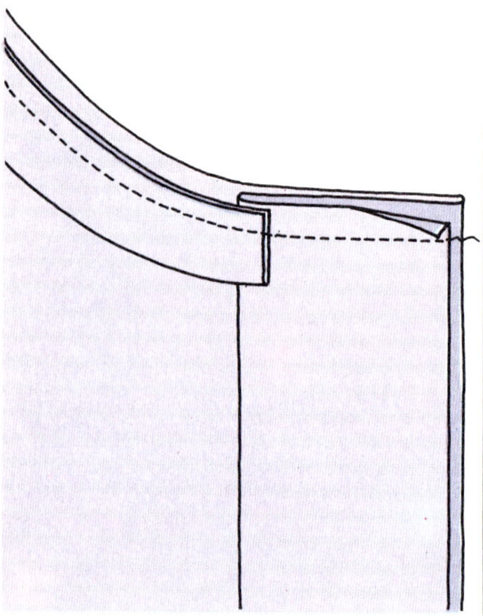

2 Posez le biais d'encolure double sur l'endroit. Bâtissez, en tirant sur le biais pour suivre l'arrondi de l'encolure, jusque sur les bords des parmentures repliées sur l'endroit. Piquez.

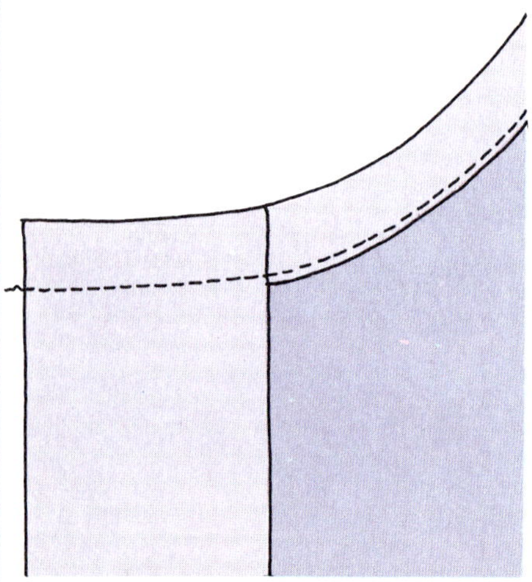

3 Retournez et rabattez le biais sur l'envers en faisant une piqûre nervure.

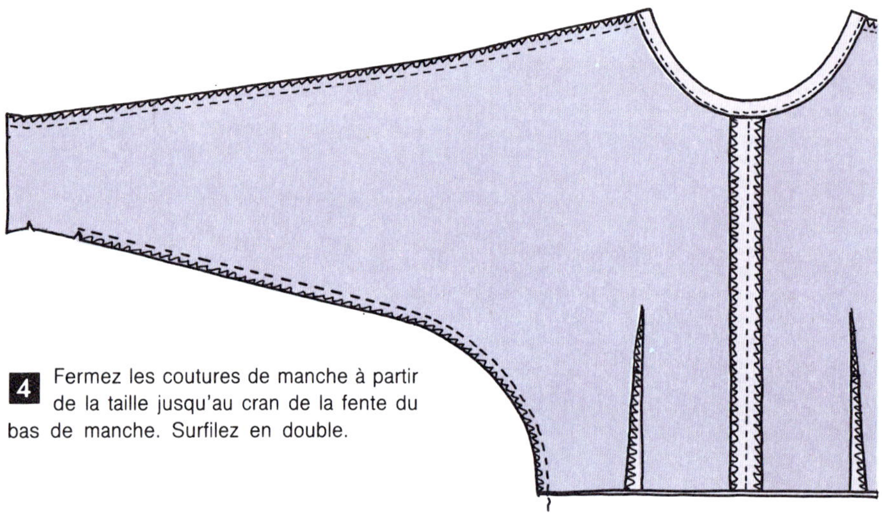

4 Fermez les coutures de manche à partir de la taille jusqu'au cran de la fente du bas de manche. Surfilez en double.

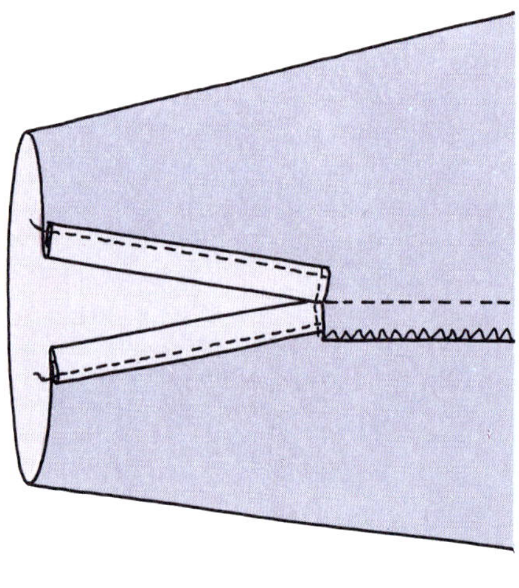

5 Piquez un petit rempli de 0,5 cm avec repli, de chaque côté de la fente. Au fond de la fente, faites un tout petit rentré et une piqûre de maintien en travers.

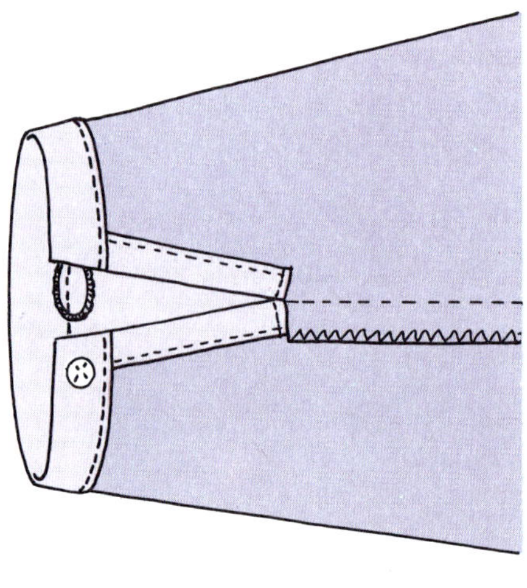

6 Ourlez le bas des manches en rempliant deux fois 0,5 cm et piquez nervure. Brodez une bride au poignet (voir p. 50) dont l'ouverture aura 1,5 cm de long, au ras de l'ourlet sur le devant. Fixez le bouton correspondant sur l'autre côté de la fente.

Assemblage de la jupe

Faites la couture du milieu-devant.

Posez les poches dans les coutures de côté sur le devant (voir p. 151).

Faites la couture du milieu du dos jusqu'au cran de fermeture, surfilez ouvert. Repassez.

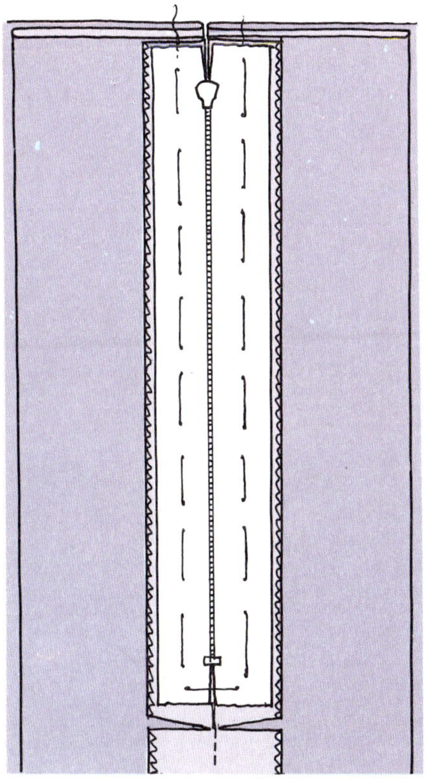

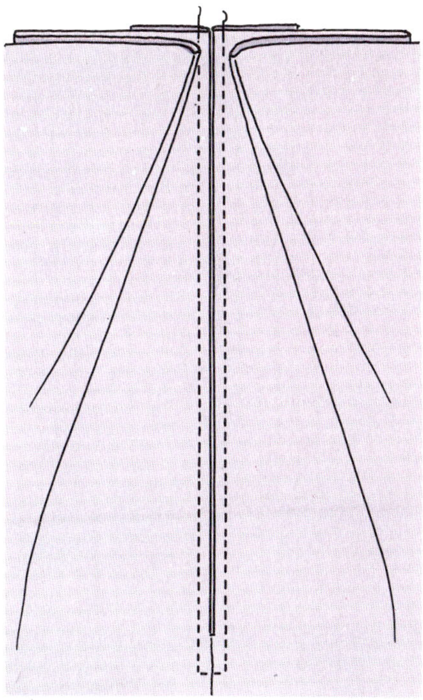

1 Montez la fermeture à glissière : bâtissez les deux côtés de la couture ouverte sur la fermeture de telle sorte que les bords arrivent juste au milieu de la fermeture et la cachent complètement.

Changez votre pied presseur et piquez tout autour à 0,75 cm.

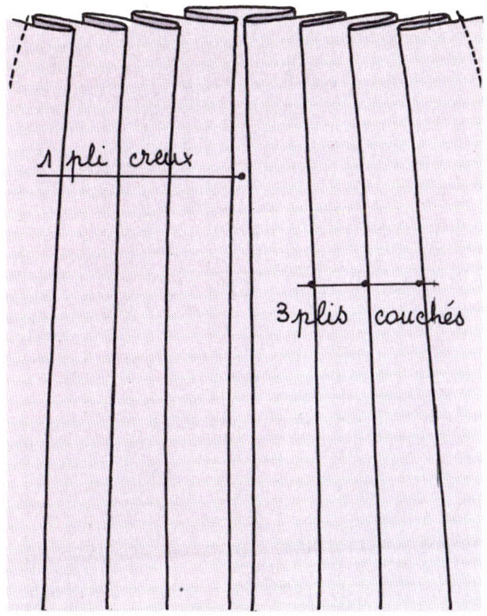

2 Faites les coutures de côté en mettant le dos sur le devant, endroit contre endroit; piquez à 1 cm, surfilez en double.
Bâtissez les plis souples à la taille en vous référant aux crans : au milieu-devant et au milieu-dos, faites un pli creux, puis, de chaque côté, trois plis couchés vers le milieu.

Montage de la jupe et du corsage

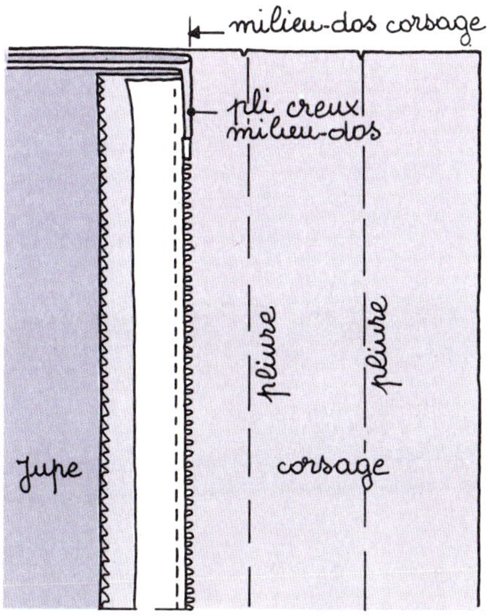

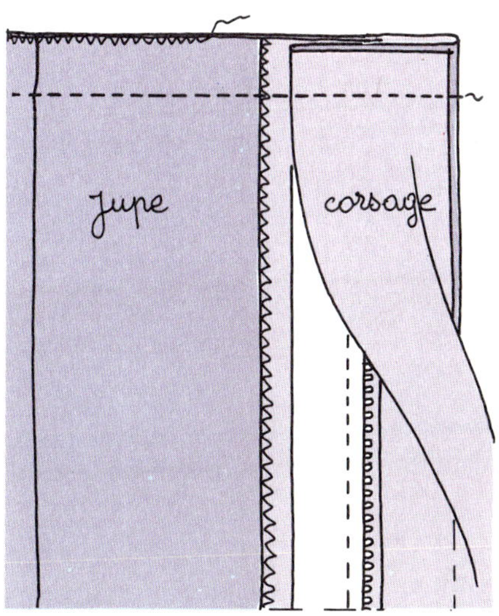

Bâtissez la jupe sur le corsage; ouvrez la fermeture, chaque bord arrive au creux du décranté; faites les fourreaux au bas des bords du dos du corsage. Piquez la couture à la taille à 1 cm, surfilez en double. Retournez les fourreaux.

Faites un ourlet de 4 cm à points invisibles. Brodez 4 boutonnières horizontales de 14 mm sur le côté gauche, à 1 cm du bord, la première au pied du biais, les autres espacées de 4,8 cm. Posez les boutons.

Spencer et jupe à lés

Cette veste courte en toile de lin grège agrémentée de doubles piqûres a de vraies poches prises dans l'empiècement. Elle sera très agréable à porter au printemps ou au début de l'été.
La jupe ample, à huit panneaux, est facile à réaliser. Taillez-en donc plusieurs au gré de votre humeur : une comme celle que nous vous présentons, en toile de lin, pour composer un ensemble avec la veste; une autre en toile de soie, pour le soir; une troisième en jersey pour l'automne.

FOURNITURES

Spencer :

- Toile de lin : 1,65 m en 140 pour toutes les tailles.
- Thermocollant : 40 cm en 90.
- Boutons : 4 de 14 mm de diamètre; 4 de 10 mm de diamètre.

Jupe :

- Toile de lin, toile de soie, jersey : 3,10 m en 140 pour toutes les tailles.
- Thermocollant : 5 cm en 90.
- Fermeture à glissière de 18 cm.
- 1 bouton de 12 mm de diamètre.

Le spencer

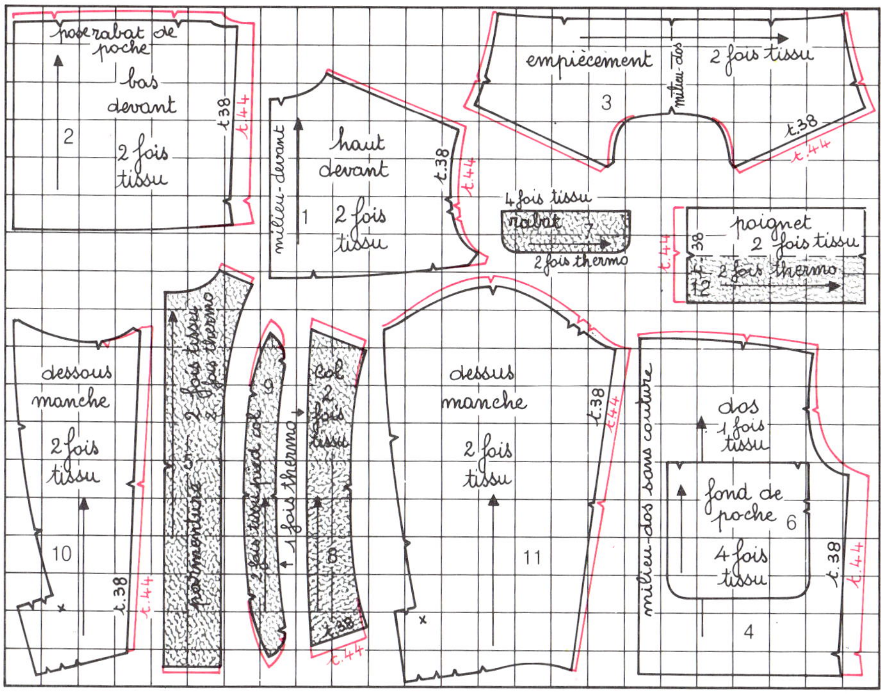

Le plan de coupe

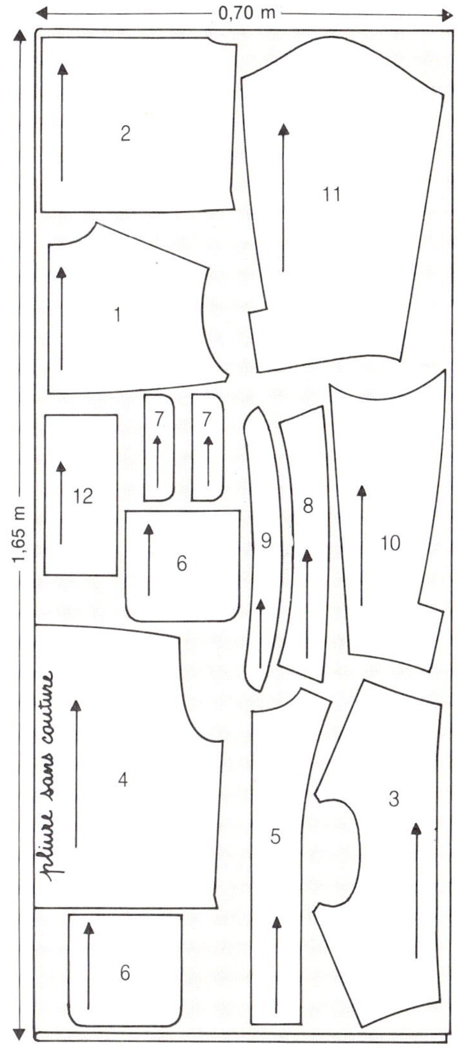

Le patron

Le patron
Les deux parties du dos étant identiques, nous n'avons représenté qu'un demi-dos.

Valeur des coutures
Empiècement, côtés, emmanchures, coutures des manches : 1 cm; encolure, col, pied de col, montage des parmentures, fourreaux des rabats de poche, bas de manche, poignet : 0,75 cm.

La coupe
Elle se fait tissu plié. Il est impératif que la ligne du milieu-dos soit à la pliure.

Préparation
Thermocollez les parmentures, le dessus du col, du pied de col, des rabats de poche et des poignets.
Montez le col sur le pied de col comme il est indiqué p. 99.

Les poches

1 Préparez les rabats de poche : positionnez les morceaux thermocollés sur les morceaux sans thermocollant, endroit contre endroit. Sur les côtés thermocollés, tracez au crayon la forme de vos arrondis avec un gabarit (voir encadré p. 149) pour avoir les quatre coins semblables. Piquez à 0,75 cm, dégarnissez les arrondis, retournez, repassez sans déformer, surpiquez nervure.

2 Posez les fonds de poche sur le bas des devants entre les crans; bâtissez endroit contre endroit, piquez, retournez le fond de poche envers contre envers du chemisier surpiquez nervure le bord bien repassé.

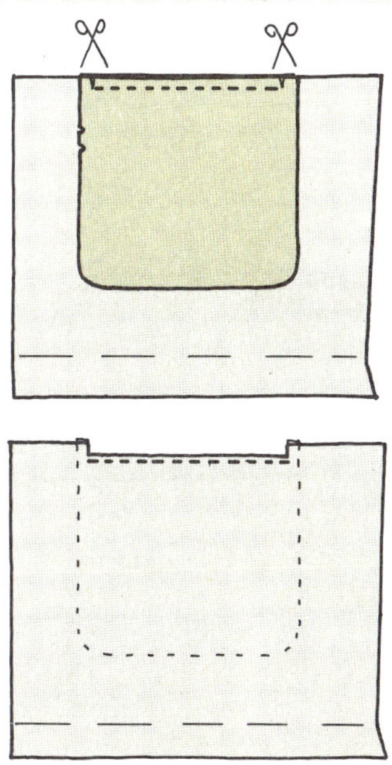

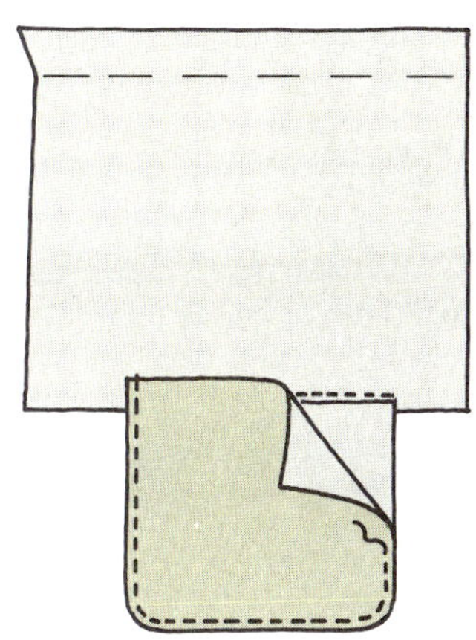

3 Fermez les fonds de poche en appliquant le deuxième fond de poche exactement sur le premier, endroit contre endroit; piquez tout le tour à 1 cm.

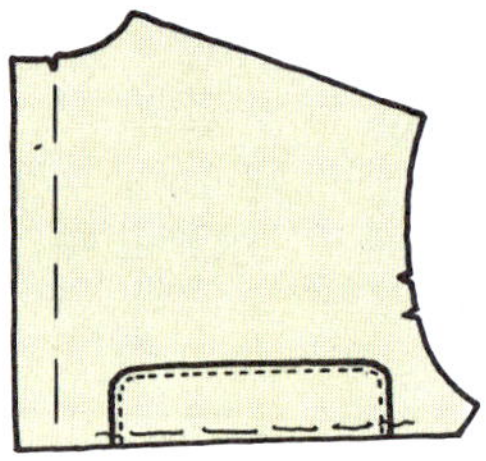

4 Bâtissez les rabats sur le haut des devants entre les crans, dessus du rabat (thermocollé) contre endroit du vêtement.

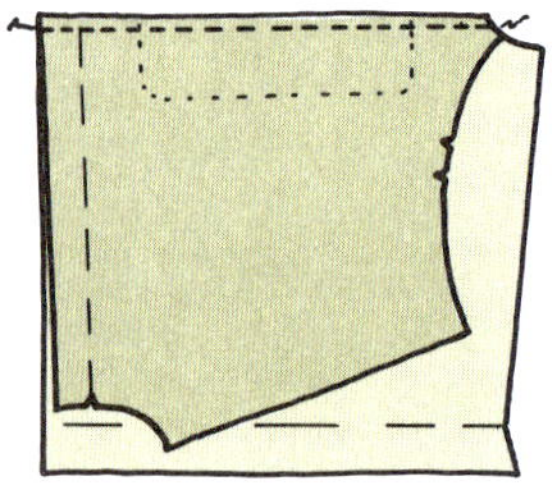

5 Appliquez le haut du chemisier sur le bas, endroit contre endroit. Bâtissez pour que les rabats correspondent bien avec l'ouverture des poches. Piquez à 1 cm.

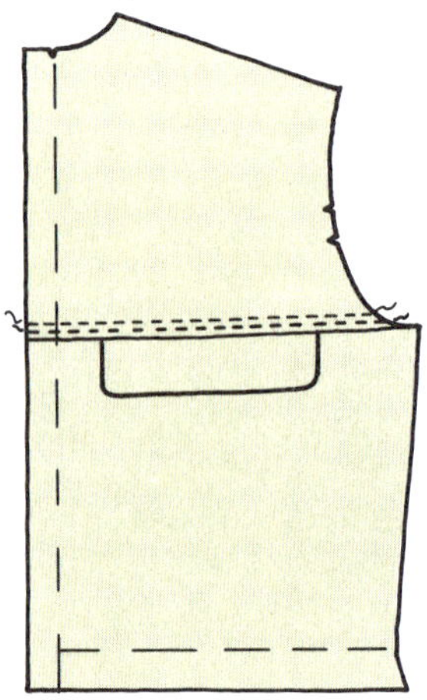

6 Repassez en baissant le rabat sur la poche, la couture de montage est tournée vers le haut. Surfilez-la en double. Surpiquez nervure sur le bord, puis à 0,5 cm.

Assemblage du dos et du devant

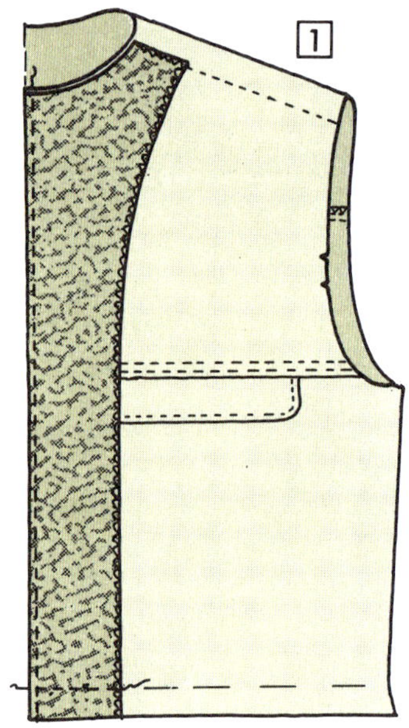

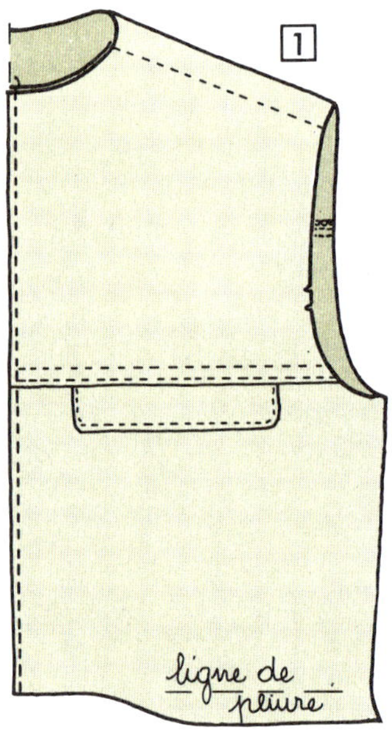

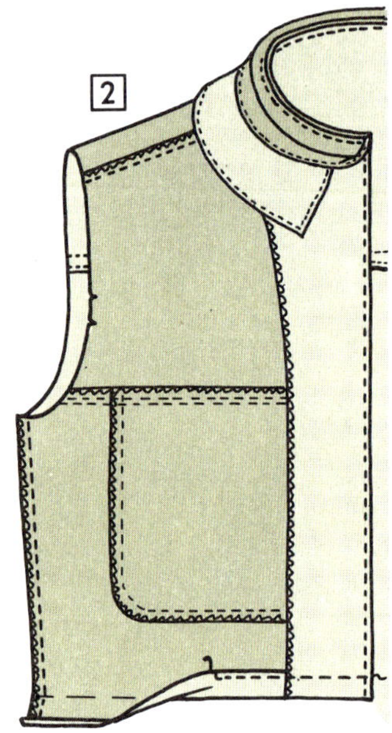

Montez l'empiècement en suivant les explications de la page 140. Mais en plus, vous referez sur le devant et sur le dos une piqûre à 0,5 cm de la surpiqûre nervure. Piquez les coutures de côté. Surfilez en double.

1 Montez les parmentures endroit contre endroit du vêtement. Piquez à 0,5 cm au bord du devant et en bas horizontalement au niveau de la ligne de pliure de l'ourlet (à 3 cm du bas). Retournez, repassez, surpiquez nervure sur le bord du devant.

2 Sur l'envers du vêtement, bâtissez le haut de la parmenture sur l'encolure. Bâtissez l'endroit du dessous (non thermocollé) du pied de col sur l'envers de la chemise; la couture étant à 0,75 cm du bord, il faut faire de petits points pour maintenir le tout. Piquez. Retournez. Rabattez nervure sur l'endroit en cachant la piqûre de montage. Dans le bas du vêtement, faites un rentré de 1 cm et piquez nervure un ourlet de 2 cm.

Les manches

1 Fermez la couture du coude : piquez à partir de la fente du bas signalée par les petites parmentures à replier. (Faites très attention de ne pas faire deux manches pour le même côté. Pour être sûre de ne pas vous tromper, placez les deux grands morceaux face à face, l'endroit au-dessus; appliquez les petits morceaux dessus endroit contre endroit.)

2 Dépliez, après avoir surfilé en double; surpiquez nervure sur la couture, puis piquez encore 0,5 cm plus loin. Repliez deux fois les parmentures sur elles-mêmes de chaque côté, aux crans; maintenez par une piqûre nervure au bord du rempli.

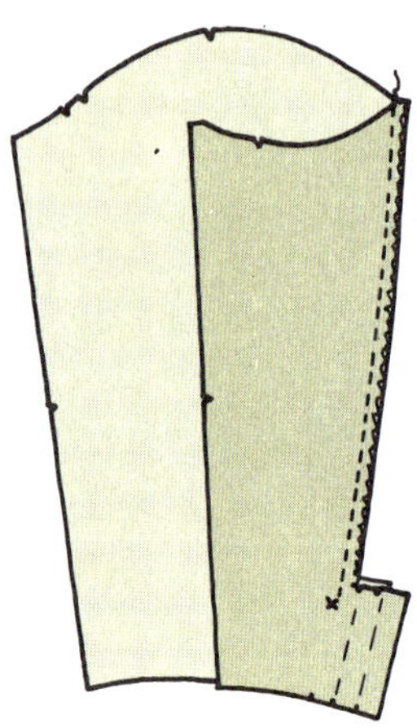

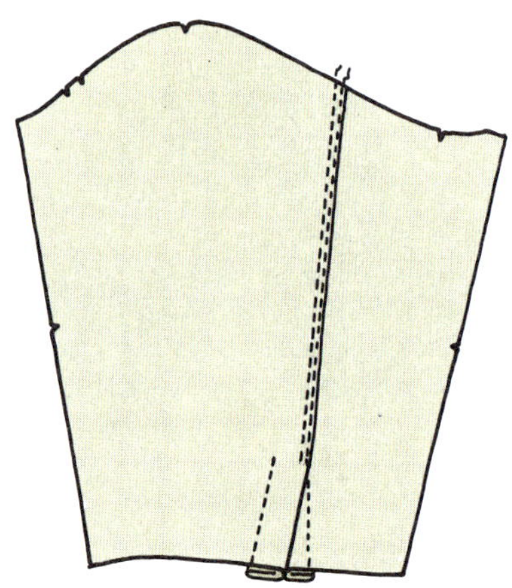

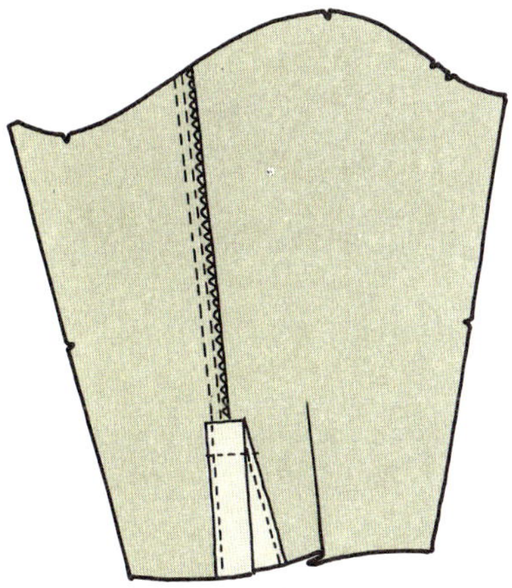

3 Couchez l'ouverture vers le petit côté; celle-ci doit continuer dans le même sens que la couture de coude. Maintenez les hauts des parmentures sur l'envers par une piqûre en travers; faites la même chose sur le dessus en piquant de la couture de la manche à la piqûre du rempli.

Fermez la manche en piquant la deuxième couture que vous surfilez en double. Bâtissez un pli souple aux crans du bas de la manche, tourné (sur l'endroit) vers la fente.
Montez les poignets (voir p. 132).
Épinglez et bâtissez les manches : le cran de dessous de la manche correspond à la couture de côté, le cran du haut correspond à la couture d'empiècement devant, le cran du dos correspond à la couture du coude. Couchez la couture vers le vêtement, surfilez en double et surpiquez nervure, puis 0,5 cm plus loin.
Brodez les boutonnières. Sur le devant, elles ont 1,8 cm de long. La première, horizontale, est brodée sur le pied de col, elle est à 1,5 cm du bord. Les suivantes sont verticales et espacées de 8,5 cm. Sur le bas des manches, exécutez une boutonnière horizontale de 1,5 cm de long au milieu de chaque poignet à 0,7 cm du bord, et une autre verticale sur la patte, à 7 cm de la première.
Cousez les boutons.

La jupe

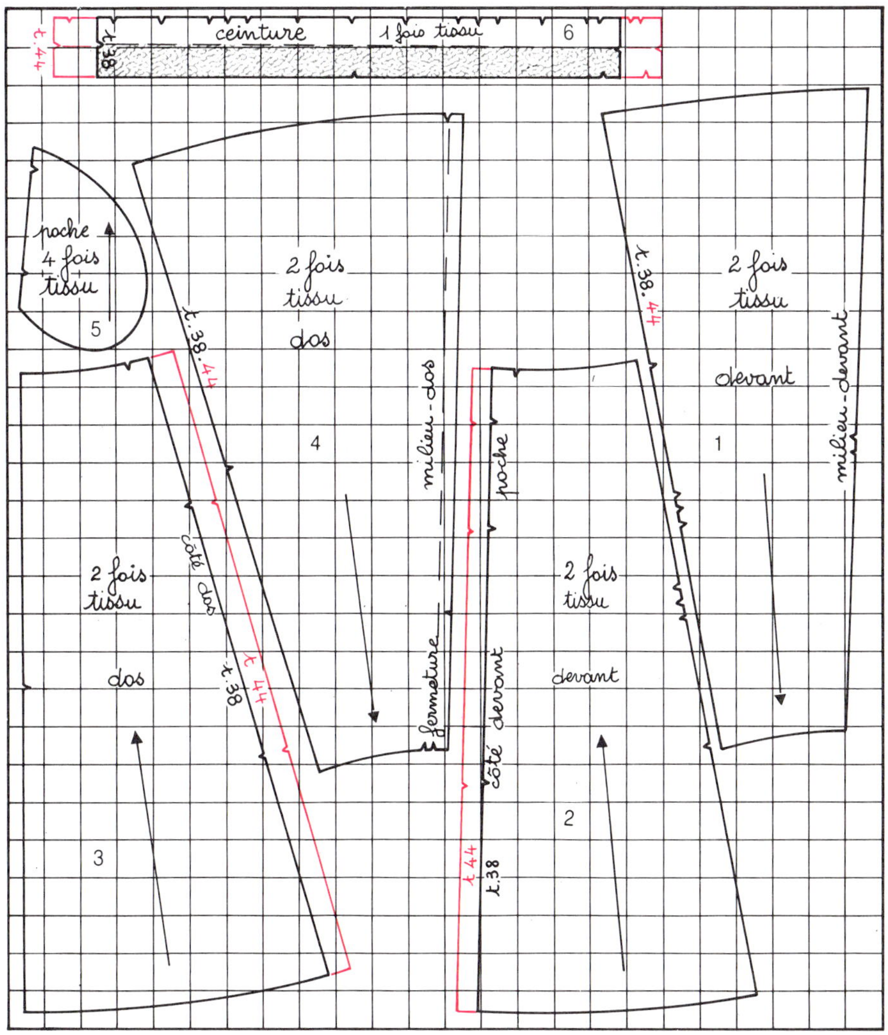

Le patron

Le patron
Chacun des panneaux représentés ici sera coupé deux fois.

Valeur des coutures
1 cm partout, sauf milieu-dos : 2 cm.

Préparation
Dans le sens de la longueur, thermocollez la moitié de la ceinture, pliez-la en deux et cassez-la au fer.

Pour réussir les arrondis

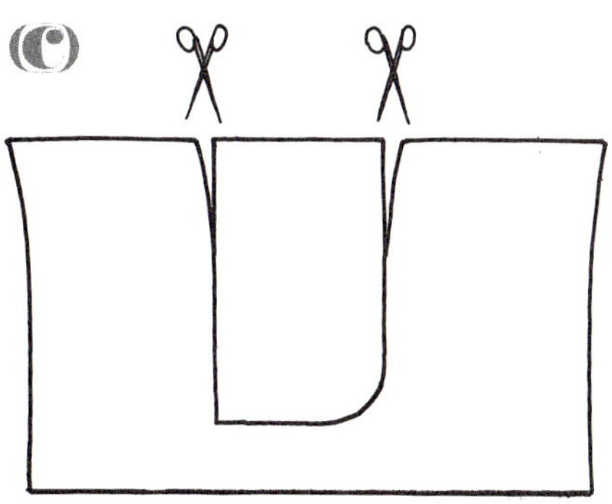

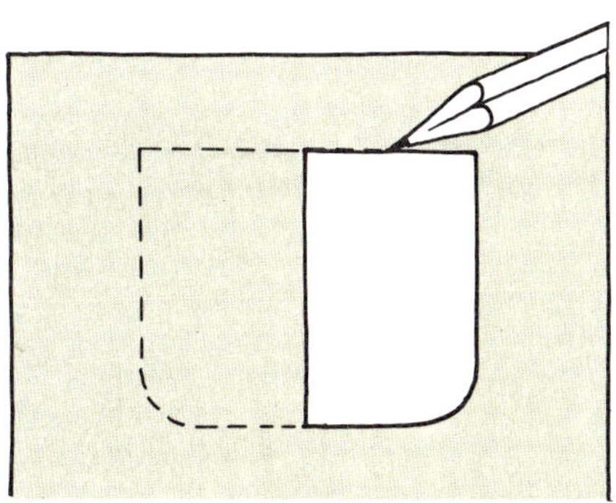

Pour piquer sans difficulté une forme arrondie (bas d'ouverture de pantalon, coins de poche), aidez-vous d'un gabarit que vous ferez vous-même. Sur un papier rigide ou cartonné, dessinez la forme souhaitée; si vous reproduisez cette forme à partir du patron, ôtez la valeur des coutures. Ensuite, avec ce gabarit, reportez au crayon sur le tissu la forme en question; piquez sur le trait de crayon.
Cette méthode est particulièrement efficace si vous avez plusieurs arrondis à faire et que vous vouliez qu'ils soient tous identiques.

Assemblage des lés

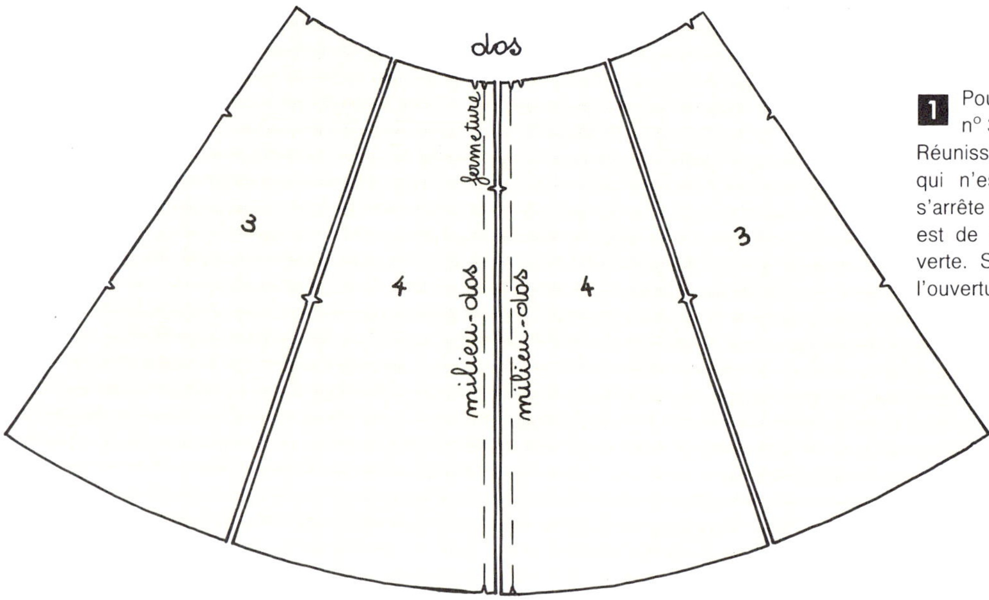

1 Pour le dos : assemblez deux fois les lés n° 3 et n° 4, endroit contre endroit. Réunissez-les par la couture de milieu-dos, qui n'est pas piquée jusqu'en haut; elle s'arrête au cran de l'ouverture. Cette couture est de 2 cm; repassez-la et surfilez-la ouverte. Surfilez aussi les bords du repli de l'ouverture.

2 Pour le devant : assemblez deux fois les lés n° 1 et n° 2 endroit contre endroit, réunissez-les par la couture du milieu-devant crantée de deux crans rapprochés.

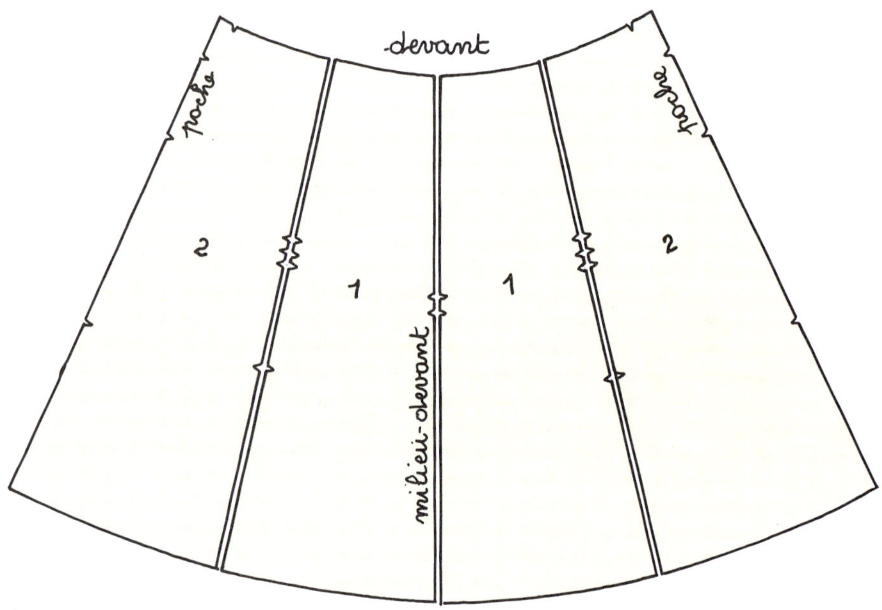

Le plan de coupe

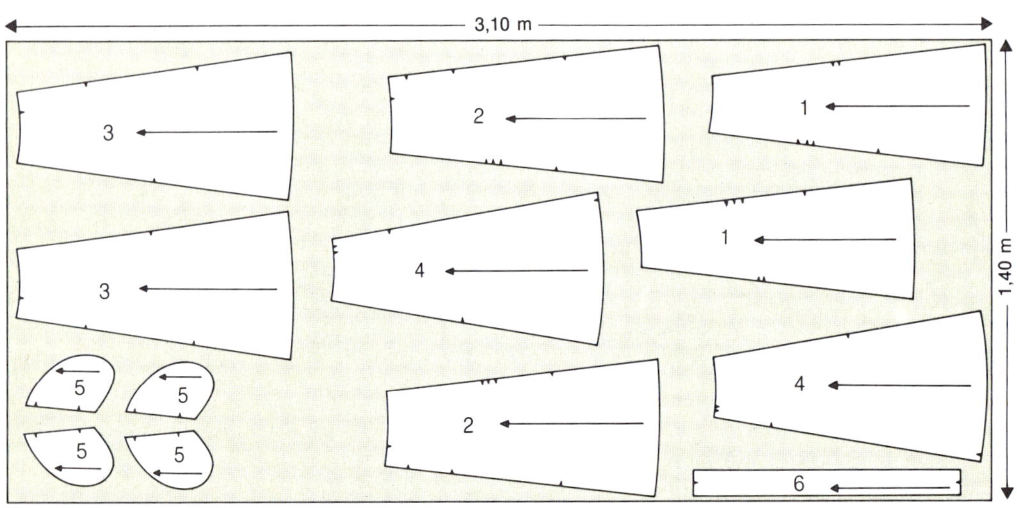

La coupe
Après avoir coupé un premier panneau, retournez le patron sur le tissu (le côté droit servant d'axe pivotant) pour tailler le deuxième. Reportez bien les numéros sur les pièces coupées, cela vous aidera au moment de l'assemblage.

Pose des poches dans la couture

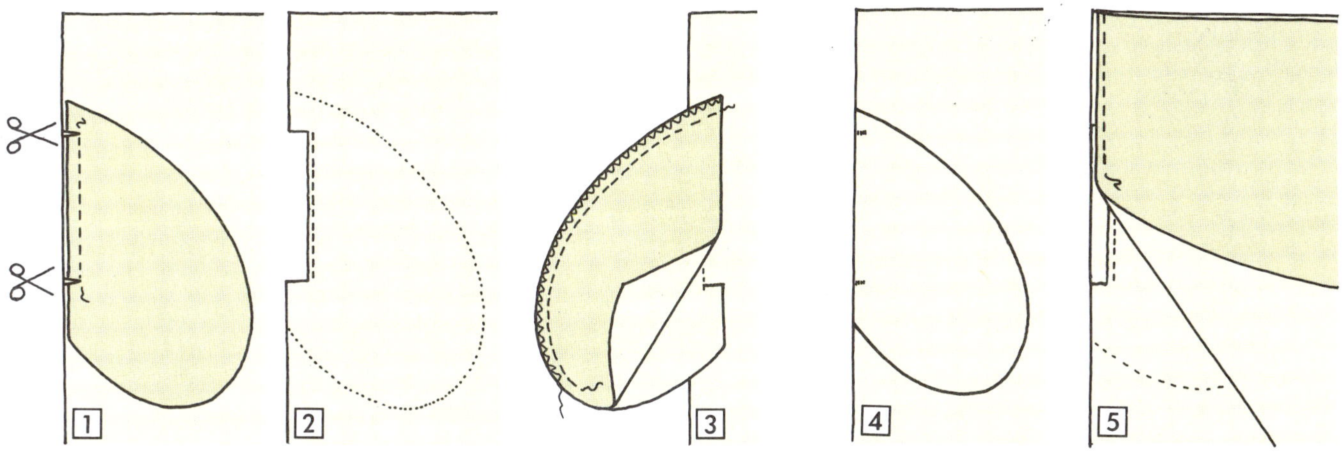

1 Entre les crans de la jupe, posez un fond de poche endroit contre endroit, piquez, puis crantez.

2 Retournez le fond de poche, sur l'endroit, surpiquez nervure au bord de l'ouverture.

3 Superposez le deuxième fond de poche, piquez le tour de la poche à 1 cm, surfilez ensemble.

4 Retournez la poche, et faites un point d'arrêt en haut et en bas de l'ouverture.

5 Retournez à nouveau la poche et assemblez le dos de la jupe au devant; piquez bien au ras de la poche; veillez à ne pas prendre le premier fond de poche dans la couture.

Pose de la fermeture à glissière

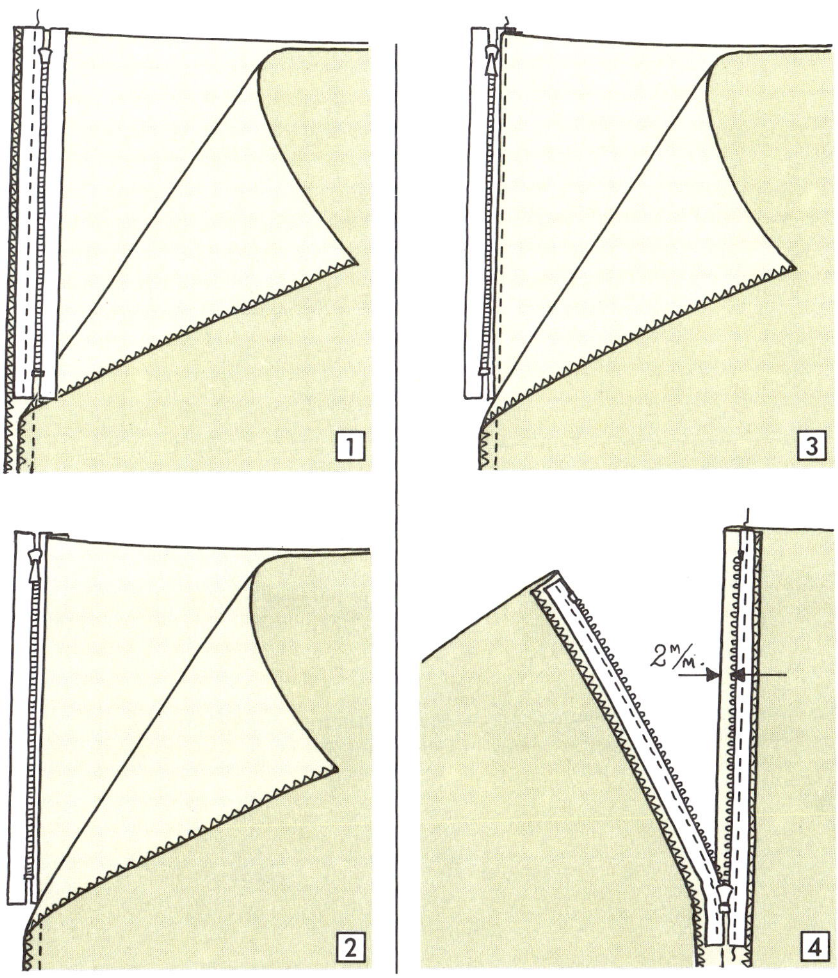

1 Posez la fermeture à glissière sur le côté droit du dos, endroit contre endroit; la chaîne est à droite au ras de la pliure de l'ouverture. Piquez sur le tissu de la fermeture à glissière.

2 **3** Retournez. Surpiquez nervure sur la pliure de l'ouverture sur l'endroit, avec le pied spécial fermeture à glissière.

4 Placez et bâtissez l'autre côté de la fermeture à glissière sur la ressource de couture repliée sur la jupe. Les mailles doivent arriver à 2 mm du bord de la pliure. Fermez la fermeture à glissière et, sur l'endroit, piquez à 0,75 cm du bord de la pliure. Au bas de la fermeture, faites une piqûre de maintien horizontale.

Montez la ceinture : procédez de la même façon que dans l'explication de la page 137, mais sans la pose de l'élastique. La ceinture démarre au ras de la fermeture sur le côté droit, mais elle dépasse de 2 cm à gauche. Toutes les coutures sont surfilées en double, sauf celle du milieu-dos.
Faites un rempli double de 1 cm pour l'ourlet du bas, piquez nervure.

Brodez une boutonnière de 1,6 cm sur le bout de la ceinture qui dépasse, à 1 cm du bord; posez le bouton sur le côté droit.

Robe à smocks

Toutes les petites filles aimeront cette jolie robe si gracieuse avec ses smocks brodés, son col claudine bordé d'un liseré et ses manches ballon. Vous la réaliserez en liberty ou tout autre tissu léger à votre convenance, uni ou fantaisie, vous broderez les smocks en soie d'Alger avec des tons rappelant ceux du tissu ou contrastés. Le patron est donné pour le 4 ans, mais cette robe est très seyante aussi en 6 ans.

FOURNITURES

- Liberty : 2 m en 90. Pour le 6 ans, si vous prenez un tissu en 90, vous serez obligée de compter une hauteur en plus, vous aurez de la perte et vous devrez faire une couture sur le milieu-devant. Il vaut donc mieux acheter un tissu en 140; il vous en faudra 1,50 m.
- Thermocollant : 20 cm en 90.
- Liseré blanc : 65 cm.
- Lastex (si vous exécutez les smocks à la machine).
- Coton à broder.
- 4 boutons de 10 mm de diamètre à donner à recouvrir.

Le patron

Pour réaliser le patron en 6 ans, comptez en plus : 5 cm de tour de poitrine et de tour de taille; 7,5 cm de longueur de dos; 2,5 cm de longueur de manche; 1,5 cm de largeur de manche; 1 cm de longueur d'épaule; 1,5 cm de longueur de poignet (fermé); 2 cm de carrure-dos; 1,5 cm d'encolure (fermée).

Valeur des coutures

Empiècement, col, encolure, bracelet, manche, ceinture : 0,75 cm; côtés, épaules, emmanchures, dessous de manche : 1 cm.

La coupe

Veillez à couper avec soin le biais d'encolure. Respectez bien le sens du droit-fil indiqué sur le patron pour positionner cette pièce correctement sur le tissu.

Préparation

Thermocollez la moitié des bracelets des manches et le dessus des deux parties de col. Cassez les bracelets au fer en deux dans le sens de la longueur, envers contre envers. Repliez les parmentures du dos du corsage et du dos de la jupe deux fois sur elles-mêmes sur l'envers de la robe.

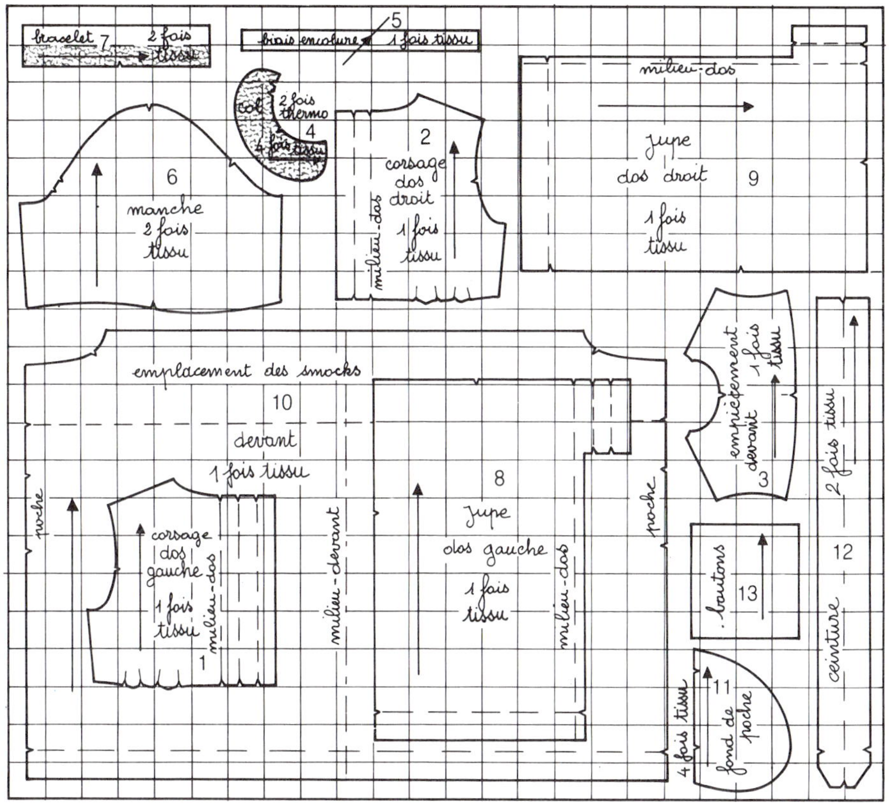

Le patron

Fourreautez les deux pans de la ceinture, sur la longueur et le bout en biseau. Retournez, repassez et surpiquez nervure sur les trois côtés fermés.

Les manches

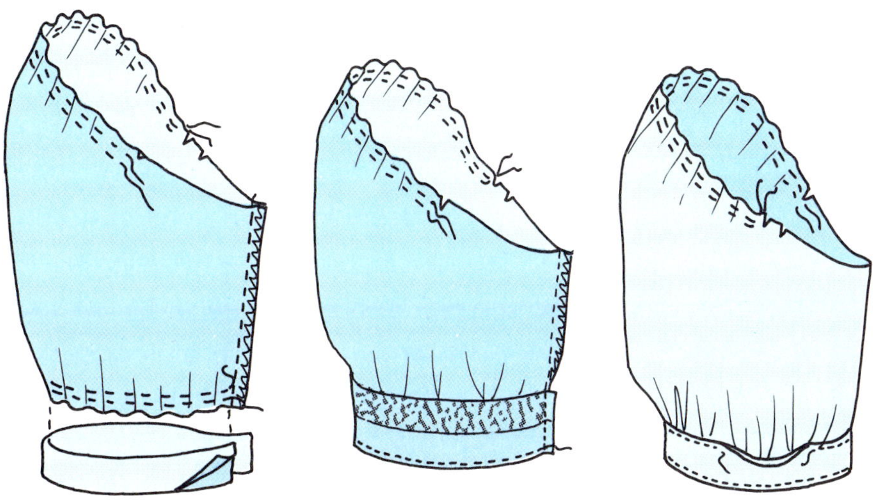

1 Après avoir fermé et surfilé en double les coutures de côté, passez 2 fils de fronces dans le bas et dans le haut.

2 Dans le bas des manches, tirez les fils de fronces pour obtenir la même longueur que celle des bracelets. Fermez ces derniers, puis posez l'endroit des bracelets sur l'envers des manches. Bâtissez en répartissant les fronces tout autour. Piquez à 0,75 cm du bord.

3 Rabattez sur l'endroit en faisant un rentré de 0,75 cm et piquez nervure. Piquez nervure également le bas des bracelets.

Le plan de coupe

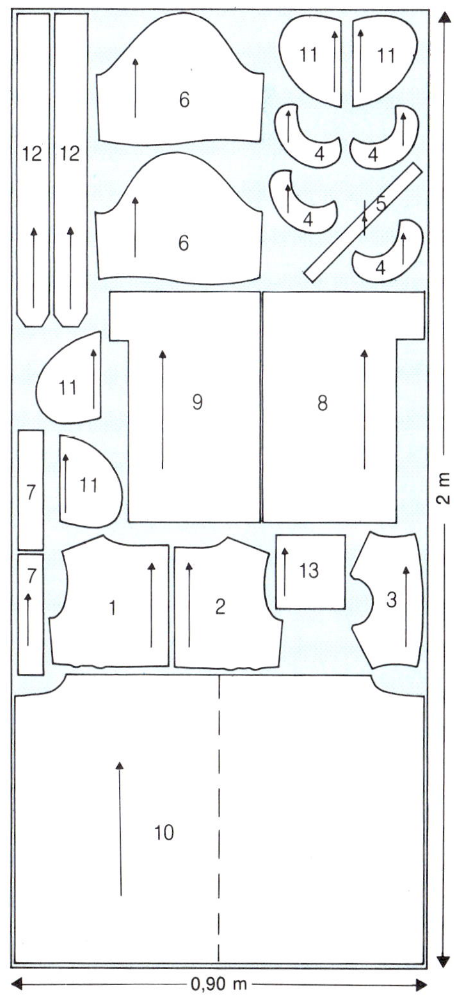

Le col

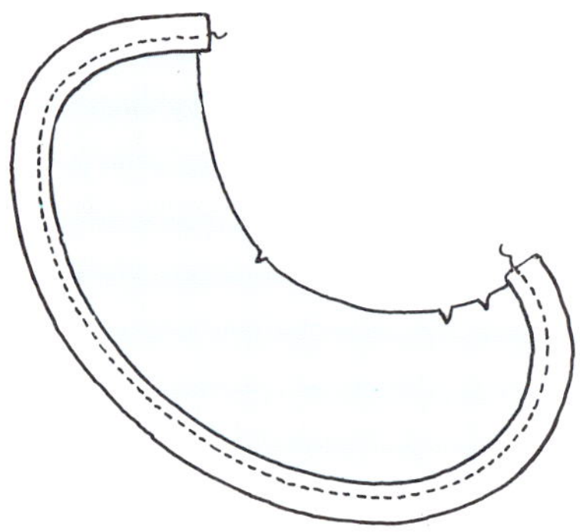

1 Posez le liseré sur le dessus des deux parties de col thermocollées. Bâtissez-le endroit contre endroit, la partie plate sur le bord du col. Piquez au ras de la partie renflée.

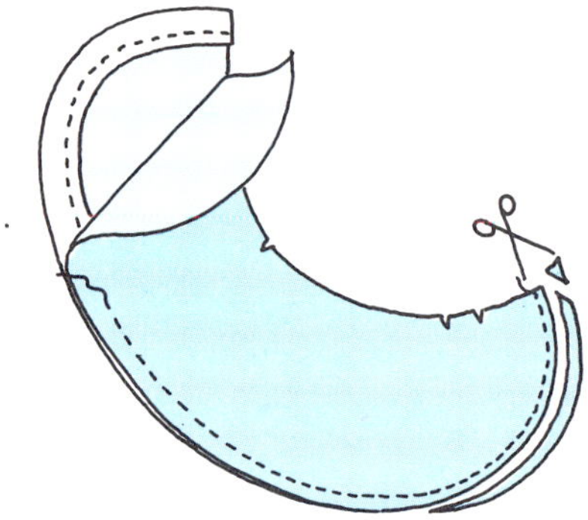

2 Assemblez les dessus avec les dessous du col : bâtissez endroit contre endroit, et piquez tout le tour sur la première piqûre; dégarnissez les arrondis et les coins.

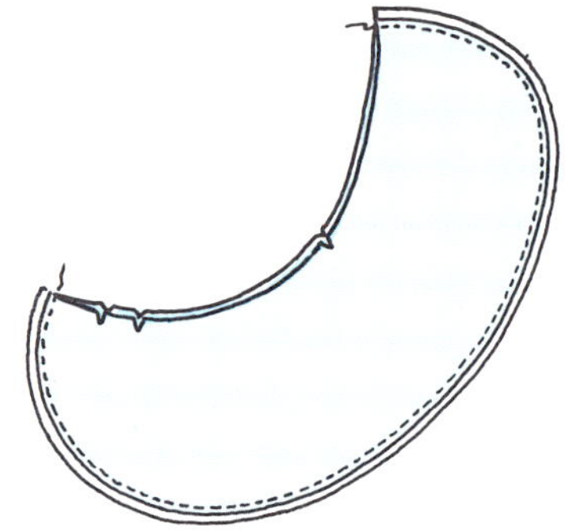

3 Retournez, repassez soigneusement en dégageant le liseré régulièrement, surpiquez nervure les côtés et le bas du dessus du col sur le tissu.

Assemblage du dos de la robe

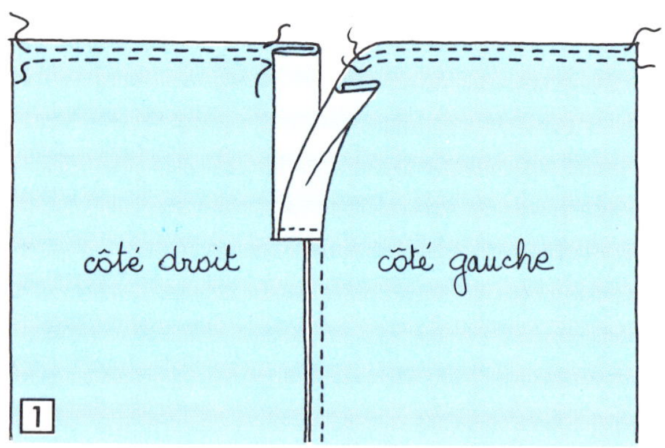

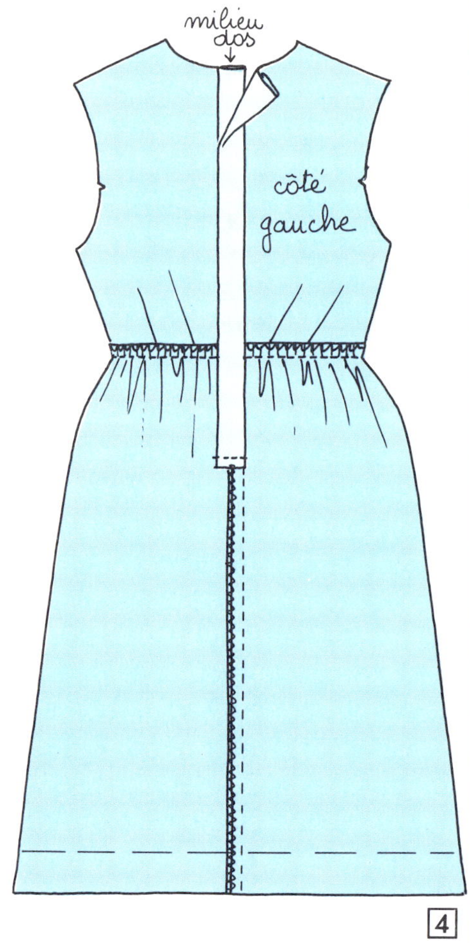

Montez les poches sur les coutures de côté du devant comme indiqué p. 151.

1 Fermez la couture du milieu-dos de la jupe à partir du bord inférieur des parmentures jusqu'en bas. Toujours sur la jupe, à la taille, passez 2 fils de fronces.

2 Sur le corsage, bâtissez les plis souples à la taille sur le dos.

3 Positionnez les deux parties du dos endroit contre endroit, bâtissez la taille en maintenant les plis souples dans la couture et en égalisant les fronces sur toute la largeur. Au milieu, dépliez une fois les parmentures. Piquez d'un côté à l'autre, parmentures comprises.

4 Surfilez en double la couture du milieu-dos et la couture de la taille. Repliez les parmentures une fois sur l'envers et faites un point d'arrêt sur le côté à la taille pour les maintenir repliées.

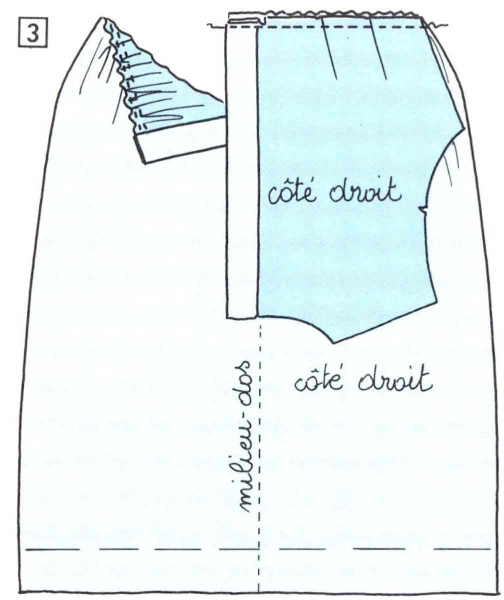

Assemblage du corsage et de la jupe

1
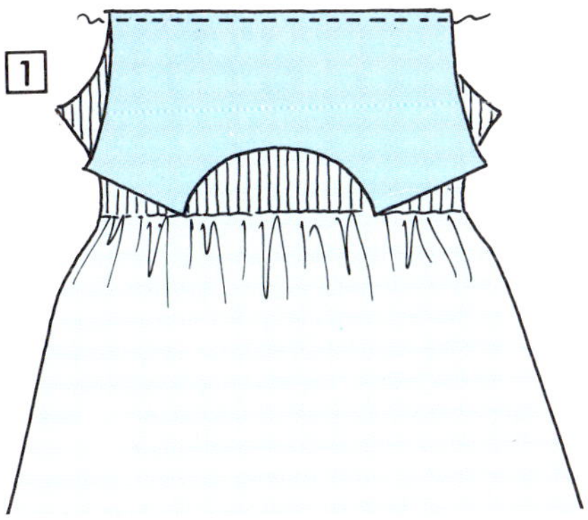

2
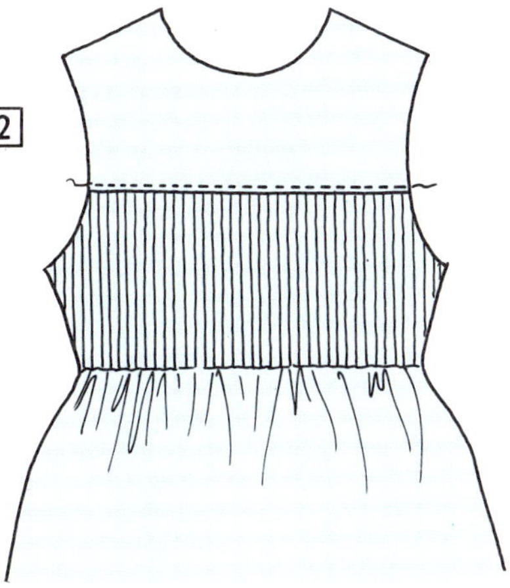

3

1 Après avoir exécuté les smocks, montez l'endroit de la jupe et de l'empiècement sur l'endroit des smocks, bâtissez du côté des smocks pour les égaliser.

2 Retournez sur l'endroit et faites une surpiqûre nervure sur le bord de l'empiècement.

3 Placez les deux pans de la ceinture sur le dos; bâtissez-les sur le corsage en partant de la couture de la taille. Faites les coutures d'épaule et de côté.

Montage du col

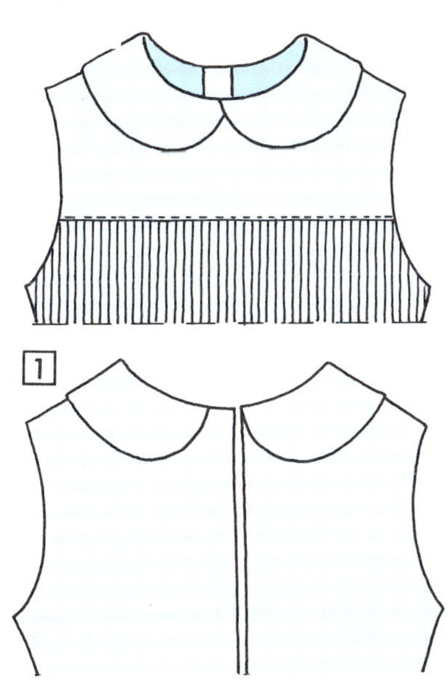
1

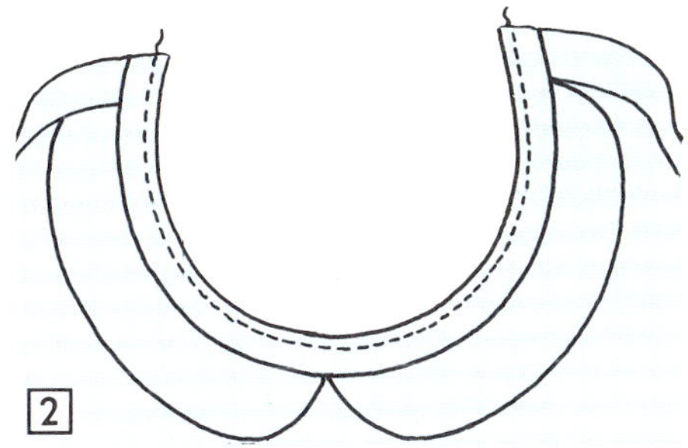
2

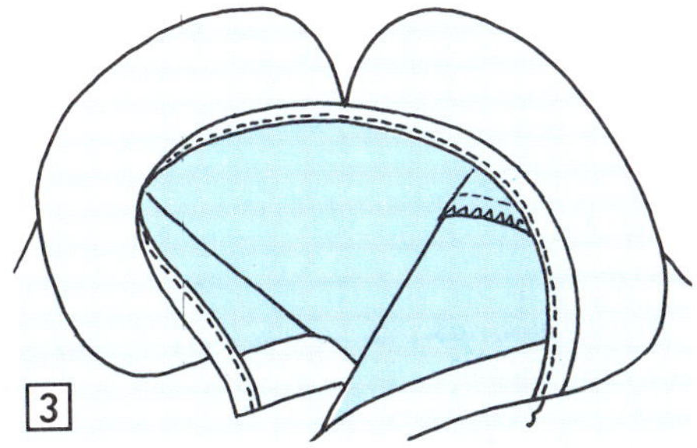
3

1 Épinglez les deux demi-cols sur le milieu du devant à l'endroit; ils doivent se chevaucher sur le bord pour que les deux liserés se touchent à la couture. Sur le côté droit du dos, le col arrive à ras de la parmenture repliée; sur le côté gauche, au cran, à 2,5 cm du bord de la parmenture.

2 Sur le col, endroit contre endroit, appliquez le biais d'encolure plié en deux dans le sens de la longueur envers contre envers; le bord vif du biais est tourné vers l'encolure, les extrémités avec un rentré arrivent au ras du bord des parmentures. Bâtissez les épaisseurs de tissu de façon qu'elles soient toutes bord à bord. Piquez.

3 Retournez le biais et rabattez-le sur l'envers de l'encolure en le bâtissant soigneusement pour éviter la formation de petits plis; piquez nervure.

Montez les manches en respectant les crans, et vérifiez que la couture de manche est bien en face de la couture de côté.
Surfilez en double la couture d'emmanchure, les coutures des manches et de la jupe.

Surfilez le bas de la robe et faites un ourlet à points invisibles.

Brodez 4 boutonnières horizontales de 1,5 cm de long sur le côté droit du dos, à 1 cm du bord, elles sont espacées de 6 cm, la première sera faite au ras de la piqûre de rabat du biais. Posez les boutons recouverts.

Les smocks

A la main : passez des fils de bâti sur la largeur en faisant des points de devant réguliers, dessus et dessous; il faut 25 rangs espacés de 0,5 cm. Tirez tous les fils ensemble, arrêtez-les à la largeur désirée. Brodez avant le montage (voir p. 54).

A la machine : piquez 25 rangs, espacés de la même façon, en mettant du fil lastex sur votre canette. Vous obtenez alors des fronces que vous brodez soit avant, soit après le montage.

Les points de broderie
En partant du haut : 2 rangs au point câblé, 7 rangs au point de chevron allongé, puis 4 rangs au point câblé, 7 rangs au point de chevron allongé; terminez par 2 rangs au point câblé.

Tailleur bon chic, bon genre

Voici un tailleur chic et personnalisé que vous porterez au début du printemps ou à l'automne. Taillez-le dans un lainage très fin ou un tergal et laine pour qu'il ait un tombé impeccable. Il vous faudra du temps et de la patience pour le réaliser et résoudre notamment les difficultés que présente l'exécution des poches passepoilées à rabat, du col et des revers de la veste doublée. La jupe droite, classique, est beaucoup plus simple; si vous n'avez pas beaucoup d'expérience, faites-la seule, sans la veste.

FOURNITURES

- Lainage : 2,95 m en 140 (36-38; 40-42); 3,70 m (44-46).
- Doublure : 2,30 m en 140 (36 au 42); 3,10 m (44-46).
- Thermocollant : 1,40 en 100.
- Bolduc thermocollant : 1,25 m en 1 cm de large.
- 1 paire d'épaulettes homme.
- 1 fermeture à glissière de 18 cm.
- Boutons : 1 de 10 mm de diamètre pour la jupe; 1 de 20 mm de diamètre et 6 de 14 mm de diamètre pour la veste.

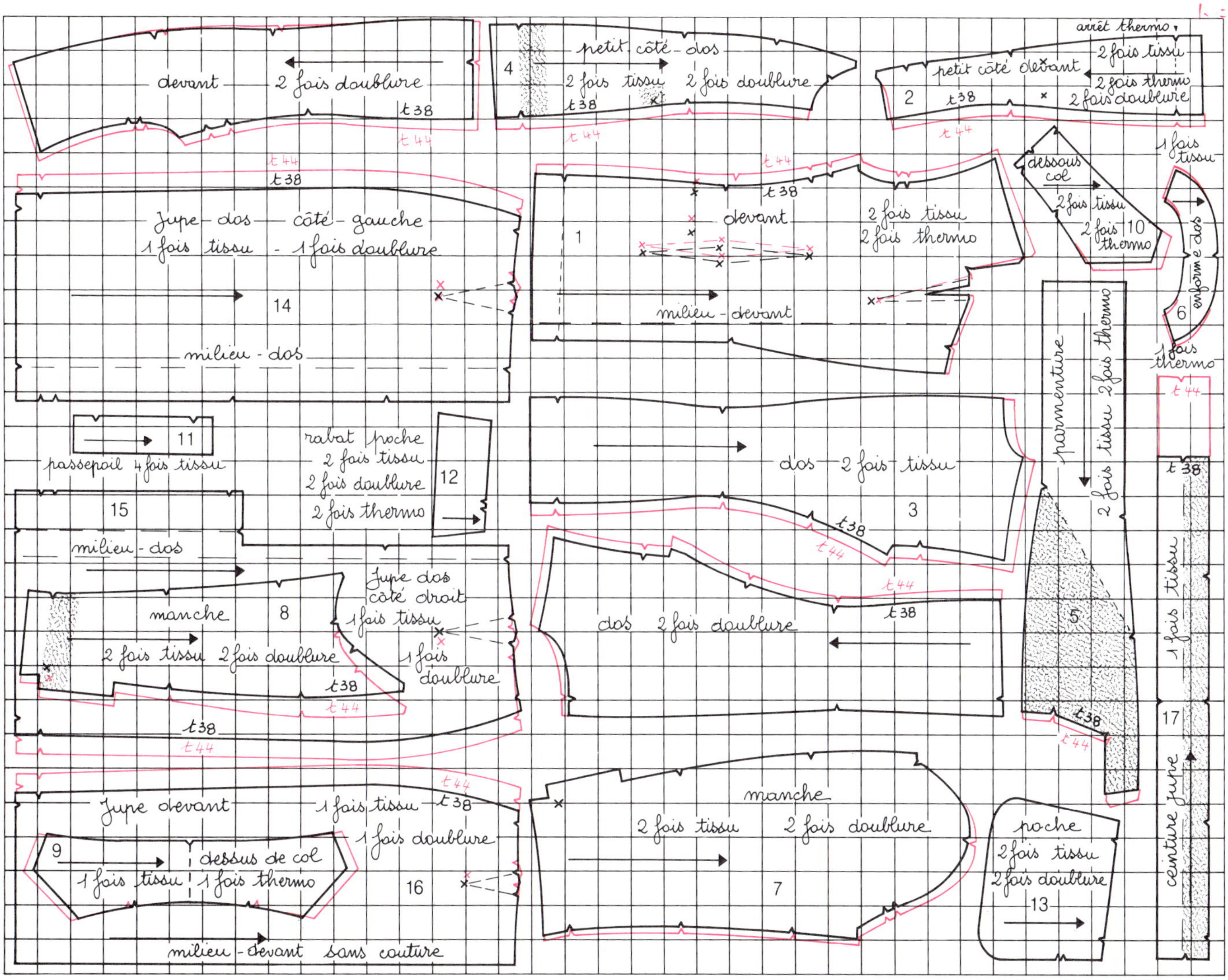

Le patron

Le patron

Pour le patron de la doublure de la veste, nous n'avons présenté qu'un devant et un dos; pour tracer les patrons des petits côtés devant et dos, reprenez le patron-tissu en ôtant la valeur de l'ourlet; pour les manches, procédez de la même façon en ôtant en plus la valeur de la patte de côté.

Pour faire le patron de la doublure de la jupe, reprenez le patron du devant-tissu moins la valeur de l'ourlet et le patron-tissu du dos côté droit moins l'ourlet et moins la parmenture à partir du décranté : le bord à gauche est parallèle à la ligne milieu-dos, à 2 cm de cette dernière. Reprenez tels les patrons-tissu du rabat de poche et du fond de poche.

Valeur des coutures

Veste : épaules, découpes, milieu-dos, emmanchure, manches, doublure : 1 cm; encolure, col, parmenture, fourreau du rabat de poche : 0,75 cm; bas de manche, bas de veste : 4 cm. Jupe (tissu et doublure), côtés : 1 cm; milieu-dos : 2 cm; taille : 1 cm.

La coupe

Pour la veste, elle se fait tissu plié pour la doublure comme pour le lainage; dans le tissu, le dessus de col et l'enforme d'encolure ne sont coupés qu'une fois.

Pour la jupe, elle se fait tissu ouvert pour le lainage comme pour la doublure. Pour le devant, après avoir tracé la première moitié, retournez le demi-patron sur le tissu en vous servant de la ligne milieu-devant comme axe pivotant pour tracer la deuxième moitié. Pour les tailles 44 et 46, il faut deux hauteurs, car les panneaux, trop larges, ne tiennent pas dans la laize.

Préparation :

Thermocollez le dessus et le dessous de col, les rabats de poche, l'enforme de l'encolure-dos, les parmentures depuis le coin du décranté jusqu'en bas du revers; les devants et petits côtés devant jusqu'à 4 cm du bas. Posez une bande de thermocollant de 4 cm de large, à 4 cm du bord vif du bas des manches, du bas des dos et des petits côtés dos; une autre à la hauteur de l'ouverture des poches sur les petits côtés du dos.

Posez un bolduc thermocollant de 1 cm de large sur l'emmanchure du dos et du devant, sur la couture d'épaule du devant. Doublez les rabats de poche en plaçant l'endroit de la doublure sur l'endroit du lainage. Piquez à 0,75 cm sur le bas et les petits côtés, dégagez les coins. Retournez. Bâtissez au bord en ressortant bien la couture. La doublure ne doit pas dépasser sur le dessus. Préparez les passepoils : pliez en deux envers contre envers et bord à bord les deux passepoils qui seront posés sur le rabat; pour les deux autres, faites un repli de 2 cm.

La veste

Montage des poches passepoilées à rabat

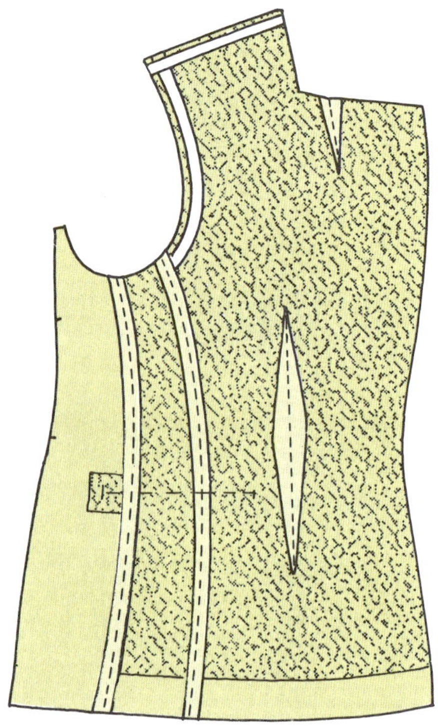

1 Bâtissez et piquez les pinces du devant, ouvrez-les pour les repasser à plat. Assemblez endroit contre endroit les petits côtés des devants sur le devant en respectant les crans, puis les petits côtés du dos aux côtés du devant. Piquez et repassez coutures ouvertes.

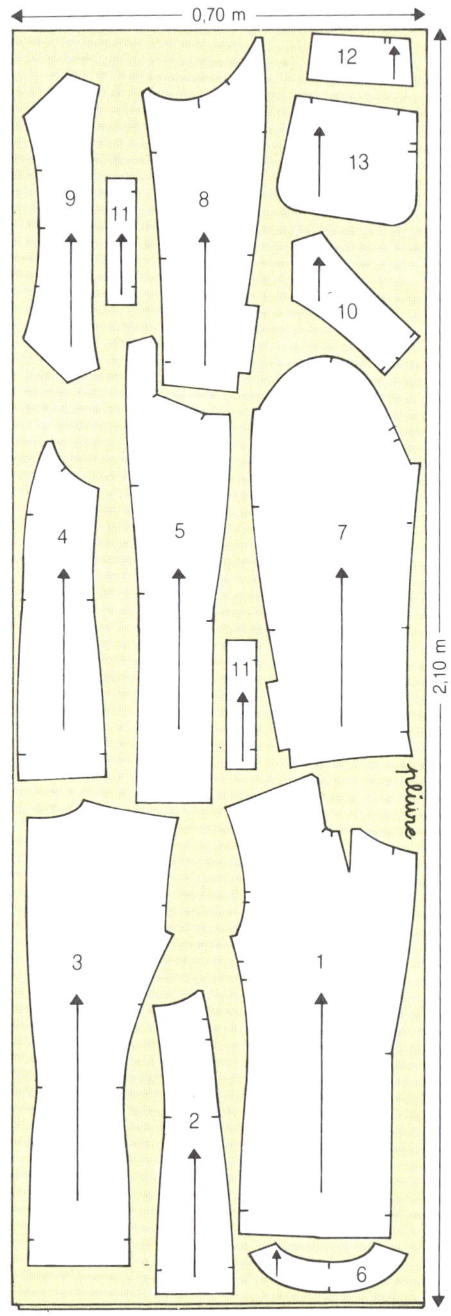

Le plan de coupe

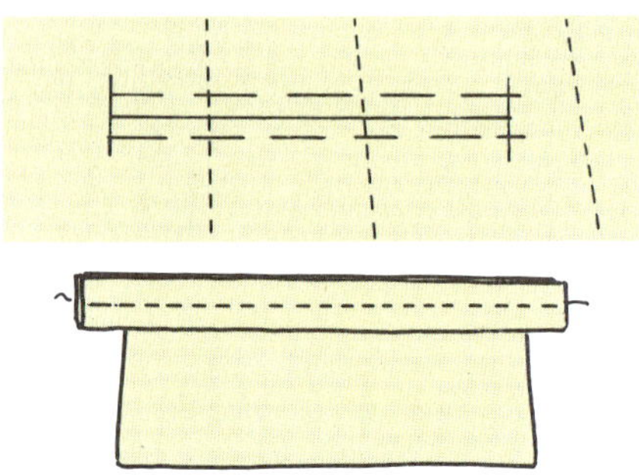

2 Tracez sur l'endroit du vêtement l'emplacement des poches en vous référant au positionnement indiqué sur le patron (voir aussi p. 199, dessin n° 1).
Posez le passepoil du haut sur le rabat : bords vifs du passepoil vers le haut du rabat; bâtissez à petits points.

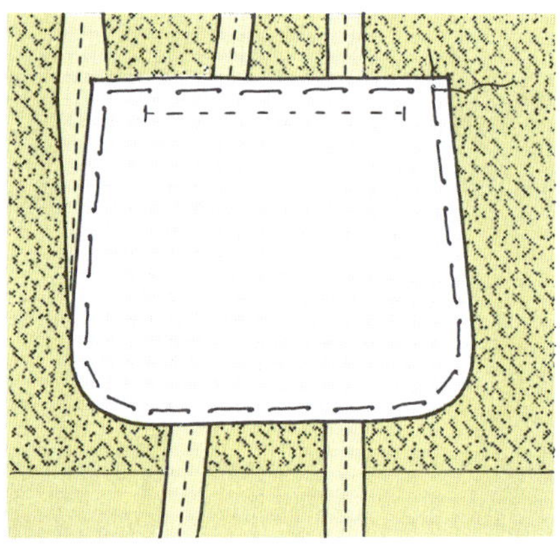

3 Bâtissez le fond de poche en doublure sur l'envers du devant à l'emplacement de la poche.

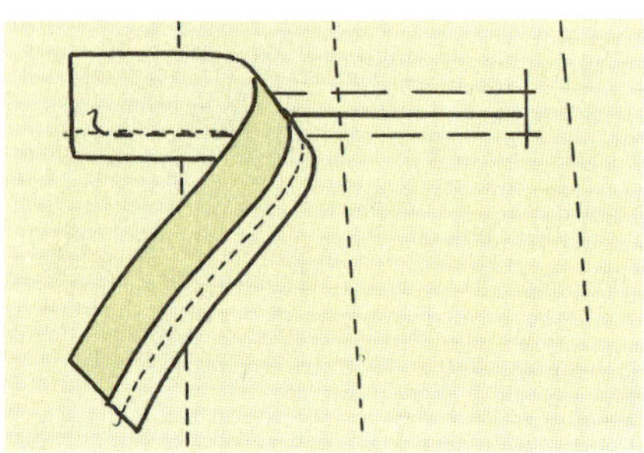

4 Positionnez le passepoil du bas : la pliure du passepoil arrive sur la ligne du bas que vous avez tracée, le côté le plus long du passepoil est face à vous, bord vif dirigé vers le haut. Piquez.

5 Positionnez le passepoil du haut, la pliure arrive sur la ligne supérieure tracée à la craie tailleur, le haut du rabat est dirigé vers le haut de la veste, le passepoil dessous, la doublure vers vous, piquez sur la piqûre de montage passepoil-rabat.

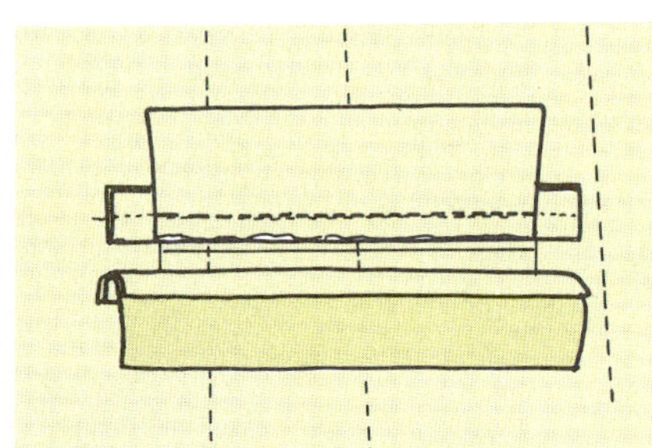

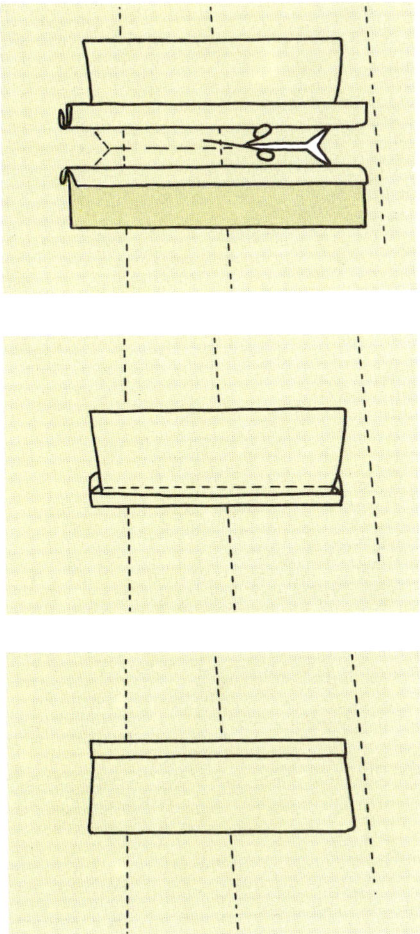

6 Fendez le tissu entre les passepoils en suivant la ligne de coupe que vous avez dessinée, coupez les coins en biseau sur l'endroit, abaissez le rabat. Rentrez les ressources des passepoils sur l'envers.

7 Piquez le bas du passepoil inférieur sur le fond de poche en doublure.

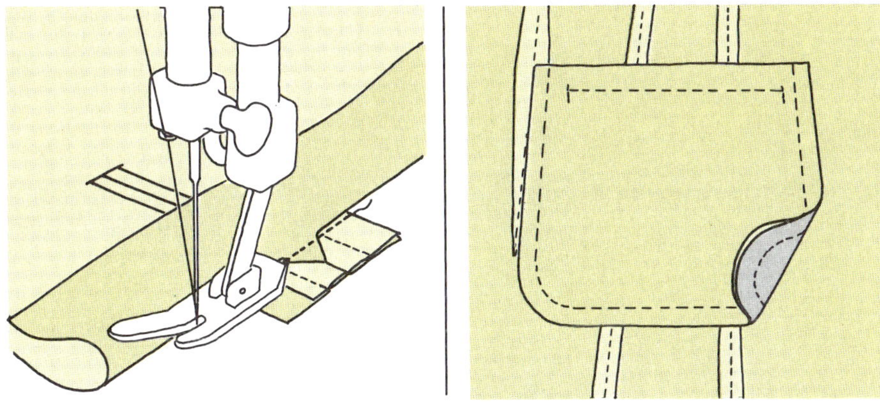

8 Piquez les languettes de chaque côté de l'ouverture sur le premier fond de poche. Positionnez le deuxième fond de poche (en tissu) sur la poche. Fixez-le sur le passepoil supérieur. Bâtissez les deux fonds de poche l'un sur l'autre, piquez à 1 cm du bord en partant du haut du passepoil supérieur. Maintenez bien le tout au cours de l'opération.

Assemblage

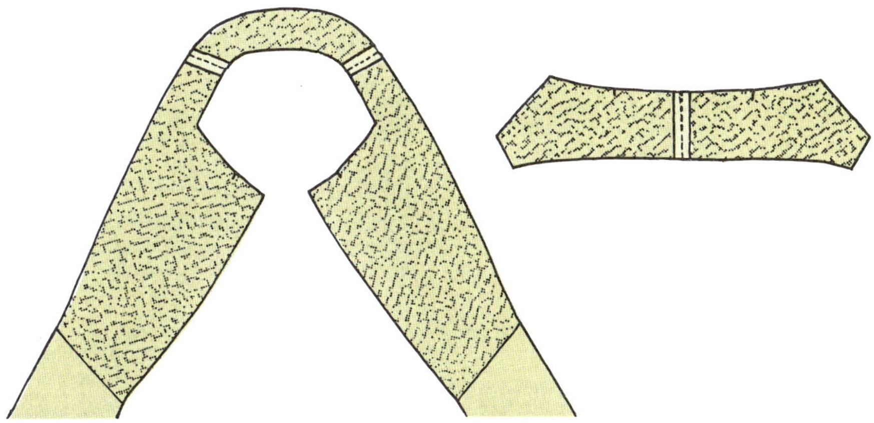

1 Assemblez les parmentures et l'enforme de l'encolure. Faites la couture du milieu du dessous de col.
Fermez la couture du milieu-dos. Repassez les coutures ouvertes. Assemblez le milieu du dos aux deux petits côtés. Faites les coutures d'épaule en soutenant légèrement le dos. Repassez toutes les coutures ouvertes.

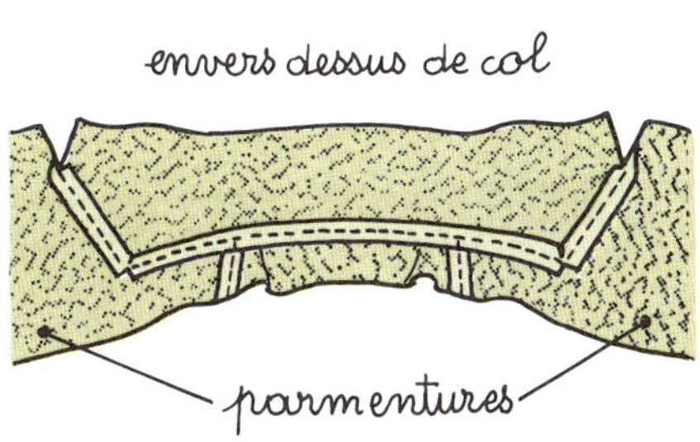

2 Bâtissez le dessus du col sur la parmenture, crantez l'angle de la parmenture jusqu'à la piqûre pour avoir une couture bien nette. Respectez les raccords des crans. Piquez. Laissez 0,75 cm à chaque extrémité pour la couture extérieure.

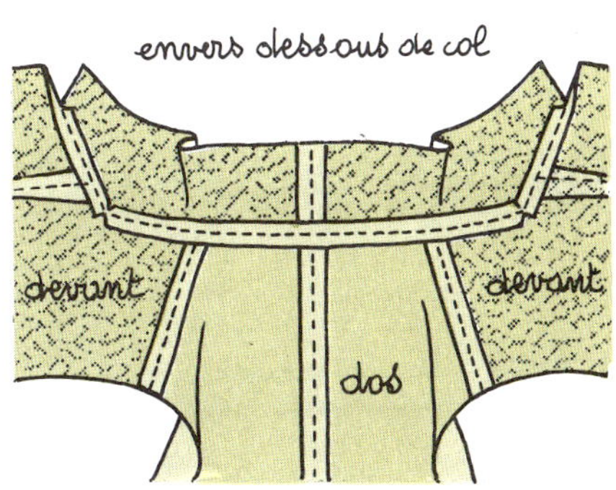

3 Montez le dessous du col sur l'encolure; bâtissez soigneusement, piquez.

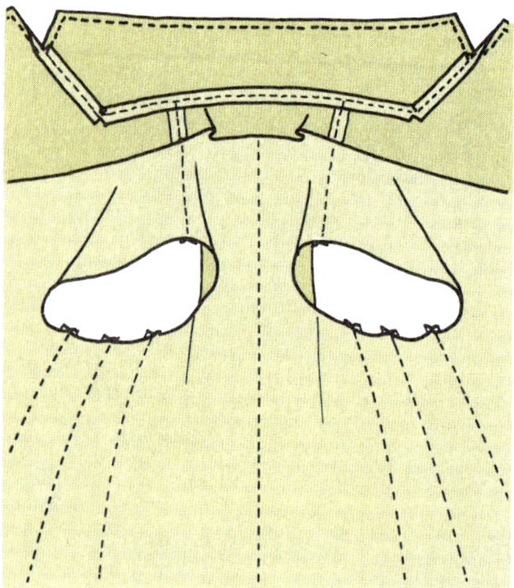

4 Bâtissez tout le tour l'endroit de la parmenture et du dessus de col sur l'endroit de la veste et du dessous de col. Vérifiez que vos décrantés de col et de parmenture sont semblables des deux côtés en les positionnant l'un sur l'autre. Piquez du côté thermocollant pour éviter d'entraîner votre tissu. Faites une couture de 0,75 cm; faites les fourreaux en bas des parmentures au niveau de la ligne de pliure de l'ourlet; crantez dans les angles, dégagez les coins.

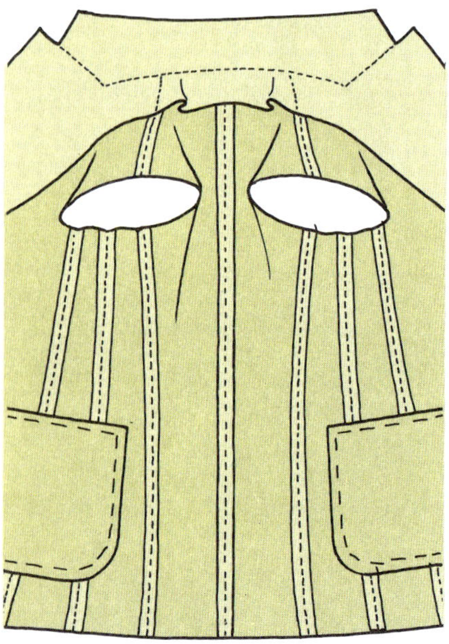

5 Retournez. Bâtissez et repassez les bords des parmentures, le bord du col, l'ourlet du bas de 4 cm. A l'intérieur, repassez ouvertes les coutures de montage du col et baguez-les l'une sur l'autre. Fixez l'ourlet à points invisibles.

Les manches

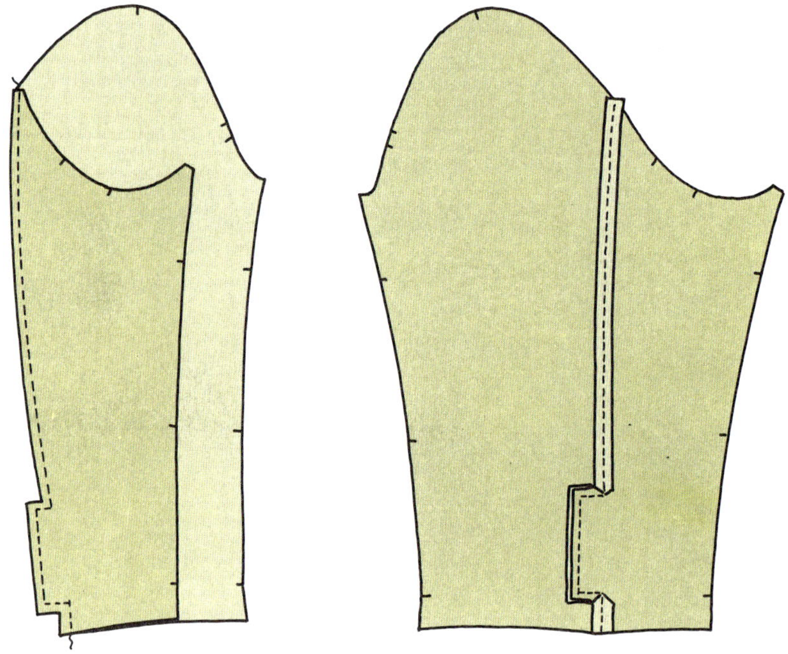

Assemblez les manches : piquez la couture du coude en tournant autour de la découpe; crantez les angles sur la ressource de couture du petit côté; en repassant, couchez le dessus de la fente sur le grand côté. Fermez la deuxième couture de manche. Repassez. Les coutures sont surfilées ouvertes.

Épinglez les manches en raccordant le cran du milieu en haut de la manche avec la couture d'épaule et le cran du dessous avec la couture de côté. Bâtissez. Piquez ensuite à 1 cm du bord.

Posez les épaulettes à cheval sur la couture d'épaule, elles arrivent au bord de la couture d'emmanchure; fixez par un point devant, tenez le haut de l'épaulette par un point bien serré sur la couture d'épaule (voir p. 187).

Faites l'ourlet du bas des manches à points invisibles, en maintenant la fente fermée.

Montez la doublure en assemblant tous les morceaux comme pour le lainage. Piquez le pli d'aisance en haut sur l'envers et sur 12 cm. Repassez entièrement la doublure. Posez-la sur le vêtement envers contre envers; enfilez les manches de la doublure dans les manches en lainage, épinglez le milieu du dos au milieu de la propreté du col, retournez sur l'envers et bâtissez la doublure sur les parmentures tout le tour. Piquez à 1 cm. Retournez (voir p. 175).

Bâtissez le bas des manches de la doublure sur l'ourlet en réglant la longueur pour ne pas la faire tirer; faites un rentré et rabattez à points de côté. Finissez le bas de la veste de la même façon en plaçant les coutures de la doublure sur les coutures de la veste.

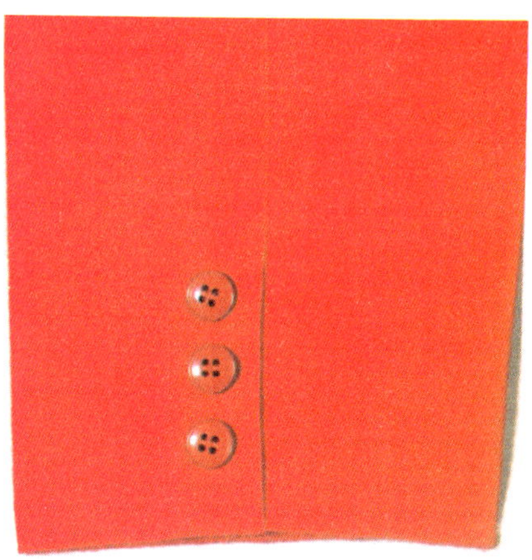

Posez 3 boutons sur chaque patte de manche, le premier à 3 cm du bas, les autres espacés de 1,75 cm. Faites une boutonnière horizontale de 2,5 cm au bas de la cassure de la parmenture, à 34,5 cm de la pointe du revers droit, à 1, 5 cm du bord. Pour la pose du bouton, croisez le devant de 4 cm.

La jupe

Assemblage

1 Bâtissez le milieu-dos du haut de la fente au bas de la fermeture; piquez à 2 cm. Faites les pinces dos et devant bien fines vers la pointe.

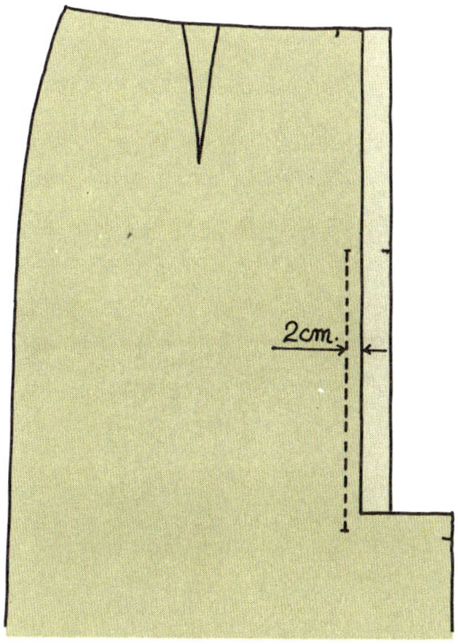

2 Repliez et bâtissez les parmentures du pli dos. Placez le côté gauche dessus, il croise de 3 cm sur le côté droit. Maintenez ces parmentures sur l'envers par une piqûre en travers. Crantez. Otez le surplus de la ressource de couture sur le côté droit. Repassez en ouvrant la couture. Surfilez.

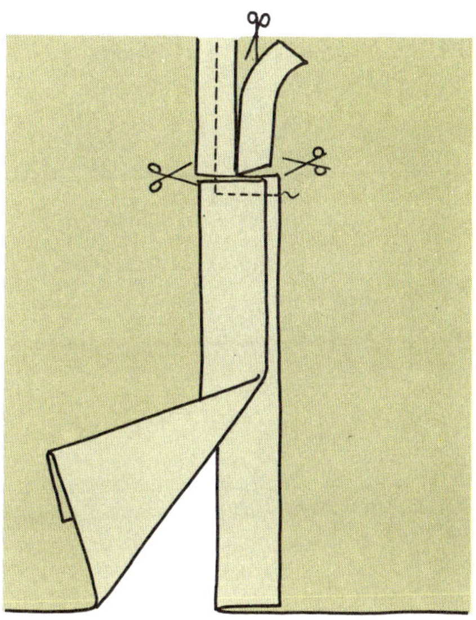

Faites les coutures de côté. Posez la fermeture à glissière (voir p. 151). Après avoir thermocollé la moitié de la ceinture dans le sens de la longueur et surfilé l'autre longueur, montez-la comme indiqué p. 106; le bout de la ceinture à gauche dépasse de 4 cm pour le boutonnage.

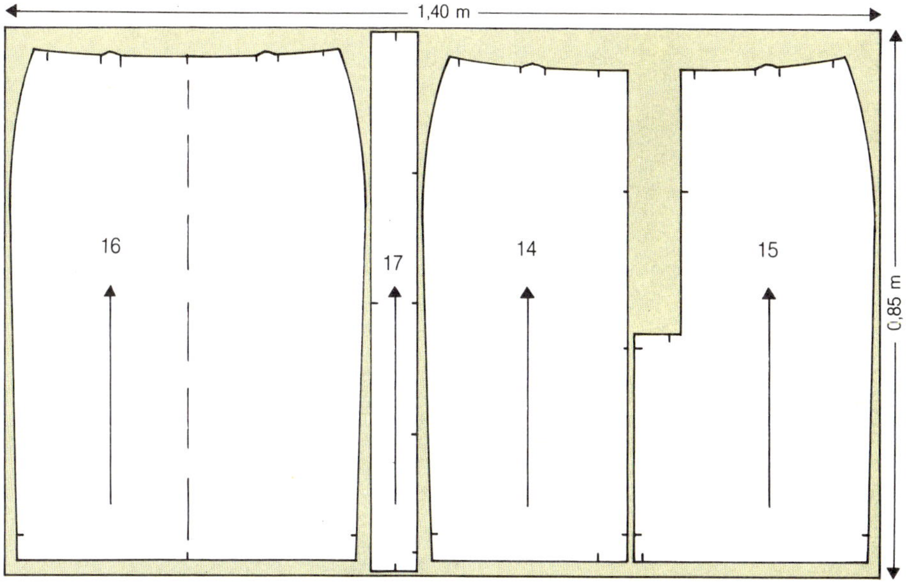

Le plan de coupe

La doublure

1 Assemblez la doublure : bâtissez et piquez la couture du milieu-dos à partir des crans de la fente du haut jusqu'à la fente du bas (couture de 2 cm surfilée ouverte).
Faites les coutures de côté de 1 cm (surfilées ouvertes). Finissez le bas par un rempli double de 1 cm, piqué nervure.

2 Montez la doublure sur l'envers de la jupe, sur le dépassant de la ceinture : bâtissez l'endroit de la doublure sur l'endroit du dépassant, en faisant des plis souples en face des pinces de la jupe; vérifiez la bonne position de la doublure; piquez; sur les bords de la fermeture, rabattez la doublure à petits points en faisant un rentré.

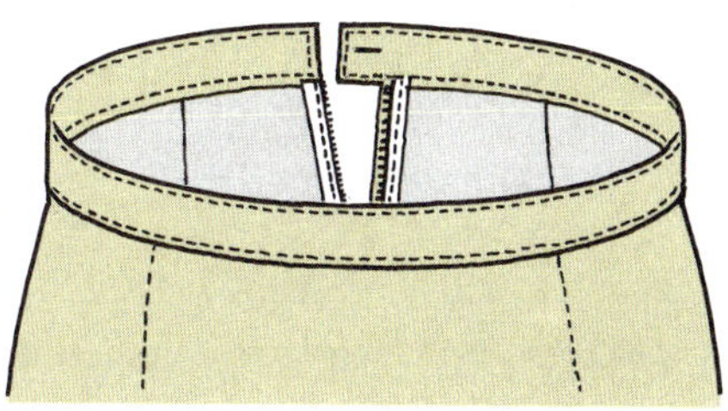

Surfilez le bas de la jupe. Faites les fourreaux au bas de la fente (voir p. 141). Cousez l'ourlet de 4 cm à points coulés.

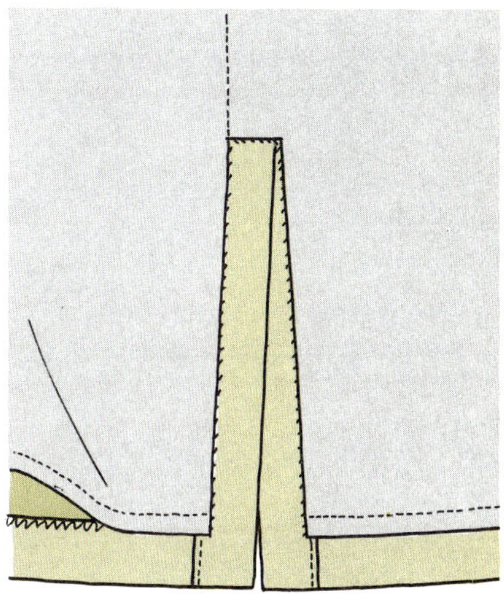

3 Fixez la doublure de chaque côté de la fente sur les parmentures en rabattant à la main à petits points et en faisant les ajustements nécessaires.

Brodez une boutonnière de 1,4 cm de long sur l'extrémité gauche de la ceinture, au milieu et à 1 cm du bord.
Posez le bouton à droite.

Pantalon sport

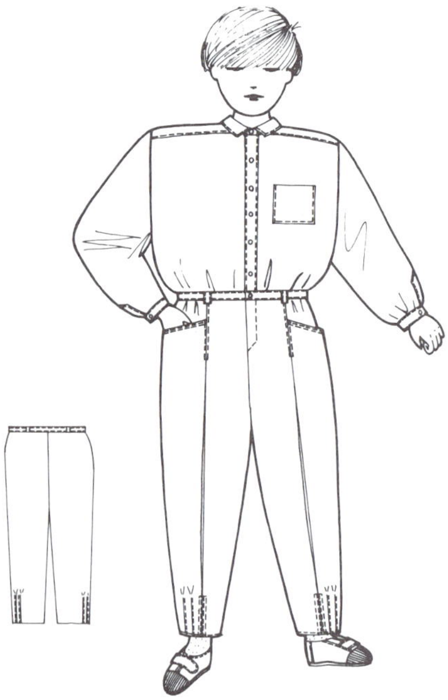

Si votre fils aime remuer et apprécie le confort, voilà un pantalon qui lui plaira. Il sera séduit par la souplesse du tissu : gabardine de coton, ou flanelle (laine, tergal et laine), par l'aisance qu'apportent les plis creux serrés dans le bas des jambes, et sera sensible au côté pratique des grandes poches. Le patron est donné en 10 ans.

FOURNITURES

- Gabardine de coton, flanelle : 1,60 m en 140.
- Doublure : 70 cm en 140.
- Thermocollant : 10 cm en 100.
- 1 fermeture à glissière de 15 cm.
- 1 bouton de 14 mm de diamètre.

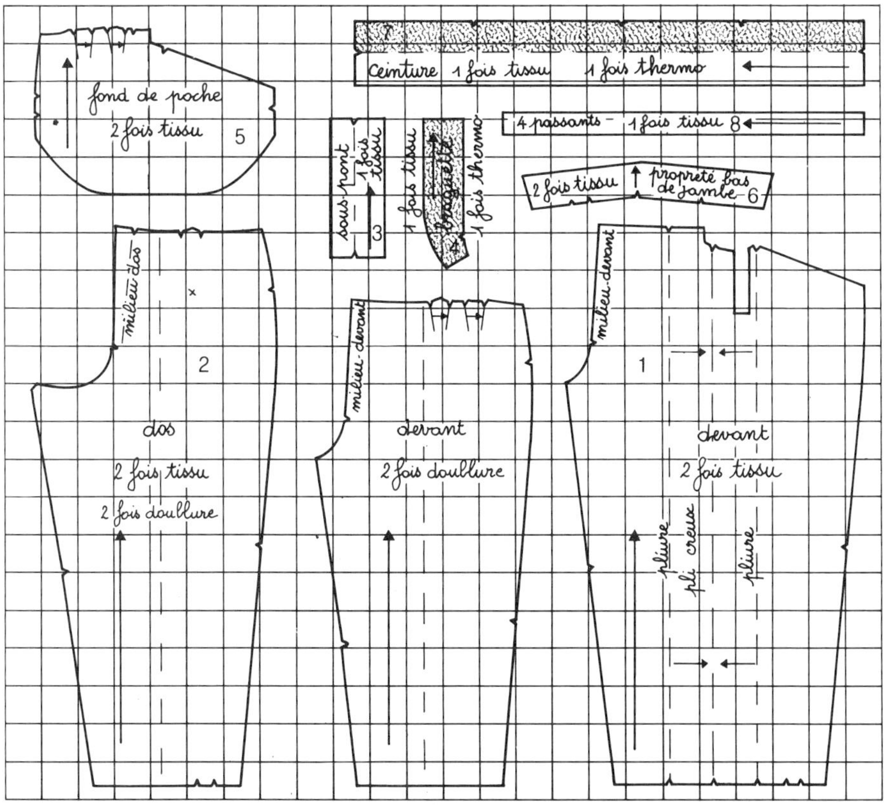

Le patron

Le patron

Pour la doublure, nous ne présentons que le patron d'un demi-devant. Pour le patron de la doublure du dos, reprenez le patron du demi-dos du tissu et ôtez 9 cm dans la hauteur au bas des jambes.

La coupe

Elle se fait tissu plié, même pour la doublure. Dans le tissu, ne coupez qu'une fois le sous-pont, la braguette, la ceinture et les passants.

Valeur des coutures

1 cm partout, sauf pour les coutures de l'ouverture des poches et des enformes des bas de jambe, qui sont de 0,75 cm.

Préparation

Thermocollez le dessus de la ceinture et la braguette. Faites les passants : il y en a 4 de 4,5 cm de long (voir p. 95).

Le plan de coupe

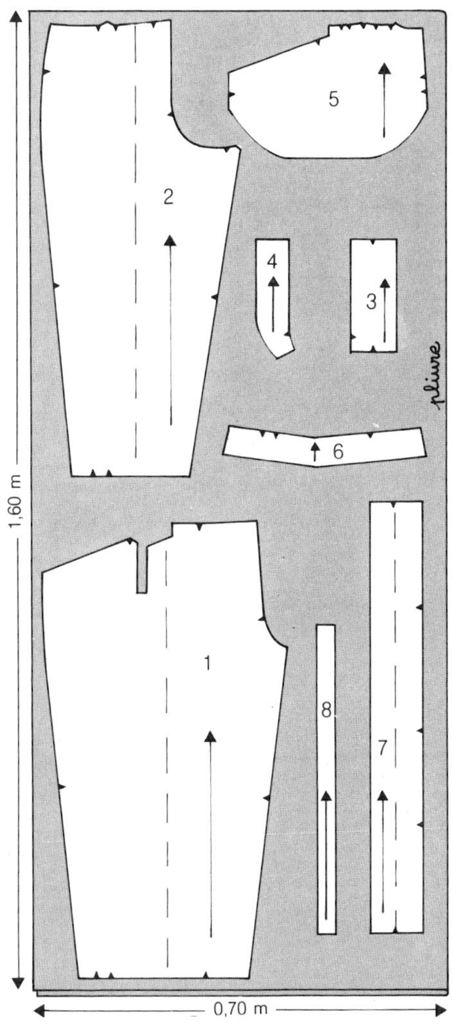

Montage des poches dans la découpe

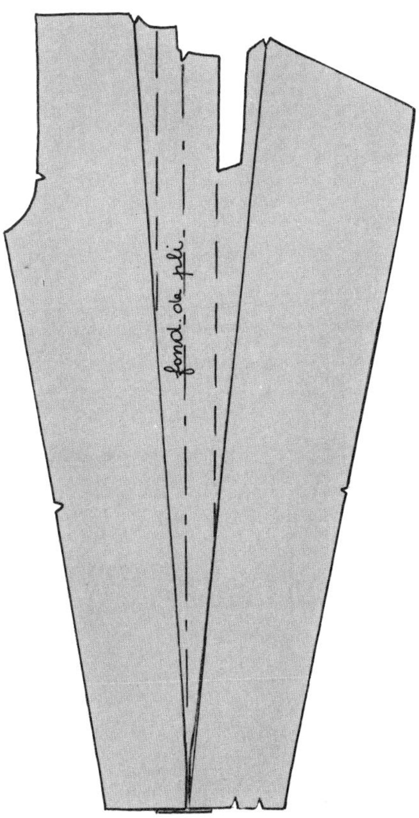

1 Tracez au fer les plis creux sur le devant des jambes.

2 Montez le fond des poches sur la découpe endroit contre endroit, en raccordant le cran du fond de poche sur le cran du milieu du fond du pli du pantalon. Piquez à 0,75 cm jusqu'au cran en prenant le fond du pli creux.

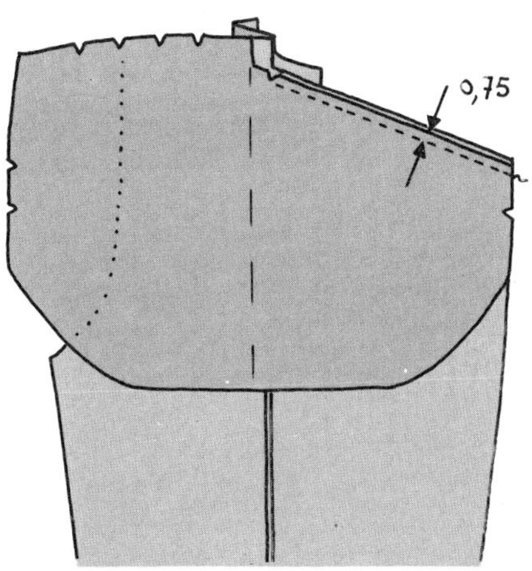

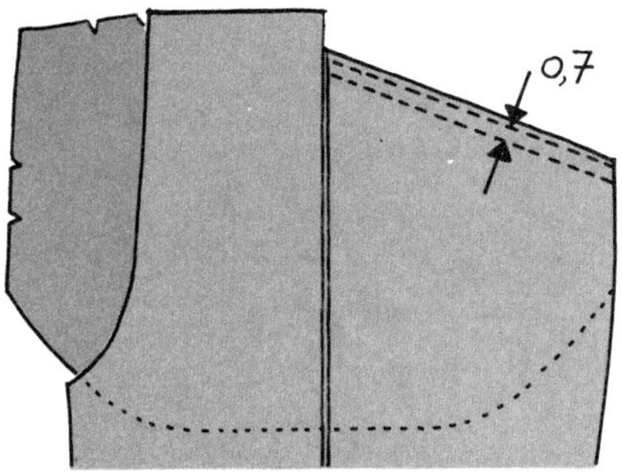

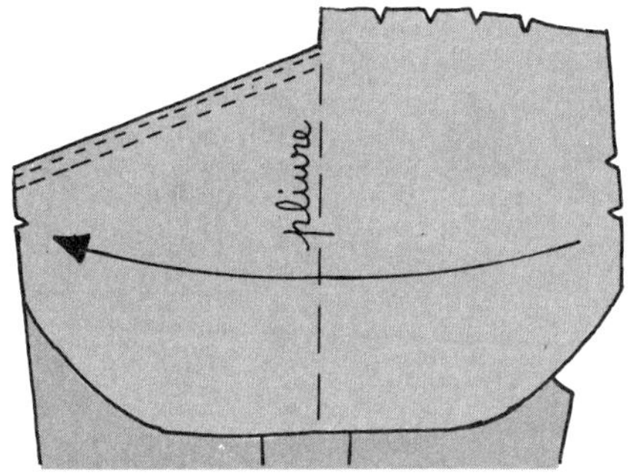

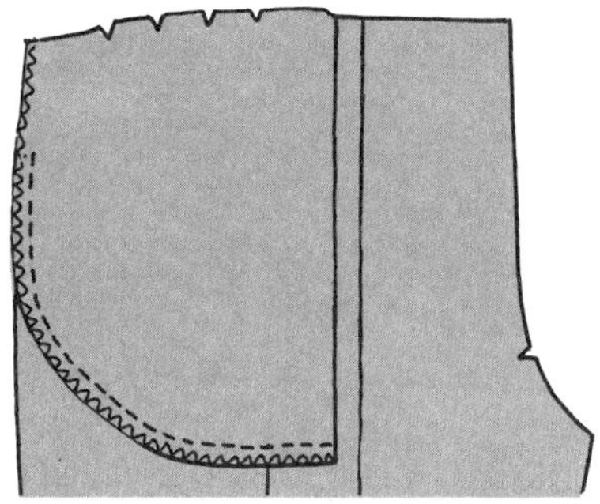

3 Retournez, repassez, surpiquez nervure, puis à 0,7 cm plus loin.

4 **5** Repliez au fer la deuxième partie du fond de poche sur la première, endroit contre endroit, la pliure se faisant à partir du décroché en haut. Bâtissez, piquez le tour du fond de poche, surfilez en double.

Les plis

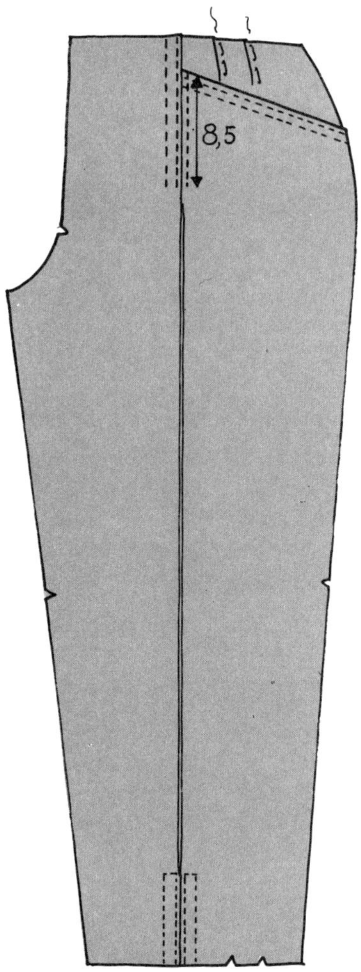

1 Sur chaque jambe, bâtissez le haut du pli creux (bords bien fermés) en partant du haut du pantalon, sur une dizaine de centimètres. Piquez nervure de chaque côté, d'abord sur le côté poche, sur 8,5 cm à partir du haut de la poche, puis de l'autre côté en partant du haut et en vous arrêtant à la hauteur du bas de la première piqûre. Repiquez encore une fois à 0,7 cm de cette dernière piqûre du côté de la braguette.

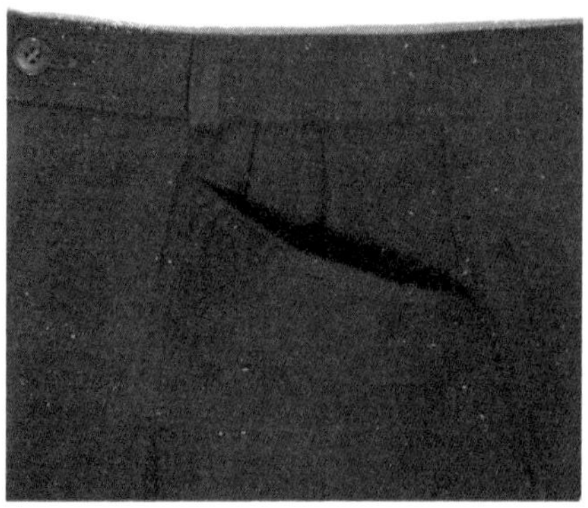

Bâtissez les deux plis souples à la taille dans le creux de la poche; sur l'endroit, ils sont couchés vers le milieu du devant.

2 Sur le bas de la jambe, bâtissez et piquez nervure le pli creux de chaque côté sur 7,5 cm; puis refaites une piqûre à 0,7 cm de la première, en faisant le tour en haut pour maintenir le pli.

Sur le côté du devant et sur le dos, piquez « en l'air » deux petits plis de 0,7 cm de large (une fois finis) et sur la même longueur que la piqûre du pli creux. Repassez les petits plis; sur l'endroit, ils sont tournés vers la couture de côté. (Ils ne seront appliqués qu'à la couture de montage du bracelet de propreté.)

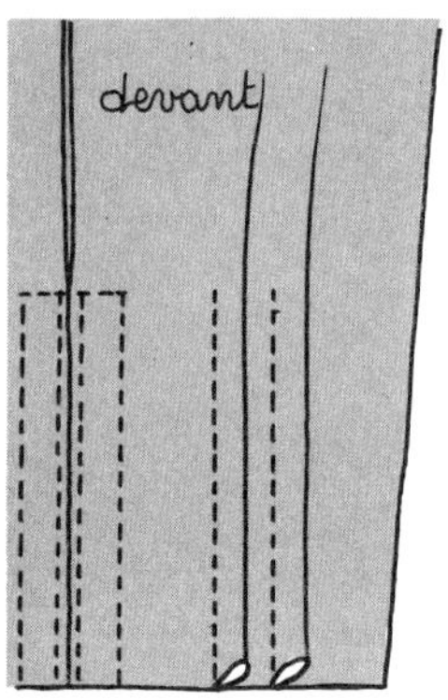

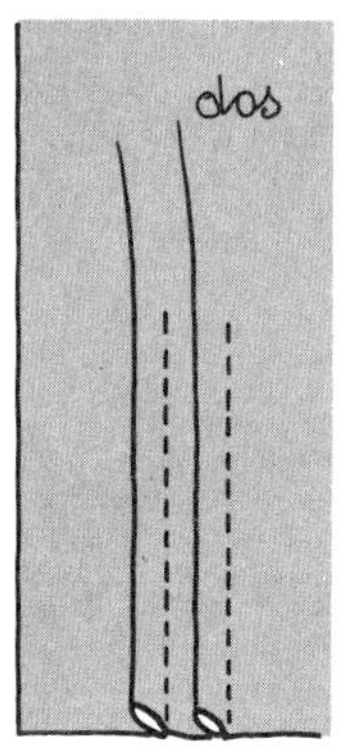

Assemblage des devants et du dos et pose de la doublure

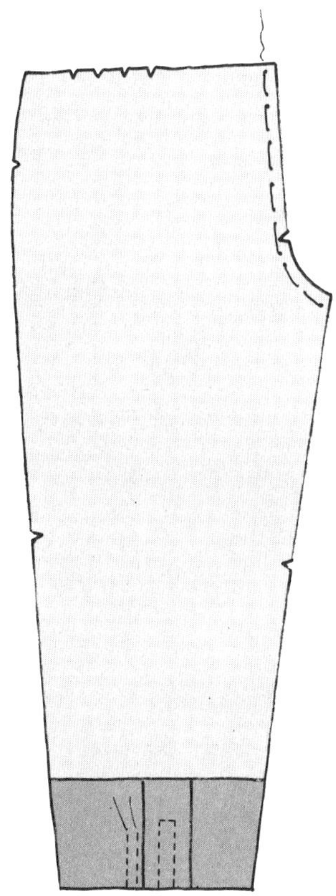

1

1 Posez les devants de la doublure sur les devants du pantalon. Bâtissez-la sur les bords à l'endroit de la braguette et tout le long de la fourche envers contre envers.

Fermez la fourche devant à partir du cran de la fermeture à glissière et sur 4 cm. Posez la fermeture à glissière (voir p.136). Une partie de la doublure que vous aurez bâtie se trouve prise dans les coutures lors du montage de la fermeture.

2 Faites les coutures de côté du pantalon, puis les coutures d'entrejambe (une partie de la poche se trouve prise dans la couture) endroit contre endroit. Elles sont surfilées ouvertes.

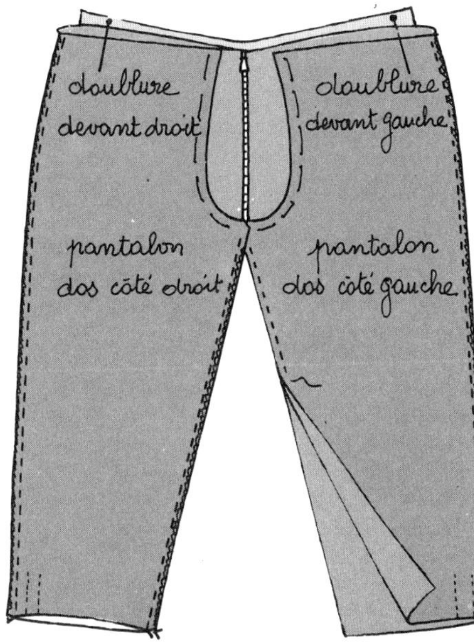

[2]

3 Faites les coutures de côté, puis les coutures d'entrejambe de la doublure endroit contre endroit, elles sont surfilées en double.

4 Retournez les jambes de pantalon sur l'endroit, et glissez dedans (sans les retourner) les jambes de la doublure.
Bâtissez les bords du dos de la doublure sur les bords de la fourche du côté dos du pantalon. Finissez la couture de la fourche jusqu'en haut du dos. Surfilez les bords de la couture ouverte de la fourche sur toute la longueur; le surfil prend le tissu et la doublure.

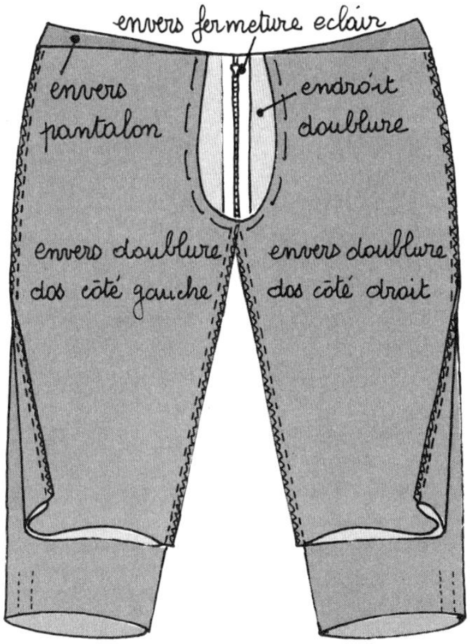

[3]

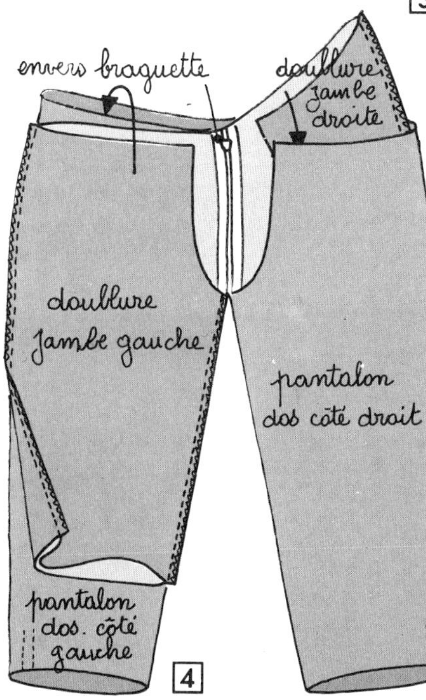

[4]

Montage de la ceinture

Faites les pinces à la taille dans le dos sur le pantalon.

1 Bâtissez la doublure sur le pantalon tout autour de la taille, en faisant des plis souples en face des pinces et des plis du pantalon.
Posez les passants la tête en bas au ras du bord vif de la couture de taille : sur les pinces du dos et sur les plis creux devant.

[1]

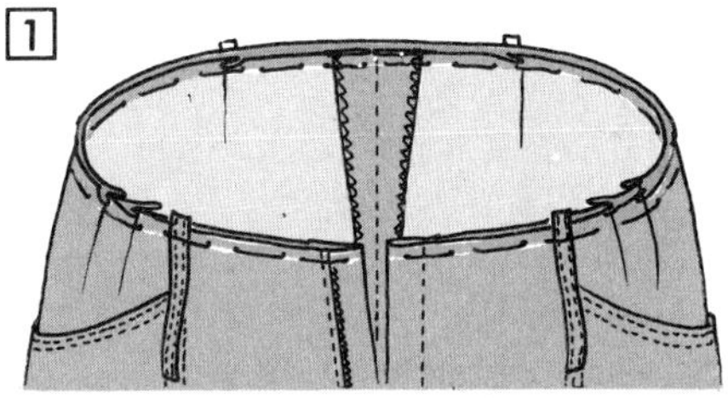

2 Surfilez le bord non thermocollé de la ceinture. Bâtissez l'endroit de la partie thermocollée de la ceinture sur l'endroit du pantalon. Faites les fourreaux. Piquez à 1 cm.

3 Retournez. Devant, la ceinture arrive juste au bout des deux côtés. Rabattez le dessous de la ceinture à plat sur la couture de montage, bâtissez.

4 Sur l'endroit, surpiquez nervure tout autour, puis plus loin tout autour également, à 0,7 cm.

[2]

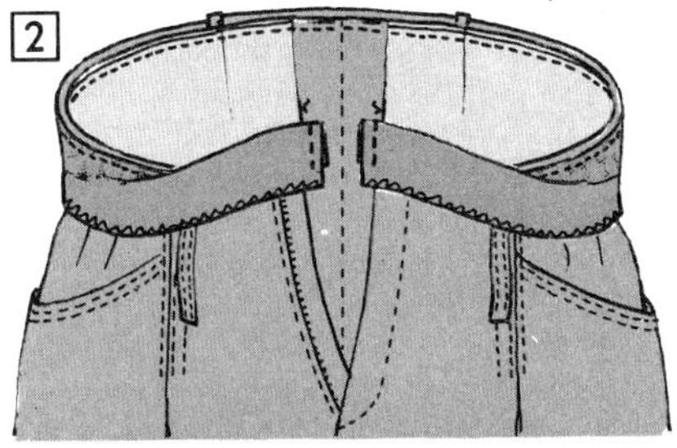

[3]

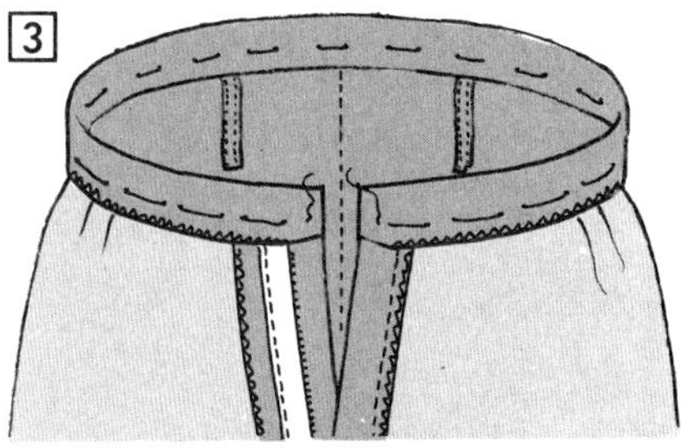

[4]

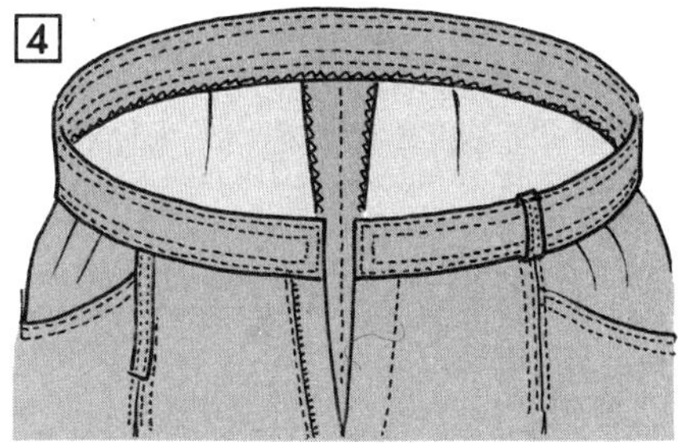

Fixez le haut des passants par une piqûre sur le haut de la ceinture.

Posez les propretés au bas des jambes : surfilez les bracelets, fermez-les et montez-les au bas des jambes endroit contre endroit. La couture qui ferme le bracelet doit être dans le prolongement de la couture d'entrejambe. Piquez à 1 cm. Retournez, surpiquez nervure sur l'endroit. Sur l'envers du pantalon, fixez le haut du bracelet comme un ourlet à points invisibles.
Surfilez le bas des jambes de la doublure et tenez-la par un point sur les coutures du pantalon.

Brodez une boutonnière de 2 cm de long sur le bout gauche de la ceinture, à 1 cm du bord. Posez le bouton en face.

Blazer et pantalon

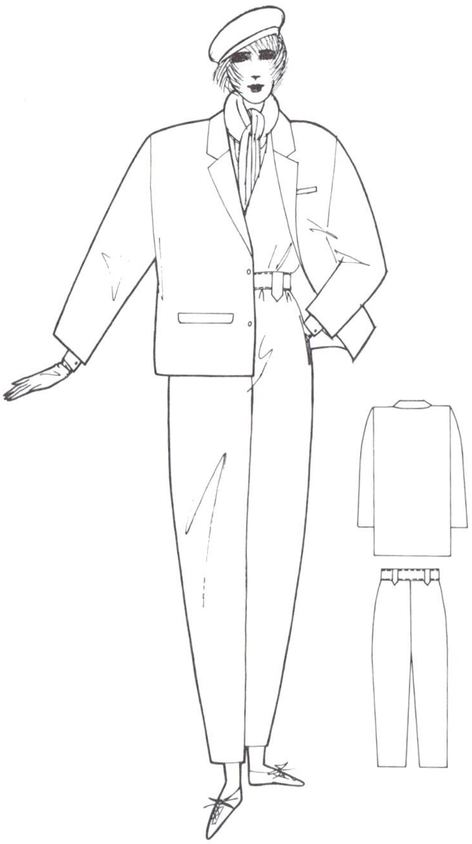

Votre blazer, le voilà. Nous l'avons réalisé dans un écossais pour atténuer le côté un peu strict que lui donne sa coupe très classique. Si le pantalon ne présente pas de difficultés particulières, le blazer, lui, exige de l'expérience, pour la coupe, à cause du raccord des carreaux, mais surtout pour l'exécution.

FOURNITURES

Blazer
- Gabardine de laine, velours, en 140 : 1,85 m pour le 36-38; 2 m pour le 40-42; 2,20 m pour le 44-46. Comptez un motif en plus si vous choisissez un écossais.
- Doublure : 1,50 m en 140 pour toutes les tailles.
- Thermocollant : 1,85 m en 100.
- 1 paire d'épaulettes.
- 2 boutons de 20 mm de diamètre.

Pantalon
- Gabardine, flanelle, velours : 1,85 m en 140 pour toutes les tailles.
- Doublure : 15 cm en 90 ou en 140.
- Thermocollant : 10 cm en 100.
- 1 fermeture à glissière de 16 cm.
- 1 bouton de 14 mm de diamètre.

Le blazer

Le patron

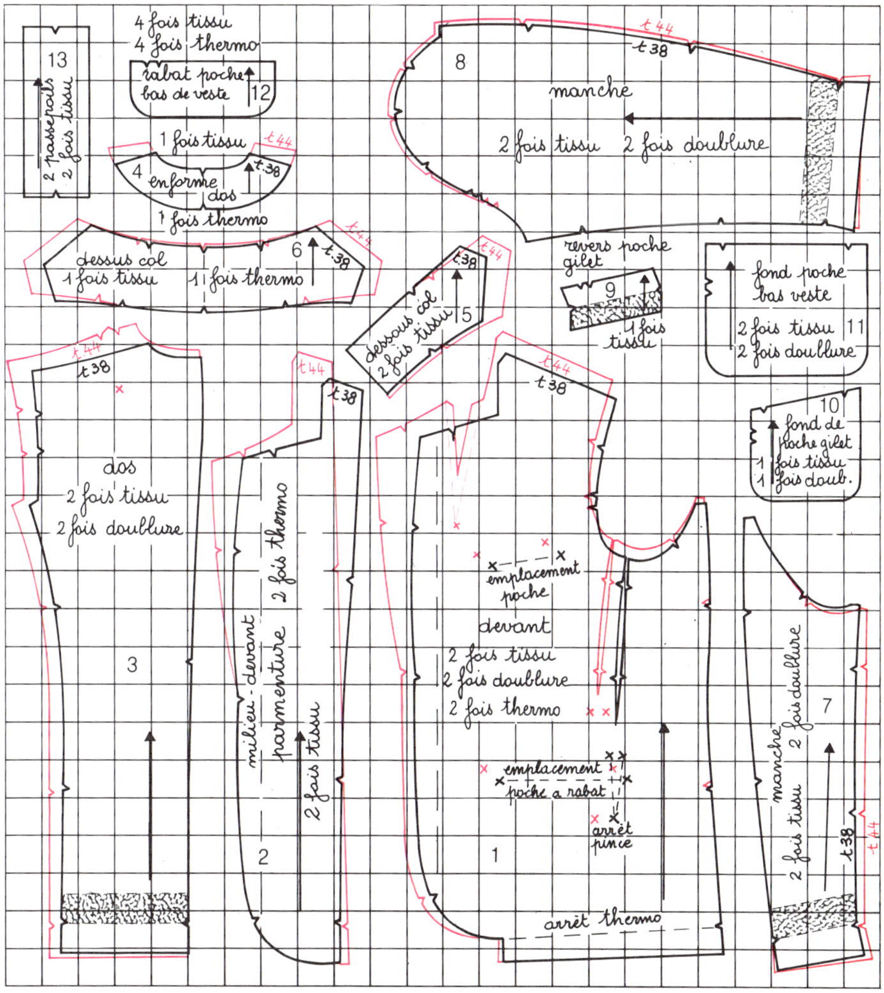

Le plan de coupe

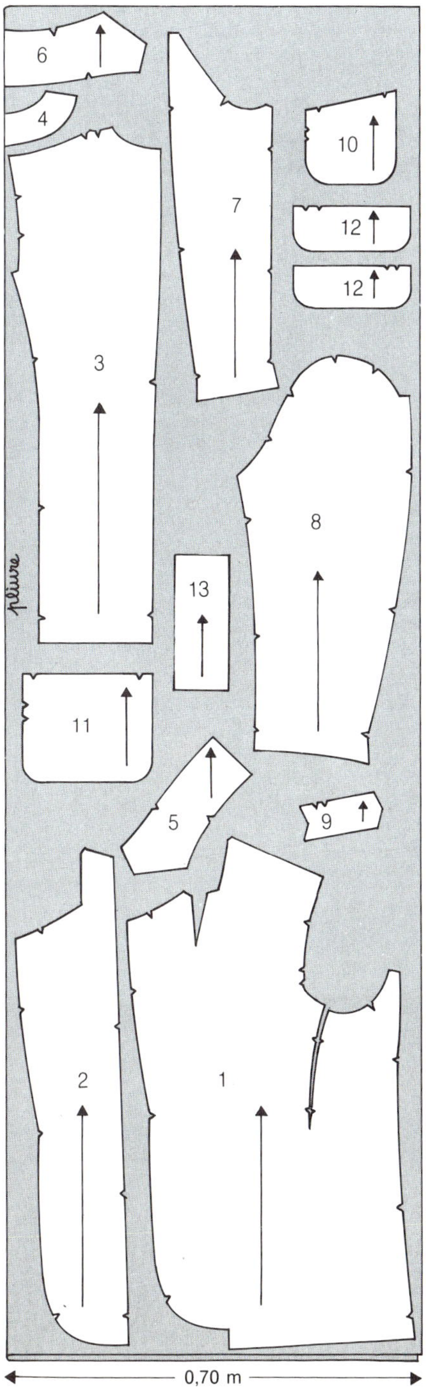

Le patron

Pour faire le patron de la doublure, reprenez exactement les patrons des manches, des fonds de poche. Reprenez le patron du demi-dos moins l'enforme de l'encolure mais plus 2,5 cm à droite pour l'aisance; reprenez le patron du demi-devant moins la valeur de la parmenture et plus 2,5 cm à gauche pour la couture.

La coupe

Elle se fait tissu plié tant pour le tissu que pour la doublure. Attention au raccord des carreaux (voir p. 179).

Valeur des coutures

Encolure, montage du col et de la parmenture, épaules, découpes, doublure : 1 cm; fourreaux de la poche gilet, du col, des rabats de poche : 0,75 cm.

Préparation

Thermocollez entièrement le dessus du col, les parmentures, les rabats de poche, l'enforme du dos. Posez une bande de thermocollant de 4 cm de large à 4 cm du bas du dos et des manches. Thermocollez entièrement les devants jusqu'à 4 cm du bord en bas. Thermocollez la moitié du revers de la poche gilet que vous casserez en deux au fer.

Assemblez les rabats de poche endroit contre endroit; pour avoir de beaux arrondis, voir p. 149. Piquez à 0,75 cm, dégagez les coins. Retournez. Bâtissez au bord en ressortant bien la couture, car il n'y a pas de surpiqûre.

Le revers de la poche gilet est posé en biais. Les lignes et les couleurs se raccordent à celles de la veste (voir encadré p. 179).

La poche gilet

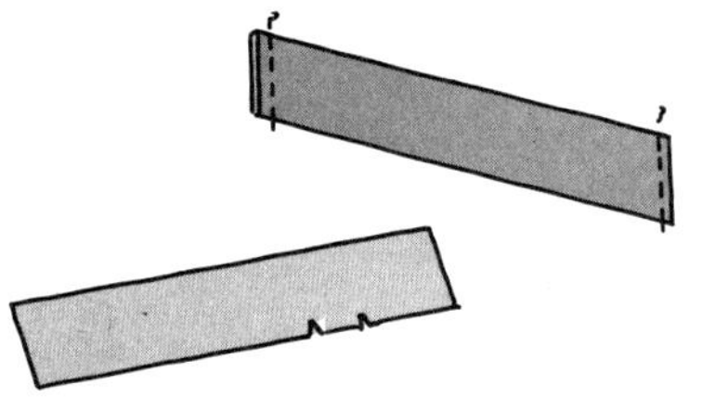

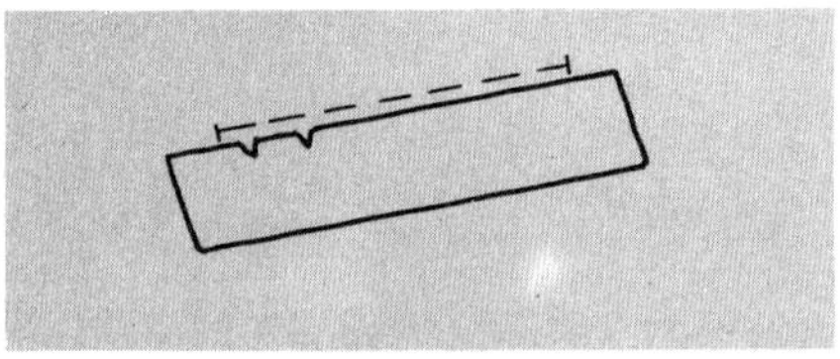

1 Pliez le revers en deux, endroit contre endroit. Faites un fourreau en piquant de chaque côté à 0,75 cm. Retournez. Tracez la place de la poche à la craie sur l'endroit du côté gauche, posez le revers sur le bas du tracé, le haut du revers tourné vers le bas.

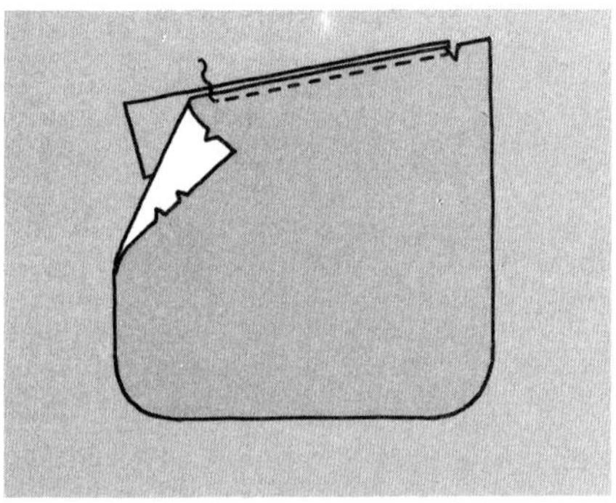

2 Appliquez le fond de poche en doublure sur le bord vif du revers, bâtissez, piquez à 0,75 cm.

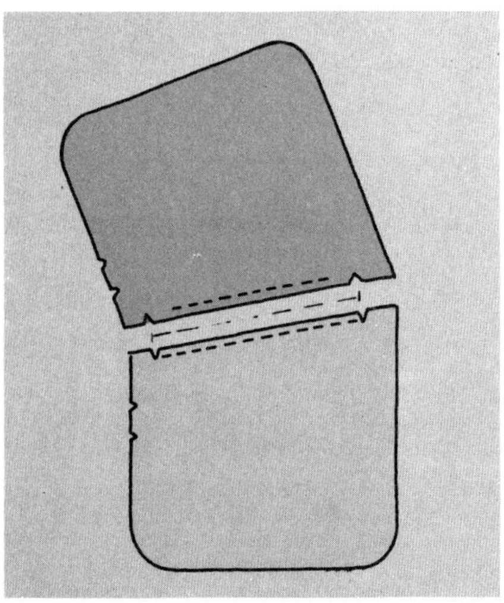

3 Posez le fond de poche en lainage sur le haut du tracé, bâtissez et piquez à 0,75 cm en démarrant et en finissant à 1 cm de la piqûre du revers.

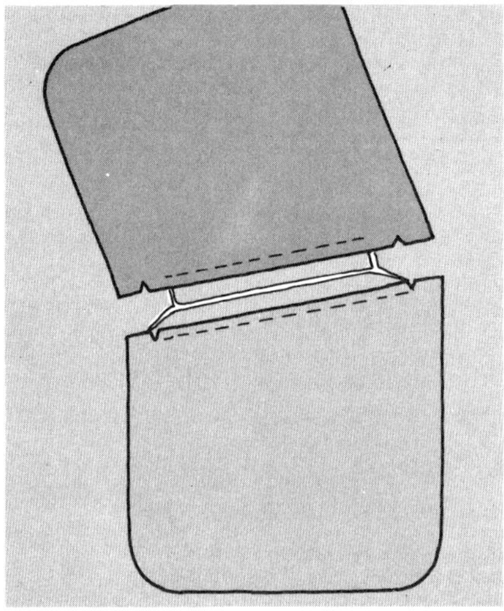

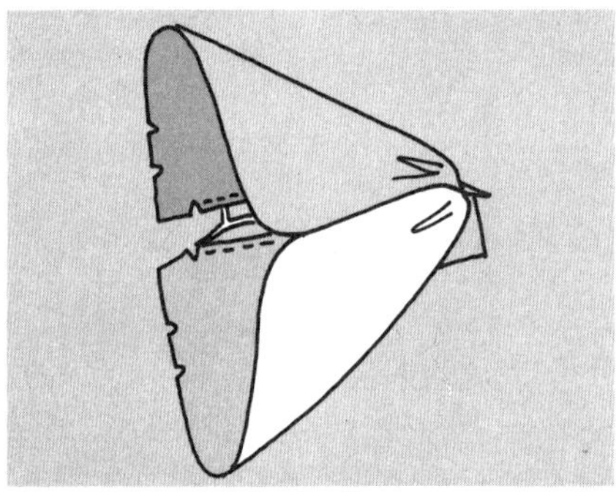

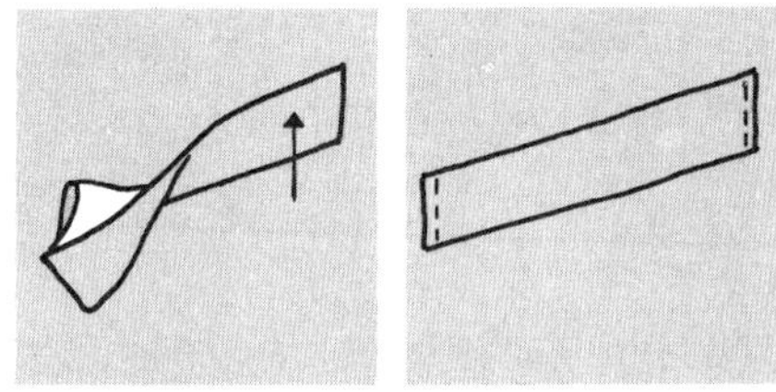

4 Coupez au milieu des deux piqûres en suivant la plus courte; crantez dans les angles en biseau. Faites une piqûre de maintien sur les piqûres de montage des deux fonds de poche. Retournez. Le revers est tourné vers le haut du blazer. Piquez nervure de chaque côté pour l'appliquer sur la veste.

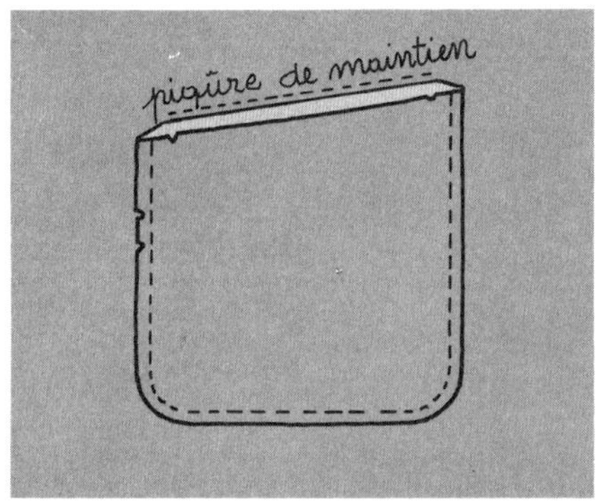

5 Sur l'envers du vêtement, fermez la poche en piquant les deux fonds à 1 cm.

Assemblage du dos et du devant

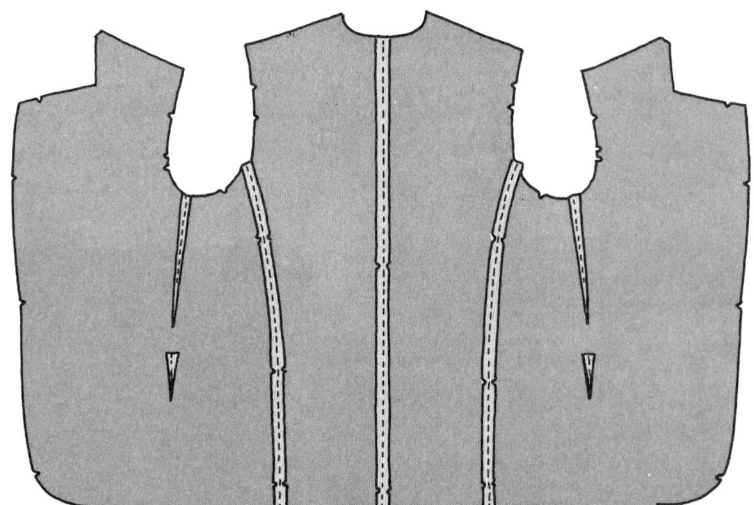

Vous repasserez toutes les coutures ouvertes dès qu'elles seront terminées et, si vous avez un tissu écossais ou rayé, vous ferez très attention aux raccords des raies au moment du montage.
Bâtissez et piquez les pinces du devant (il y en a deux longues et deux courtes), ouvrez-les pour les repasser soigneusement à plat.
Tracez sur l'endroit l'emplacement des poches et montez-les comme indiqué p. 158. Faites la couture du milieu-dos, puis les coutures de côté.
Fermez les coutures d'épaule en soutenant légèrement le dos.

Pose des parmentures

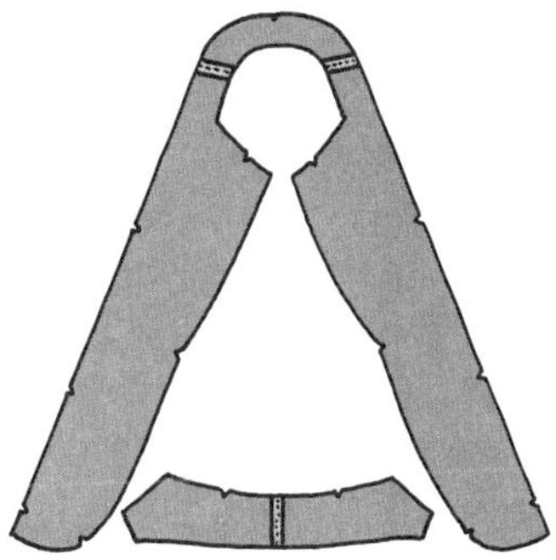

1 Assemblez les parmentures et l'enforme du dos. Faites la couture du milieu du dessous de col.

2 Bâtissez le dessus du col sur la parmenture en respectant les raccords des crans. Crantez l'angle de la parmenture jusqu'à la piqûre pour avoir une couture bien nette. Piquez en laissant 0,75 cm à chaque bout pour la couture extérieure du col.

3 Montez le dessous du col sur l'encolure. Piquez.

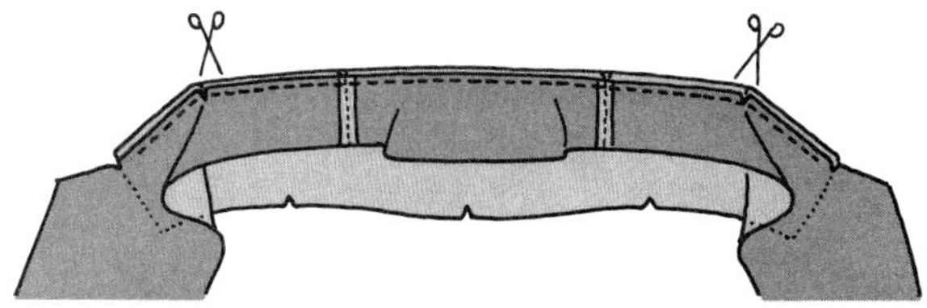

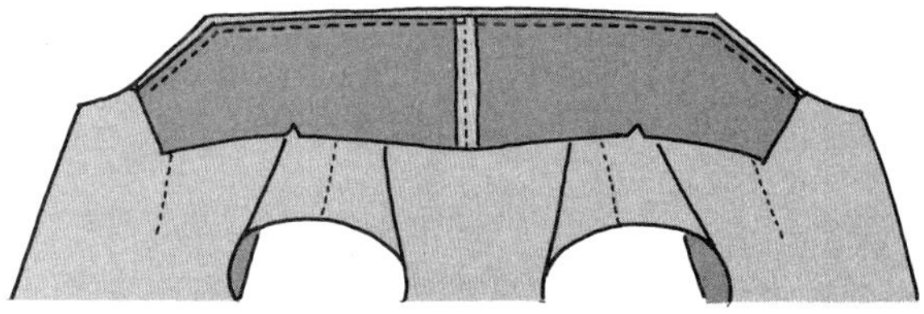

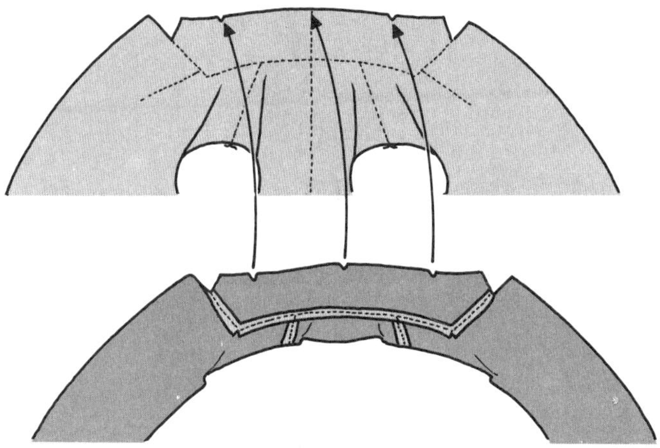

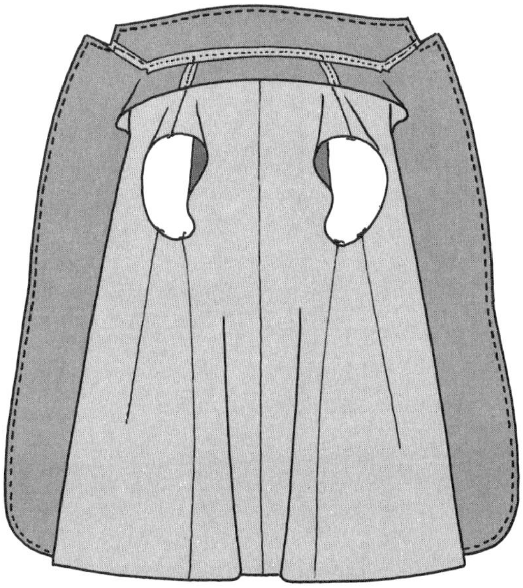

4 Bâtissez l'endroit de la parmenture et du dessus de col sur l'endroit de la veste et du dessous de col. Vérifiez bien que vos décrantés de col et de parmentures sont exactement semblables des deux côtés; pour cela, positionnez-les l'un sur l'autre. Piquez à 1 cm du bord en faisant l'arrondi des parmentures jusqu'au début de l'ourlet; veillez à placer les parmentures au-dessus pour éviter d'entraîner le tissu. Dégagez les coins et les arrondis, crantez les angles.

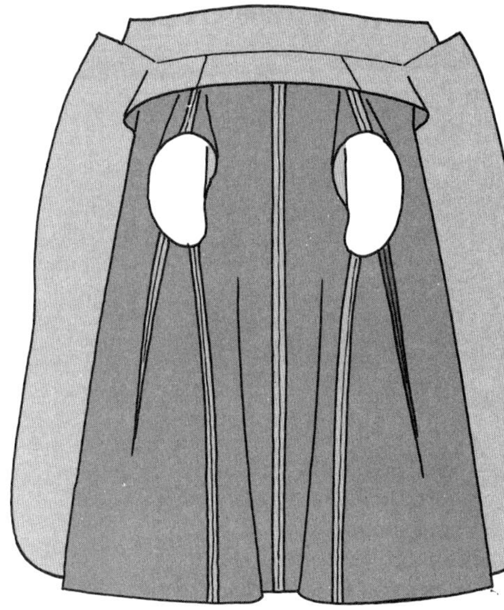

5 Retournez. Bâtissez et repassez les bords des parmentures, le bord du col, l'ourlet du bas qui a 4 cm.

A l'intérieur, repassez les coutures de montage du col en les ouvrant et baguez-les l'une sur l'autre.

Fermez les manches (il y a deux coutures pour chaque manche); montez-les sur la veste : épinglez le cran du milieu de la manche en haut sur la couture d'épaule et le cran du dessous sur la couture de côté de la veste. Bâtissez. Piquez à 1 cm. Posez les épaulettes (voir p. 187). Bâtissez et repassez l'ourlet des manches (il a 4 cm); puis cousez-le à points invisibles. Cousez également l'ourlet du bas de la veste.

Assemblez les morceaux de la doublure. Marquez au fer et bâtissez au milieu du dos un pli couché à droite sur l'endroit. Il n'est pas piqué; au montage, il sera pris dans la couture d'encolure en haut et dans l'ourlet rabattu à la main en bas. Montez les manches. Repassez la doublure entièrement. Montez-la comme indiqué p. 175.

Brodez à 1,5 cm du bord, sur le devant-droit, deux boutonnières horizontales de 2,5 cm de long. La première est à 30,5 cm de la pointe du revers, la seconde à 12 cm de la première. Croisez les devants sur 4 cm pour poser les boutons.

Le pantalon

Le patron
La ceinture est en deux morceaux de longueurs inégales. Faites attention : ces deux morceaux ne sont pas interchangeables, il y a un côté braguette et un côté sous-pont; ne les confondez pas lors du montage.

Valeur des coutures
1 cm partout, sauf pour les coutures des passants qui sont de 0,75 cm.

Préparation
Thermocollez le dessus des deux morceaux de la ceinture; faites la couture du milieu-dos, repassez couture ouverte, puis cassez la ceinture en deux au fer dans le sens de la longueur. Thermocollez aussi le dessus des passants. Surfilez le bas et le grand côté de la braguette, le côté droit et le bas du sous-pont; le dessous de la ceinture (partie non thermocollée) sur la longueur.

Remarquez les deux plis de chaque côté, couchés vers le milieu-devant. Les passants sont doublés; ceux du dos sont posés au niveau des pinces, ceux du devant à 4,5 cm environ de la couture de côté.

La coupe
Elle se fait tissu plié. Coupez la doublure des passants en vous servant du patron des passants utilisé pour la coupe dans le tissu.

Le patron

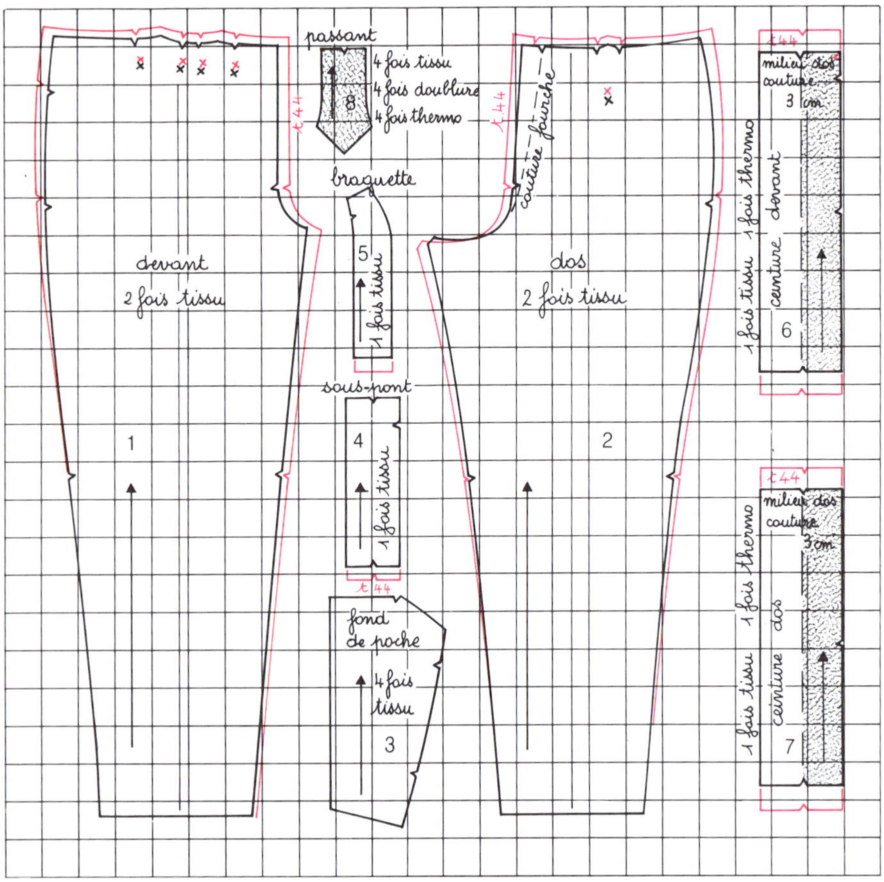

Le plan de coupe

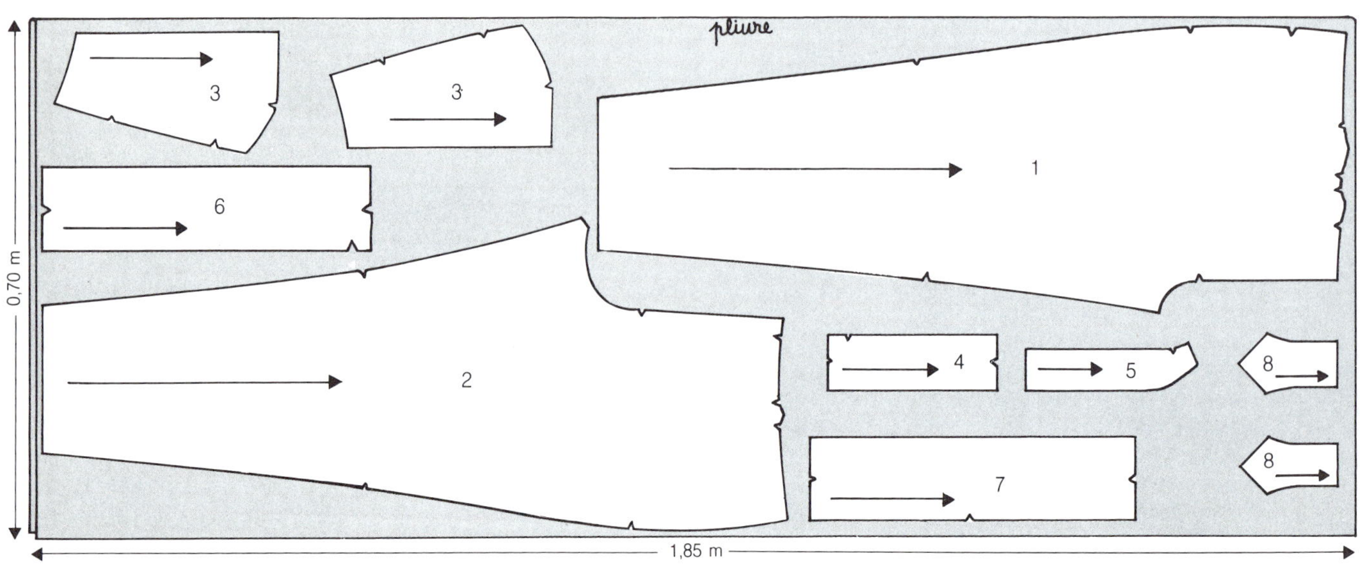

Assemblage

Posez endroit contre endroit, les deux devants; en débutant au cran de l'ouverture, faites une couture de 1 cm piquée en descendant sur 5 cm.
Montez la fermeture à glissière (voir p. 136). Posez les poches dans la couture (voir p. 151); le haut des poches sera pris dans la couture de montage de la ceinture.

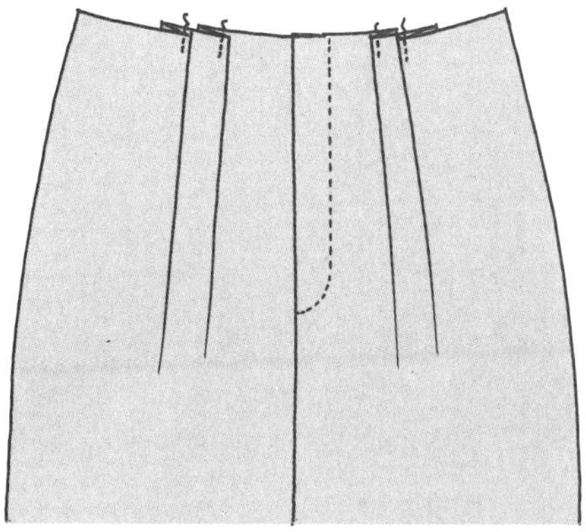

1 Bâtissez de chaque côté de la fermeture à glissière, à la taille, deux plis dirigés vers le milieu; piquez-les sur 1 cm. Cette piqûre sera cachée par la ceinture lorsque celle-ci sera montée.

Faites les pinces du dos. Posez l'endroit du devant sur l'endroit du dos; bâtissez les coutures de côté et les coutures d'entrejambe; les coutures sont de 1 cm. Piquez sans entraîner.

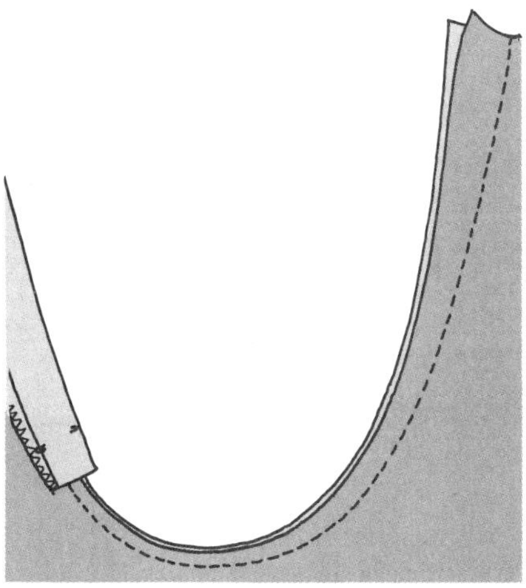

2 Reprenez la couture de la fourche sous la fermeture à glissière et continuez-la en l'élargissant petit à petit, de telle sorte qu'en haut du dos elle ait 2 cm.

Repassez toutes les coutures ouvertes et surfilez-les.

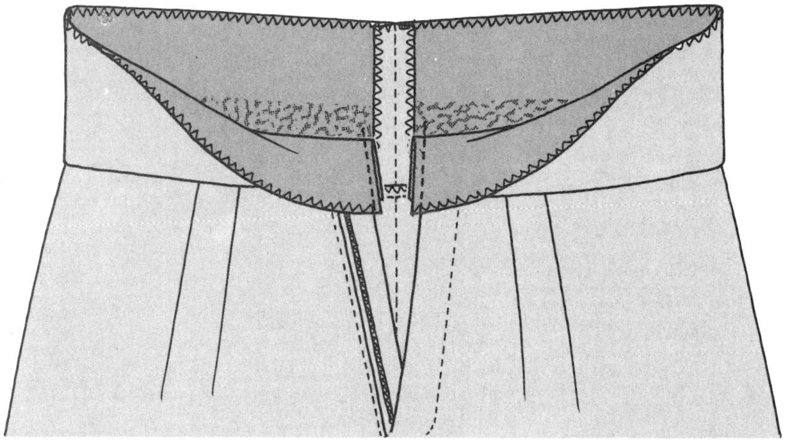

3 Bâtissez à 1 cm le dessus de la ceinture sur le pantalon endroit contre endroit, jusqu'au bout en laissant dépasser la ceinture de 1 cm à chaque extrémité. Piquez, faites les fourreaux.

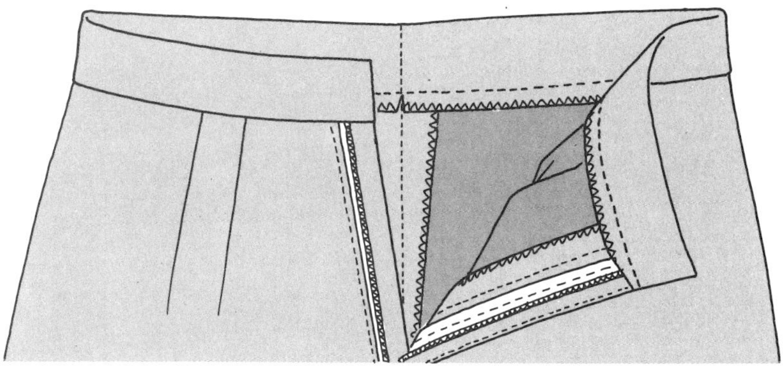

4 Retournez; rabattez sur l'envers; le dessous de la ceinture étant surfilé, ne faites pas de rentré; mais bâtissez-le sous la couture pour qu'il ne bouge pas. Sur l'endroit, faites une piqûre de maintien invisible dans la couture de montage.

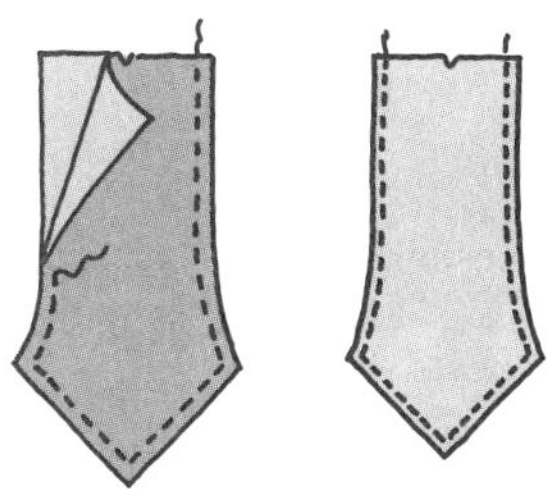

5 Faites les passants : bâtissez la doublure sur le tissu, endroit contre endroit, sur les côtés et la pointe en utilisant un gabarit (voir p. 149). Piquez à 0,75 cm. Retournez, repassez, surpiquez nervure tout autour.

6 Posez-les en haut de la ceinture, la pointe en l'air, en les piquant au bord, rabattez-les, surpiquez à 0,5 cm pour cacher la couture. Fixez la pointe sur le pantalon en repiquant sur la piqûre nervure.

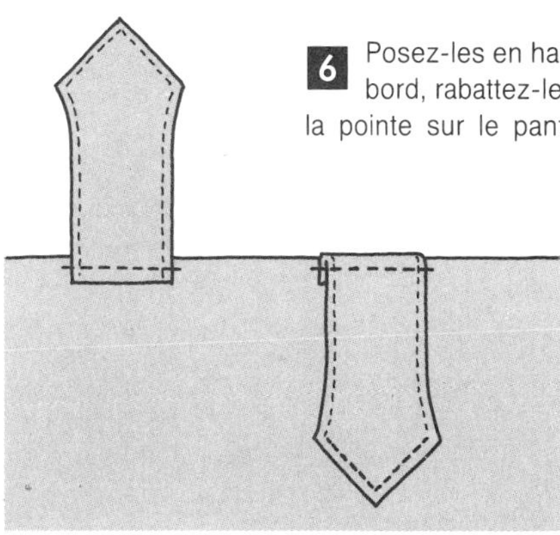

Sur le côté gauche de la ceinture, au milieu, faites une boutonnière horizontale; elle a 1,8 cm de long et commence à 1 cm du bord. Posez le bouton sur le côté droit. Au bas des jambes du pantalon, faites un double rentré de 1 cm piqué nervure ou, si vous préférez, faites un ourlet surfilé de 2 cm fixé à points invisibles.

Manteau à col châle

Ce manteau croisé devant et fermé par une ceinture nouée est idéal à porter en automne ou au début de l'hiver. Vous le réaliserez en drap, en velours de laine (comme ici) ou dans n'importe quel lainage uni ou fantaisie selon votre humeur. La confection du col, des poches doublées, des rabats de manche, et la pose de la doublure exigent du doigté et un savoir-faire certain.

FOURNITURES

- Velours de laine, drap, lainage : 3,30 m en 140 pour toutes les tailles.
- Doublure : 2 m en 140 pour toutes les tailles.
- Thermocollant : 10 cm en 100.
- Bolduc thermocollant : 2,60 m.
- Thermocollant à ourlet : 2,90 m.
- 1 paire d'épaulettes.

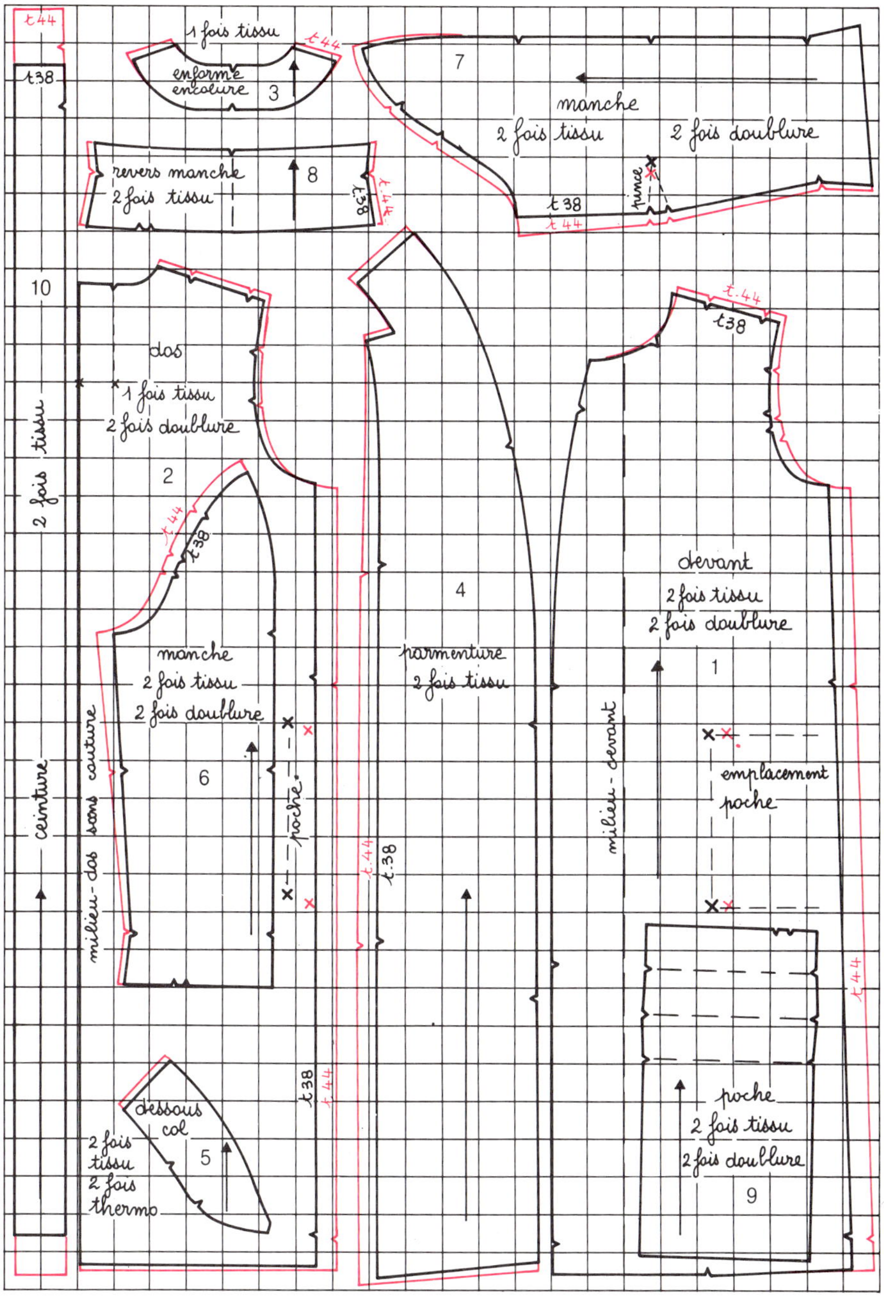

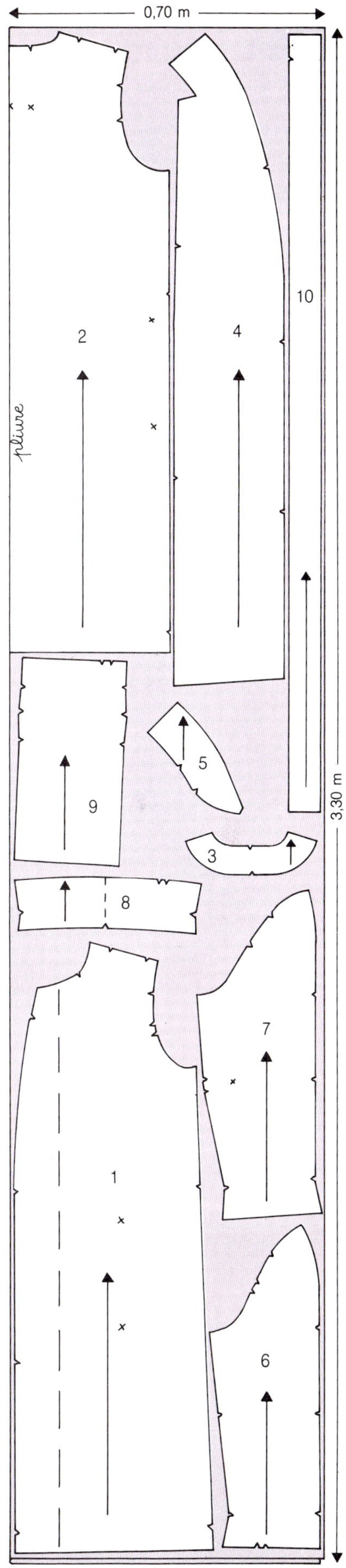

Le patron

Le plan de coupe

La coupe

Elle se fait tissu plié pour le tissu et la doublure. Le milieu-dos doit impérativement se trouver à la pliure.

Le patron

Pour faire le patron de la doublure, reprenez tel le patron des manches. Reprenez le demi-devant en ôtant la valeur de la parmenture, mais en rajoutant 2,5 cm pour la couture (à gauche). Reprenez le demi-dos en ôtant à l'encolure la valeur de l'enforme-dos, mais en rajoutant 2,5 cm à gauche en largeur pour l'aisance. Pour la poche, reprenez le patron sans les revers et en ôtant 4 cm dans la hauteur en bas.

Valeur des coutures

Épaules, côtés, emmanchures, manche, poche, doublure : 1 cm; col, encolure, parmentures : 0,75 cm.

Préparation

Thermocollez le dessous de col.
Posez au fer du bolduc thermocollant sur le bord des épaules et des emmanchures.
Faites la ceinture en fourreau (les bouts en biseau) : piquez sur les quatre côtés, laissez un espace au milieu sur une longueur sans piquer. Retournez, repassez (voir p. 118).

Les poches doublées

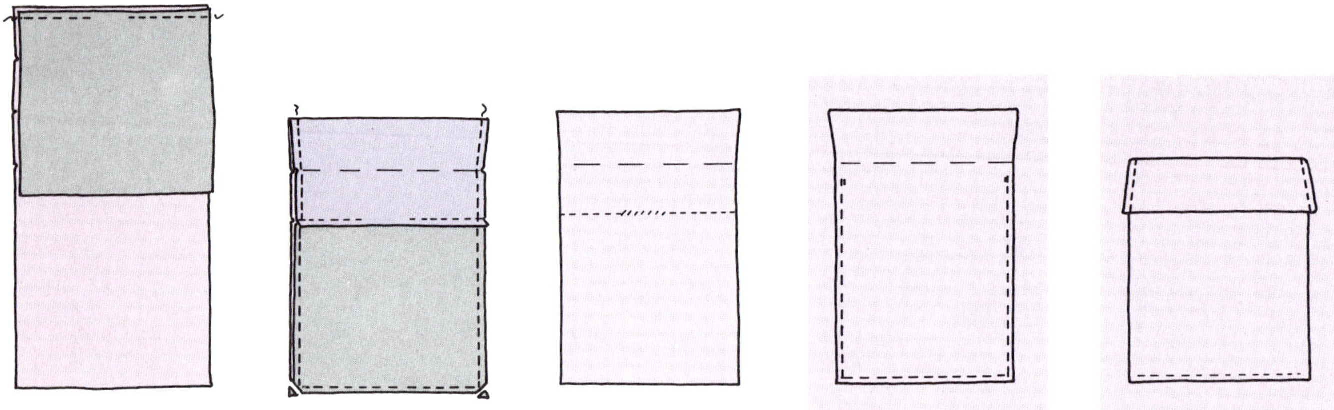

Assemblez la doublure au haut de la poche par une couture de 1 cm, mais laissez un espace (5 cm) au milieu sans piquer. Repliez le lainage (seul) aux crans, endroit contre endroit; la doublure doit alors arriver en bas de la poche. Piquez tout le tour; dégarnissez les coins. Retournez par le petit trou non piqué; repassez en sortant bien le tissu sur l'endroit; terminez à la main la couture joignant la doublure à la poche; marquez la pliure du rabat.

Appliquez les poches sur le manteau; bâtissez à l'emplacement indiqué sur le patron; piquez nervure le tour de la poche sans le rabat en partant et en vous arrêtant à 1,5 cm du haut de la poche; ensuite, baissez le rabat qui dépasse légèrement de chaque côté de la poche et piquez-le nervure sur les côtés.

Assemblage

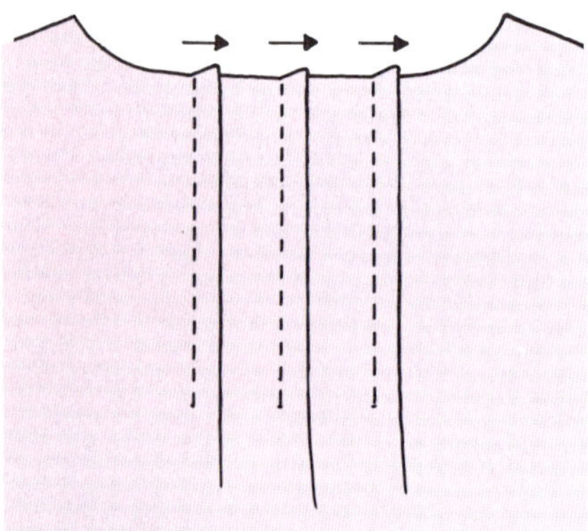

Faites les coutures de côté du manteau.

1 Dans le haut du dos, depuis les crans de l'encolure jusqu'aux points, piquez en l'air trois plis de 1 cm de large. Repassez-les sur l'endroit en les couchant sur la droite. Faites les coutures d'épaule; ouvrez-les ensuite au fer.

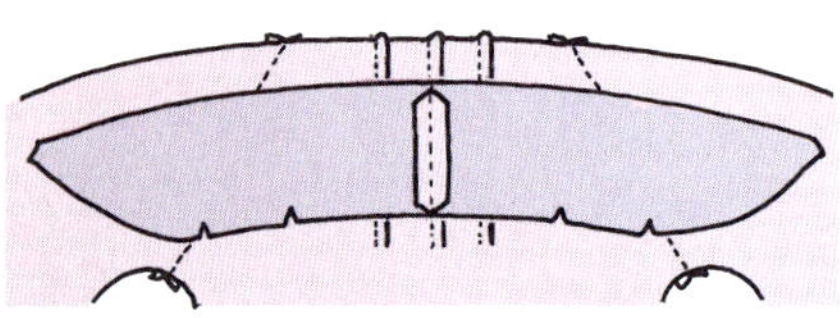

2 Assemblez les deux morceaux du dessous de col; puis montez le dessous de col sur l'encolure, endroit contre endroit, la couture du dessous de col correspond à la piqûre du pli du milieu.

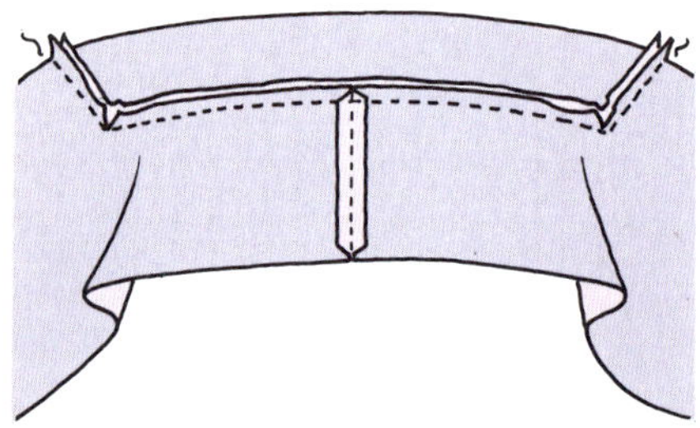

3 Assemblez les parmentures par la couture du dessus de col et montez l'enforme du haut du dos entre les deux décrantés de la parmenture. Piquez. Crantez les coins de la couture de la parmenture.

4 Appliquez la parmenture sur le manteau endroit contre endroit, bâtissez en raccordant les crans.

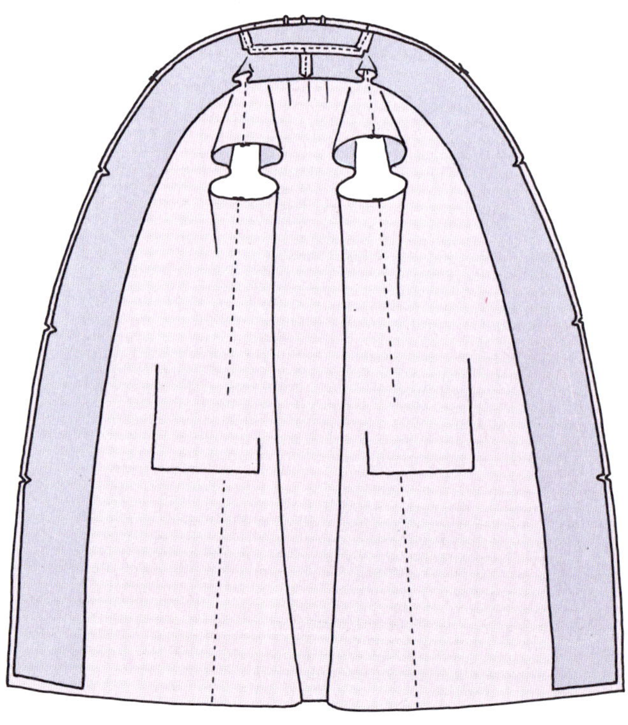

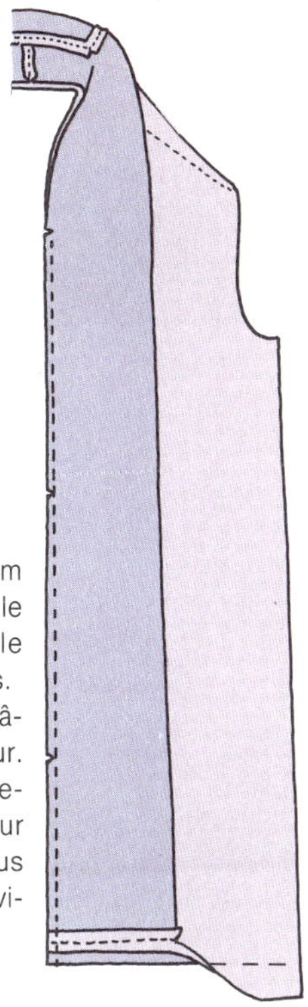

Piquez à 0,75 cm sans entraîner le tissu. Faites le fourreau du bas. Retournez. Bâtissez tout le tour. Repassez. Repliez 4 cm pour l'ourlet que vous ferez à points invisibles.

5 Faites une petite pince au coude des manches. Puis fermez les coutures de manche. Montez les manches en joignant la couture du dessus de manche à la couture d'épaule, celle du dessous de manche à la couture de côté.

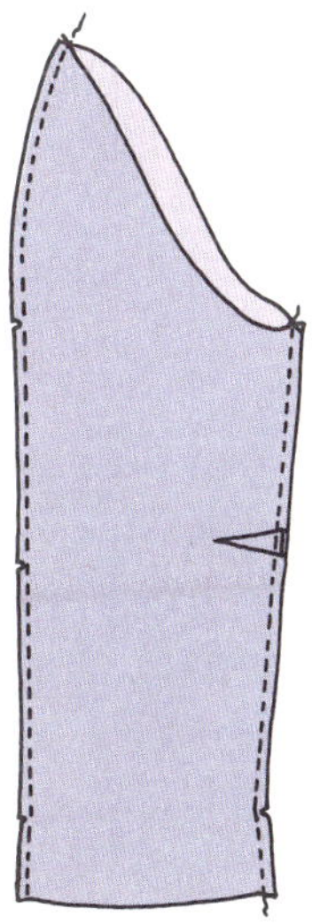

6 Fermez les bracelets. Montez-les au bas des manches endroit contre endroit, la couture face à la couture du dessous de bras. Retournez et rabattez complètement sur l'envers; piquez à 2 cm du bord vif du revers pour le maintenir sur la manche.

Repassez toutes les coutures ouvertes. Baguez le dessus et le dessous du col, couture sur couture, le long de l'encolure-dos. Cassez au fer les revers de manche qui ont 6 cm environ.
Posez les épaulettes le long de la couture d'emmanchure à l'épaule, maintenez-les par un point devant serré, et faites un point en haut sur la couture d'épaule (voir p. 187).

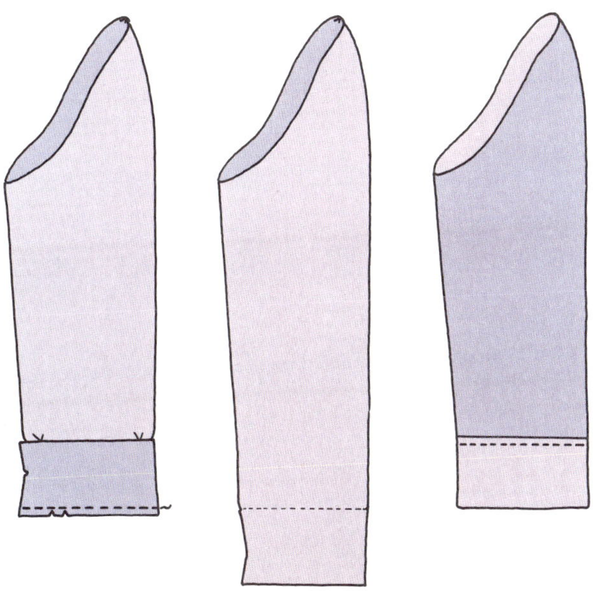

Montage de la doublure

Assemblez la doublure entièrement en faisant les coutures de côté, les coutures d'épaule, les coutures de manche; montez les manches. Sur l'envers du dos, faites trois plis comme sur le dos du manteau, mais couchés sur la gauche; piquez-les à partir de l'encolure sur 12 cm. Repassez la doublure entièrement.

Posez-la sur le vêtement envers contre envers; enfilez les manches de la doublure dans les manches du manteau, épinglez le milieu du dos de la doublure au milieu de la propreté du col du manteau.
Retournez sur l'envers (sans faire bouger l'épingle du milieu), et bâtissez la doublure sur les parmentures et la propreté. Partez du bas d'une parmenture jusqu'à l'épingle, puis du bas de l'autre parmenture jusqu'en haut. Piquez à 1 cm, quand vous êtes sûre que le montage est correct.

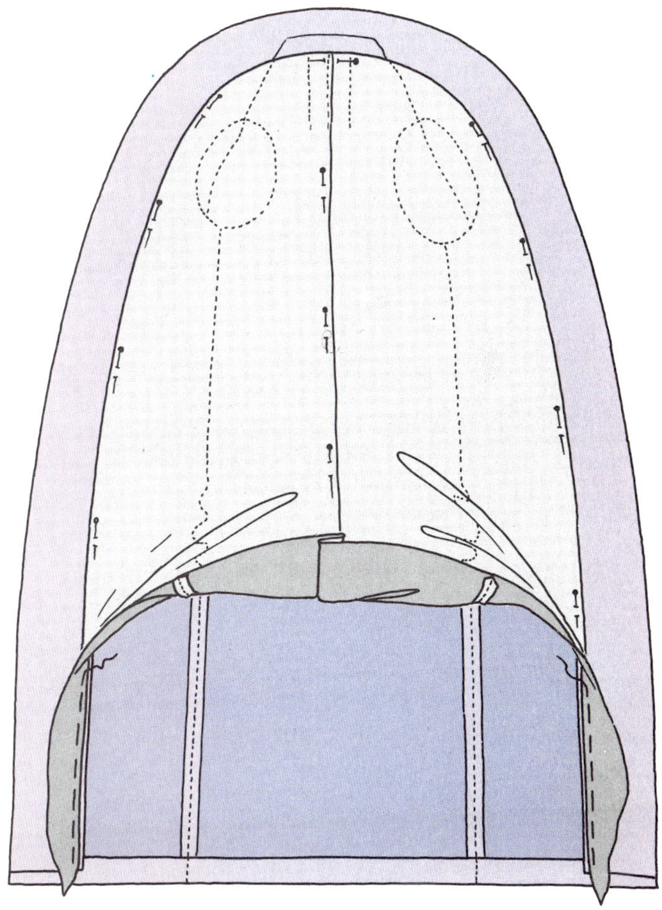

Bâtissez le bas des manches de la doublure sur l'ourlet en réglant la longueur pour ne pas la faire tirer; faites un rentré et rabattez à points de côté.
Collez le bord des parmentures sur le manteau avec du thermocollant à ourlet ou rabattez à points invisibles avant de retourner la doublure sur l'endroit.
Finissez le bas du manteau de la même façon que le bas des manches en plaçant les coutures de la doublure sur les coutures du manteau.

Robe à plastron

Robe d'écolière sage ou robe d'après-midi, elle convient pour maintes occasions. En lainage fin, froncée à la taille, elle est confortable; élégante aussi avec son plastron, ses poignets contrastés et son nœud papillon amovible, qui lui donne même un petit air de fête. L'exécution ne pose pas de problèmes particuliers, sauf le montage du plastron bordé d'un biais qui demande beaucoup de minutie.

FOURNITURES

- Lainage fin : 1,40 m en 140 pour le 6 ans; 1,30 m pour le 4 ans.
- Piqué de coton blanc : 0,35 m en 90 pour le 6 ans et le 4 ans.
- Thermocollant : 15 cm en 90.
- Ruban élastique très étroit de 32 cm de long.
- 9 boutons de 10 mm de diamètre à faire recouvrir.

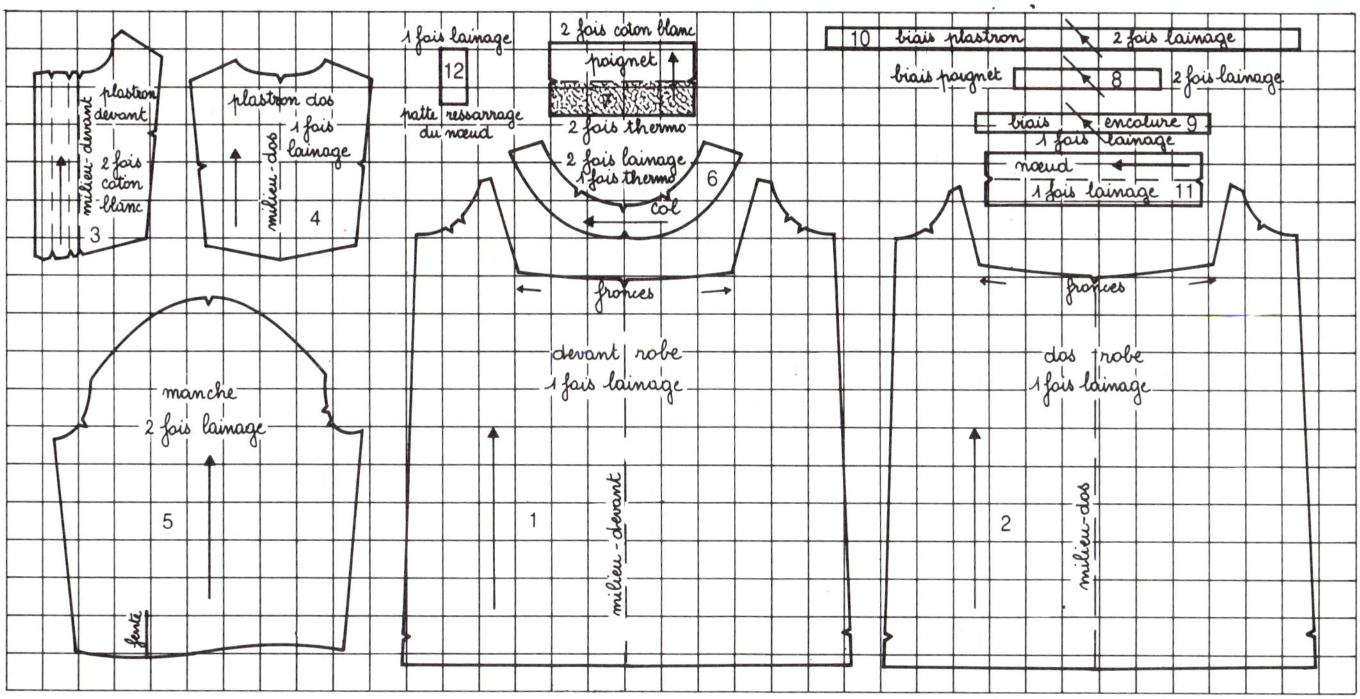

Le patron

Les plans de coupe

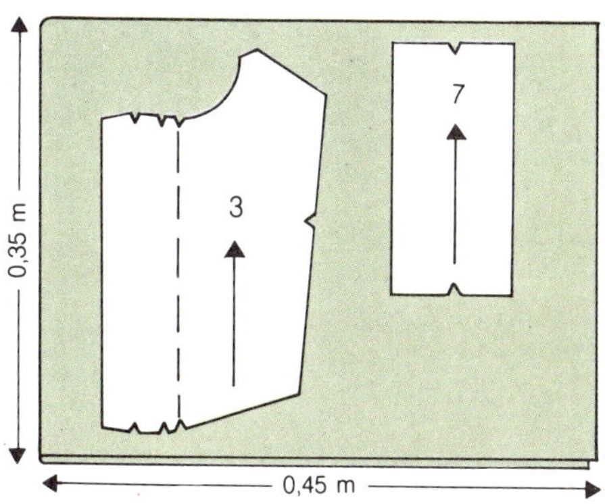

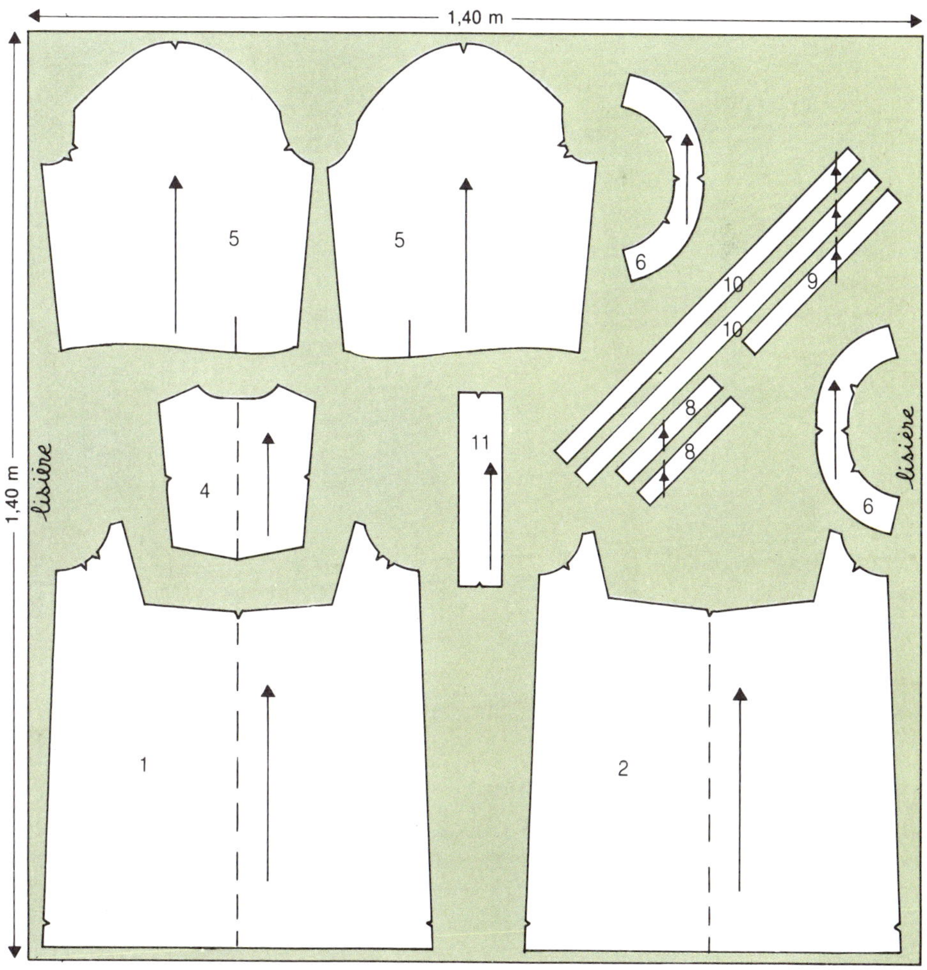

Le patron

Il est donné en 6 ans. Pour le réaliser en 4 ans, comptez en moins : 5 cm de tour de poitrine, 9 cm de largeur dans le bas de la jupe, 8 cm de longueur dos et longueur devant, 4 cm de longueur de manche, 2,5 cm de largeur de manche, 0,75 cm de longueur d'épaule et de longueur de poignet à plat, 1,5 cm d'encolure (fermée).

La coupe

Elle se fait tissu ouvert pour le lainage et tissu plié pour le piqué de coton. Conservez les chutes de ce dernier pour recouvrir les boutons. Si vous coupez un écossais, attention aux raccords (voir p. 179).

Valeur des coutures

Côtés, manches, épaules, emmanchures, empiècement : 1 cm; col, encolure, poignets : 0,75 cm; nœud : 0,5 cm.

Préparation

Confectionnez le nœud papillon (voir p. 83). Il sera posé sur un élastique qui passe sous le col. Thermocollez le dessus de col et la moitié des poignets. Coulissez le col, retournez, repassez, surpiquez nervure, voir p. 99.

Les poignets

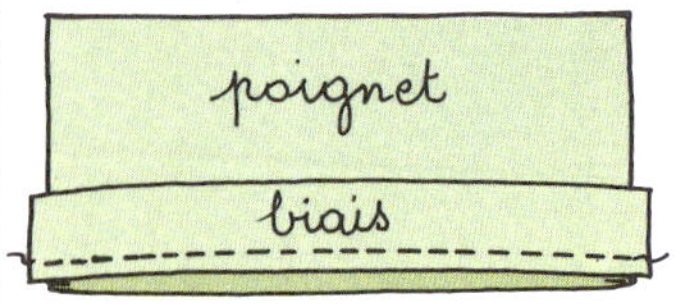

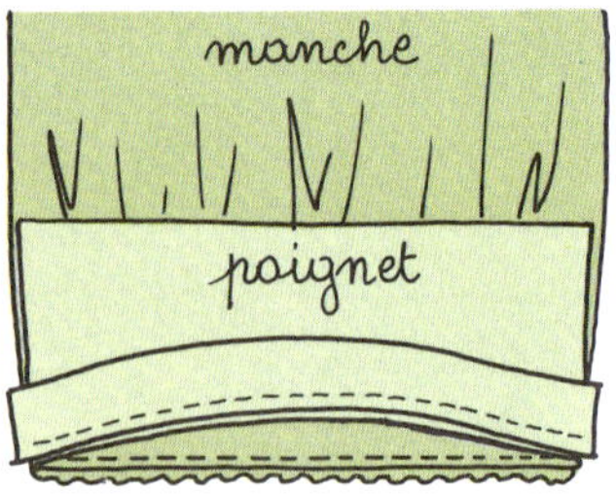

Pliez les poignets en deux au fer dans le sens de la longueur, faites les fourreaux de chaque côté. Retournez
Piquez un petit rempli double de chaque côté de la fente de la manche. Faites un point d'arrêt dans le haut de la fente (voir p. 132).
Fermez les manches par une couture de 1 cm. Froncez le bas et la tête de la manche.

1 Posez le biais plié en deux envers contre envers sur l'endroit de la partie thermocollée du poignet, les bords vifs du biais sur le bord vif du poignet à une distance telle que le biais ait 1 cm une fois fini. Piquez.

2 Montez les poignets endroit de la partie non thermocollée contre envers de la manche.

3 Retournez sur l'endroit. Repliez les bords du biais de chaque côté de la fente et maintenez-les par un petit point.

4 Rabattez la partie thermocollée du poignet sur l'endroit (le biais est dirigé vers le haut); le haut du poignet mord sur le biais pour cacher la couture de montage biais-poignet; bâtissez le tout en répartissant les fronces; faites, sur le poignet sur la couture de montage, une piqûre nervure que vous continuerez tout autour du poignet.

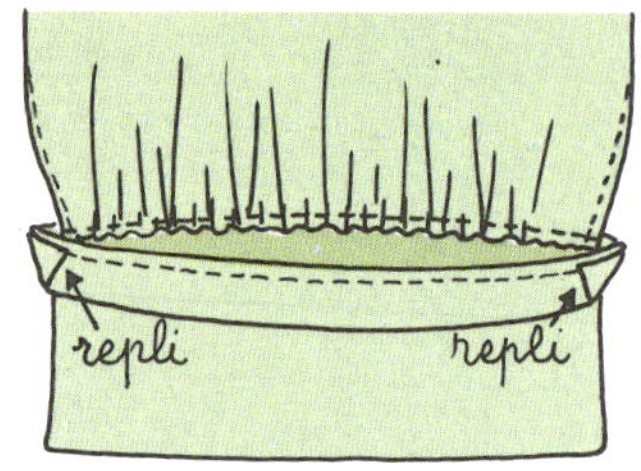

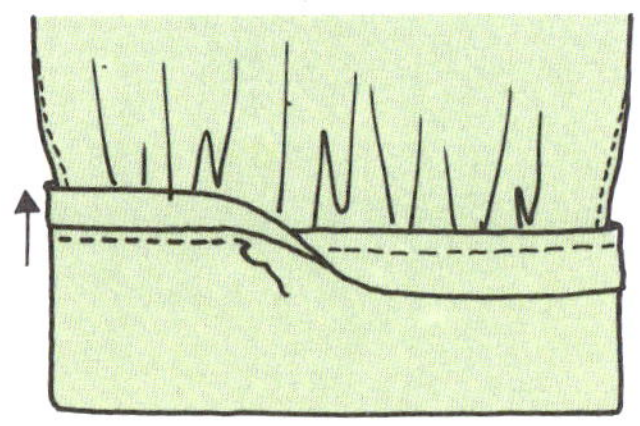

Assemblage

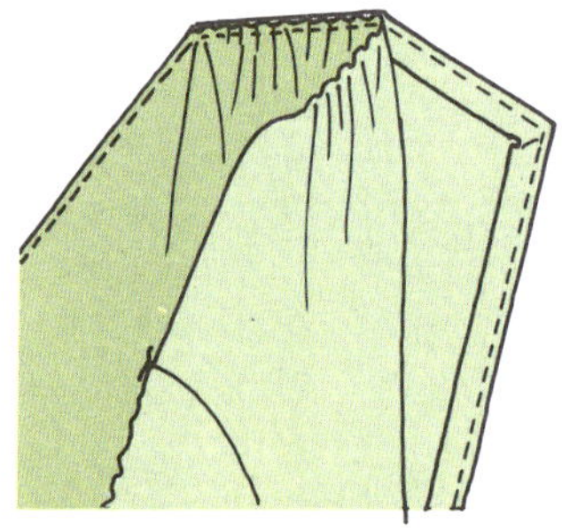

1 Repliez deux fois au fer sur l'envers les pattes du devant du plastron; croisez-les de 2,5 cm (la droite sur la gauche).
Faites les coutures d'épaule du plastron.
Pliez le biais en deux envers contre envers et appliquez-le, bords vifs du biais sur le bord vif du plastron endroit contre endroit. Piquez à 1 cm en faisant un tout petit pli dans les angles pour donner de l'aisance.

2 Faites les coutures de côté de la jupe, en raccordant les carreaux (voir ci-contre).
Montez les manches de chaque côté de la couture jusqu'à la découpe d'empiècement.
Froncez la jupe sur le dos et le devant.

3 Bâtissez tout le tour du plastron sur la robe, endroit contre endroit; le cran du haut de la manche doit correspondre à la couture d'épaule de plastron; les crans du milieu des côtés du plastron se raccordent aux pointes du haut de la jupe à la couture jupe-manche; la pointe en bas des plastrons aux crans des milieu-dos et milieu-devant de la jupe. Piquez dans la couture de montage du biais en prenant le bas des pattes croisées.
Surfilez toutes les coutures en double.

4 Retournez sur l'endroit et surpiquez nervure sur le plastron en cachant la couture de montage.

Montage du col avec biais d'encolure

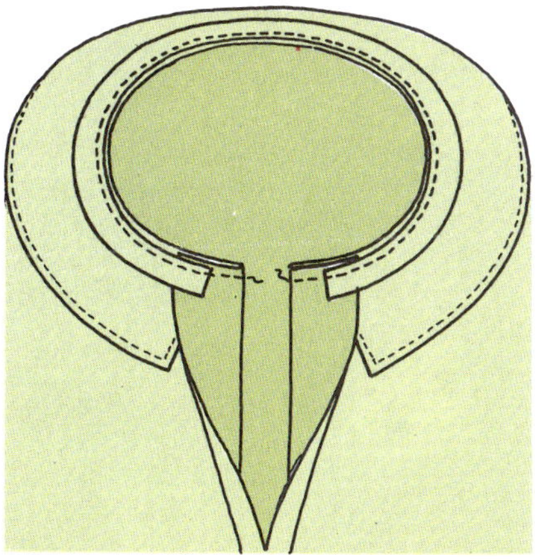

1 Épinglez le col sur l'encolure : le dessous de col (partie non thermocollée) est posé sur l'endroit du vêtement. Les crans des milieux-dos doivent se superposer, les crans des côtés du col doivent correspondre aux coutures d'épaule; les extrémités du col arrivent au cran du milieu-devant. Retournez les pattes pliées sur l'endroit du vêtement. Posez le biais d'encolure, plié en deux envers contre envers sur le col (il a la même longueur que le col), bord vif du biais sur les bords vifs du col et de l'encolure. Bâtissez toutes les épaisseurs; piquez à 0,75 cm.

2 Retournez les pattes; rabattez le biais sur l'envers et piquez-le nervure tout le long de l'encolure; la piqûre mord de quelques millimètres sur les pattes.

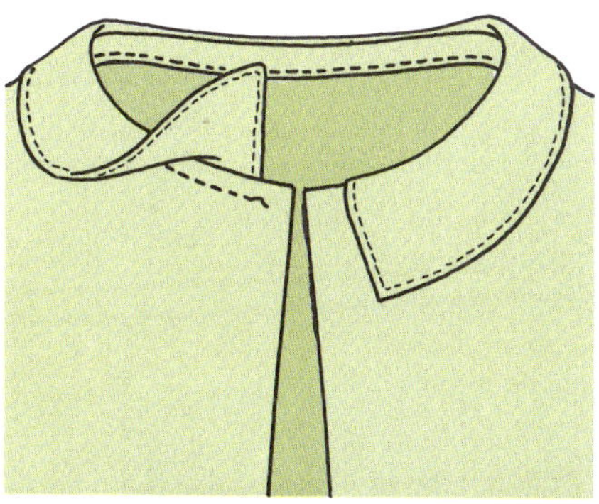

Surfilez ensuite le bas de la robe et faites un ourlet de 4 cm.

Brodez 4 boutonnières verticales de 1,5 cm sur le plastron à 1,25 cm du bord, espacées de 3 cm. La première au pied du col est horizontale. Sur le dessus du poignet (grand côté de la manche), à 0,75 cm du bord, brodez 2 boutonnières horizontales de 1,5 cm, et elles sont espacées de 2 cm. Posez les boutons.

Comment raccorder les pièces d'un tissu écossais ou à carreaux

Les quelques conseils qui suivent vous aideront à résoudre ce problème. En fait, il faut y penser au moment de l'achat du tissu, puis au moment de la coupe.

CONSEILS D'ACHAT

Sachez distinguer un écossais symétrique d'un asymétrique. Pour cela, pliez le tissu en double. Rabattez l'épaisseur du dessus de telle sorte que la pliure vienne couper en diagonale le centre d'un motif complet. Le pliage doit se faire une fois dans la largeur, une fois dans la longueur. L'écossais est symétrique quand le motif se répète en longueur et en largeur. Il est asymétrique si le motif ne concorde que dans un sens (en largeur ou en longueur) ou pas du tout. Les écossais asymétriques sont plus difficiles à couper que les autres; de plus, on ne peut pas positionner les pièces tête-bêche sur le tissu.

Achetez plus. Prenez en plus dans la longueur la valeur d'au moins un motif entier.

CONSEILS DE COUPE

Comment centrer. En général, il est plus pratique et plus esthétique de choisir le milieu d'un carreau. Dans ce cas, il faut que la ligne du milieu-devant et celle du milieu-dos se trouvent au centre du carreau. Il en sera de même pour le milieu des autres pièces importantes du patron (col, manches, parmentures séparées) qui se trouvera également au centre d'un carreau semblable.

Comment raccorder les horizontales. Choisissez, par exemple, la ligne horizontale du bas d'un carreau, placez la ligne d'ourlet du devant et celle du dos sur la même ligne. S'il y a un empiècement, le bas de l'empiècement doit se trouver sur la même ligne que celle où arrive le haut du dos. C'est pour cette raison qu'il est nécessaire de prévoir la valeur d'un à deux carreaux en hauteur en plus pour les raccords au moment de l'achat du tissu. Pour le raccord des manches et du côté du devant, il faut que le haut de l'emmanchure du devant soit sur la même ligne que le haut de la tête de manche.
Vous aurez généralement du mal à raccorder les diagonales des pinces, des coutures d'épaule et de la fourche des pantalons.

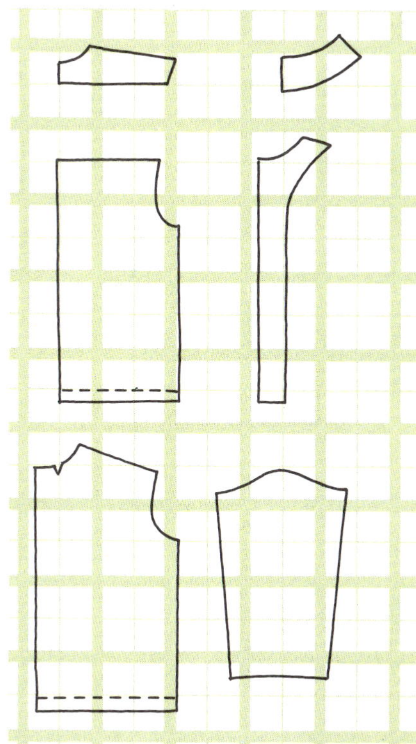

Pour les petites pièces du patron : poches, revers, rabats, etc. Le plus simple est de marquer leur emplacement sur la pièce de tissu déjà coupée. Par exemple, prenez le patron de la poche à couper, posez-le à son emplacement sur le tissu, dessinez les motifs correspondant sur le patron, posez ce dernier sur le tissu à couper en raccordant les motifs du patron et ceux du tissu, veillez à respecter le droit-fil. Le même système sert à raccorder les coutures latérales des pièces importantes qui ne sont pas dans le droit-fil.

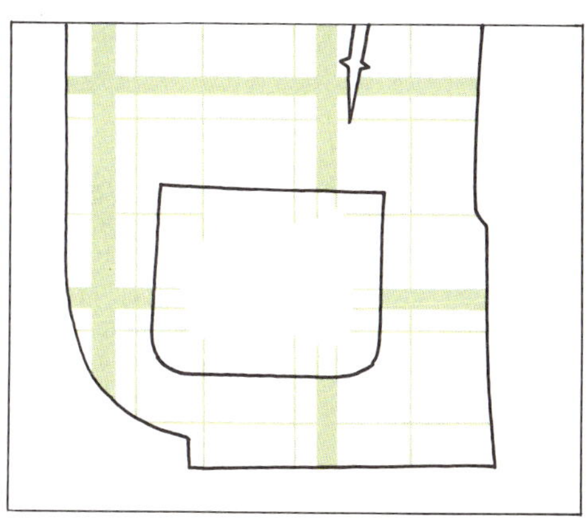

Manteau-cape

Voici une tenue élégante et pratique qui séduira les petites filles soucieuses de confort. Robe ou manteau ? A vous de choisir selon les tissus que vous achèterez. Vous en ferez un manteau si vous taillez le vêtement dans un drap lourd que vous doublerez de lainage (laine et polyester); il sera apprécié au plus fort de l'hiver, porté sur un pull et une jupe. En exécutant ce modèle dans une flanelle ou un velours avec une doublure plus légère (viyella par exemple), vous réaliserez un ensemble robe et cape, confortable et original, idéal pour la rentrée des classes.

FOURNITURES

- Drap lourd, flanelle, velours : en 140, 2,20 m pour le 8 ans; 2,10 m pour le 6 ans.
- Viyella, lainage : en 140, 1,75 m pour le 8 ans; 1,65 m pour le 6 ans.
- 13 boutons de 14 mm de diamètre, à faire recouvrir.
- 1 bouton ordinaire de 10 mm de diamètre.
- Coton perlé ou lacet plat assorti.

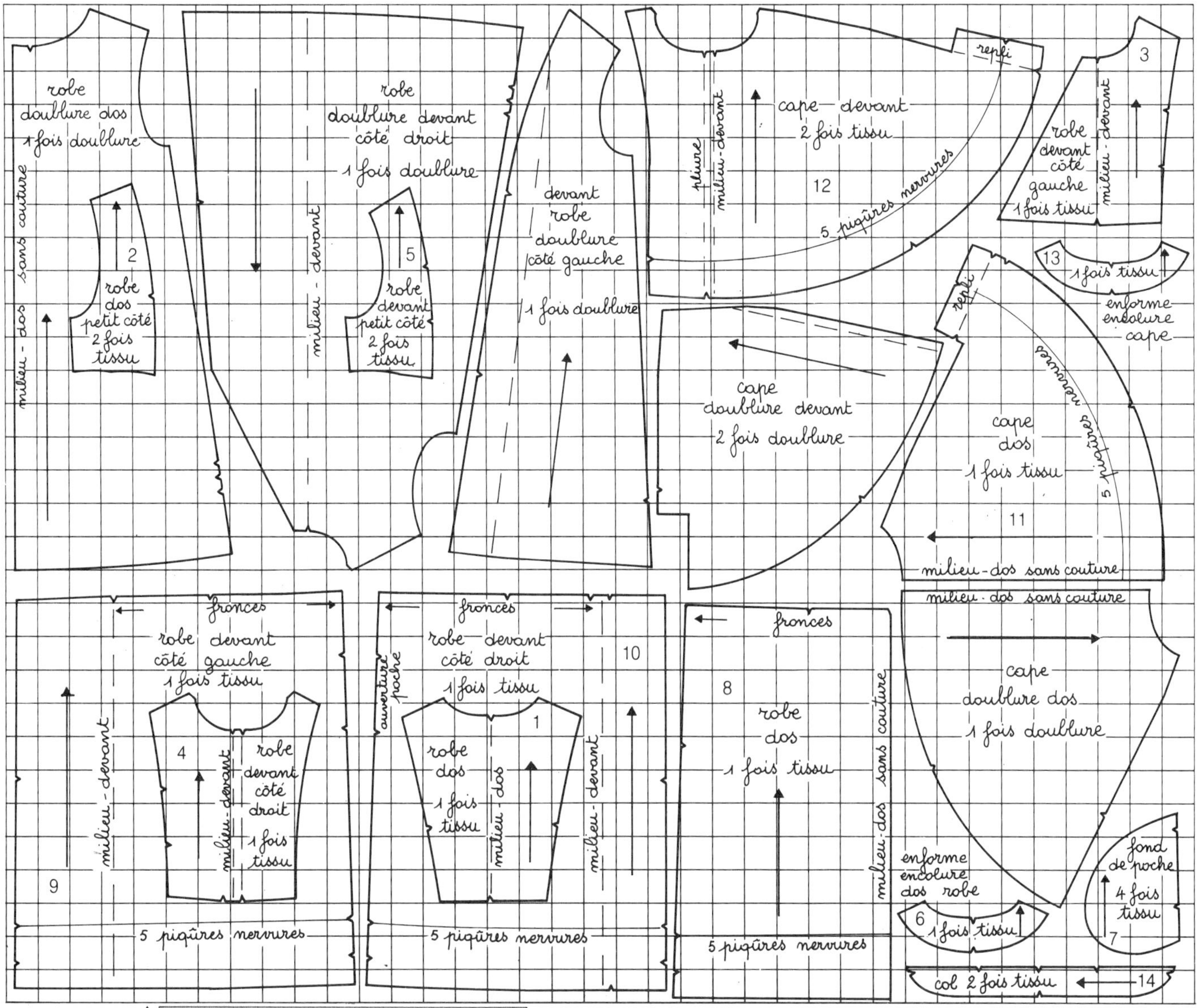

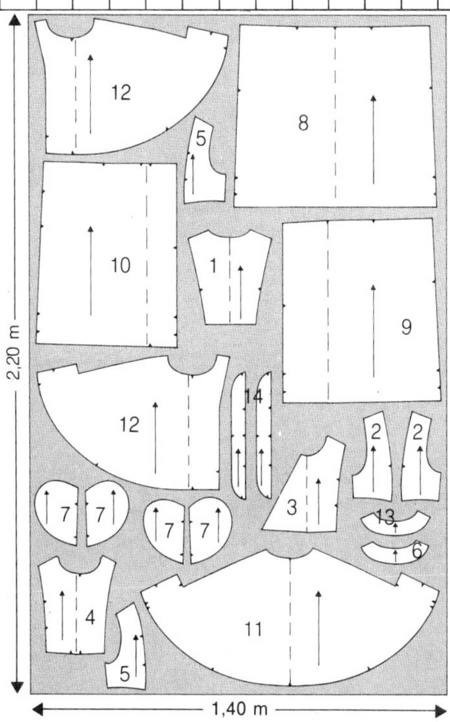

Le plan de coupe

Le patron

Le patron

Les deux moitiés du dos de la jupe de la robe-manteau et de la cape en tissu, ainsi que celles du dos de la robe et de la cape en doublure, étant identiques, nous n'avons présenté ici qu'un demi-dos pour chaque pièce.

Le patron est donné en 8 ans. Si vous voulez le réaliser en 6 ans, comptez en moins : 5 cm de tour de poitrine, 4,5 cm de tour de ceinture, 7,5 cm de longueur-dos pour la robe et 3,5 cm pour la cape, 0,75 cm de longueur d'épaule, 2 cm de carrure-dos et carrure-devant, 1,5 cm d'encolure.

La coupe

Elle se fait tissu non plié pour le lainage et la doublure (dont le plan de coupe n'est pas représenté). Le dos étant sans couture, après avoir tracé le contour d'une première moitié de dos, retournez le demi-patron sur le tissu en vous servant de la ligne milieu-dos comme axe pivotant pour tracer la deuxième moitié à côté sur le tissu.

Conservez les chutes de lainage pour faire recouvrir les boutons.

Valeur des coutures

1 cm partout, sauf pour le col et l'encolure dont les coutures sont de 0,75 cm.

Préparation
Exécutez les décorations sur les deux devants et sur le dos de la cape, ainsi que sur le dessus du col (voir encadré). Coulissez le col (voir p. 99). Retournez, repassez.

Assemblage du corsage

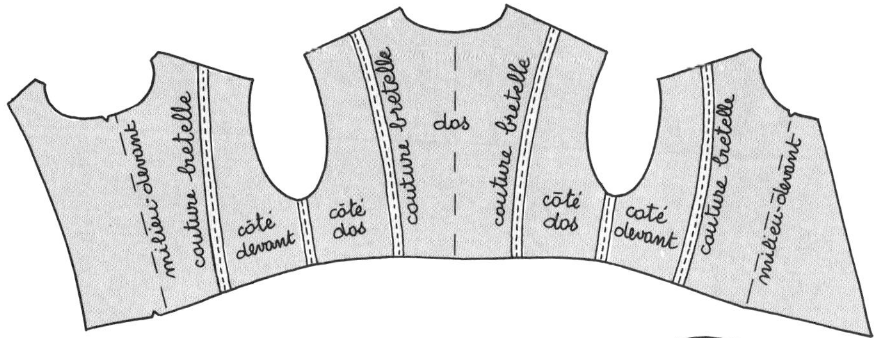

1 Faites les coutures bretelles sur le dos, puis sur les devants. Passez ensuite aux coutures de côté, puis aux coutures d'épaule, où les coutures bretelles des devants et du dos doivent se raccorder exactement. Repassez toutes les coutures ouvertes.

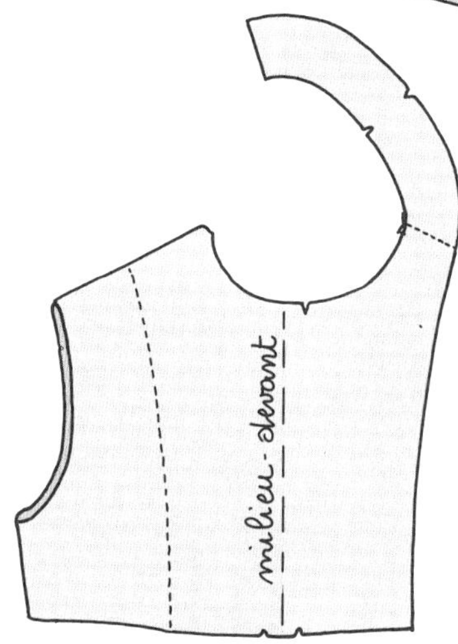

2 Il n'y a qu'une parmenture à droite, raccordez-la en haut avec l'enforme de l'encolure du dos.

Assemblage de la jupe

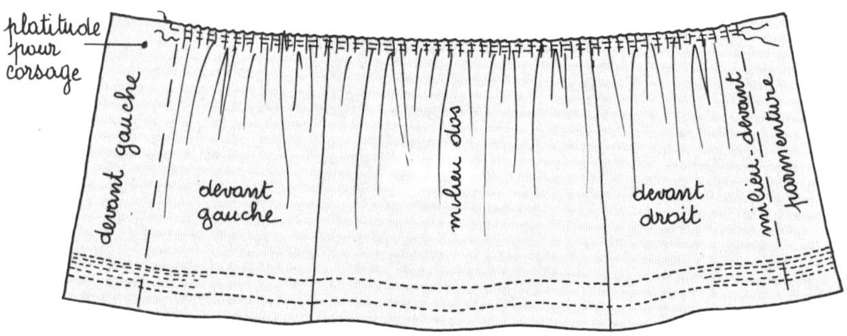

Faites les poches dans les coutures de côté (voir p. 151). Montez le dos au devant par des coutures de 1 cm repassées ouvertes.
Dans le bas de la jupe, exécutez la décoration choisie (voir encadré). Froncez le haut de la jupe. Mais laissez une platitude sur le côté gauche pour le croisage, à partir du cran du milieu-devant jusqu'au bord.

Assemblage de la jupe et du corsage

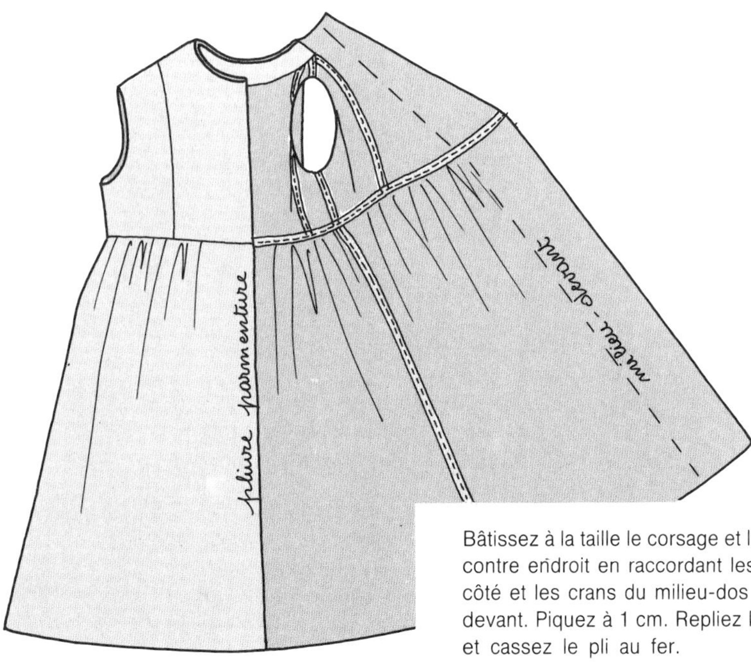

Bâtissez à la taille le corsage et la jupe endroit contre endroit en raccordant les coutures de côté et les crans du milieu-dos et du milieu-devant. Piquez à 1 cm. Repliez la parmenture et cassez le pli au fer.

Montage de la doublure

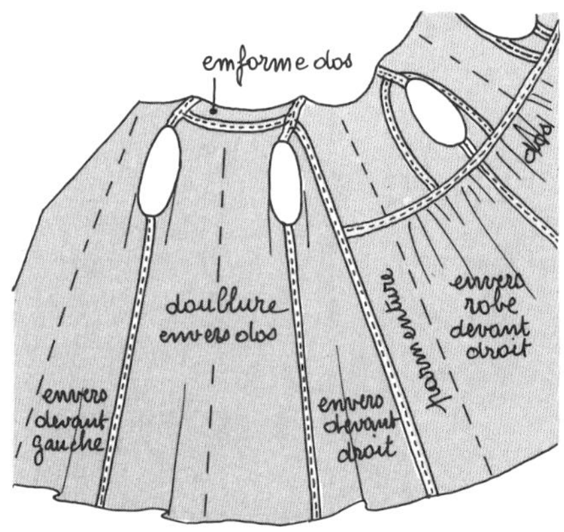

1 Assemblez la doublure : faites les coutures de côté, puis les coutures d'épaule. Repassez-la entièrement coutures ouvertes. Repassez également la robe tout aussi soigneusement.
Posez la doublure sur la robe endroit contre endroit. Bâtissez-la le long de la parmenture droite le long de l'enforme-dos, suivez le décranté de l'enforme jusqu'au bout de la couture d'épaule. Piquez. Ouvrez.

2 Repliez la parmenture au cran endroit contre endroit, bâtissez, puis piquez l'encolure et le côté gauche jusqu'en bas. Crantez légèrement l'encolure, dégagez les coins. Piquez horizontalement la parmenture en bas au niveau de la ligne de pliure de l'ourlet (à 4 cm du bas).

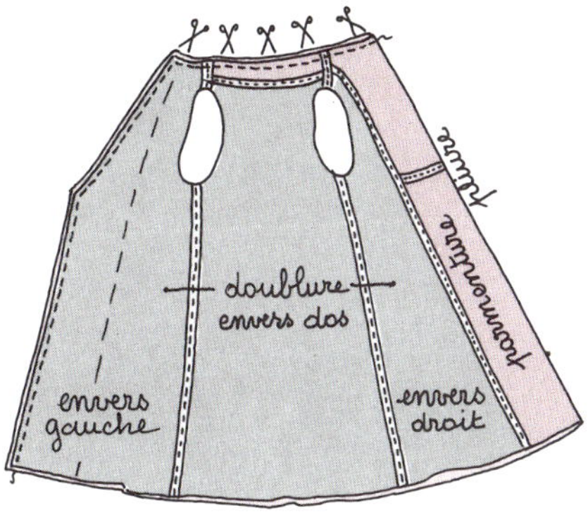

Retournez l'ensemble sur l'endroit. Bâtissez tout le tour en ressortant bien les coutures.

Sur le tour des emmanchures, sur le lainage, bâtissez un rentré de 1 cm; crantez tout autour. Faites la même chose autour des emmanchures de la doublure. Appliquez la doublure sur le vêtement (envers contre envers), cousez ensemble doublure et lainage tout autour à la main par un point glissé. Puis faites une surpiqûre sur l'endroit autour des emmanchures à 0,75 cm.
Faites aussi une surpiqûre autour de l'encolure, également à 0,75 cm du bord.

Bâtissez l'ourlet du lainage (4 cm). Repassez et fixez-le à points invisibles. Rabattez le bas de la doublure à la main sur l'ourlet en faisant un rentré. Pendant cette opération, maintenez la doublure bien à plat sur l'ensemble du vêtement pour qu'elle ne tire pas.

A l'encolure sur le milieu-dos, cousez le petit bouton. Sur le devant droit, brodez 4 boutonnières horizontales de 2 cm de long. Elles sont à 1,5 cm du bord; la première est à 1,5 cm de l'encolure, les autres sont espacées de 6,5 cm. Le croisage à la taille est de 16 cm. Posez les boutons en conséquence.

Les nervures décoratives du col sont faites avec une machine spéciale. Vous les remplacerez selon votre goût par des surpiqûres exécutées avec du coton perlé ou par du lacet plat piqué au milieu. Faites-en 3 lignes sur le col et 5 au bas de la robe et de la cape.

Assemblage de la cape

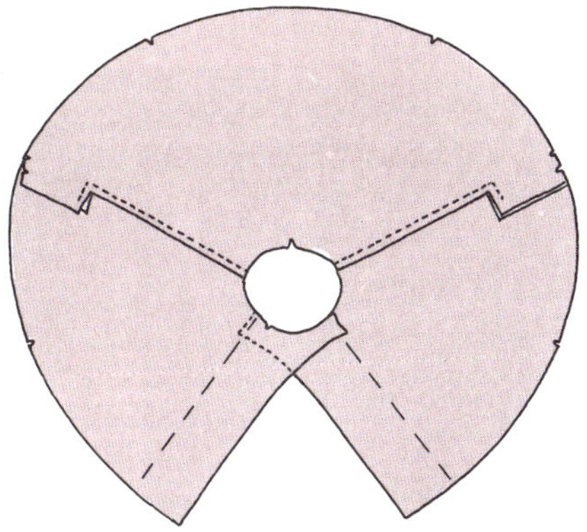

1 Fermez les coutures d'épaule jusqu'à l'ouverture des pattes; piquez également les deux pattes ensemble depuis la fente jusqu'au cran.

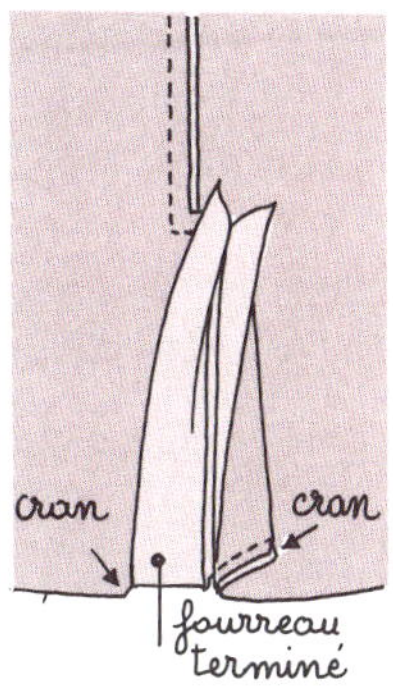

2 Faites les fourreaux au bas des pattes : repliez chaque patte au cran endroit contre endroit, piquez à 1 cm du bord. Retournez, repassez.

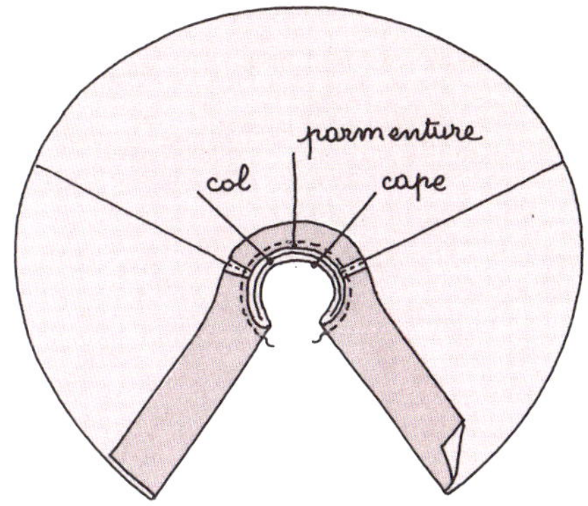

3 Assemblez l'enforme de l'encolure aux parmentures. Puis repliez les parmentures endroit contre endroit du vêtement. Posez le col entre les parmentures et la cape (dessus du col contre endroit de la cape), en raccordant les crans du milieu-dos et les crans de côté du col aux coutures d'épaule; les extrémités du col arrivent à 2 cm du bord de chaque côté de l'ouverture devant. Piquez toutes les épaisseurs à 0,75 cm. Retournez sur l'endroit. Repassez soigneusement.

Faites l'ourlet de 1 cm à points invisibles.

Montage de la doublure de la cape

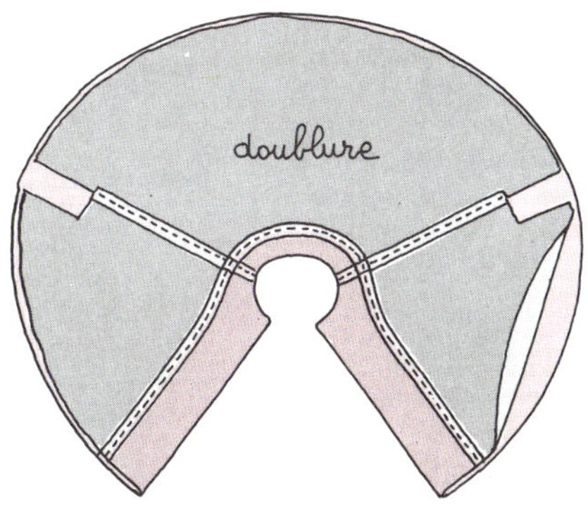

1 Assemblez les morceaux de la doublure en fermant les coutures d'épaule. Bâtissez l'endroit de la doublure sur l'endroit des parmentures. Piquez à 1 cm du bas d'une parmenture au bas de l'autre. Retournez. Repassez avec soin.

Sur le devant droit, brodez 3 boutonnières horizontales de 2 cm de long. Elles sont à 1,5 cm du bord; la première est à 1,5 cm de l'encolure, les autres sont espacées de 3 cm. Posez les boutons sur le devant gauche.
Sur les pattes des côtés, cousez 3 boutons; le premier est à 5,5 cm du bas de la cape, les deux autres au-dessus sont espacés de 2 cm.

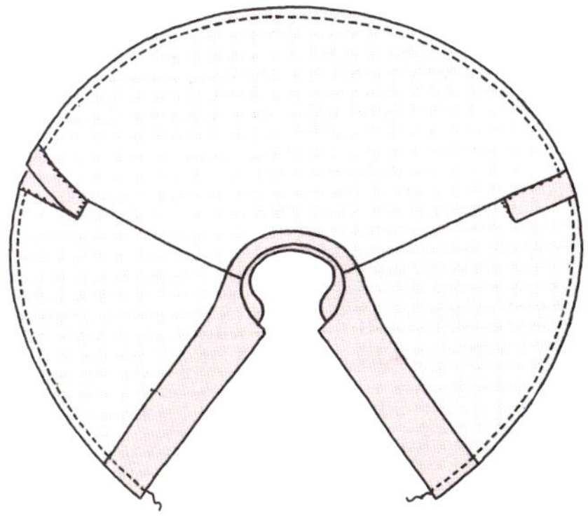

2 Bâtissez le bas de la doublure sur l'ourlet sans tirer. Rabattez à points de côté, ainsi que sur le tour des pattes. Surpiquez le bas de la cape à 0,75 cm en laissant les pattes indépendantes l'une de l'autre.

En les posant, prenez les deux pattes ensemble, l'ouverture des côtés sera ainsi maintenue fermée, à partir du haut, sur la moitié de sa longueur environ.
Au milieu-dos de la cape, à l'intérieur, sur la couture de montage du col et de l'enforme d'encolure, brodez une bride, correspondant au bouton posé sur le dos de la robe.

Robe classique

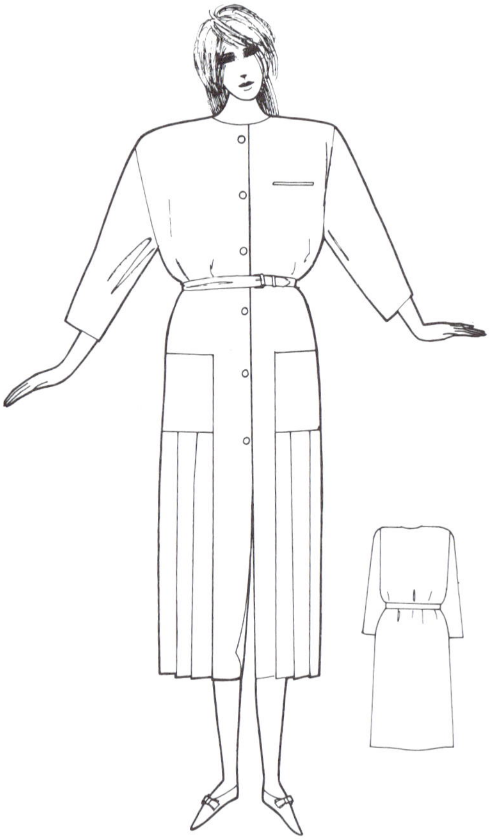

Deux groupes de plis sous les poches donnent de l'aisance à cette robe droite que vous exécuterez sans réelles difficultés en gabardine de laine légère ou en flanelle. Telle quelle, son petit côté strict la rend parfaite pour le bureau ou le shopping, mais portée avec un pull à col roulé de couleur vive et des bas assortis, vous en ferez une tenue idéale pour les longues marches à la campagne.

FOURNITURES

- Gabardine de laine légère : 3,30 m en 140 pour toutes les tailles.
- Thermocollant : 1,25 m en 1 m
- 1 paire d'épaulettes.
- 7 boutons de 20 mm de diamètre à donner à recouvrir.
- 1 boucle de ceinture à faire recouvrir.

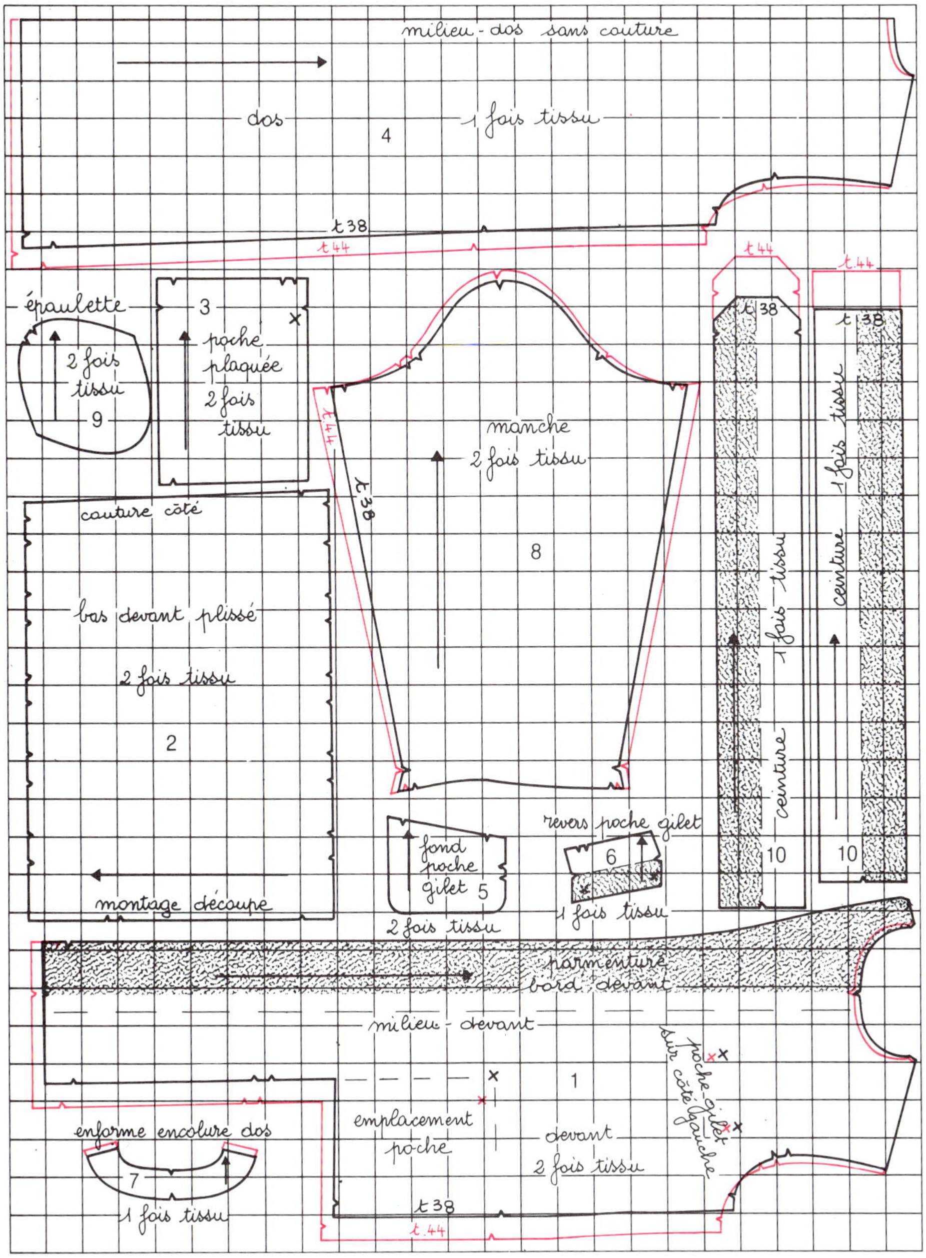

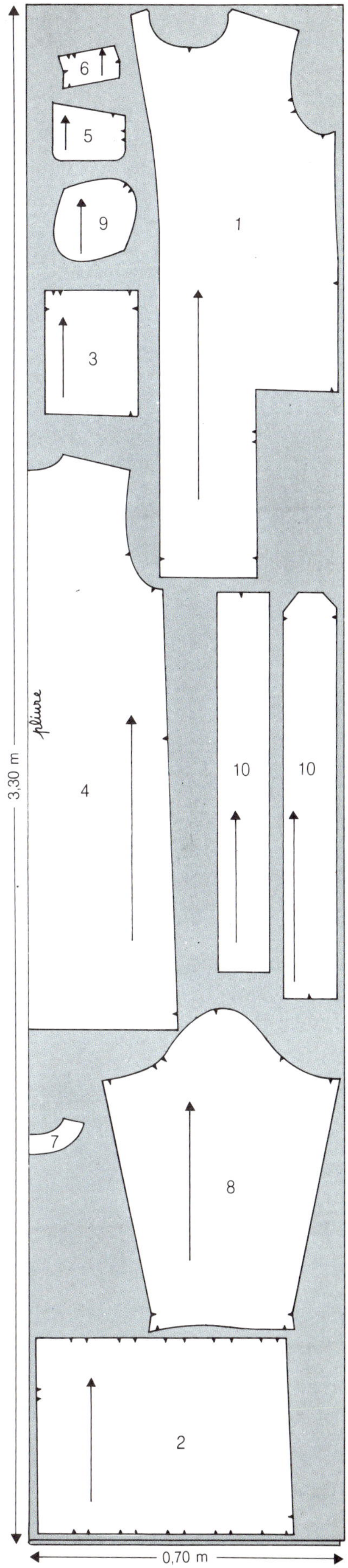

Le patron

Le plan de coupe

Le patron

Il n'y a qu'une poche gilet, sur le côté gauche du devant.

La coupe

Le milieu-dos et le milieu de l'enforme-dos doivent impérativement se trouver à la pliure. Le revers de la poche gilet n'est coupé qu'une fois. Gardez dans les chutes de tissu de quoi faire recouvrir les boutons et la boucle de ceinture.

Valeur des coutures

1 cm partout, sauf pour la couture d'encolure et le coulissage de la poche gilet qui sont de 0,75 cm.

Préparation

Thermocollez les parmentures tenantes, le dessus du revers de la poche gilet, la ceinture sur la moitié de sa largeur; recouvrez les épaulettes (voir p. 92).

Exécutez la ceinture : assemblez les deux morceaux; ouvrez la couture, repassez-la au fer. Pliez la ceinture en deux dans le sens de la longueur, cassez au fer et faites le fourreau en piquant sur le côté en pointe et la longueur. Retournez, repassez, surpiquez nervure tout autour. Posez la boucle (voir p. 95).

Tracez à la craie, sur l'endroit devant gauche, l'emplacement de la poche gilet (voir le positionnement sur le patron), montez la poche (voir p. 168).

Montage des plis dans la découpe

1 Formez les plis du bas de la jupe. Il y a cinq plis couchés tournés vers le milieu-devant. Bâtissez-les avec soin.

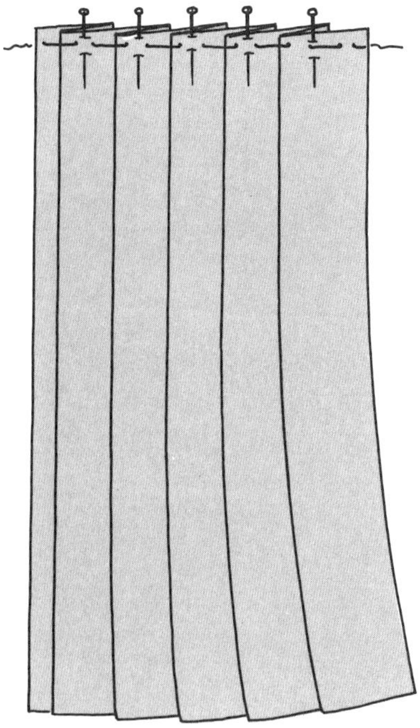

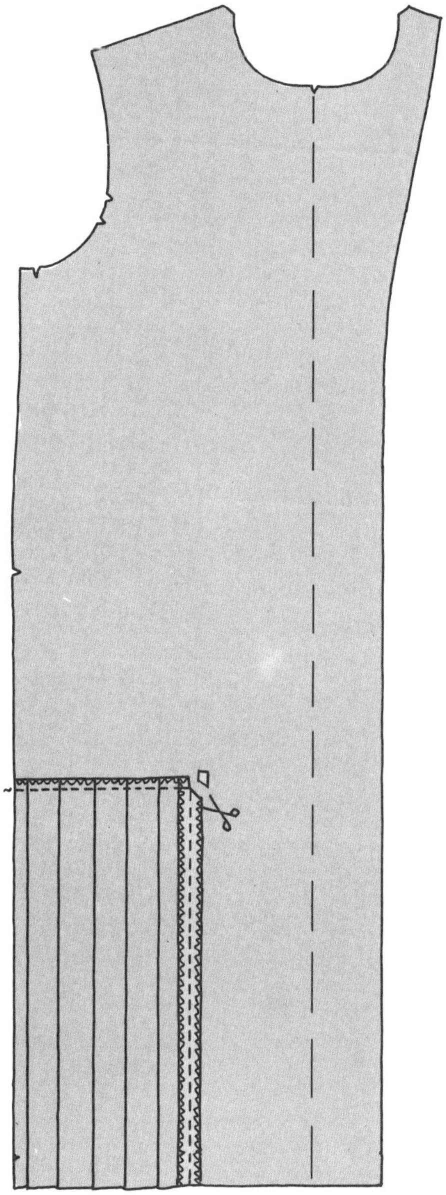

2 Bâtissez les plis dans la découpe; crantez le coin pour qu'il soit bien net. Piquez. La couture en haut est surfilée fermée et celle du côté est surfilée ouverte.

Les poches du bas de la robe

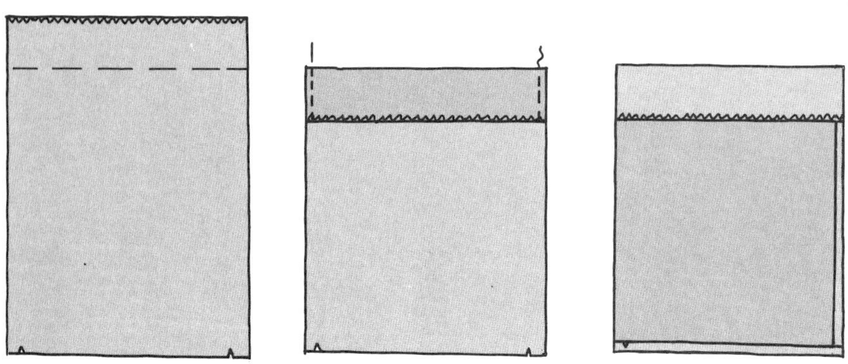

1 Surfilez le haut des poches. Pliez le rempli en haut au cran endroit contre endroit. Faites un fourreau sur un seul côté (le gauche pour la poche gauche, le droit pour la poche droite). Retournez. Repassez le haut de la poche, et continuez le rentré de la largeur du fourreau sur le bas et sur le côté gauche pour la poche gauche, et le côté droit pour la poche droite. L'autre côté reste plat; bâtissez soigneusement le rempli.

2 Positionnez les poches sur les devants (voir emplacement sur le patron). Bâtissez-les en veillant à ce que le côté de la poche tourné vers le milieu-devant reste bien parallèle au bord de l'ouverture, et à ce qu'en bas le bord de la poche dépasse légèrement la couture de montage des plis pour la cacher. Le troisième côté de la poche sera pris dans la couture de montage. Ensuite, piquez nervure sur les deux côtés repliés.

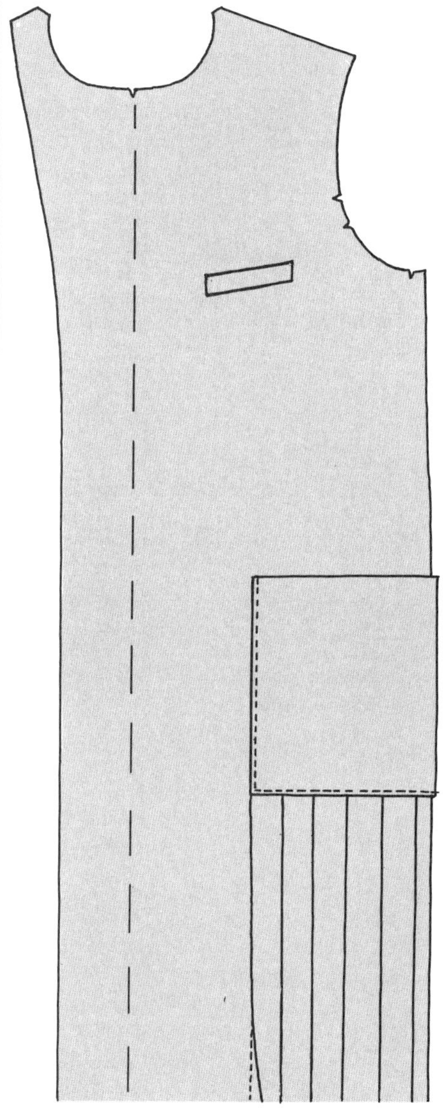

Assemblage

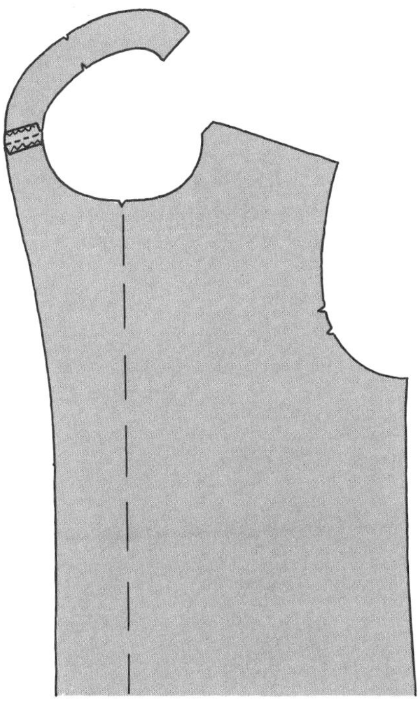

Faites les coutures de côté, puis les coutures d'épaule. Surfilez coutures ouvertes.

1 Assemblez l'enforme de l'encolure-dos avec les parmentures endroit contre endroit. Surfilez coutures ouvertes.

2 Repliez les parmentures endroit contre endroit et piquez l'encolure à 0,75 cm.

Surfilez le côté intérieur des parmentures et le bas de la robe. Faites les fourreaux au bas des parmentures. (voir p. 141).
Retournez. Bâtissez l'ourlet de 4 cm. Fixez-le à points invisibles. Fixez l'enforme-dos à la couture d'épaule par un point. Surpiquez nervure sur l'endroit autour de l'encolure.

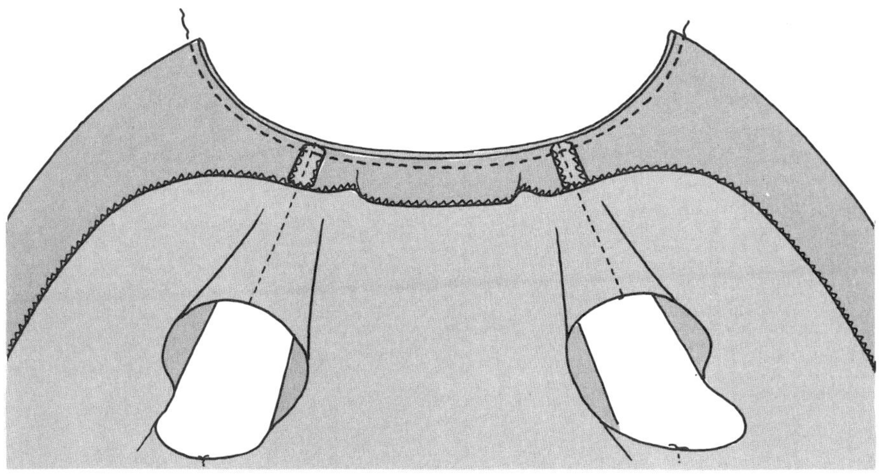

Les manches

Fermez la couture de manche. Surfilez couture ouverte. Surfilez le bas des manches, faites un ourlet de 3 cm fixé à points invisibles.
Montez les manches en raccordant la couture de dessous de manche à la couture de côté, le cran du haut de la manche à la couture d'épaule. Piquez. Surfilez en double la couture qui doit être tournée vers le vêtement.
Posez l'épaulette à cheval sur la couture d'épaule, piquez le bord épais tout le long du bord vif de la ressource de la couture; le haut de l'épaulette sera tenu par un point sur la couture d'épaule.

Brodez une boutonnière horizontale de 2,4 cm sur le haut du devant droit, à 1 cm de l'encolure et à 1,5 cm du bord. Les six autres sont verticales, placées à 2 cm du bord; l'espace entre la première boutonnière (horizontale) et la deuxième est de 10 cm; les autres sont espacées de 9,5 cm. Cousez les boutons.

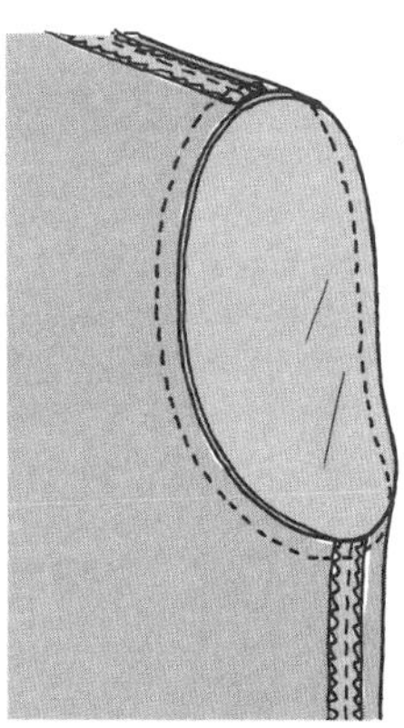

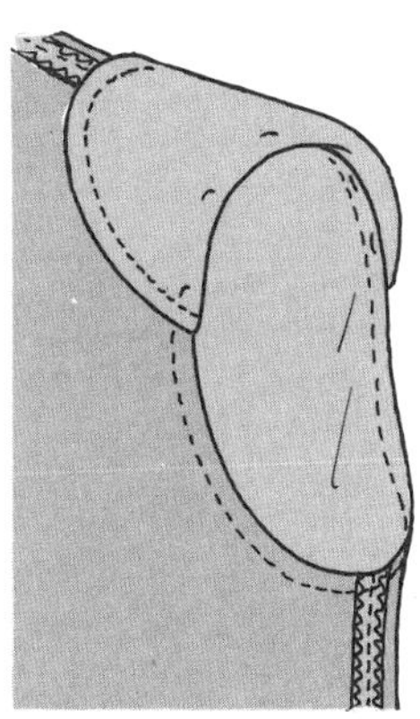

Pour recouvrir les boutons

Les plisseurs font ce genre de chose; on vous donnera des adresses dans une mercerie. Pour recouvrir vous-même vos boutons, achetez dans le commerce de petits nécessaires à cet effet; mais ils ne conviennent que pour les tissus légers.

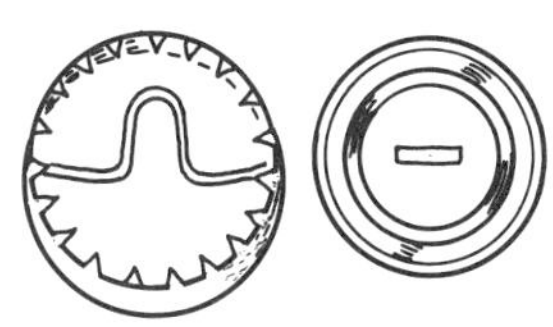

Chaque bouton comprend deux parties : une partie supérieure bordée par-dessous de griffes et munie d'une queue, et une partie inférieure ressemblant à un bouton-pression.

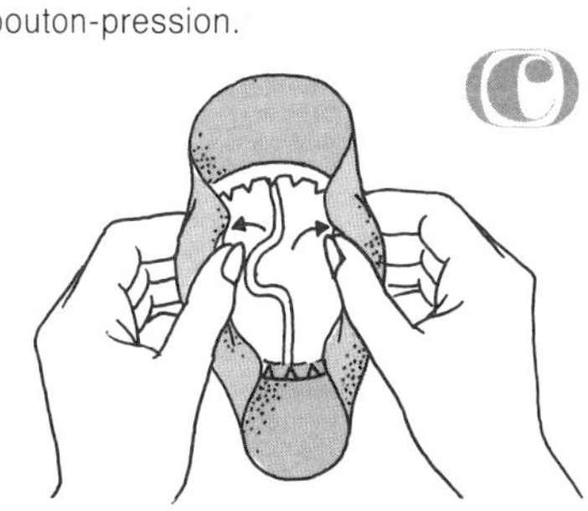

Coupez un rond de tissu dont le diamètre sera un peu moins du double de celui du bouton; posez la partie supérieure dessus et rabattez les bords en les accrochant dans les griffes. Veillez à ne pas faire de plis ou de fronces sur le tour du bouton, au besoin recoupez un peu le tissu.

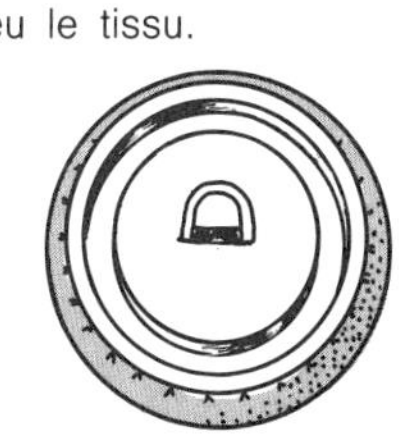

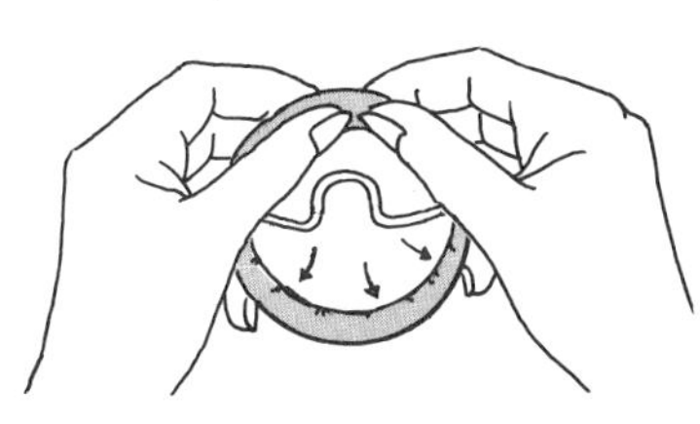

Posez la partie inférieure sur la partie supérieure, pressez fortement, le bouton est terminé.

Jupe-culotte d'écolière

Ce sont les détails qui font l'originalité de cette jupe-culotte : les coutures de côté sont soulignées par un liseré que vous choisirez dans le ton du tissu ou dans une couleur contrastée; la poche gauche, appliquée, a un rabat et deux pattes pour le boutonnage; la poche droite dans la découpe est légèrement décollée.
Vous pourrez tailler ce modèle dans une toile, un jean, ou un seersucker pour la belle saison, mais si vous l'exécutez, comme nous, dans un lainage, il faudra le doubler.

FOURNITURES

- Flanelle, toile, jean, seersucker : 1,30 m en 140 pour le 12 ans; 1,20 m pour le 10 ans.
- Doublure : 1,15 m en 140.
- Thermocollant : 20 cm en 100.
- Bolduc thermocollant : 20 cm.
- Élastique de 2,5 cm de large et 28 cm de long.
- Liseré : 1,30 m.
- 1 fermeture à glissière de 16 cm.
- 4 boutons de 14 mm de diamètre.

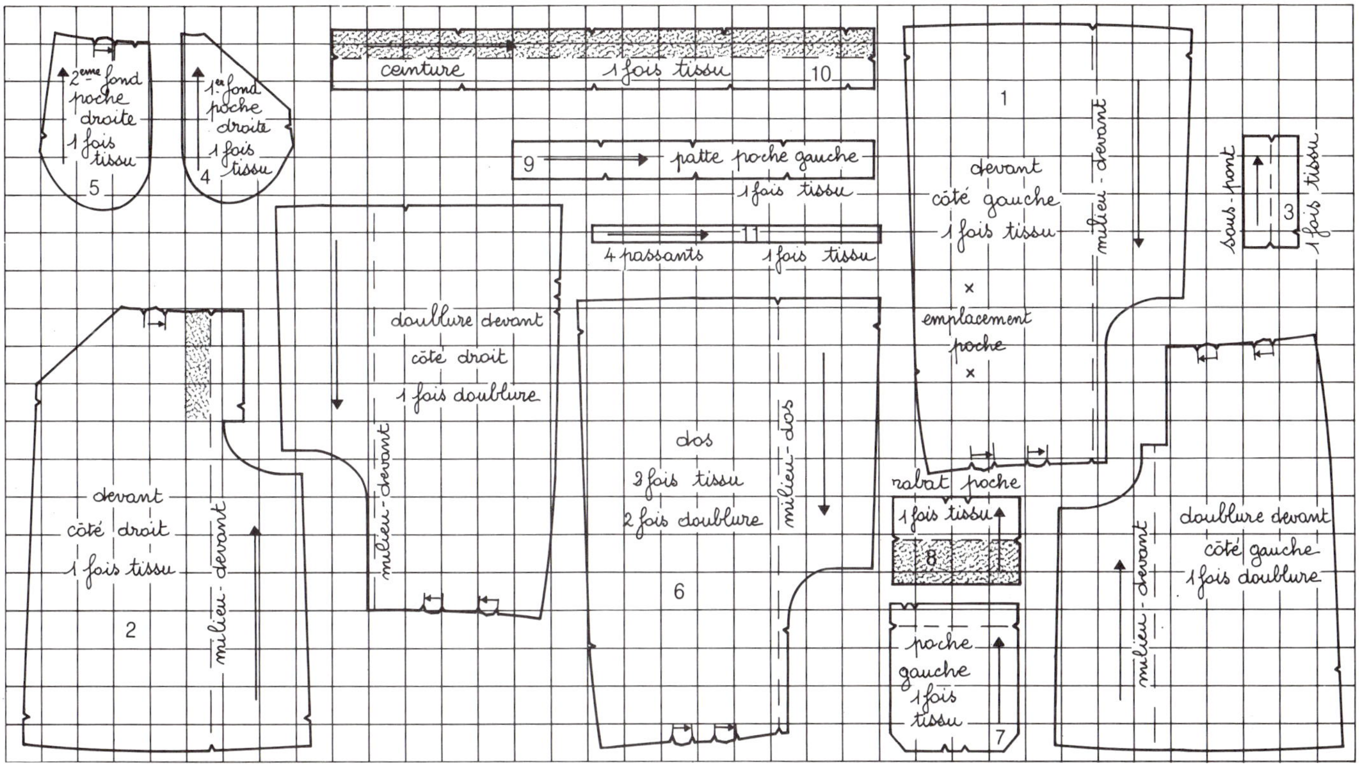

Le patron

Le plan de coupe

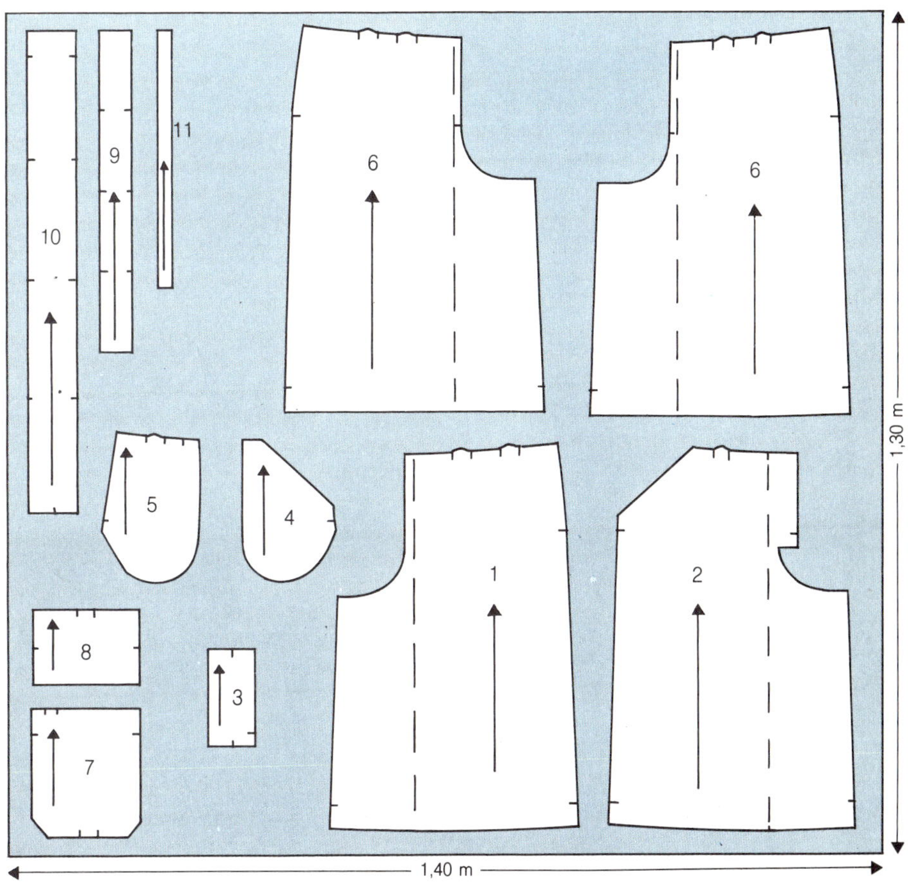

Le patron

Il est donné en 12 ans; pour le réaliser en 10 ans, comptez en moins 2,3 cm de tour de ceinture; 5,7 cm de tour de bassin; 3,5 cm de longueur d'entrejambe; 2,3 cm de largeur bas de jambe; 4,8 cm de longueur devant.
Les deux demi-dos étant identiques, nous n'avons représenté qu'une moitié du dos.
Pour faire le patron de la doublure dos, reprenez le patron-tissu du demi-dos moins la valeur de l'ourlet.

La coupe

Elle se fait tissu à plat pour le tissu et la doublure.

Valeur des coutures

1 cm partout, sauf pour celles des poches, des pattes de la poche gauche et de son rabat qui sont de 0,75 cm.

Préparation

Thermocollez l'emplacement de la braguette, la moitié de la ceinture et la moitié du rabat de poche (sur la longueur). Pliez la ceinture et le rabat en deux dans le sens de la longueur, envers contre envers, cassez au fer.
Posez un bolduc thermocollant sur la découpe de la poche droite qui est en biais.
Faites les passants en fourreau, retournez, surpiquez nervure (voir p. 95); il y en a quatre de 6 cm de long environ.

Assemblage des devants et du dos

1 Tracez les plis du milieu-devant et du milieu-dos au fer en rabattant aux crans envers contre envers.
Assemblez les milieux-devant endroit contre endroit en faisant la couture de la fourche à partir de l'ouverture sur 5 cm. Posez la fermeture à glissière (voir p. 136). Sur le côté droit du devant, posez la poche dans la découpe comme indiqué p. 194.

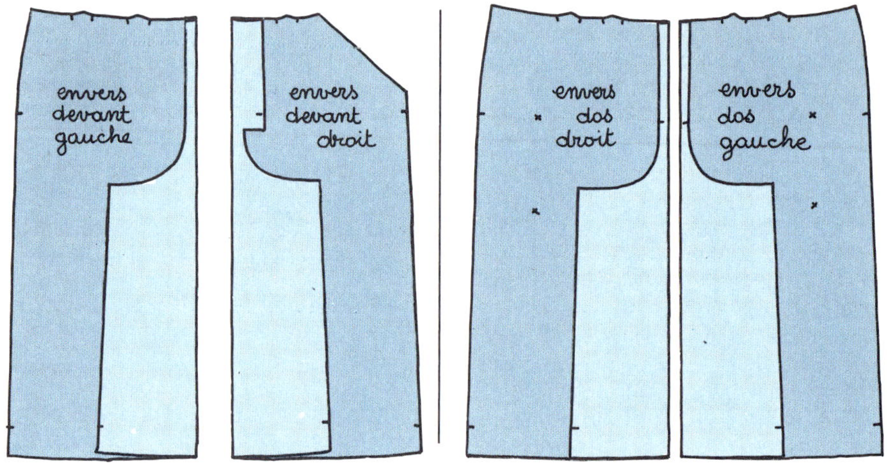

2 Sur le dos, posez le liseré le long des coutures de côté, endroit contre endroit et bord à bord (bord vif du liseré sur le bord vif de la couture); piquez au ras du bourrelet.

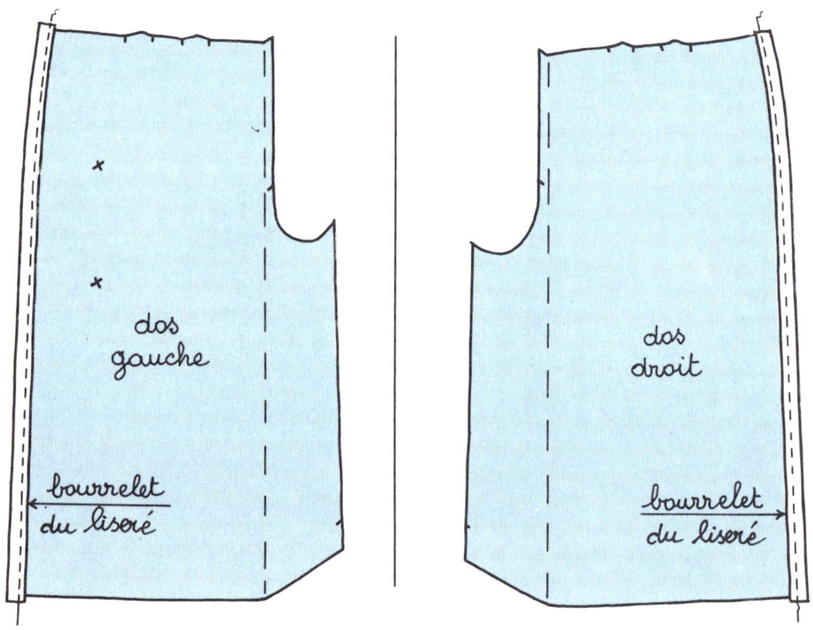

3 **4** A gauche du devant, sur l'endroit, appliquez l'endroit du dos pour faire la couture de côté; piquez sur la couture du liseré. Posez le travail à plat, repassez la couture tournée vers le dos, surpiquez nervure; le liseré doit ressortir régulièrement.

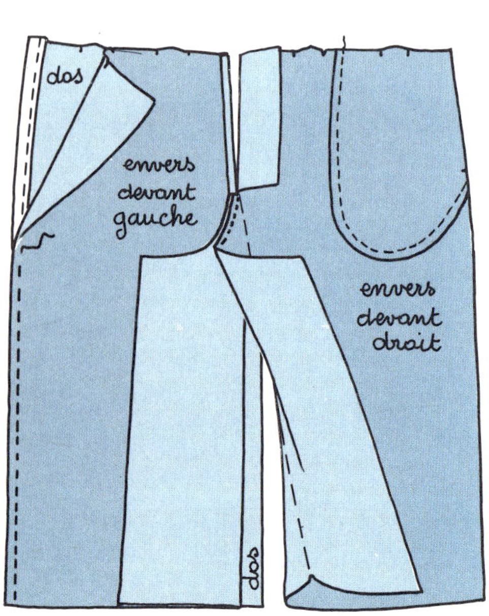

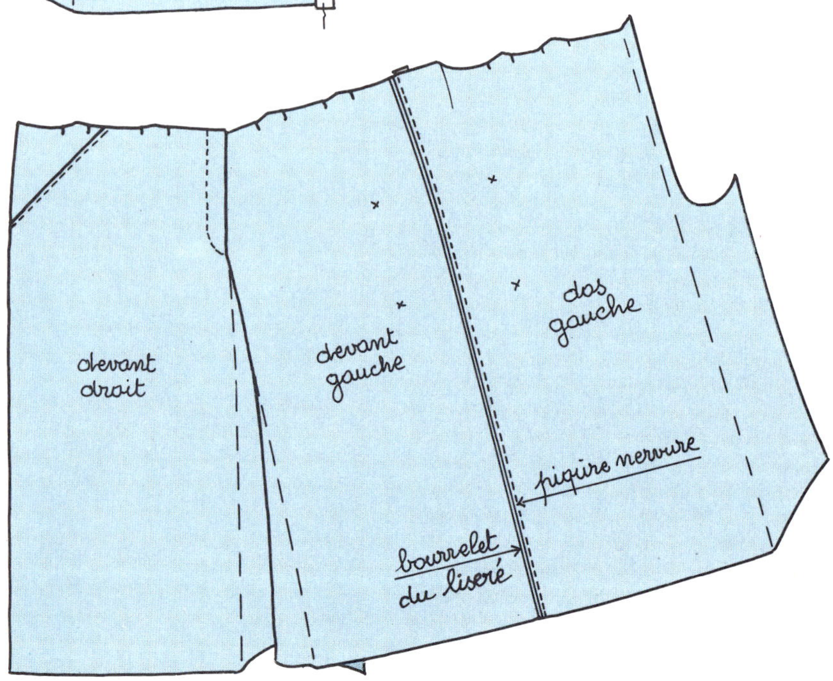

Pose de la poche à cheval sur la couture avec rabat et pattes

1 Repliez aux crans le haut de la grande poche, bâtissez-le et continuez tout autour en faisant un rentré de 0,75 cm. Coulissez le rabat en lui donnant dans les angles la même forme que le bas de la poche (aidez-vous d'un gabarit : voir p. 149); dégagez les coins, retournez, repassez. Fourreautez les pattes, une des deux est fermée en pointe, elle se posera sur le rabat; retournez, repassez, surpiquez nervure.

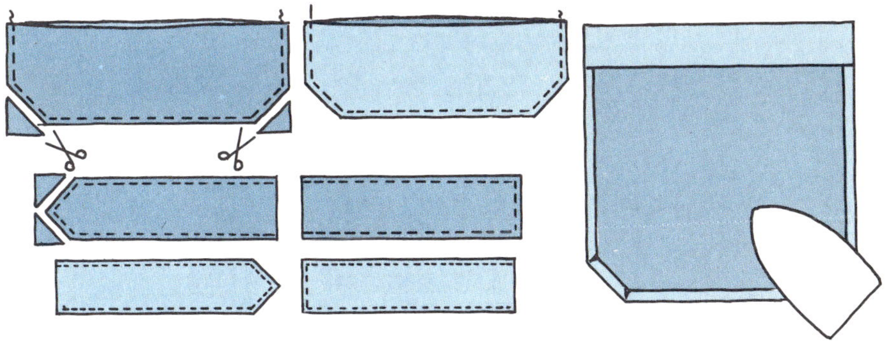

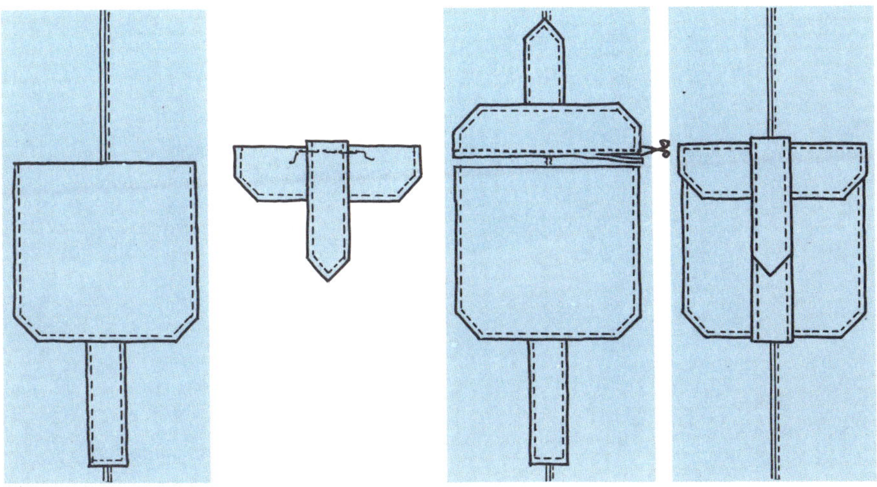

2 Appliquez la poche à cheval sur la couture de côté que vous avez terminée (voir emplacement sur le patron).
Glissez le bout non fermé de la patte sous la poche juste au milieu; quand vous rabattez la patte, l'extrémité fermée doit arriver à environ 5,5 cm du haut de la poche; bâtissez soigneusement; piquez nervure. Posez la patte capucin sur le rabat aux crans, le dessous de la patte sur le dessus du rabat, bord à bord; bâtissez. Appliquez le rabat sur la jupe, en le plaçant à 1 cm au-dessus de la poche, dessus du rabat sur l'endroit de la jupe; piquez à 0,75 cm du bord, dégagez la couture. Otez le fil du bâti maintenant la patte sur le rabat; baissez ce dernier sur la poche et surpiquez à 0,5 cm du bord en haut, en soulevant la patte qui ne sera pas prise dans la surpiqûre.

Fermez la couture du côté droit (la poche droite est prise dans la couture); surpiquez le long du liseré comme à gauche.

Fermez les coutures d'entrejambe, puis reprenez la couture de la fourche sur le devant et piquez-la jusqu'en haut du dos, en raccordant les coutures d'entrejambe.

Surfilez fermées les coutures de côté et d'entrejambe, et celles de la fourche qui reste ouverte. Surfilez également le bas des jambes et faites un ourlet de 4 cm à points invisibles. Bâtissez les plis souples (couchés vers le milieu) de chaque côté du devant et du dos.

Montage de la doublure

Assemblez la doublure : fermez les coutures de côté, puis les coutures d'entrejambe et la fourche à partir du bas de la braguette jusqu'en haut du dos. Les coutures sont surfilées fermées. Au bas de la doublure, faites un rempli double de 1 cm; piquez.

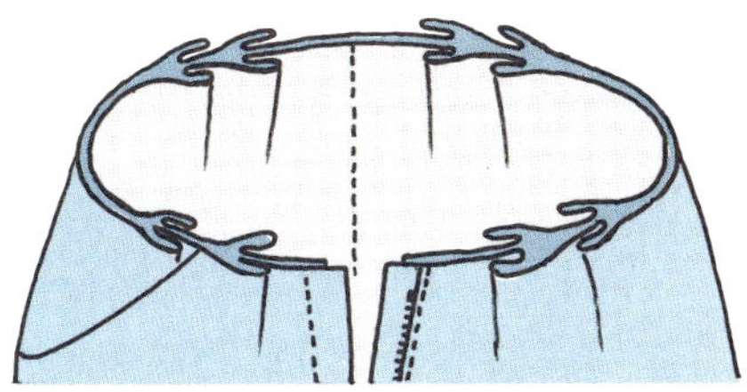

1 Appliquez la doublure sur la jupe en enfilant les jambes de la doublure dans celles de la jupe envers contre envers; bâtissez à la taille en faisant sur la doublure des plis souples, tournés vers le milieu, face aux plis souples de la jupe; faites un rempli de chaque côté de l'ouverture devant.

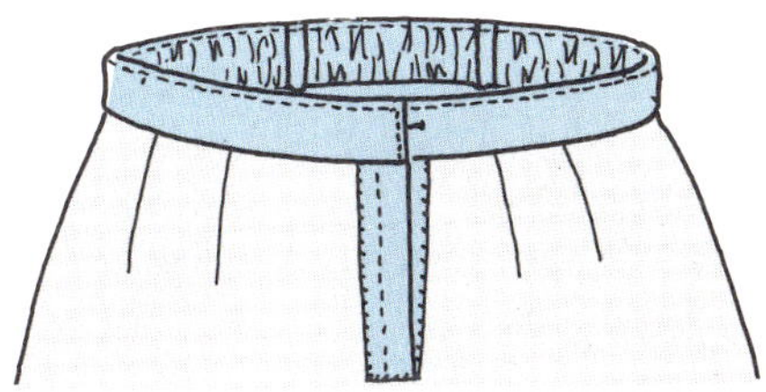

2 Bâtissez et piquez la ceinture (voir p. 137); la doublure à la taille est prise dans la ceinture.
Rabattez la doublure à la main de chaque côté de la fermeture à glissière, à points de côté.

Posez les passants (voir p. 95).
Brodez une boutonnière horizontale de 1,8 cm sur la ceinture à droite, au milieu et à 1 cm du bord.
Sur le rabat de la poche, brodez une boutonnière verticale de 1,8 cm, légèrement en biais à 1 cm du bord de chacun des pans coupés; sur la patte en pointe, brodez-en une également de 1,8 cm de long, verticale, à 1 cm de la pointe. Posez les boutons.

Jupe-culotte, manches kimono

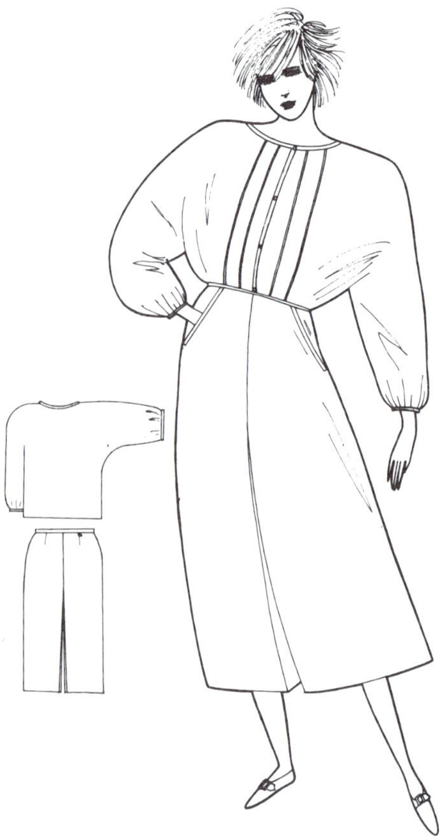

Voilà une jupe à la fois élégante et pratique qui plaira aux femmes actives. Les doubles plis creux du devant et du dos, et éventuellement le raccord des carreaux, sont les seules difficultés de ce modèle que vous réaliserez en flanelle, en prince-de-galles ou encore dans une gabardine de laine ou de coton. Elle est mise en valeur par un chemisier à manches kimono en crêpe, bon exercice pour les débutantes qui devront faire attention à l'exécution des nervures.

FOURNITURES

Jupe-culotte

- Flanelle, gabardine de laine ou de coton : 2,10 m en 140 pour toutes les tailles. Pour un prince-de-galles, comptez en plus la valeur d'un motif pour les raccords.
- Thermocollant 5 cm en 100.
- 1 fermeture à glissière de 18 cm.
- 1 bouton de 14 mm de diamètre.

Chemisier

- Crêpe de soie ou de polyester : 1,80 m en 110; twill (foulard) : 2,60 m en 90; pour toutes les tailles.
- 5 boutons de 10 mm de diamètre.

La jupe-culotte

La coupe

Elle se fait tissu plié. Le milieu de la ceinture doit se trouver à la pliure. Pour les raccords de carreaux, voir p. 179.

Valeur des coutures

Côtés : 2 cm. Taille, fourche, entrejambe, ceinture : 1 cm; fourreau d'entrée de poche et de ceinture : 0,75 cm; ourlet : 4 cm.

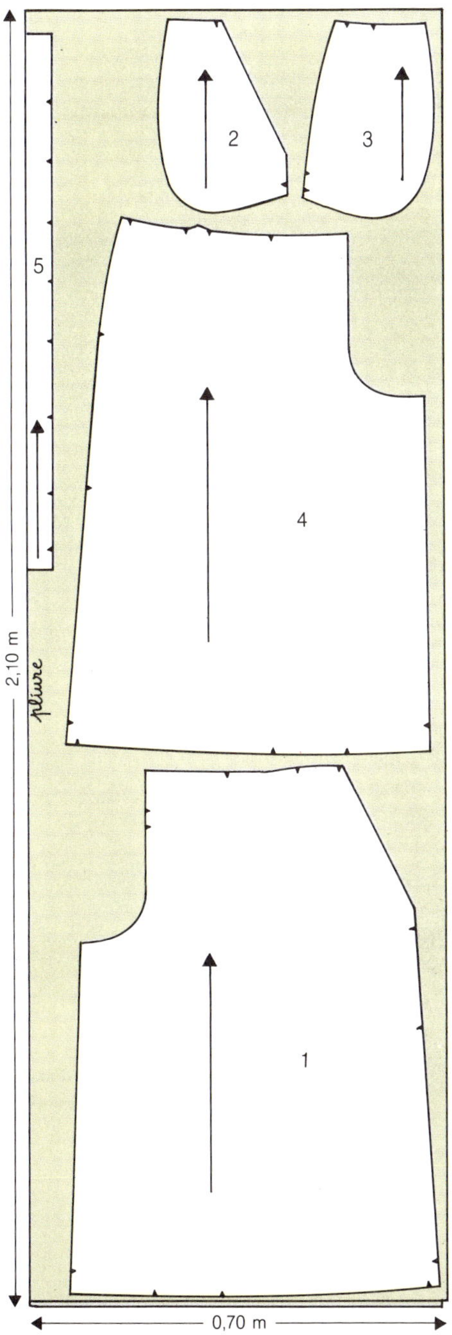

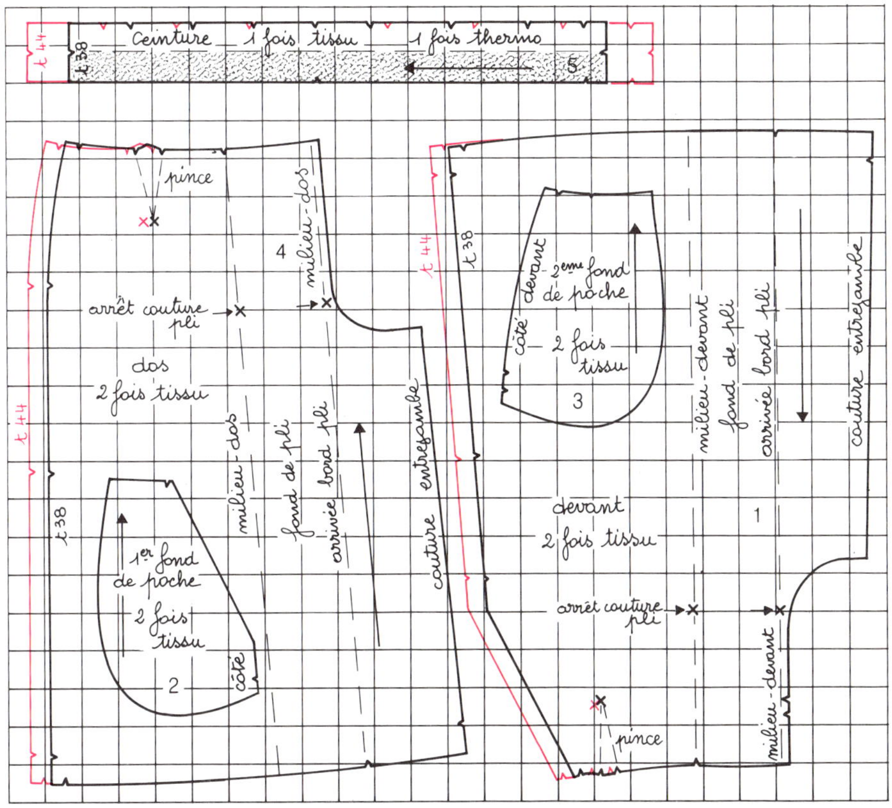

Le plan de coupe

Le patron

Préparation

Thermocollez la moitié de la ceinture dans le sens de la longueur; surfilez, toujours sur la longueur, l'autre côté non thermocollé; cassez-la en deux au fer.

Les plis

1 Tracez les doubles plis creux sur les devants et sur les dos; les arêtes correspondent à la ligne milieu-devant ou milieu-dos, d'une part, aux crans en haut et en bas de la jupe entre les pinces et les milieux-devant et dos, d'autre part. Marquez, en appuyant bien, les plis au fer.

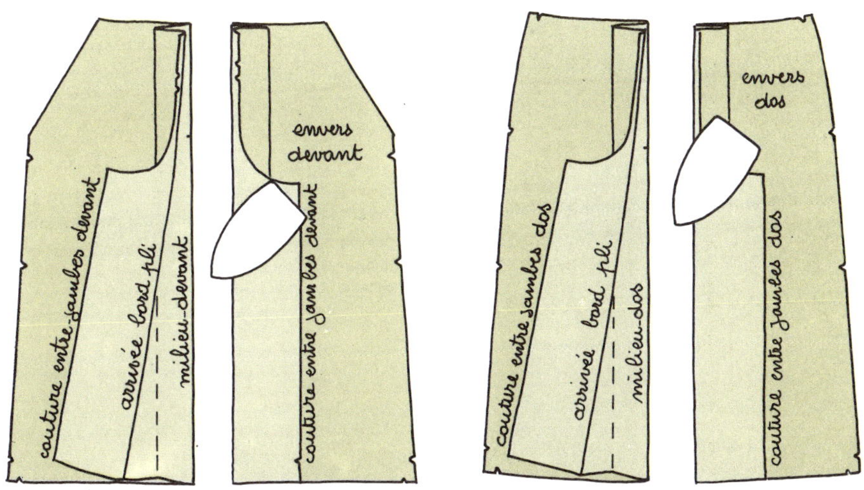

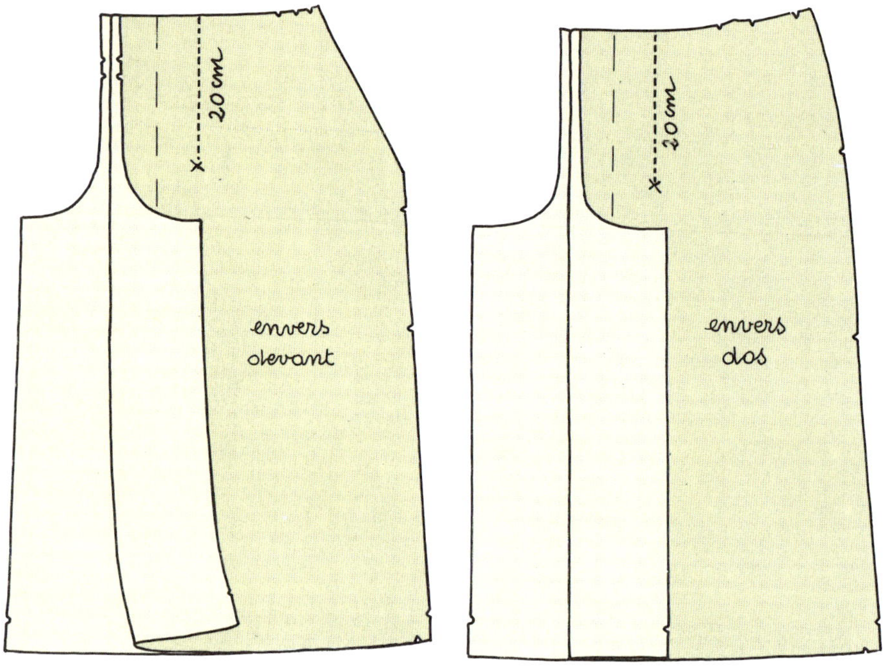

2 Posez les devants l'un sur l'autre, endroit contre endroit, en respectant les repères, assemblez en piquant le creux du pli supérieur sur 20 cm. Faites la même chose sur les dos.

Montage des poches dans la découpe

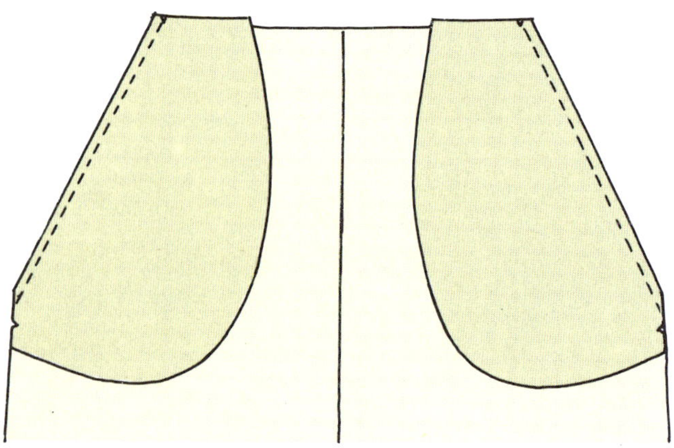

1 Bâtissez le fond de poche endroit contre endroit sur le devant, piquez à 0,75 cm du bord, rabattez le fond de poche sur l'envers, puis surpiquez sur l'endroit à 0,5 cm.

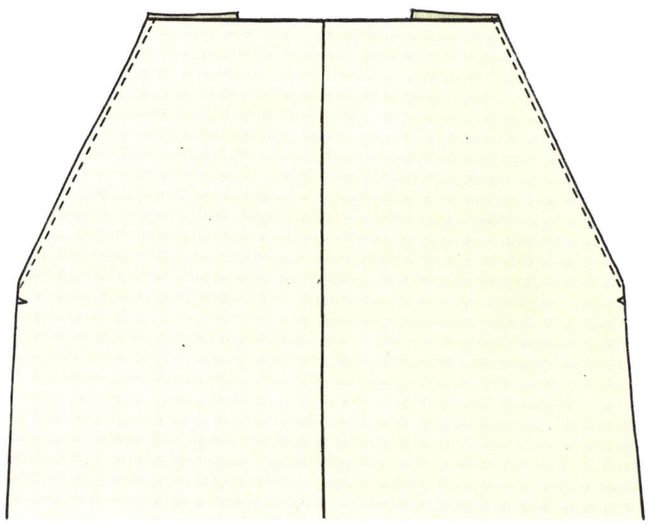

2 Posez le deuxième fond de poche, qui est aussi le fond de la découpe, en respectant les repères : le cran du milieu du fond de poche, en haut, correspond à celui du bord de la découpe; les deux crans du bas, sur le côté, correspondent à la pointe de la découpe sur le côté en bas, et au cran du premier fond de poche.
Fermez les fonds de poche en piquant à 1 cm sur le bas et le côté opposé à la découpe.
Maintenez le haut du deuxième fond de poche sur le premier par une piqûre de 1 cm de long faite dans la surpiqûre de garniture.

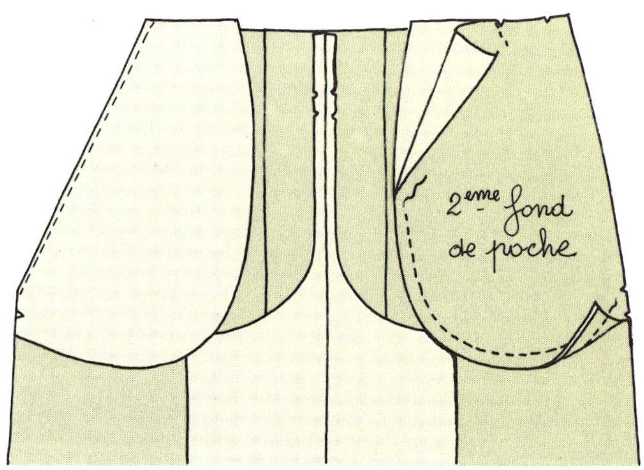

Assemblage

Piquez les pinces du devant et celles du dos. Assemblez le devant et le dos endroit contre endroit par la couture du côté gauche (une partie de la poche est prise dans la couture); bâtissez à partir du cran du bas de la fermeture à glissière (au milieu du côté), en faisant attention, si nécessaire, aux raccords des carreaux (voir encadré p. 179); piquez à 2 cm, surfilez, ouvrez la couture au fer.
Montez la fermeture à glissière (voir p. 151).
Fermez la couture du côté droit qui prend une partie des fonds de poche et de la découpe.

Le côté gauche de la jupe, avec la fermeture à glissière et la poche dans la découpe. On voit le détail de l'extrémité gauche de la ceinture; fermée en fourreau, elle dépasse le bord de l'ouverture de côté de 3 cm environ.

Montage de la ceinture

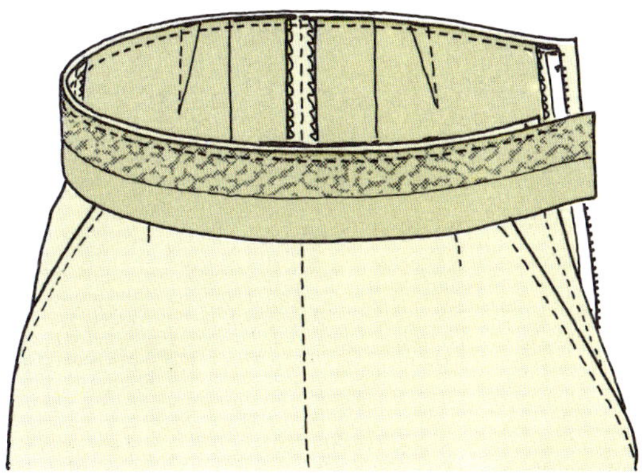

1 Montez le dessus de la ceinture endroit contre endroit de la jupe; sur le devant, la ceinture dépasse de 4 cm après la fermeture, sur le dos de 1 cm. Piquez à 1 cm.

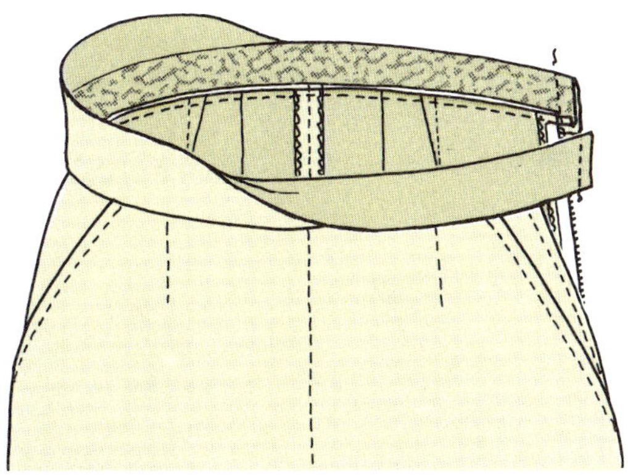

2 Repliez les deux extrémités de la ceinture endroit contre endroit pour faire les fourreaux; piquez à 0,75 cm.

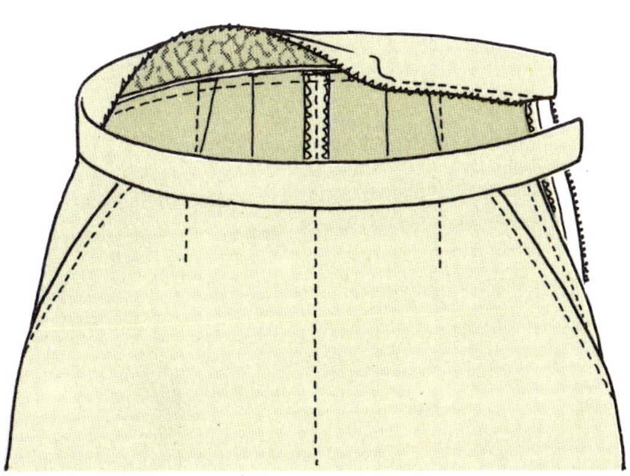

3 Rabattez sur l'envers en bâtissant à plat la partie surfilée. Surpiquez nervure tout le tour de la ceinture.

Surfilez le bas des jambes et faites un ourlet de 4 cm.

Brodez une boutonnière horizontale de 2 cm sur l'extrémité de la ceinture à 1 cm du bord, le croisage est de 3 cm. Posez le bouton sur la ceinture côté dos.

Le chemisier

Le patron
Les deux parties du dos et les deux devants étant identiques, nous n'avons représenté qu'un demi-dos et un demi-devant.

Valeur des coutures
Épaules, côtés : 1 cm; encolure et bas de manche : 0,75 cm.

La coupe
Elle se fait tissu à plat. Comme le dos est sans couture, quand vous avez tracé la première moitié du dos, tracez la seconde en posant le demi-patron à côté de la première, la ligne du milieu-dos servant d'axe pivotant.

Préparation
Pliez au fer tous les biais en deux envers contre envers dans le sens de la longueur.

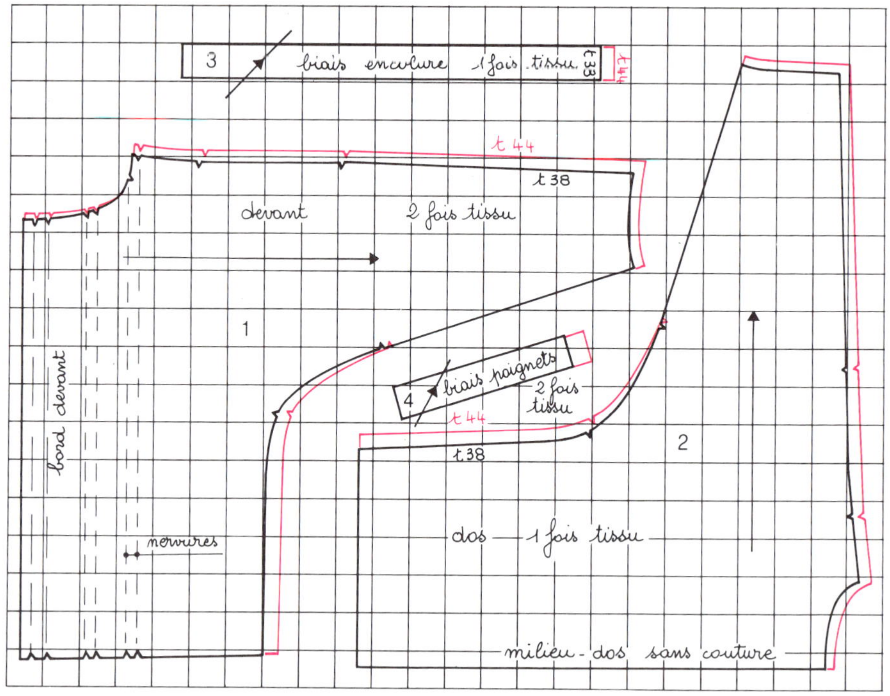

Le patron

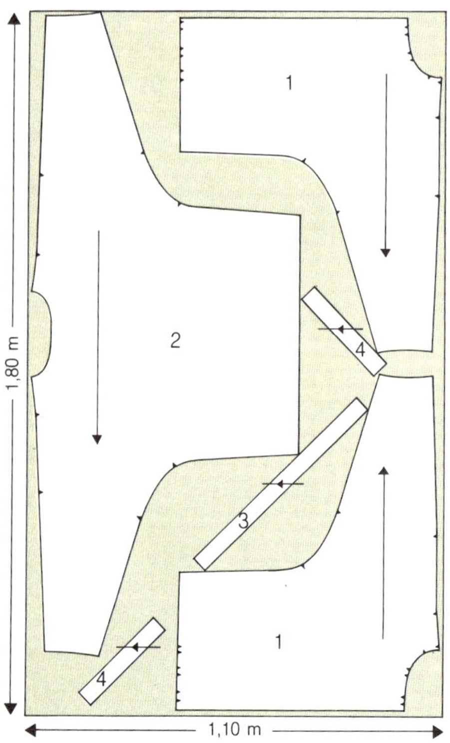

Le plan de coupe

Les nervures

Formez au fer la gorge par un rempli double sur l'envers de chaque côté des devants. A 5 cm du bord, repliez le tissu envers contre envers. Repassez bien droit, piquez ce petit pli nervure; dépliez. Faites une autre nervure à 1 cm. A 4 cm plus loin, repliez le tissu envers contre envers. Faites une nervure sur ce pli, puis une autre à 1 cm. Repassez bien droit et bien plat. Faites bien attention durant toute l'opération de ne pas déformer le tissu, car vous ne travaillez pas dans le droit-fil; de plus, le tissu est léger et mou, utilisez au besoin un papier de soie (voir p. 129).

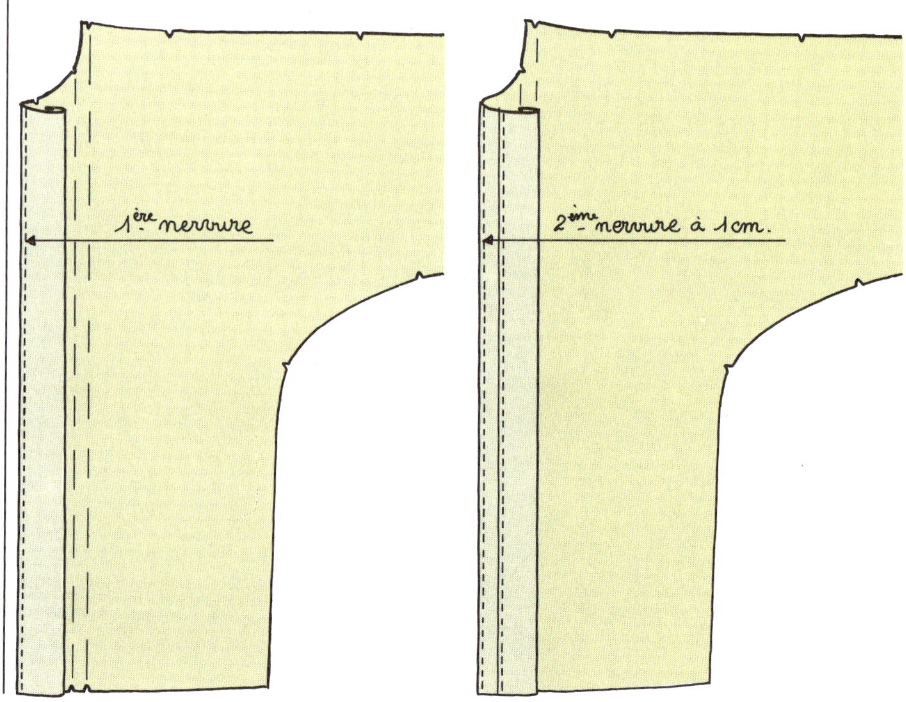

Assemblage

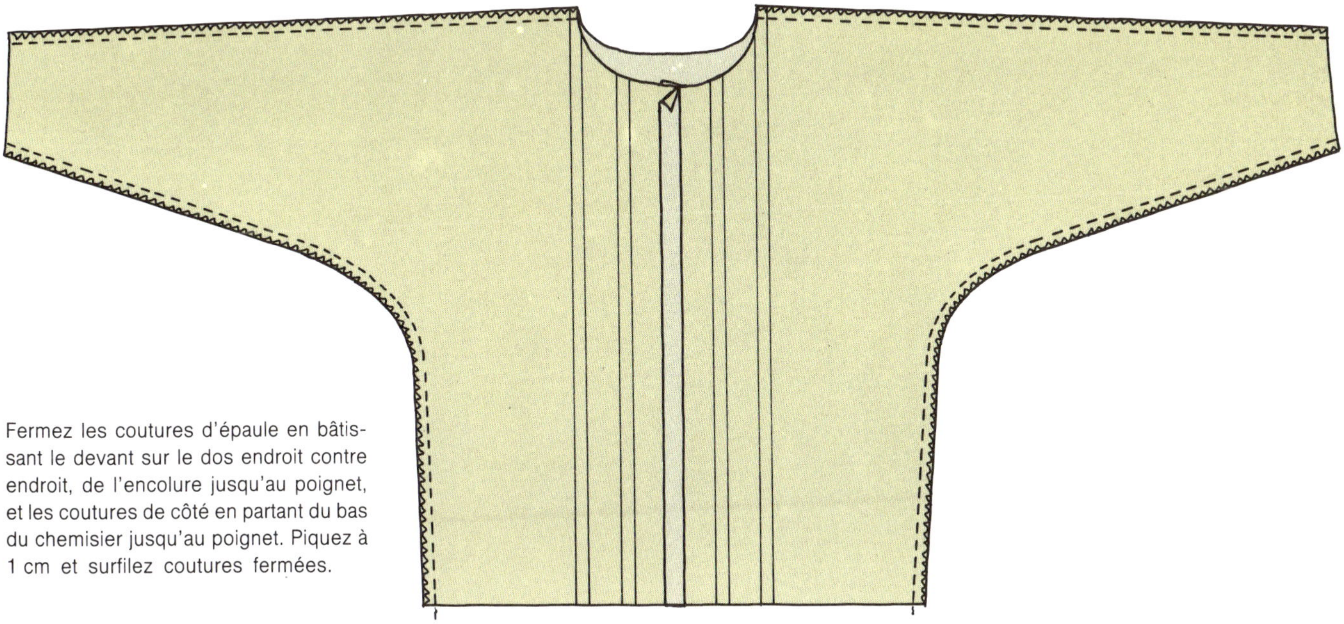

Fermez les coutures d'épaule en bâtissant le devant sur le dos endroit contre endroit, de l'encolure jusqu'au poignet, et les coutures de côté en partant du bas du chemisier jusqu'au poignet. Piquez à 1 cm et surfilez coutures fermées.

Pose des biais d'encolure et de bas de manche

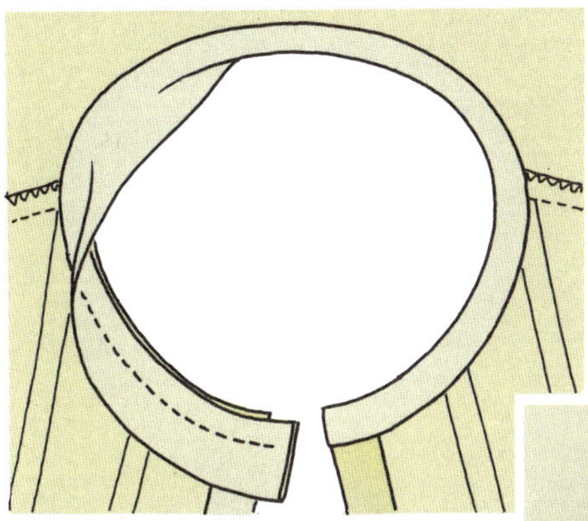

1 Posez le biais d'encolure : endroit du biais sur envers du vêtement. A chaque extrémité, laissez dépasser 0,75 cm pour faire un petit rempli au ras du bord. Bâtissez, puis piquez à 0,75 cm; retournez et rabattez sur l'endroit comme pour les poignets.

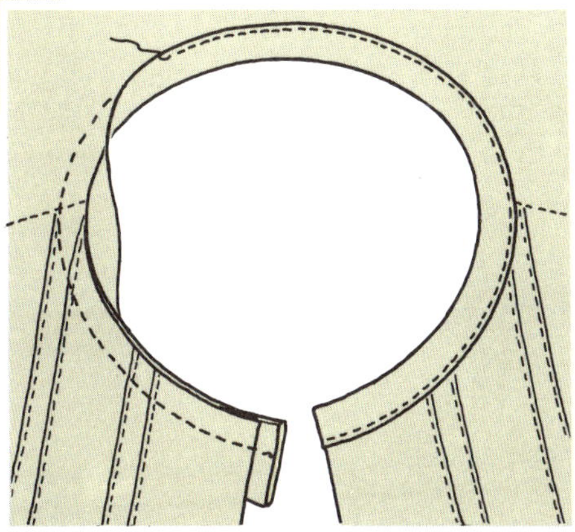

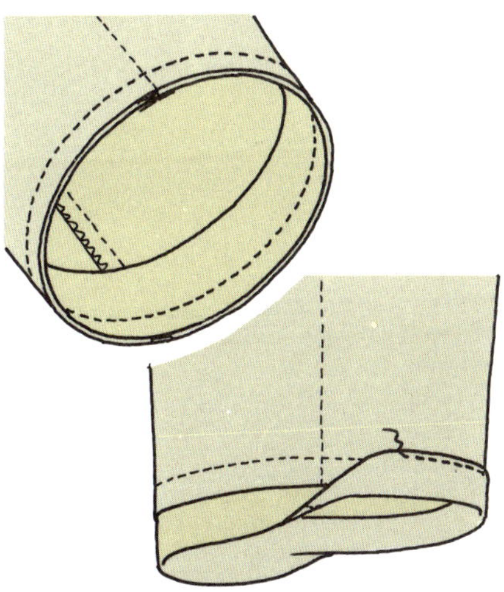

2 Fermez les biais du bas de manche de telle sorte qu'ils aient la même longueur que le tour du poignet (voir encadré p. 143). Posez le biais (endroit) sur l'envers des bas de manches, piquez à 0,75 cm, retournez, rabattez nervure sur l'endroit en cachant la couture de montage.

Au bas du chemisier, faites un rempli double de 0,5 cm. Piquez.

Sur le devant, brodez 5 boutonnières de 1,4 cm, la première horizontale au ras du biais et à 0,5 cm du bord, les suivantes à 1 cm du bord, verticales et espacées de 8 cm.

Deux-pièces douillet

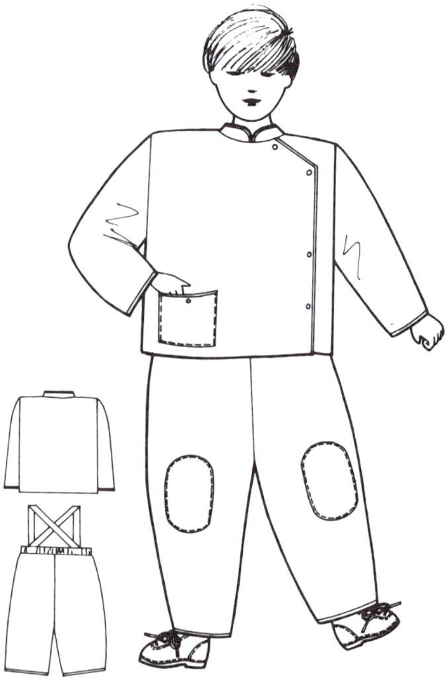

Cet ensemble veste et pantalon ouatiné non matelassé avec capuche incorporée est très chaud et très confortable. C'est une tenue parfaite pour les petits diables de quatre ans qui font leur première expérience des jeux dans la neige aux sports d'hiver. Taillez-le dans un tissu imprimé de coton et polyester (50 % coton, 50 % polyester) imperméabilisé avec une doublure assortie unie, de même matière, mais non imperméabilisée. Pour le ouatiné, choisissez une ouate synthétique de 100 g ou 120 g au mètre carré.

FOURNITURES

- Coton et polyester fantaisie imperméabilisé : 1,55 m en 140.
- Coton et polyester uni : 1,55 m en 140.
- Ouatiné synthétique 100 ou 120 g/m^2 : 1,55 m en 140.
- Liseré : 1,40 m de couleur assortie.
- Ruban élastique : 25 cm de long, 2 cm de large.
- Boutons : 1 de 10 mm de diamètre; 10 de 15 mm de diamètre à faire recouvrir.

Le pantalon

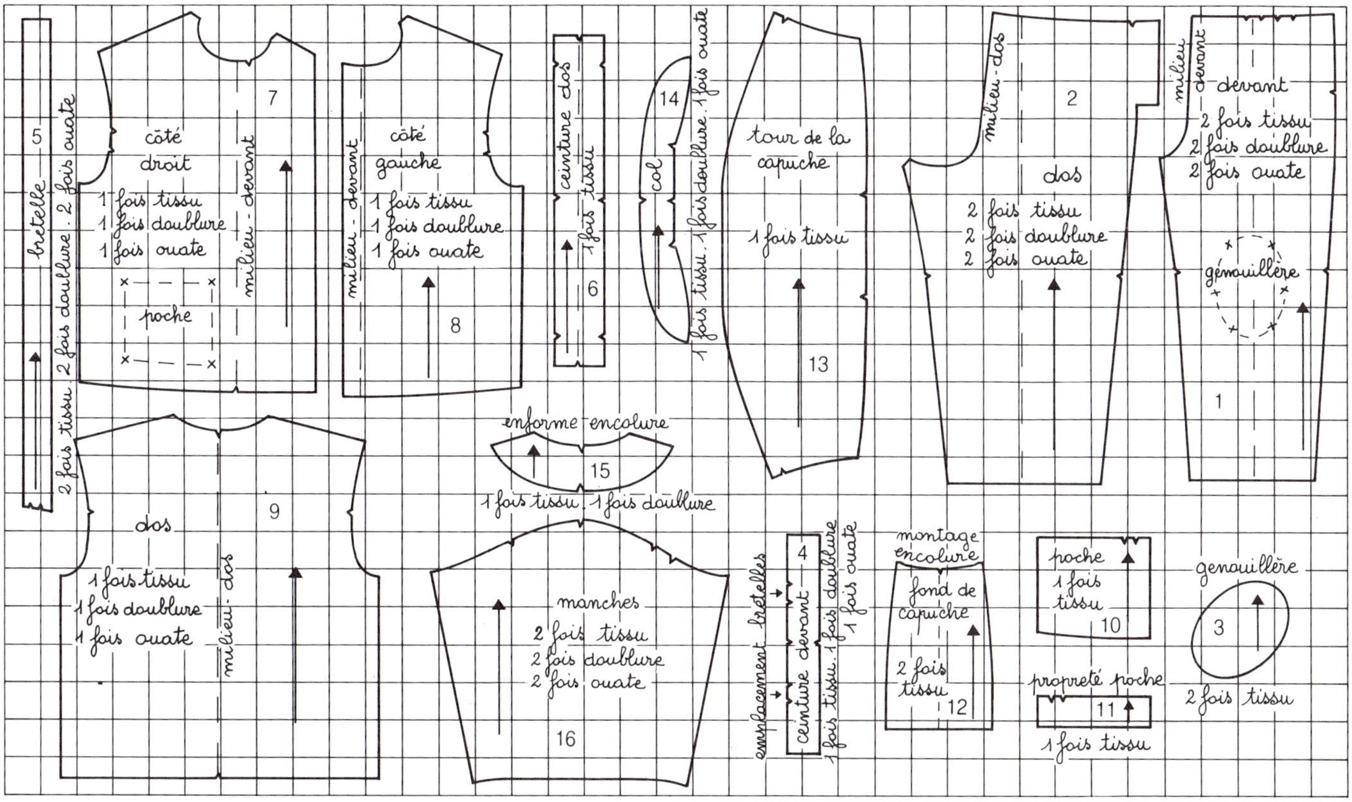

Le patron

Le patron
Il est donné en 4 ans. Pour le tissu, la ouate et la doublure, les pièces sont les mêmes.

Valeur des coutures
Côtés de la veste, manches, emmanchures, pantalon : 1 cm; col, encolure, poche, bas des manches, bords du devant : 0,75 cm.

Préparation
Placez tous les morceaux de ouatiné sur la doublure, épinglez et bâtissez pour qu'ils soient bien l'un sur l'autre. Piquez soigneusement tout autour à 0,5 cm.
Bâtissez un rentré de 1 cm autour des genouillères; appliquez-les sur les jambes en tissu, à l'emplacement prévu sur le patron, par une piqûre nervure; pour réussir l'arrondi, voir pages 132 et 149.
Confectionnez les bretelles : faites un fourreau en piquant les deux longueurs et l'extrémité crantée; retournez, repassez et surpiquez nervure sur les trois côtés fermés.

Assemblage

1 Pour chaque jambe en tissu, faites les coutures de côté (en vous arrêtant aux crans qui marquent l'ouverture), puis les coutures d'entrejambe. Bâtissez les plis souples à la taille devant; sur l'endroit, ils sont tournés vers les côtés.

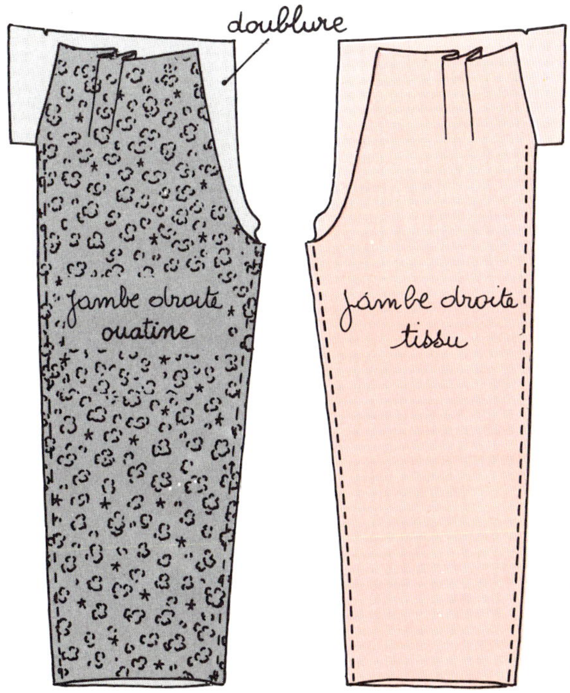

Faites la même chose avec les jambes en doublure, mais les plis du devant, sur l'endroit, sont tournés vers le milieu-devant.

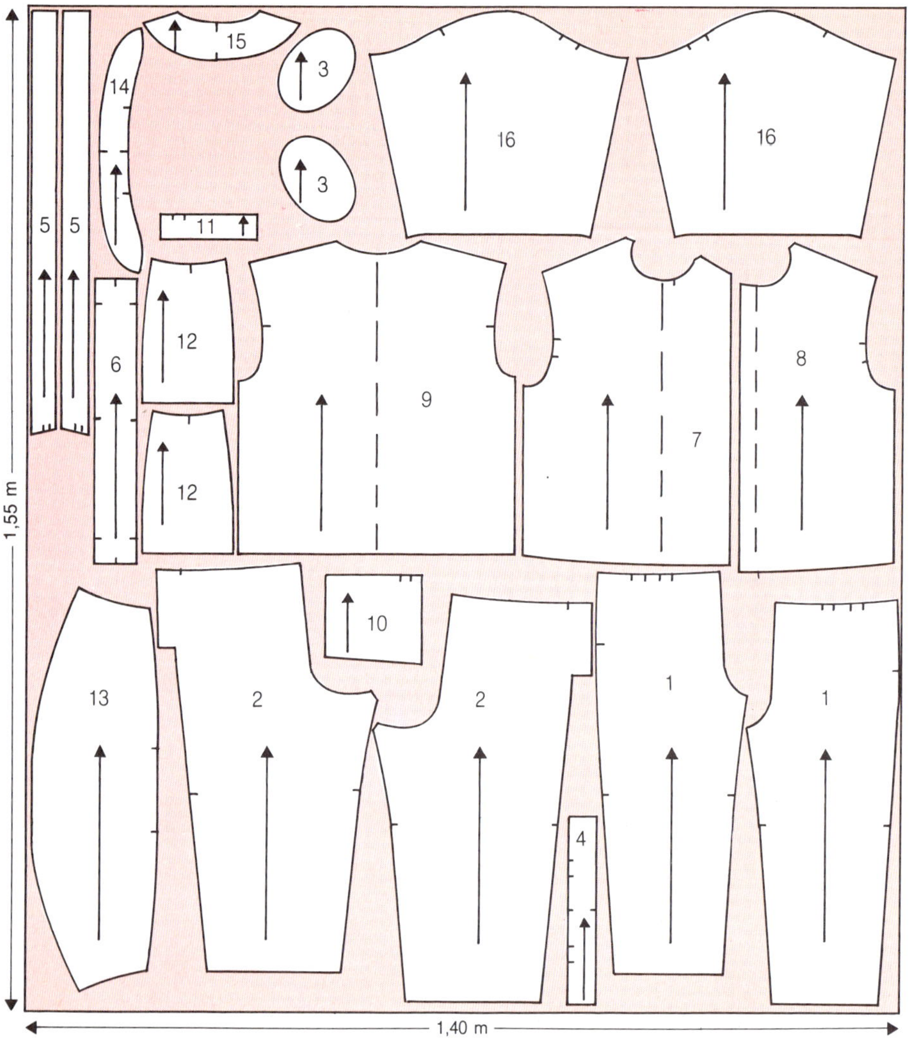

Le plan de coupe

La coupe

Elle se fait tissu à plat pour le tissu, la doublure et le ouatiné. La ceinture-dos, les trois pièces de la capuche, les deux genouillères, la poche et sa propreté ne sont coupées que dans le tissu. Les deux enformes d'encolure sont coupées l'un dans le tissu, l'autre dans la doublure, mais pas dans le ouatiné. Gardez dans les chutes de tissu de quoi faire recouvrir les boutons.

2 Bâtissez le liseré sur le tissu au bas des jambes, bords vifs du liseré sur bord vif du tissu. Retournez la doublure sur l'envers, introduisez la jambe en tissu dans la jambe en doublure, endroit contre endroit, veillez particulièrement à bien respecter le sens de l'une et de l'autre, le dos doit être sur le dos, le devant sur le devant. Au bas des jambes, bâtissez la doublure sur le pantalon en suivant le bâti du montage liseré-tissu. Piquez le tout *sur le tissu* en suivant le bâti.

3 Retournez la doublure et rentrez-la dans la jambe en tissu, par le bas pour la mettre envers contre envers. Surpiquez nervure sur l'endroit du tissu au ras du liseré.

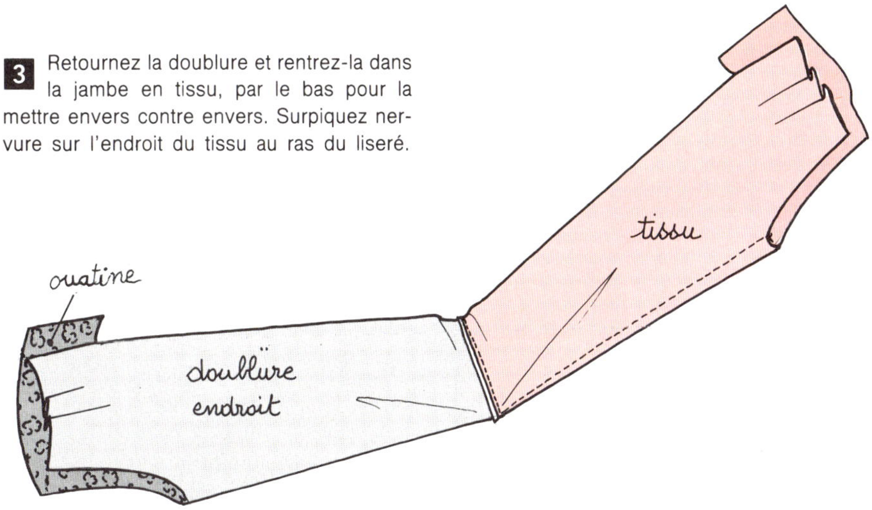

4 Fixez la doublure sur le pantalon aux ouvertures des côtés, placez-la endroit contre endroit, piquez à 0,75 cm; retournez, puis faites une piqûre de maintien en fixant le bas des pattes sur la doublure (sans prendre le tissu).

5 Fermez la fourche du pantalon, endroit contre endroit, en raccordant les coutures d'entrejambe; partez du haut du devant pour finir en haut du dos.
Fermez ensuite la fourche de la doublure, endroit contre endroit, de la même façon.

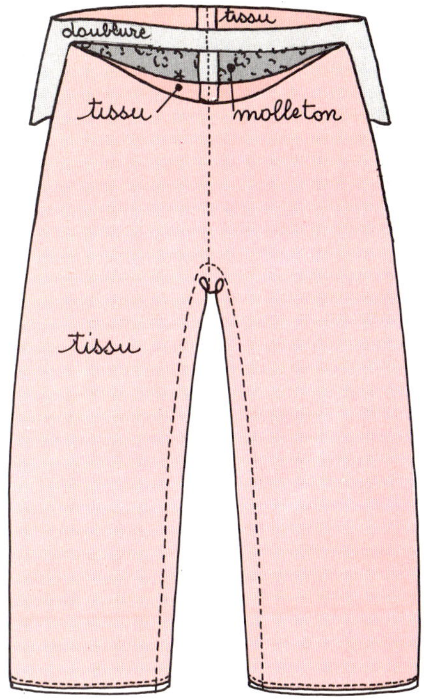

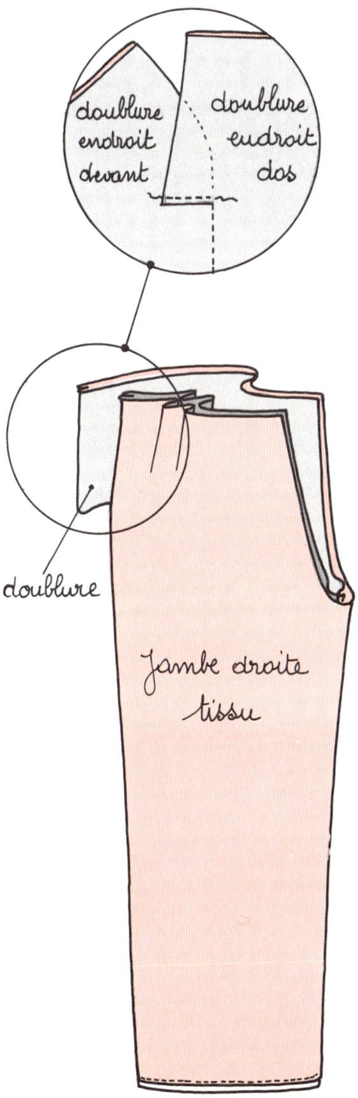

Montage de la ceinture

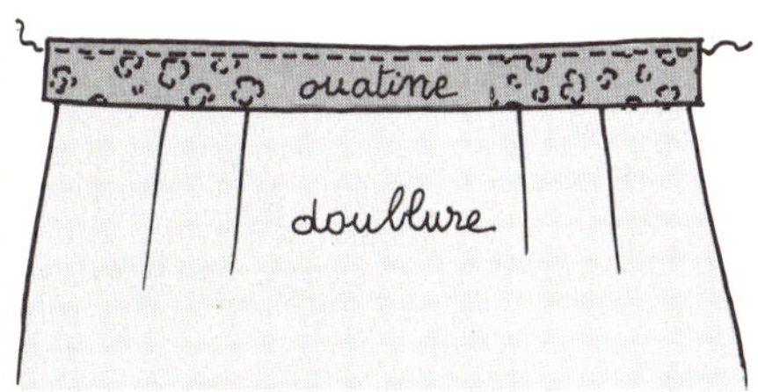

1 Bâtissez à la taille doublure et pantalon. Posez la partie en doublure de la ceinture-devant sur l'envers du devant, endroit de la doublure du pantalon contre endroit de la ceinture en doublure; laissez dépasser 0,75 cm à chaque extrémité de chaque côté. Piquez à 1 cm; redressez.

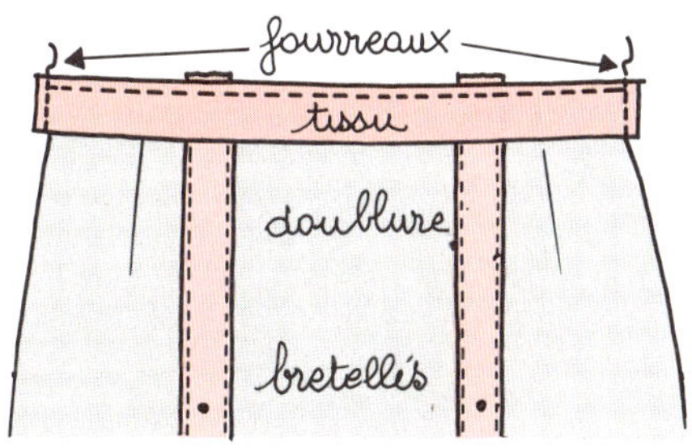

2 Sur le haut de la ceinture-devant en tissu, placez les bouts non fermés des bretelles bord à bord et endroit contre endroit sur la ceinture; maintenez par un bâti sommaire. Bâtissez le dessus de la ceinture sur le dessous, endroit contre endroit; les bretelles se trouvent entre les deux. Piquez le haut et les deux extrémités à 0,75 cm.

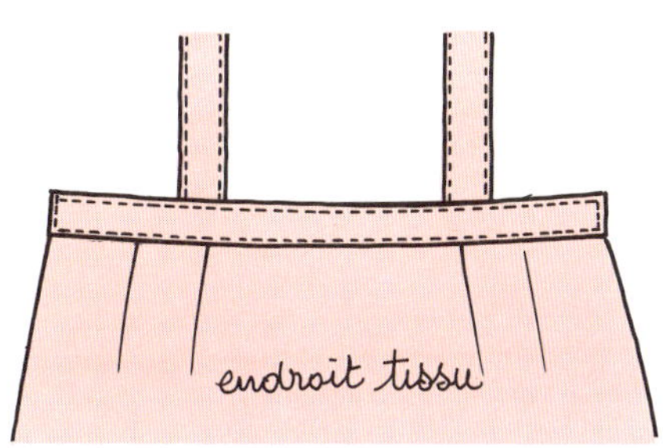

3 Retournez, rabattez sur l'endroit du vêtement par une piqûre nervure qui cachera la piqûre de montage et que vous continuerez sur tout le tour de la ceinture.

Montez la ceinture-dos, endroit contre envers, du pantalon en laissant dépasser 0,75 cm à chaque extrémité. Rabattez sur l'endroit par une piqûre nervure en posant l'élastique (comme indiqué p. 137), que vous maintiendrez par une piqûre verticale à 3 cm de chaque extrémité. Piquez nervure tout autour de la ceinture.

Sur les bouts des bretelles (vérifiez la hauteur de la position sur l'enfant), brodez une boutonnière verticale de 2 cm de long; brodez une boutonnière horizontale de 2 cm de chaque côté de la ceinture-devant, à 1 cm du bord.
Posez les boutons : un à chaque extrémité de la ceinture-dos sur l'endroit, deux autres sur l'envers au milieu pour accrocher les bretelles.

La veste

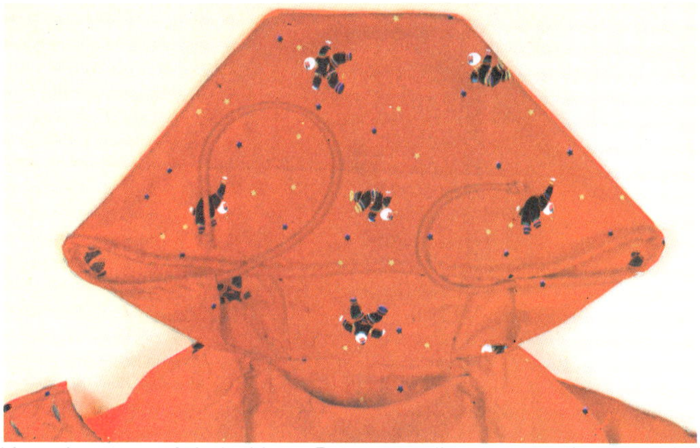

L'encolure vue côté doublure. Remarquez l'ouverture qui permet de rentrer la capuche à l'intérieur quand elle ne sert pas.

Les poches

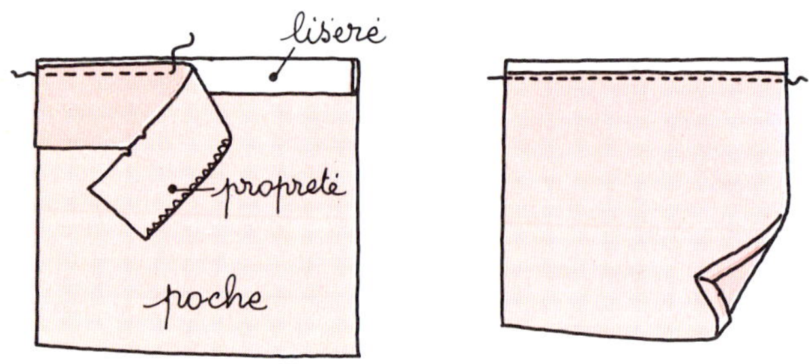

Posez le liseré sur le haut de la poche, bord vif du liseré sur bord vif de la poche, endroit contre endroit. Posez la propreté en raccordant les crans sur le haut de la poche par-dessus le liseré. Piquez; retournez; surpiquez nervure sur le tissu au ras du liseré. Tracez au fer le tour de la poche en faisant un rentré de 0,75 cm. Appliquez la poche sur le devant droit à l'emplacement marqué sur le patron; bâtissez; piquez nervure.

La capuche

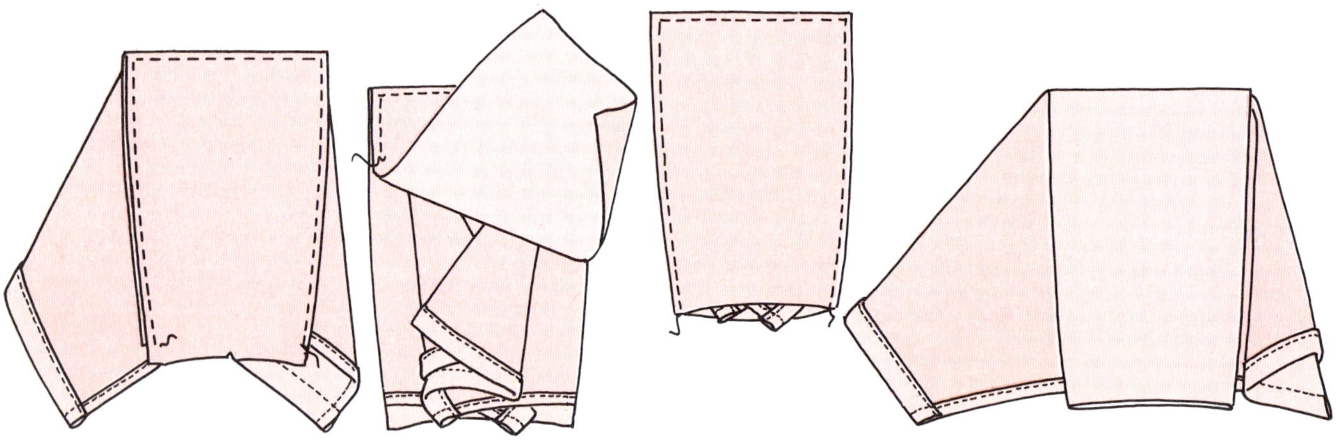

Sur le grand morceau de la capuche, sur les petits côtés, faites un rempli double de 0,5 cm piqué nervure. Sur le grand bord arrondi, rempliez 0,5 cm, puis 1 cm; piquez nervure; vous passerez le lien dans cet ourlet.

Assemblez la capuche : bâtissez la base du grand morceau sur les trois côtés non crantés du rectangle, endroit contre endroit; les crans à la base du grand morceau correspondant aux coins du rectangle; piquez à 0,75 cm.

Ramenez les bords de la capuche au centre du premier fond; appliquez dessus le deuxième fond endroit contre envers du bord (et contre endroit du premier fond); piquez dans la première piqûre; retournez.

Le col et l'encolure

Fermez les coutures d'épaule et les coutures de côté de la veste en tissu; repassez couture ouverte. Faites de même pour la doublure.

1 Bâtissez le liseré sur le bord du dessus du col sur l'endroit (bords vifs sur bord vif); appliquez le dessous en doublure, endroit contre endroit; bâtissez, puis piquez toutes les épaisseurs sur le bord à 0,75 cm; retournez et surpiquez nervure au bord du col.

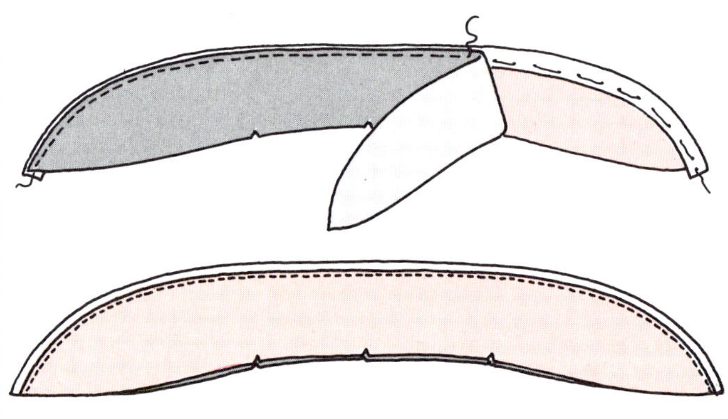

2 Montez le col sur l'encolure en tissu; bâtissez l'endroit du dessus de col sur l'endroit de l'encolure; les extrémités du col arrivent au crans du milieu-devant. Sur le dessous de col, à l'encolure-dos, posez l'endroit du fond de la capuche, puis, par-dessus, l'endroit de l'enforme d'encolure; bâtissez soigneusement toutes les épaisseurs; piquez à 0,75 cm; surfilez le bas de l'enforme d'encolure.

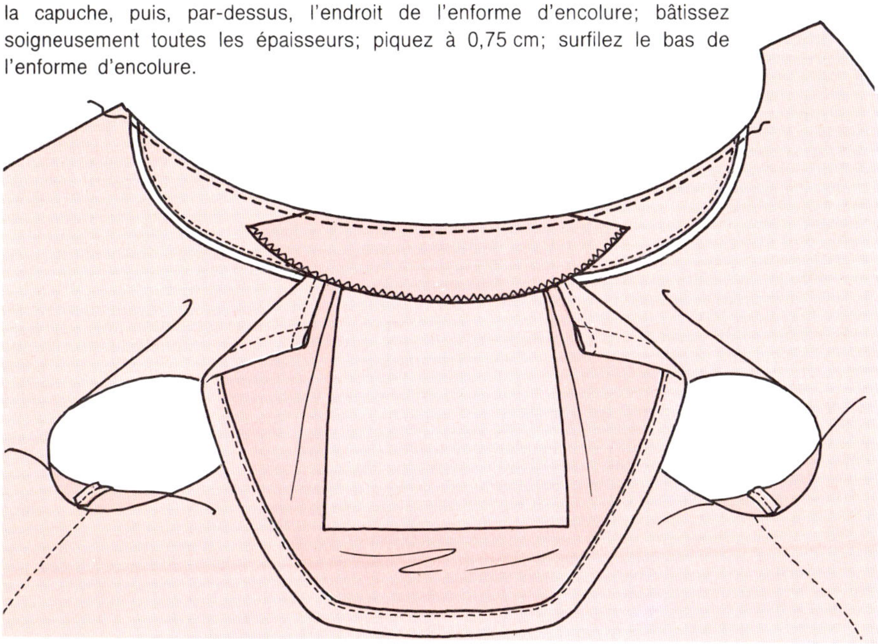

3 Sur l'encolure de la doublure, posez l'enforme en doublure endroit contre endroit; piquez, retournez, surpiquez nervure sur le bord, sur l'endroit de la doublure. Surfilez le bas de l'enforme et maintenez-le sur le ouatiné par un point dans le surfil.

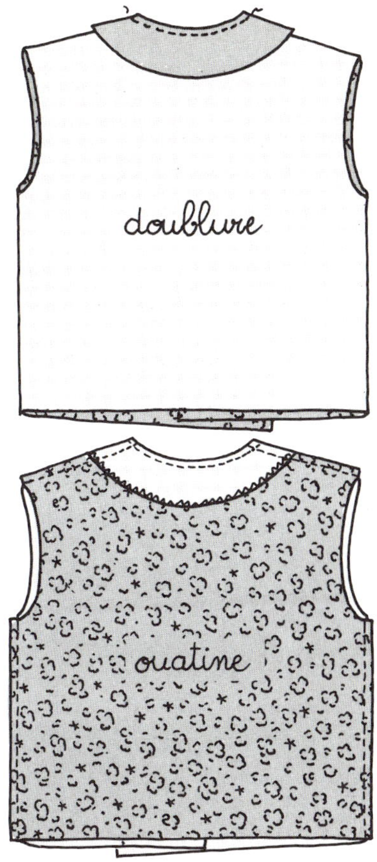

Assemblage

Faites les coutures des manches du tissu; puis celles des manches en doublure. Posez le liseré au bas des manches comme vous l'avez fait pour le pantalon. Montez les manches en tissu sur le vêtement; montez ensuite les manches en doublure sur la doublure.

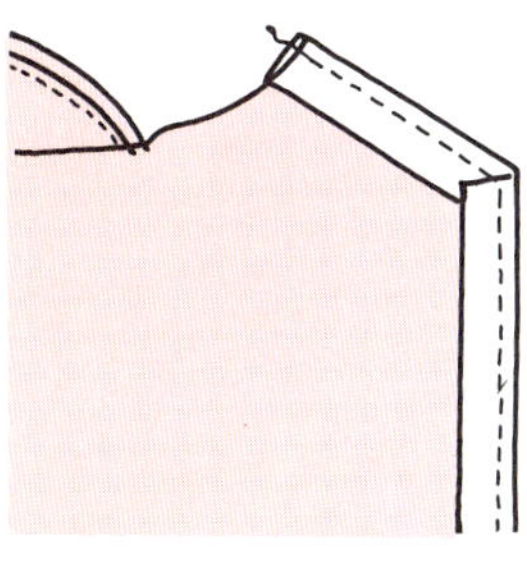

Repassez toutes les coutures ouvertes

1 Posez le liseré sur le bord du vêtement endroit, sur le côté droit, bords vifs du liseré sur bord vif du vêtement, du bas jusqu'à l'encolure sur le petit décranté; pour tourner, faites un pli en biais; bâtissez.

2 Épinglez la doublure sur la veste, endroit contre endroit, bâtissez et piquez tout le tour en partant de la couture d'une épaule et en finissant à l'autre épaule. Piquez du côté de la veste en tissu, doublure dessous. Dégagez les coins. Pour retourner, passez la main dans l'ouverture de l'encolure, attrapez un coin du bas de la veste et tirez tout par l'encolure. Repassez et surpiquez nervure tout le tour.

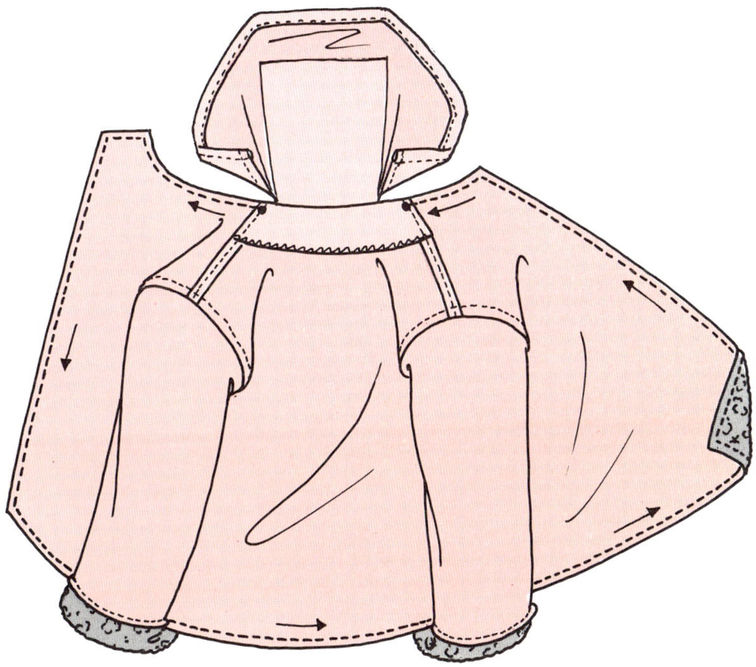

Brodez 3 boutonnières verticales de 2 cm de long sur le devant droit, espacées de 7,5 cm, et 2 boutonnières en biais sur le décranté. Sur le côté gauche, brodez une boutonnière de 1,5 cm en biais, au pied du col. Sur la poche, brodez une boutonnière verticale de 2 cm, au milieu, à 1 cm du bord du liseré. Posez les boutons recouverts sur le côté gauche et sur la poche; posez le petit bouton non recouvert à l'intérieur de la veste sur le côté droit, 1 cm plus bas que le pied du col, et à 10,5 cm du bord-devant.

Tenue de fête

Quoi de plus frais que ce charmant chemisier qui rappelle les petites filles de la comtesse de Ségur ? Avec cette jupe agrémentée de plis religieuse, il compose une tenue habillée convenant aussi bien pour les goûters d'anniversaire que pour les grandes occasions. Si l'exécution des festons de la collerette et des poignets vous inquiète, remplacez-les par une bordure de dentelle.

FOURNITURES

Chemisier

- Piqué de coton, soie, popeline : 1,85 m en 90 pour le 10 ans et le 8 ans.
- 6 boutons de nacre de 9 mm de diamètre.
- Soie d'Alger assortie pour les broderies ou 2 m de dentelle.

Jupe

- Flanelle, crêpe de laine : 1,40 m en 140 pour le 10 ans; 1,30 m pour le 8 ans.
- Thermocollant : 10 cm en 100.
- 1 ruban élastique de 2,5 cm de large et 30 cm de long pour le 10 ans; 29 cm de long pour le 8 ans.
- 3 boutons de 10 mm de diamètre à faire recouvrir.

Le chemisier

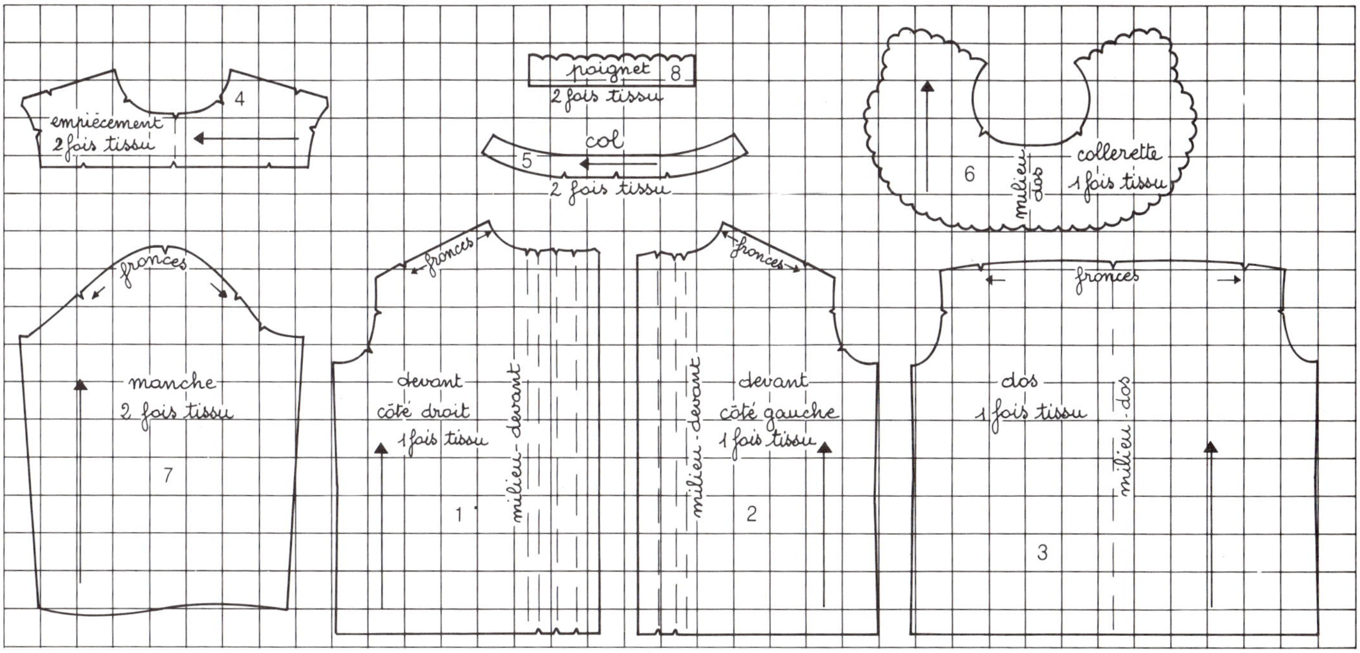

Le patron

Le plan de coupe

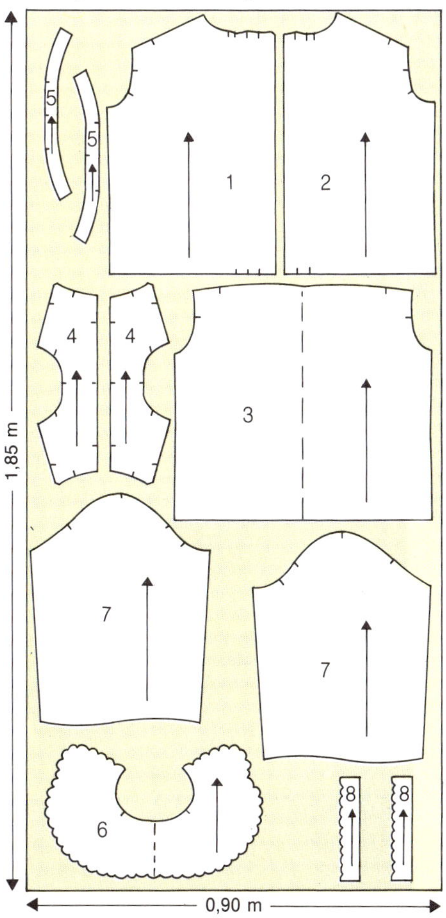

Le patron

Il est donné en 10 ans; pour l'exécuter en 8 ans, comptez en moins : 4,3 cm de tour de poitrine; 1,3 cm d'encolure (fermée); 1,6 cm de carrure-dos (empiècement); 3,7 cm de longueur-dos; 4,3 cm de largeur du bas; 0,5 cm de poignet (fermé); 3,7 cm de longueur de manche; 1,7 cm de largeur de manche; 0,6 cm de longueur d'épaule.

Pour les poignets et la collerette, les contours dentelés ne doivent pas être découpés sur le patron, mais seulement dessinés. Coupez la forme générale en laissant une ressource de tissu suffisante tout autour; les découpes seront faites une fois les broderies terminées. Pour le tracé des patrons avec bordure de dentelle, voir ci-dessous.

Valeur des coutures

Côtés, côtés des manches, emmanchures : 1 cm; empiècement, montage des poignets : 0,75 cm; encolure, col : 0,5 cm.

Si vous préférez la dentelle...

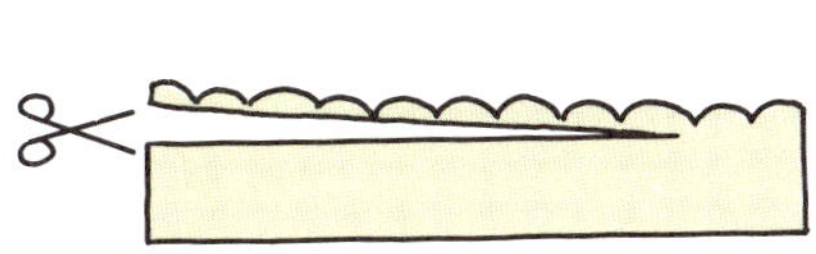

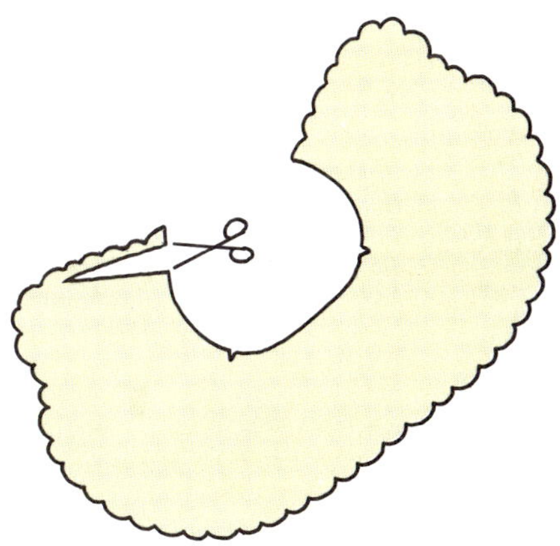

Tracez le patron de la collerette et des poignets sans les découpes en arrondi. Préparez la dentelle en tirant un fil sur le pied pour la froncer légèrement. Surfilez les bords du tissu. Appliquez la dentelle endroit contre endroit, à 0,5 cm du tissu, le pied tourné vers le surfil; piquez. Retournez en faisant un rentré de 0,5 cm, et, sur l'endroit, surpiquez nervure sur le tissu en cachant la couture de montage

Les broderies

Vous les exécuterez à la machine ou à la main, après avoir reporté le dessin des contours à broder sur les pièces de tissu. Quand les broderies seront terminées, vous découperez le tissu aux ciseaux à broder au ras des contours arrondis.

1 A la machine : faites les broderies au point de bourdon (voir photo ci-dessous).

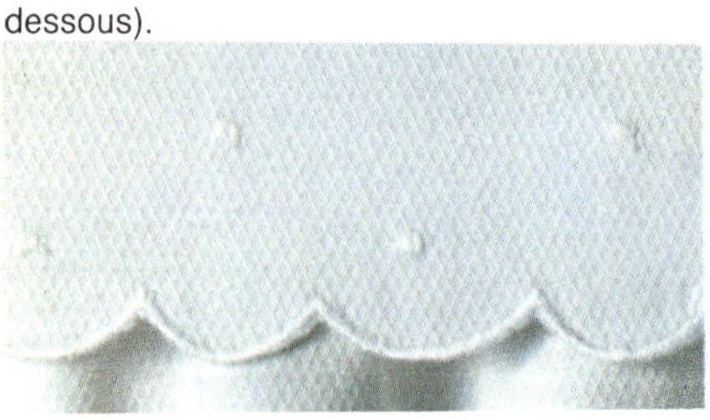

Le point d'arme tortillé

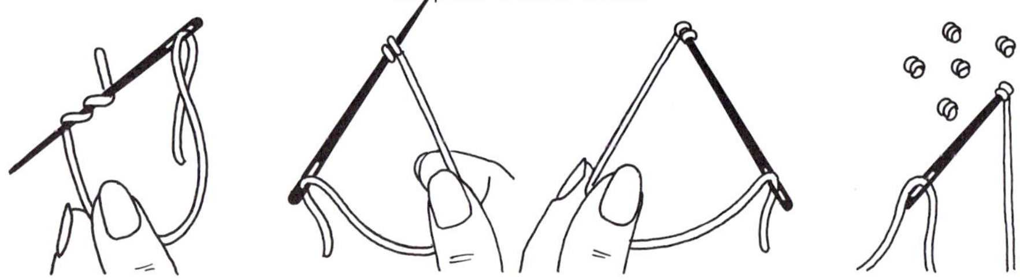

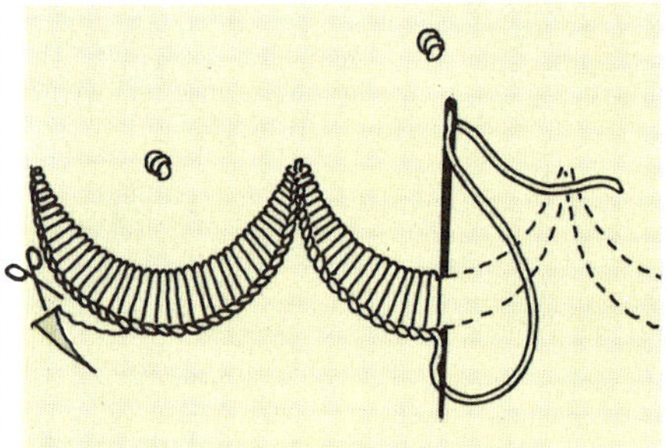

2 A la main : sur les arrondis, brodez un point de feston en raccourcissant les points dans les angles.
Pour faire les pois, vous broderez un point d'arme tortillé.

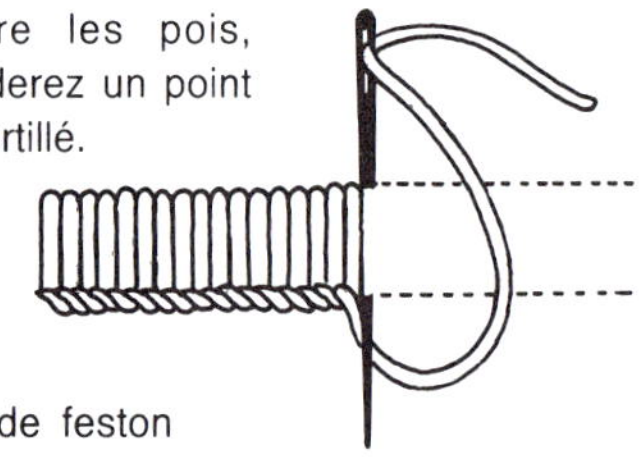

Le point de feston

La patte et sous-patte de boutonnage

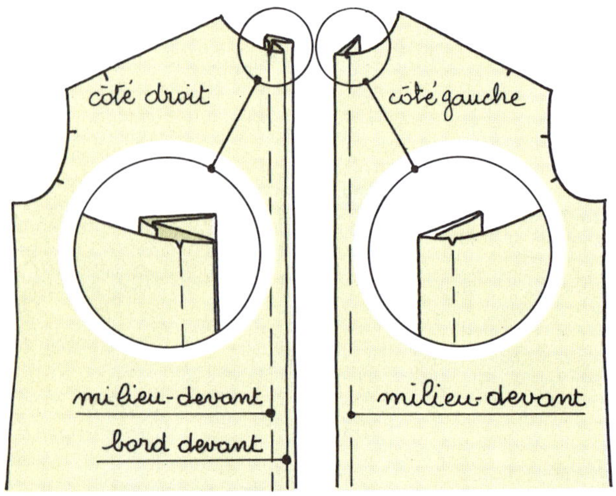

1 Sur le devant gauche, repliez la gorge aux crans deux fois sur elle-même sur l'envers du vêtement; cassez au fer. Sur le devant droit, repliez aux crans la patte, puis la sous-patte : une fois 2,5 cm endroit contre endroit, puis 2,5 cm envers contre envers, et ramenez sur l'envers du vêtement en faisant un rempli de 1 cm qui doit passer sous la sous-patte.

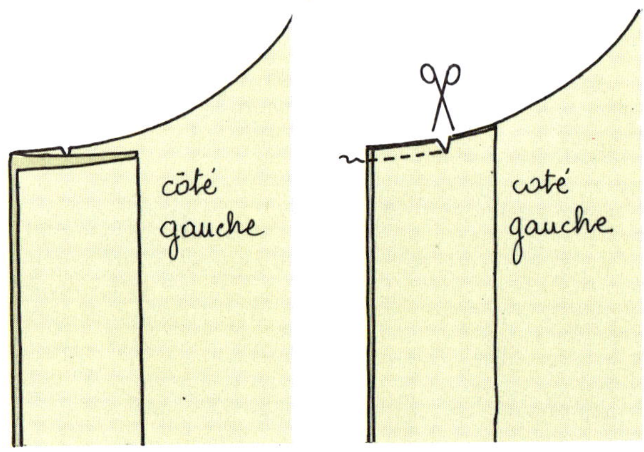

2 Faites les fourreaux en haut des gorges en rabattant les plis sur l'endroit du vêtement à partir du bord devant; piquez (sur 1,25 cm) jusqu'au cran du milieu-devant. Crantez au ras de la piqûre. Retournez.

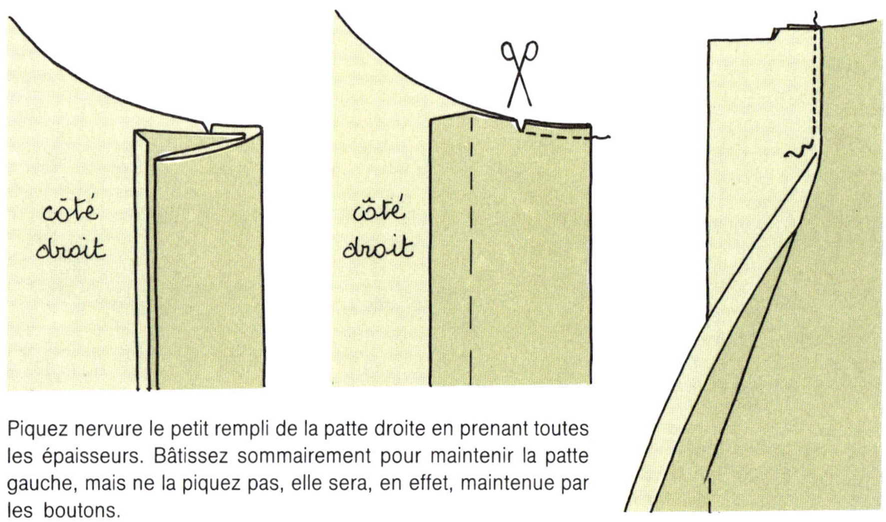

Piquez nervure le petit rempli de la patte droite en prenant toutes les épaisseurs. Bâtissez sommairement pour maintenir la patte gauche, mais ne la piquez pas, elle sera, en effet, maintenue par les boutons.

Froncez le haut du dos entre les crans et le haut des devants jusqu'aux crans, en passant 2 fils de fronces.
Montez l'empiècement double (voir p. 140).
Fermez les coutures de côté, surfilez-les en double pour terminer.

Pose du col et de la collerette

Coulissez le col, dégarnissez les coins, retournez, repassez soigneusement (voir p. 126).

1 Appliquez l'envers de la collerette sur l'endroit de l'encolure; bâtissez en veillant à ne pas détendre le tissu.

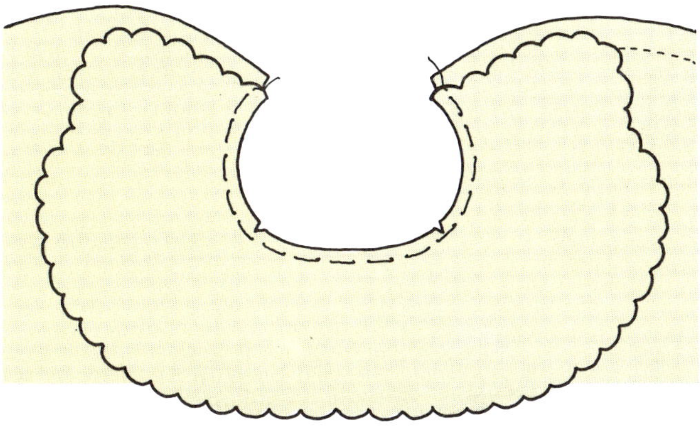

Les manches

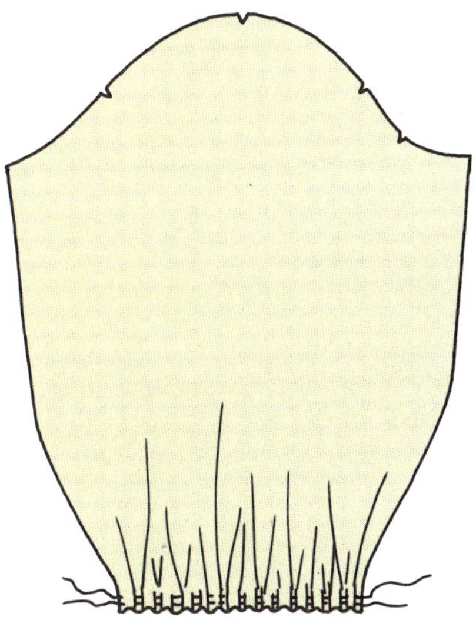

Froncez le bas des manches; posez l'endroit du volant sur l'endroit de la manche; bâtissez à 0,75 cm du côté des fronces; piquez et surfilez en double. Couchez la couture vers le volant, et, sur l'endroit, surpiquez nervure en cachant la couture de montage.

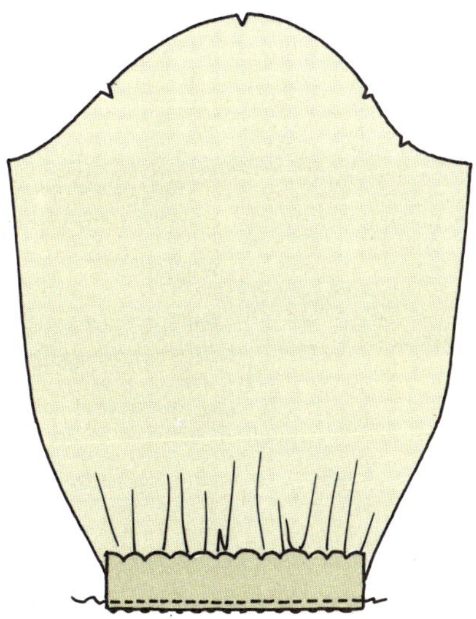

Fermez la couture de manche jusqu'en bas du volant en raccordant bien la broderie.

Froncez le haut des manches entre les crans en passant 2 fils de fronces.

Montez les manches en raccordant crans et couture d'empiècement, coutures de manche et coutures de côté. Surfilez la couture en double.

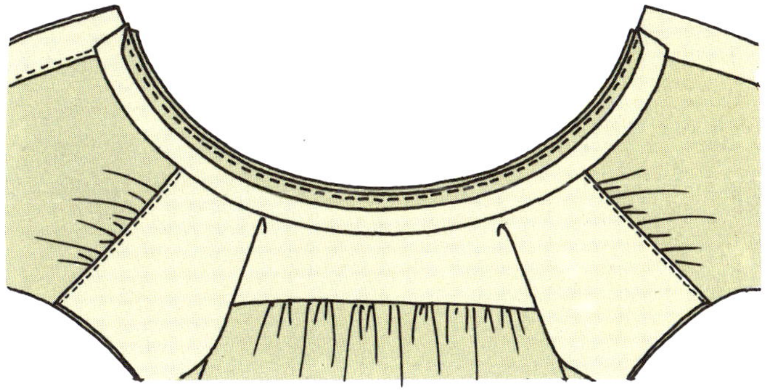

2 Posez le dessous du col sur le chemisier, endroit du col sur envers du chemisier; raccordez les crans du milieu, ceux du côté aux coutures d'épaule, l'extrémité du col arrive au cran du milieu-devant; bâtissez; piquez à 0,5 cm.

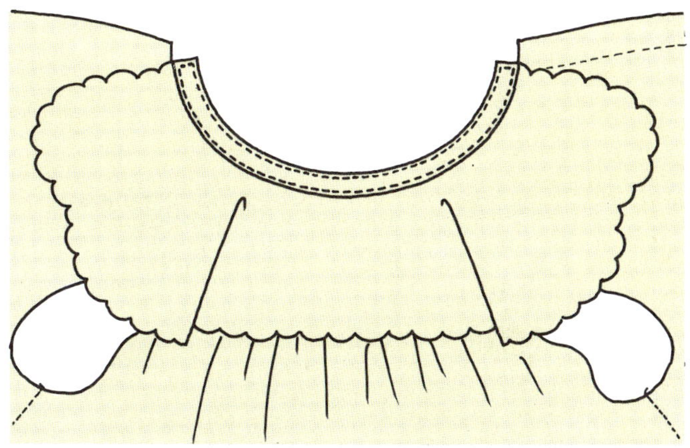

3 Retournez; rabattez le dessus du col sur l'endroit par une piqûre nervure en cachant la couture de montage; continuez la piqûre nervure tout autour du col.

Tout autour du bas du chemisier, bâtissez un rempli double de 0,5 cm. Puis piquez nervure au bord du rempli.

Sur le devant droit, sur le dessus de la patte, à 1 cm du bord et à 0,5 cm de l'encolure, brodez une boutonnière horizontale de 1,3 cm de long. Sur la sous-patte, brodez 5 boutonnières verticales, au milieu; espacées de 6 cm, elles ont 1,3 cm de long. Sur le devant gauche, posez les boutons.

La jupe

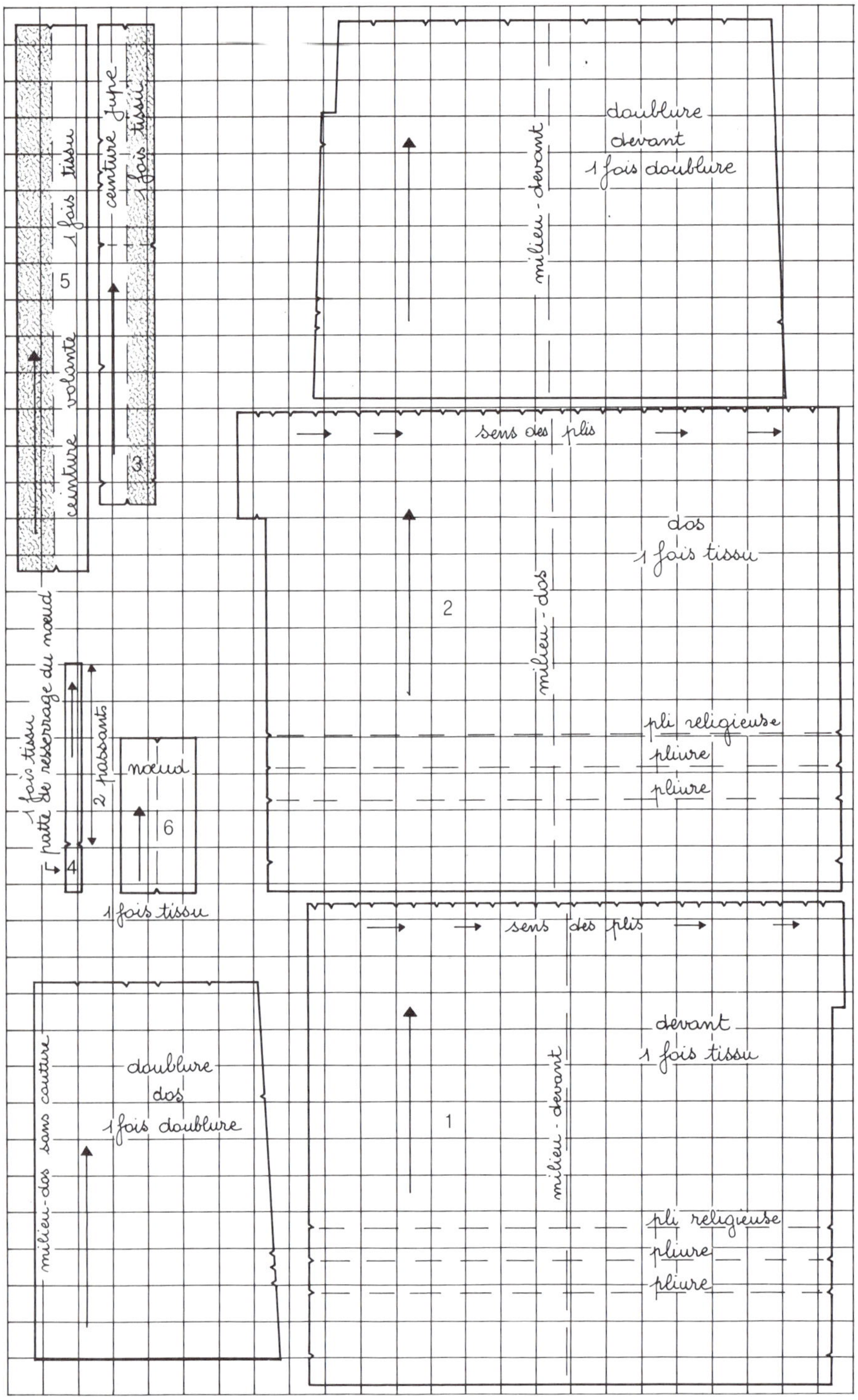

Le patron

Le patron

Il est donné en 10 ans. Pour exécuter le modèle en 8 ans, comptez en moins : 2,5 cm de tour de ceinture; 6 cm de largeur du bas; 5,3 cm de longueur devant.

Les deux parties du dos de la doublure étant identiques, nous n'avons représenté qu'un demi-dos.

Valeurs des coutures

Côtés, taille, ceintures : 1 cm; fourreaux du nœud : 0,75 cm.

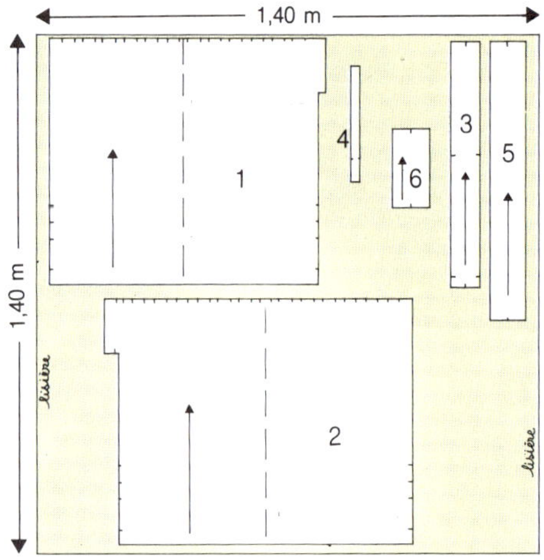

Le plan de coupe

La coupe

Elle se fait tissu ouvert pour le lainage et la doublure. Pour le dos de la doublure qui est sans couture, quand vous avez tracé la première moitié, retournez le patron sur le tissu en vous servant de la ligne milieu-dos comme axe pivotant pour tracer la deuxième partie. Gardez dans les chutes de tissu de quoi recouvrir les boutons.

Préparation

Pliez au fer envers contre envers, dans le sens de la longueur, la ceinture et la ceinture volante; thermocollez du creux de la pliure jusqu'au bord.

Pliez les parmentures au cran sur l'envers du vêtement; repassez.

Faites les passants, il y en a 2 de 8 cm de long environ (voir p. 95). Préparez la patte de resserrage du nœud de la même façon.

Confectionnez la ceinture volante : faites les fourreaux en laissant 3 cm ouverts sur la grande longueur, retournez, repassez, surpiquez nervure tout autour (voir p. 118).

Le nœud

Faites les fourreaux du nœud comme indiqué page 83.

Confectionnez le nœud. Repliez les extrémités à 5 cm d'un côté et 6 cm de l'autre. Froncez légèrement au milieu sur le devant. Maintenez-le par la patte de resserrage que vous fermerez à l'arrière par quelques points.

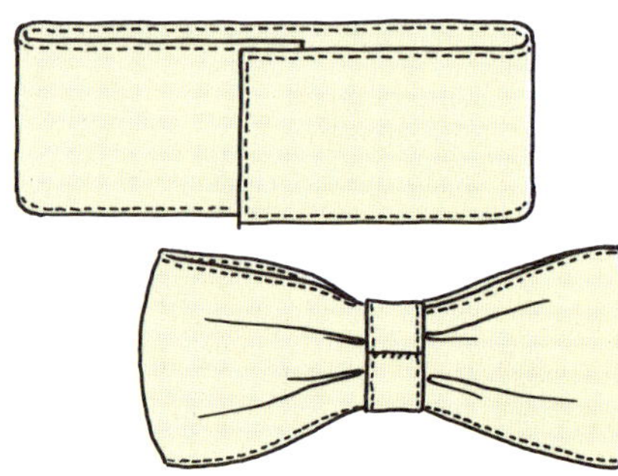

Assemblage

1 Fermez les coutures de côté : celle de droite jusqu'en haut, celle de gauche jusqu'en bas du décroché des parmentures; crantez, ouvrez les coutures, surfilez.

2 Formez les plis religieuse : l'arête correspond aux crans; tracez-les au fer et bâtissez-les à 1,5 cm; piquez.

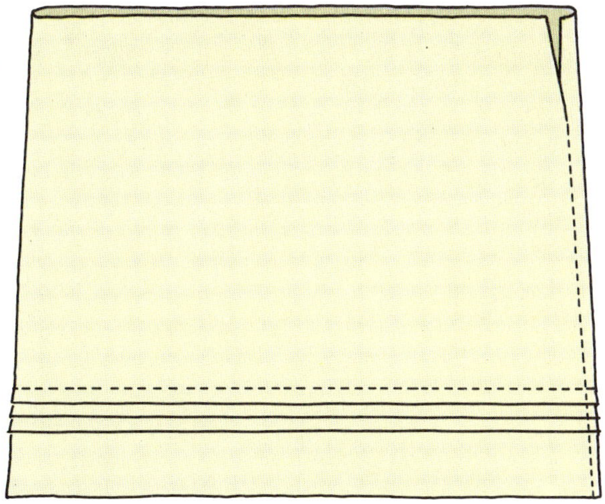

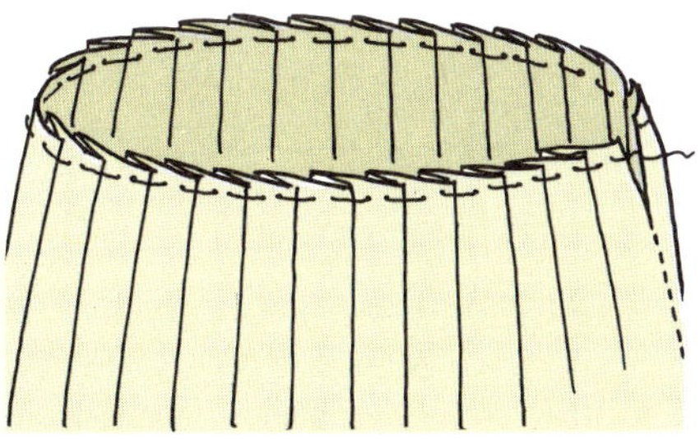

3 Bâtissez les plis souples de la taille en les couchant tous vers la gauche, en respectant les crans.

Surfilez le bas de la jupe et faites un ourlet de 4 cm à points invisibles.
Assemblez la doublure en faisant les coutures de côté; faites dans le bas un rempli double de 1 cm, piquez nervure.

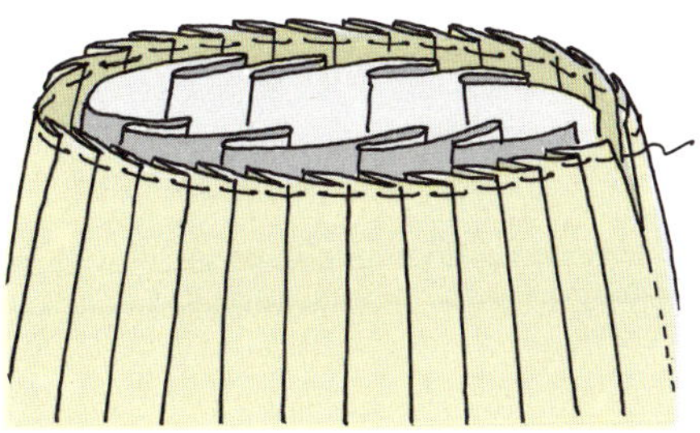

4 Posez la doublure envers contre envers de la jupe, en formant des plis souples aux crans pour obtenir le tour de la taille de la jupe. Bâtissez.

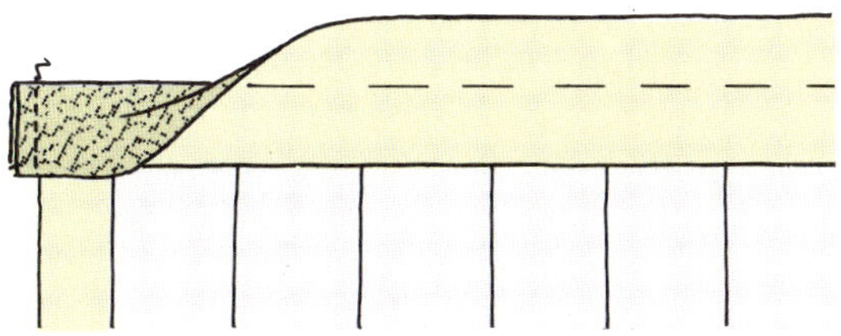

5 Appliquez l'endroit du dessous de la ceinture (partie non thermocollée) sur l'envers de la jupe; laissez dépasser la ceinture de 1 cm à chaque extrémité pour les coutures. Bâtissez tout ensemble; piquez ensuite à 1 cm, puis faites les fourreaux et retournez.

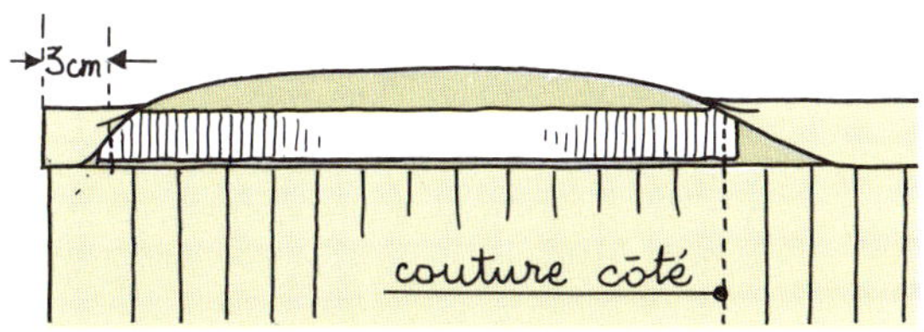

6 Sur le dessous de la ceinture, dans le dos de la jupe, fixez l'élastique : une extrémité au niveau de la couture de côté droit, l'autre extrémité à 3 cm du bord de l'ouverture du côté gauche.

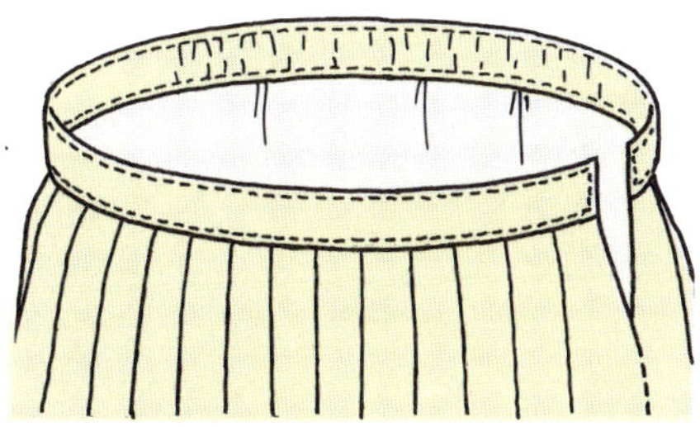

7 Rabattez le dessus de la ceinture sur l'endroit par une piqûre nervure en cachant la piqûre de montage. Continuez la piqûre nervure tout autour de la ceinture.

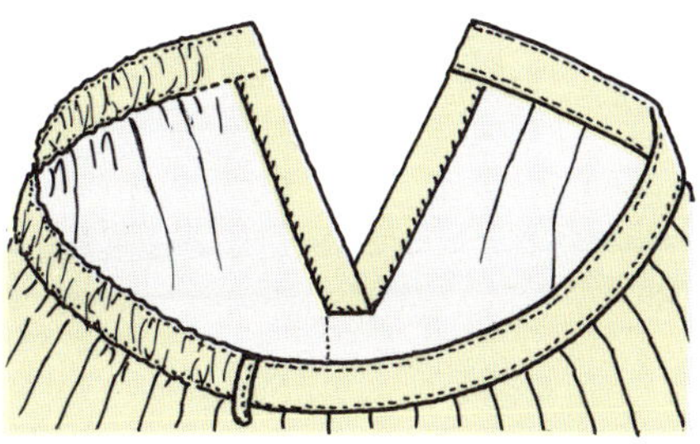

8 De chaque côté de l'ouverture de côté, rabattez la doublure à la main sur le tissu en faisant un petit rentré.

Posez les 2 passants : le premier au niveau de la couture de côté, le second à 2 cm de l'extrémité de la ceinture-dos; fixez-les au bord de la ceinture, en haut, et sur la jupe à 1 cm au-dessous de la ceinture en faisant un petit rempli piqué nervure sur l'endroit.

Sur la ceinture volante, fixez le nœud au milieu, devant. Brodez 2 boutonnières horizontales de 1,4 cm sur l'extrémité gauche, la première à 1 cm du bord, la seconde à 5 cm de la première. Posez 2 boutons sur l'extrémité droite.
Sur la ceinture de la jupe, brodez une boutonnière horizontale à 1 cm du bord, sur le devant. Cousez un bouton sur l'autre extrémité de la ceinture.

Tunique courte

Cette tunique toute simple réjouira les débutantes qui n'éprouveront aucune difficulté à réaliser cette forme portefeuille fermée à l'encolure par deux gros boutons.
Vous la porterez avec une jupe ou un pantalon, et, selon le tissu choisi pour l'exécution, vous en ferez une tenue très différente : classique et confortable, comme celle que nous vous présentons ici, en jersey; élégante et légèrement sophistiquée en toile de soie unie ou fantaisie.

FOURNITURES

- Jersey, toile de soie : 2,45 m en 140 pour toutes les tailles.
- 3 boutons de 22 mm de diamètre à faire recouvrir.

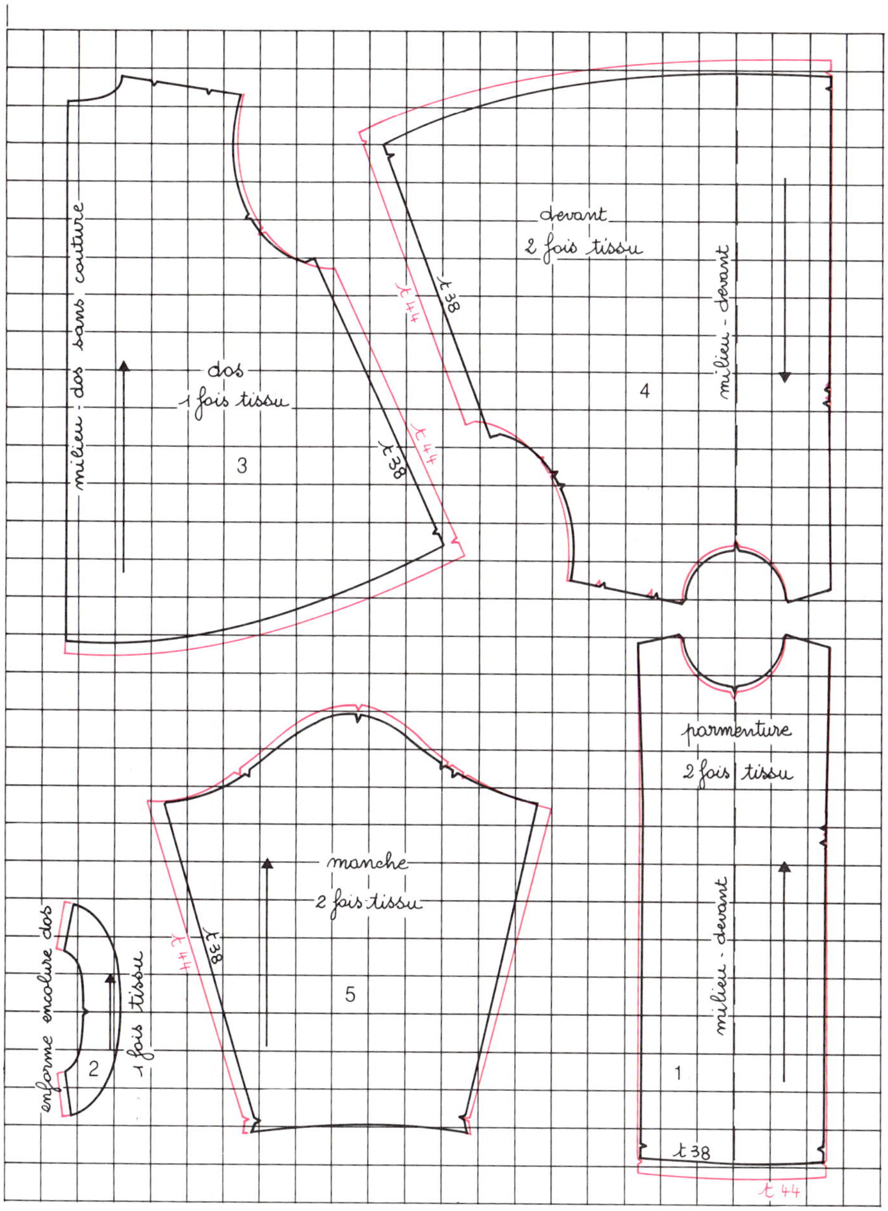

Le patron

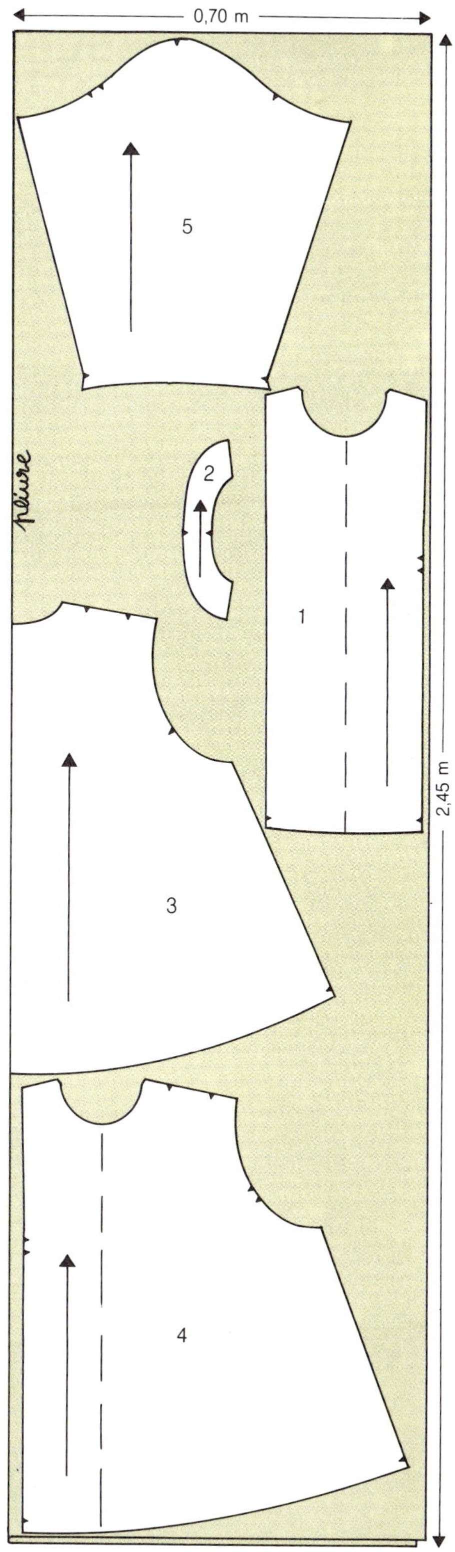

Le plan de coupe

Le patron
Les deux parties du dos étant identiques, nous n'avons présenté ici qu'un demi-dos.

Valeur des coutures
Épaules, manches, emmanchures, côtés : 1 cm; parmentures, fourreau d'encolure : 0,75 cm.

La coupe
Elle se fait tissu plié. Le milieu-dos doit impérativement se trouver sur la pliure. Prenez dans les chutes du tissu de quoi faire recouvrir les boutons.

Assemblage de la tunique

Assemblez les devants au dos par les coutures de côté et les coutures d'épaule. Piquez à 1 cm, surfilez en double.

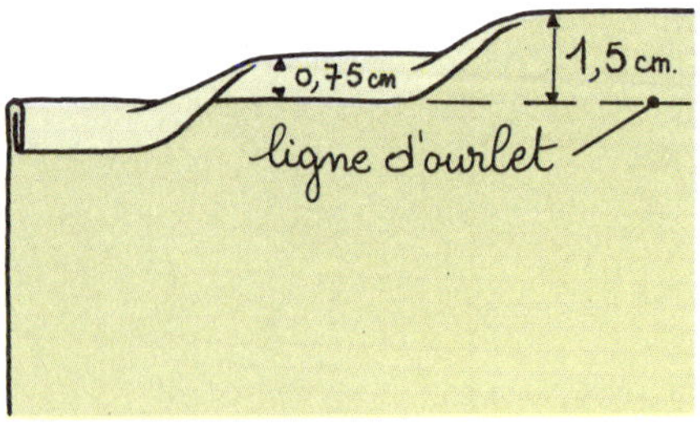

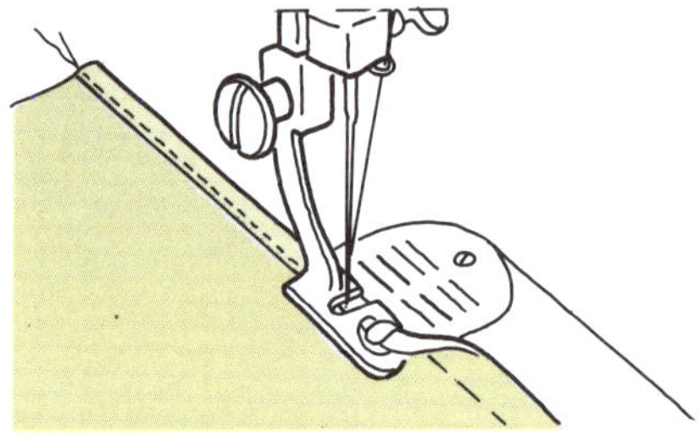

1 Piquez les coutures de manche; surfilez en double. Ourlez le bas des manches en faisant un rempli double de 0,75 cm.
Pour démarrer plus facilement, écrasez le début du rempli du doigt; placez l'extrémité repliée sous le pied, piquez; poussez votre travail sous l'aiguille en piquant pour ne pas déformer le tissu.

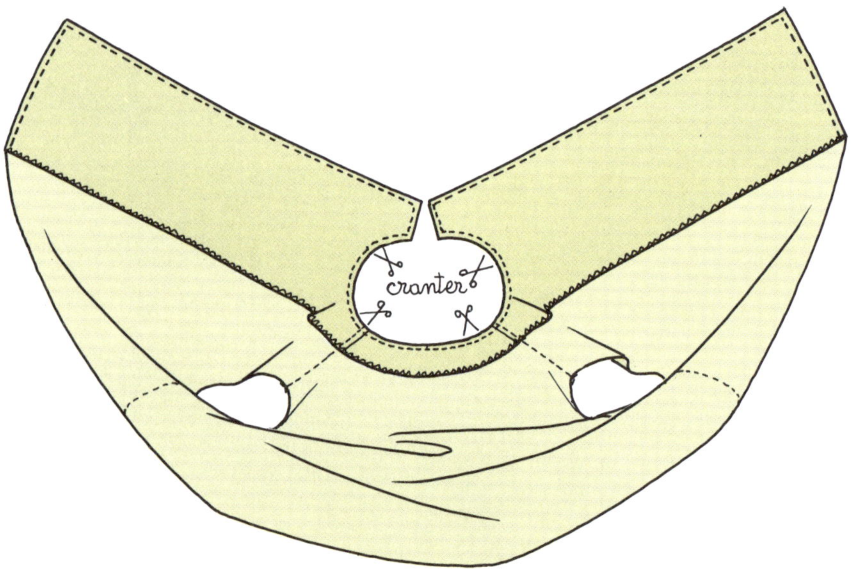

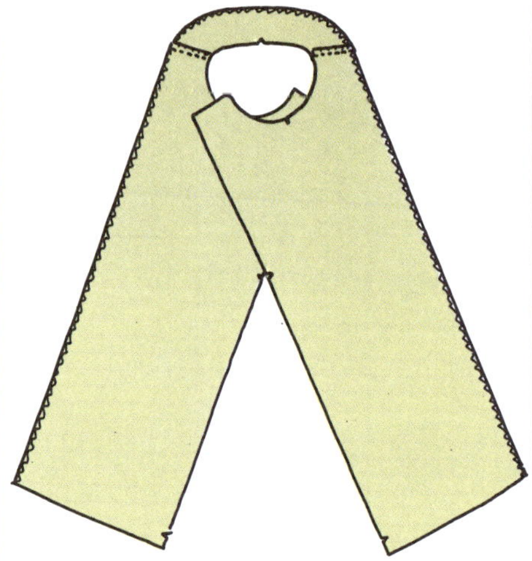

2 Assemblez l'enforme de l'encolure du dos avec le haut des parmentures. Surfilez tout le tour du bord intérieur.
Surfilez également le bas du chemisier.

3 Montez les parmentures : bâtissez endroit contre endroit; le cran du milieu de l'enforme-dos se raccorde au cran du milieu-dos, le cran du milieu des parmentures aux crans du milieu-devant, la couture enforme-parmenture à la couture d'épaule. Piquez à 0,75 cm. Faites les fourreaux des parmentures en piquant ces dernières en bas sur la ligne d'ourlet à 1 cm. Dégagez les coins, crantez le tour de l'encolure.

4 Retournez. Bâtissez tout le tour parmentures et enforme en ressortant bien la couture pour qu'on ne voie pas le dessous. Bâtissez l'ourlet de 1 cm. Surpiquez tout le tour du chemisier à 0,75 cm, y compris l'ourlet.

Montez les manches : bâtissez en raccordant les crans. Piquez à 1 cm; surfilez coutures fermées. Pour éviter la déformation du tissu, surpiquez nervure sur l'endroit sur la couture de montage en rabattant les coutures d'épaule et les coutures de côté vers le dos; la couture d'emmanchure est tournée vers le vêtement.

Fixez par des points à la main sur les coutures d'épaule l'enforme d'encolure au niveau des coutures avec les parmentures.

Brodez une boutonnière verticale de 2,5 cm sur chaque parmenture sur le décranté, au milieu et à 1,5 cm du bord en haut. Posez les boutons; sur le côté droit, le bouton du dessus n'est qu'une garniture, il faut en poser un autre au même niveau sur le dessous pour boutonner.

Conseils pour l'utilisation du jersey

Le jersey est un tissu mou et extensible. Tout au long des différentes opérations, vous devrez veiller à ce qu'il ne se déforme pas, ce qui serait préjudiciable à l'esthétique du vêtement. Voici quelques conseils pratiques :

POUR COUPER DANS LE DROIT-FIL (le sens de la maille) SUR LE TISSU PLIÉ

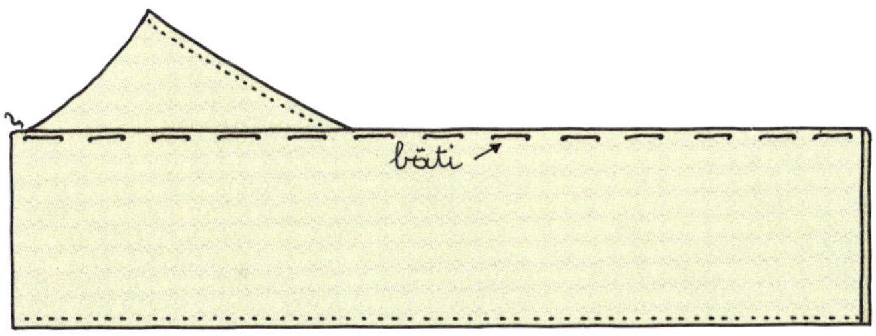

Avant de plier en longueur, faufilez le long d'une côte ou sur la même ligne de mailles, près du centre du tissu. Pliez sur le bâti.
Si le tissu est trop fin pour utiliser cette méthode, pliez-le en vous assurant que les mailles ne sont pas tordues le long du pli. Si le tissu a déjà un pli, vérifiez son aplomb; au besoin, repassez-le.
Dans tous les cas, lorsque vous êtes sûre que le pliage est correct, épinglez le tissu pour qu'il ne se décale pas.

AVANT LE MONTAGE, RENFORCEZ L'ENCOLURE ET LES EMMANCHURES

La meilleure solution est de poser un bolduc thermocollant, si la qualité du tissu le permet; sinon piquez à la main à points réguliers juste à côté du tracé de la couture d'emmanchure et d'encolure, sur la ressource et sur une seule épaisseur de tissu. Posez le patron sur chacune des pièces et vérifiez si les mesures correspondent. Si le jersey s'est étiré, relevez un point et tirez avec une épingle tous les 2 ou 3 cm, jusqu'à ce que le tissu et le patron soient ajustés. Coupez, ici et là, le fil si le tissu est trop froncé.

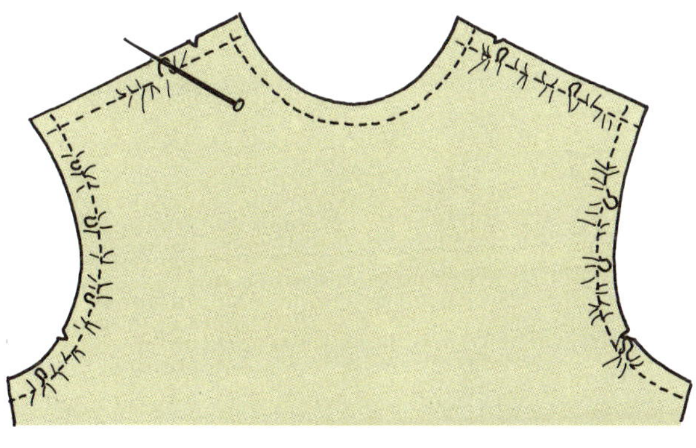

Vous exécuterez ce travail après la coupe et avant le montage.

AU MONTAGE, RENFORCEZ LES COUTURES

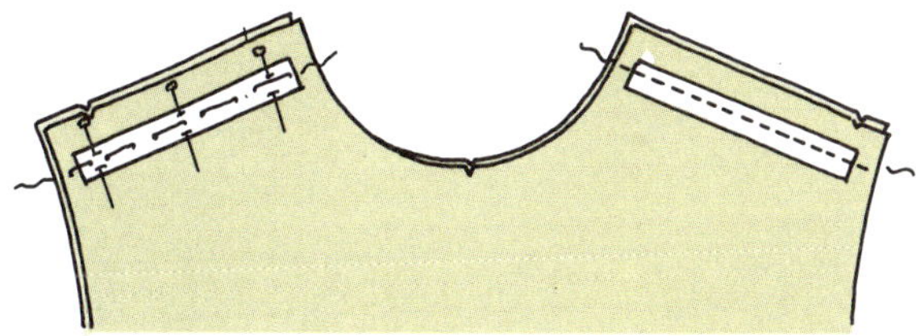

Pour soutenir les coutures d'épaule et les empêcher de se détendre, piquez en même temps que vous fermerez la couture un ruban à bords tissés ou un extra-fort sur un des côtés (le dos de préférence).

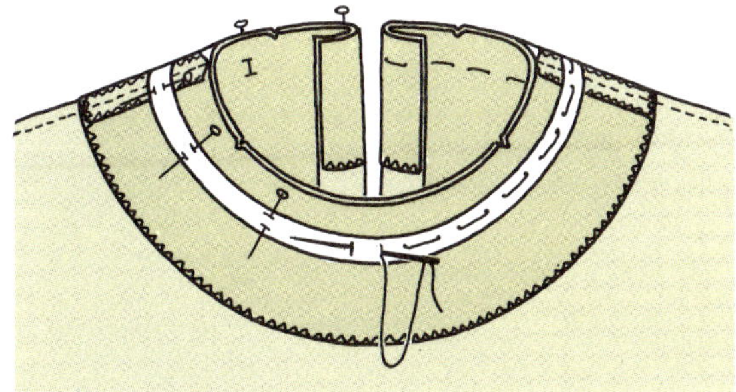

Vous pouvez également utiliser un procédé semblable sur l'encolure, mais avec un biais détendu. Centrez le biais sur la couture d'encolure par-dessus la parmenture. Bâtissez, piquez.

POUR PIQUER SANS DÉFORMER

Choisissez un fil adéquat (fil mercerisé). Prenez une aiguille neuve, et, au besoin, changez plusieurs fois d'aiguille au cours du travail, car elle s'émousse et risque d'abîmer les mailles. Il existe d'ailleurs des aiguilles spéciales, à bout rond.
Pour un jersey fin, utilisez le même procédé que pour les tissus légers : posez un papier de soie entre votre machine et le tissu. Piquez les deux en même temps; le papier de soie aidera le tissu à alimenter la machine et évitera qu'il soit entraîné dans la « lumière ». Une fois le travail fini, enlevez le papier de soie en l'arrachant sur un côté de la couture, puis sur l'autre.
Sur certaines machines, vous pouvez adapter des pieds spéciaux (en téflon) pour le jersey.

LES OURLETS

Leur confection sur un jersey est plus difficile que sur un autre tissu. L'ourlet roulotté à la machine ou l'ourlet surpiqué est une bonne solution (voir page ci-contre).
Pour conserver son élasticité à un ourlet sur un tissu en jersey : repliez le bord surfilé de l'ourlet, repassez et bâtissez, puis fixez à point de chausson (voir p. 39), mais en prenant le tissu sur l'envers du rempli.

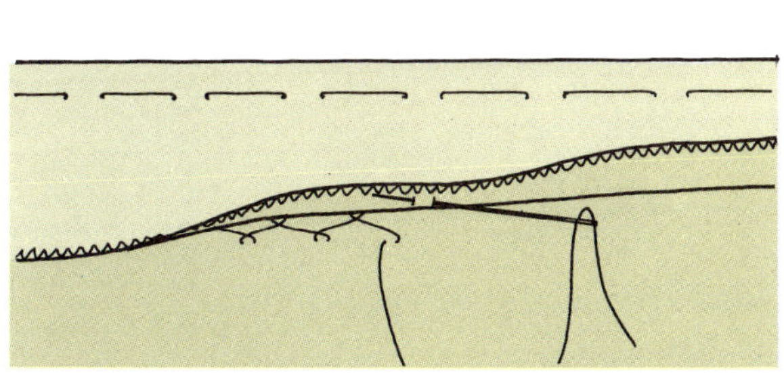

Pyjama de Pierrot

Ce sont les détails qui font l'originalité de ce pyjama de petit garçon de forme plutôt classique : poche ouvrant d'un côté, boutonnage de l'autre côté, liseré de ton contrasté au bas des manches, des jambes et à l'encolure. Il sera parfait pour la belle saison si vous l'exécutez en seersucker; pour l'automne, choisissez un coton gratté; mais si votre enfant est très frileux, prenez plutôt un jersey molletonné.

FOURNITURES

- Coton gratté, seersucker, jersey molletonné, en 140 : 1,20 m pour le 4 ans; 1,35 m pour le 6 ans.
- Liseré : 2 m.
- Élastique : 50 cm.
- 5 boutons de 11 mm de diamètre.

Le patron

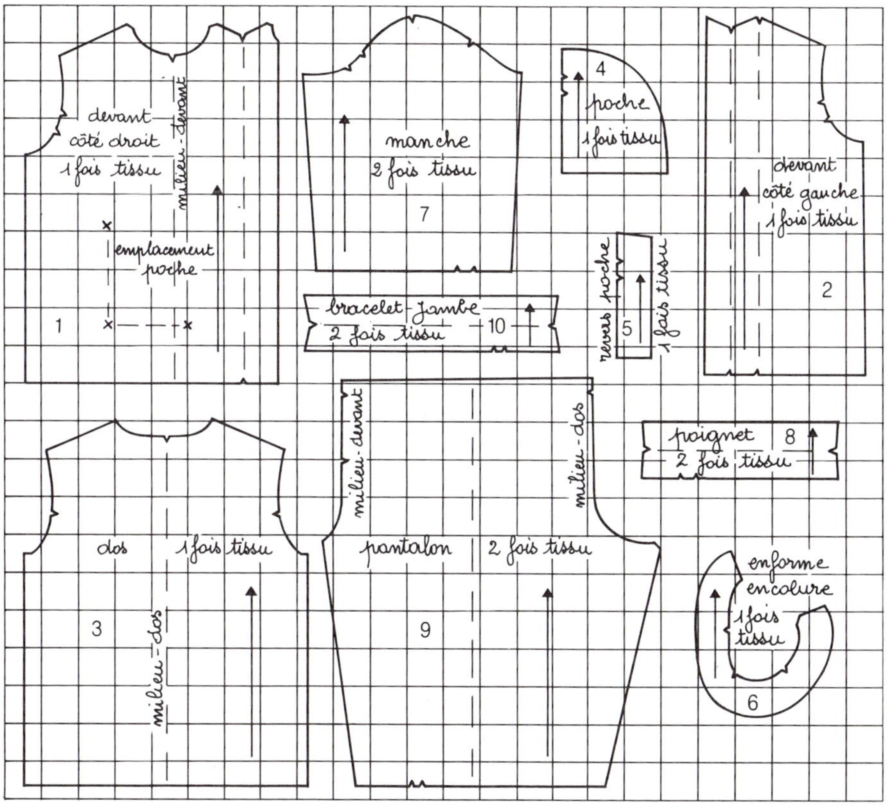

Le plan de coupe

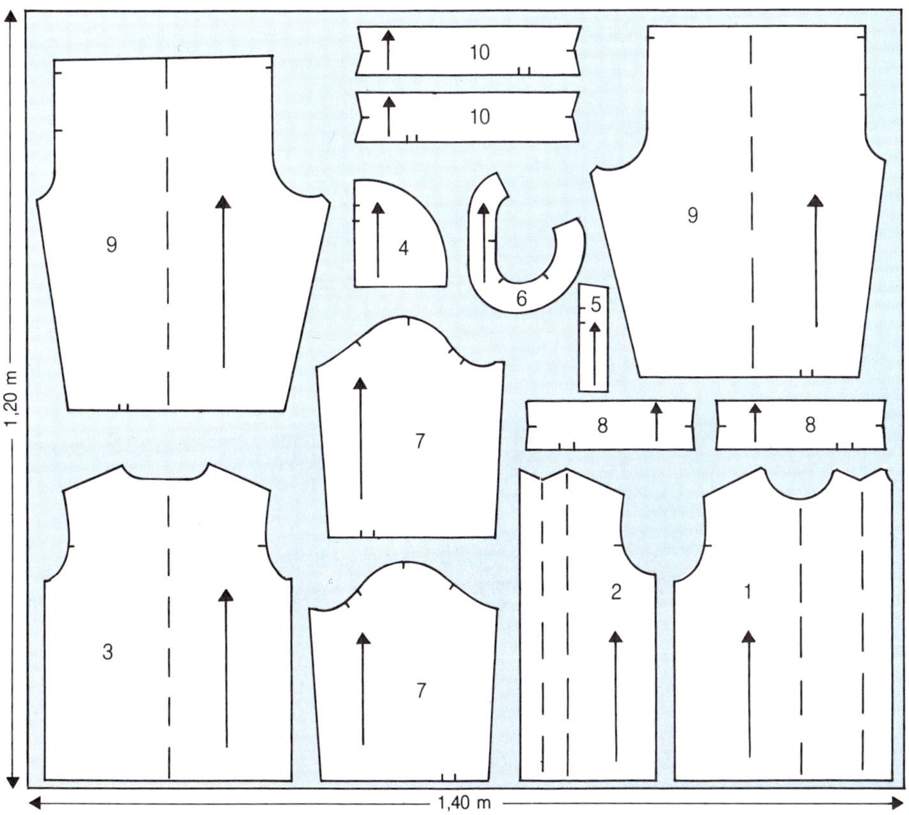

Le patron

Il est donné en 4 ans; si vous voulez le réaliser en 6 ans, vous devez, dans ce cas, compter en plus pour la veste : 5 cm de tour de poitrine; 1,5 cm d'encolure (fermée); 2 cm de carrure-dos; 4,5 cm de longueur-dos; 5 cm de largeur du bas; 0,9 cm de longueur de poignet (fermé); 3,6 cm de longueur de manche; 1,7 cm de largeur de manche; 1 cm de longueur d'épaule. Pour le pantalon : 4,8 cm de tour de bassin; 5,5 cm de longueur d'entrejambe; 1,5 cm de largeur du bas; 7 cm de longueur de côté.

Valeur des coutures

Veste : côtés, épaules, emmanchures, tête de manches : 1 cm; poche, enforme d'encolure, bas de manches : 0,75 cm. Pantalon : entrejambe, fourche : 1 cm; bas de jambes : 0,75 cm.

La veste

La poche

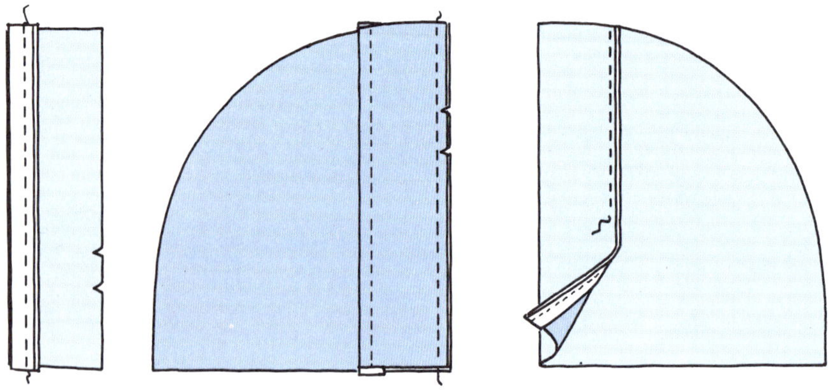

Appliquez le liseré sur le revers de la poche, bord vif du liseré sur le bord vif du côté du revers non cranté, endroit contre endroit; bâtissez, piquez.
Posez le revers sur la poche en raccordant les crans, endroit du revers contre envers de la poche, piquez à 0,75 cm sur le bord cranté.
Rabattez le revers sur l'endroit de la poche; bâtissez le bord en retournant le bord vif du liseré sur l'envers du revers; repassez; piquez le revers sur la poche en faisant une piqûre nervure sur le tissu au bord du liseré.

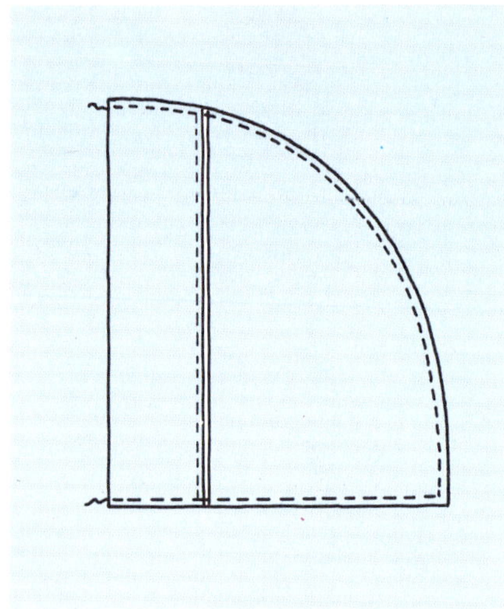

Bâtissez un rentré de 0,75 cm autour de la poche; posez cette dernière sur la veste à l'emplacement prévu sur le patron par une piqûre nervure; pour réussir l'arrondi, voir les pages 132 et 149.

Assemblage du dos et du devant

Faites la couture de l'épaule droite, surfilez en double.

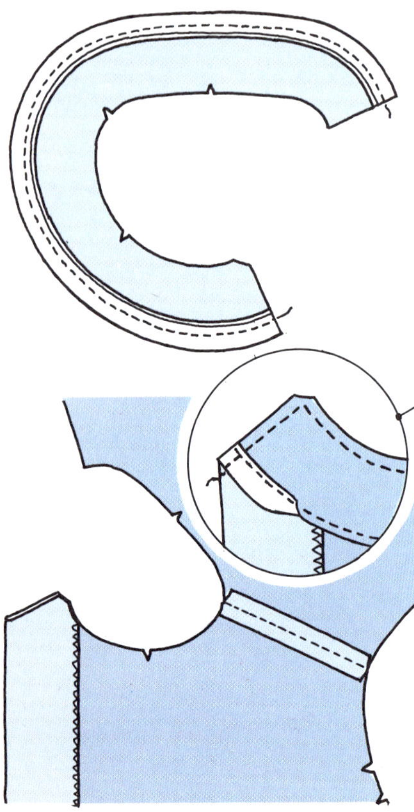

1 Posez le liseré sur le bord du bas de l'enforme d'encolure, endroit contre endroit, bords vifs l'un sur l'autre; piquez.

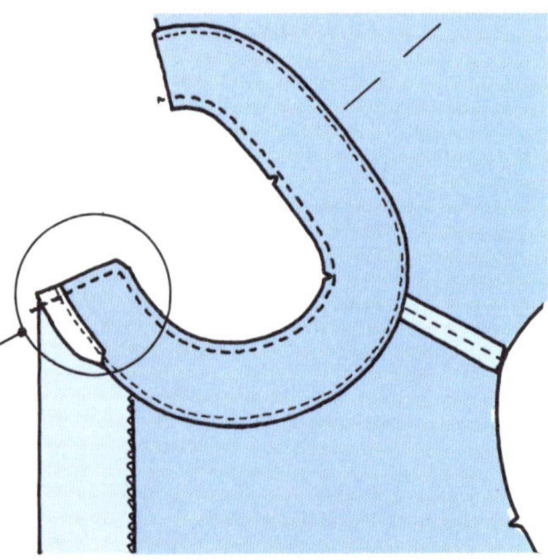

2 Surfilez le bord de la parmenture de droite, puis repliez-la au fer sur l'envers de la veste. Bâtissez l'enforme sur l'encolure endroit contre envers en veillant à raccorder les crans; faites le fourreau sur la largeur de la parmenture : pour qu'il soit net, ressortez quelques centimètres de liseré et repliez la partie qui dépasse le côté de l'enforme. Piquez à 0,75 cm. Crantez.

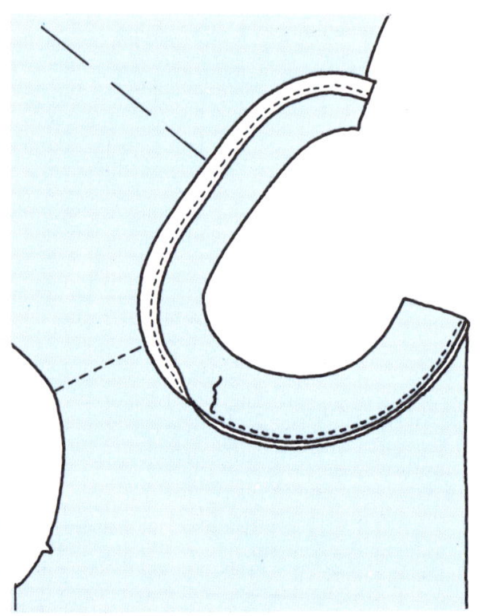

3 Retournez sur l'endroit; bâtissez l'enforme sur la veste bien régulièrement en rabattant le liseré sur l'envers. Piquez nervure sur le tissu au bord du liseré.

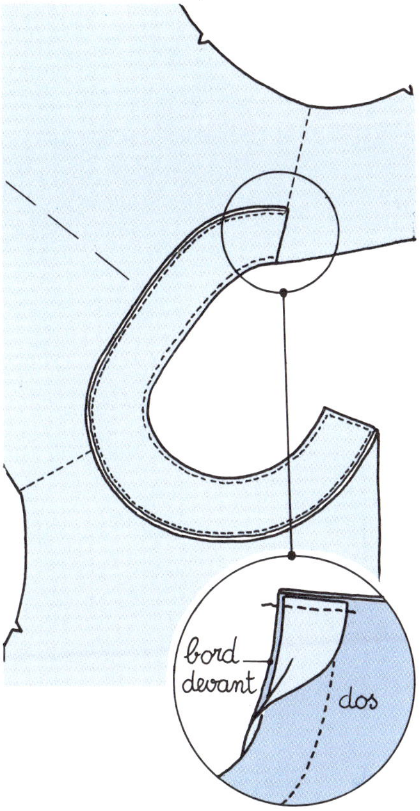

4 Marquez au fer la parmenture gauche en la repliant deux fois sur elle-même sur l'envers du vêtement. Faites la couture d'épaule gauche en retournant la gorge repliée pour la prendre en fourreau; piquez, repassez; surfilez en double, retournez.

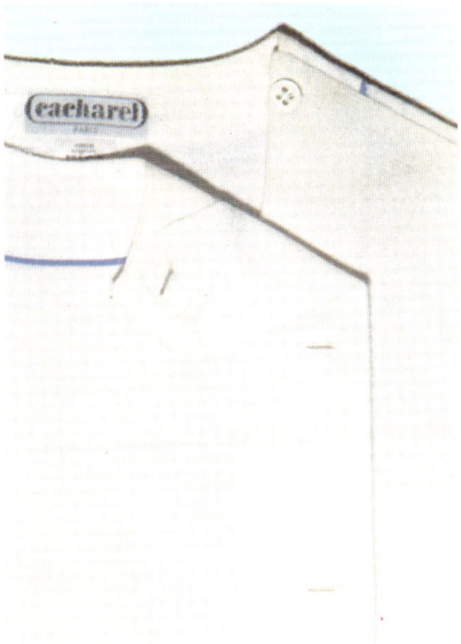

Les manches

1 Posez le liseré sur le bord non cranté des poignets, dans le sens de la longueur, piquez. Montez l'endroit du poignet (bord cranté) sur l'envers du bas de manche; piquez à 0,75 cm.

2 Retournez, rabattez sur l'endroit en glissant le bord vif du liseré sur l'envers, surpiquez nervure sur le tissu du poignet au ras du liseré.

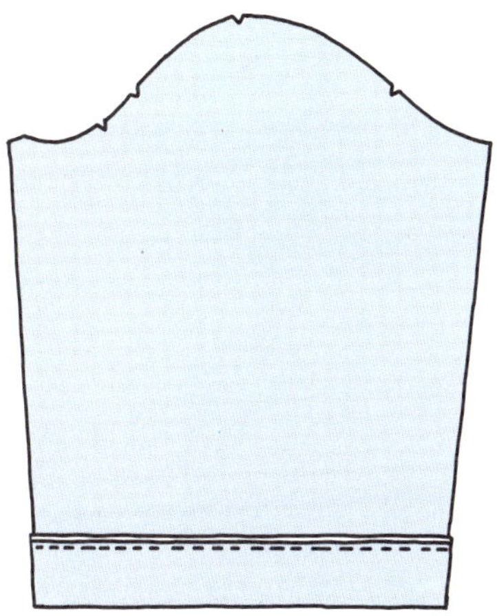

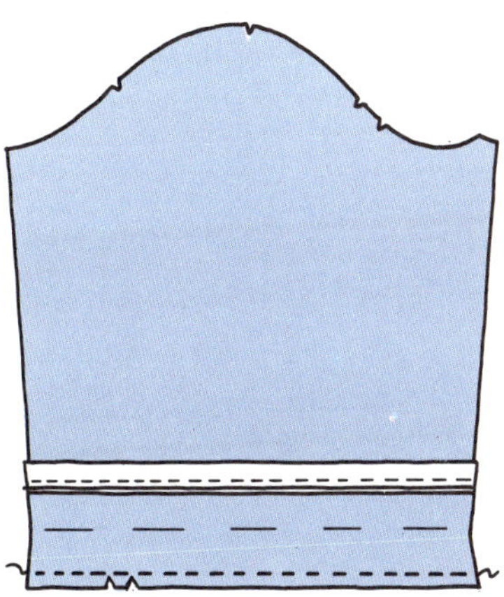

Montez les manches à plat (voir p. 141) à 1 cm; surfilez la couture en double. Fermez les coutures des côtés et les coutures des manches en partant du poignet jusqu'au bas de la veste; surfilez en double.

Faites un rempli double de 0,5 cm piqué nervure au bas de la veste.

Sur le devant droit, brodez 5 boutonnières de 1,5 cm de long. La première au milieu de l'enforme d'encolure à 1 cm du bord est horizontale par rapport au bord de l'enforme; les autres, horizontales par rapport au bord devant, sont à 2 cm du bord et espacées de 8 cm. Cousez les boutons sur le côté gauche.

Le pantalon

Montez le bracelet avec le liseré au bas des jambes de la même façon que vous avez monté les poignets sur le bas des manches.

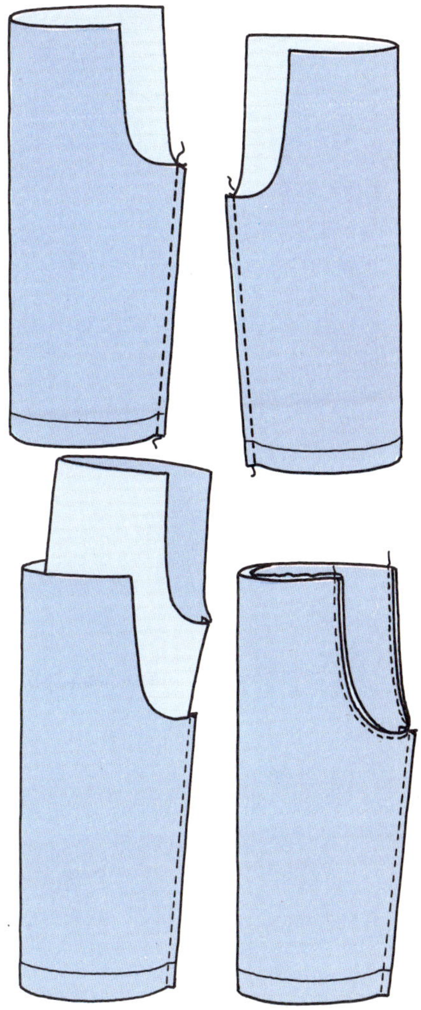

1 **2** Fermez les coutures d'entrejambe en repliant les jambes couture sur couture, endroit contre endroit; piquez à 1 cm en partant du bas pour bien raccorder les liserés des revers. Glissez les deux jambes l'une dans l'autre endroit contre endroit pour fermez la couture de la fourche.

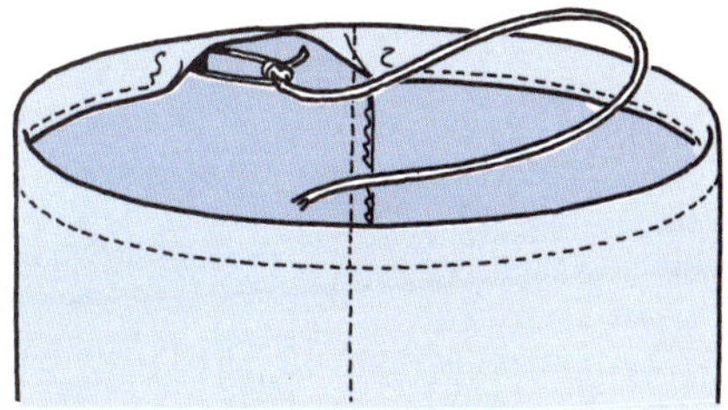

3 Faites un ourlet à la taille de 1,5 cm (dont un rentré de 0,5 cm); piquez nervure en laissant une petite ouverture pour passer l'élastique. Fermez l'élastique par un point bien serré. Refermez l'ouverture.

Pyjama et peignoir de nuit

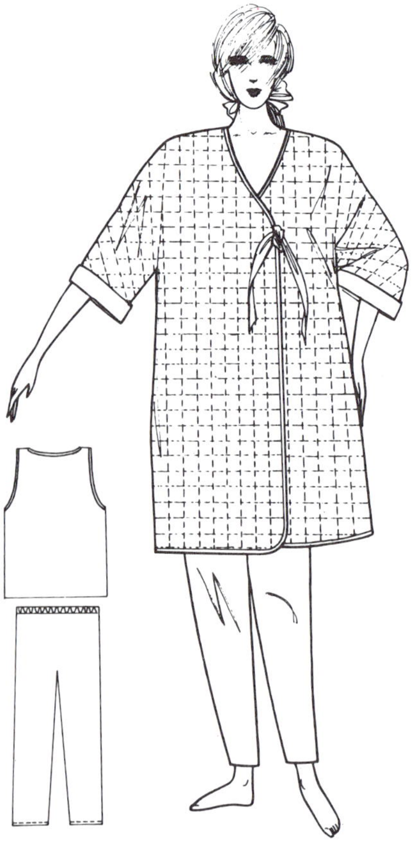

Voici un peignoir douillet et léger. Nous l'avons taillé dans un jersey double réversible; il accompagne le pyjama en jersey à côtes dont l'empiècement et le plastron en coton rappellent l'imprimé du peignoir. Vous pourrez également exécuter ce dernier dans un matelassé ou faire vous-même un matelassage (voir p. 231) à piqûres verticales ou croisées, avec les tissus de votre choix.

FOURNITURES

Peignoir

- Jersey maille réversible; matelassé : 2 m en 140 pour toutes les tailles.
- Coton fin blanc : 0,65 m en 90.
- Biais blanc tout préparé : 5 m.

Pyjama

- Jersey maille à côtes : 1,90 m en 140 pour toutes les tailles.
- Coton; coton et polyester : 0,60 m en 90.
- Thermocollant : 15 cm en 90.
- Ruban élastique de 3 cm de large et 30 cm de long (36-38), 32 cm (40-42), 35 cm (44-46).
- 5 boutons de 10 mm de diamètre.

Le peignoir

Le patron
Nous n'avons représenté qu'un demi-dos, mais le milieu-dos est sans couture. Attention à la coupe (voir ci-dessous).

La coupe
Pour le peignoir, elle se fait tissu ouvert. Quand vous avez tracé la première moitié du dos, retournez le patron sur le tissu, en vous servant de la ligne milieu-dos comme axe pivotant pour tracer la seconde moitié. La coupe des pans de ceinture dans le coton blanc (non représentée ici) est sans difficulté; respectez le droit-fil.

Valeur des coutures
Toutes les coutures ont une valeur de 1 cm.

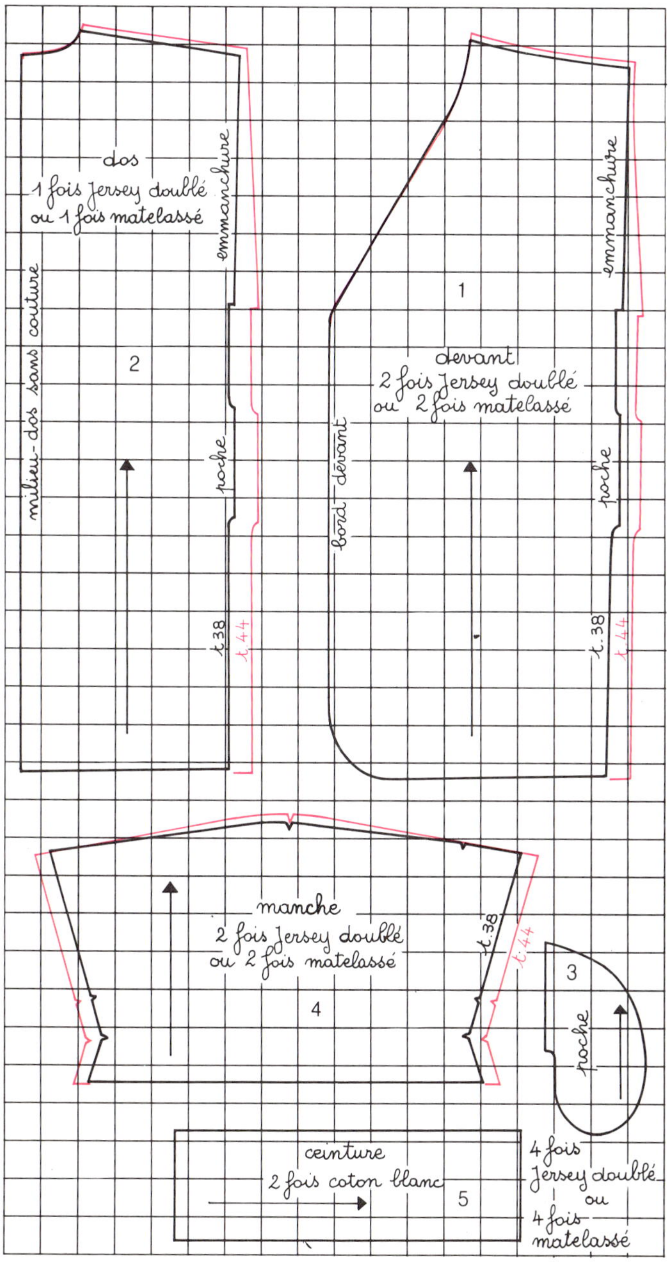

Le patron

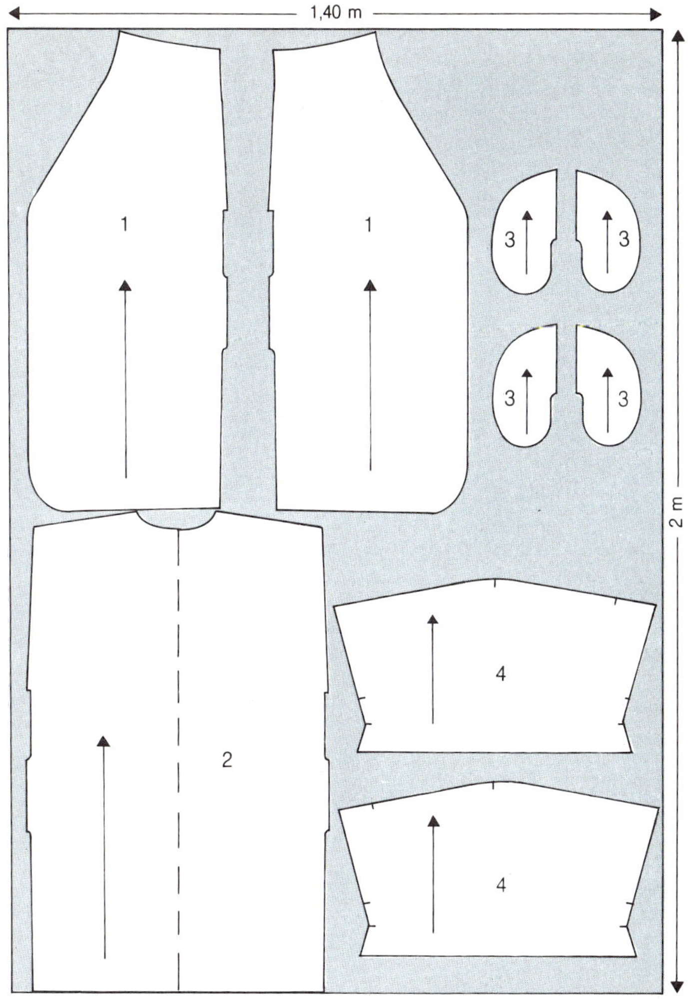

Le plan de coupe

Préparation
Coulissez les deux pans de ceinture, fermez une seule extrémité; retournez, surpiquez nervure sur la couture.
Posez les biais au bas des manches : endroit du biais sur envers de la manche, bord vif sur bord vif. Piquez, rabattez sur l'endroit (voir p. 197), mais ici le biais n'est pas double.

Assemblage

1 Posez chacun des fonds de poche sur chacun des côtés des devants et du dos, endroit contre endroit. Bâtissez, puis piquez à 1 cm, surfilez en double.

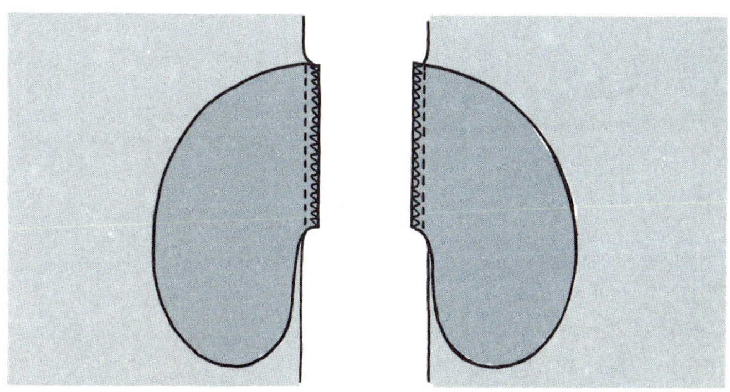

Faites les coutures d'épaule; montez les manches à plat (voir p. 141).

2 Fermez les coutures des manches et les coutures de côté en partant du premier cran au bas des manches jusqu'au bas du peignoir, et en fermant les fonds de poche. Surfilez en double.

Faites la couture du bas des manches sur l'endroit. Surfilez en double. Repliez le revers et maintenez-le par un point. Posez le biais autour du peignoir comme au bas des manches.

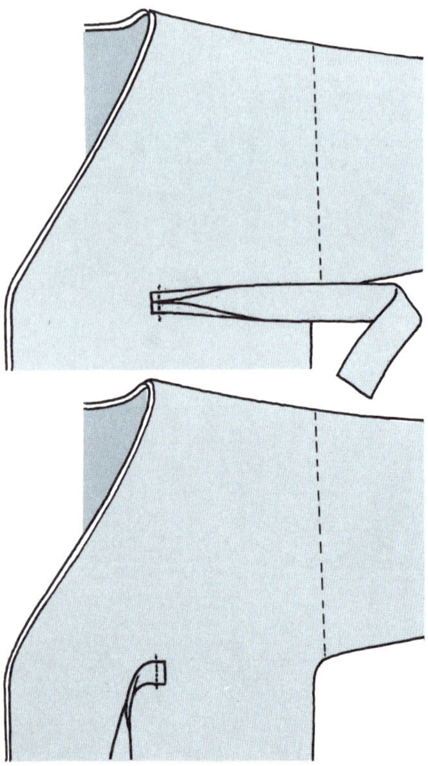

3 Posez la ceinture (le pan de ceinture du côté droit est à 2 cm du bord, celui de gauche à 20 cm du bord). A l'extrémité non fermée de chaque pan, dans le sens de la longueur, repliez 1,5 cm de chaque côté; posez cette partie sur le peignoir endroit contre endroit; piquez à 0,5 cm, rabattez vers le milieu du devant et surpiquez à 0,5 cm.

Le pyjama

Préparation

Thermocollez les dessus de l'empiècement du pantalon.

Au fer, pliez les biais en deux dans le sens de la longueur, envers contre envers.

Assemblage du haut

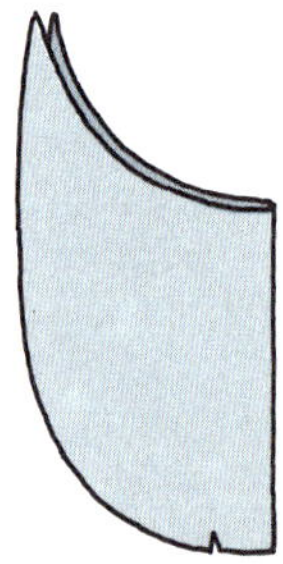

1 Pliez chaque plastron au milieu (aux crans) envers contre envers pour obtenir un côté droit et un côté gauche; cassez la pliure au fer.

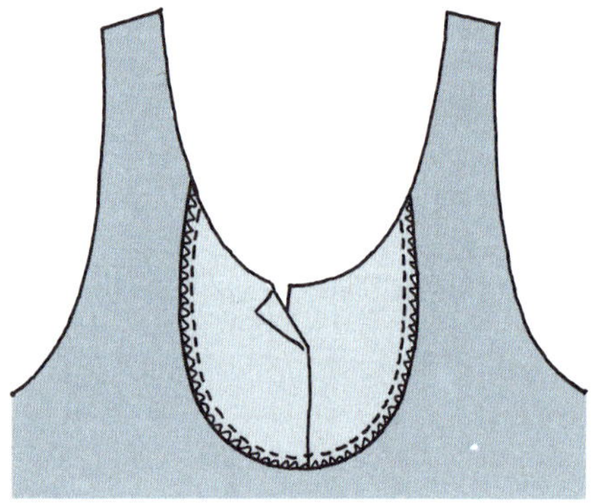

2 Montez les deux parties du plastron dans l'arrondi : au milieu-devant, ils sont croisés sur 2 cm, le droit sur le gauche. Bâtissez à 0,7 cm; piquez en plaçant le jersey vers les griffes. Surfilez en double, couchez la couture vers le pyjama; surpiquez nervure sur l'endroit sur le jersey.

Les plans de coupe

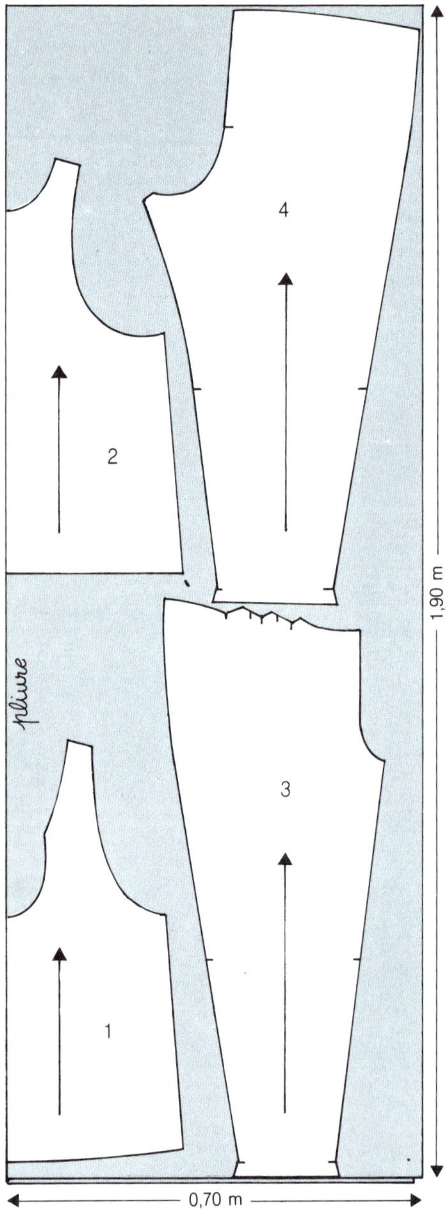

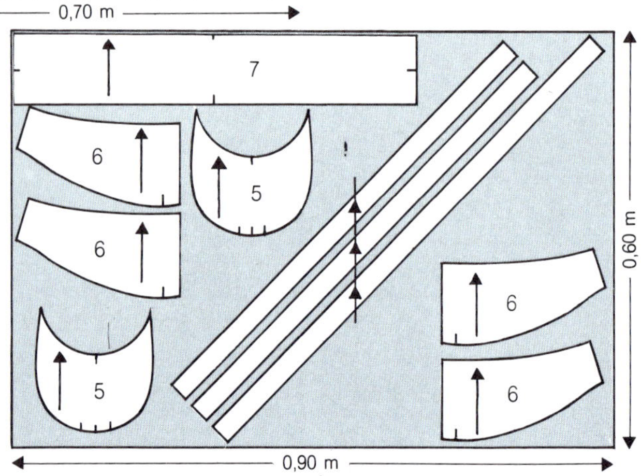

La coupe

Elle se fait tissu plié pour le jersey; le milieu-dos et le milieu-devant du haut du pyjama doivent impérativement se trouver à la pliure. Pour le coton coordonné, la coupe se fait tissu ouvert; il vous faut deux biais de 70 cm pour les emmanchures et un biais de 80 cm pour l'encolure.

Fermez les coutures d'épaule, puis montez le biais sur l'encolure comme indiqué p. 197; faites un biais très régulier en veillant à ne pas détendre l'encolure.
Posez le biais sur les emmanchures comme vous l'avez fait sur l'encolure. Assemblez les coutures de côté. Piquez.
Surfilez le bas et faites un ourlet de 2 cm cousu sur l'envers au point de chausson (voir p. 213).

Assemblage du pantalon

Bâtissez et piquez les coutures de côté et celles de l'entrejambe à 0,7 cm. Bâtissez et piquez la fourche du haut du devant au haut du dos, en raccordant les coutures d'entrejambe (voir p. 84); surfilez toutes les coutures en double.

1 Bâtissez les plis souples de la taille; sur l'endroit, ils sont tournés vers le milieu-devant.

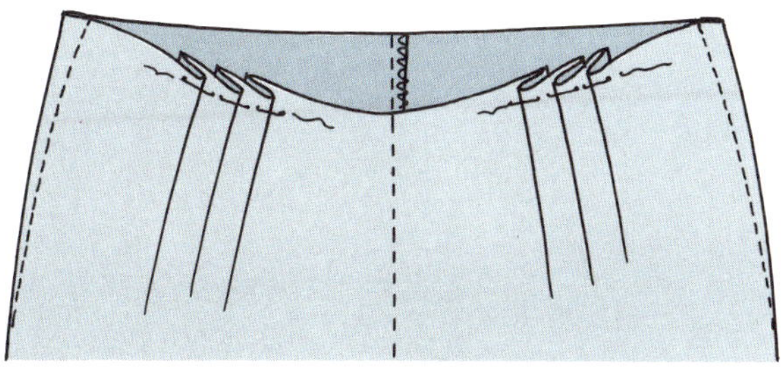

2 Assemblez les dessus et les dessous de l'empiècement-devant en piquant, endroit contre endroit, la couture du bord devant et la couture du haut (à la taille); retournez; surpiquez nervure sur le haut et le bord devant.

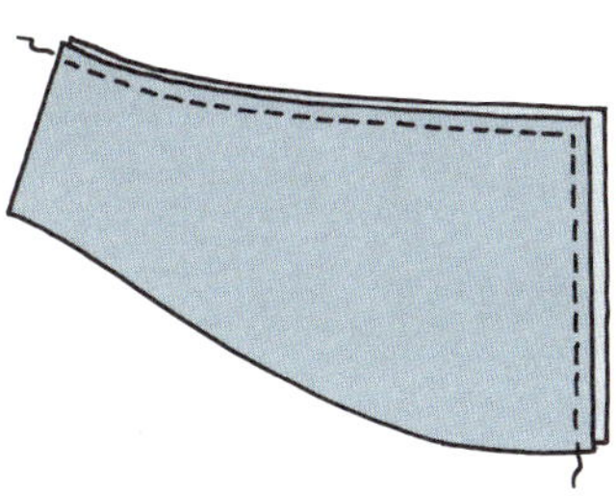

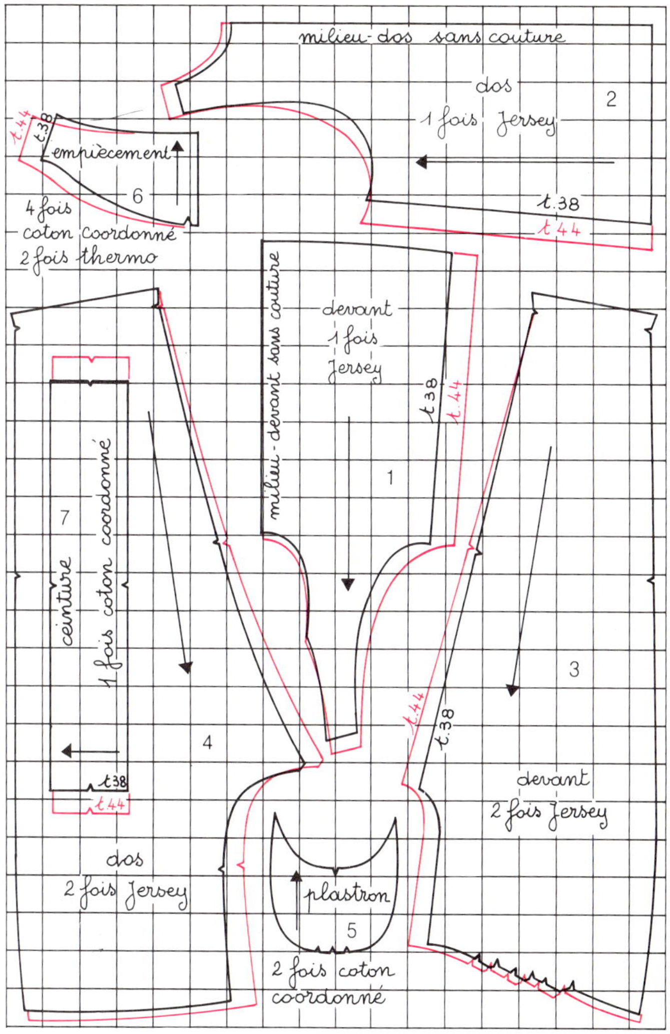

Le patron

3 Montez l'empiècement-devant sur la ceinture-dos en faisant les coutures de côté, endroit contre endroit. La couture du milieu de l'empiècement-devant se raccorde au cran du milieu de la ceinture; piquez.

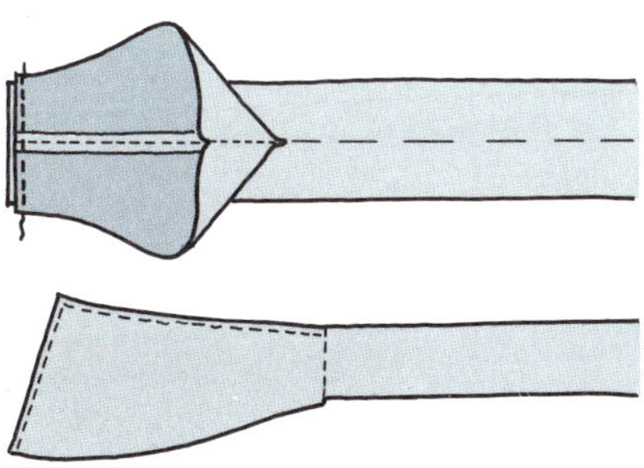

4 Piquez l'élastique du dos sur les coutures de côté à l'intérieur de l'empiècement. Repliez.

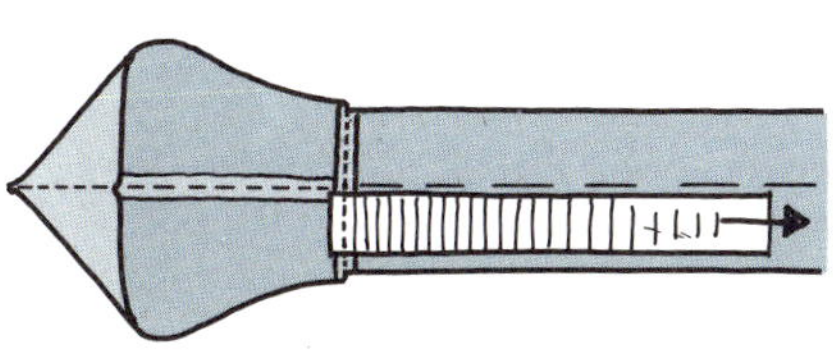

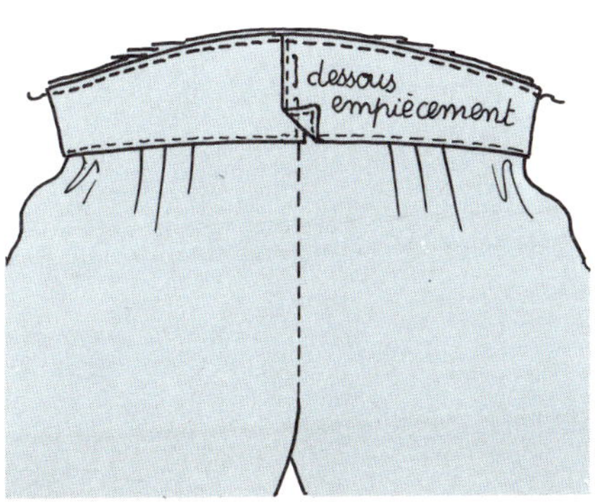

5 Bâtissez l'empiècement en double tout autour du haut du pantalon, endroit du dessus contre endroit du pantalon; au milieu-devant, les deux bords se croisent sur 2 cm, le côté droit sur le côté gauche. Piquez. Surfilez en double.

Rabattez la couture vers le haut et piquez dans le surfil pour la maintenir dans cette position; veillez, durant l'opération, à ne pas prendre l'élastique dans la couture.

Le patron

Pour le haut du pyjama, nous n'avons représenté qu'un demi-dos et un demi-devant, mais le dos et le devant sont sans couture.

Valeur des coutures

0,75 cm partout, sauf pour le montage de l'empiècement sur le pantalon : 1 cm.

Brodez 3 boutonnières horizontales de 1,5 cm sur le côté droit de l'empiècement du pantalon à 0,7 cm du bord. La première est à 1 cm du haut, les autres sont espacées de 3,5 cm. Sur le plastron du haut du pyjama, sur le côté droit, brodez 2 boutonnières verticales de 1,5 cm de long à 0,7 cm du bord; la première en haut est au ras du biais d'encolure, la seconde est à 3,5 cm de la première. Posez les boutons.

Chemise « grand-père »

Elle est confortable et charmante cette liquette-chemise de nuit, avec sa modestie, son col et ses bas de manche blancs. Elle plaira aux débutantes, car elle est facile à réaliser. Vous la taillerez dans une cotonnade rayée ou fantaisie, ou une finette selon la saison ou votre humeur.

FOURNITURES

- Coton, finette : 3 m en 90 pour toutes les tailles.
- Piqué de coton blanc : 0,40 m en 90.

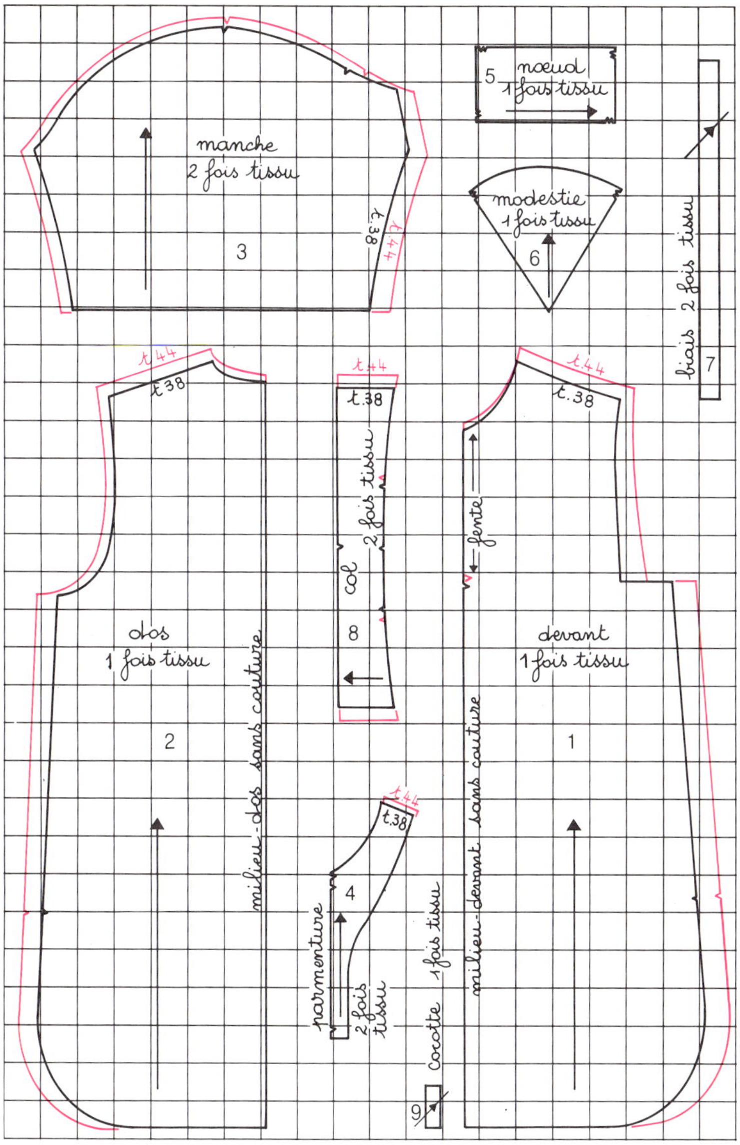

Le patron

Les plans de coupe

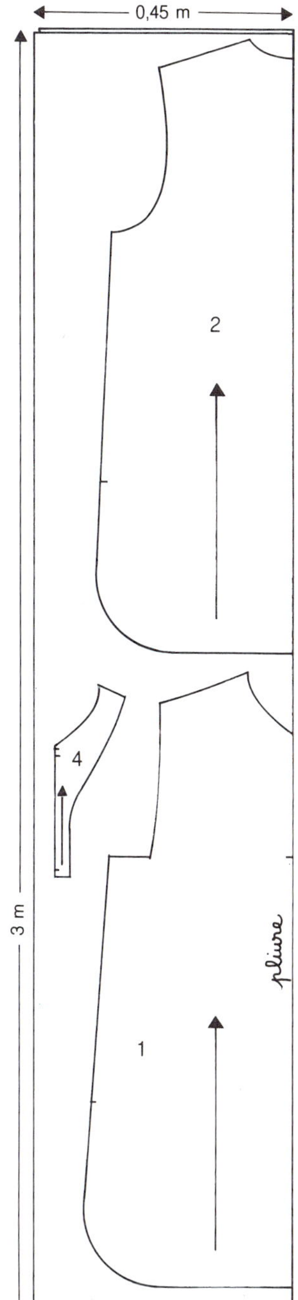

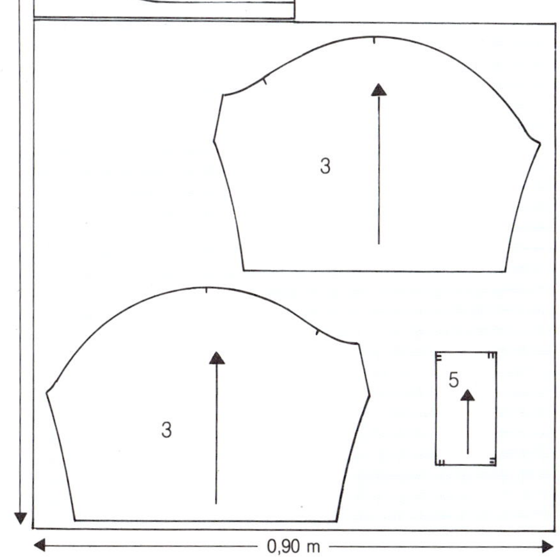

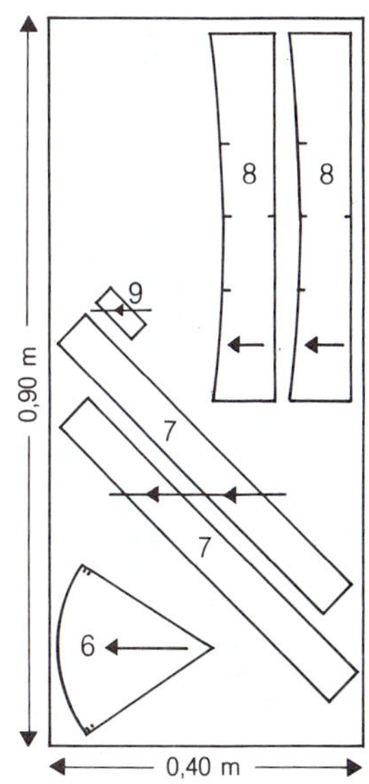

Valeur des coutures

Côtés, manches, biais, encolure : 1 cm; montage des manches, de la modestie, du col, 0,75 cm.

La coupe

Elle se fait tissu plié pour le devant et le dos, et tissu ouvert pour les manches, cela dans la même pièce de coton, afin d'éviter les pertes. Le milieu-dos et le milieu-devant doivent impérativement être à la pliure.

Préparation

Faites la cocotte, c'est-à-dire le petit passant de 0,4 cm pour faire la bride (voir page suivante).

Préparez le nœud en piquant un rempli double de 2 mm tout autour.

Coulissez le col : piquez sur le grand côté, qui a un seul cran, et sur les extrémités; dégagez les coins, retournez, repassez (voir p. 99).

Surfilez le grand côté des parmentures, celui qui sera tourné vers l'intérieur du vêtement.

Exécution de la cocotte

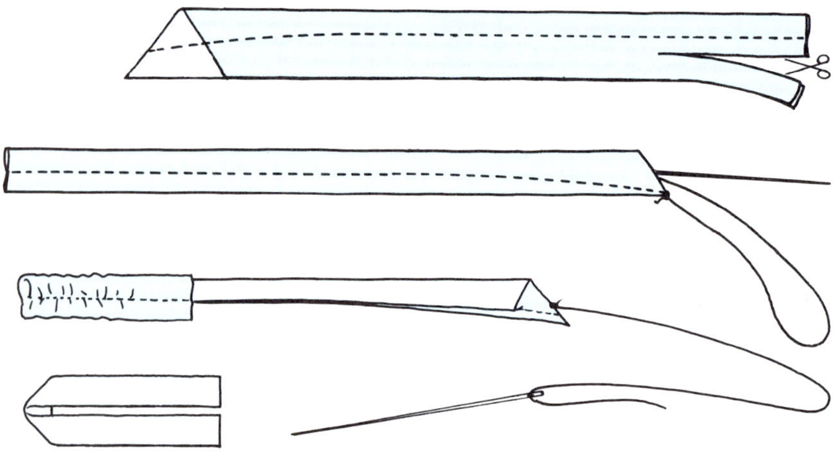

Taillez un biais d'une largeur trois fois supérieure à la largeur de cocotte désirée.
Pliez le ruban en deux, endroit contre endroit dans le sens de la longueur; piquez à la machine à points courts en tirant sur le biais; à la fin, piquez plus large pour faciliter ensuite le retournement. Coupez l'excédent de couture en prenant soin de conserver l'équivalent de la largeur de la cocotte.
Avec une aiguille à repriser, enfilée d'un fil extra-fort, piquez quelques points arrière à l'extrémité du biais.
Glissez l'aiguille chas en avant dans la bride et ressortez à l'autre extrémité pour retourner la cocotte sur l'endroit.

Montage de la modestie et des parmentures

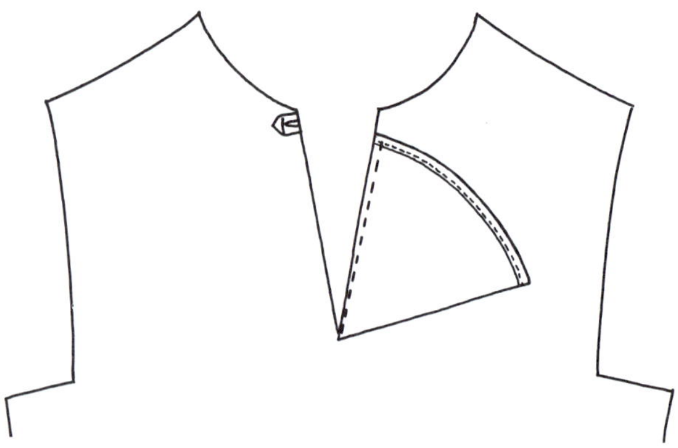

1 Bâtissez et piquez un rempli double de 0,5 cm sur la partie arrondie du haut de la modestie. Montez cette dernière sur la fente du devant, aux crans, endroit contre endroit à 0,75 cm du bord; finissez en mourant dans la pointe de la fente.

Posez la bride sur le bord droit de l'ouverture, à 1,5 cm au-dessus de la modestie.

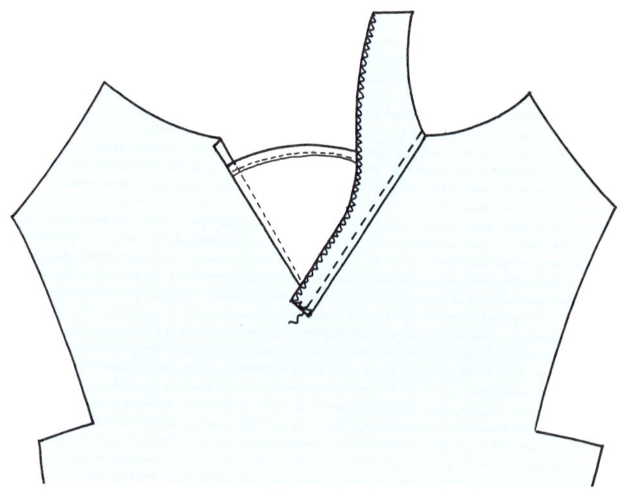

2 Bâtissez l'endroit des parmentures sur l'envers de la modestie; piquez dans la première piqûre et jusqu'en haut de la fente.

3 Retournez et surpiquez « en l'air » par une piqûre nervure; pendant cette opération, le devant de la chemise est tourné vers vous, la modestie vers les griffes.

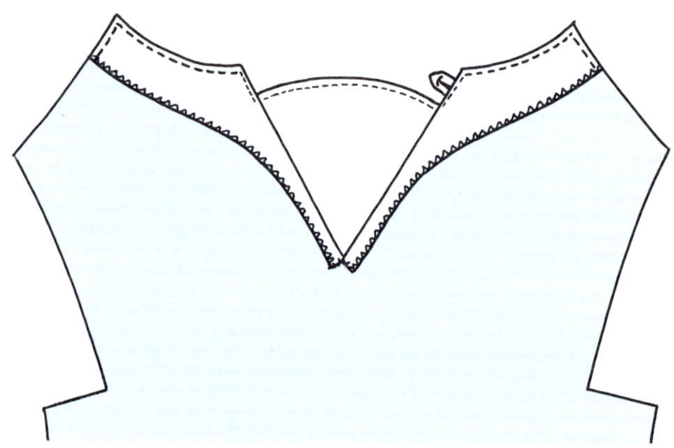

4 Bâtissez le haut des parmentures sur l'encolure et le petit décranté sur la couture d'épaule. Piquez les coutures d'épaule, surfilez-les en double et tournez-les vers le dos du vêtement.

Pose du col

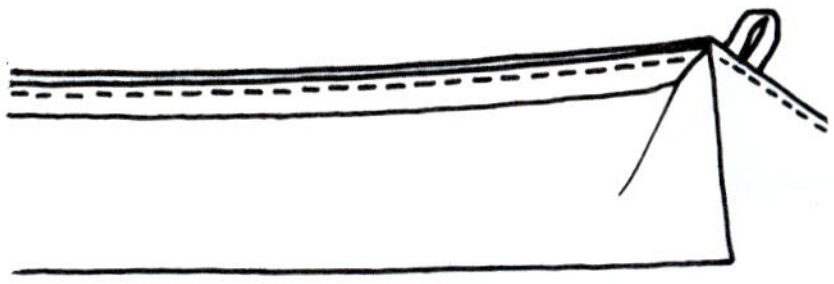

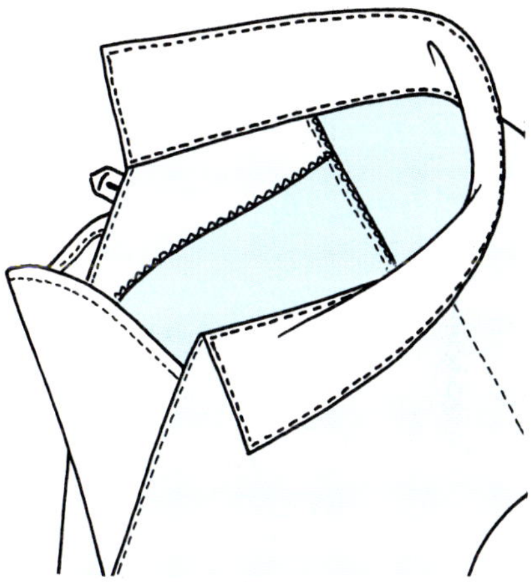

1 Bâtissez l'endroit du dessous de col sur l'endroit de l'encolure; les extrémités du col sont au bord de l'ouverture devant; les crans des côtés correspondent aux coutures d'épaule, le cran du milieu au cran du milieu-dos. Piquez à 1 cm.

2 Rabattez sur l'envers du vêtement, faites un rempli et bâtissez. Piquez nervure et continuez la surpiqûre autour du col.

Les manches

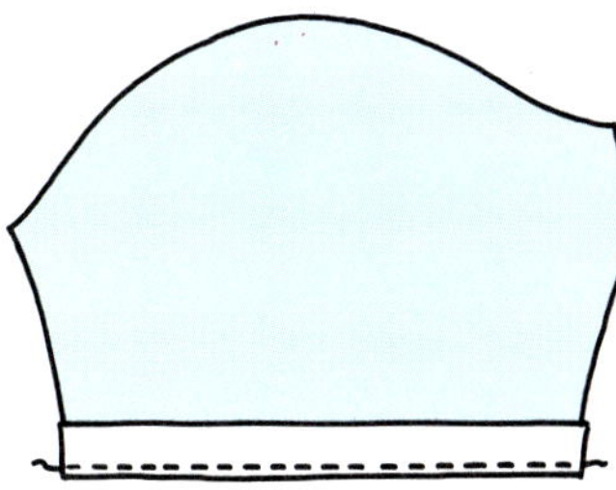

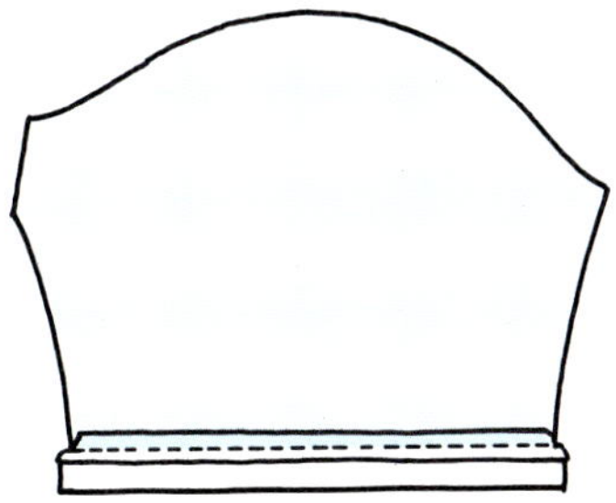

1 Posez le biais au bas des manches : endroit du biais sur envers de la manche; piquez à 1 cm.

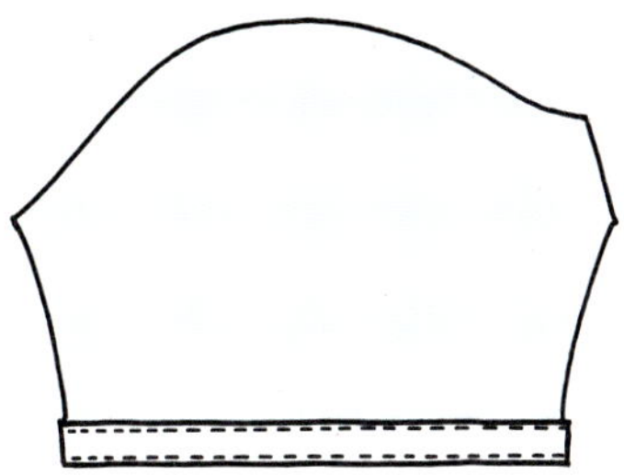

2 Retournez le biais sur l'endroit de la manche; au bas, il dépasse légèrement pour qu'on ne voie pas la couture de montage. En haut du biais, faites un rentré de 1 cm; bâtissez, puis surpiquez nervure. Surpiquez nervure également sur le bord de la manche au bas du biais.

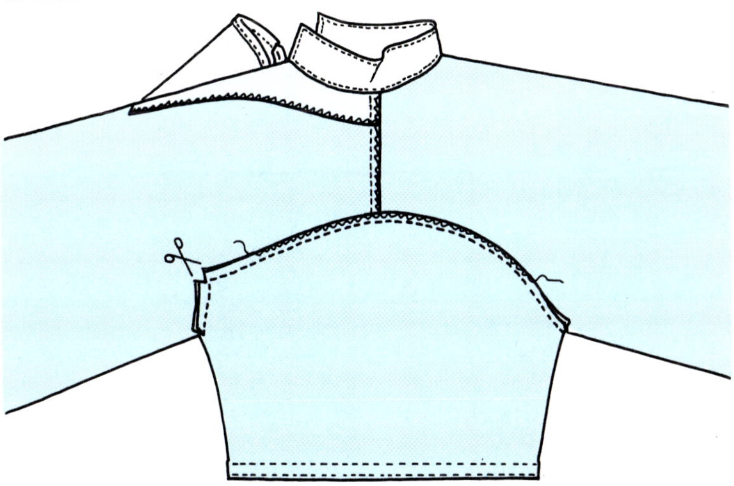

3 Montez les manches à plat, bâtissez jusqu'à l'incrustation du devant, crantez l'angle pour tourner et continuez le bâti; piquez à 0,75 cm; surfilez les coutures ensemble.

Assemblez le dos et le devant par les coutures de côté du vêtement et des manches; partez du bas des manches, arrêtez-vous aux crans du début de l'arrondi du bas de la chemise; bâtissez, piquez, surfilez en double.

Faites un rempli double de 0,5 cm sur le bas du dos et sur le bas du devant. Piquez nervure.

Plissez le nœud et fixez-le en position verticale par une piqûre au milieu du devant, sur la pointe de la modestie. Nouez-le pour lui donner sa forme définitive.

Cousez le bouton en face de la bride sur le côté gauche de l'ouverture.

Chemise de nuit à collerette

N'est-elle pas adorable cette chemise de nuit romantique ? Votre petit bout de chou vous paraîtra irrésistible dans ce modèle dont la collerette fait tout le chic. Mais, attention ! l'ouverture sur le côté dans l'emmanchure, les fronces, la pose du biais d'encolure et celle du liseré sur la collerette et au bas des manches demandent un certain savoir-faire.

FOURNITURES

- Coton gratté, jersey molletonné, en 140 : 1,20 m pour le 2 ans; 1,35 m pour le 4 ans.
- Liseré (ton opposé ou assorti) : 2 m.
- Croquet (éventuellement) : 5,50 m.
- Lastex ou élastique étroit pour le bas des manches : 26 cm.
- 2 boutons de nacre de 10 mm de diamètre.

Assemblage

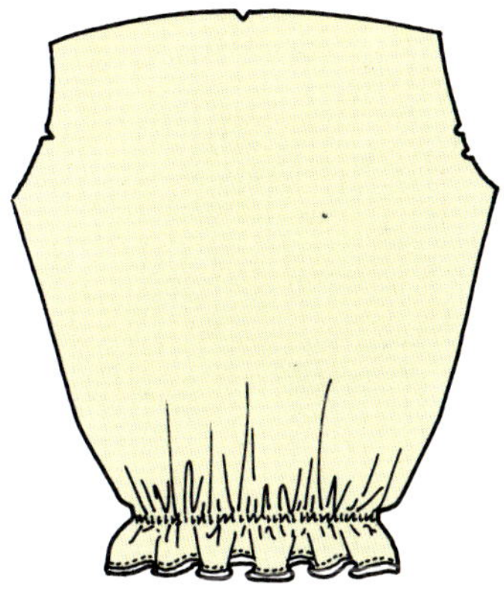

1 Posez le liseré au bas des manches, comme vous l'avez fait autour de la collerette. A 3 cm du liseré, pour faire un volant, passez 2 fils de lastex (vous mettrez du lastex dans la canette de la machine) ou piquez un élastique souple; dans ce cas, étirez l'élastique au fur et à mesure entre les épingles tout en cousant au point de zigzag étroit ou en faisant 2 rangs de piqûres droites.

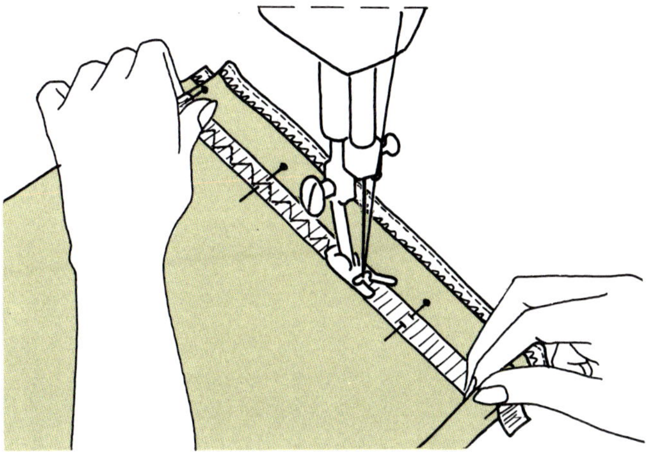

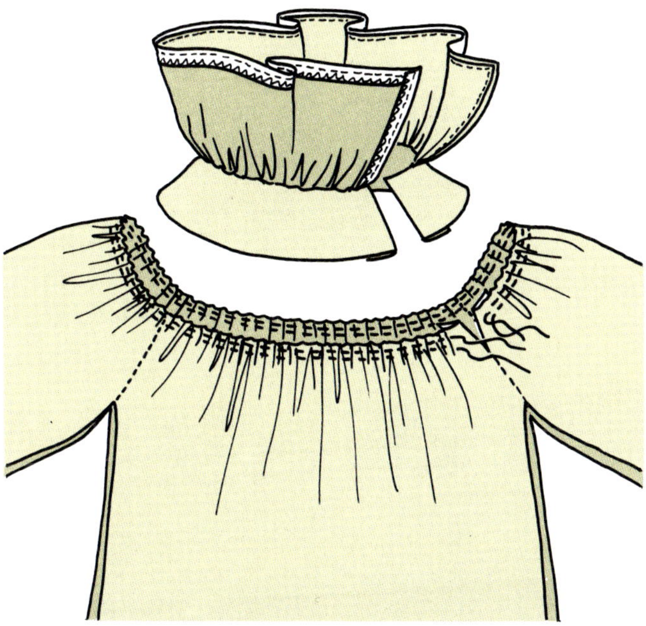

2 Montez les manches sur les emmanchures devant et dos. Sur le devant gauche, laissez une ouverture au cran; repliez les parmentures sur l'envers, surfilez-les.

Passez 2 fils de fronces sur le haut du devant, du dos, et des manches; partez de l'ouverture sur la manche, continuez sur le dos, l'autre manche, puis sur le devant jusqu'à la parmenture.

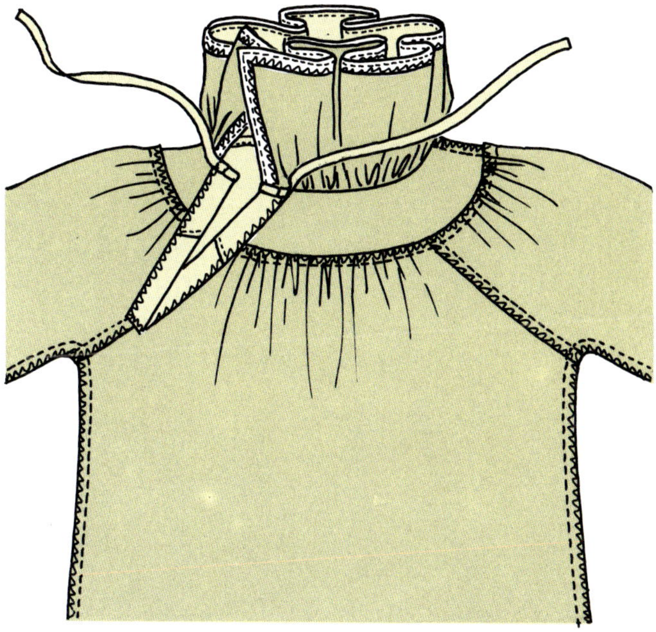

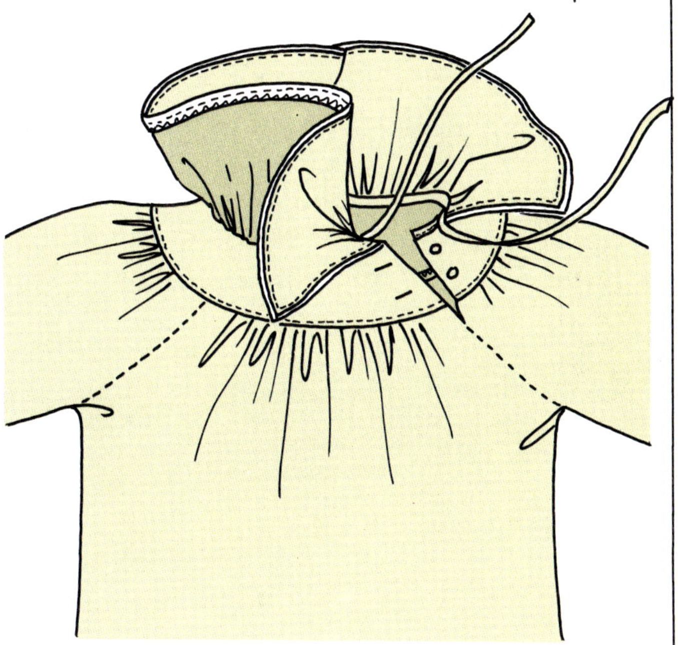

3 Bâtissez sur l'empiècement endroit contre endroit en respectant les crans et en égalisant les fronces. Piquez à 1 cm, surfilez en double; surpiquez nervure sur l'endroit de l'empiècement tout autour en cachant la couture de montage. Fermez les coutures de manche et les coutures de côté : partez du poignet (en raccordant bien le liseré) jusqu'en bas de la chemise. Surfilez en double.

Dans le bas de la chemise, faites un rempli double de 0,5 cm; bâtissez, puis piquez nervure.

Sur l'empiècement, à droite, brodez 2 boutonnières horizontales de 1,4 cm, à 1 cm du bord. La première est à 0,5 cm en dessous de la couture de montage de la collerette, la seconde est à 4 cm de la première. Posez les boutons sur le côté gauche.

Peignoir de bain

Le tissu, une popeline fleurie, et la ganse assortie autour de l'ouverture devant et au bas des manches donnent une note d'élégance discrète à ce peignoir de bain, au demeurant très douillet grâce à sa doublure en éponge. Le matelassage tenu par des surpiqûres verticales ne pose pas de problème, aussi aurez-vous peut-être envie de réaliser, comme nous l'avons fait, une grande serviette de bain pour accompagner ce modèle.

FOURNITURES

- Éponge : 3,30 m en 90 pour toutes les tailles.
- Popeline : 3,30 m en 90 pour toutes les tailles.
- Ganse de jersey ou biais de tissu assortis : 3,80 m.
- 1 cordelière de 1,50 m de long.

Le patron

Valeur des coutures
1 cm partout. Surpiqûres : 0,75 cm.

Préparation
Faites les passants (voir p. 95); il y en a deux de 8 cm de long.

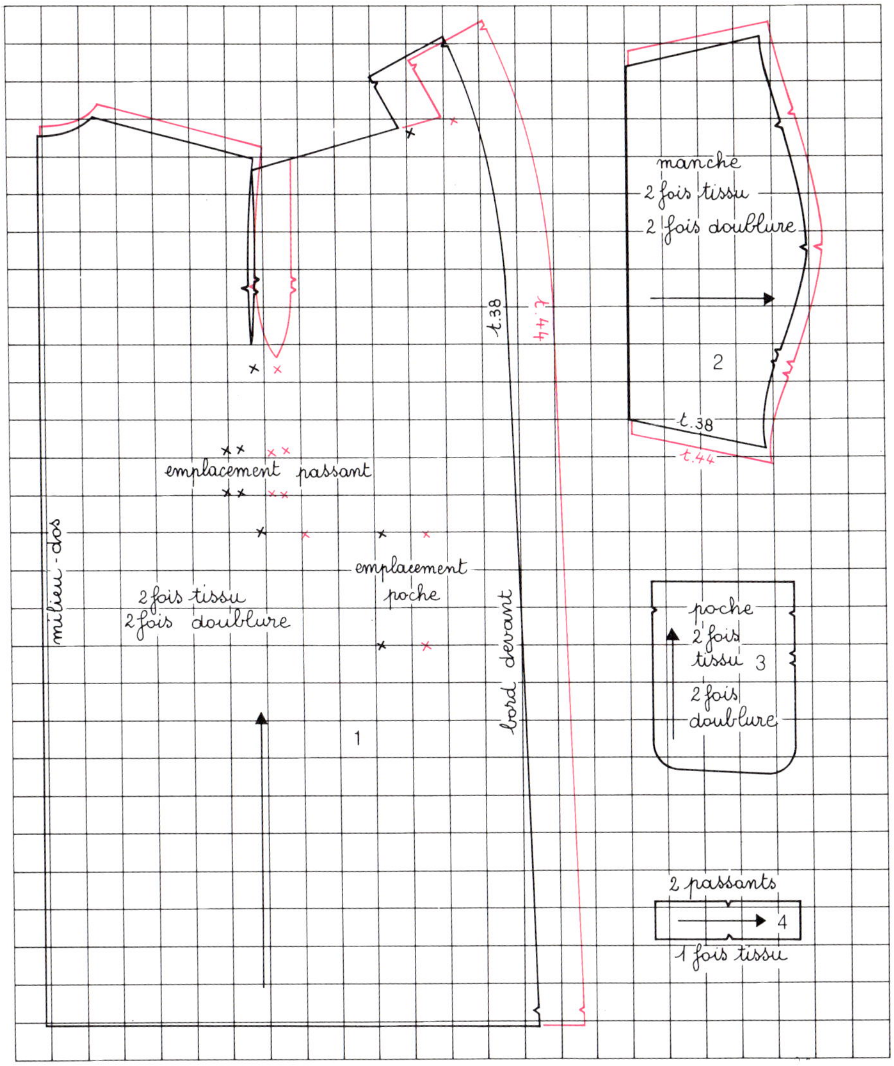

Le matelassage

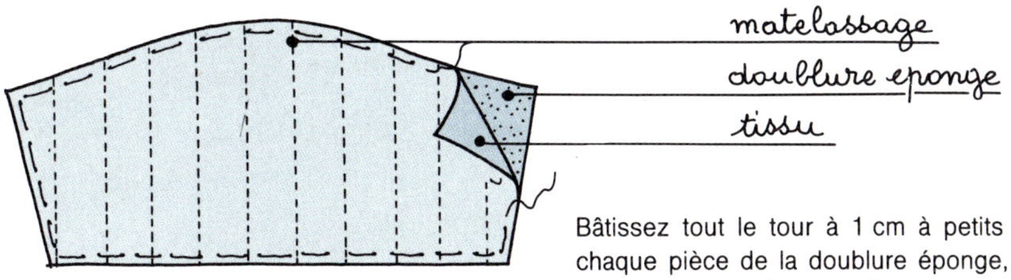

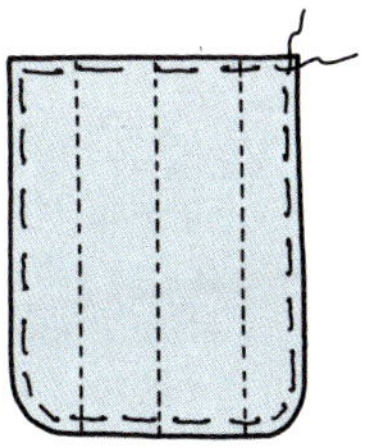

Bâtissez tout le tour à 1 cm à petits points chaque pièce de la doublure éponge, sur la pièce correspondante en tissu, envers contre envers.
Piquez dans le sens de la hauteur tous les 5 cm. Si vous n'êtes pas sûre de vous, faites-vous une règle (en carton rigide) de 4,6 cm de large, à l'aide de laquelle vous tracerez des lignes régulières à la craie tailleur sur le tissu.
Pour le corps du vêtement, partez à 5 cm du bâti sur le milieu-dos, tracez vos lignes en partant du bas, faites l'opération exactement de la même façon sur l'autre partie identique. Procédez de même pour les 2 manches. Pour les poches, partez du milieu des poches.

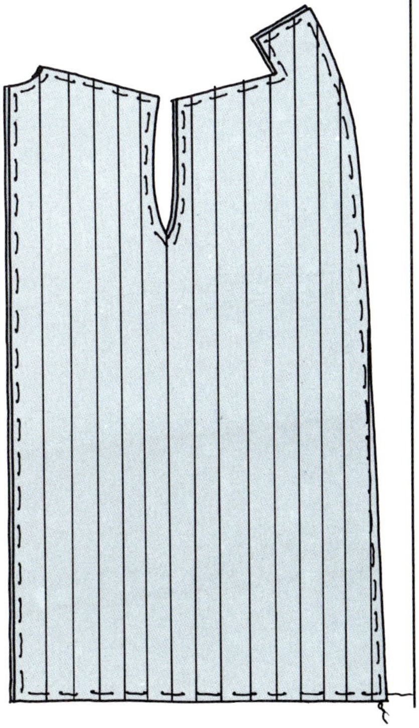

Le plan de coupe

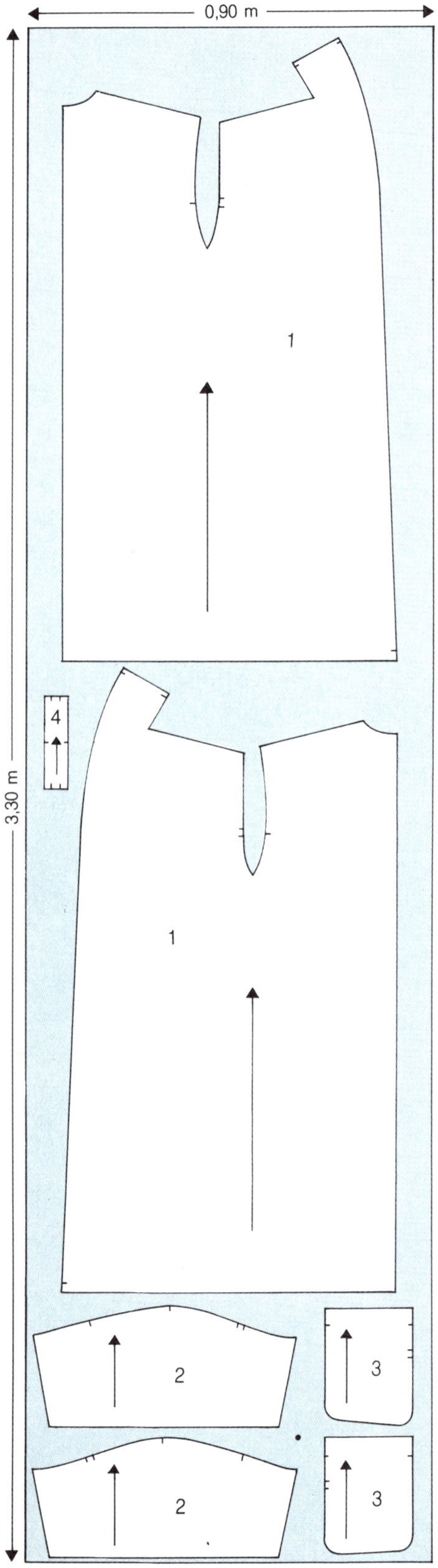

Les poches

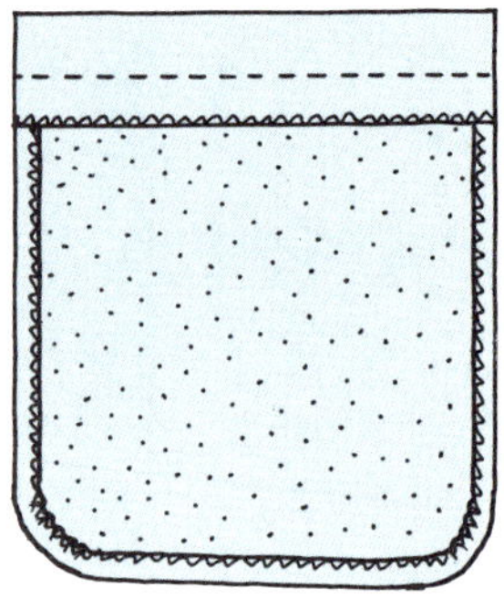

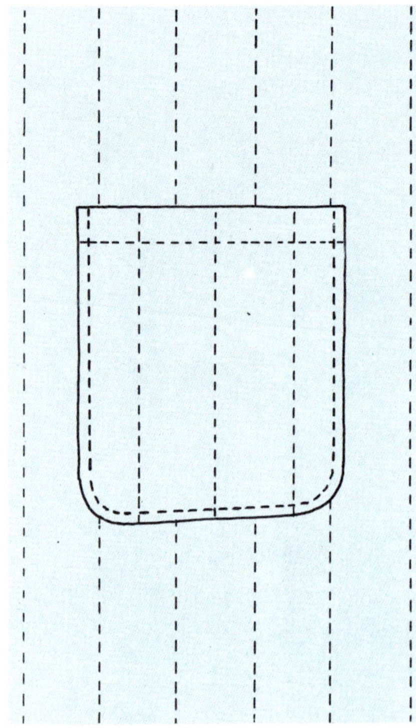

Surfilez tout le tour des poches. Faites sur les côtés et le bas un rempli de 1 cm. Repliez le haut sur l'envers, aux crans; piquez à 2 cm.
Bâtissez sur le peignoir (voir leur position sur le patron); piquez à 2 mm : pour bien réussir les arrondis, voir p. 132 et 149.

Les manches

Fermez la couture des manches; surfilez en double. Couchez la couture vers le dos et surpiquez à 0,75 cm.
Fermez le ruban de jersey de telle sorte qu'il ait la même longueur que celle du bas de la manche. Posez-le à cheval sur le bas des manches; il doit avoir la même largeur sur l'endroit et l'envers. Bâtissez soigneusement, piquez nervure en prenant toutes les épaisseurs. Si c'est un biais que vous posez, procédez pour le montage comme indiqué p. 197, mais le biais n'est pas double.

Assemblage

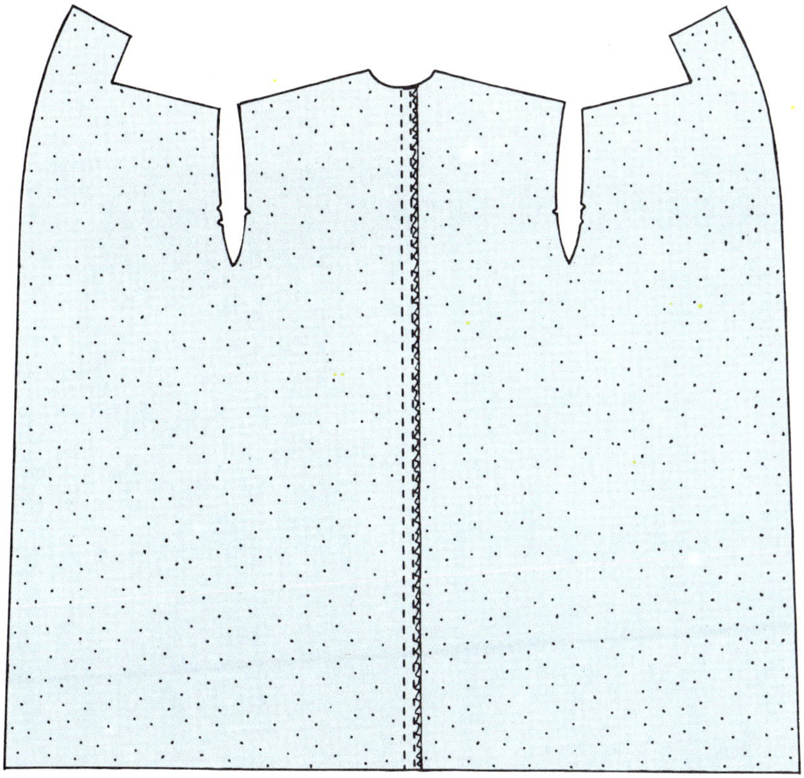

1 Fermez la couture du milieu-dos, assemblez tissu contre tissu : piquez à 1 cm, surfilez en double, couchez la couture et surpiquez à 0,75 cm.

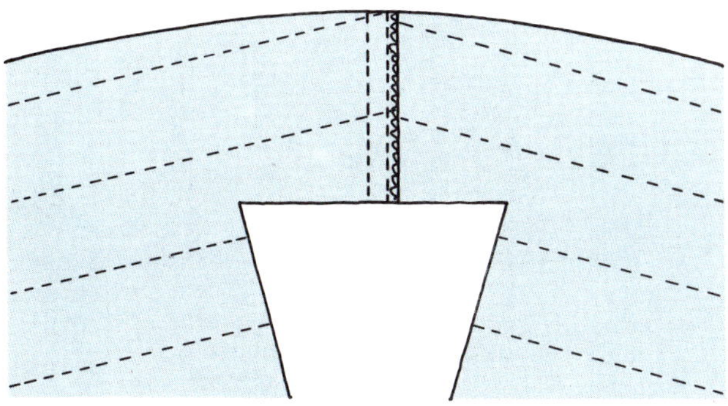

2 Fermez la couture du milieu du col : assemblez doublure contre doublure, piquez à 1 cm, surfilez en double : couchez la couture du même côté que la couture du milieu-dos et surpiquez à 0,75 cm. Cette couture est cachée quand le col est rabattu sur le dos.

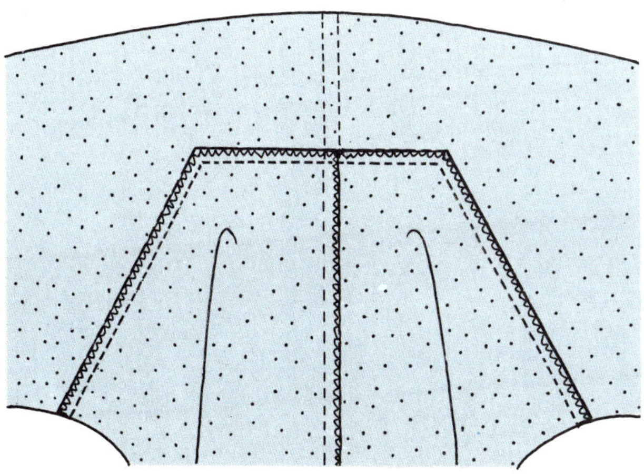

3 Faites les coutures d'épaule et du dessous de col : assemblez tissu contre tissu, bâtissez; piquez à 1 cm, surfilez en double; couchez la couture du dessous de col vers le haut et les coutures d'épaule vers le devant; surpiquez à 0,75 cm.

Montez les manches en raccordant les crans, celui du haut de la manche correspond à la couture d'épaule; piquez à 1 cm, surfilez en double; couchez la couture vers le vêtement et surpiquez à 0,75 cm.

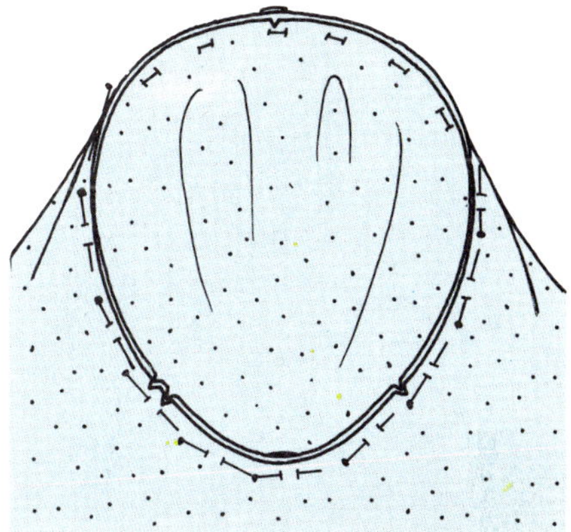

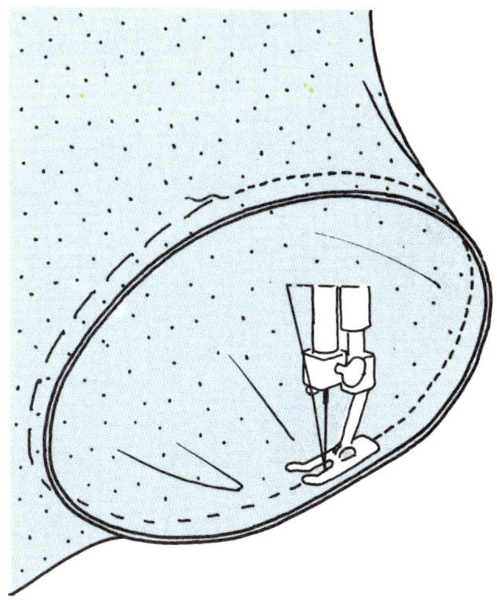

Surfilez le bas du peignoir; faites un rempli de 2 cm; piquez sur le surfil. Posez la ganse comme sur les manches, sur les bords du devant et les bords du col, en faisant un petit fourreau dans le bas de chaque côté.

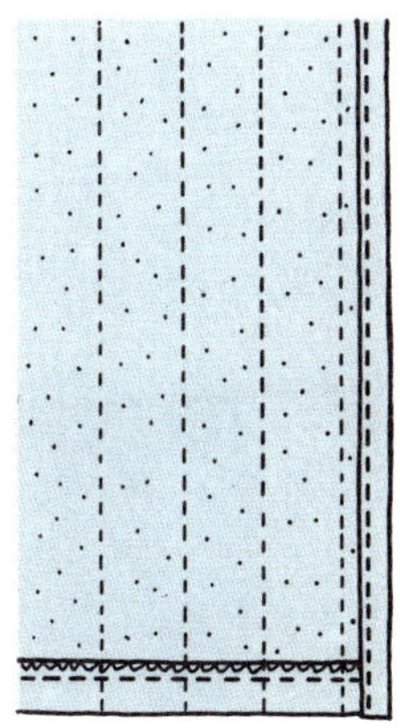

Posez les passants à l'endroit indiqué sur le patron (voir explication p. 95) pour tenir la cordelière.

LINGE DE MAISON
DECORATION
PETIT AMEUBLEMENT

Tablier, moufle et maniques

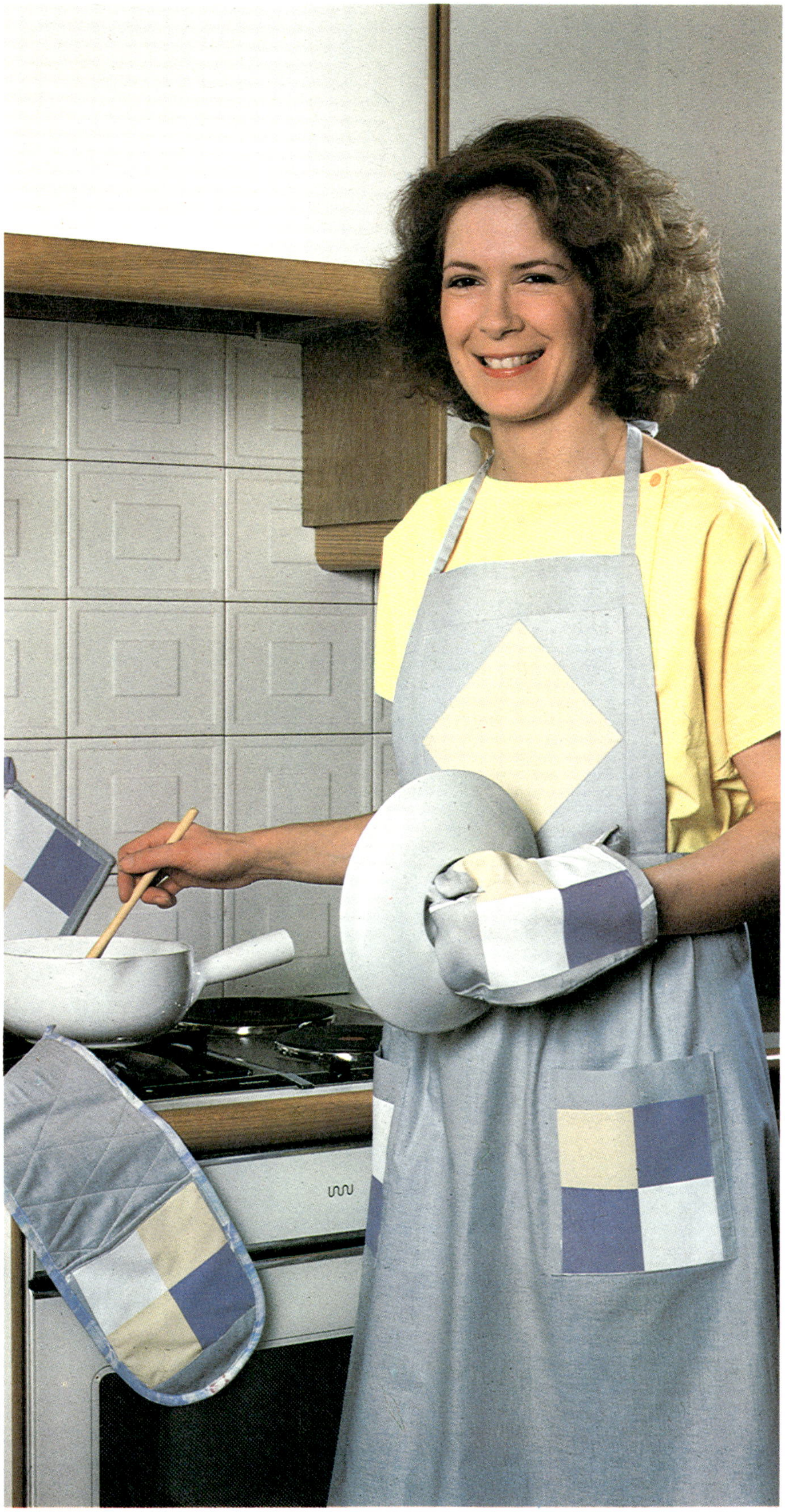

Astucieux avec sa poche sur la bavette, ce tablier accompagné d'accessoires indispensables — moufle, maniques, porte-plat — personnalisera votre cuisine en lui apportant une petite note d'originalité.
Vous choisirez un tissu s'accordant à la couleur de votre cuisine ou d'un ton opposé si vous aimez les contrastes. Faites-le dans une cretonne unie et égayez-le en décorant les poches d'un tissu coordonné de même qualité à carreaux ou à rayures.

FOURNITURES

- Cretonne unie : 1,50 m en 130.
- Cretonne coordonnée : 1 m en 130.
- Thermocollant : 0,40 m en 90.
- Molleton : 0,40 m en 90.

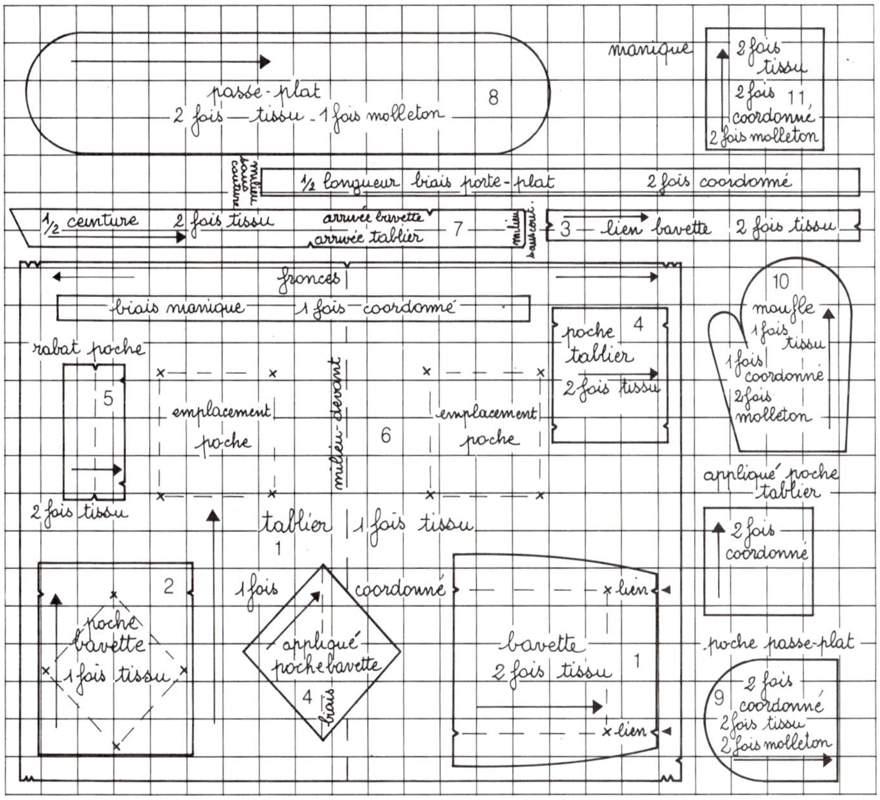

Valeur des coutures

1 cm partout.

Préparation

Thermocollez entièrement la poche de la bavette. Surfilez le haut, pliez-le au fer (aux crans) pour marquer l'ourlet. Thermocollez le dessus de la ceinture sur la partie qui sera montée sur le tablier, c'est-à-dire sur les 58 cm du milieu.

Marquez les rentrés de chaque côté de la poche de la bavette au fer, le bas restant plat.

Le patron

Le plan de coupe

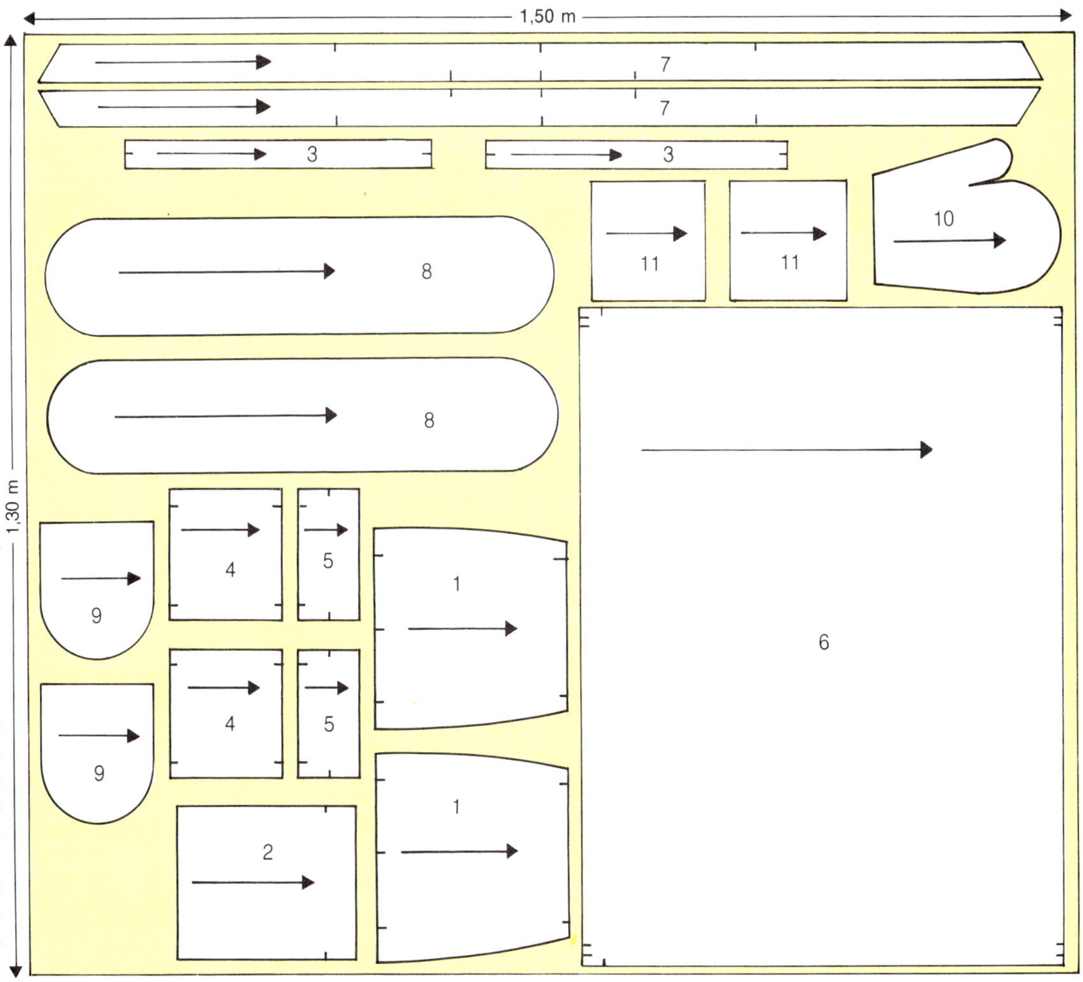

La coupe

Elle se fait tissu ouvert pour les deux tissus. Nous n'avons pas représenté le plan de coupe pour le tissu coordonné. Les biais sont coupés dans le tissu coordonné : pour les maniques, ils ont 3,75 cm de large et 1,40 m de long; pour le porte-plat, ils ont 5 cm de large et 1,65 m de long.

Le tablier

Les poches

1 Faites un repli de 1 cm sur le losange de garniture de la poche de la bavette. Bâtissez-le en plaçant les pointes des côtés et du bas à 1 cm du bord vif de la poche, la pointe supérieure du losange arrivant juste au bord de l'ourlet replié. Piquez nervure.

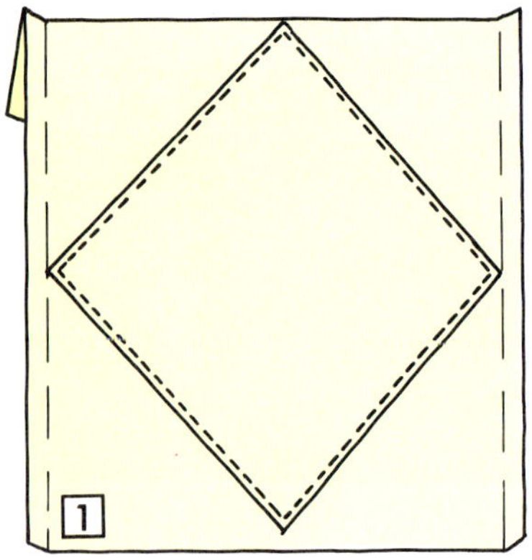

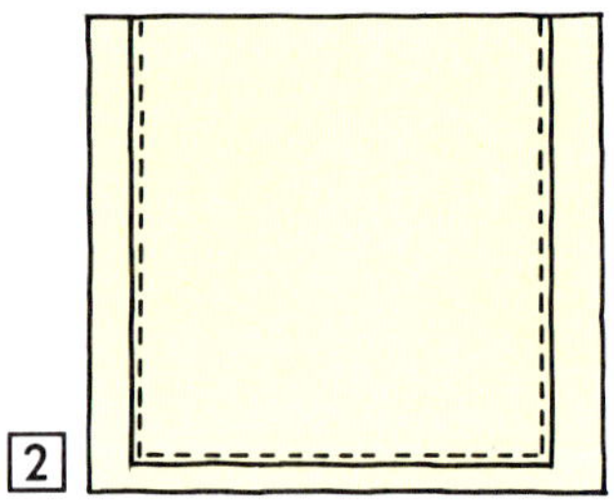

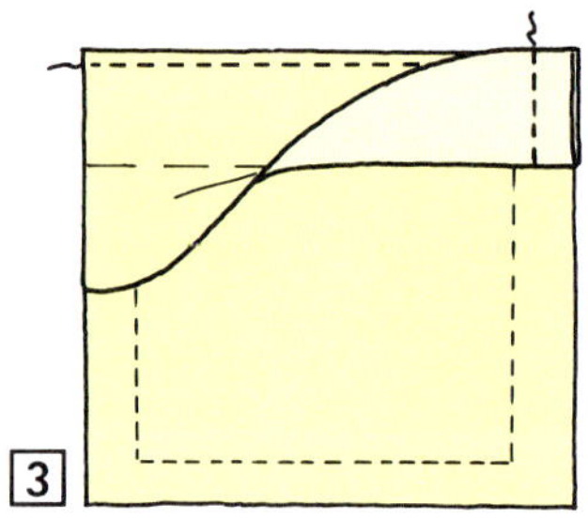

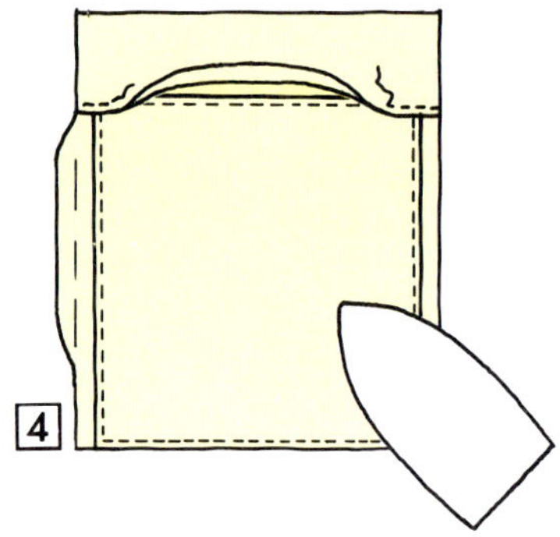

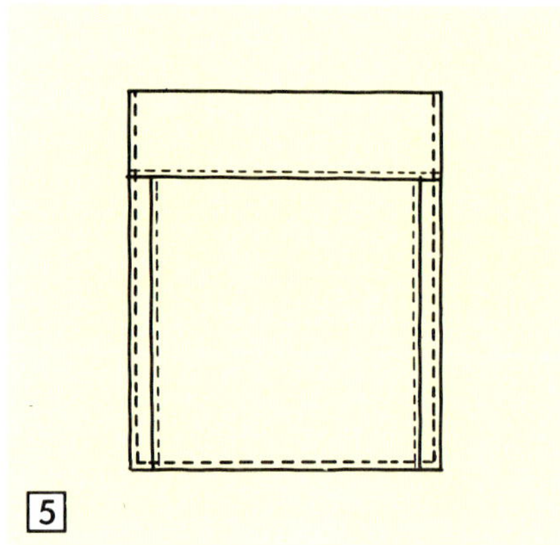

2 Faites un rentré de 1 cm autour des carrés en tissu coordonné que vous appliquez sur les petites poches : posez-les à 2 cm des bords de chaque côté et à 1 cm du bas. Bâtissez et piquez nervure.

3 Montez les revers, endroit du revers sur envers de la poche, à la hauteur du cran; piquez sur toute la largeur. Faites ensuite les fourreaux et retournez.

4 Rabattez sur l'endroit en faisant un rentré et piquez nervure. Tracez au fer un rentré de 1 cm sur les deux côtés des poches (elles dépassent de 1 cm de chaque côté des carreaux; le bas est bord à bord).

5 Bâtissez les poches sur la jupe du tablier et piquez nervure; au bas des poches, repiquez dans la piqûre de la garniture.

La bavette

1 Pliez au fer les deux petits liens; faites les fourreaux en fermant le grand côté et une extrémité.
Retournez, repassez et surpiquez nervure les trois côtés fermés.

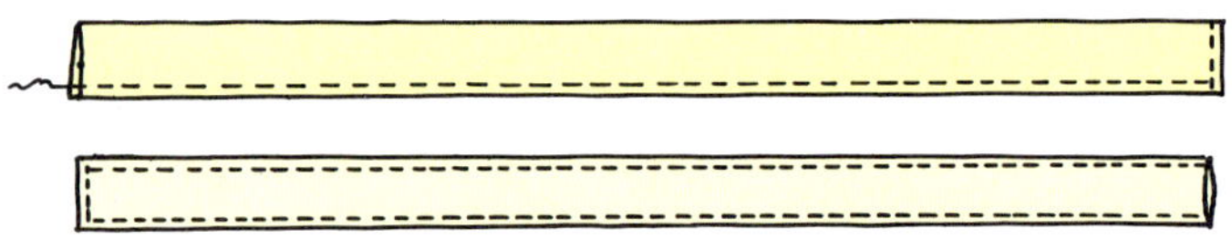

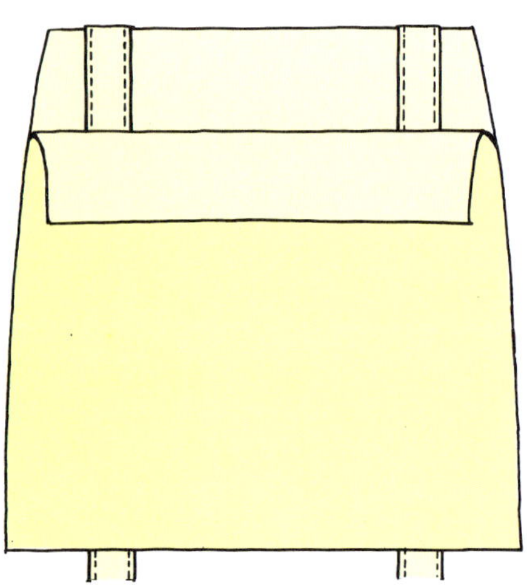

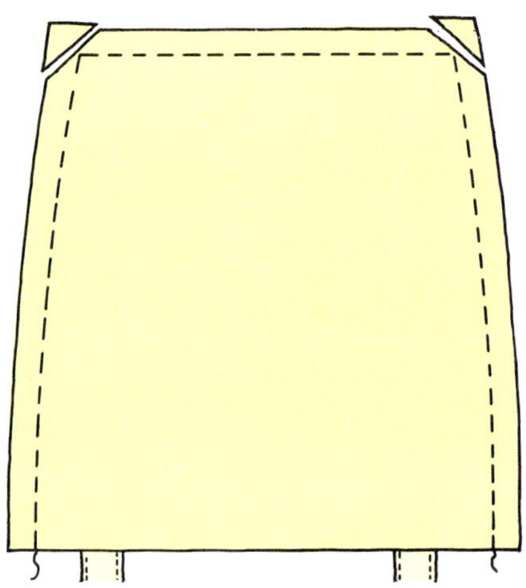

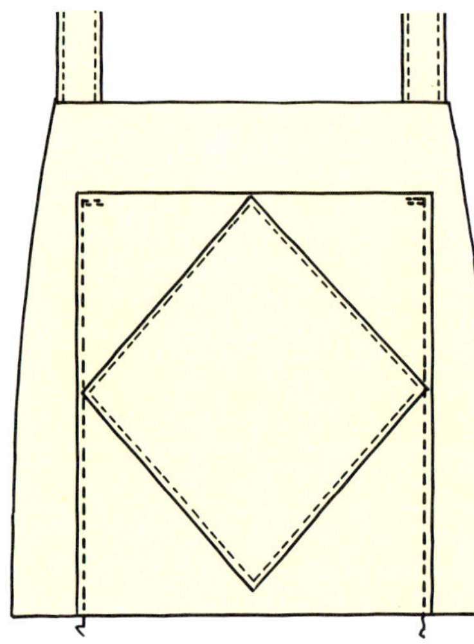

2 Posez les deux morceaux de la bavette l'un sur l'autre, endroit contre endroit. Placez les liens entre les deux morceaux de la bavette et dans les coins du haut (aux crans) à 1 cm des côtés; le bout des liens non piqués arrive au bord du tissu en haut. Piquez le tour à 1 cm, sauf le bas, qui sera monté dans la couture de taille; dégarnissez les coins, retournez, repassez.

3 Bâtissez la poche bord à bord sur le bas de la bavette; placez-la bien au milieu entre les crans. Bâtissez et piquez nervure les deux côtés de la poche en prolongeant la piqûre de 1 cm dans les coins en haut vers le milieu-devant pour faire un point d'arrêt.

Assemblage de la bavette et de la jupe

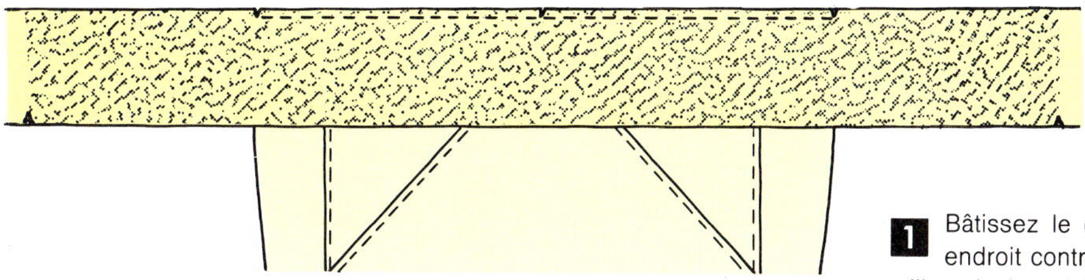

Faites un rempli double de 0,5 cm de chaque côté de la jupe du tablier; piquez nervure.

Surfilez le bas de la jupe; faites un ourlet de 3 cm que vous piquez nervure dans le surfil.

1 Bâtissez le dessus de la ceinture sur le bas de la bavette, endroit contre endroit, en plaçant le milieu de la bavette sur le milieu de la ceinture, cran sur cran.

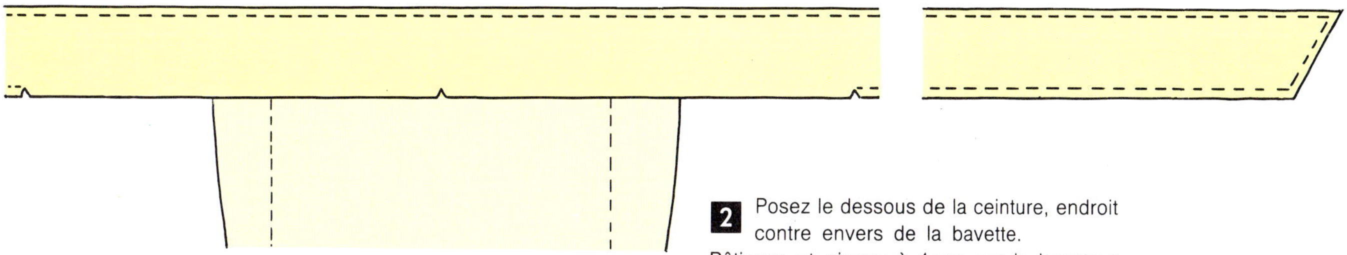

2 Posez le dessous de la ceinture, endroit contre envers de la bavette.
Bâtissez et piquez à 1 cm sur la longueur totale de la ceinture, en fermant l'extrémité des pans et en revenant sur l'autre côté de la ceinture jusqu'au thermocollant. Retournez les deux pans de la ceinture et repassez-les.

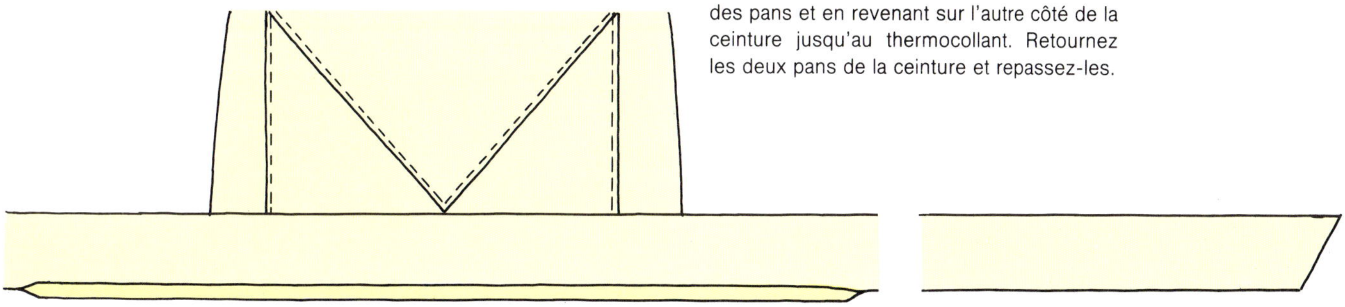

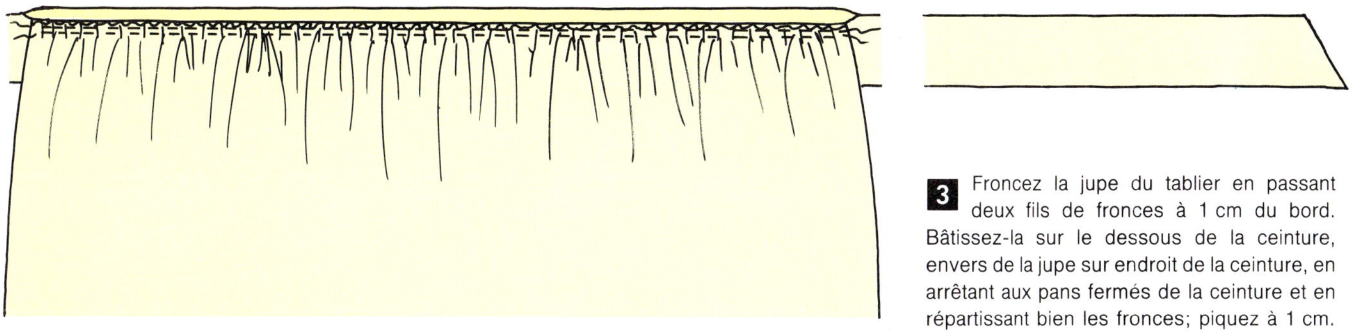

3 Froncez la jupe du tablier en passant deux fils de fronces à 1 cm du bord. Bâtissez-la sur le dessous de la ceinture, envers de la jupe sur endroit de la ceinture, en arrêtant aux pans fermés de la ceinture et en répartissant bien les fronces; piquez à 1 cm.

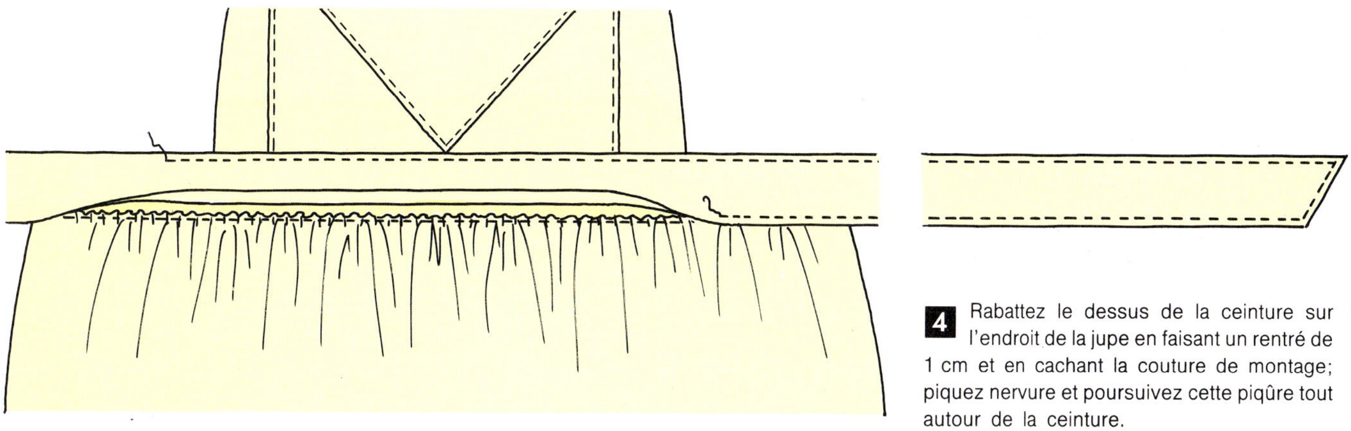

4 Rabattez le dessus de la ceinture sur l'endroit de la jupe en faisant un rentré de 1 cm et en cachant la couture de montage; piquez nervure et poursuivez cette piqûre tout autour de la ceinture.

La moufle

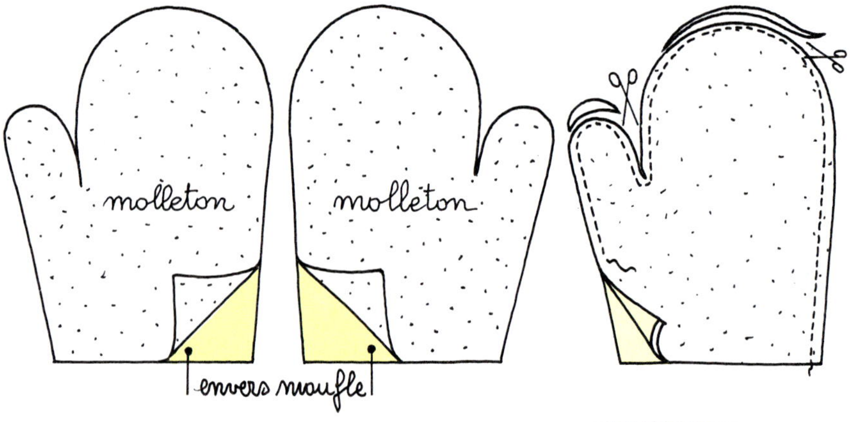

1 Appliquez un morceau de molleton sur chaque envers de la moufle.
Placez les deux morceaux de tissu endroit contre endroit.
Bâtissez très soigneusement les quatre épaisseurs à petits points avant de piquer le tour de la moufle, sauf le poignet.
Crantez le creux du pouce. Rasez la couture des arrondis. Retournez sur l'endroit.

2 Faites un ourlet de 2,5 cm, dont un rempli de 0,5 cm autour du poignet; piquez. Placez la cocotte à l'intérieur de la moufle sur la couture du pouce et sur l'ourlet en repliant 0,5 cm. Tenez par deux piqûres espacées de 0,3 cm.

Vous trouverez l'explication de la réalisation de la cocotte, page 224.

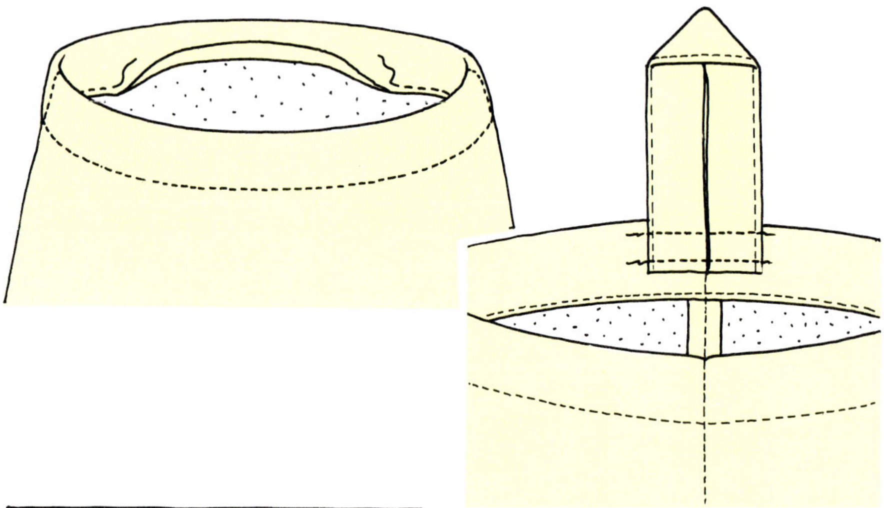

Les maniques

Faites les deux cocottes (voir p. 224).

1 Superposez le tissu uni, le molleton et le tissu coordonné en plaçant le molleton entre l'envers du tissu uni et l'envers du coordonné; bâtissez tout le tour.

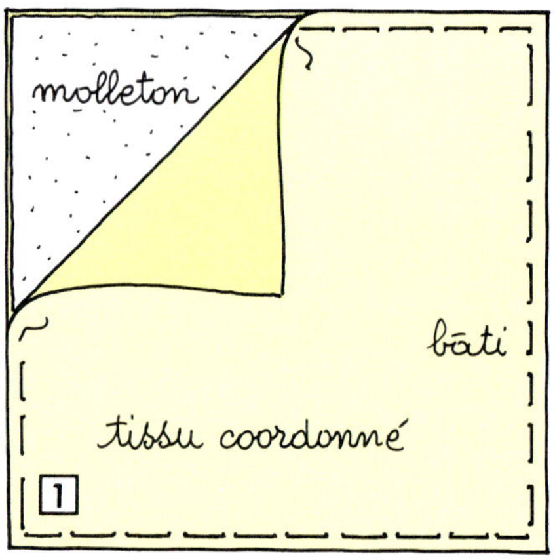

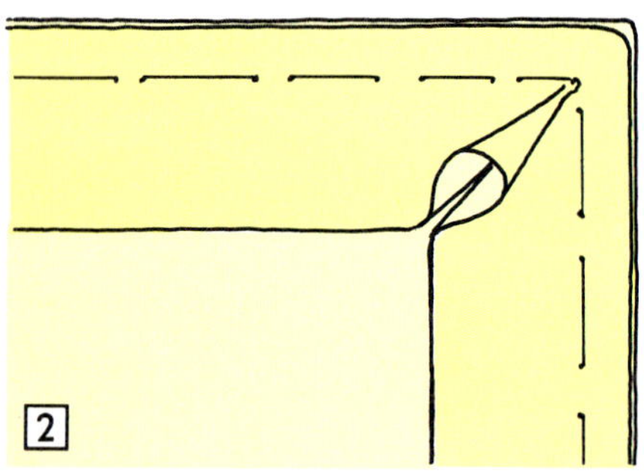

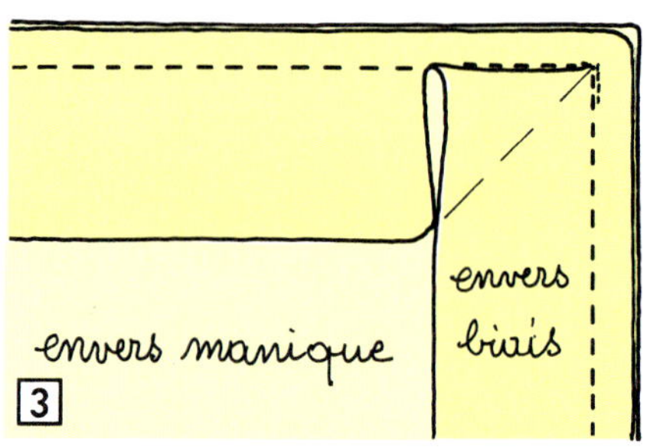

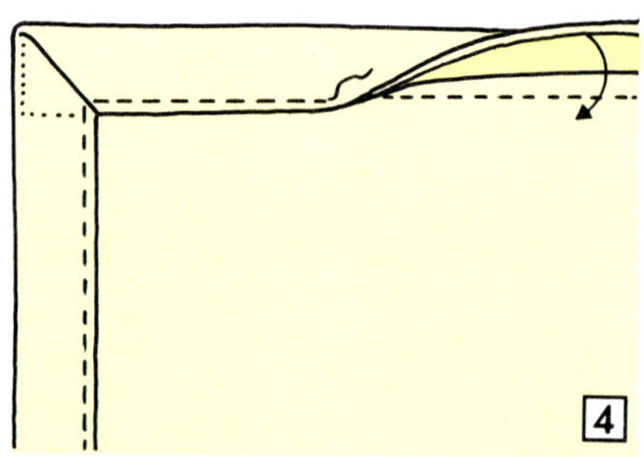

2 Bâtissez le biais à 0,75 cm autour de la manique, endroit du biais contre envers de la manique.

3 Quand vous arrivez au coin, faites un point d'arrêt à la bissectrice de l'angle. Faites un pli dans le biais; positionnez la pliure sur le premier côté. Sur le deuxième côté, faites un point d'arrêt sur la bissectrice à la base de la pliure et poursuivez la couture. Piquez à 0,75 cm. Procédez de la même façon aux trois autres coins.

4 Rabattez ensuite le biais sur l'endroit de la manique. Aux coins, repliez les deux côtés des biais l'un sur l'autre : ils se chevauchent sur la bissectrice. Faites un rempli de 1 cm et piquez nervure le bord du biais en cachant la piqûre de montage.
Fixez la cocotte sur l'un des coins de la manique par deux piqûres.

Le porte-plat

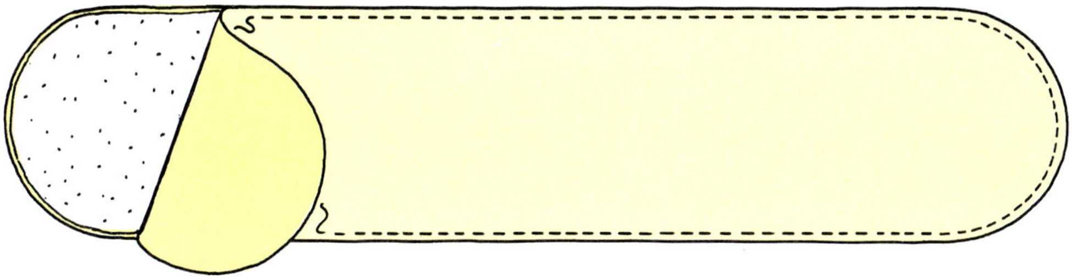

1 Superposez deux morceaux de tissu uni envers contre envers en posant le molleton entre les deux. Bâtissez le tour en maintenant les trois épaisseurs; piquez à 0,5 cm.

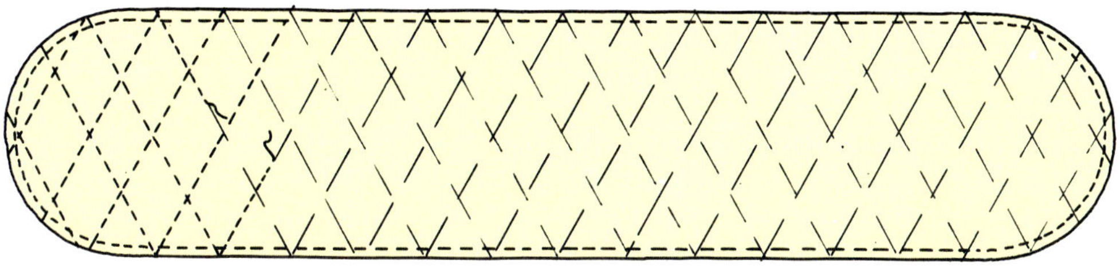

2 Pour faire le matelassage, tracez à la craie tailleur des diagonales espacées de 4 cm (procédez comme indiqué p. 242-243).

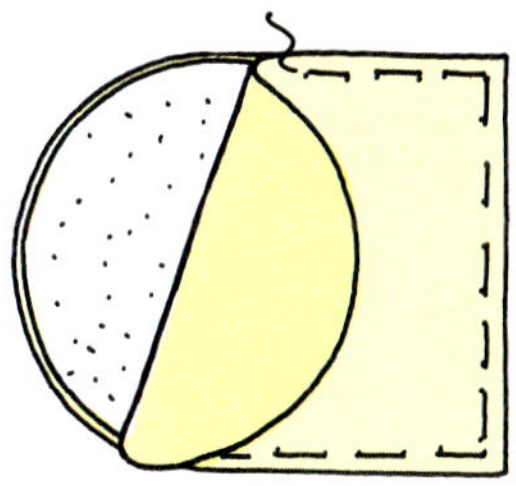

3 Préparez les poches en superposant le tissu uni, le molleton et le tissu coordonné; bâtissez tout autour. Sur le côté non arrondi de la poche, posez un biais à cheval.
Placez les deux poches à chaque extrémité du porte-plat matelassé (tissu uni contre tissu uni); bâtissez.

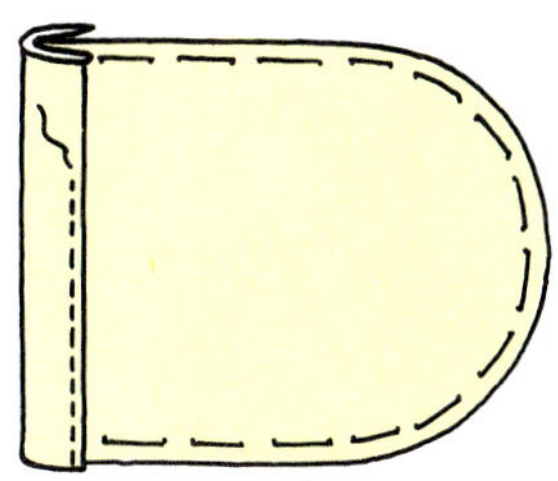

4 Posez le biais à cheval tout autour du porte-plat; pour raccorder les deux extrémités, faites un rempli sur le bout du biais qui vient chevaucher l'autre; bâtissez, puis piquez nervure tout autour, ainsi que sur la largeur du biais, à l'endroit du raccord.
Posez la cocotte au milieu du biais et fixez-la par deux piqûres.

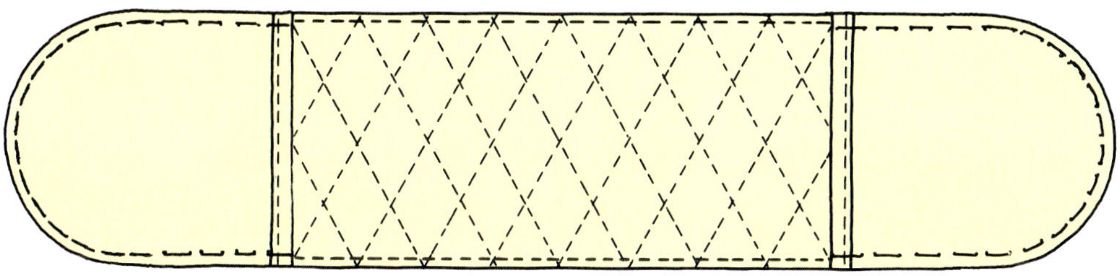

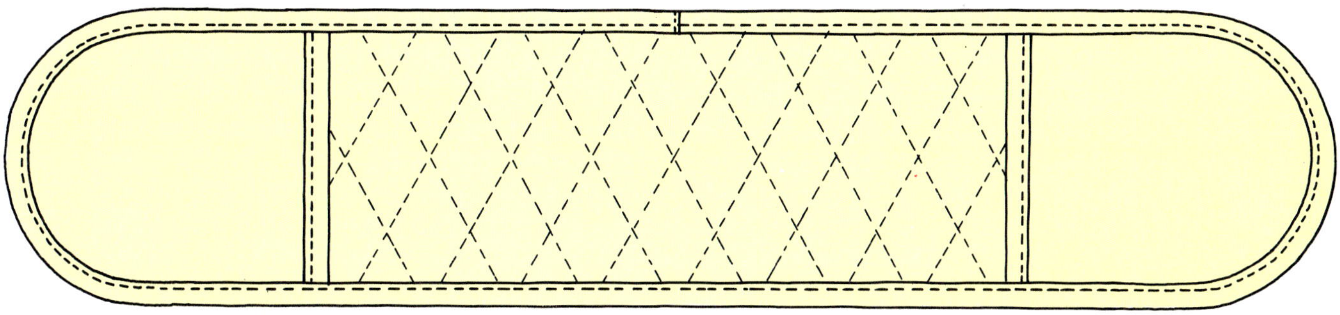

Set bordé de dentelle

Quoi de plus pratique pour remplacer une nappe ou pour protéger une table un peu fragile que ce set matelassé, très facile à faire.
Bordé de dentelle, il égaiera votre table avec sa serviette assortie. Vous choisirez un tissu se lavant facilement et confectionnerez un modèle pour chacun de vos invités.

FOURNITURES

Si vous souhaitez réaliser un service plus ou moins important, calculez vos fournitures sur la base suivante :
Pour chaque set :
- il vous faut deux rectangles de tissu et un rectangle de molleton de 45 × 36 cm (coutures comprises);

Pour chaque serviette :
- il vous faut un carré de tissu de 46 × 46 cm (coutures comprises).

Pour 4 sets et 4 serviettes :
- Toile de coton : 1,90 m en 140.
- Dentelle : 14 m.
- Molleton : 75 cm en 90.

Le set de table

Assemblage

Posez les deux morceaux du set envers contre envers; placez ensuite entre les deux le molleton de coton; bâtissez les trois épaisseurs tout autour à 0,5 cm.

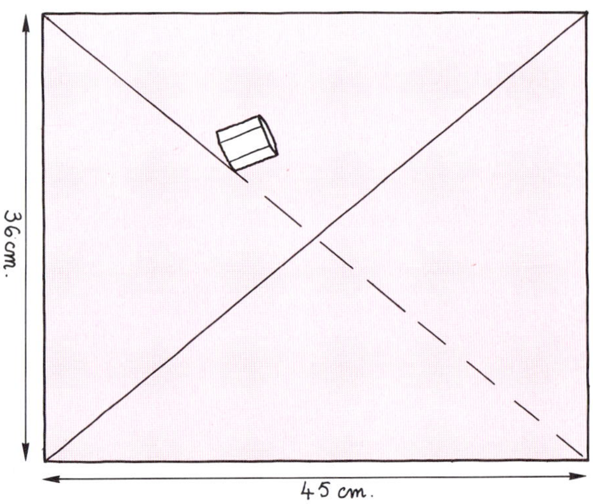

Pour le matelassage : tracez à la craie tailleur deux diagonales reliant les quatre coins du set.

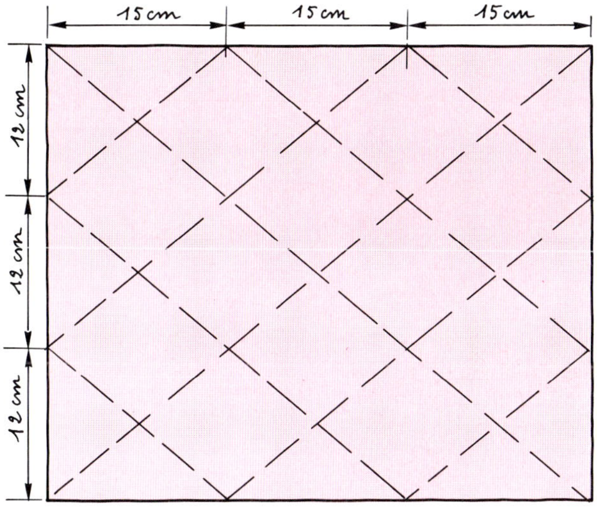

Ensuite, tracez des lignes parallèles à ces diagonales (deux de chaque côté), à partir de points de repère espacés de 15 cm sur les grands côtés et de 12 cm sur les petits côtés.

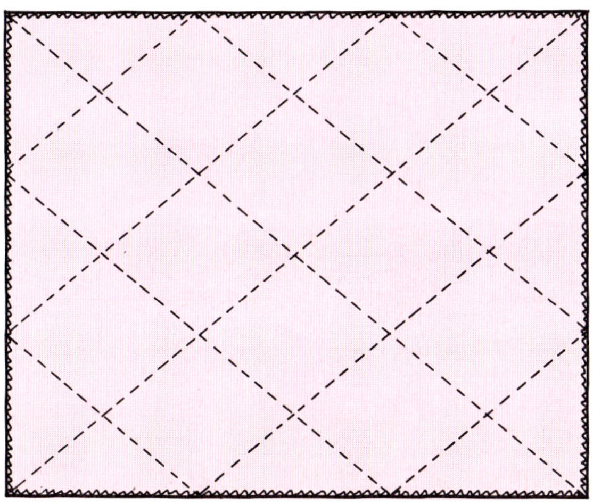

Piquez ensuite sur les tracés et tout autour du set, à 1 cm du bord. Surfilez les quatre côtés du set.

Pose de la dentelle
Posez la dentelle tout autour du set sur l'endroit; bâtissez à 0,5 cm du bord, puis faites une piqûre sur le pied de la dentelle.

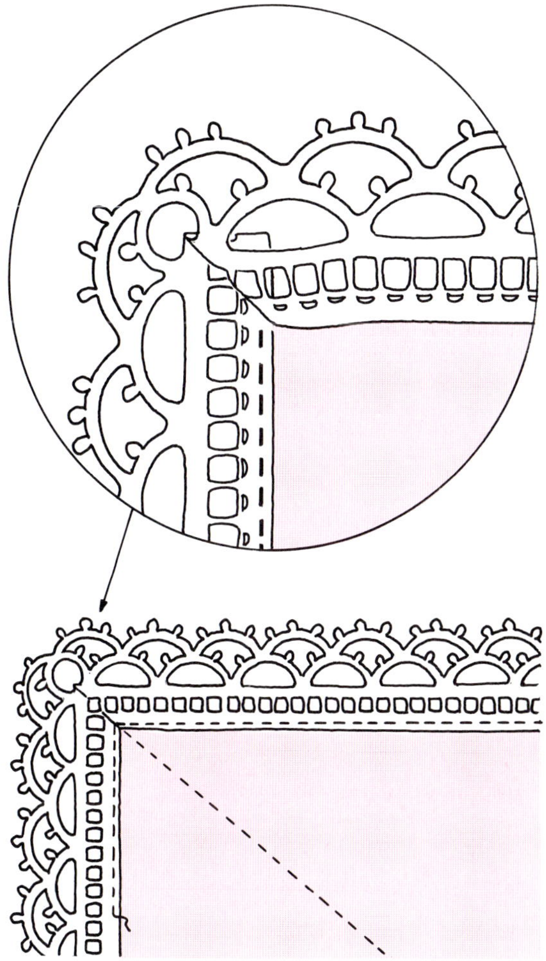

En arrivant dans les coins, pliez la dentelle en angle droit pour pouvoir la répartir sur le côté suivant.

La serviette

Surfilez les quatre côtés de la serviette et posez la dentelle de la même façon que précédemment.

Nappe rectangulaire pastel

Décorative et discrète, voici une jolie nappe présentée avec six serviettes de table. Ses tons pastel mettront en valeur l'éclat d'une fine porcelaine et vous permettront des décors variés.
Nous vous conseillons d'utiliser un tissu de pur coton.
Pour obtenir une jolie retombée de nappe, il faut ajouter environ 60 cm en longueur et en largeur aux mesures de votre table (retombée de 30 cm de chaque côté). N'oubliez pas d'ajouter la valeur des ourlets quand vous achetez votre tissu.

FOURNITURES

Pour une table de 30 cm de large, de 1,50 m de long et pour 6 serviettes de 50 cm de côté.

- Toile de coton : 3,80 cm en 140 pour l'ensemble.

Nappe

- Toile de coton : 2,15 m en 140.

Serviettes

- Toile de coton : 1,60 m en 140.

La nappe

Faites un ourlet de 1,5 cm sur les quatre côtés, dont un rentré de 0,5 cm. Si votre table est plus grande, la largeur du tissu sera insuffisante. Pour éviter d'avoir une couture au milieu de la nappe, achetez une hauteur de tissu en plus; coupez dans cette hauteur deux lés dans le sens de la longueur. Placez un lé de chaque côté du morceau central. Assemblez par une couture rabattue. Pour une table de 1,20 m de large, par exemple, il vous faut deux lés de 20 cm de large sur 2,40 m de long sans la valeur des coutures.

Les serviettes

Faites un ourlet de 1,5 cm autour des serviettes, dont un rentré de 0,5 cm; bâtissez, puis piquez.

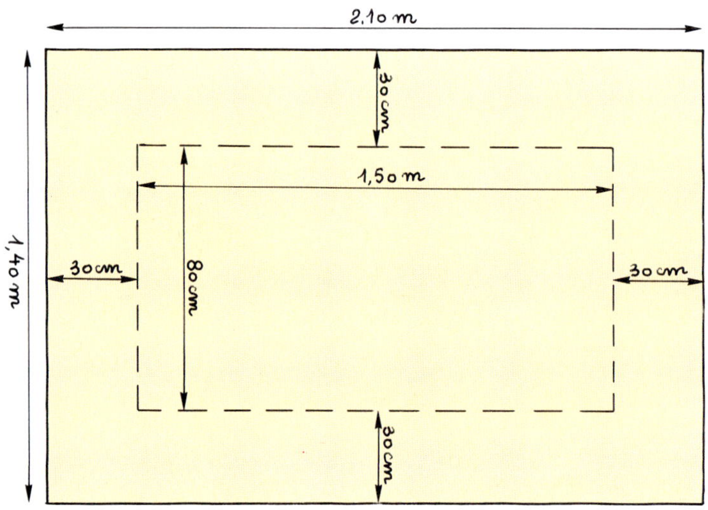

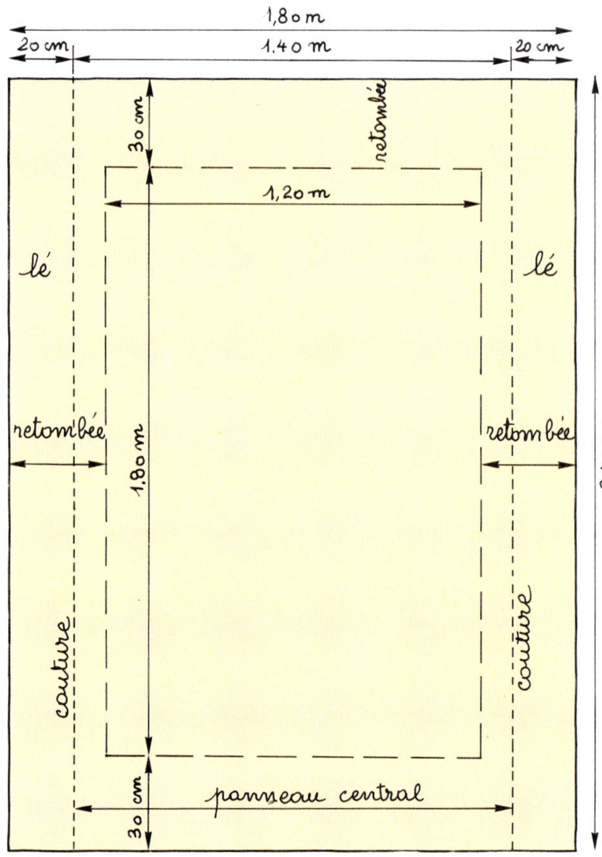

Nappe ronde damassée

Pour votre table ronde, nous vous présentons une nappe damassée de couleur saumon assortie au service de table. Simple, mais élégante, elle est accompagnée de six serviettes.

FOURNITURES

Pour une table de 1,20 m de diamètre et 6 serviettes de 50 cm de côté.

- Damassé : 3 m en 180 pour l'ensemble.

Nappe

- Damassé : 1,90 m en 180.

Serviettes

- Damassé : 1,10 m en 180.

La nappe

Pour couper un cercle

Faites un carré de papier kraft du diamètre de la table plus la valeur de la retombée : 30 cm (ici : 1,20 m + 30 cm + 30 cm, donc 1,80 m). Pliez en deux dans le sens de la longueur, puis dans l'autre sens : vous obtenez un carré de 90 sur 90 cm.

Sur la pointe représentant le milieu du carré, épinglez un mètre à ruban et tracez des points de repère à 90 cm, en tournant pour former un arc de cercle.

Coupez le gabarit en suivant l'arrondi. Dépliez-le et épinglez-le sur le tissu en faisant bien attention : le milieu du gabarit doit coïncider avec le milieu du tissu.

Exécution

Faites un ourlet de 1,5 cm dont un rentré de 0,5 cm; bâtissez et piquez nervure. Pour éviter de faire visser le tissu, piquez en poussant le dessus de l'ourlet vers l'aiguille avec la pointe des ciseaux.

Les serviettes

Faites un ourlet de 1,5 cm dont un rentré de 0,5 cm. Bâtissez et piquez nervure.

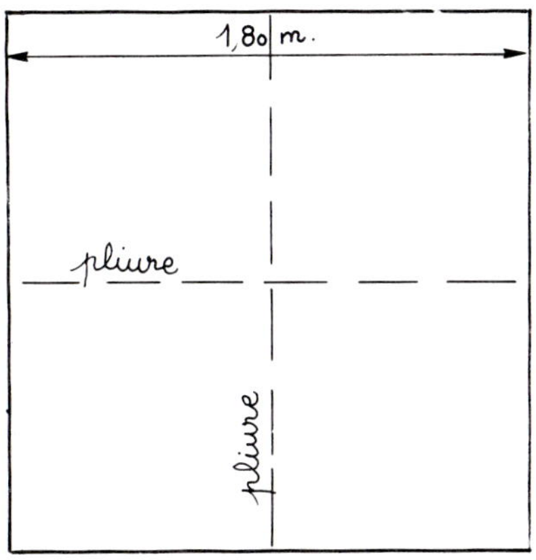

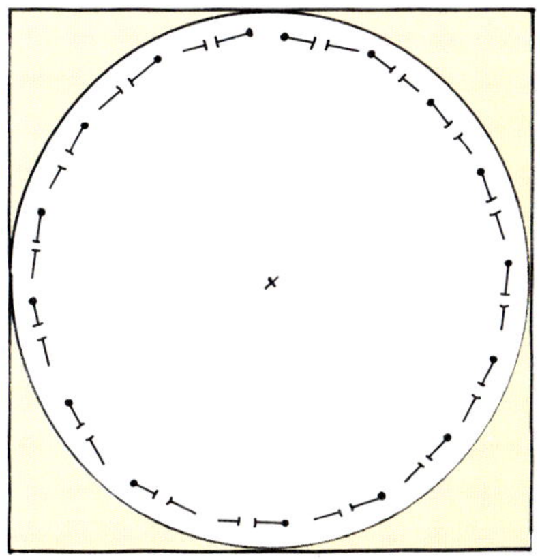

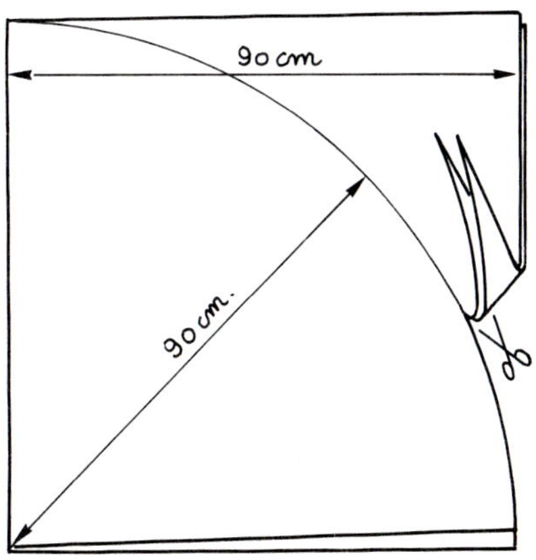

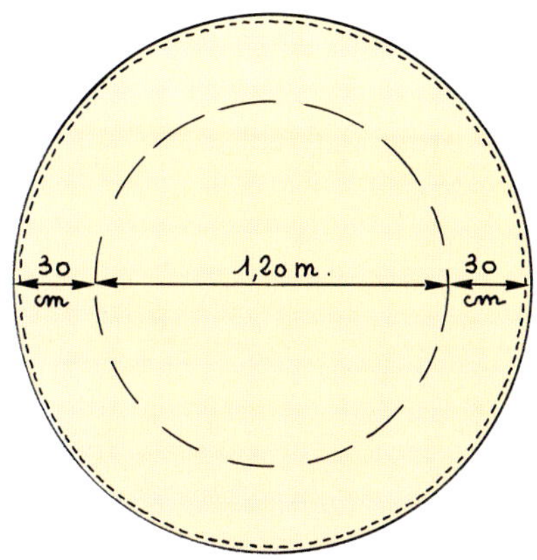

Nappe longue et surnappe

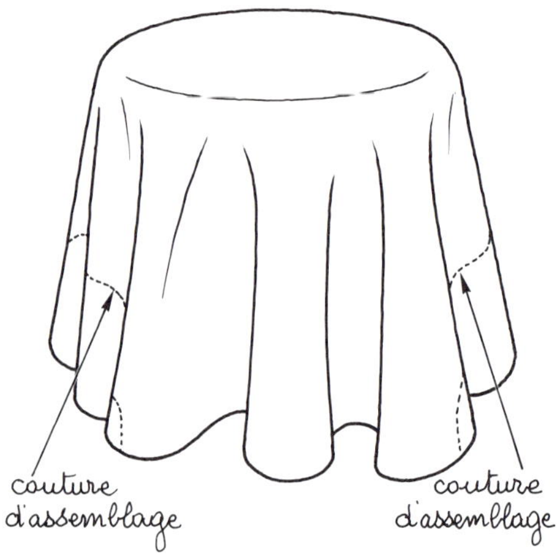

Pour créer un décor raffiné, ou si vous souhaitez ne pas rompre l'harmonie de votre pièce par un meuble d'un style différent, recouvrez votre banale table ronde d'une longue nappe blanche à plis souples que vous agrémenterez d'une surnappe à tons pastel.

FOURNITURES

Pour une table de 1 m de diamètre et de 75 cm de hauteur.

Nappe

- Toile de coton : 5,05 m en 140.

Surnappe

- Toile de coton : 1,30 m en 150.

La nappe

Pour réaliser une nappe dont le diamètre est plus important que la largeur de votre tissu, nous vous conseillons très vivement de faire un gabarit (aux dimensions de la nappe) en papier kraft.
Pour cela, il vous faut un cercle de papier dont le diamètre est égal au diamètre de la table, plus deux fois la hauteur de la table, plus 4 cm pour la valeur de l'ourlet.

Comment faire le gabarit

Faites un carré de 2,54 m de côté (75 cm + 1 m + 75 cm + 4 cm). Pliez-le en deux dans le sens de la hauteur, puis encore une fois dans l'autre sens : vous obtenez un carré de 1,27 m de côté. Sur la pointe représentant le milieu du gabarit, épinglez un mètre à ruban et tracez des points de repère à 1,27 m pour former un arc de cercle.

Coupez le gabarit en suivant l'arrondi; épinglez-le soigneusement sur le tissu en faisant coïncider le milieu du gabarit avec le milieu du tissu (voir aussi p. 245).

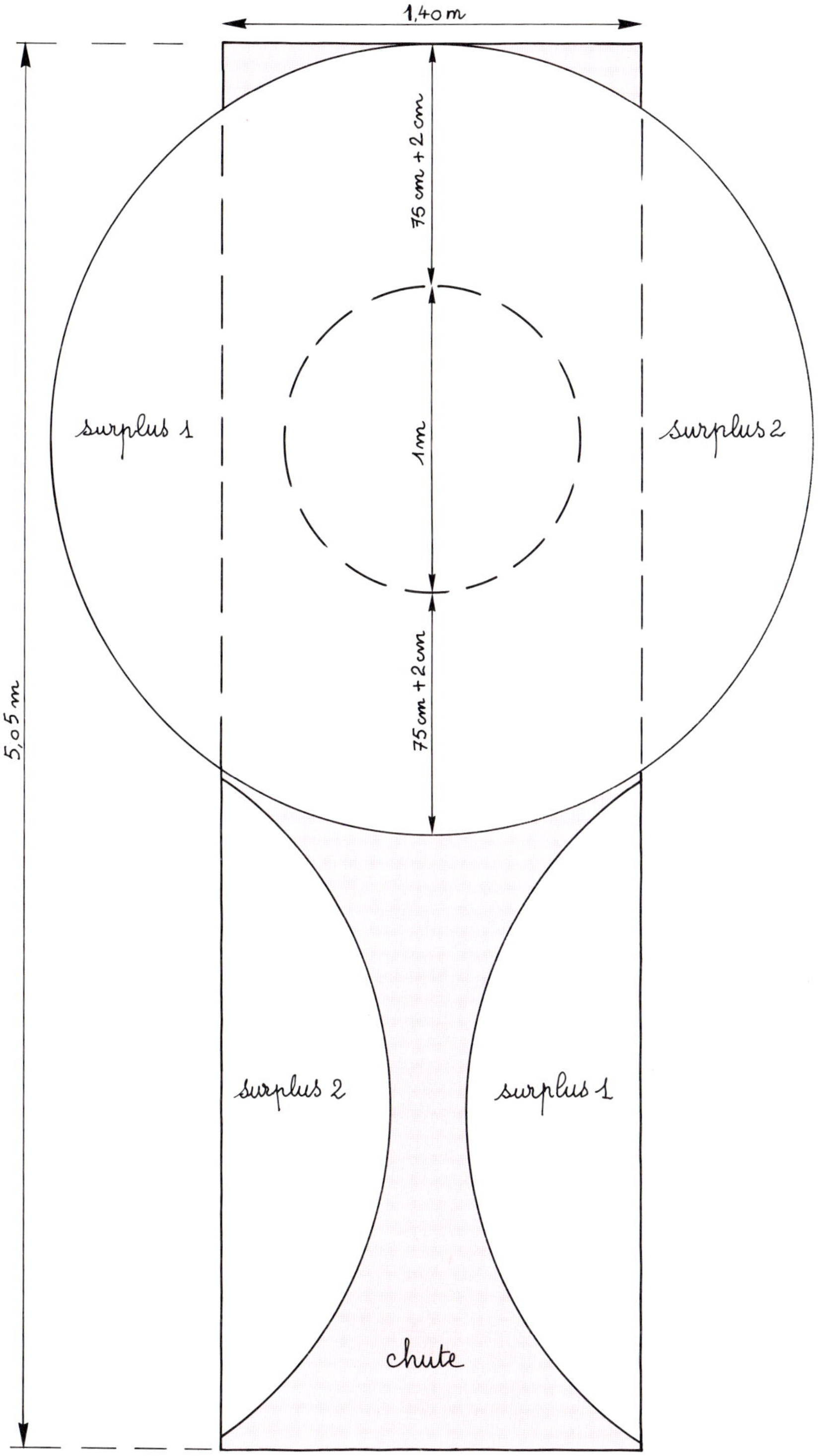

La coupe

Repliez les deux surplus du patron qui dépassent des lisières du tissu. Découpez-les le long de leur pliure et épinglez-les sur le reste du tissu le long de chaque lisière. Coupez ensuite tous les morceaux.

L'assemblage

Assemblez les surplus au rond en les mettant lisière sur lisière, endroit contre endroit; piquez à 1 cm et repassez coutures ouvertes.
Faites un rempli double de 1 cm tout autour de la nappe en poussant le dessus de l'ourlet vers l'aiguille avec la pointe des ciseaux pour que le tissu ne visse pas.

La surnappe

Pour la surnappe : coupez un carré de 1,20 m de côté.
Pour le bordé : coupez quatre bandes de 1,21 m de long et 5 cm de large.

1 Bâtissez l'endroit du bordé sur l'envers de la surnappe. Piquez à 1 cm.

2 Fermez les coins en onglet : placez le bordé endroit contre endroit en repliant la nappe en diagonale; tracez une diagonale sur le bordé perpendiculaire à la pliure de la surnappe. Piquez sur le tracé, rasez la couture et ouvrez-la au fer.

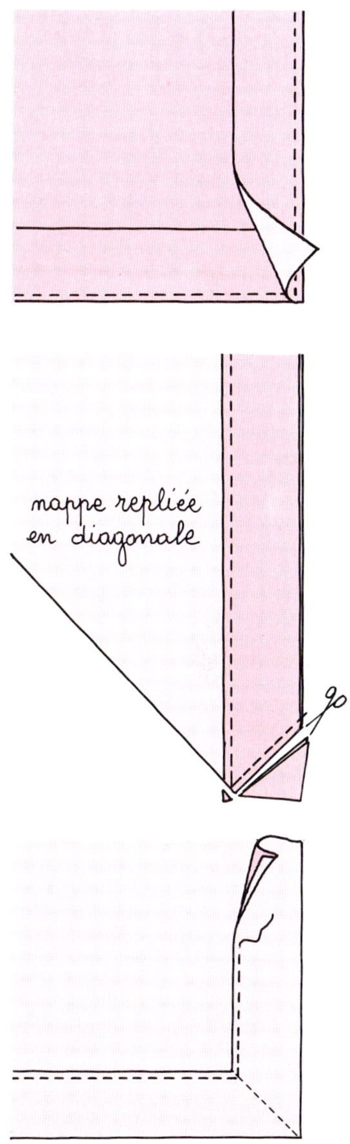

3 Retournez le bordé sur l'endroit; repassez. Faites un rempli de 1 cm au bord et rabattez par une piqûre nervure.

Pour apporter encore plus de chic à votre surnappe, vous pouvez, à la place du bordé, soit poser un galon uni acheté dans le commerce, soit faire des festons (voir p. 275).

Parure de lit pour adolescent

Cette parure de lit grise rehaussée de bourdon rouge est idéale pour la chambre d'un adolescent qui appréciera en outre le confort de la couette.
Vous réaliserez dans des tissus coordonnés (imprimés et rayés) la housse de couette, le drap-housse à angles munis d'élastique, la taie d'oreiller portefeuille et la taie de traversin.

FOURNITURES

Pour un lit de 90 cm de large, 1,90 m de long; matelas, 17 cm d'épaisseur; traversin, 18 cm de diamètre; oreiller, 65 cm de côté.

- Toile de coton à motifs : 3,10 m en 140.
- Toile de coton coordonnée rayée ou unie : 5,20 m en 170.
- Élastique plat : 80 cm.

Le drap-housse

1 Coupez dans le tissu rayé un rectangle dont la longueur est égale à celle du matelas (1,90 m), plus deux épaisseurs de matelas (2 × 17 cm), plus 40 cm (20 cm de rabat de chaque côté), plus 4 cm (valeur des ourlets); et la largeur égale à celle du matelas (90 cm), plus deux épaisseurs de matelas, plus 40 cm (pour les rabats), plus 4 cm.
Dans chaque coin du tissu, découpez un angle droit dont les côtés correspondent à la valeur de l'épaisseur du matelas plus la largeur du rabat moins 1 cm (couture d'assemblage). Pour être sûre de couper correctement, marquez sur l'envers le tracé des arêtes du matelas.

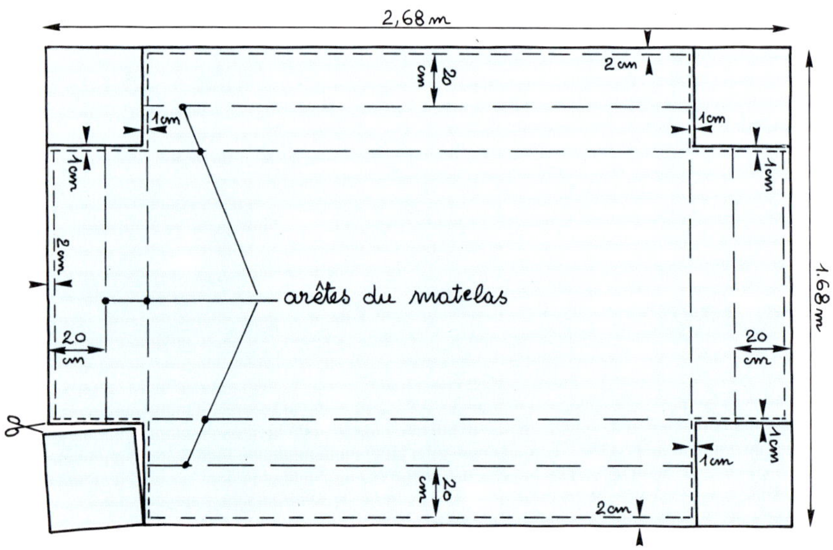

2 Assemblez à chaque coin les côtés de la découpe endroit contre endroit; piquez à 1 cm; surfilez. Faites un rempli double de 1 cm tout autour du drap. A 15 cm de chaque côté de la couture des angles, laissez une ouverture de 0,5 cm, et, à l'aide d'une épingle double, introduisez dans l'ourlet 20 cm d'élastique dans chaque coin. Bâtissez solidement chaque extrémité de l'élastique et piquez l'ourlet nervure en passant sur l'élastique tendu.

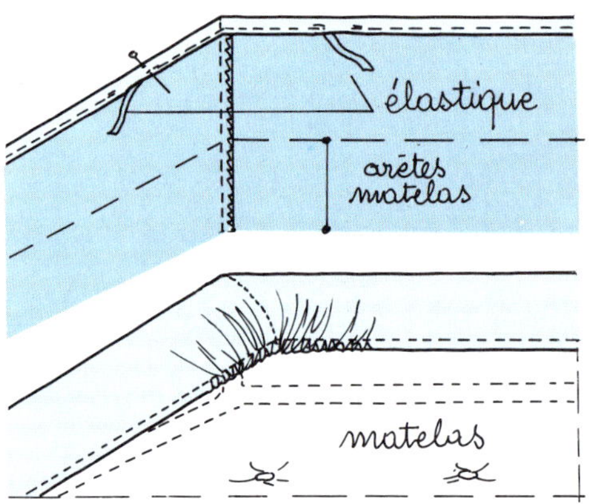

La taie de traversin

Dans le tissu imprimé, découpez un rectangle de 65 cm de large et d'une longueur égale à la largeur du lit plus 40 cm (20 cm de chaque côté). Fermez la couture du traversin sur toute la longueur; bâtissez et piquez à 1 cm; surfilez la couture fermée. Brodez chaque extrémité avec du fil rouge au point de bourdon, soit à la main, soit à la machine (voir « Les points à la machine » dans l'« ABC de la couture »).

La taie d'oreiller portefeuille

1 Découpez, dans le tissu coordonné rayé, un rectangle d'une largeur de 67 cm (65 cm plus 2 cm de coutures) et dont la longueur est égale à deux fois la hauteur de l'oreiller (65 × 2), plus 35 cm pour le rabat, plus 4 cm pour les ourlets.
Bâtissez et piquez un rempli double de 1 cm sur les deux largeurs.

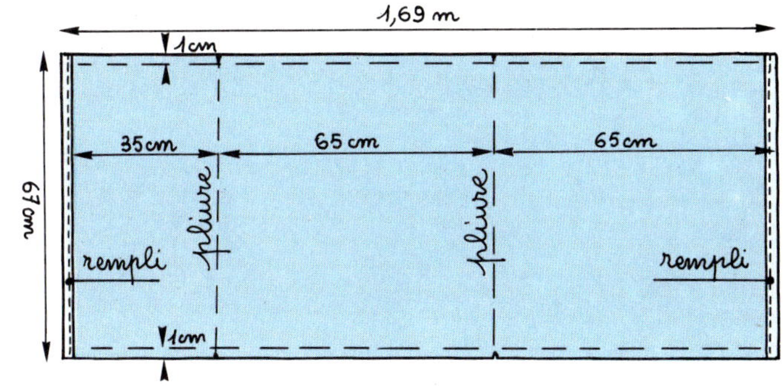

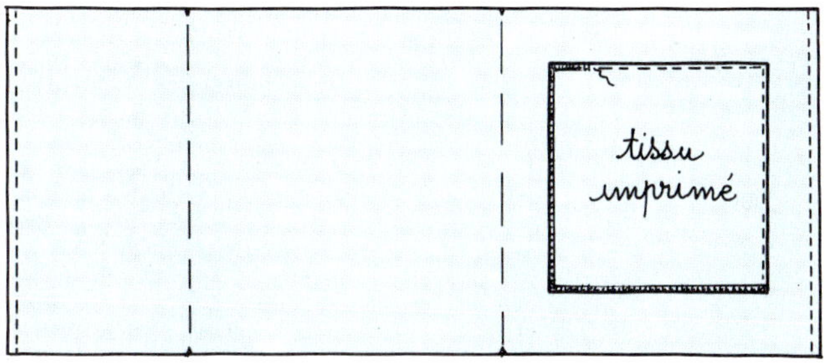

2 Posez sur la partie de tissu qui sera le dessus de l'oreiller un carré de tissu imprimé à motifs de 45 × 45 cm, que vous fixez à points de devant; rasez le surplus de tissu au ras de la piqûre, cachez la couture par un point de bourdon.
A partir de l'ourlet du dessus de l'oreiller, sur chaque longueur, tracez un cran à 65 cm, puis un autre à 65 cm du premier. Reliez les crans du haut à ceux du bas par un tracé à la craie tailleur.

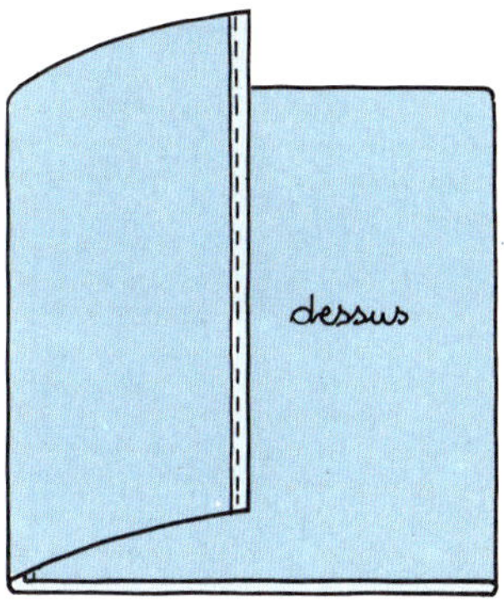

3 Pliez le tissu endroit du dessus contre endroit du dessous en suivant le premier tracé. En suivant le deuxième tracé, repliez l'endroit du rabat portefeuille sur l'envers du dessus déjà replié.

4 Bâtissez et piquez chaque côté à 1 cm en faisant un point d'arrêt solide aux extrémités de chaque piqûre et à la hauteur de l'ourlet du rabat.

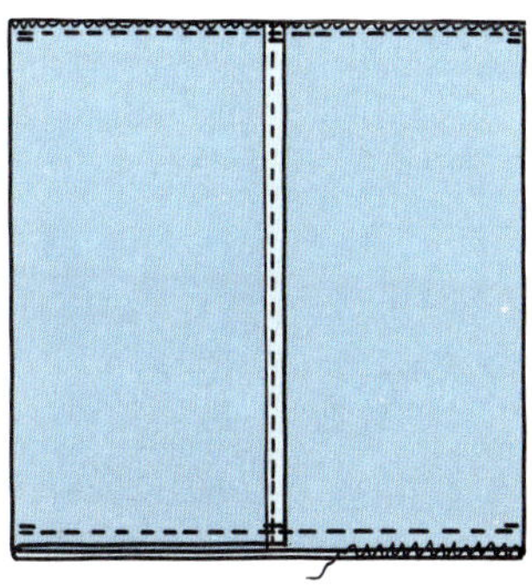

Surfilez ensuite les coutures fermées en prenant toutes les épaisseurs. Retournez la taie sur l'endroit et repassez-la à plat en ressortant bien les coutures.

La couette

1 Le dessus est en tissu imprimé, le dessous en tissu rayé. Coupez deux rectangles de 1,55 m plus 25 cm (rabat) de longueur et de 1,10 m de largeur chacun. Dans une des largeurs du dessus, aux coins, découpez deux rectangles de 15 cm de large et 25 cm de long.

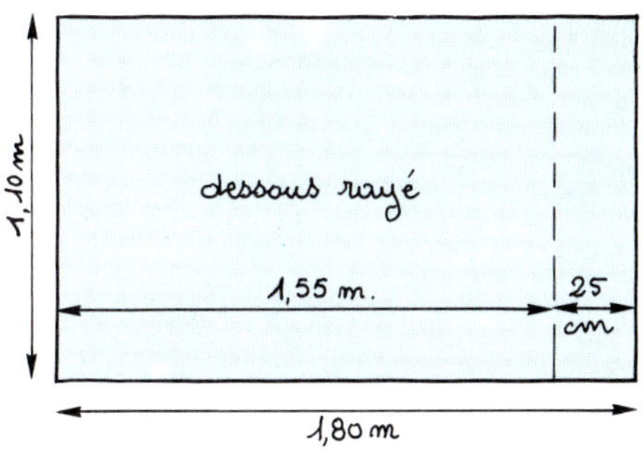

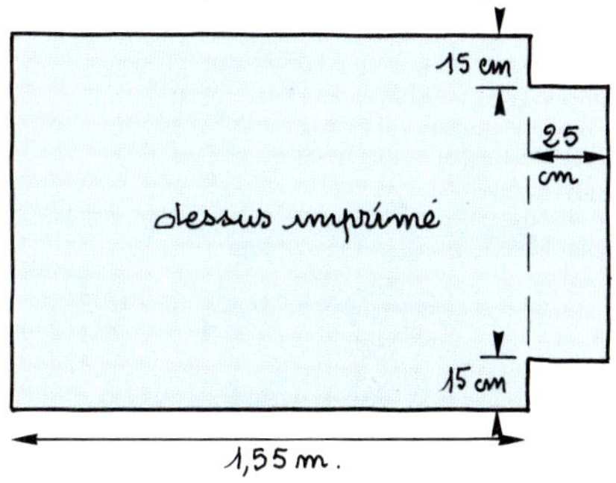

2 Faites un rempli double de 0,5 cm au bord du rabat du dessous de la couette, puis repliez le rabat envers contre envers.

3 Posez les deux morceaux de la couette l'un sur l'autre, endroit de l'imprimé sur endroit du tissu rayé : bâtissez, en partant au ras d'un des côtés du rabat de pied et en finissant au ras de l'autre, puis piquez tout le tour de la couette.

Faites un rempli double de 0,5 cm autour du rabat de pied et piquez-le nervure.
Dégarnissez les angles des coutures que vous surfilez fermées.
Retournez ensuite et repassez en ressortant les coutures. A la jointure des deux tissus, brodez au fil rouge un point de bourdon tout autour de la couette.

Coordonnés pour un grand lit

Rompant avec la monotonie d'un imprimé à motifs, les tissus coordonnés introduisent une note élégante et gaie. Cette parure de lit pour deux personnes, dans des tons de rose et de gris, comprend un drap-housse rayé rose et blanc; ainsi qu'un drap de dessus, deux taies d'oreiller, une taie de traversin, en tissu imprimé, bordés d'un volant festonné assorti que vous pouvez broder vous-même au point de bourdon ou que vous trouvez tout préparé dans le commerce.

FOURNITURES

Pour un lit de 1,40 m de large sur 1,90 m de long; un traversin de 23 cm de diamètre; 2 taies d'oreiller de 65 cm de côté.

- Toile de coton à motifs : 5,40 m en 240.
- Toile de coton rayée : 2,70 m en 220.
- Volant festonné assorti : 11,30 m.
- Élastique : 80 cm.

Le drap de dessus

Il vous faut 3,14 m de tissu en longueur et 2,40 m en largeur.
Faites un rempli double de 1 cm sur l'envers d'une extrémité du drap, bâtissez-le bien droit et piquez-le nervure. Sur l'autre extrémité, faites le même rempli double, mais sur l'endroit; bâtissez, piquez nervure. Posez le volant festonné sur cet ourlet, le bord du volant qui est terminé par un bourdon cache la piqûre de l'ourlet. Bâtissez soigneusement. Piquez ensuite sur le volant au pied du bourdon.
Terminez les deux extrémités du volant par un rempli double de 0,5 cm piqué nervure dans le prolongement des lisières du tissu. Si vous ne voulez pas conserver les lisières sur les côtés, faites un rempli double de 0,5 cm sur chaque longueur.

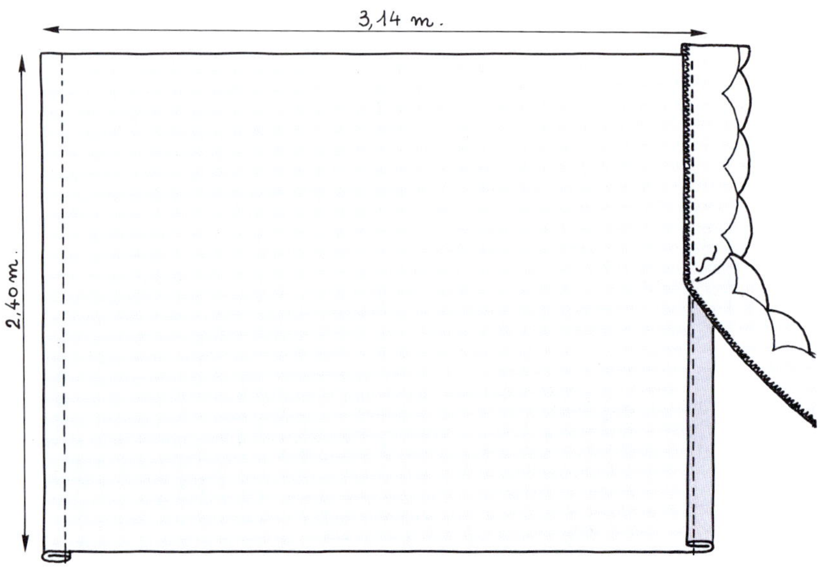

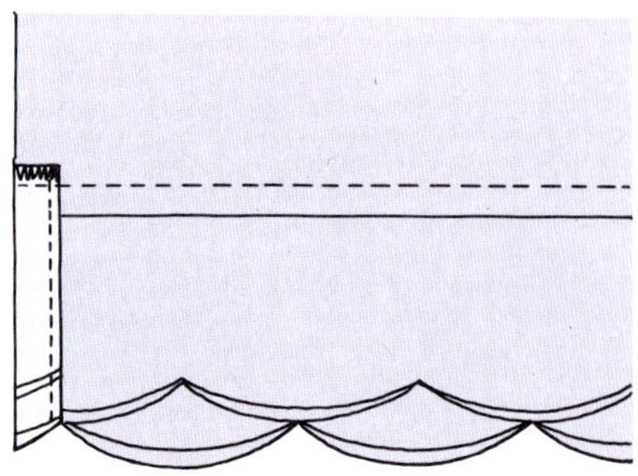

Le drap-housse

Le principe de base pour couper un drap-housse est le suivant : vous découpez un rectangle de tissu dont la longueur est égale à la longueur du matelas (190 cm), plus deux épaisseurs de matelas (2 × 17 cm), plus 40 cm (20 cm de rabat de chaque côté), plus 4 cm (valeur des ourlets); et la largeur égale à la largeur du matelas (140 cm), plus deux épaisseurs de matelas, plus 40 cm, plus 4 cm.
Pour l'exécution, reportez-vous à l'explication du drap-housse à angles munis d'élastique (p. 248, « Parure de lit pour adolescent »).

Les taies d'oreiller à volants

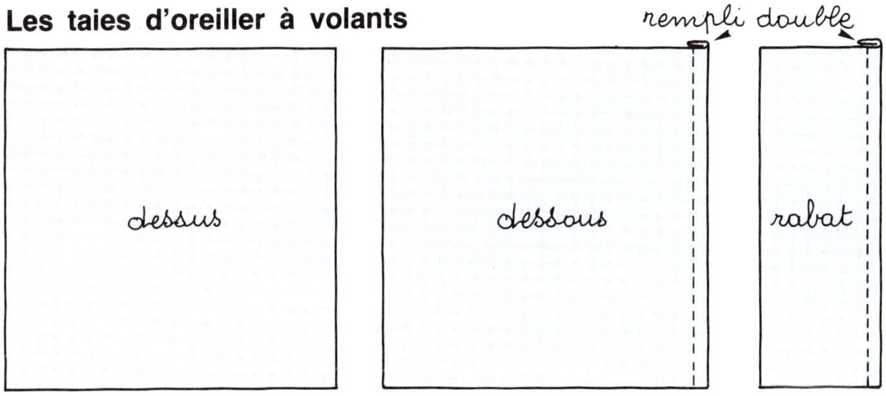

1 Coupez deux carrés de 67 × 67 cm de côté, plus une bande rectangulaire de 25 cm de large et 67 cm de longueur pour le rabat. Faites un rempli double de 0,5 cm piqué nervure sur une des longueurs du rabat, puis un autre de 0,5 cm aussi sur un côté du dessous de la taie.

2 Préparez le volant en coupant 3,22 m de longueur pour chaque taie; fermez-le par une couture de 1 cm que vous surfilerez en double. Pliez le volant en quatre, faites un cran à chaque pliure pour marquer les coins; passez un fil de fronces sur 15 cm de part et d'autre du cran. Bâtissez le volant endroit contre endroit, sur le dessus de la taie, en raccordant coins et crans; répartissez les fronces régulièrement. Piquez à 1 cm.

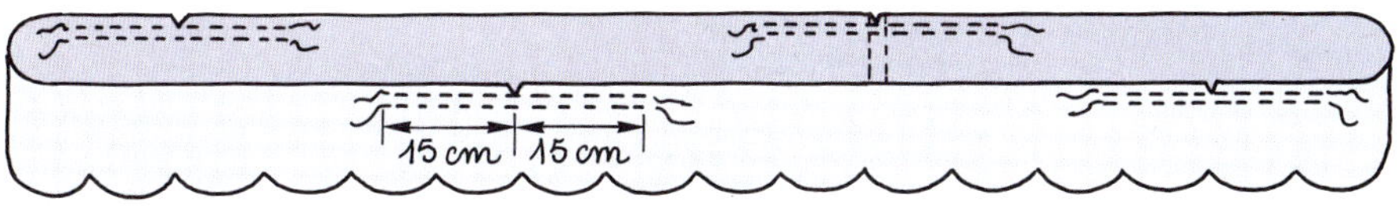

2

3 Placez le côté non ourlé du rabat sur un côté du dessus de la taie en appliquant l'endroit du rabat sur l'envers du volant. Bâtissez, piquez seulement sur la piqûre de montage du volant; surfilez toutes les épaisseurs ensemble. Retournez l'envers du rabat sur l'envers du dessus de la taie; repassez.

3

4 Bâtissez le dessus et le dessous de la taie endroit contre endroit, en plaçant l'ourlet du dessous de la taie sur la couture de montage du rabat (ce côté n'est pas piqué). Piquez les trois côtés sur la piqûre du volant en prenant les deux largeurs du rabat dans la couture; surfilez toutes les épaisseurs ensemble. Retournez. Repassez en faisant bien ressortir les coutures en tirant sur le volant.

La taie de traversin

Coupez un rectangle de 1,90 m de long et 80 cm de large.
Froncez chaque volant (1,20 m); appliquez-les endroit contre endroit sur le tissu à chaque extrémité; bâtissez en répartissant les fronces régulièrement. Piquez à 1 cm, surfilez ensemble. Rabattez le volant. Fermez la couture du traversin en raccordant bien les bords du volant; bâtissez, piquez à 1 cm, surfilez couture fermée. Repassez.

Dessus-de-lit gansé

Pour une chambre d'amis à la campagne, voilà un dessus-de-lit sobre et pratique. Si vous choisissez un tissu à rayures ou à carreaux, la confection de la plate-bande à deux plis creux sera plus délicate, car vous ne pourrez pas la couper en un seul morceau à cause du raccord des rayures ou des carreaux. Un biais gansé, que vous réaliserez dans le même tissu (vous pouvez aussi acheter un biais gansé uni assorti tout préparé), garnira le tour du plateau et les formes du traversin.

FOURNITURES

Pour un lit de 90 cm de large, 1,90 m de long; avec un matelas de 17 cm d'épaisseur, un sommier de 18 cm de hauteur et un traversin de 18 cm de diamètre.

- Toile de coton : 6 m en 140.
- Ganse : 6 m, si vous faites vous-même votre biais gansé.
- Biais gansé tout préparé assorti : 6 m.

Comment calculer le métrage

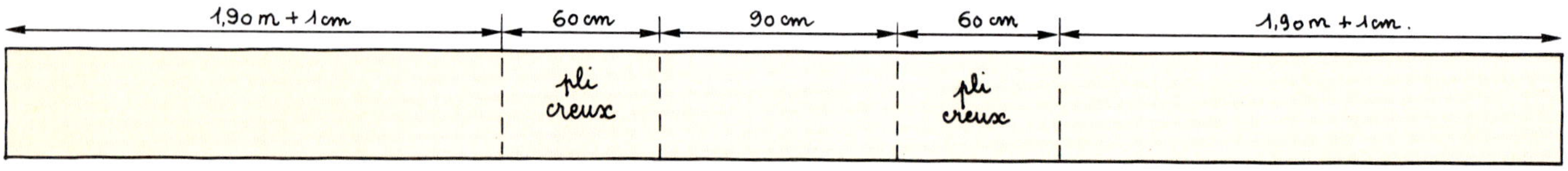

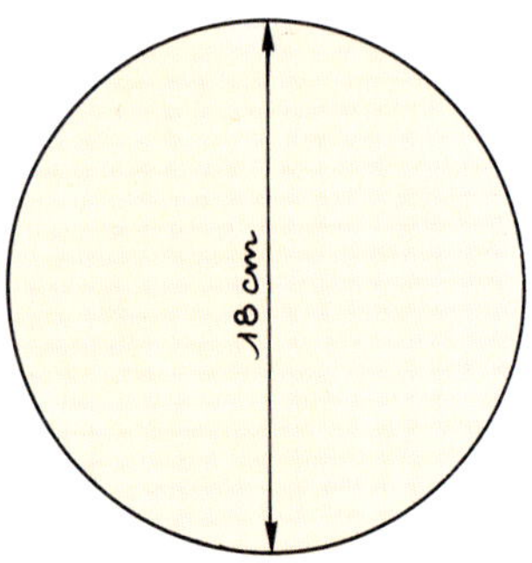

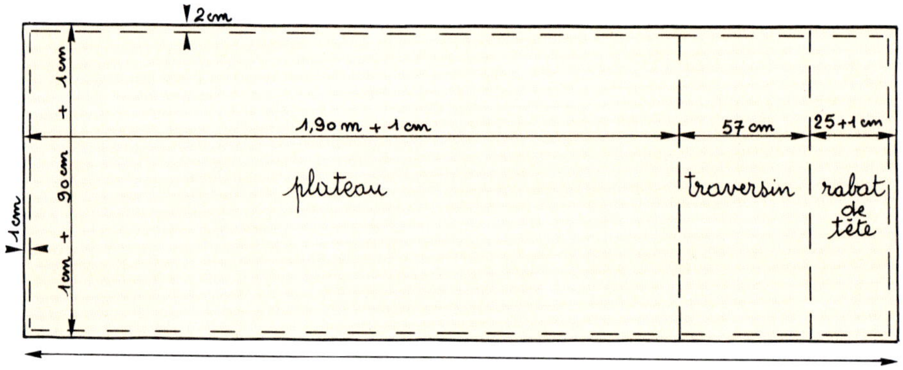

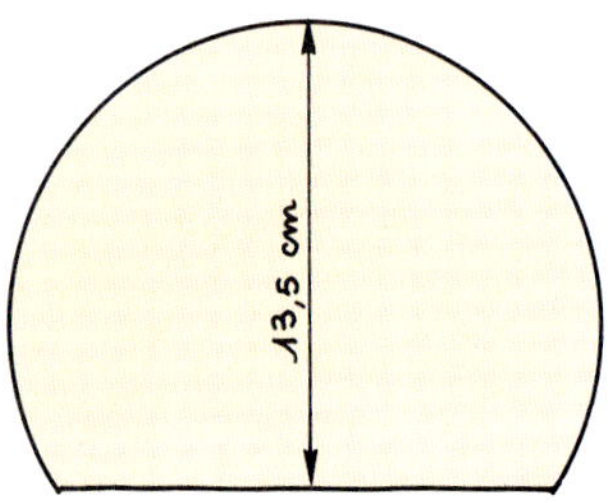

Plateau : découpez un rectangle de tissu de la largeur du matelas, plus 2 cm (valeur des coutures), d'une longueur égale à la longueur du matelas, plus la circonférence du traversin, plus 25 cm pour le rabat de tête, et 2 cm pour l'ourlet et les coutures.

Plate-bande : faites les raccords nécessaires pour obtenir une bande rectangulaire dont la longueur sera égale à deux longueurs de matelas, plus une largeur de matelas, plus 1,20 m (60 cm pour chaque pli creux), et la largeur à la hauteur calculée du haut du matelas à 2 cm du sol (40 cm environ), plus 1 cm pour l'ourlet. La hauteur de la plate-bande varie selon la hauteur du matelas, celle du sommier et des pieds du lit.

Les formes pour le traversin : dessinez un cercle de 18 cm de diamètre; coupez-le à la base aux trois quarts du diamètre pour un traversin ferme (comme ici) : la base a 17 cm, la hauteur a 13,5 cm; coupez-le aux deux tiers pour un traversin moelleux.

Préparation et pose du biais gansé

Pour les formes du traversin, coupez deux biais de 4 cm de large et de 54 cm de long. Pour le plateau, coupez un biais de 4 cm de large et d'une longueur égale à deux longueurs, plus une largeur de matelas.

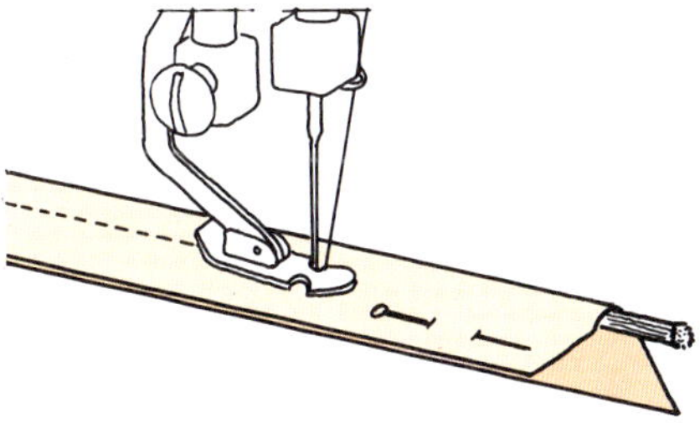

1 Repliez le biais destiné aux formes du traversin, envers contre envers; placez la ganse au creux du pli; piquez toute la longueur très près de la ganse avec le pied à fermeture à glissière; vous obtenez un bourrelet et il reste une double épaisseur de 1 cm pour la couture de montage.

2 Placez le biais sur l'endroit des formes de tête de traversin au bord des arrondis, bords vifs contre bords vifs; bâtissez avec soin; ensuite, piquez dans la piqûre de montage de la ganse. Surfilez la couture.

3 Crantez de part et d'autre l'emplacement du traversin sur le plateau. Placez les formes endroit contre endroit de chaque côté du plateau entre les crans. Bâtissez en faisant un bel arrondi, piquez sur la couture de montage du biais. Surfilez.

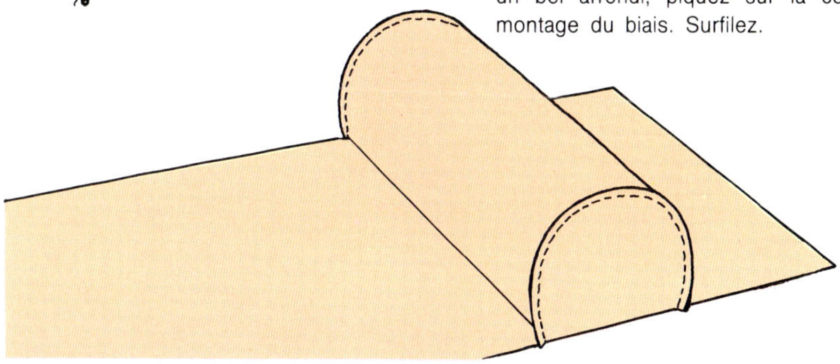

Montez le biais gansé tout autour du plateau du dessus-de-lit en partant du biais gansé de la forme de traversin, près du rabat de tête et en passant sur la base droit-fil de cette forme. Bâtissez et piquez ensuite sur la piqûre de montage du biais.

Montage de la plate-bande

1 Faites un rempli double de 0,5 cm sur toute la longueur de la plate-bande.
A partir de chaque extrémité de la longueur opposée, faites un cran à 1,90 m, un deuxième à 30 cm et un troisième à 30 cm. Pour former chacun des deux plis creux, placez le premier cran sur le deuxième, puis le troisième sur le deuxième.

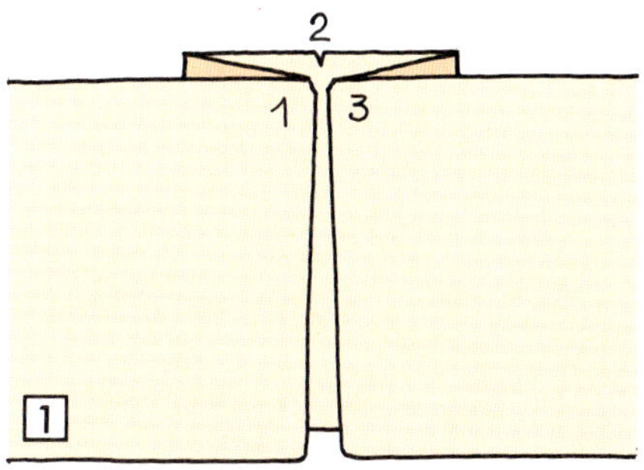

2 Bâtissez sur chaque arête de pli en prenant toutes les épaisseurs; maintenez les fonds de pli en haut par un bâti à petits points.
Assemblez la plate-bande au plateau : bâtissez endroit contre endroit, le biais gansé se trouvant entre les deux; piquez dans la couture de montage du biais gansé. Surfilez en double.

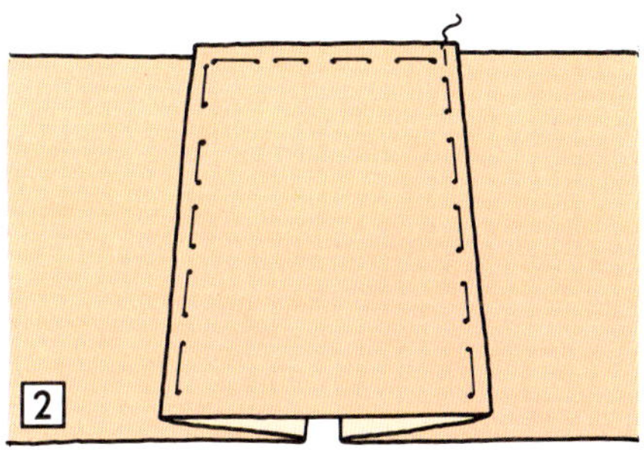

3 Assemblez sur 10 cm l'extrémité de la plate-bande au rabat de tête du plateau à partir de l'endroit où les biais gansés se rejoignent à la base de la forme du traversin; bâtissez et piquez; ouvrez la couture au fer, surfilez séparément.
Dans le prolongement de la couture, de chaque côté (sur la hauteur de la plate-bande et sur celle du revers de tête), faites un rempli double de 0,5 cm piqué nervure. Terminez par un rempli double de 0,5 cm piqué nervure sur la longueur du rabat de tête.

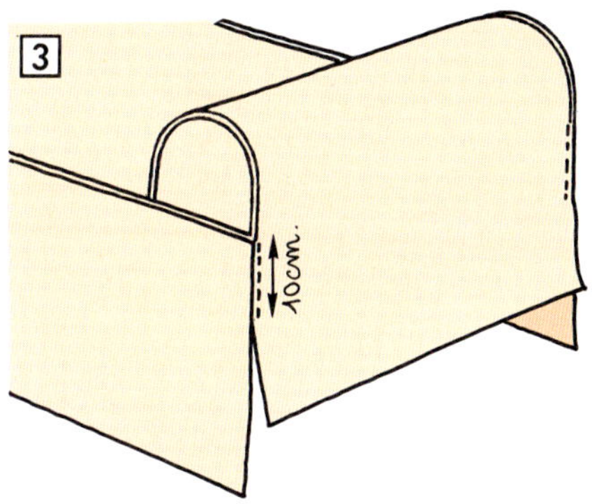

Fonds de pli rapportés

Cette technique convient aux tissus à rayures ou à motifs exigeant des raccords.
Coupez deux plates-bandes de 1,90 m plus 15 cm et une troisième de 90 cm plus 15 cm de chaque côté. Ensuite, vous couperez pour les plis des coins deux bandes de 30 cm de large (plus 2 cm pour la valeur des coutures) et de la hauteur de vos plates-bandes (les coutures de raccord se trouveront sur les arêtes du fond du pli).

1 Assemblez ces deux bandes aux plates-bandes, endroit contre endroit; piquez, ouvrez la couture, surfilez.
Faites un cran à 15 cm sur les plates-bandes à partir de la couture (rajout du rectangle à la plate-bande) et un autre au milieu des rectangles rajoutés.

2 Pliez cran sur cran et marquez les plis comme dans l'explication précédente.

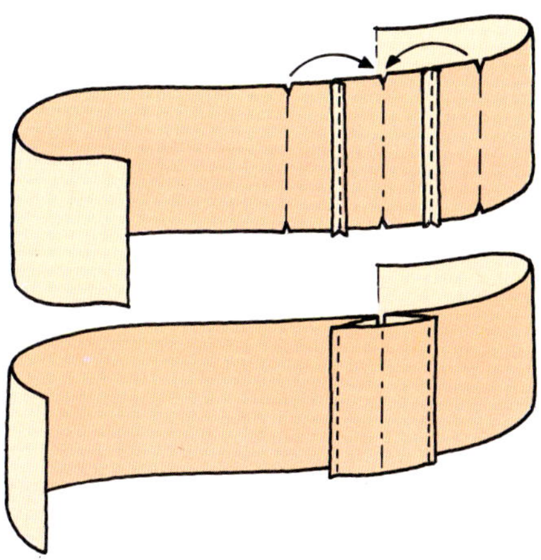

Jeté de lit matelassé

Les jetés de lit sont les couvre-lits les plus simples. Celui que nous vous présentons, bordé d'un ruban assorti, est un peu plus complexe. Il est non seulement doublé et ouatiné (une ouatine 100 % polyester en fera un dessus-de-lit très léger et très chaud), mais aussi matelassé suivant le motif que vous aurez choisi d'exécuter. Les piqûres pour le matelassage sont délicates à réaliser, mais, avec de la patience et de la minutie, vous y parviendrez sans problème. Si vous ne voulez pas créer vous-même votre motif, vous pouvez acheter du tissu pour nappe avec un motif central (dont vous piquerez les contours) ou vous contenter de faire un matelassage en losanges.

FOURNITURES

Pour un lit de 90 cm de large, 1,90 m de long; épaisseur du matelas : 17 cm; hauteur du sommier : 18 cm.

- Tissu de coton imprimé : 5 m en 170.
- Ouatine : 3,40 m en 140; 120-150 g/m^2.
- Ruban uni assorti à bords tissés : 8,50 m en 4 cm de large.

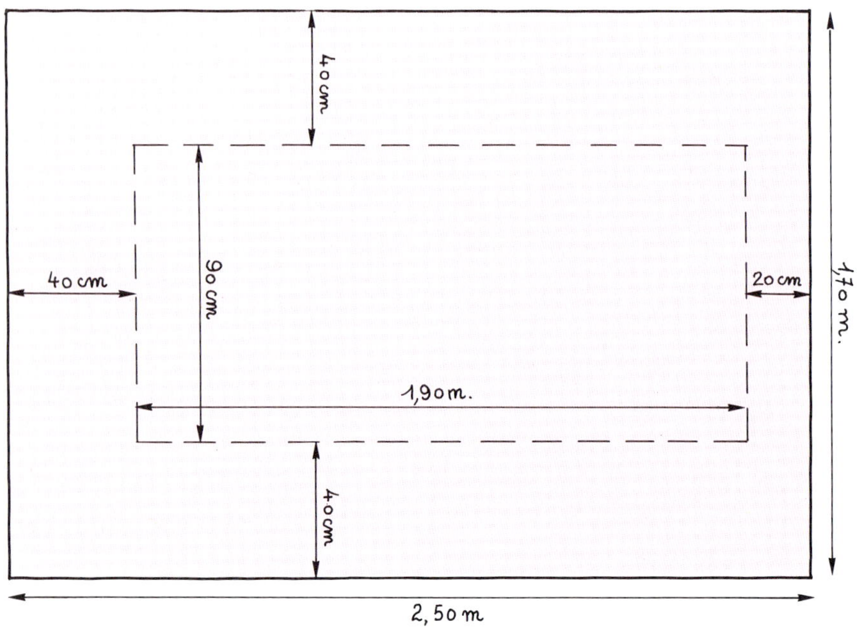

Calcul des mesures

Si vous souhaitez que le jeté de lit descende jusqu'au sol, comptez l'épaisseur du matelas et du sommier, plus la valeur de l'ourlet (2 cm) en vous arrêtant à 2,5 cm du sol. Votre retombée aura 40 cm environ, celle de la tête du lit, 20 cm. Multipliez par deux la longueur obtenue puisque le modèle est doublé de même tissu.

Matelassage

Pliez le tissu en deux dans le sens de la longueur, envers contre envers, pour obtenir un plateau doublé de 2,50 m sur 170; glissez la ouatine entre les deux après avoir fait les raccords nécessaires pour obtenir un rectangle de 2,50 m sur 170.

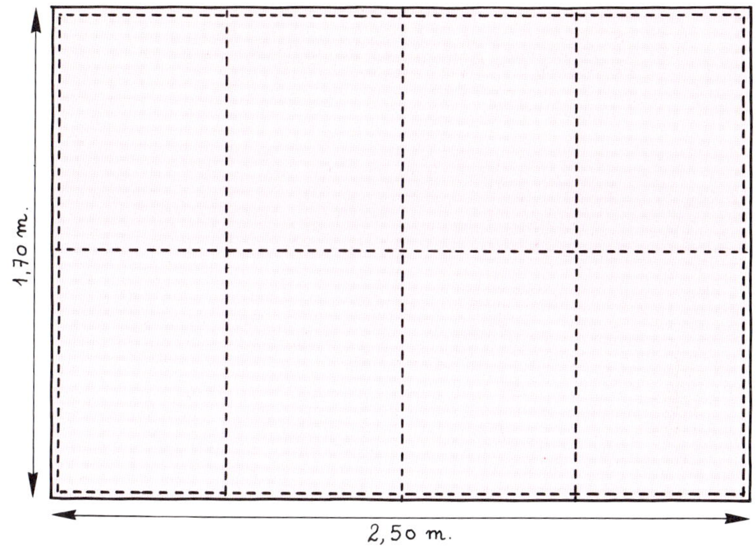

1 Bâtissez les trois épaisseurs sur tout le tour à 1 cm du bord, puis les milieux dans chaque sens, puis à nouveau au milieu de chaque rectangle obtenu. Piquez tout le tour au ras du bâti.

2 Vos épaisseurs bien maintenues, vous ferez le matelassage en piquant sur les contours de votre motif central, puis, à 20 cm du bord, piquez dans un motif latéral que vous poursuivrez sur les quatre retombées. Le matelassage terminé, débâtissez.
Il est recommandé de ne pas faire trop de piqûres si l'on veut obtenir un dessus-de-lit chaud; plus il est aéré, plus il est chaud.
Si vous avez choisi de faire un matelassage en losanges (20 cm de côté), reportez-vous aux pages 242 et 243, pour son tracé.

Pose du ruban à cheval

Posez le ruban envers contre envers à plat sans faire de rentré, bâtissez-le sur la piqûre de maintien de la ouatine. Faites les coins en onglet (voir p. 240), mais piquez sur le tracé de la bissectrice. Puis piquez au bord.
Rabattez le ruban sur l'endroit, bâtissez-le à plat en cachant les deux premières piqûres. Piquez au bord.

Coins en arrondi

Tracez à la craie tailleur, dans chaque angle, sur l'envers du jeté de lit, un carré dont le côté est égal à la hauteur du haut de matelas jusqu'à 2,5 cm du sol (ici, 40 cm). Prenez un mètre à ruban que vous fixez à l'aide d'une punaise dans le coin intérieur du carré. Reportez la hauteur de la plate-bande et faites des repères qui vous permettront de tracer un arc de cercle; coupez ensuite le long de l'arrondi. Crantez. Posez le ruban.

C

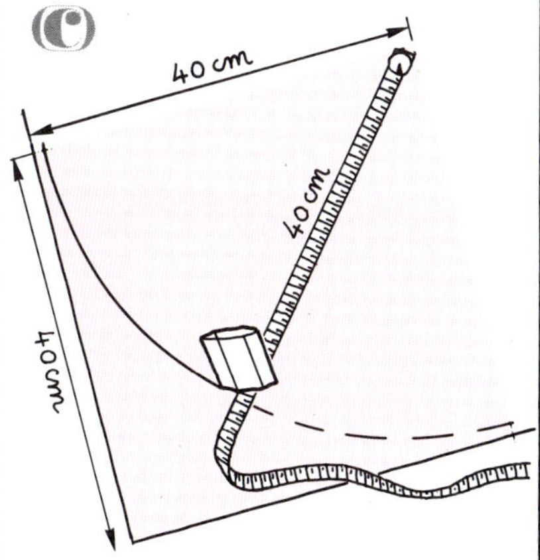

Couvre-lit et rideaux assortis

Pour donner une touche personnelle à votre chambre à coucher, vous pouvez assortir le couvre-lit aux doubles rideaux. Nous avons choisi un imprimé dans des tons gris, jaunes et blancs pour le couvre-lit à plate-bande plissée, le traversin, les doubles rideaux et un tissu coordonné rayé gris et blanc pour la doublure des rideaux, les bordures du plateau, du traversin et des rideaux.
Pour une finition parfaite, le tour du plateau, des extrémités du traversin et les bords des doubles rideaux ont été gansés; vous pouvez soit acheter un biais gansé uni assorti, soit le réaliser dans le tissu imprimé.

FOURNITURES

Pour un lit de 1,40 m de large et 1,90 m de long, un traversin de 22 cm de diamètre, 1,40 m de long et une fenêtre de 2,20 m de haut et de 1,50 m de large.

Couvre-lit et traversin

- Toile de coton : 7,90 m en 140.
- Toile de coton coordonnée : 30 cm en 170.
- Ganse ou biais gansé : 7,15 m.
- Velcro : 70 cm.

Doubles rideaux

- Toile de coton : 4,80 m en 140.
- Toile de coton coordonnée : 4,80 m en 170.
- Ganse ou biais gansé : 7,50 m.
- Ruban fronceur, spécial pour plis : 2,75 m.

Le couvre-lit

Une bordure de 4 cm de large en tissu coordonné (rayé gris et blanc) est posée à plat autour du plateau sur les deux longueurs et la largeur du pied du lit.

Coupe du plateau et de la bordure

Pour le plateau, coupez un rectangle dont la longueur est égale à 1,90 m plus 25 cm (rabat de tête), moins 4 cm (bordure), plus 3 cm (valeur des coutures), soit 2,14 m.

La largeur est égale à 1,40 m moins 8 cm (deux bordures), plus 2 cm (valeur des coutures), soit 1,34 m.

Pour la bordure, coupez, dans le tissu coordonné, deux bandes de 1,93 m de long plus 25 cm (soit 2,18 m) et 6 cm de large, et une bande de 1,42 m de long et 6 cm de large.

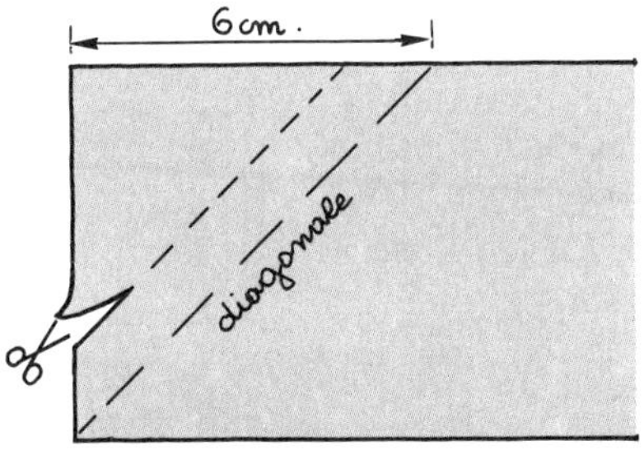

Sur les deux grandes bandes, à 6 cm de l'extrémité, tracez une droite dans la largeur. Tracez une diagonale dans le carré ainsi délimité ; ce sera votre ligne de couture de l'onglet. Puis une autre en deçà de la première à 1 cm : c'est votre ligne de coupe. Faites la même chose aux deux extrémités de la bordure de 1,42 m. Coupez.

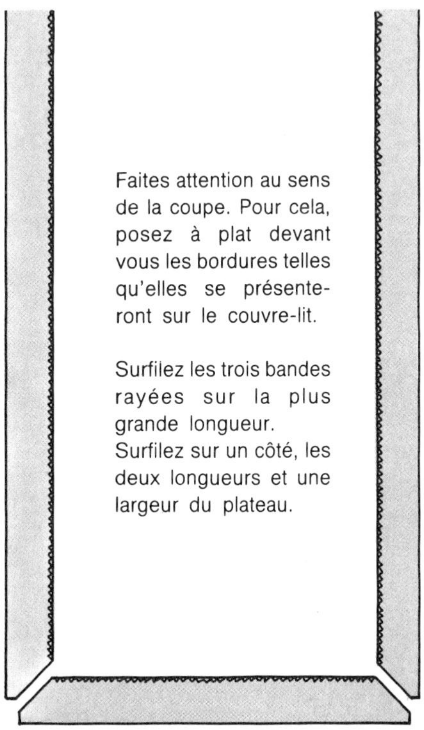

Faites attention au sens de la coupe. Pour cela, posez à plat devant vous les bordures telles qu'elles se présenteront sur le couvre-lit.

Surfilez les trois bandes rayées sur la plus grande longueur.
Surfilez sur un côté, les deux longueurs et une largeur du plateau.

Pose de la bordure et du biais gansé

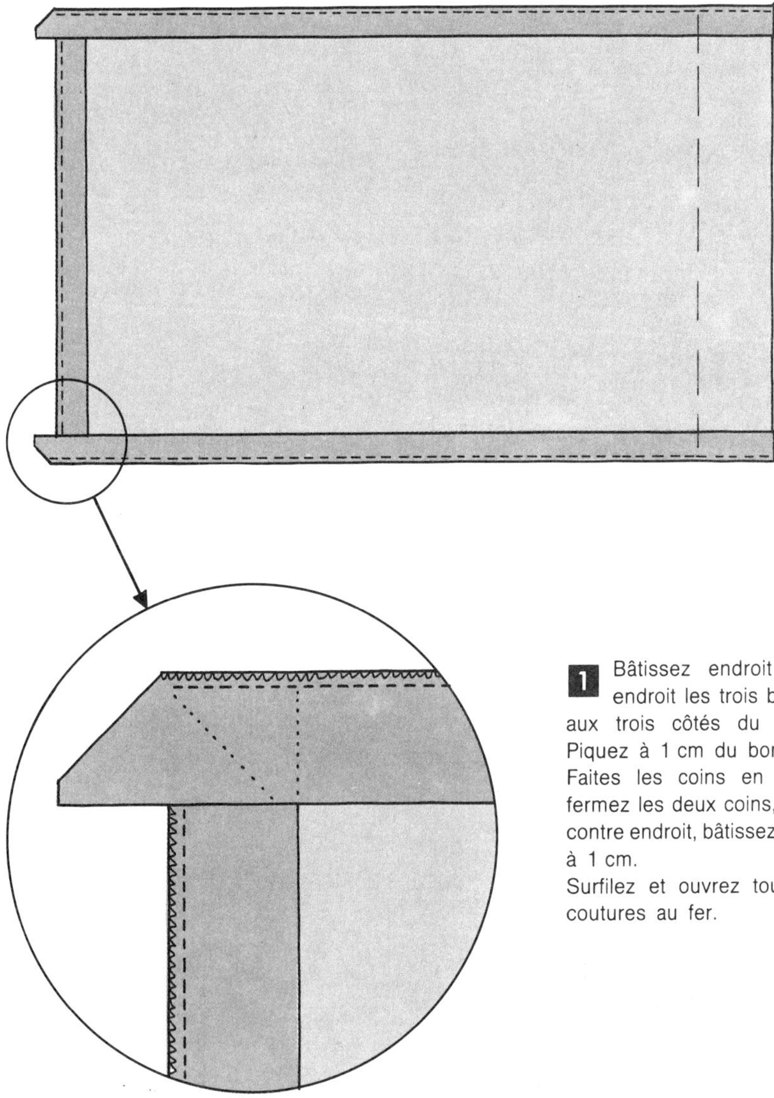

1 Bâtissez endroit contre endroit les trois bordures aux trois côtés du plateau. Piquez à 1 cm du bord.
Faites les coins en onglet : fermez les deux coins, endroit contre endroit, bâtissez, piquez à 1 cm.
Surfilez et ouvrez toutes les coutures au fer.

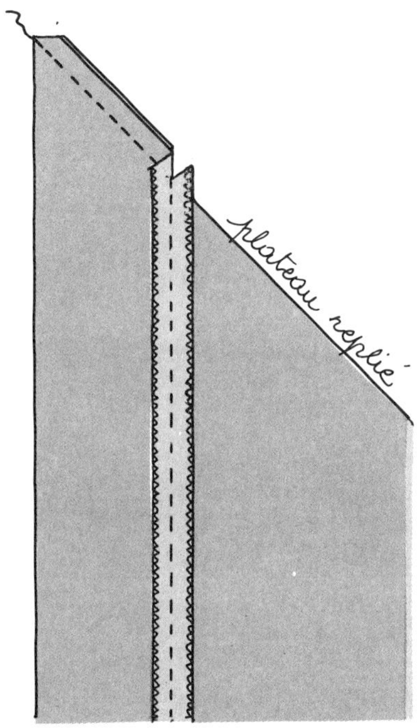

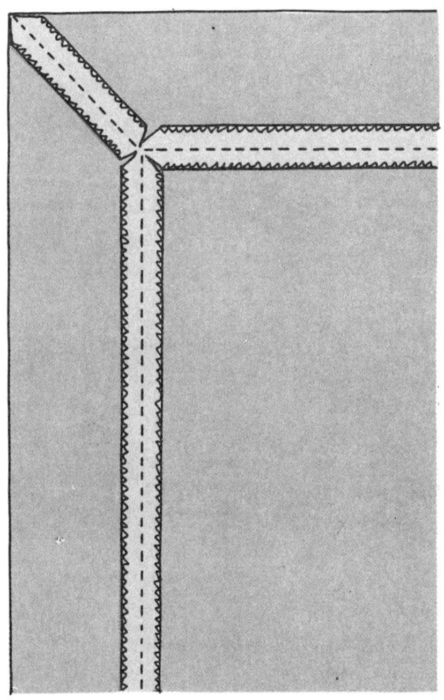

2 Faites les raccords des biais (voir p. 143) pour obtenir un seul morceau de 5, 70 m de long et 5 cm de large; pliez-le en deux, envers contre envers dans le sens de la longueur; mettez la ganse dans le fond du pli, piquez très près de la ganse avec le pied ganseur ou pied à fermeture à glissière (voir p. 253). Appliquez le bord vif du biais gansé sur le bord vif du plateau, endroit contre endroit. Bâtissez. Piquez sur la piqûre de montage du biais.

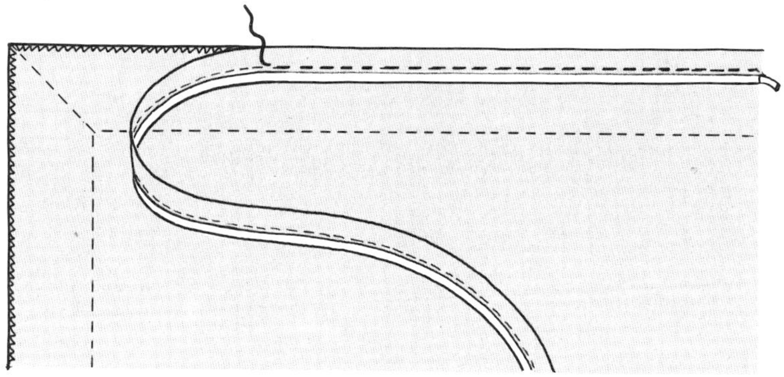

La plate-bande plissée

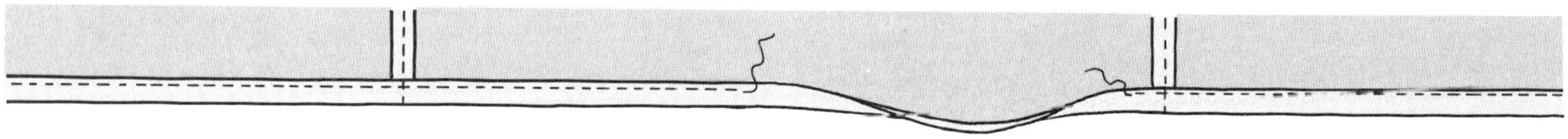

1 La longueur totale de la plate-bande est égale à trois fois deux longueurs de lit plus 10 cm et trois fois la largeur du lit plus 10 cm; la hauteur est égale à 40 cm plus la valeur de l'ourlet (2 cm). Pour obtenir des plis couchés de 10 cm, une fois finis, il vous faudra assembler douze bandes coupées dans la largeur du tissu. Pour 1,90 m, vous avez 19 plis, pour 1,40 m, 14 plis.

Assemblez tous les morceaux de la plate-bande en les épinglant pour obtenir une seule bande, puis bâtissez et piquez.
Repassez les coutures ouvertes; celles-ci ne sont pas surfilées puisque vous assemblez les lisières. Pour un travail plus soigné, ces coutures devront se trouver au fond des plis. Sur le bas de la plate-bande, faites un ourlet de 2 cm dont un rempli de 0,5 cm. Piquez ensuite nervure.

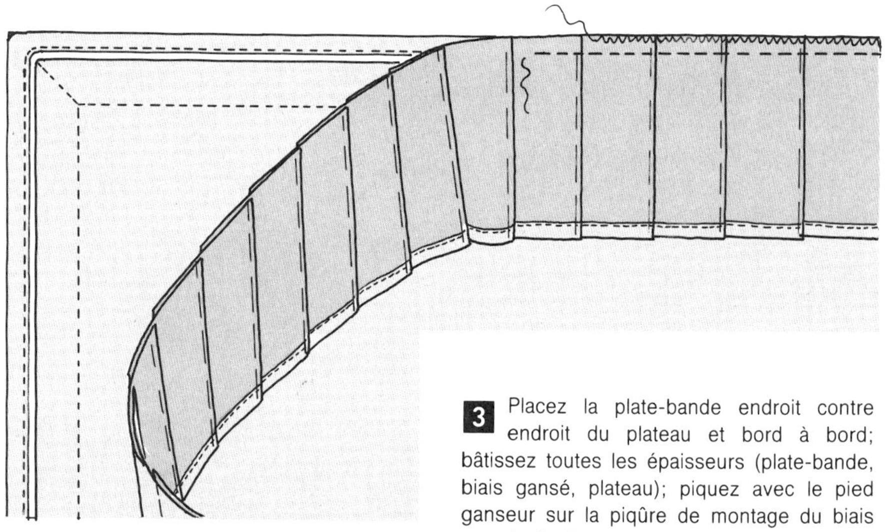

3 Placez la plate-bande endroit contre endroit du plateau et bord à bord; bâtissez toutes les épaisseurs (plate-bande, biais gansé, plateau); piquez avec le pied ganseur sur la piqûre de montage du biais gansé. Surfilez la couture fermée.

2 Placez la plate-bande à plat sur la table, l'endroit vers vous. En partant de l'extrémité gauche, faites des points de repère à la craie tous les 10 cm. Formez les plis en épinglant le premier repère sur le troisième, le quatrième sur le sixième et continuez jusqu'au bout du volant : vous obtenez des plis de 10 cm avec un fond de pli de 10 cm, toujours tournés dans le même sens.
Bâtissez les plis en maintenant bien les fonds de pli qui doivent arriver au bord du dessus de pli suivant, sans se chevaucher.

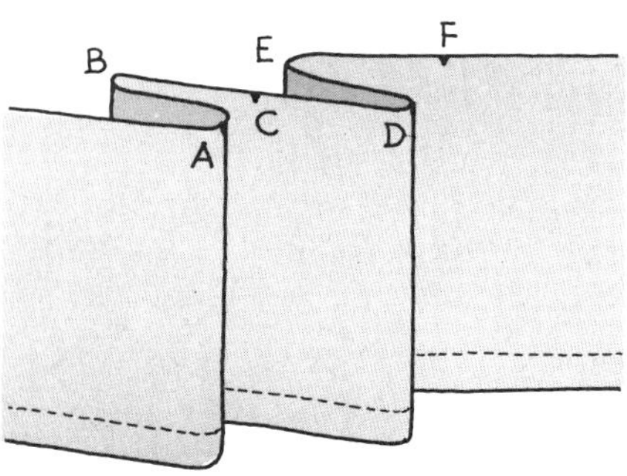

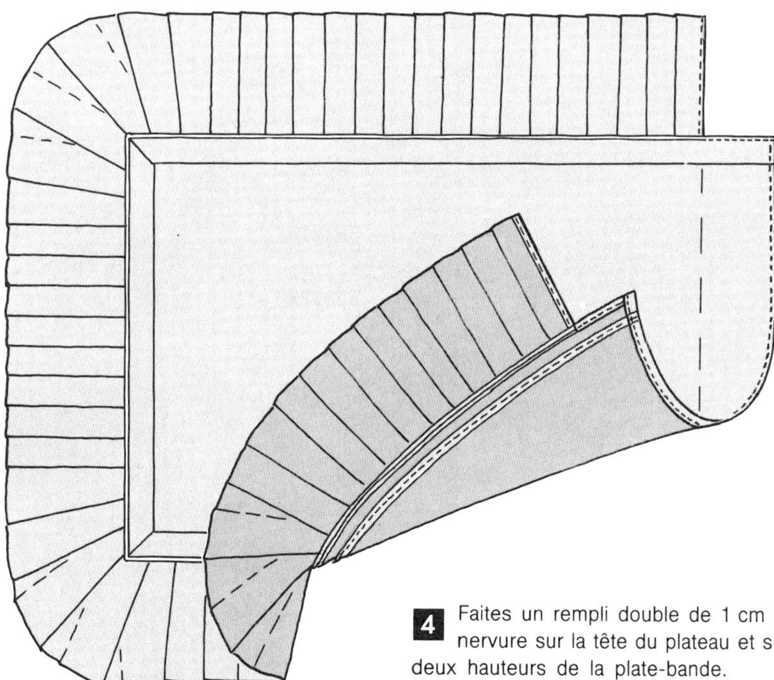

4 Faites un rempli double de 1 cm piqué nervure sur la tête du plateau et sur les deux hauteurs de la plate-bande.
Repassez en faisant ressortir la ganse.

La housse de traversin

Dans le tissu imprimé, découpez un rectangle d'une longueur égale à la largeur du lit moins la valeur des bordures, plus celle des coutures,et d'une largeur égale à la circonférence du traversin plus les coutures, ainsi que deux cercles de même diamètre que le traversin plus la valeur des coutures. Ici, pour ce modèle, la longueur est égale à 1,40 m moins 8 cm (les bordures coordonnées) plus 2 cm (valeur des coutures), soit : 1,34 m. La largeur est égale à 70 cm plus 2 cm (valeur des coutures).

Chaque biais a 72 cm de long et 5 cm de large; chaque bordure, en tissu coordonné, a 72 cm de long et 6 cm de large.

Assemblez les deux bordures aux extrémités du rectangle; bâtissez, piquez à 1 cm. Vous obtenez un rectangle d'une longueur de 1,42 m. Surfilez les longueurs du rectangle et les deux cercles.

Pose du velcro

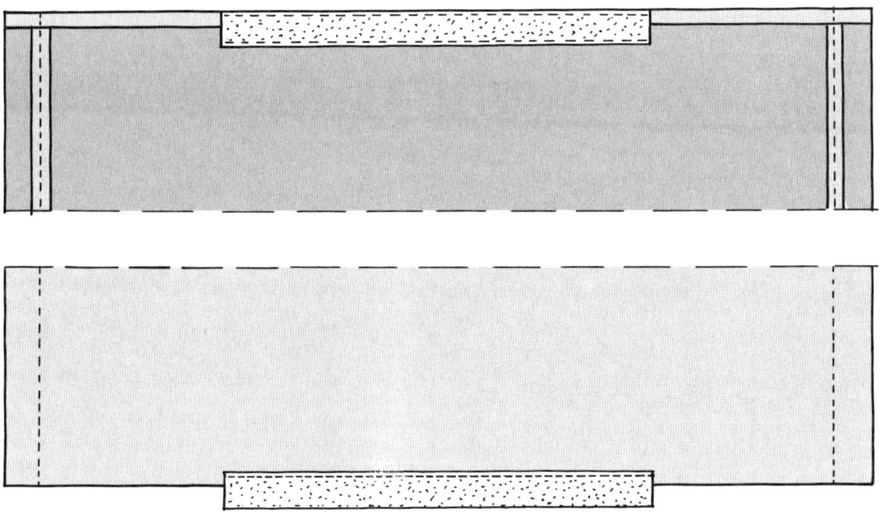

1 Sur un côté du rectangle dans le sens de la longueur, repliez au fer sur l'envers 1 cm de tissu. Appliquez l'envers du velcro sur l'envers du tissu au bord de la pliure, au milieu du traversin, en laissant 35 cm de chaque côté. Bâtissez et piquez de chaque côté du velcro.

Sur l'autre côté du rectangle, bâtissez et piquez le velcro envers contre endroit du tissu, au bord du tissu.

2 Fermez la taie de traversin en piquant de chaque côté les 35 cm au-delà du velcro; pliez pour cela le rectangle endroit contre endroit et piquez à 1 cm du bord.

Superposez le velcro à chaque extrémité et faites une piqûre d'arrêt qui le tiendra fermé.

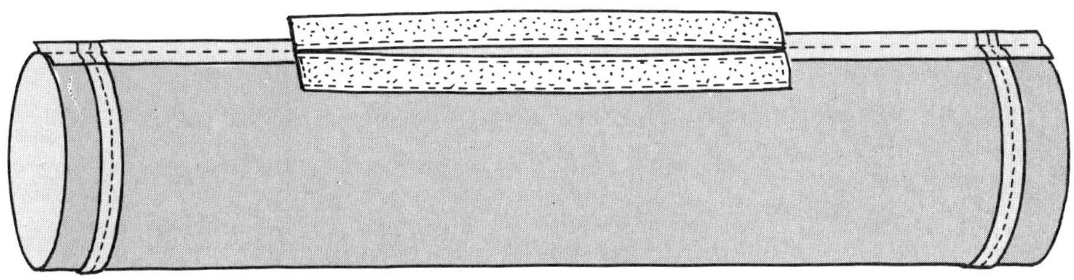

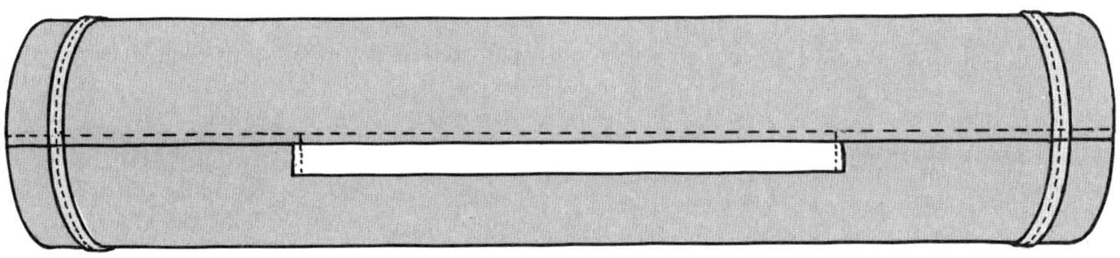

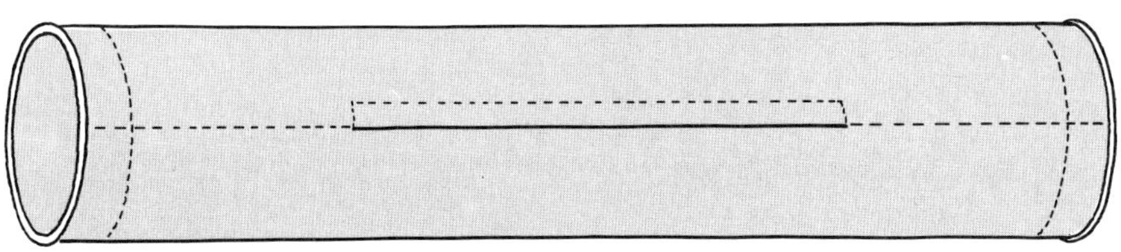

Sur l'endroit des cercles, montez les biais gansés comme sur le plateau; bâtissez les cercles sur les extrémités du rectangle fermé, endroit contre endroit; piquez sur la couture de montage de la ganse; surfilez fermé. Retournez, repassez.

Les doubles rideaux à tête flamande

Comment calculer le métrage

Calculez la largeur totale de vos doubles rideaux en multipliant par 1,5 la longueur de la tringle (ou par 2, si vous souhaitez des plis plus amples). Ici, 2,70 m (1,80 m × 1,5). Un panneau mesure donc la moitié, soit 1,35 m de large. Calculez la hauteur en relevant la distance depuis la tringle à 2 cm du sol plus 5 cm pour la tête flamande (pour ce modèle, il n'y a pas d'ourlet du bas, sinon comptez 20 cm). Ici, 2,20 m plus 10 cm (hauteur tringle-fenêtre) plus 5 cm.

Il vous faut, en largeur, 1,35 m moins 4 cm (pour la bordure), plus 2 cm (valeur des coutures) : 1,33 m. En hauteur, il vous faut 2,35 m moins 4 cm (bordure), plus 2 cm (valeur des coutures) : 2,33 m.

La bordure de tissu coordonné mesure 2,37 m de haut et 6 cm de large, et celle du bas 1,37 m sur 6 cm (valeur des coutures comprise).

Le biais pour chacun des rideaux mesure 3,70 m de long et 5 cm de large.

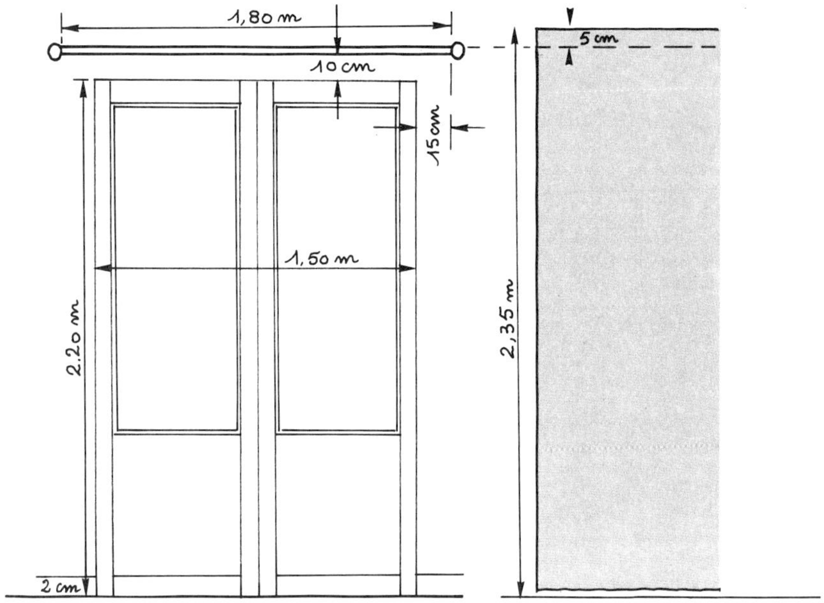

Pose de la bordure et du biais

Les deux panneaux ont une bordure en tissu coordonné sur la largeur du bas et sur la hauteur qui sera au milieu de la fenêtre. Pour ne pas faire les deux rideaux pour le même côté, placez-les devant vous, l'endroit vers vous; épinglez, puis bâtissez la bordure. Faites les coins en onglet comme pour le couvre-lit. Piquez à 1 cm, ouvrez les coutures au fer.

Préparez 3,70 m de biais par rideau, pliez-le dans le sens de la longueur et montez la ganse comme précédemment.

Appliquez et bâtissez le biais gansé, bord à bord, endroit contre endroit du rideau, sur la bordure coordonnée; piquez dans la couture de montage de la ganse.

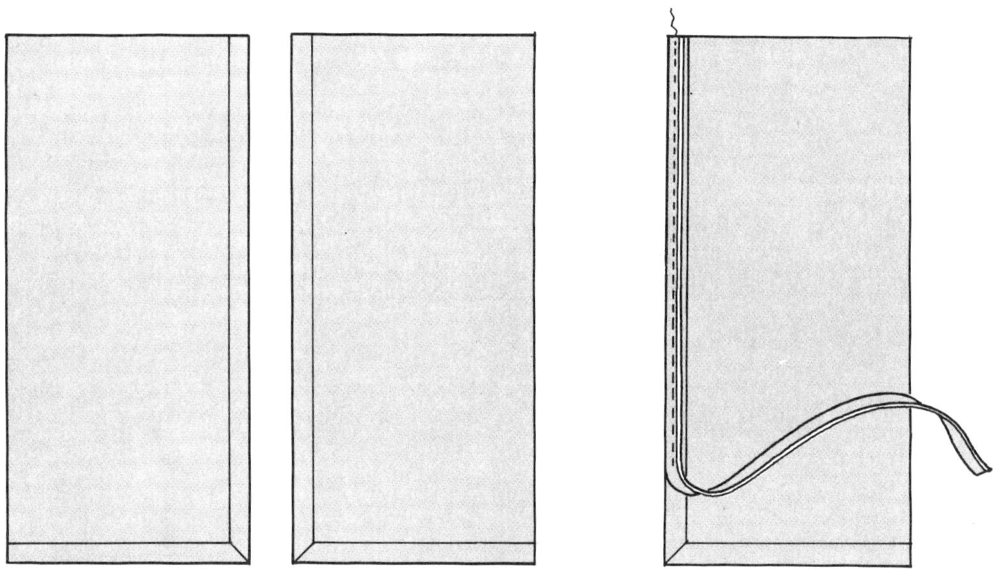

Pose de la doublure

Assemblez le rideau à la doublure en les plaçant endroit contre endroit. Bâtissez tout le tour du rideau. Piquez à 1 cm en réservant 50 cm sans couture dans le haut du bord externe non bordé, pour retourner. Retournez par cette ouverture. Repassez le rideau. Fermez ensuite l'ouverture à points coulés.

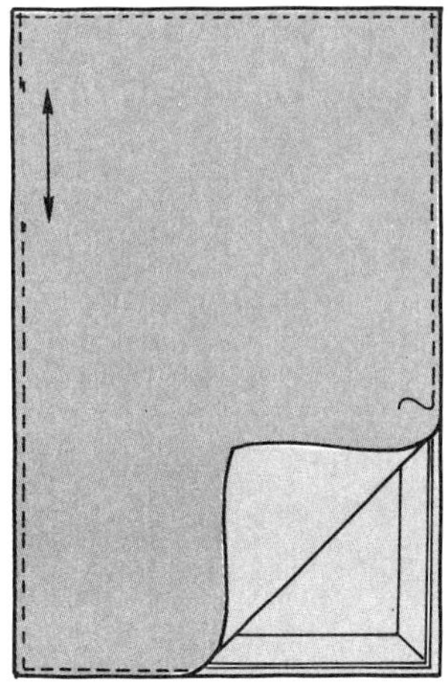

Pose du ruban fronceur

Sur l'envers de la tête du rideau, bâtissez à plat le ruban à plis, à 5 cm du bord; bâtissez également le bas du ruban et les côtés où vous ferez un rentré de 1 cm en plaçant le ruban légèrement en retrait du bord du rideau pour qu'on ne le voie pas sur l'endroit. Piquez nervure tout autour. Tirez soigneusement les cordons à la largeur voulue, les plis se feront automatiquement à distance régulière.

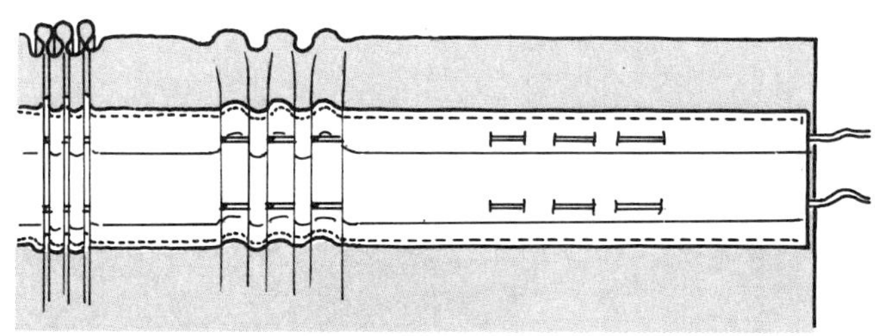

Les tringles

Il existe des systèmes de fixation de voilages et doubles rideaux en métal plastifié, en laiton verni ou en bois. Nous en avons retenu quelques-uns, d'usage courant.

La tringle à ressort

La tringle à anneaux

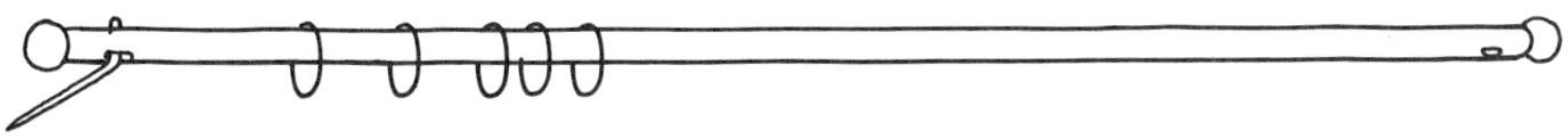

La barre en bois

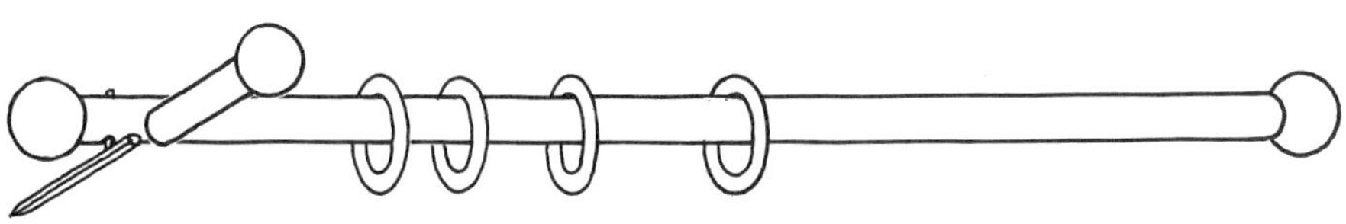

La tringle coulissante

La tringle extensible

La tringle chemin de fer

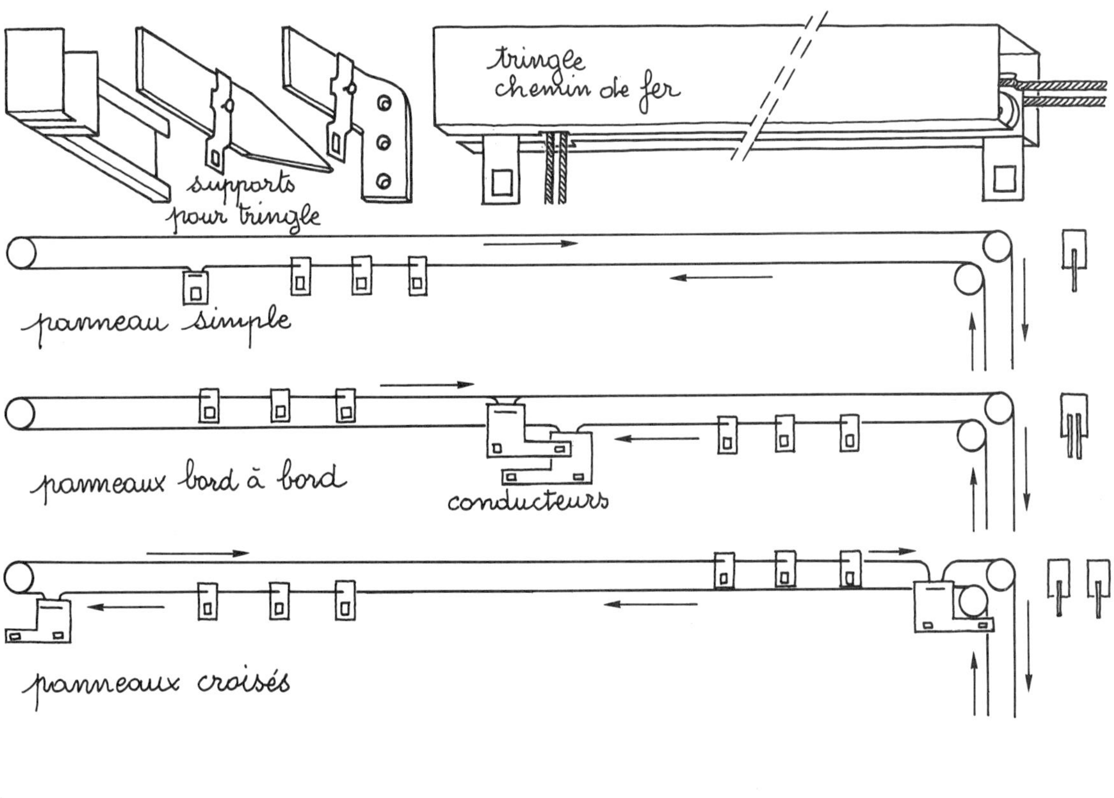

1 Idéale pour les rideaux bonne femme, la tringle à ressort terminée par un anneau est glissée dans le ruban tubulaire du rideau, puis accrochée à un piton d'angle.

2 On pose de chaque côté de la fenêtre un piton à gond sur lequel vient s'emboîter un tube creux, percé à chaque extrémité. Une série d'anneaux, ouverts ou fermés, auxquels on fixera le rideau, coulissent sur la tringle.

3 Les cabochons aux extrémités de la barre sont amovibles, pour que l'on puisse y glisser les anneaux cousus au rideau. La barre fixée de chaque côté sur un piton à gond est ornée d'une boule en bois. Les crochets de la ruflette peuvent se fixer sur des anneaux à pinces.

4 Ce système convient à des brise-bise. La tringle coulissante, plate ou ronde, est composée de deux parties; une partie dite mâle s'introduit dans la partie dite femelle. Les extrémités mâle et femelle sont perçées. On introduit une vis dans le trou de la partie femelle que l'on recouvre d'un cache-vis, puis on glisse la tringle dans le ruban tubulaire du rideau. On tire la partie coulissante à la longueur voulue jusqu'à faire coïncider le trou de la partie mâle avec la deuxième vis, que l'on recouvre également d'un cache-vis.

5 Elle est fixée au mur par des pattes, elles-mêmes fixées par des chevilles et des vis. Comme la précédente, elle comprend une partie mâle et une partie femelle. Des cabochons ornent les extrémités.

6 Ce système très pratique existe pour des voilages simples, des doubles rideaux bord à bord ou croisés. Le rideau est monté sur un cordon glissant sur des poulies; toute l'installation est recouverte d'une boîte métallique.

Voilage à panneau simple

Prise des mesures

La hauteur de tissu se calcule depuis la tringle jusqu'à 2 cm du sol, plus 6 cm pour l'ourlet du haut et 60 cm pour l'ourlet du bas (30 cm si vous souhaitez économiser du tissu); ici, hauteur de la tringle jusqu'à 2 cm du sol (5 cm + 1,65 m + 60 cm − 2 cm), plus 6 cm, plus 60 cm, soit 2,94 m. Pour obtenir des fronces élégantes, il faut une grande largeur de tissu; l'idéal est de multiplier la longueur de votre tringle par 2, par 2,5 ou par 3 selon la transparence du tissu. Ici, votre panneau aura 3 m de large (1,20 m × 2,5).

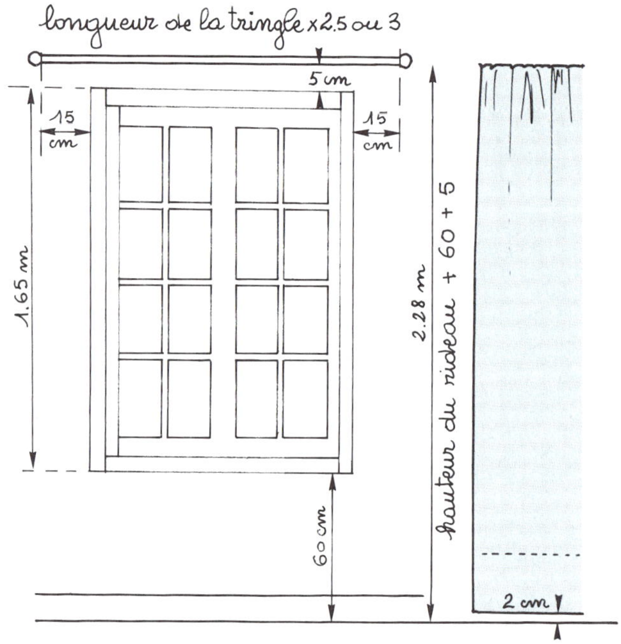

La confection d'un voilage à panneau simple est aussi simple qu'économique. Les tissus pour les voilages sont généralement des mélanges de tergal et lin ou de polyester et coton. Nous avons choisi un voilage uni en tergal et lin très classique. La tête est froncée par un ruban fronceur ou ruflette; le bas est terminé par un ourlet triple qui évite de voir les replis par transparence.

FOURNITURES

Pour une fenêtre de 90 cm de large et de 1,65 m de haut. La tringle est posée à 5 cm au-dessus de la fenêtre et dépasse cette dernière de 15 cm de chaque côté. La hauteur du sol à la fenêtre est de 60 cm.

- Tergal et lin : 3 m en 300.
- Ruban fronceur : 3,05 m; avec crochets adaptés.
- 1 tringle chemin de fer de 1,20 m.

Il existe des voilages en grandes largeurs (350 ou 420). Si votre tringle mesure 1,60 m (ou plus) et si vous utilisez un tissu dont la largeur est inférieure à 3 m, vous ne pourrez pas faire un seul panneau, vous serez obligée d'en faire deux séparés.

Le ruban fronceur aura la même longueur que la largeur du tissu.

Ourlet du bas

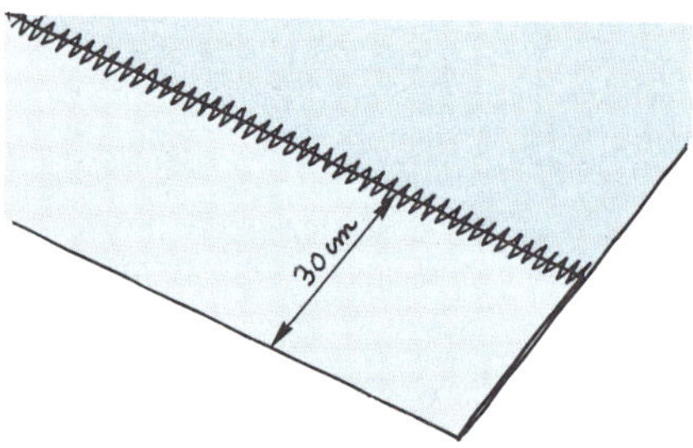

1 Repliez 30 cm sur l'envers, en bas du panneau; bâtissez bien à plat.
Repliez une seconde fois 30 cm et bâtissez de la même façon. Piquez au point zigzag ou au point droit en prenant garde que les tensions ne soient pas trop serrées. Débâtissez et cassez la pliure de l'ourlet au fer.

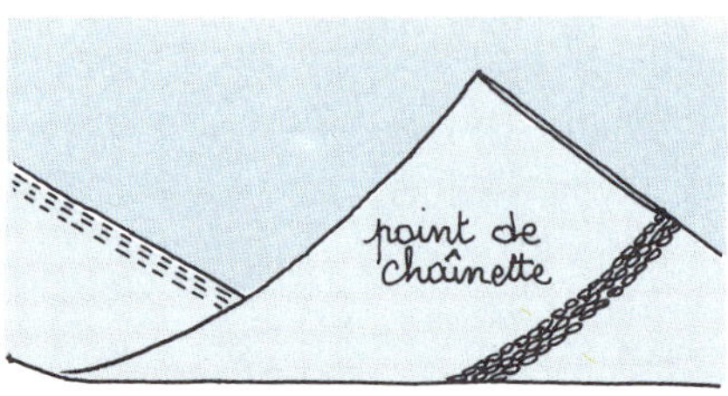

2 Si vous voulez économiser du tissu, faites un ourlet de 30 cm seulement; repliez 1,5 cm; bâtissez. Pour fixer l'ourlet, exécutez sur la hauteur du rempli une série de piqûres droites (ou de points de chaînette) qui éviteront de voir ce dernier par transparence.

Pour l'ourlet du haut et la pose du ruban fronceur, voir page ci-contre.

Voilages croisés

Les embrasses

Surfilez les deux petits côtés et une longueur de chaque embrasse par un point serré qui fera un roulotté. Sur l'autre longueur, faites un repli de 1 cm, sur l'envers, au fer. Bâtissez. Passez 2 fils de fronces sur cette tête d'embrasse, le premier à 0,5 cm du bord, le second à 0,5 cm du premier.
Tirez les fils de fronces jusqu'à obtenir la longueur désirée. Ici, 1,50 m.
Montez ces fronces sur le ruban de 1 cm de large. Posez-le à 2 mm du bord du rempli, sur l'envers. Bâtissez sur l'endroit pour égaliser les fronces. Bâtissez également l'autre bord du ruban. Piquez. A chaque extrémité de l'embrasse, au niveau des fronces, cousez un petit anneau qui servira à l'accrochage.

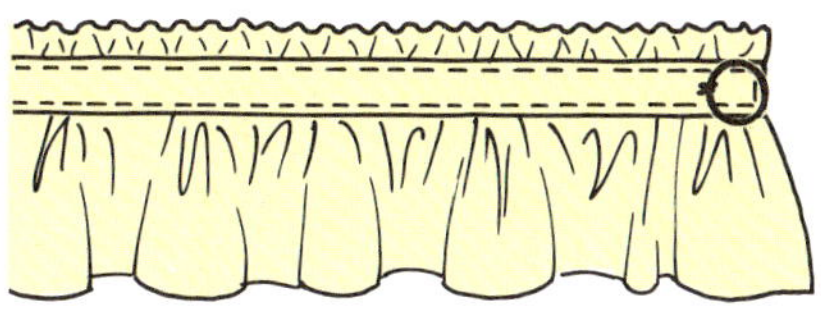

Les embrasses sont en effet fixées par un crochet posé sur le côté de la fenêtre, plus ou moins haut selon votre goût, mais dans l'alignement des extrémités de la tringle.

Les voilages sont réalisés en tissu transparent, souvent en tergal plein jour, pour laisser entrer la lumière.
Si vous désirez atténuer cette transparence, nous vous conseillons de choisir des voilages croisés. Nous vous présentons deux panneaux droits terminés par un triple ourlet, retenus de chaque côté par des embrasses volantées; classiques et très esthétiques à la fois.

FOURNITURES

Pour une fenêtre de 1,80 m de large et de 2,25 m de haut.

- Voilage : 6,60 m en 420.
- Ruban fronceur : 8,45 m; avec crochets adaptés.
- Ruban à bords tissés blanc : 3 m de long, 1 cm de large.
- 4 anneaux pour les embrasses.
- 2 tringles chemin de fer de 2,10 m.

Prise des mesures

La hauteur des rideaux se détermine de la même façon que pour le modèle précédent. Ici, il faut cependant ajouter la hauteur des deux embrasses (13 cm × 2).
Pour calculer la largeur, multipliez la longueur de la tringle par 2 seulement; ces rideaux étant déjà croisés, le fronçage ne doit pas être prononcé, sinon il risquerait d'assombrir beaucoup la pièce.
Pour déterminer la longueur de chaque embrasse, passez un mètre ruban autour d'un panneau terminé et posé, en le serrant plus ou moins selon l'ouverture que vous souhaitez obtenir. Vous multiplierez ensuite la longueur obtenue par 1,5 pour réussir de belles fronces. Ici, 1,50 m multiplié par 1,5, soit 2,25 m.

Faites les ourlets du bas : procédez de la même façon que précédemment.

Pose du ruban fronceur

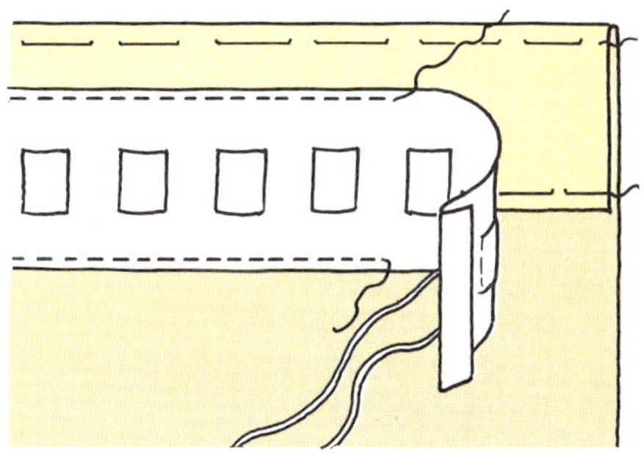

Dans le haut du rideau, repliez 6 cm de tissu sur l'envers; bâtissez au bord, en haut et en bas de ce rempli. Appliquez le ruban fronceur envers contre envers, à 2 cm de la tête du rideau; bâtissez le haut et le bas du ruban; à chaque extrémité, faites un rempli de 1 cm sur l'envers du ruban. Piquez tout le tour.
Tirez les cordons en même temps pour que les fronces se répartissent également. Ne coupez pas l'excédent des cordons, ils peuvent servir pour la remise à plat du voilage, lors du lavage ou du repassage.

Brise-bise

Pour habiller une fenêtre à tabatière ou un Vélux, choisissez une cretonne fantaisie dans des tons pastel qui laisseront passer la lumière tout en faisant office de doubles rideaux.
Les tringles sont posées sur le mur, et non sur la tabatière elle-même. Vous pouvez ainsi ouvrir la fenêtre sans être gênée par les rideaux.

FOURNITURES

Pour une fenêtre à tabatière de 1 m de haut et 99 cm de large.

- Cretonne : 3 m en 100.
- Ruban tubulaire : 3,80 m de long et 2,5 cm de large ou plus suivant l'épaisseur de la tringle.
- 2 tringles en laiton de 1,19 m de long (coulissantes ou non) et 2 cm de large.

Prise des mesures

Les tringles sont posées à 10 cm au-dessus et au-dessous de la fenêtre et dépassent de 10 cm de chaque côté de cette dernière.
Pour la hauteur de chaque brise-bise, calculez la hauteur entre les 2 tringles plus 10 cm pour le rentré et le volanté en haut et en bas. (1,20 m + 10 cm + 10 cm, soit 1,40 m).
Pour la largeur de chaque brise-bise, comptez la longueur d'une demi-tringle multipliée par 1,5 pour le fronçage, plus 1,5 cm de chaque côté pour les ourlets (59,5 cm × 1,5 + 1,5 cm + 1,5 cm, soit 92,2 cm arrondis à 92 cm).
La longueur du ruban tubulaire (qui sert de passage pour la tringle) est égale à la largeur de chaque rideau.

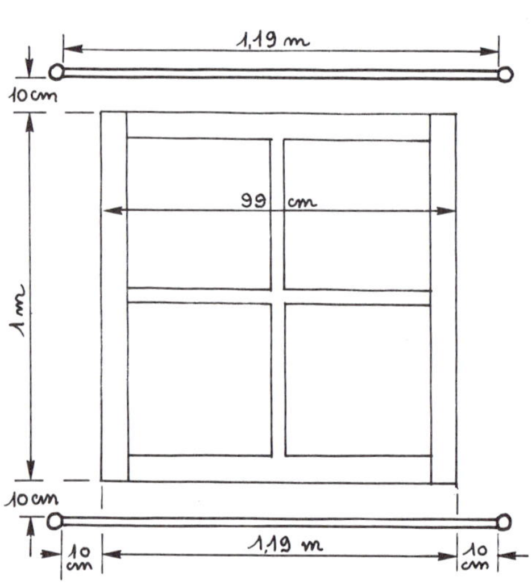

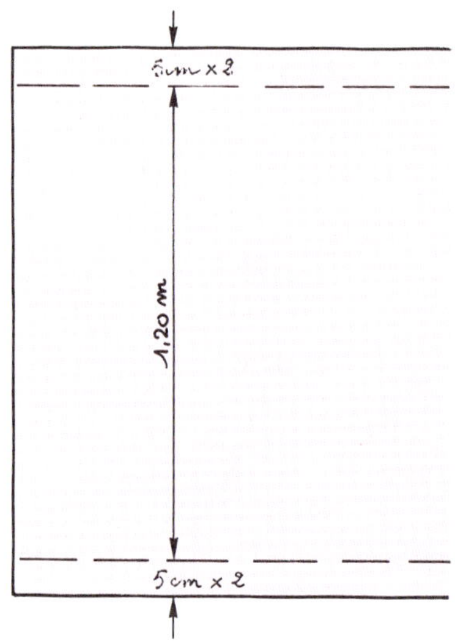

Réalisation des brise-bise

Faites un rempli double de 0,75 cm de chaque côté des rideaux, sur les hauteurs.
Faites un ourlet de 1,5 cm dont un rentré de 0,75 cm à chaque extrémité de vos quatre longueurs de ruban, pour avoir une ouverture bien nette et y glisser la tringle.
Pliez au fer 4 cm en haut et en bas des rideaux; bâtissez le bas des remplis. Posez soigneusement le ruban tubulaire à cheval sur les remplis que vous venez de faire; bâtissez ensuite avec soin.

Piquez de chaque côté du ruban sur les longueurs pour obtenir le passage qui vous permettra d'enfiler la tringle.

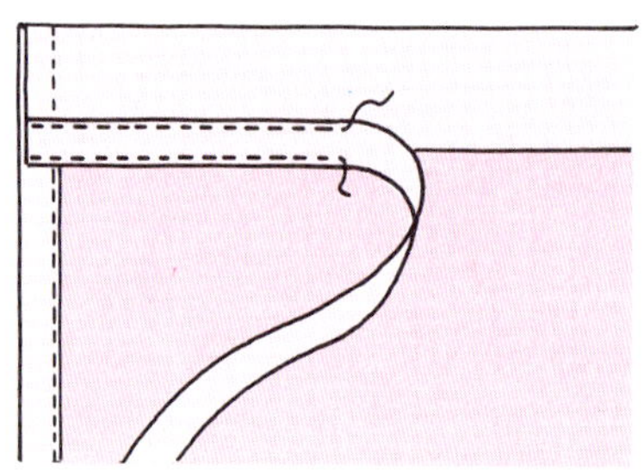

Rideaux bonne femme

Des rideaux bonne femme, bordés d'un charmant petit volant et retenus par des embrasses,apporteront une note chaleureuse et campagnarde à votre cuisine.
Choisissez de préférence un tissu qui puisse se laver fréquemment, comme la cretonne fleurie de notre modèle.

FOURNITURES

Pour une fenêtre de 1,28 m de haut et 1,03 m de large.

- Cretonne fleurie : 3,50 m en 90.
- Ruban tubulaire : 1,65 m de long et 2 cm de large.
- Thermocollant : 7 cm en 90.
- 2 tringles à ressort.
- 4 vis et 4 crochets.
- 4 anneaux en plastique pour les embrasses.

Comment prendre les mesures

Pour chaque rideau : ajoutez à la hauteur de votre fenêtre 5 cm dans le bas plus 10 cm pour la tête, plus 8 cm pour l'ourlet du bas (1,28 m + 5 cm + 10 cm + 8 cm, soit 1,51 m).
La largeur du rideau est égale à une fois et demie la demi-fenêtre plus 2 cm pour la valeur des coutures (51,5 cm × 1,5 + 2 cm, soit 79,25 cm arrondis à 79 cm).
La longueur du ruban tubulaire de chaque rideau est égale à la largeur du rideau, soit 79 cm.
Pour le volant, taillez une bande de 5 cm de large et d'une hauteur égale à une fois et demie la hauteur d'un rideau, pour obtenir un froncé suffisant (1,43 × 1,5, soit 2,15) plus 2 cm (valeur des coutures).
Pour dégager environ la moitié de la demi-fenêtre, coupez deux embrasses de 7 cm de large et d'une longueur égale à la largeur de la demi-fenêtre (car l'embrasse sera pliée en deux), plus la valeur des coutures (51,5 cm + 1 cm, soit 52,5 cm).

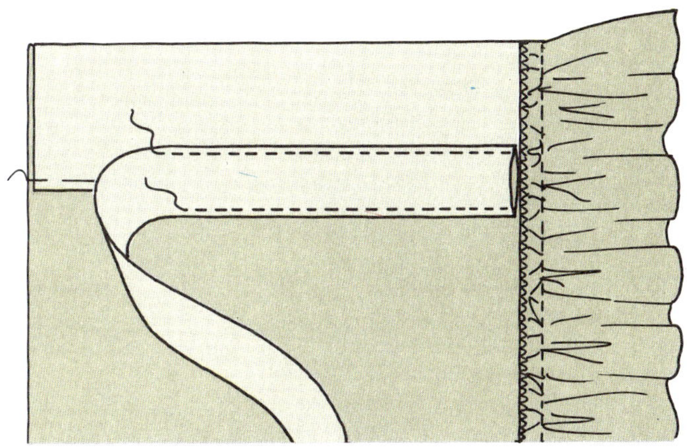

Pose des volants

Faites les raccords nécessaires pour obtenir deux bandes de 2,15 m de long. Surfilez les deux largeurs et une longueur de chaque volant par un zigzag serré. Froncez l'autre longueur en passant 2 fils de fronces, le premier à 0,75 cm du bord, le second à 0,5 cm du premier.
Sur le rideau, sur la hauteur qui restera sans volant, faites un rempli double de 0,5 cm. Au bas du rideau, exécutez un ourlet de 8 cm dont un rentré de 1 cm.
En haut du rideau, bâtissez un rempli de 4 cm. Épinglez le volant froncé sur le rideau, endroit contre endroit, bord vif sur bord vif, en faisant un rempli de 1 cm au volant en haut et en bas. Bâtissez et piquez à 1 cm du bord. Surfilez la couture fermée. Repassez sur l'envers la couture tournée vers le rideau, puis surpiquez nervure à 0,5 cm sur l'endroit pour maintenir cette couture.

Pose du ruban tubulaire

A chaque extrémité du ruban tubulaire, faites un ourlet de 1 cm; appliquez le ruban à cheval sur le bord du rempli en plaçant le bord inférieur du ruban 1 cm plus bas que le bord vif du rempli.
Le ruban démarre au ras du bord sans volant du rideau et s'arrête sur l'autre côté au ras du début du volant; bâtissez les deux longueurs du ruban et piquez nervure.

Les embrasses

Thermocollez la moitié du rectangle de tissu sur la longueur. Pliez le rectangle endroit contre endroit dans le sens de la longueur; faites un fourreau : bâtissez et piquez à 0,5 cm en faisant les extrémités en biseau; laissez 5 cm non piqués au milieu de la couture sur la longueur pour retourner (voir p. 118). Fermez l'ouverture par un point glissé. Cousez 2 petits anneaux aux deux extrémités de chaque embrasse.

Store et rideaux de douche

Si vous souhaitez assortir vos rideaux de douche au store de votre salle de bains, nous vous conseillons d'utiliser de la toile à store lavable, très pratique. Notre modèle, rayé jaune et blanc, est très lumineux, mais vous choisirez des coloris s'accordant aux tons de vos carrelages. Les rideaux de douche sont doublés de plastique cristal.
Le store s'enroule sur un système de fixation très simple, vendu en kit dans de nombreux magasins avec toutes les explications nécessaires au montage.

FOURNITURES

Pour une tringle de 1,40 m de longueur totale (un bac à douche de 70 cm sur 70) et pour une fenêtre à un battant de 1,20 m de haut et 80 cm de large.

Rideaux
- Toile à store : 3,80 m en 130.
- Plastique cristal : 1,75 m en 140.
- 28 anneaux ouvrants en plastique.
- 28 œillets.

Store
- Toile à store : 1,40 m en 100.
- 1 système à enrouleur en kit de 1 m.

Les rideaux

Prise des mesures

La hauteur d'un rideau est égale à la hauteur depuis les anneaux jusqu'au sol, plus 5 cm pour l'ourlet du haut et 2,5 cm pour l'ourlet du bas (1,80 m + 5 cm + 2,5 cm, soit 1,88 m). La largeur est égale à la longueur de la tringle multipliée par 1,5, plus 2 cm pour les coutures des côtés (70 cm × 1,5 + 2 cm, soit 1,07 m). La hauteur du plastique est égale à la hauteur du rideau terminé, moins 5 cm, soit 1,75 m.

Tracez au fer, bâtissez, piquez un rentré de 2,5 cm pour l'ourlet du bas.
Assemblez le haut du plastique sur le haut du rideau, endroit contre endroit : bâtissez à 1 cm, piquez à grands points ou avec le pied presseur spécial plastique.

1 Restez sur l'envers; faites glisser le tissu pour que la couture soit à 5 cm du haut, ce qui vous fait un ourlet. Bâtissez bien droit à 0,5 cm du bord.

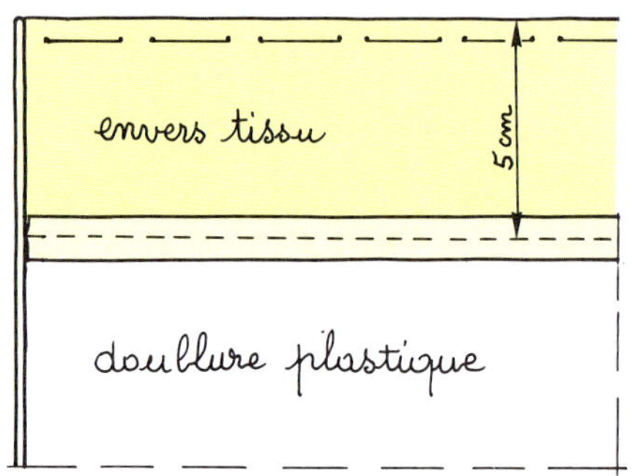

2 Assemblez les deux côtés du rideau avec le plastique : bâtissez et piquez à grands points pour éviter de déchirer le plastique (ou avec le pied spécial plastique). Débâtissez le haut. Retournez, laissez le bas libre.

3 Sur l'ourlet du haut, après avoir fait les trous à l'aide d'un emporte-pièce, placez les œillets avec un appareil spécial vendu en mercerie ou dans les grands magasins. Vous les fixerez à 6 cm l'un de l'autre. Posez vos crochets.
Procédez ensuite de la même façon pour le deuxième rideau.

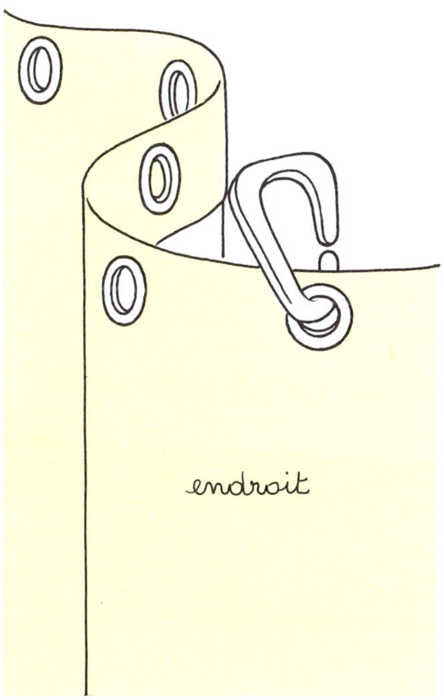

Le store

Le système de fixation en kit

Il comprend : un rouleau de bois muni d'un embout plat et amovible et d'un embout fixe; les supports pour fixer le rouleau dans l'embrasure avec les vis adéquates; une baguette de bois à glisser dans l'ourlet du bas du store et un petit système en plastique pour fixer le cordon qui servira à tirer le store.
Le mieux, si la fenêtre le permet, est de fixer le store dans l'embrasure. Si vous devez fixer le store à l'extérieur de l'embrasure, comptez en plus 5 cm en dessus et en dessous de l'embrasure, et 3 cm de chaque côté.

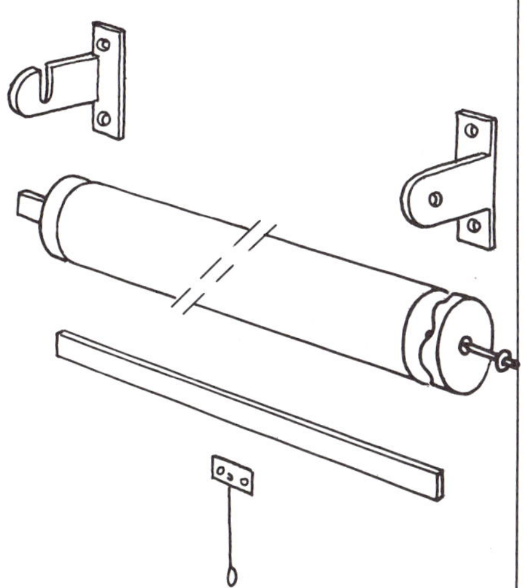

Selon que votre tissu est réversible ou pas, vous ne l'enroulez pas de la même façon. Si le tissu est réversible, vous le poserez derrière le rouleau, dans l'autre cas (comme notre modèle), vous le poserez par-dessus.

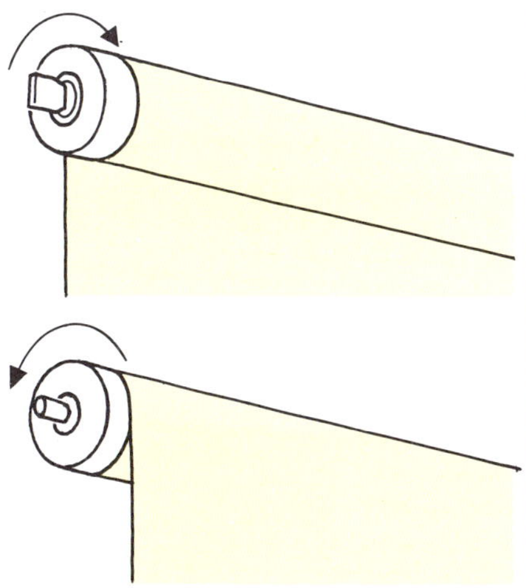

Attention ! selon l'un ou l'autre cas, la place de l'embout enrouleur (embout carré) n'est pas la même. Il sera à gauche dans le premier cas, à droite dans l'autre. Il faut y réfléchir avant de poser les supports. Posez vos supports, mesurez la distance entre eux et recoupez le cylindre de bois en fonction de ces mesures, puis posez en force l'embout amovible sur le rouleau. Ici, notre rouleau, y compris les embouts, fait 80 cm de long.

Prise des mesures du tissu

La hauteur du store est égale à la hauteur de la fenêtre, plus 3 cm pour l'ourlet du bas, plus un tour et demi de cylindre pour qu'on ne voie pas la fixation quand le store est déroulé, soit 15 cm environ selon la grosseur du cylindre (1,20 m + 3 cm + 15 cm, soit 1,38 m).
La largeur (ourlets compris) est égale à celle du cylindre enrouleur, ici 80 cm.

Confection et montage du store

Surfilez le bas du store. Faites un ourlet de 3 cm; piquez nervure. Surfilez les hauteurs et faites un ourlet de 1 cm de chaque côté.

1 Pour fixer le haut du store sur le rouleau, posez l'envers du tissu sur le rouleau du store, collez un scotch à cheval sur le bord vif du tissu. Faites faire un tour au rouleau jusqu'à ce que le scotch soit complètement recouvert par la toile.
Si vous souhaitez décrocher le store pour le lavage, nous vous conseillons de fixer la toile à l'aide de punaises de la même couleur que le tissu. Si le tissu n'est pas lavable, vous pouvez clouer avec des petites semences.

2 Recoupez la baguette à la bonne longueur, et glissez-la dans l'ourlet du bas; fixez le cordon au milieu sur l'envers.

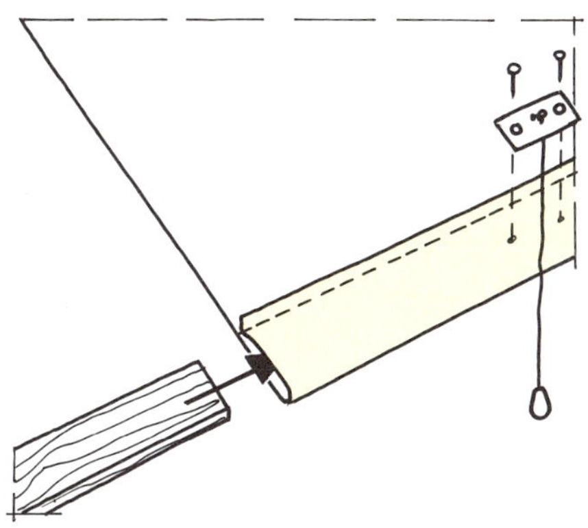

Rideaux à cantonnière

Les doubles rideaux volantés peuvent être réalisés en cretonne, en liberty ou en percale glacée. Ils auront d'autant plus de tenue si vous les doublez, comme ici, avec une satinette d'ameublement, et si vous les retenez sur les côtés par des embrasses. Une élégante cantonnière festonnée cache le haut des doubles rideaux et la tringle.

FOURNITURES

Pour une porte-fenêtre de 2,30 m de haut et 1,15 m de large.

- Cretonne : 3,40 m en 300.
- Doublure : 9,50 m en 90.
- Thermocollant : 76 cm en 90.
- Velcro : 1,75 m.
- Ruban fronceur : 2,95 m.
- 1 planche de 1,50 m de long, 12,5 cm de large et 12 mm d'épaisseur.
- 1 tringle chemin de fer de 1,45 m; crochets adaptés.
- 4 anneaux pour les embrasses.

Les rideaux

Comment prendre les mesures

La hauteur d'un rideau est égale à la hauteur de la tringle jusqu'au sol, moins 2 cm, plus 4 cm pour l'ourlet du haut, plus 10 cm pour l'ourlet du bas.
Ici, 2,42 m moins 2 cm, plus 4 cm, plus 10 cm, soit 2,54 m.
La largeur d'un rideau est égale à la longueur de la tringle, soit 1,45 m.
Le volant froncé est égal à une fois et demie la hauteur du rideau.
Ici (2,40 m × 1,5) plus 2 cm (ourlets), plus 1 cm (raccords), soit 3,63 m de long sur 6 cm de large (coutures comprises).
Chaque embrasse a 88 cm plus 2 cm (valeur des coutures) de long et 6 cm plus 2 cm (coutures) de large, soit 90 cm sur 8 cm.
La doublure est égale aux dimensions du rideau fini moins 3 cm en hauteur, plus 2 cm en largeur (valeur des coutures).

Préparation

Faites un rempli double de 2,5 cm au bas de la doublure et un rempli double de 5 cm sur le bas du tissu; piquez nervure.

Pose des volants

Assemblez les bandes pour obtenir 2 volants de 3,62 m chacun.
Faites un rempli double de 0,5 cm sur un grand et sur les petits côtés de chaque volant en faisant un volant droit et un gauche; piquez ensuite nervure.

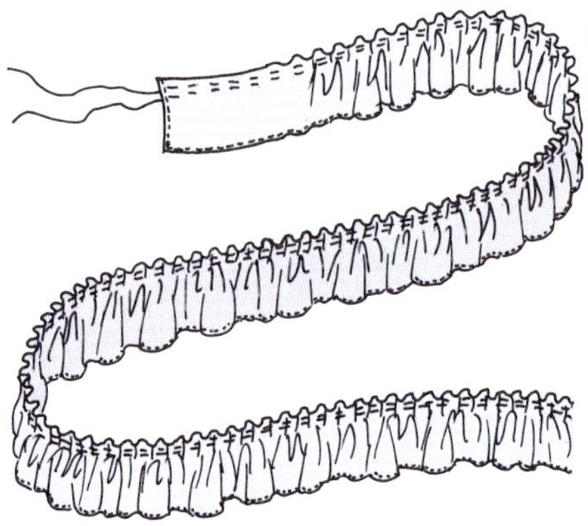

Passez 2 fils de fronces sur l'autre grand côté. Tirez les fils ensemble pour obtenir la longueur du rideau. Répartissez les fronces régulièrement.

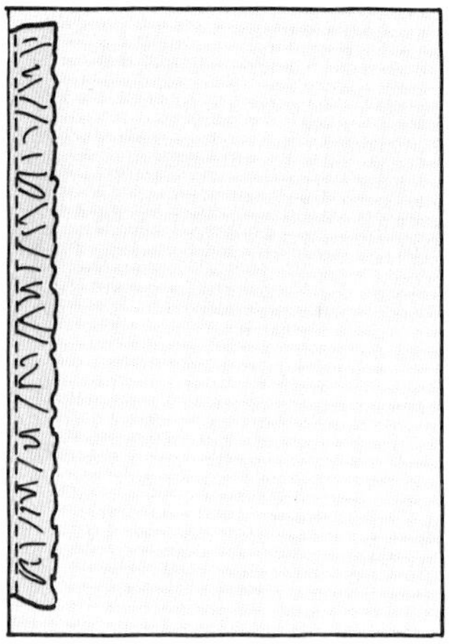

Placez le volant ainsi préparé sur le bord vif du tissu endroit contre endroit. Bâtissez soigneusement et piquez à 1 cm.

La doublure

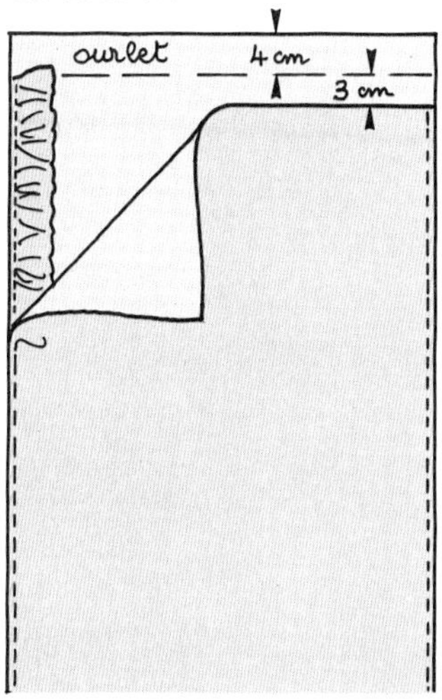

1 Assemblez le tissu et la doublure endroit contre endroit, en bâtissant les deux grands côtés à 1 cm; au départ en haut, placez la doublure 7 cm plus bas que le tissu.

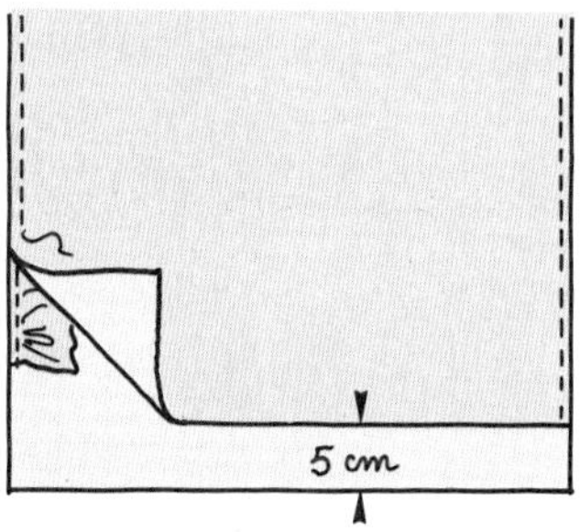

2 Le bas de la doublure arrive 5 cm plus haut que le bas du tissu. Piquez les deux grands côtés. Retournez sur l'endroit.

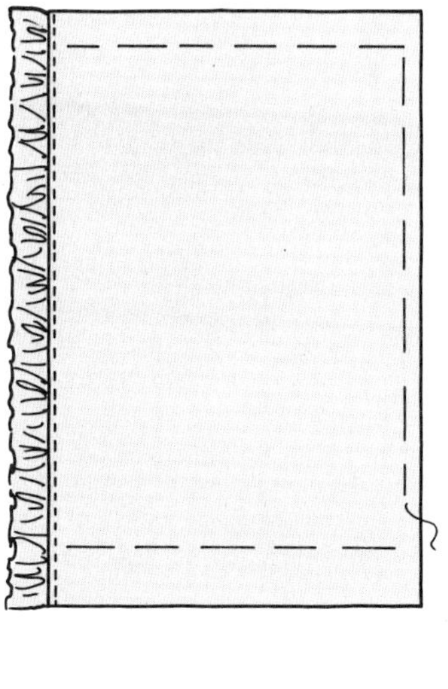

3 Bâtissez tout le tour, y compris le haut et le bas, pour maintenir la doublure bien en place. Surpiquez sur le rideau, au pied du volant, à 0,5 cm du bord. Repliez au fer, 4 cm en haut du rideau, sur l'envers; bâtissez en maintenant toutes les épaisseurs. Faites un rentré de 1 cm de chaque côté du ruban fronceur. Posez le ruban à cheval sur le bord vif du tissu. Bâtissez et piquez en haut et en bas du ruban fronceur.

Les embrasses

Thermocollez les embrasses. Pliez-les endroit contre endroit, dans le sens de la longueur. Bâtissez et piquez à 1 cm. Retournez. Repassez.

La cantonnière festonnée

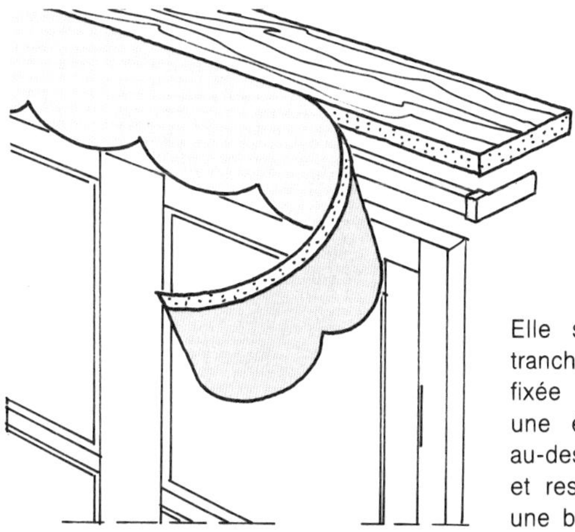

Elle se pose sur la tranche d'une planche fixée au mur, comme une étagère, un peu au-dessus de la tringle, et reste fixée grâce à une bande de velcro.

La cantonnière doublée a 29 cm de haut, une fois finie. Sa longueur est égale à la longueur de la tringle (1,45 m) plus 2,5 cm de chaque côté, plus les deux côtés de la planche (2 × 12,5 cm), plus 1 cm (valeur des coutures), soit 1,76 m.

Ici, coupez, dans la cretonne, deux rectangles de 1,76 m de long et 30 cm de haut.

Thermocollez l'envers du dessus de la cantonnière.

Seule la bande frontale est festonnée : il y a 6 festons de 25 cm de largeur et de 5 cm de profondeur.

Posez le gabarit sur le côté thermocollé, tracez le tour des festons à la craie tailleur. Bâtissez le tissu sur la doublure, endroit contre endroit.

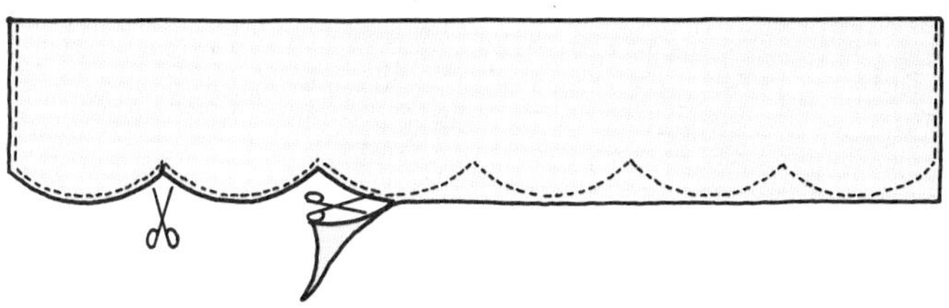

1 Piquez sur le trait des dents; fermez chaque extrémité tout droit. Recoupez la couture à 0,7 cm; crantez dans les creux jusqu'à la piqûre; dégagez les coins. Retournez. Repassez.

2 Repliez sur l'envers 1 cm en haut de la cantonnière; bâtissez; posez un ruban velcro sur le bord. Piquez des deux côtés. L'autre partie du velcro sera collée sur le bord de la planche.

Doubles rideaux à tête plissée

Vous habillerez la porte-fenêtre de votre salon d'élégants doubles rideaux à embrasses. Choisissez un tissu lourd, comme de la toile de lin, du velours dralon, que vous doublerez de satinette d'ameublement.
Nous vous indiquons comment calculer les raccords si vous prenez un tissu avec des motifs qui se répètent.

FOURNITURES

Pour une porte-fenêtre de 2,20 m de haut et 1,50 m de large.

- Toile de lin : 5,35 m en 150.
- Doublure : 9,05 m en 90.
- Ruban à plis : 3,05 m.
- Thermocollant : 0,35 m en 90.
- 4 anneaux en plastique pour les embrasses.
- 1 tringle en bois de 1,80 m avec anneaux à pince et crochets adaptés.

Comment calculer le métrage

La hauteur du rideau est égale à la hauteur depuis la tringle jusqu'à 2 cm du sol, plus 15 cm (ourlet du bas) plus 5 cm (ourlet du haut) : 2,30 m plus 20 cm, soit 2,50 m.
La largeur d'un rideau est égale à la largeur de la fenêtre, soit 1,50 m. Pour obtenir des plis plus amples, vous pouvez aussi ajouter à la longueur de la tringle une demi-longueur.
La doublure est égale à la hauteur du rideau fini moins 4 cm.
Ici, 2,30 m moins 4 cm, soit 2,26 m de long sur 1, 38 m de large : la doublure est moins large que le rideau (1,50 m), car 12 cm (coutures comprises) de toile de lin reviennent sur l'envers (sur une seule hauteur).
Chaque embrasse mesure 90 cm de long sur 16 cm de large (valeur des coutures comprise) et sera thermocollée.

Comment calculer les raccords

Si vous utilisez un tissu à motifs, le départ des motifs doit se faire de manière identique en haut de chaque panneau, pour que les motifs se raccordent d'un panneau à l'autre. Il faut donc ajouter une hauteur de raccord au métrage total nécessaire pour vos doubles rideaux.

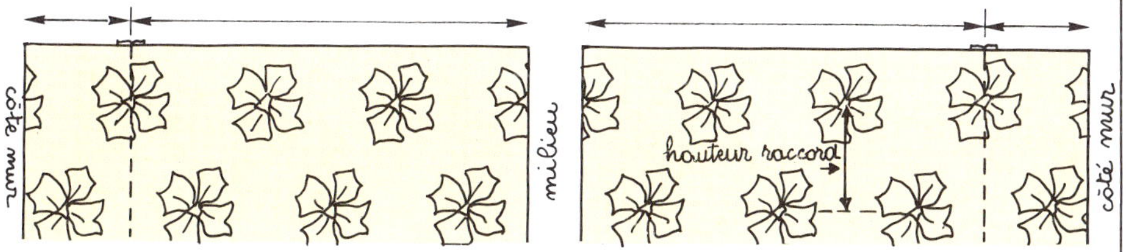

Confection des rideaux

Surfilez le bas des doubles rideaux. Indiquez par un fil de bâti la pliure de l'ourlet qui se trouve à 15 cm du bas.

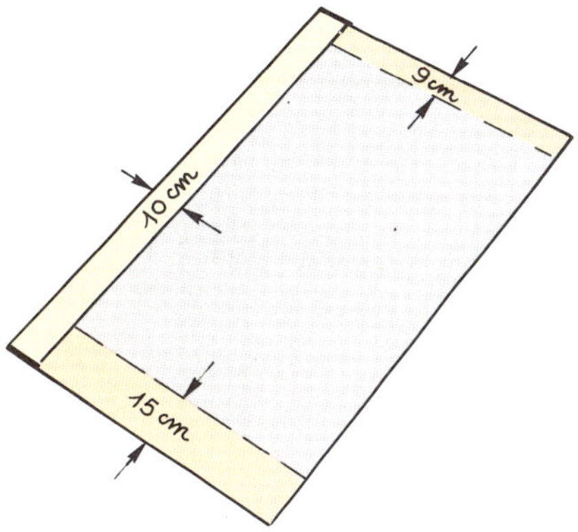

1 Assemblez les côtés en posant le tissu sur la doublure, endroit contre endroit; la doublure est posée en haut, à 9 cm du bord vif du tissu : bâtissez et piquez à 1 cm du bord jusqu'au bout de la doublure, en bas.
Retournez sur l'endroit; l'un des côtés du tissu revient sur l'envers avec une marge de 10 cm, c'est le côté tourné vers le milieu. Bâtissez pour que la doublure soit bien à plat.

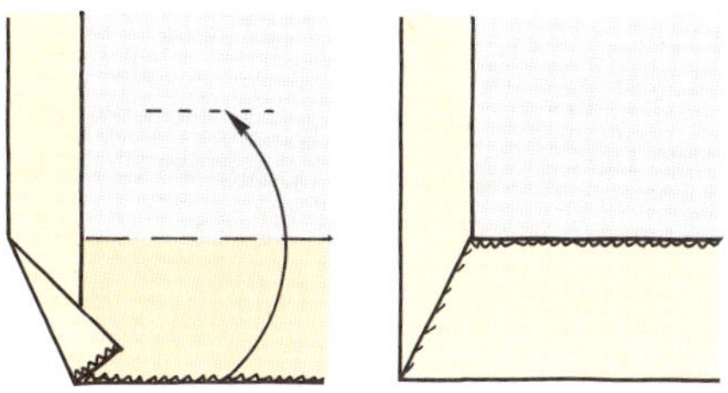

2 Rabattez la hauteur de l'ourlet du bas sur la doublure, en faisant un coin sur le côté milieu et un autre, très légèrement en biais, sur le côté mur. Faites un rentré de 1 cm au bas du tissu pour faire l'ourlet. Fixez les coins par un point glissé, à la main.

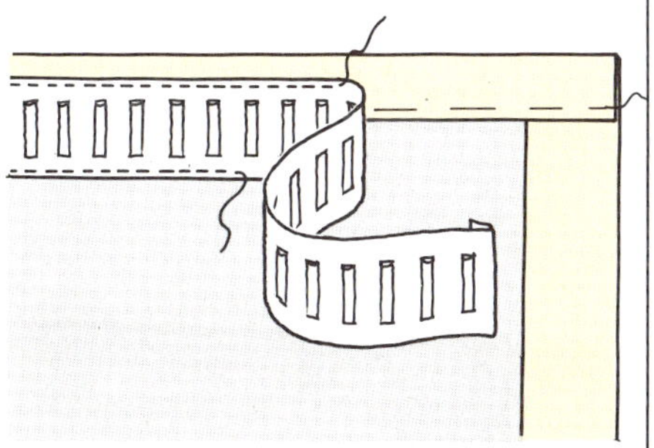

3 En haut du tissu, bâtissez un rempli de 5 cm; le bord vif du tissu couvre la doublure de 1 cm. Faites un rentré de 1 cm de chaque côté du ruban à plis. Posez le ruban à cheval sur le bord du tissu. Bâtissez. Piquez ensuite nervure de chaque côté du ruban.

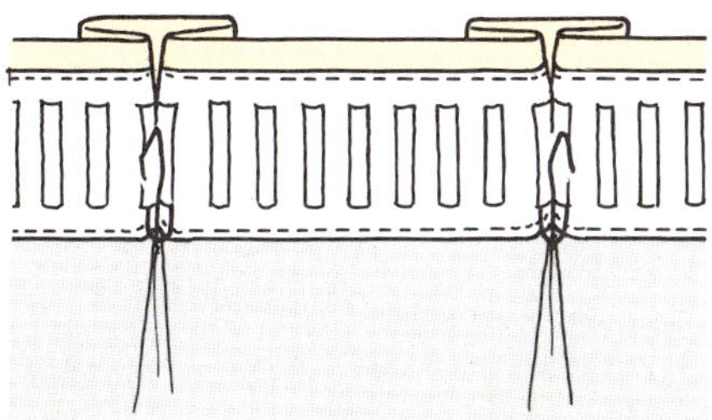

4 Enfilez dans le ruban des agrafes pour plis simples, en laissant 4 cm à plat vers l'intérieur de la fenêtre.

Confection des embrasses

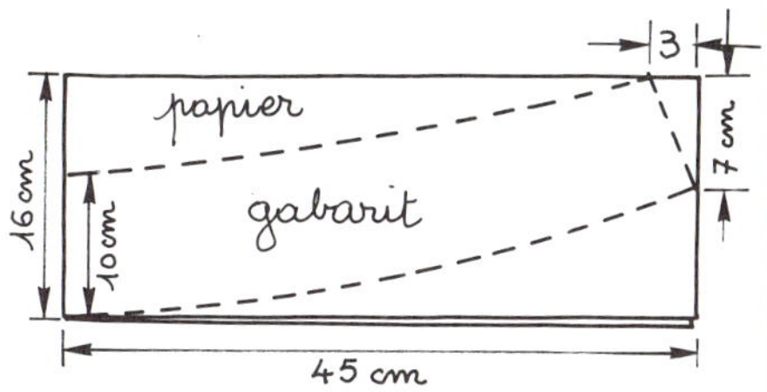

1 Les embrasses sont en forme; il faut confectionner un patron. Sur un papier kraft, dessinez un rectangle de 90 cm de long sur 16 cm de large. Découpez ce rectangle en suivant le tracé. Pliez-le en deux pour obtenir un rectangle de 45 cm × 16 cm.
Sur la pliure à gauche, en partant du bas, faites un point à 10 cm. Sur le bord supérieur droit, faites un point à 3 cm à partir de l'angle; joignez ces deux points par une ligne galbée. A partir de l'angle du haut, à droite, descendez de 7 cm; faites un point que vous relierez à l'angle inférieur gauche en traçant une ligne galbée comme la précédente.

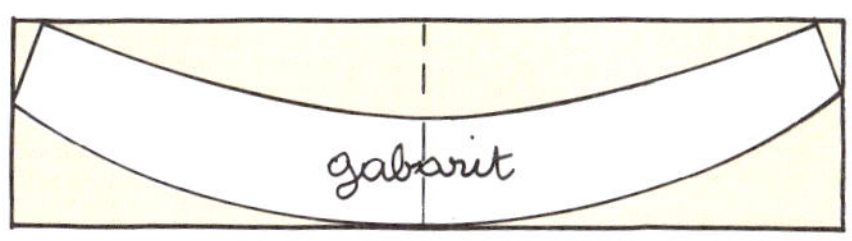

2 Découpez votre patron, ouvrez-le, posez-le sur le tissu plié en double, tracez à la craie tout autour, coupez à 1 cm du trait pour les coutures. Coupez la doublure et le thermocollant de la même façon.

Posez le thermocollant au fer sur l'envers du tissu. Bâtissez la doublure endroit contre endroit sur le tissu. Piquez à 1cm sur trois côtés en laissant une extrémité non piquée pour retourner. Retournez. Bâtissez tout le tour en ressortant les coutures. Fermez l'ouverture par un point coulé. Repassez. Cousez un anneau à chaque extrémité des embrasses.

Abat-jour à nervures

Pour personnaliser votre décor, vous pouvez réaliser les abat-jour de vos lampes en les assortissant aux tentures ou aux papiers peints. Ne prenez pas de tissus synthétiques, mais une cotonnade souple au tissage serré, comme du liberty, par exemple, ou, mieux, de la soie, qui épouse bien toutes les formes. Notre modèle est garni de plis nervure. Vous avez besoin d'une carcasse d'abat-jour conique ou de votre ancien abat-jour que vous souhaitez recouvrir parce qu'il est défraîchi.

FOURNITURES

Pour une carcasse conique de 27 cm de hauteur, 15 cm de diamètre en haut et 42 cm de diamètre en bas.

- Soie : 1,30 m en 100.
- Ruban à bords tissés : 1,85 m de long et 3 cm de large.
- Ruban extra-fort : 4,50 m pour habiller la carcasse.
- Papier canson moyen (200 g) : 1 grande feuille.

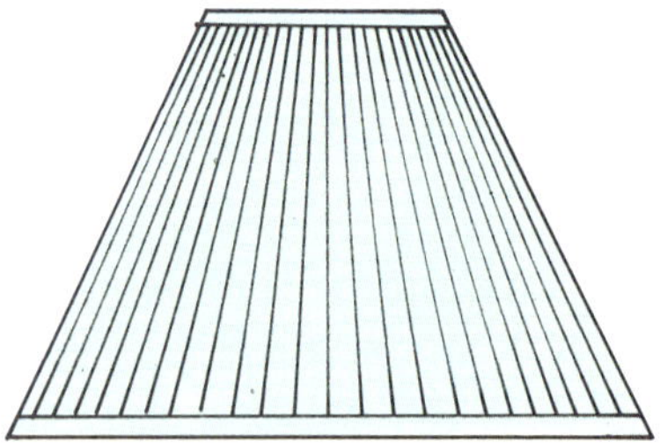

Habillage de la carcasse

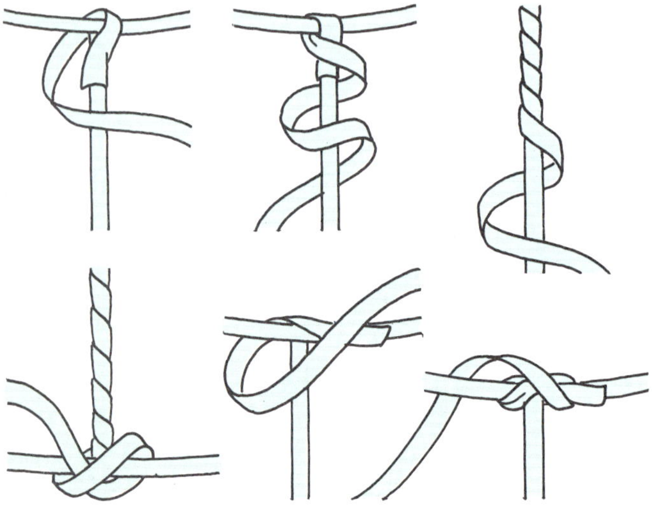

Pour calculer le métrage d'extra-fort nécessaire, ajoutez la circonférence du petit cercle à celle du grand cercle; multipliez ce résultat par 2 et ajoutez encore le quart de ce résultat.
Enrubannez les montants et les circonférences avec l'extra-fort en tirant fortement le ruban.
Terminez en cousant l'extrémité de l'extra-fort.

Le gabarit papier

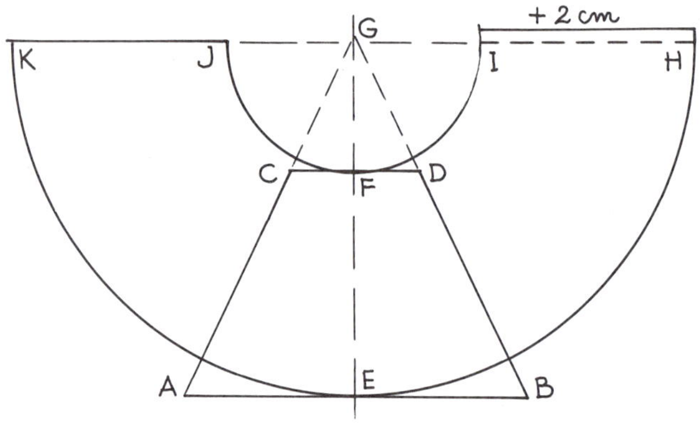

Sur le papier à dessin, tracez une ligne AB égale au grand diamètre (42 cm). Au milieu de cette ligne, marquez le point E.
Tracez une perpendiculaire à AB en partant de E et en remontant sur une longueur égale à la hauteur de l'abat-jour (27 cm); marquez le point F.
De part et d'autre de F, marquez un point C puis un point D à une distance égale au demi-diamètre du cercle du haut (7,5 cm). Joignez C à D, parallèle à AB.
Joignez A et C, et prolongez cette ligne jusqu'au point de rencontre avec le prolongement de la perpendiculaire EF : ce sera le point G.
Faites de même de l'autre côté : joignez B, D, G.
Au point G, fixez une ficelle (au bout de laquelle vous avez attaché un crayon) à l'aide d'une punaise.

Tracez deux arcs de cercle, à partir de G, avec le crayon en F, puis en E.
Calculez la demi-circonférence du grand cercle (42 × 3,14, divisé par 2, soit 66 cm). Avec votre mètre ruban, en partant de E, reportez la demi-circonférence du grand cercle et tracez le point H. Faites la même chose de l'autre côté, et tracez le point K. Tracez les lignes KG et GH. Sur la petite circonférence, marquez les points J et I. Découpez le gabarit en ajoutant 2 cm d'un côté pour l'assemblage.

Le gabarit de coupe

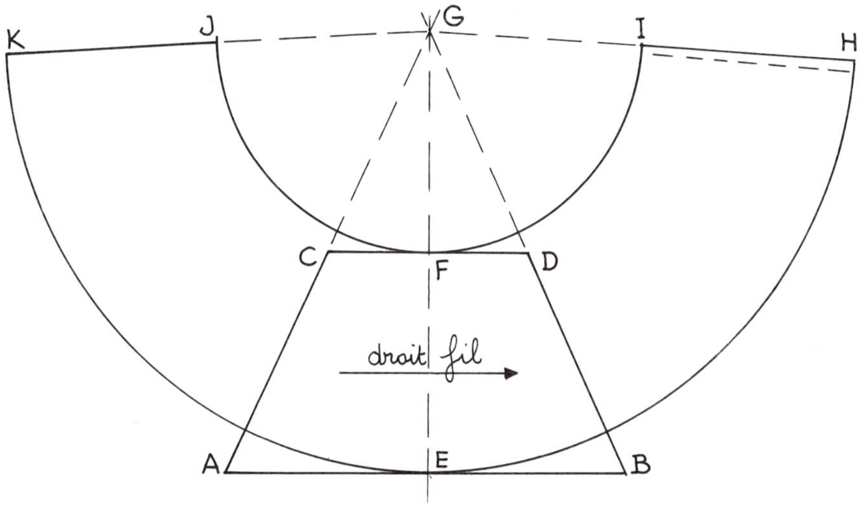

Pour la coupe il vous faut faire un nouveau gabarit. Les plis nervure finis ont 3 mm de large : la valeur d'un pli est donc de 6 mm. Sur le bas de l'abat-jour, les plis seront espacés de 2 cm. Pour obtenir le nombre de plis, divisez la circonférence du bas (132 cm) par 2 cm; cela vous donne 66 plis. Il vous faut 66 plis multipliés par 6 mm, soit 39,5 cm de tissu à prévoir en plus du gabarit, pour pouvoir réaliser les plis.
Ajoutez cette mesure (39,5 cm) à la circonférence du bas (1,32 m) et à la circonférence du haut (47 cm). Vous obtenez 86,5 cm pour le haut et 1,71 m pour le bas.
A partir de ces nombres, calculez deux nouveaux diamètres (86,5 divisé par 3,14; 171,5 divisé par 3,14), soit 27,5 cm pour le diamètre du haut et 54,5 cm pour le diamètre du bas. La hauteur est de 27 cm plus 2 cm pour la valeur des coutures, soit 29 cm.
Procédez comme précédemment pour faire un nouveau gabarit, incluant cette fois-ci les plis nervure.

Les plis

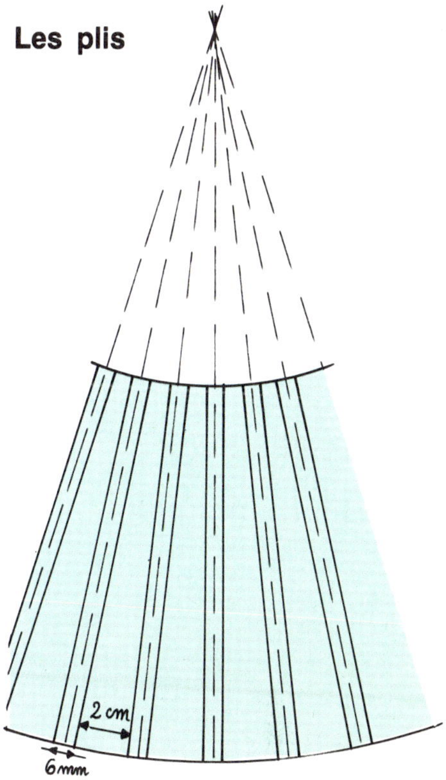

Le point E, sur la grande base, correspond au milieu d'un pli. Marquez de part et d'autre 3 mm, puis 2 cm (espace entre les plis), puis 6 mm (valeur du pli nervure), et ainsi de suite jusqu'aux extrémités du gabarit. Marquez également, à l'intérieur des 6 mm, l'arête du pli nervure.
Joignez G à ces repères (arêtes du pli) sur la grande base; vous obtiendrez automatiquement l'espacement des plis sur la petite base, en haut de l'abat-jour.
Utilisez ce gabarit pour découper le tissu. Ajoutez 2 cm aux extrémités pour l'assemblage, et prévoyez un peu plus de tissu.

Montage

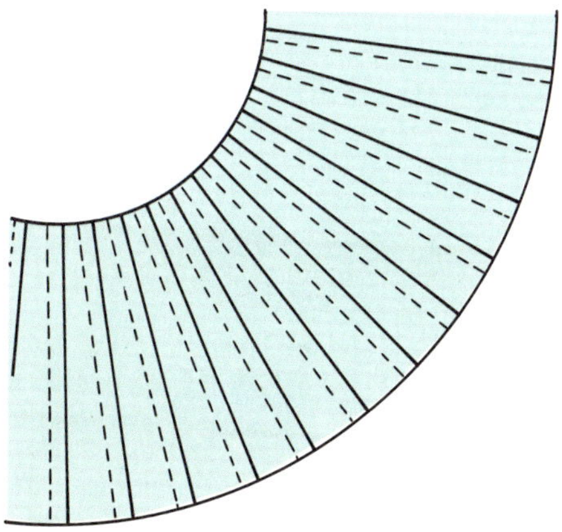

Formez les plis nervure en partant de E et en suivant scrupuleusement les tracés.
Piquez soigneusement les nervures (voir p. 43) de 3 mm d'épaisseur. Faites ces nervures très régulières.

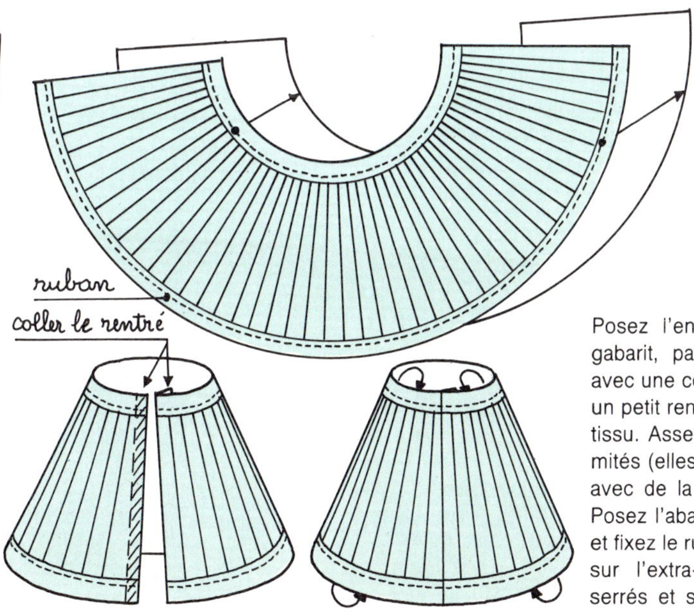

Posez le ruban assorti à plat sur l'endroit du tissu, à 1 cm du bord du haut et du bas; piquez nervure.

Posez l'envers du tissu sur le gabarit, papier à plat. Collez-le avec une colle spéciale en faisant un petit rentré à une extrémité du tissu. Assemblez les deux extrémités (elles se croisent sur 2 cm) avec de la colle également.
Posez l'abat-jour sur la carcasse, et fixez le ruban en haut et en bas sur l'extra-fort par des points serrés et solides.

Abat-jour plissé

Vous avez découvert un joli pied de lampe et vous voudriez un abat-jour assorti. Rien de plus simple. Procurez-vous une carcasse conique à montants et réalisez ce plissé qui ne demande aucune compétence particulière de couturière. Choisissez de préférence un liberty, que vous borderez d'un ruban rappelant l'une des couleurs des motifs.

FOURNITURES

Pour une carcasse à montants de 22 cm de hauteur, 11 cm de diamètre en haut et 32 cm de diamètre en bas.

- Liberty : 1,60 m en 90.
- 2 grandes feuilles de papier canson moyen (200 g).
- 2 m de ruban à bord tissé de 2 cm de large.
- 50 cm de cordelière ou de ruban à bord tissé de 1 cm de large de même couleur que le précédent.
- Perforatrice à un trou.

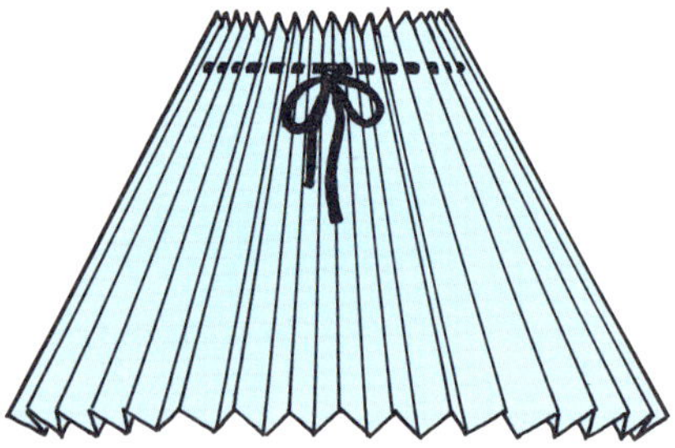

Le gabarit

C'est une bande rectangulaire dont la hauteur est égale à celle des montants de la carcasse, plus 1,5 cm en haut et en bas (ici : 22 cm + 1,5 cm + 1,5 cm, soit 25 cm).

Sa longueur est égale à environ une fois et demie la grande circonférence de l'abat-jour (diamètre : 32 cm × 3,14, soit 100,48 cm × 1,5, soit 150,72 cm), mais cela dépend en fait du nombre de plis souhaités et de leur valeur. Nous vous conseillons de faire des plis de 4 cm (soit 2 cm entre une arête et un creux). Divisez la circonférence par la valeur d'un pli pour obtenir le nombre de plis (ici : 150,72 divisé par 4, soit 37,68 plis). Arrondissez (38 plis) et multipliez la valeur d'un pli par le nombre de plis pour obtenir la longueur de la bande : 38 × 4 cm, soit 1,52 m. Ajoutez à ce chiffre la valeur d'un creux de pli pour le raccord (1,52 m + 2 cm, soit 1,54 m).

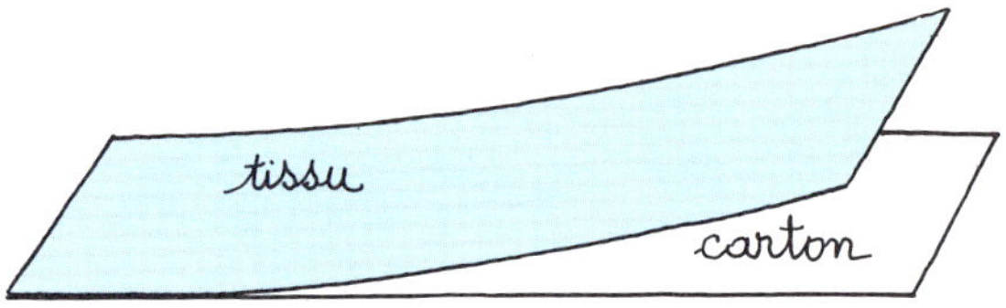

Les plis

A l'aide de votre gabarit, préparez une bande de papier canson (vous serez obligée de faire des raccords; utilisez pour cela de la colle plutôt que du papier collant); puis une bande de tissu. Collez soigneusement l'envers du tissu sur le papier à l'aide d'une colle spéciale qui ne tache pas. Lissez pour éliminer les faux plis.

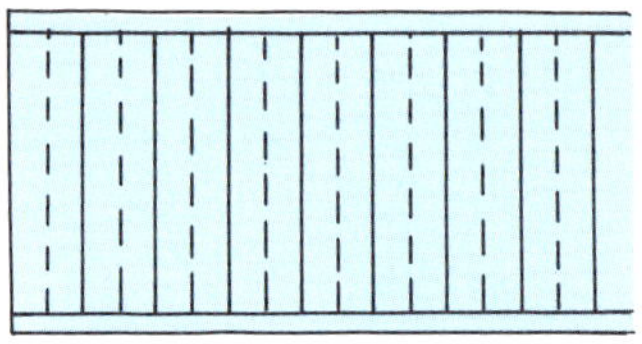

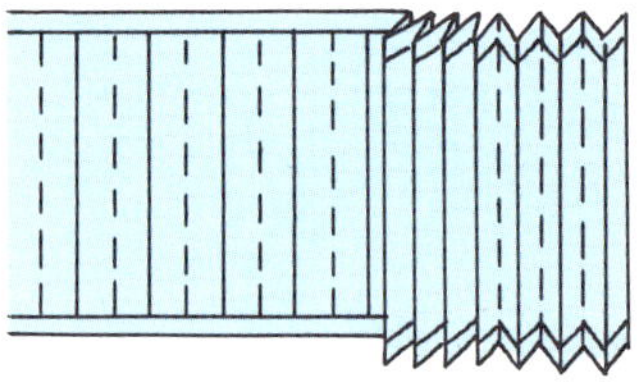

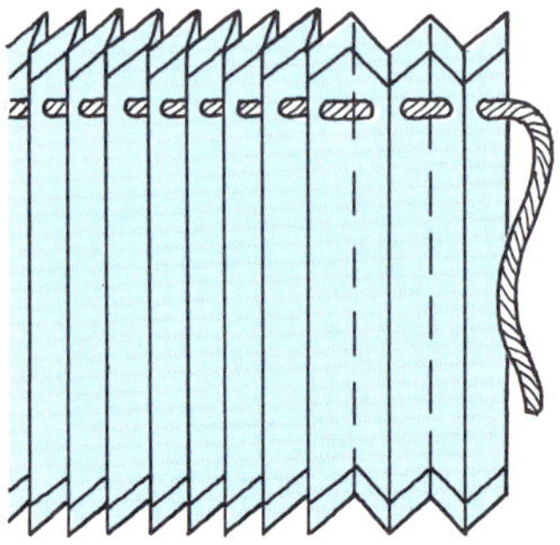

En haut et en bas, collez le ruban à cheval sur les bords; sur l'endroit, sa largeur est de 1 cm environ. Laissez sécher. Sur l'envers (côté papier), marquez en haut et en bas chaque arête et chaque creux de pli. Plissez en accordéon, au fer.

La pose

Dans le haut de l'abat-jour, à 1,5 cm du bord, avec une perforatrice à un trou, faites des trous sur chaque pli en pinçant bien l'arête, à 1 cm du creux du pli. Collez l'une sur l'autre les deux extrémités de la bande. Passez le ruban ou la cordelière dans les trous. Posez l'abat-jour sur la carcasse et continuez à serrer jusqu'à ce qu'il se maintienne sur cette dernière. Nouez la cordelière. Posez quelques points de colle, qui maintiendront définitivement l'abat-jour en place sur le cercle supérieur de la carcasse au niveau de quelques arêtes.

Abat-jour mouchoir

L'abat-jour mouchoir est très facile à réaliser. Choisissez un tissu assez léger pour obtenir des plis souples, retombant d'au moins 30 cm autour de l'armature. Nous l'avons bordé d'un volant plat festonné tout préparé, mais vous pouvez également faire vous-même un feston orné d'un point de bourdon ou poser une dentelle (voir p. 243).

FOURNITURES

Pour une carcasse ronde presque plate, de 25 cm de diamètre.

- Batiste : 85 cm en 90.
- 1 volant brodé : 3 m de long et 3 cm de large.

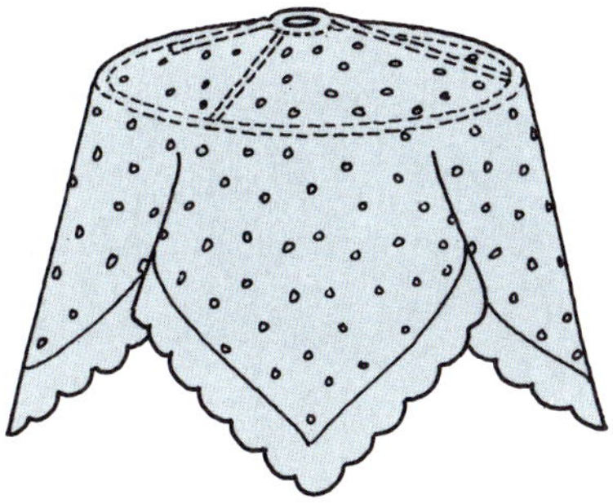

Découpez un carré de tissu dont le côté est égal au diamètre de la carcasse, plus 27,5 cm de chaque côté pour la retombée, plus 2 cm pour les coutures (ici : 25 + 27,5 + 27,5 + 2, soit 82 cm).

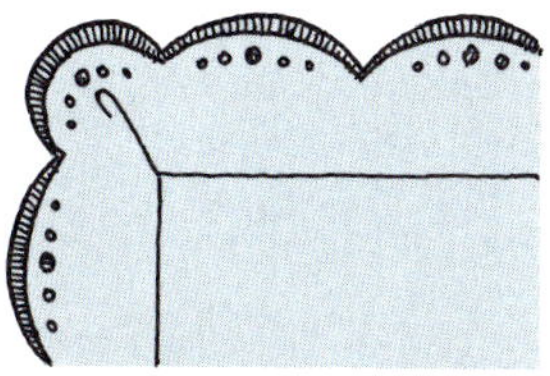

1 Appliquez le volant à plat tout autour du carré en le bâtissant endroit contre endroit. Piquez à 0,75 cm. Faites un petit pli aux coins pour tourner. Surfilez en double.

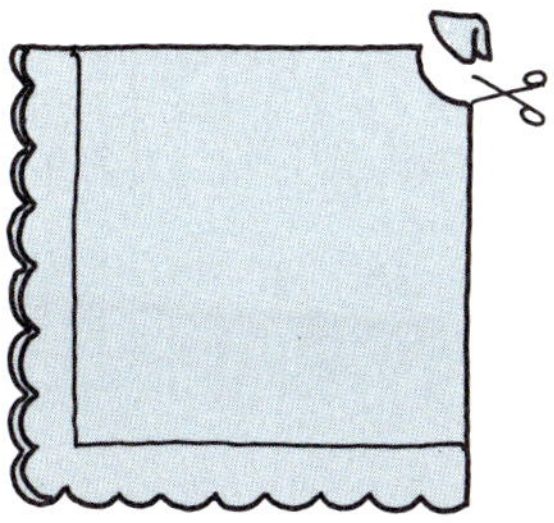

2 Pliez le carré de tissu en quatre. A partir du coin correspondant au centre, tracez un quart de cercle de 1,5 cm de rayon. Coupez le long du tracé. Découpez un petit carré de tissu de 5 cm de côté, qui servira à doubler l'ouverture. Tracez, sur l'envers du petit carré, le même cercle de 3 cm de diamètre.

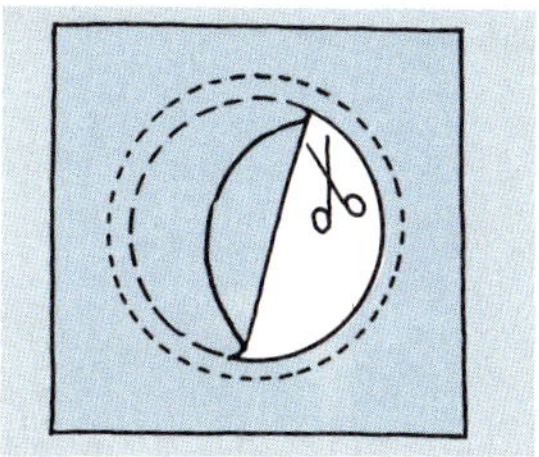

3 Posez-le endroit contre endroit, en faisant coïncider les circonférences des cercles. Piquez à 0,4 cm du tracé du cercle du petit carré. Découpez le rond, crantez tout autour. Faites passer l'excédent du petit carré sur l'envers. Surfilez-en le tour. Repassez et surpiquez à 0,5 cm du bord.

Si vous faites vos festons vous-même

Tracez une ligne droite parallèle au bord du tissu avec une craie tailleur; dessinez les festons avec un gabarit (cercle de carton que vous aurez confectionné suivant le diamètre que vous souhaitez); positionnez le sommet de chaque courbe sur la ligne que vous avez tracée.

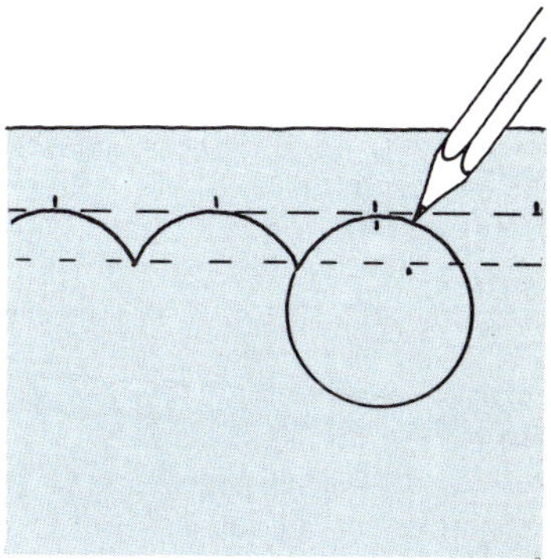

Brodez ensuite les arrondis au point de bourdon ou au point de feston (voir p. 206), et coupez le tissu au ras des coutures.

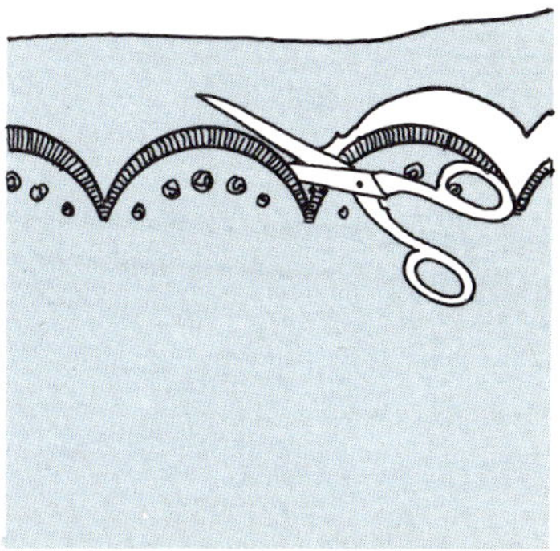

Abat-jour tiffany

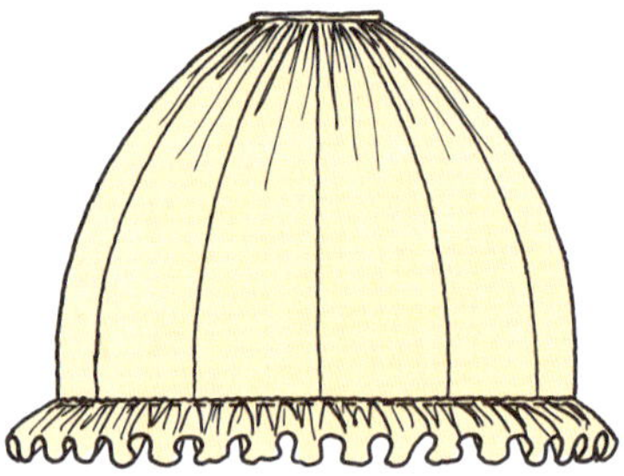

Cet abat-jour est monté sur une carcasse en forme de dôme, ou carcasse américaine; pour une meilleure finition, le haut est souligné d'un biais gansé dans le même tissu. Vous le réaliserez dans une cretonne ou un liberty de couleur claire si vous souhaitez une bonne luminosité.

FOURNITURES

Pour une carcasse de 40 cm de diamètre en bas, 10 cm de diamètre en haut et 30 cm de hauteur.

- Cretonne ou liberty : 80 cm en 140.
- Ganse : 35 cm.
- Extra-fort : 6 m.

La coupe

Taillez une bande de tissu dont la longueur est égale à la circonférence du cercle du bas de la carcasse, plus 2 cm pour la couture (ici : diamètre 40 cm × 3,14 + 2 cm, soit 1,27 m) et la largeur (dans le droit-fil) égale à la hauteur mesurée sur un des montants avec un mètre ruban, plus 5 cm dans le haut et 5 cm dans le bas pour permettre un jeu suffisant pour les coutures et l'assemblage (ici : 30 cm + 5 cm + 5 cm, soit 40 cm).
Coupez également un biais de 8 cm de large et d'une longueur égale à la circonférence du cercle du haut, plus 2 cm pour la couture (ici : diamètre 10 cm × 3,14 + 2 cm, soit 33,4 cm arrondis à 33,5 cm).
Enfin, coupez une bande pour le volant d'une hauteur (toujours dans le droit-fil) de 7 cm et d'une longueur égale à la circonférence du cercle du bas, multipliée par 1,5 pour le fronçage, plus 2 cm pour la couture et 2 cm pour un raccord (ici : 125,5 cm × 1,5 + 2 cm + 2 cm, soit 1,92 m).

Couture de côté

Habillez la carcasse (cercles et montants) d'extra-fort (voir p. 272).
L'abat-jour doit être dès le départ bien ajusté dans le bas, c'est un élément indispensable à la réussite de l'ensemble.

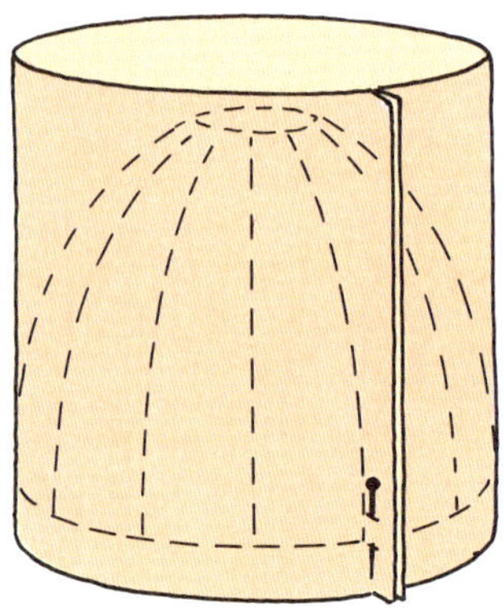

1 Enserrez la carcasse dans le tissu (endroit du tissu contre la carcasse), en posant exactement les deux hauteurs de tissu bord à bord; épinglez.

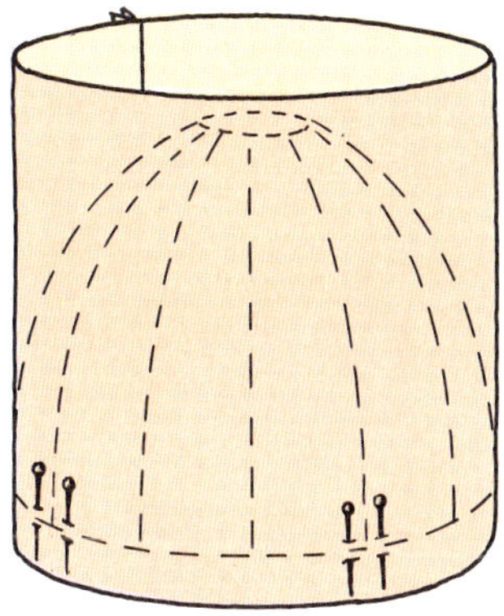

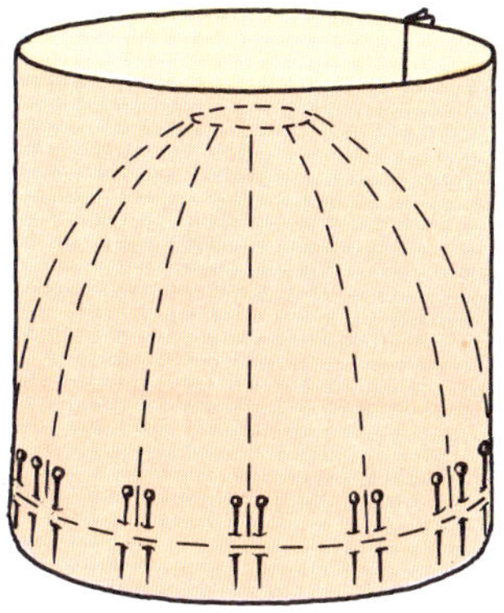

2 Ajustez l'étoffe autour du grand cercle en laissant dépasser en bas 5 cm de tissu; réépinglez les deux épaisseurs de raccord ensemble, l'épingle devant se trouver sur un montant. Épinglez ensuite sur le grand cercle de chaque côté du montant. Tournez la carcasse du côté opposé en veillant à ne pas déplacer le tissu; épinglez sur le cercle de chaque côté du montant opposé. Répétez l'opération sur un autre montant, puis sur le montant opposé, et ainsi de suite. Vous rectifierez l'ajustement et la largeur de la couture.

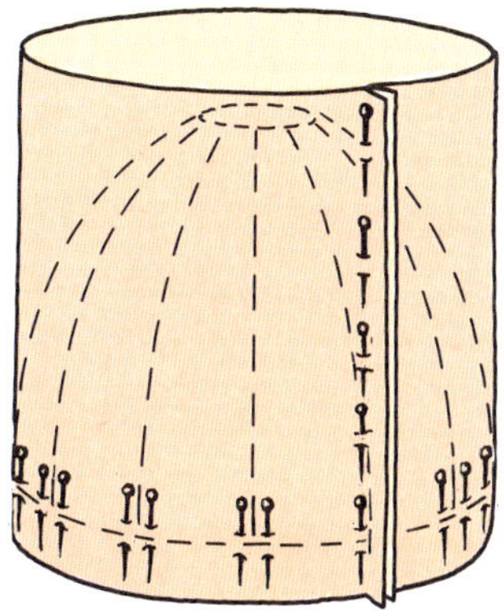

3 Quand vous êtes sûre que tout est bien en place, épinglez la couture tout du long, marquez l'emplacement du cercle du bas à la craie tailleur sur le tissu. Ôtez les épingles (sauf celles marquant la couture); dégagez la carcasse; piquez la couture en respectant bien le droit-fil. Si les ressources font plus de 1 cm, recoupez-les; surfilez; repassez en ouvrant la couture. Dans le bas, marquez au fer un ourlet en suivant la ligne tracée à la craie tailleur; retournez.

Pose du volant

Faites les raccords nécessaires pour obtenir une bande d'une seule pièce. Sur une longueur, piquez un rempli double de 0,5 cm. Fermez le volant; surfilez la couture; ouvrez-la au fer. Sur l'autre longueur, passez deux fils de fronces; froncez pour obtenir la longueur du tour du bas du cylindre de tissu.

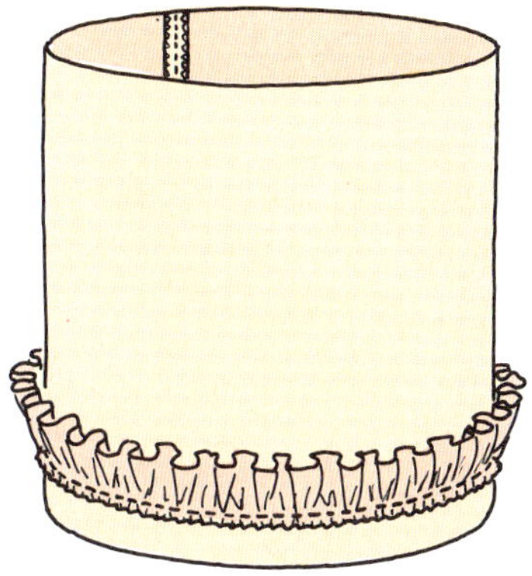

Posez le volant endroit contre endroit, le bas du volant tourné vers le haut du cylindre, le haut du volant dépassant de 1 cm la ligne marquée au fer. Bâtissez en répartissant les fronces; piquez; rabattez le volant et surpiquez nervure sur l'endroit, sur le tissu, pour cacher la couture de montage.

Les plis

Introduisez la carcasse dans le cylindre; la couture de montage du volant doit se trouver sur le cercle du bas, la couture de côté sur un des montants. Recommencez l'épinglage comme précédemment tout autour des montants et du cercle du bas.
Dans le haut, résorbez l'ampleur du tissu en faisant de petits plis répartis tout autour du petit cercle; votre tissu doit être bien tendu verticalement dans le droit-fil et ne pas « visser ». Veillez à ce que la couture de côté soit bien plaquée sur son montant.

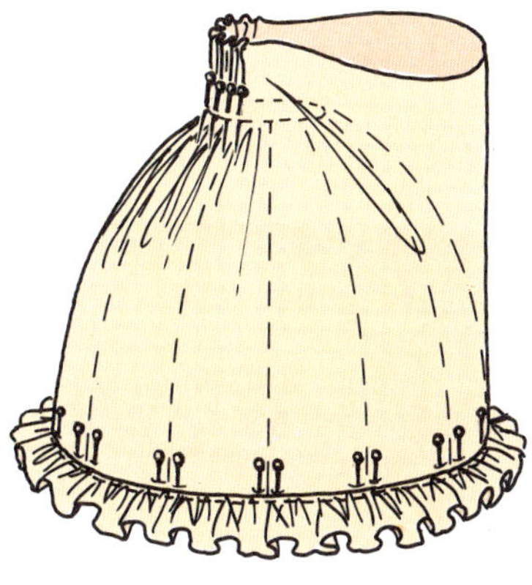

Bâtissez ces plis soigneusement à petits points; marquez à la craie tailleur une ligne faisant tout le tour à la hauteur du cercle du haut de la carcasse; ôtez les épingles.

Pose du biais gansé

Fermez le biais à la dimension du cercle du haut; posez la ganse dedans (voir p. 253). Posez votre biais gansé, bord vif du biais tourné vers le haut de l'abat-jour sur l'endroit du tissu, le bord gansé du biais arrivant au ras de la ligne marquée à la craie tailleur. Bâtissez; piquez ensuite toutes les épaisseurs en prenant les plis.
Coupez l'excédent de ressources du plissé (laissez 1 cm), les ressources du biais, elles, dépassant de 3 à 4 cm environ.

Montage

Enfilez la carcasse dans l'abat-jour; épinglez le cercle du bas comme précédemment, puis celui du haut en vérifiant bien le positionnement (la couture de côté doit toujours être plaquée sur le même montant). Rabattez le

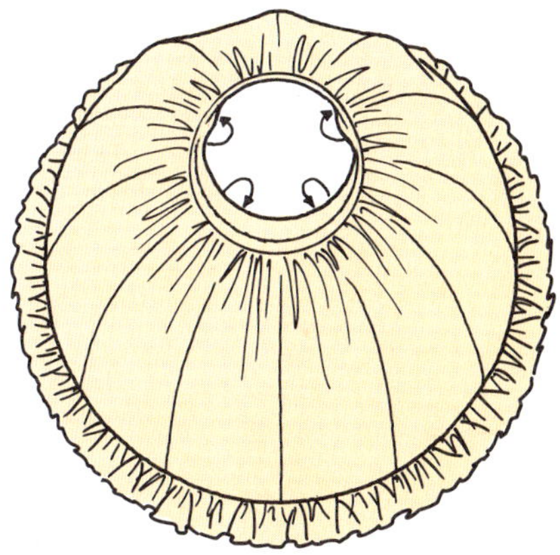

bord vif du biais vers l'intérieur et fixez-le par des points solides sur l'extra-fort autour du cercle du haut. Coupez l'excédent de tissu. Procédez de la même façon avec la ressource de tissu dépassant sous le volant sur le cercle du bas.

Paravent

Un paravent est pratique pour protéger, isoler le coin d'une pièce tout en étant un élément du décor.
Choisissez, pour faire les housses, un tissu de coton, matelassé ou non, se lavant facilement ou un tissu chatoyant comme le chintz, qui se nettoie aisément à sec.
Pour introduire facilement la housse sur le cadre, vous ajouterez en hauteur et en largeur 0,5 cm au métrage, pour laisser un peu de jeu.

FOURNITURES

Pour un paravent à 3 panneaux de 1,65 m de haut, 50 cm de large, 2,5 cm de section chacun.

- Chintz : 5,10 m en 130.
- Velcro : 1,50 m de long, 2 cm de large.

Comment prendre les mesures

Pour recouvrir chaque cadre, il vous faudra deux rectangles et une bande de section. Chaque rectangle a une hauteur égale à celle du cadre plus 1 cm (couture du haut), plus 0,5 cm (de jeu), plus 2 cm (retour de tissu en bas), plus 1 cm (rempli double de 0,5 cm). Ici : 1,65 m + 1 cm + 0,5 cm + 2 cm + 1 cm, soit 169,5 cm.
Une largeur égale à la largeur du cadre plus 2 cm (coutures), plus 0,5 cm de jeu. Ici : 50 cm + 2 cm + 0,5 cm, soit 52,5 cm.
La bande de section est réalisée en trois morceaux de 4,5 cm de large (2,5 cm d'épaisseur de la section plus 2 cm de couture). Deux ont une longueur égale à la hauteur du cadre (1,65 m), plus 1 cm (couture du haut), plus 1 cm (rentré du bas), soit 1,67 m. Le troisième a une longueur égale à la largeur du cadre, plus 2 cm pour les coutures d'assemblage : 50 cm + 2 cm, soit 52 cm.
Si votre tissu est très léger, thermocollez ou ouatinez chaque cadre et bande de section, ressources comprises.

Réalisation de la housse

Assemblez les trois morceaux destinés à constituer la bande de section; piquez à 1 cm.
Faites ensuite un rentré de 1 cm à chaque extrémité de la bande (au bas des hauteurs).

1 Bâtissez, endroit contre endroit, cette bande sur chaque lé, en la positionnant à 3 cm du bas du tissu.
Les coutures d'assemblage de la bande viennent sur les deux coins du haut du paravent. Piquez à 1 cm du bord; surfilez les coutures fermées.
Faites un rempli double de 0,5 cm au bas de chaque cadre sur le retour de tissu.

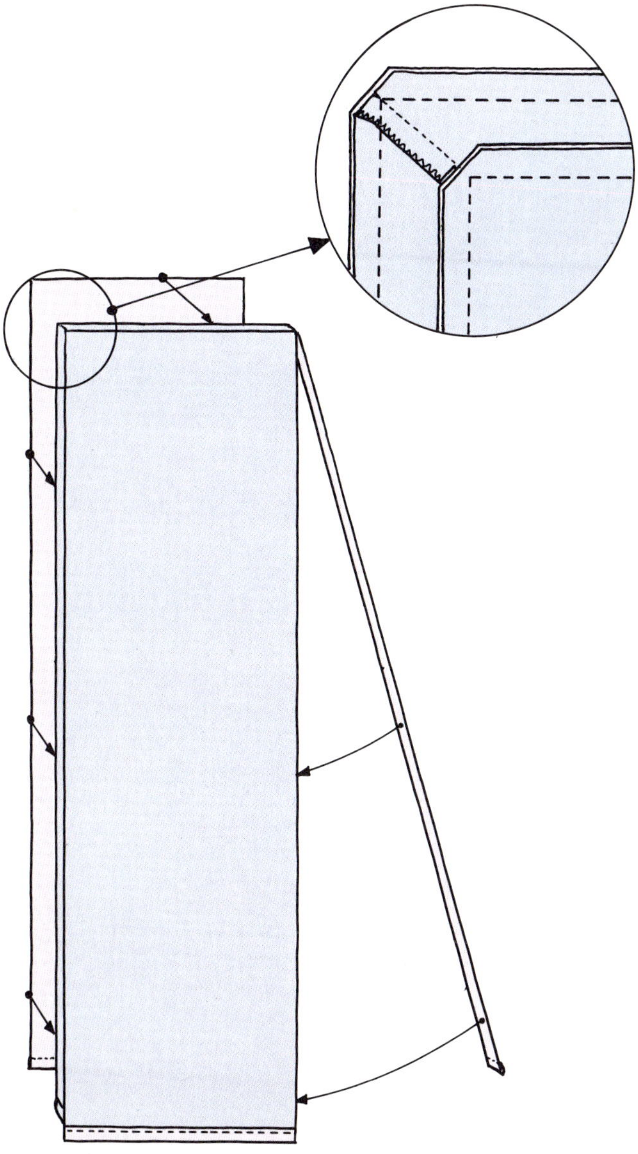

2 Si vous avez un paravent à pieds, retranchez la valeur des pieds de la largeur du retour de tissu et de la longueur du velcro.

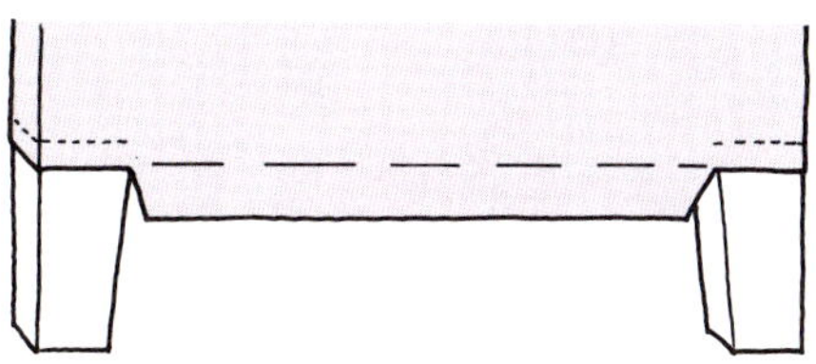

3 Posez la première bande de velcro, bord à bord sur l'envers du bas du tissu; piquez nervure tout autour du velcro. Retournez.

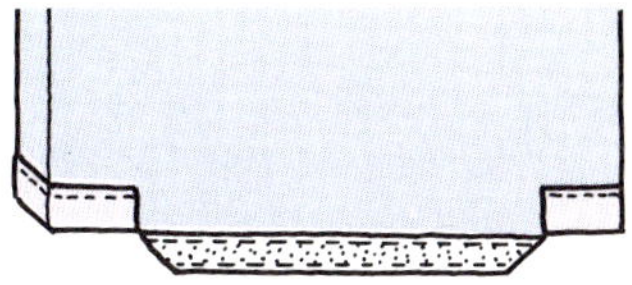

4 Posez la seconde bande de velcro sur l'endroit, cette fois, du bas du tissu; piquez nervure de la même façon.

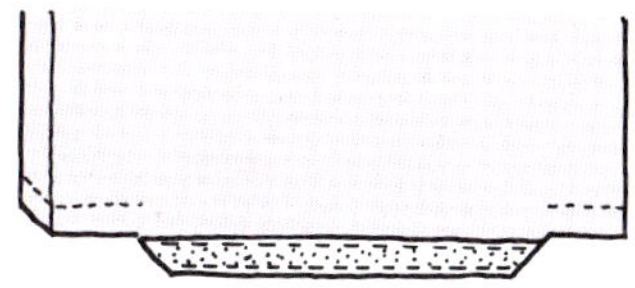

5 Les deux retours de tissu se chevauchent sous la section du bas du cadre et tiennent ensemble grâce au velcro.

Glissez la housse sur le premier cadre du paravent. Recommencez les mêmes opérations pour les deux cadres restants.

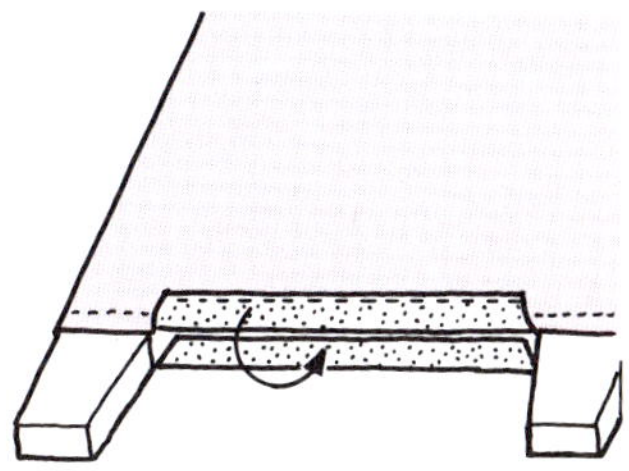

Fabriquez votre paravent

Si vous êtes bricoleuse, vous pouvez réaliser vous-même vos cadres avec des tasseaux de 50 mm de large et 25 mm d'épaisseur. Pour chacun d'eux : deux montants de 1,70 m, une traverse supérieure de 50 cm, une traverse médiane et une traverse inférieure de 40 cm. Fixez les traverses aux montants avec de la colle à bois et 8 équerres en laissant 10 cm en bas pour les pieds.
Pour éviter que le tissu de la housse ne se coupe, passez les arêtes vives au papier de verre fin et posez sur le bord extérieur du cadre une bande de feutrine adhésive de 30 mm de large et 3,80 m de long. Une fois les housses en place, vissez les charnières sur les sections : il vous en faudra 4, spéciales paravent, vendues avec leurs vis.

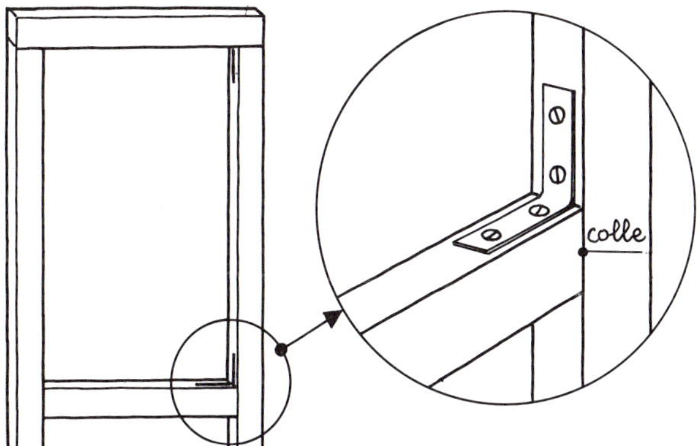

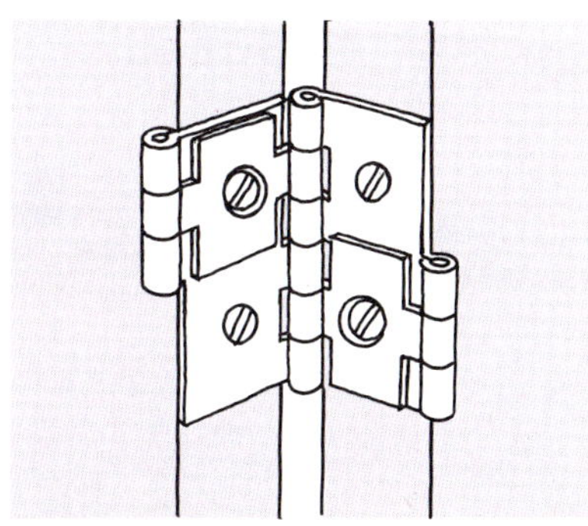

Housse de fauteuil

La réalisation d'une housse nécessite de la minutie. Mais vous aurez la satisfaction de voir votre fauteuil transformé par un nouveau tissu.
Choisissez une toile de lin, du velours d'ameublement ou du chintz suivant le style du fauteuil et son emplacement dans l'appartement.
Pour bien réussir, il faut avant tout partir d'un patron relevé très soigneusement sur les différentes parties du fauteuil. La jupe est composée d'une bande frontale droite et d'une bande plissée sur les trois autres côtés. Le coussin est réalisé à part.

FOURNITURES

Pour un fauteuil d'une hauteur de 80 cm, d'une profondeur de 50 cm et d'une largeur de 65 cm.

- Toile de lin : 4 m en 140.
- Toile à patron : 4 m en 140.
- 1 fermeture à glissière de 69 cm.
- Cordonnet : 80 cm.
- Thermocollant : 25 cm en 100.

Le patron et le plan de coupe

Pour le patron, il vaut mieux utiliser de la toile à patron, plus précise que le papier kraft. Repassez la toile avant de commencer.

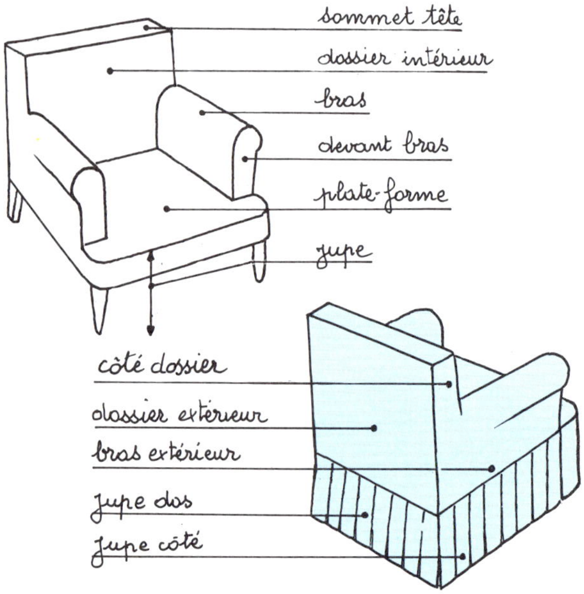

1 Décomposez le fauteuil de la manière suivante : le sommet de tête; l'intérieur du dossier; la plate-forme; les bras (intérieurs et extérieurs); les bras devant; les côtés du dossier; le dossier extérieur; la jupe (qui va de la plate-forme au sol); le coussin.

2 Épinglez la toile à patron sur les différentes parties du fauteuil et tracez à la craie tailleur tous les contours. Découpez les patrons en ajoutant 1 cm tout autour des morceaux pour les coutures, plus 2 cm de jeu aux endroits où le tissu risque de tirer quand on s'assoit (jonction de la plate-forme avec le bas du dossier et des bras intérieurs).
Indiquez sur chaque morceau sa destination, le droit-fil, le haut et le bas.

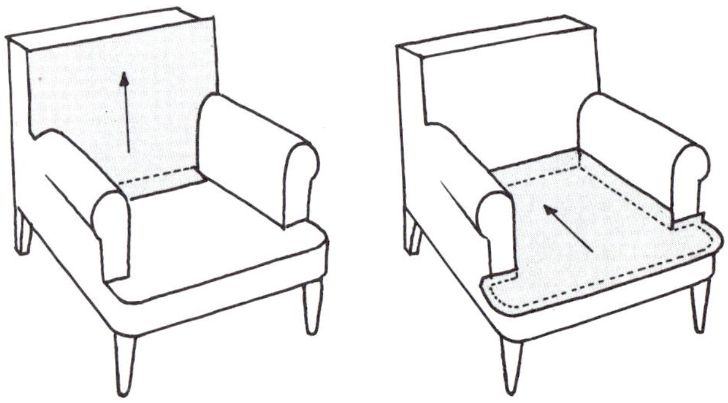

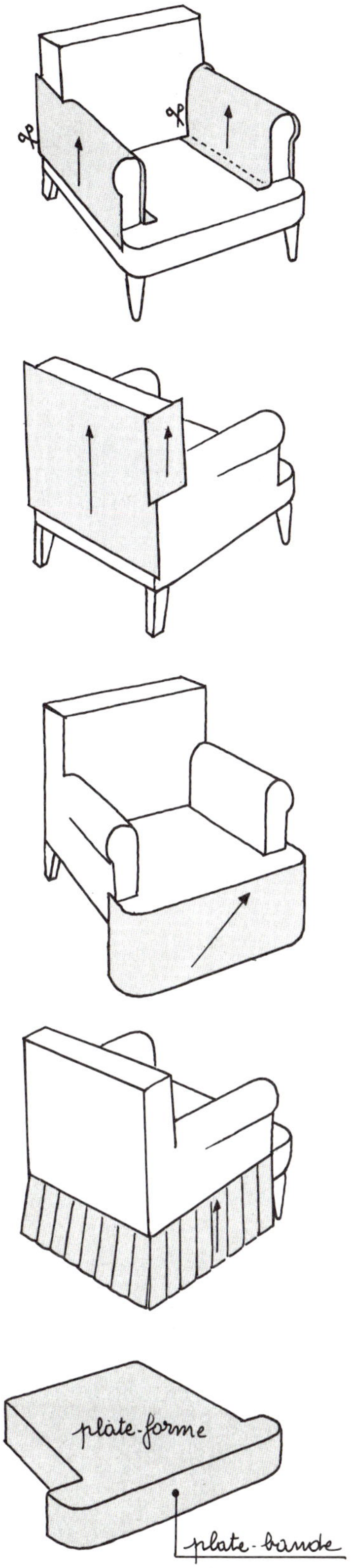

3 Disposez chaque morceau en faisant attention au droit-fil sur le tissu. Inscrivez sur chacun sa destination. S'il s'agit d'un tissu à grands motifs, disposez les motifs au centre des grandes pièces : dossiers intérieur et extérieur, plate-forme, coussin...

Pour la jupe, qui est en deux morceaux, taillez deux bandes dont la hauteur est égale à la hauteur depuis la plate-forme jusqu'au sol. La longueur de la bande du devant est égale à la largeur du devant du fauteuil plus 10 cm de chaque côté. La longueur de la bande couvrant les côtés et le dos est égale à la longueur de ces trois côtés, multipliée par trois (pour avoir suffisamment de tissu pour faire les plis couchés).
La plate-bande du coussin est, elle aussi, en deux morceaux : l'un qui recouvre le devant jusqu'aux 2/3 des côtés, d'une largeur égale à l'épaisseur du coussin; l'autre, celui du dos sur lequel sera posée la fermeture à glissière, plus large de 2 cm.
N'oubliez pas d'ajouter à chaque bande, en longueur et en largeur, 2 cm pour la valeur des coutures et 1 cm pour chaque raccord.

Assemblage

Avant l'assemblage, épinglez tous les morceaux (endroits du tissu sur fauteuil) sur le fauteuil pour une dernière vérification, en suivant le même ordre que pour la prise des mesures. Assemblez tous les morceaux (sauf la jupe et le coussin) en bâtissant, puis en piquant à 1 cm du bord. Commencez par assembler le sommet de tête au dossier intérieur et extérieur; la plate-forme au dossier intérieur; les bras à la plate-forme; terminez par les devants des bras, les côtés du dossier et le dossier extérieur aux côtés du dossier et aux extérieurs des bras.

La jupe

Assemblez les différents morceaux de la bande à plisser en faisant les raccords nécessaires. Surfilez une longueur et faites un ourlet de 1 cm. Pour faire les plis couchés, qui ont ici 5 cm une fois finis, reportez-vous à l'explication donnée à la page 258. Bâtissez ces plis soigneusement.
Thermocollez la bande frontale de la jupe. Surfilez une longueur et faites un ourlet de 1 cm. Assemblez cette bande à la bande plissée sur une hauteur, endroit contre endroit; piquez à 1 cm. Montez la jupe endroit contre endroit, sur le reste de la housse; bâtissez et piquez à 1 cm.
Fermez la deuxième hauteur : piquez à 1 cm. Retournez sur l'endroit.
Pour maintenir la housse bien tendue, posez, de chaque côté des pieds, des petits cordonnets que vous nouerez sous la jupe.

Le coussin

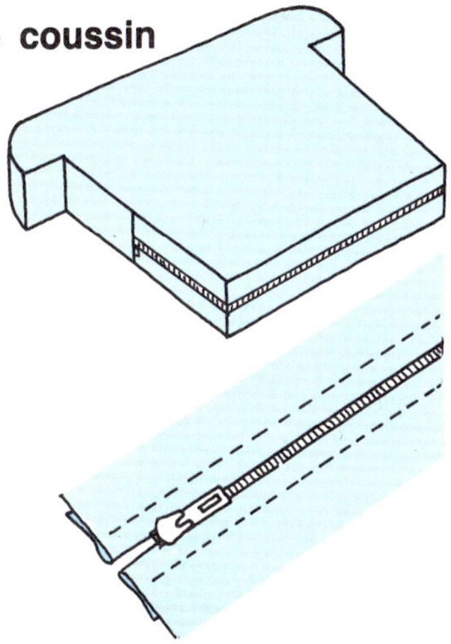

Coupez la plate-bande du fond en deux au milieu dans le sens de la longueur; faites un rempli de 1 cm de chaque côté de cette ligne de coupe; montez la fermeture à glissière dans cette ouverture : elle arrive à 1 cm de chaque extrémité. Assemblez la plate-bande du devant à la précédente; piquez à 1 cm. Montez la plate-bande sur le dessous de la plate-forme du coussin, endroit contre endroit; piquez à 1 cm. Assemblez le tout sur le dessus de la plate-forme. Retournez.

Coussins de jardin

Décoratifs, confortables, simples à réaliser, ces modèles ne présentent que des avantages, alors pourquoi vous priver du plaisir d'orner les chaises et les fauteuils de votre terrasse ou de votre jardin ? Pour les chaises, nous vous conseillons de faire des coussins galettes, entourés d'un biais gansé, et pour les fauteuils, des coussins à plate-bande dont le rembourrage est plus épais que celui des coussins galettes.

FOURNITURES

Pour deux chaises de 38 cm de large et 33 cm de profondeur.
Pour un fauteuil de 49 cm de large et 39 cm de profondeur.

- Toile de coton : 2,50 m en 90.
- Ganse : 2,85 m, ou biais gansé uni assorti prêt à poser : 2,85 m.
- Ouate acrylique pour le rembourrage des galettes.
- Mousse de 9 cm d'épaisseur à faire découper aux formes du gabarit pour le coussin à plate-bande.

Coussins galettes

La forme des coussins dépend de la forme de vos sièges.
Faites un gabarit en papier kraft pour obtenir le contour du siège : ajoutez 1 cm (pour les coutures) tout autour. Mais si vous souhaitez que l'on voie un peu la chaise, le gabarit doit être égal aux dimensions de la chaise, valeur des coutures comprises. Servez-vous du gabarit pour couper une face dessus et une face dessous pour chaque coussin.
Pour chaque coussin, taillez des biais de 3 cm de large (coutures comprises) d'une longueur égale au périmètre du coussin (38 cm + 33 cm × 2, soit 1,42 m), plus 1 cm pour les coutures des raccords de biais s'il y a lieu, plus 2 cm pour l'assemblage (1,42 m + 1 + 2, soit 1,45 m).
La ganse est égale au périmètre du coussin, soit 1,42 m.

Faites les raccords de biais par une couture droit-fil (voir p. 143). Fermez la bande de biais ainsi obtenue : elle doit être égale au périmètre du coussin. Placez la ganse dans le fond du biais plié en deux, envers contre envers; piquez avec le pied presseur à fermeture à glissière ou pied ganseur, au pied de la ganse (voir p. 253).

1 Placez l'endroit du biais sur l'endroit du dessus du coussin, bords vifs sur bords vifs; appliquez l'endroit du dessous du coussin sur l'endroit du dessus; le biais se trouve alors entre les deux.

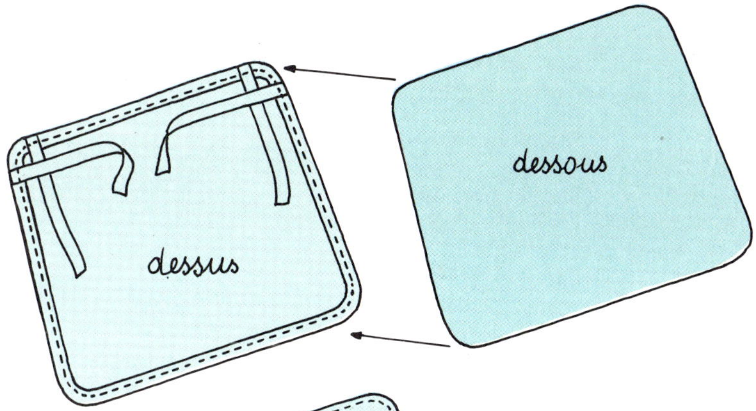

2 Pour fixer le coussin galette sur les montants de la chaise, il vous faut 4 liens de 2,5 cm de large et 21 cm de long (coutures comprises). Faites des fourreaux sur trois côtés (voir p. 83), retournez. Posez les liens, côté non fermé entre les deux fonds du coussin.

3 Bâtissez toutes les épaisseurs. Piquez dans la piqûre de montage du biais gansé; laissez un espace sans piquer sur le côté dossier du coussin. Retournez par cette ouverture. Glissez l'ouate acrylique dans l'enveloppe. Fermez l'ouverture par un bâti. Surpiquez nervure tout le tour.

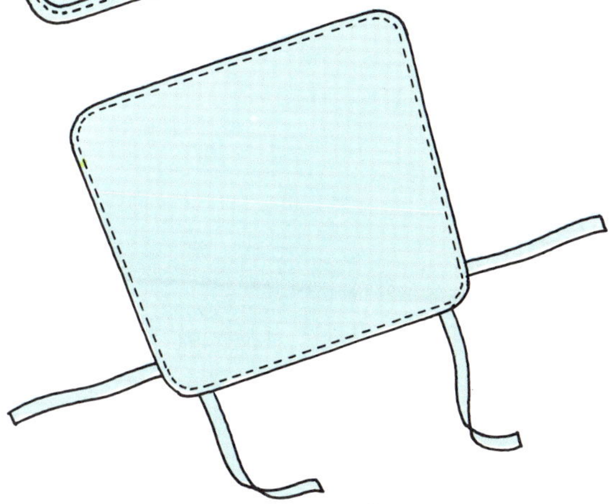

Le coussin à plate-bande

1 Pour la coupe du coussin à plate-bande, procédez comme pour le coussin galette avec un gabarit en papier kraft.
La plate-bande a une longueur égale au périmètre du coussin plus 1 cm éventuellement pour le raccord de bande, plus 2 cm pour la couture d'assemblage (ici : 39 cm + 49 cm × 2 + 3 cm, soit 1,79 m).
Sa largeur est égale à l'épaisseur de la mousse (ici 9 cm) plus 2 cm (valeur des coutures).

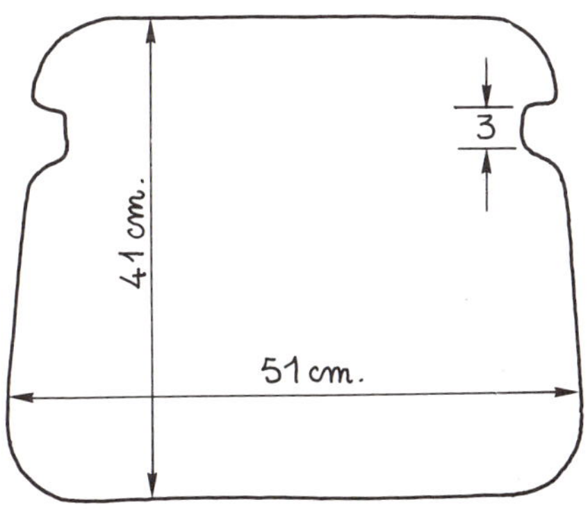

Faites les raccords nécessaires pour la plate-bande. Fermez-la aux extrémités.

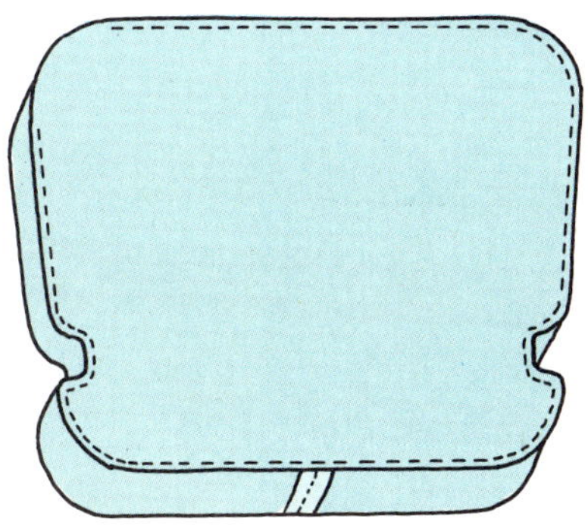

2 Bâtissez la plate-bande endroit contre endroit, sur le dessous du coussin; piquez à 1 cm. La couture d'assemblage de la plate-bande sera placée sur le côté du fond du fauteuil.

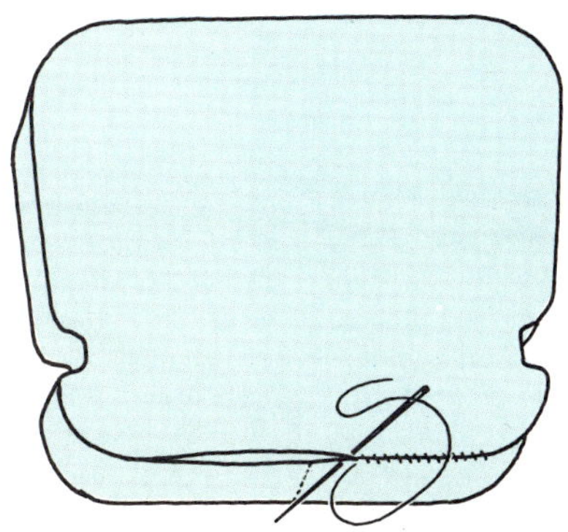

3 Bâtissez le dessus du coussin, endroit contre endroit, sur le deuxième côté de la plate-bande en laissant la partie du fond du fauteuil ouverte; piquez à 1 cm. Retournez.

4 Glissez la mousse dans l'enveloppe. Fermez l'ouverture, après avoir replié 1 cm de chaque côté, par un point de surjet à la main bien serré.

Coussins fantaisie

Confortables, gais, des coussins disposés sur un fauteuil ou un canapé apportent une note d'intimité à votre décor. Vous pouvez soit acheter des coussins à recouvrir, soit les faire vous-même. Achetez alors de la percale et de l'ouate acrylique pour les rembourrer.
Vous les habillerez de housses amovibles en cretonne fantaisie, avec ou sans volant, faciles à laver.

FOURNITURES

Pour un coussin carré de 40 cm de côté.
- Cretonne : 45 cm en 90.
- 1 fermeture à glissière de 30 cm.

Pour un coussin carré de 40 cm de côté et un volant de 7 cm de large.
- Cretonne : 70 cm en 90.
- 1 fermeture à glissière de 30 cm.

Pour un coussin rond de 60 cm de diamètre.
- Cretonne : 1,30 m en 90.
- 1 fermeture à glissière de 50 cm.

Pour un coussin rond de 60 cm de diamètre et un volant de 7 cm de large.
- Cretonne : 90 cm en 140.
- 1 fermeture à glissière de 50 cm.

Pour un coussin-traversin de 50 cm de long et 20 cm de diamètre.
- Cretonne : 70 cm en 90.
- 1 fermeture à glissière de 40 cm.

Coussin carré

Coupez un carré de 40 cm de côté, plus 2 cm (valeur des coutures) pour le dessus du coussin.
Pour le dessous, coupez deux rectangles : le premier de 14 cm plus 2 cm de large (valeur des coutures), sur 42 cm de long; le second de 26 cm plus 2 cm de large, sur 42 cm de long.
En principe, la fermeture à glissière mesure 10 cm de moins que le côté du coussin; ici, elle est de 30 cm.
Faites un rentré de 1 cm au bas du premier rectangle de tissu et un autre en haut du second rectangle.
Bâtissez, endroit contre endroit, ces deux

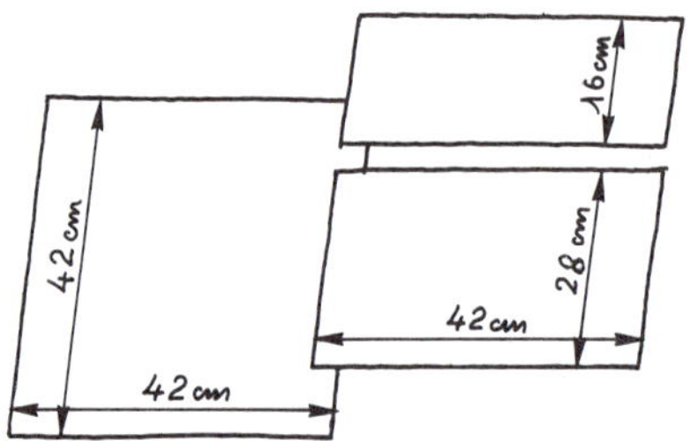

rectangles; piquez 10 cm de chaque côté pour réserver l'emplacement de la fermeture. Posez la fermeture à glissière (voir p. 145). Assemblez les deux faces du coussin (la fermeture à glissière est fermée) : bâtissez, endroit contre endroit, tout le tour. Piquez à 1 cm. Dégarnissez les coins. Surfilez en double, retournez. Repassez en ressortant les coutures.

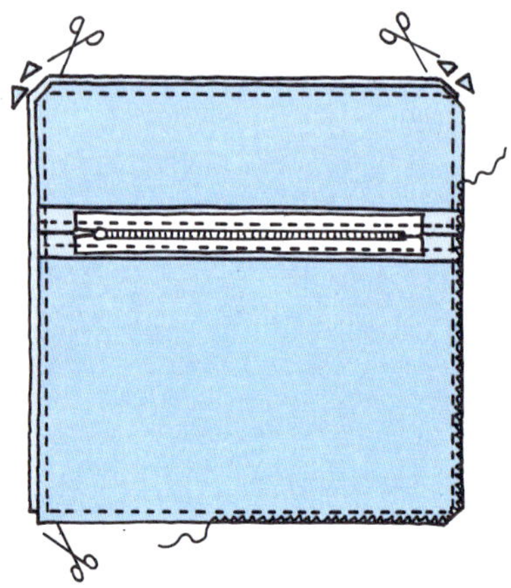

Coussin carré à volant

Pour la coupe et la pose de la fermeture à glissière, procédez de la même façon que pour le modèle précédent.

Le volant
La longueur du volant est égale au périmètre du coussin (1,60 m) multiplié par 1,5 pour obtenir des fronces, plus la valeur des coutures (2 cm), plus, éventuellement, 1 cm pour les raccords du volant.
La largeur est égale à 7 cm, plus 2 cm (valeur des coutures).
Coupez le volant dans le droit-fil.
Faites les coutures du volant pour obtenir un volant fermé; surfilez ces coutures, repassez-les ouvertes.
Piquez nervure un rempli double de 0,5 cm sur une longueur du volant; sur l'autre longueur, passez deux fils de fronces. Tirez les fils, en répartissant bien les fronces, pour obtenir le périmètre du coussin. Pliez le volant en quatre parties égales et marquez les coins du coussin à la craie tailleur.

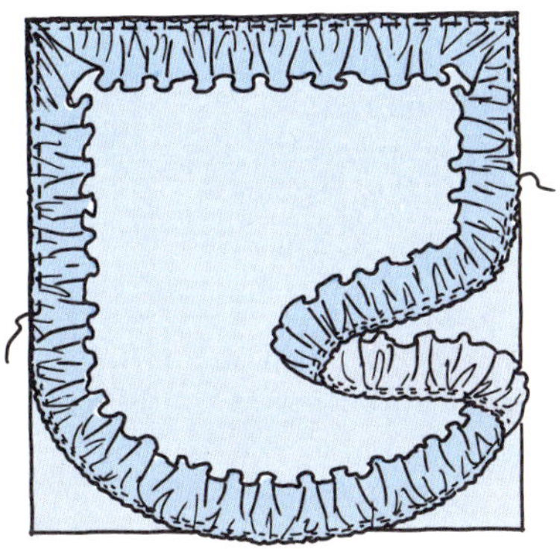

Bâtissez le volant sur le dessus du coussin, endroit contre endroit. Piquez sur les fronces.

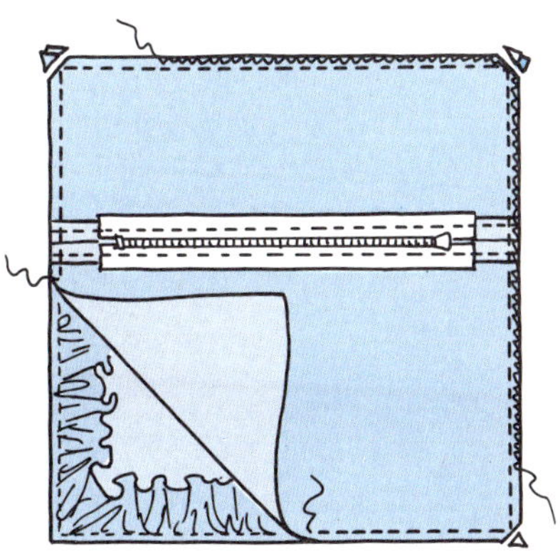

Placez le dessous sur le dessus, endroit contre endroit, volant rentré à l'intérieur. Bâtissez et piquez sur la piqûre de montage du volant. Dégagez les coins. Surfilez la couture en double.

Retournez, en tirant sur le volant pour faire ressortir la couture.

Coussin rond

Comme pour le coussin carré, la fermeture à glissière est sur la face dessous.
Faites un gabarit en papier kraft; découpez un carré de papier dont les côtés sont égaux au diamètre du coussin (60 cm), plus 1 cm (valeur des coutures); puis découpez en rond (voir p. 245).
Découpez le cercle de tissu du dessus du coussin en vous servant de ce gabarit.

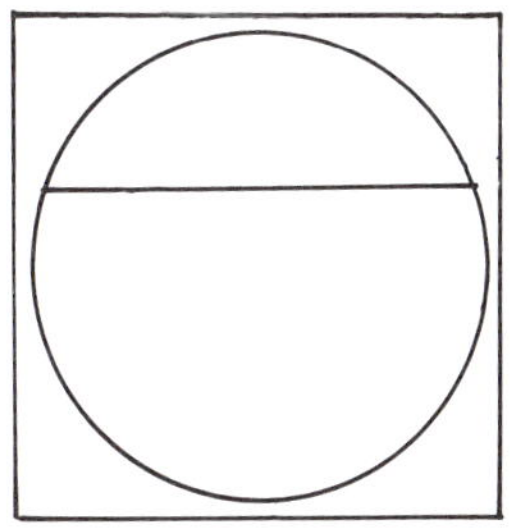

Le cercle du dessous est en deux morceaux : coupez le gabarit aux deux tiers de la hauteur. Posez les deux morceaux de gabarit sur le tissu en laissant un espace de 2 cm entre eux. Sur le tissu, tracez à la craie tailleur une ligne horizontale au milieu de cet espace.

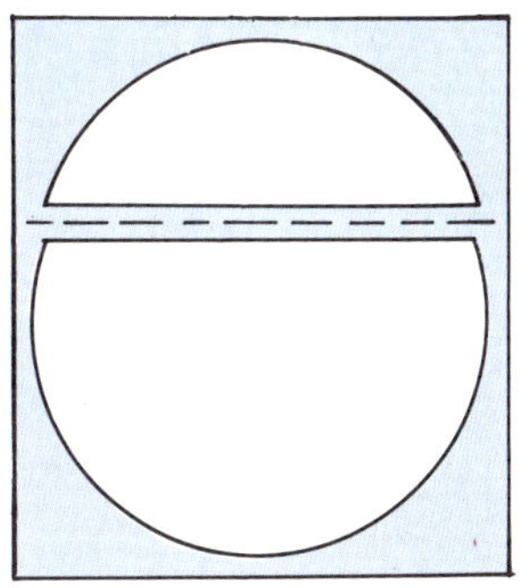

Découpez ensuite en suivant les contours des gabarits, puis le long du tracé du milieu. Faites un rentré de 1 cm de part et d'autre des horizontales, puis bâtissez, endroit contre endroit, les deux morceaux sur 5 cm de chaque côté afin de laisser libres 50 cm pour la fermeture à glissière.

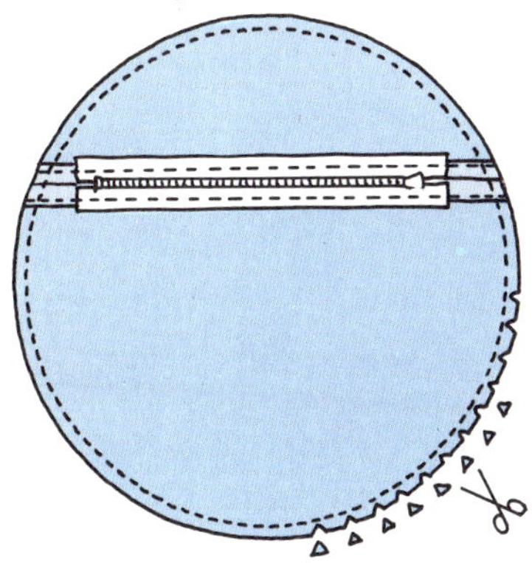

Assemblez les deux faces du coussin; bâtissez endroit contre endroit; piquez à 1 cm; crantez tout le tour; retournez; repassez.

Coussin rond à volant

Pour la coupe, la pose de la fermeture à glissière et l'assemblage, suivez l'explication précédente.

Le volant
La longueur du volant est égale à la circonférence du coussin multipliée par 1,5, plus 2 cm (valeur des coutures), plus 1 cm pour les raccords de volant (2,84 m + 3 cm, soit 2,87 m). La largeur est la même que celle du volant pour coussin carré.

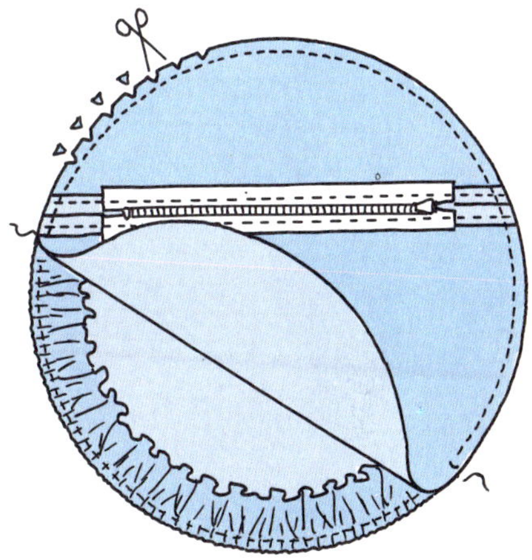

Coussin-traversin

Coupez un rectangle qui aura la longueur du coussin (50 cm) et une largeur égale à la circonférence des côtés (63 cm), plus 2 cm pour les coutures, puis deux cercles d'un diamètre de 20 cm, plus 2 cm pour les coutures.

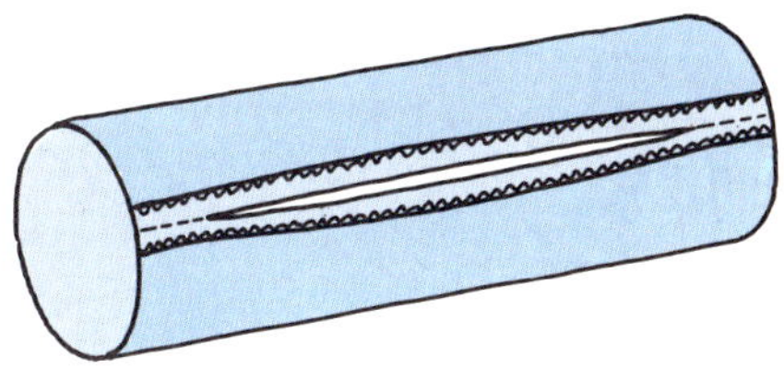

Pliez le rectangle en deux dans le sens de la longueur, endroit contre endroit. Bâtissez la couture à 1 cm du bord en laissant une ouverture de 40 cm au milieu pour la fermeture à glissière. Piquez. Repassez la couture ouverte. Surfilez. Faites un rentré de 1 cm de chaque côté de l'ouverture. Posez la fermeture à glissière.

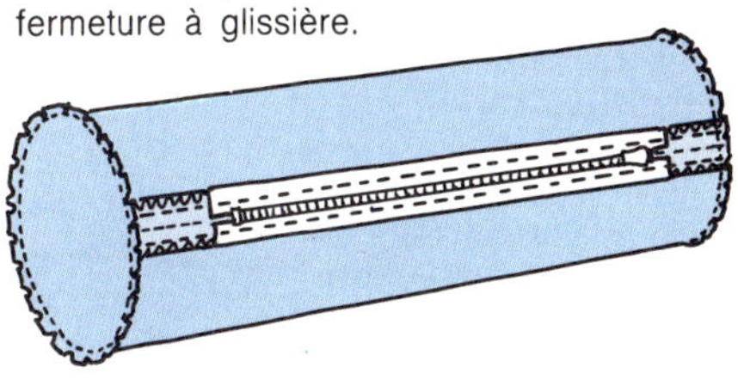

Bâtissez les cercles sur chaque extrémité du cylindre, endroit contre endroit. Piquez à 1 cm. Crantez tout autour. Retournez. Repassez sans déformer les arrondis.

Décor en appliqué

Pour égayer une chambre d'enfant, nous avons créé pour vous ce panneau décoratif au dessin naïf rehaussé de couleurs chatoyantes. Vous le réaliserez, ainsi que les deux coussins assortis, selon la technique de l'appliqué : il s'agit de coudre ensemble, en les superposant, des pièces de tissus différents. Cette technique demande du soin et de la minutie mais ne présente pas de difficultés insurmontables.

FOURNITURES

Pour un panneau décoratif de 90 cm de long et 60 cm de large et deux coussins carrés de 40 cm de côté.

- Toile de coton en 130 : tissu de fond bleu 1,10 m; jaune à rayures : 1,20 m; blanc : 30 cm; jaune uni : 25 cm.
- Thermocollant : 2,25 m en 90.
- Doublure : 65 cm en 140.
- 14 anneaux fins métalliques.

Le patron

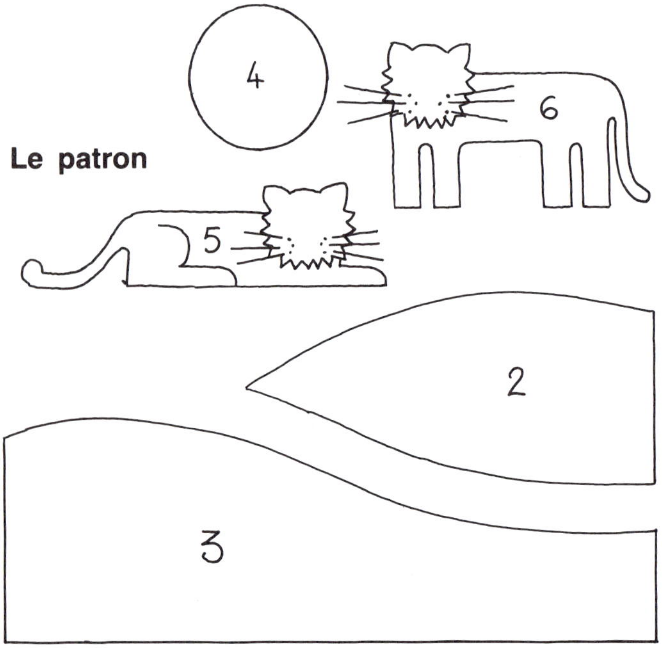

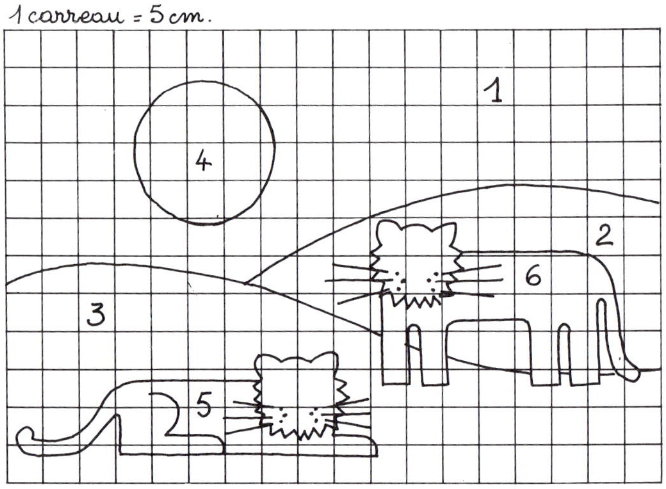

Agrandissez le dessin au crayon à la taille réelle sur un grand papier calque. Décalquez ensuite les différentes formes du dessin sur papier kraft; découpez suivant les contours. Vous obtenez cinq pièces, dune 2, dune 3, lune 4, lion 5, lion 6, qui vous serviront de patron. La sixième pièce (n° 1), qui sert de fond et figure le ciel, est un rectangle de 90 cm de long sur 60 cm de haut.

La coupe

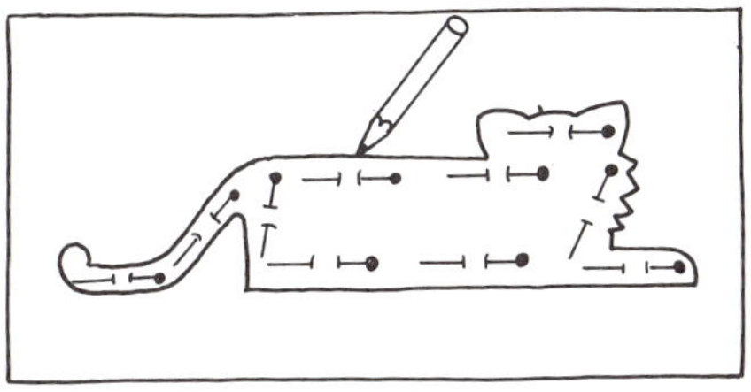

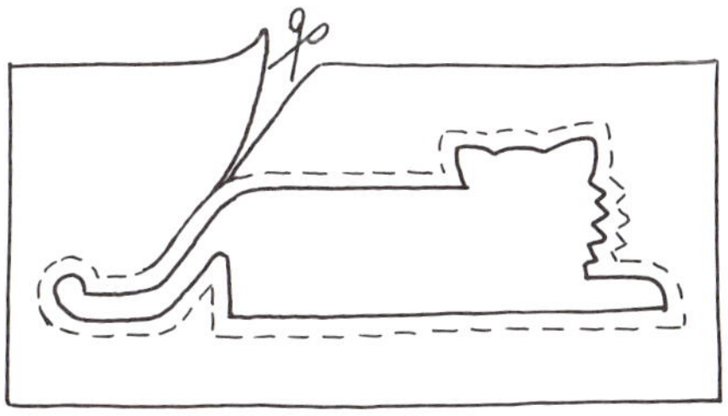

1 Épinglez le gabarit sur le tissu correspondant; tracez le contour sur le tissu; retirez le gabarit et coupez le tissu à 2 cm au large du tracé. Répétez l'opération pour chacune des formes, y compris pour le tissu bleu du fond.

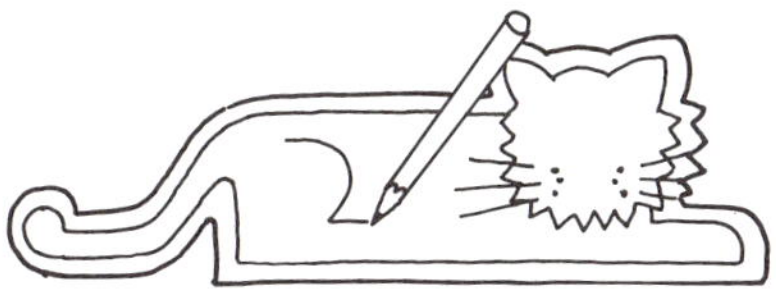

2 Reportez également sur chacune des pièces concernées, à la craie tailleur, les lignes qui forment le dessin : moustaches, crinière, patte, etc.

Préparation

Si vous utilisez des tissus légers, il faudra thermocoller les différentes pièces pour leur donner une meilleure tenue et éviter qu'un tissu sombre ne transparaisse sous un tissu assez clair.
Posez le gabarit sur l'*envers* du thermocollant, tracez les contours, et découpez sans laisser de marge; appliquez le thermocollant sur l'envers du tissu en suivant les conseils du fabricant.

Ordre de montage

Deux techniques d'application sont possibles. Au point de bourdon (zigzag étroit et serré) ou au point de piqûre, cela dépend des performances de votre machine; la première est plus rapide et moins difficile que la seconde. Mais quelle que soit la méthode que vous utiliserez, l'ordre de montage est le même. Les numéros reportés sur le patron correspondent aux différents stades du montage; sur le tissu bleu vous appliquerez successivement, en vous aidant du papier calque pour le positionnement : la dune 2, puis la dune 3, puis la lune 4, puis le lion 5 et enfin le lion 6.

Application au point de zigzag

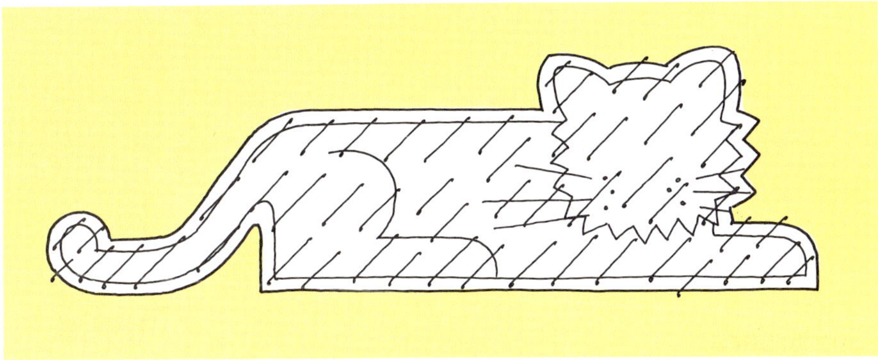

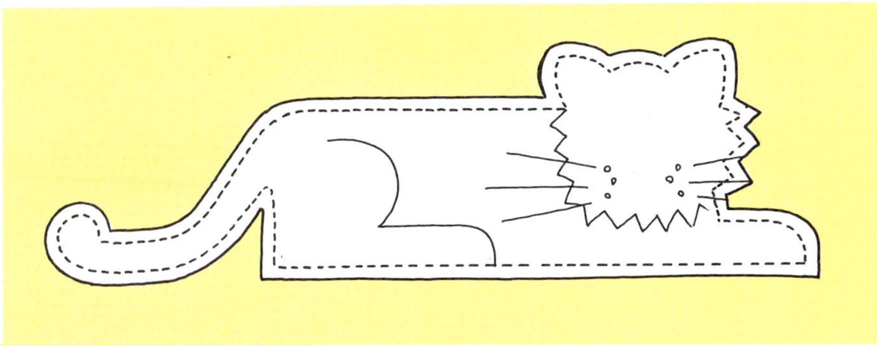

1 Posez la pièce à appliquer sur le fond, envers contre endroit. Épinglez, puis bâtissez à grands points pour la maintenir en place. Piquez au point de devant en suivant le trait du dessin.

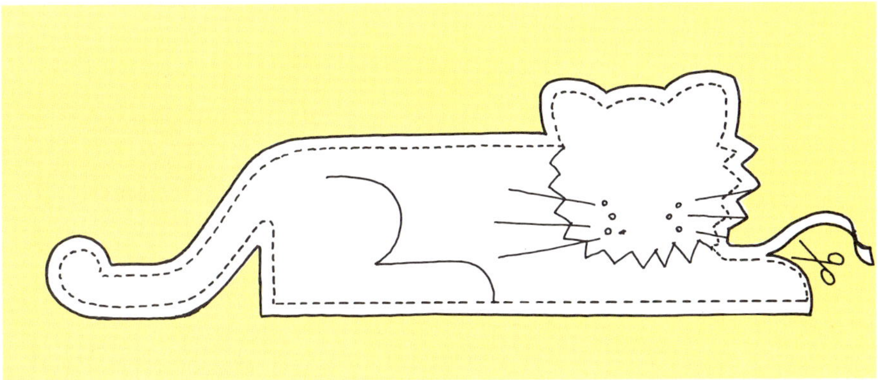

2 Avec des ciseaux à broder, coupez la ressource aussi près que possible de la couture. Veillez à ne couper ni les points ni le tissu du fond.

3 Piquez au point de bourdon, à cheval sur la piqûre et sur le bord vif du tissu.

4 Exécution des angles et des courbes. Surveillez bien la tension du fil et la pression du pied de biche, qui doivent être réglées en fonction de l'épaisseur des tissus.

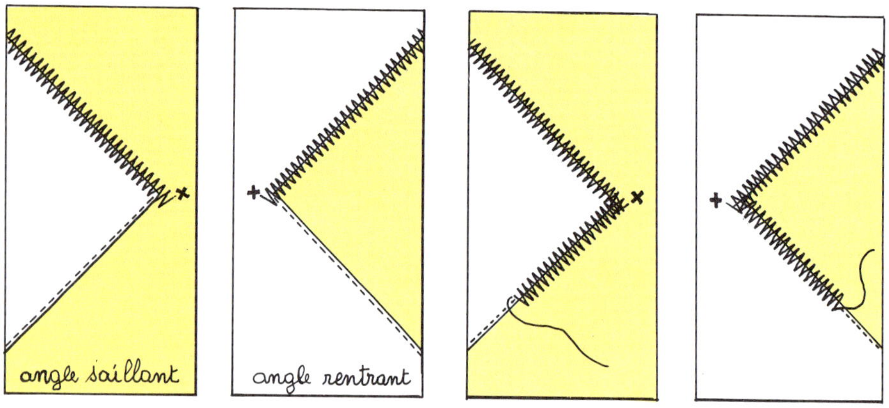

Coins à angle droit : pour un angle saillant, amenez l'aiguille à l'extérieur de la pointe de l'angle, à l'endroit indiqué par la croix; pour un angle rentrant, à l'intérieur; ensuite, pivotez et continuez.

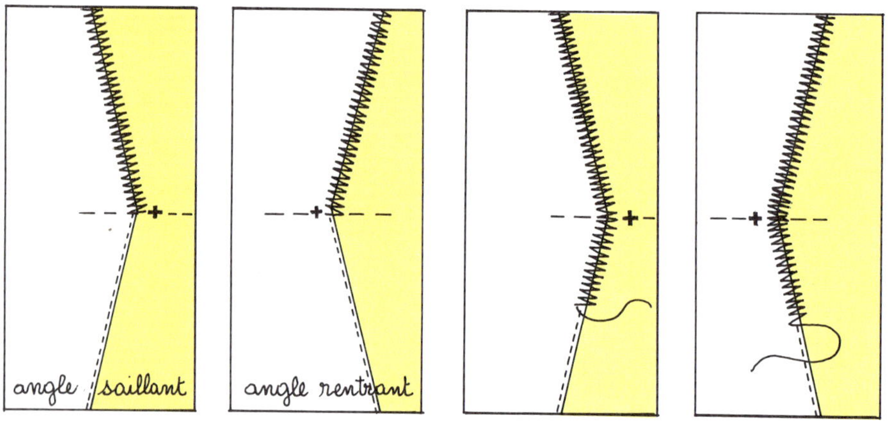

Coins à angles obtus : imaginez une ligne qui traverse le centre de l'angle; arrêtez-vous quand l'aiguille atteint cette ligne, à l'extérieur (à la croix) pour un angle saillant, à l'intérieur pour un angle rentrant; pivotez et continuez le zigzag.

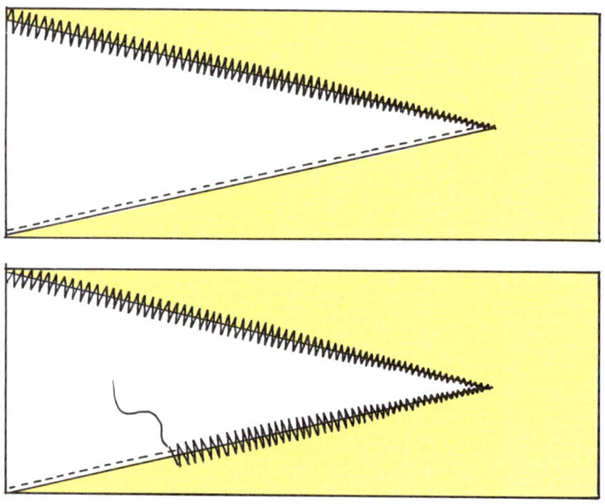

Coins à angle aigu, rentrant ou saillant : à proximité de la pointe, commencez à rétrécir votre point de zigzag. Continuez à coudre un peu au-delà du coin (zigzag très étroit), pivotez puis continuez en élargissant progressivement le zigzag jusqu'à sa dimension initiale.

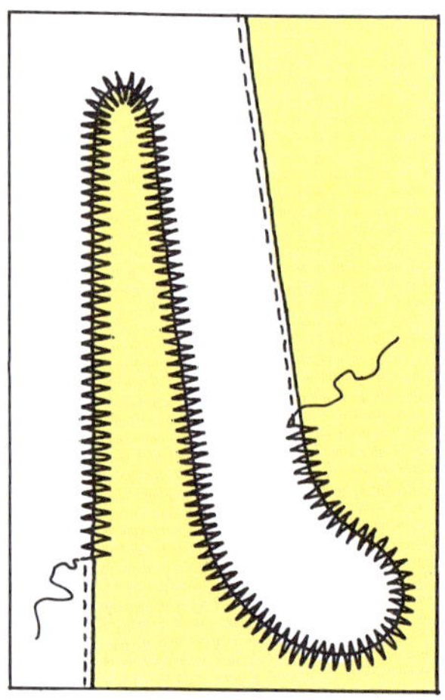

5 **Courbes serrées**, concaves ou convexes : pour faire le tour de l'arrondi, arrêtez et faites pivoter votre travail aussi souvent que nécessaire, en replaçant l'aiguille du côté le plus étroit de l'arrondi quand vous tournez.

Application au point de piqûre

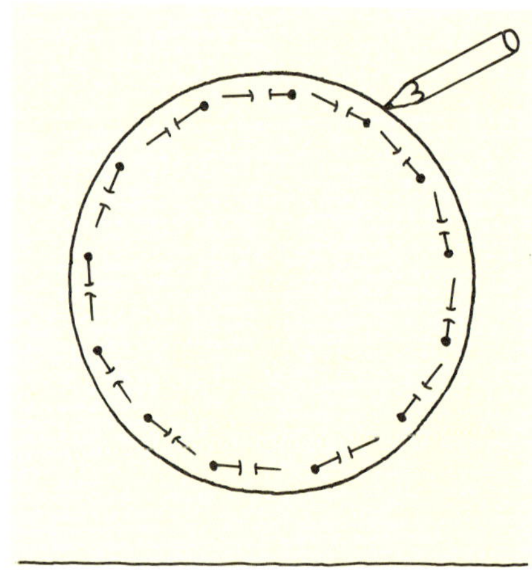

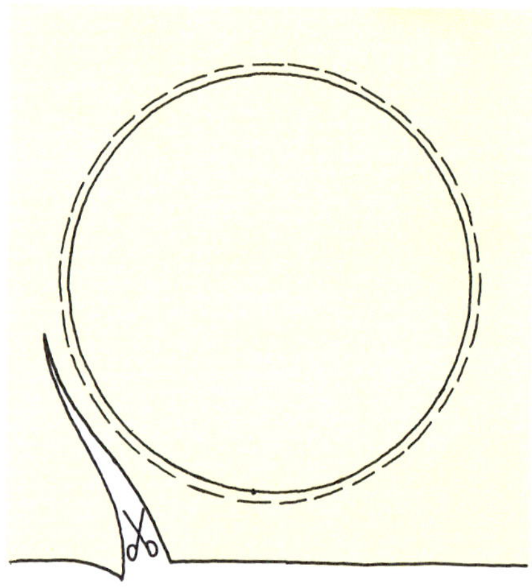

1 Épinglez le gabarit sur le tissu, tracez le contour (ce sera la ligne de couture); retirez le gabarit et tracez une autre ligne à 0,5 cm du contour initial. Coupez à l'extérieur, au large de cette dernière ligne.

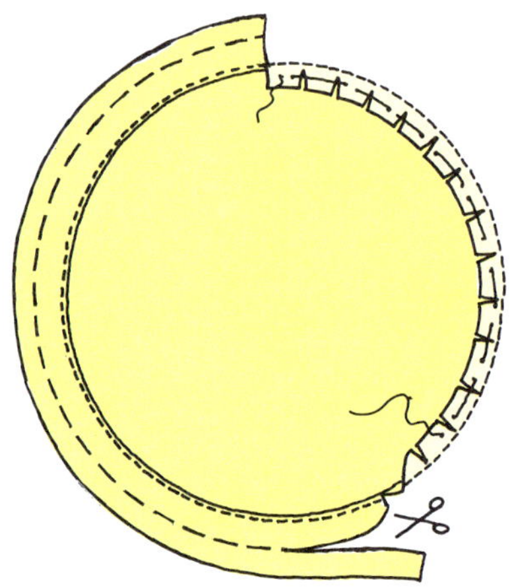

2 Piquez juste en dehors de la ligne de couture. Puis coupez le long de la ligne extérieure, crantez angles et courbes, repliez la marge sur l'envers; la pliure correspond à la ligne de couture.

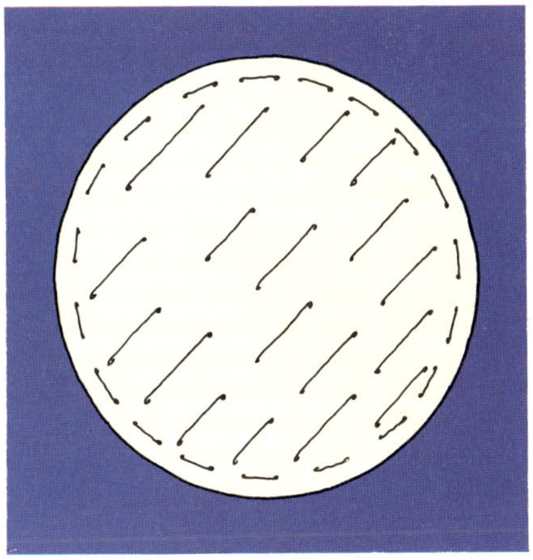

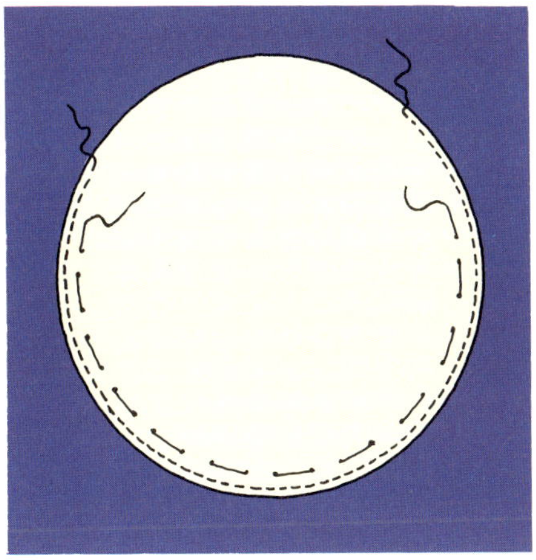

3 Épinglez la pièce sur le tissu de fond; bâtissez le tour à petits points, l'intérieur à grands points pour maintenir la pièce bien en place.

4 Surpiquez nervure soigneusement le long des bords rentrés de l'appliqué; choisissez une longueur de point moyenne. Tirez les fils sur l'envers et nouez. Enlevez les fils de bâti.

Les garnitures

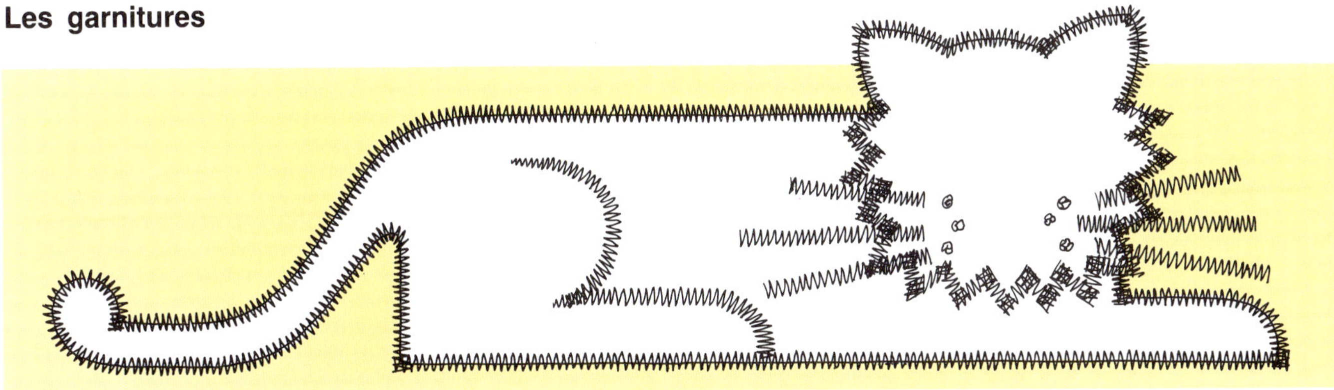

1 Si votre ouvrage est fait au point de zigzag, brodez (au point de zigzag également), en faisant les raccords nécessaires, les lignes qui servent de complément au dessin : sur le tissu blanc, le bas des crinières et la patte du lion de gauche; ensuite faites les moustaches à cheval sur les deux tissus. Terminez en brodant les points des amorces des moustaches du lion au point d'arme tortillé (voir p. 206).

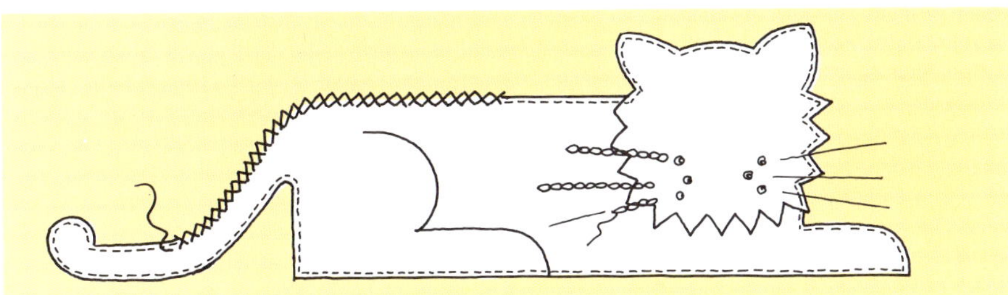

2 Si votre ouvrage est fait au point de piqûre, vous pouvez, si vous le souhaitez, souligner les contours en brodant un point de croix ou un point de grébiche avec du coton de couleur contrastée (bleu, par exemple); vous ferez les moustaches au point de chaînette, et les amorces des moustaches comme précédemment.

Finitions

Pour terminer, doublez le panneau : bâtissez la doublure sur le panneau endroit contre endroit. Piquez sur le tissu, sur le contour, en laissant un espace ouvert en haut, au milieu, de 30 cm. Retournez sur l'endroit. Fermez les 30 cm au point glissé.

Posez les anneaux en haut sur la doublure : ils doivent être à peine apparents sur l'endroit. Ils serviront à accrocher le panneau au mur.

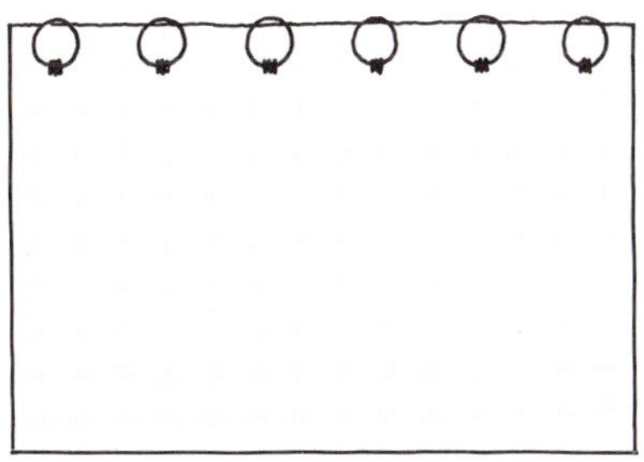

Pour les coussins, pour l'application du rond sur le fond (le gabarit est le même que celui de la lune du panneau), procédez comme ci-dessus.
Pour la réalisation du coussin lui-même, voir page 284.

Courtepointe en patchwork

Le patchwork est une petite œuvre d'art qui exige de la minutie, du soin et de la méthode. Il s'agit de tissus de formes et de couleurs différentes, cousus ensemble et composant des motifs. Pour le réaliser, utilisez des chutes de tissu, ou achetez-en, mais veillez à ce qu'elles soient de même texture, de poids et d'entretien comparables (choisissez, par exemple, des coordonnés). Le patchwork présenté ici est un carré de 1,60 m de côté, doublé et matelassé, destiné à protéger le cuir du canapé; mais vous pourrez en faire un dessus-de-lit si vous l'agrandissez en augmentant le nombre des motifs de base. Il vous faudra du temps et de la patience pour arriver au bout, mais quel résultat !

FOURNITURES

- Toile de coton : 1,60 m en 140 pour chacun des 4 imprimés.
- Ouatine : 3,30 m en 140, 100 g/m^2.
- Satinette : 3,30 m en 90 ou toile de coton unie, 3,30 m en 140 (de couleur assortie à celles du patchwork) pour la doublure.
- Papier calque quadrillé.
- Papier de verre fin.

Les gabarits

1 Il vous faut un gabarit pour chaque forme différente. Avec un papier calque quadrillé, décalquez chaque forme, en partant de la maquette (voir ci-contre). Vous obtenez : un carré de 5 cm de côté, un autre de 10 cm de côté, quatre rectangles de 5 cm de largeur et, successivement, de 10, 20, 30 et 40 cm de long. Pour les bordures d'encadrement, qui sont très longues et d'un seul tenant, vous pouvez vous passer de gabarit.

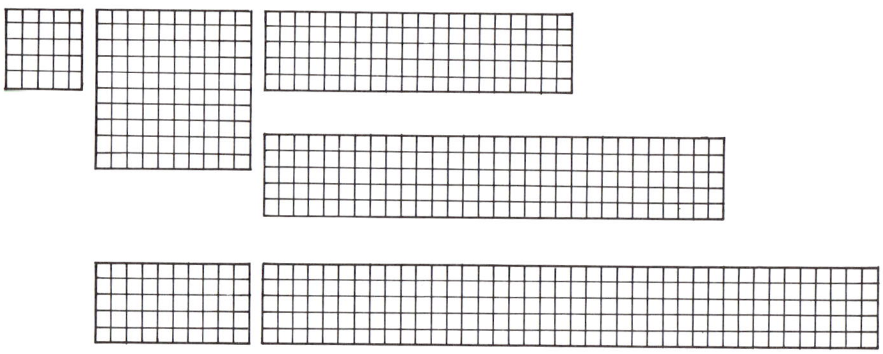

2 Posez ces différents gabarits sur l'envers du papier de verre fin, tracez les contours au crayon. Découpez le papier de verre en suivant les contours. Voilà vos gabarits de coupe. Le papier de verre est une bonne solution car il adhère au tissu et évite les décalages au moment de la coupe.

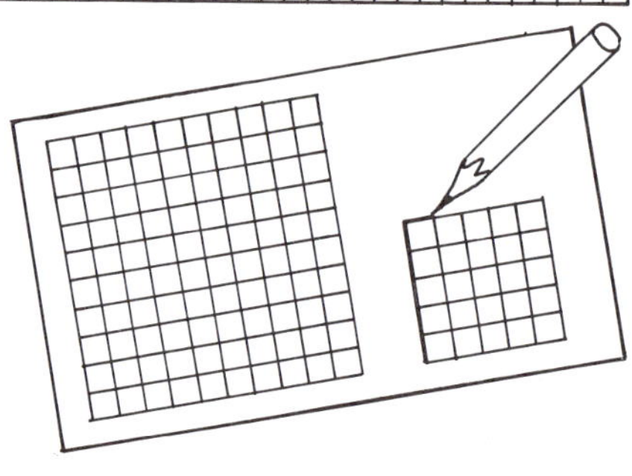

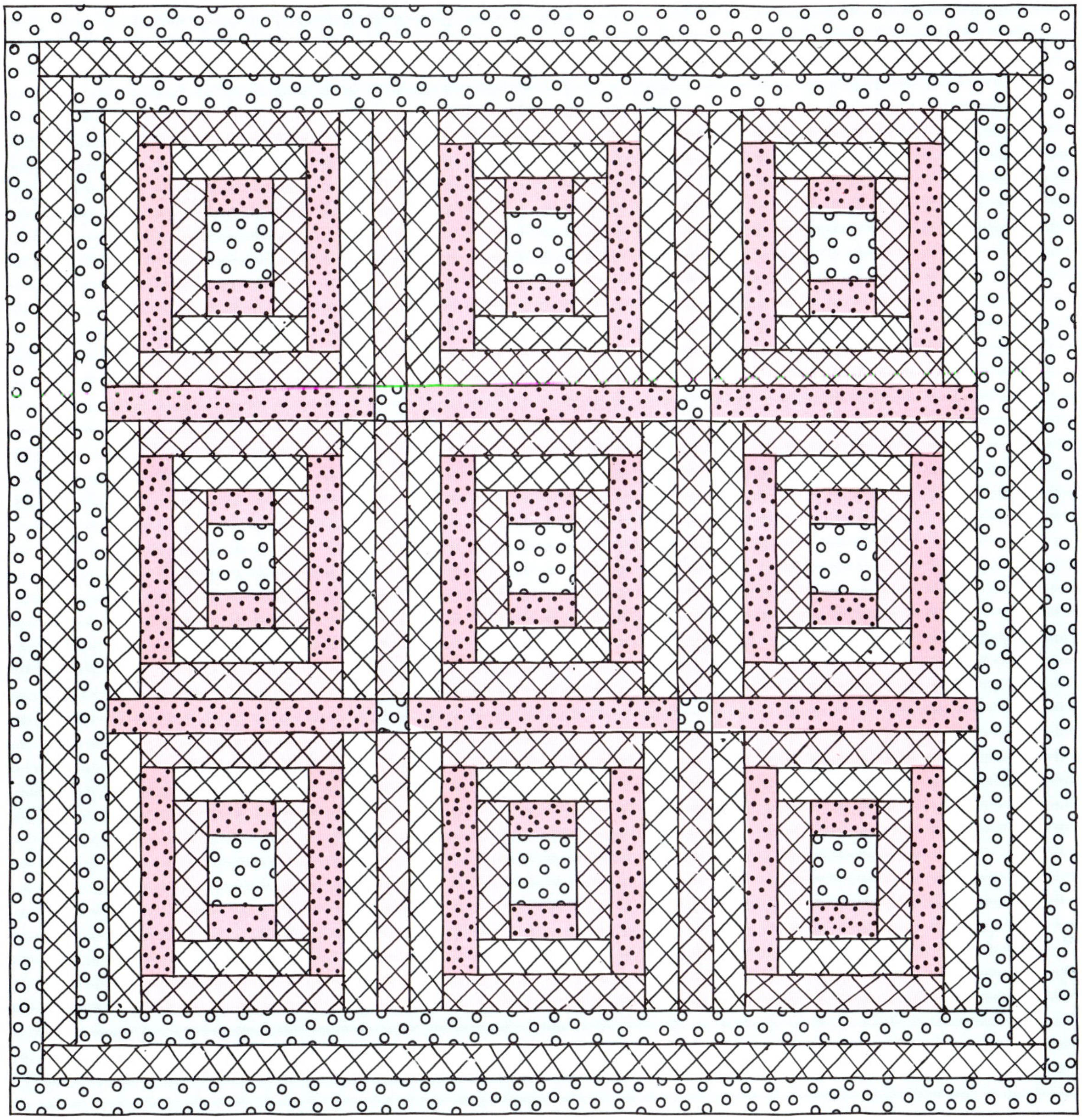

5 mm = 5 cm

La maquette

Ce patchwork est composé de 9 pavés de base, 6 bandes intercalaires verticales, 2 bandes intercalaires horizontales et 12 bandes de bordure.
Agrandissez le dessin ci-dessus à la taille réelle. Coloriez les différents morceaux avec des couleurs correspondant à peu de chose près à celles des différents tissus; s'il y a lieu, reportez l'indication des motifs des imprimés selon le sens dans lequel vous voulez qu'ils apparaissent. Cette maquette grandeur réelle vous aidera à tailler les gabarits nécessaires pour la coupe, et vous servira de guide tout au long du travail d'assemblage.

La coupe

1 Posez votre gabarit en papier de verre sur l'envers du tissu, tracez soigneusement le contour à la craie tailleur, puis coupez à 1 cm au large de ce contour.

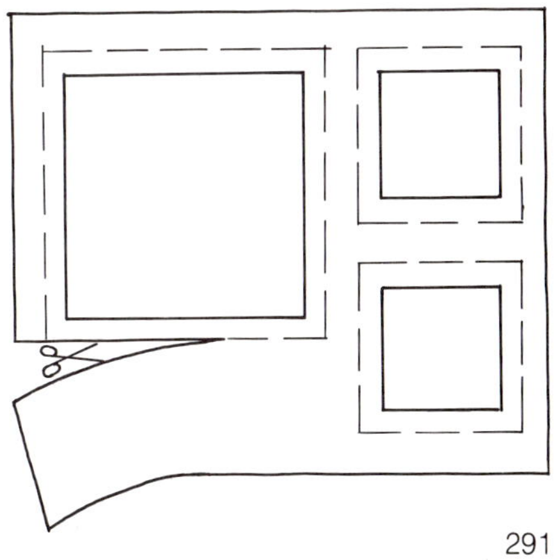

2 Procédez méthodiquement : coupez d'abord dans un imprimé toutes les formes correspondantes, puis coupez dans le deuxième les formes concernées, et ainsi de suite. Classez-les selon leur grandeur sans mélanger les imprimés entre eux.

Vous devez avoir :
Dans le tissu bleu à gros pois,

4 carrés de 7 cm de côté,

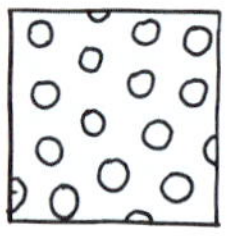

9 carrés de 12 cm de côté,

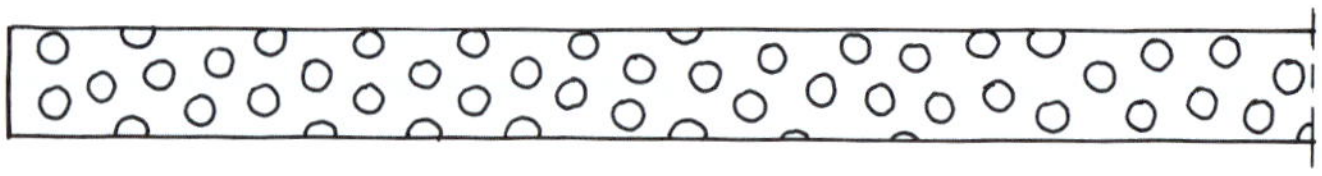

8 bandes de bordure de 7 cm de large, dont 2 de 1,32 m de long, 2 de 1,42 m, 2 de 1,52 m, 2 de 1,62 m;

Dans le tissu rose à croisillons, des rectangles de 7 cm de large :

18 de 22 cm de long,

18 de 32 cm,

6 de 42 cm;

Dans le tissu à petits pois, des rectangles de 7 cm de large :

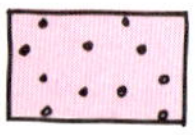

18 de 12 cm de long,

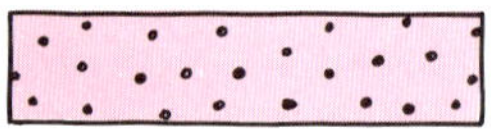

18 de 32 cm,

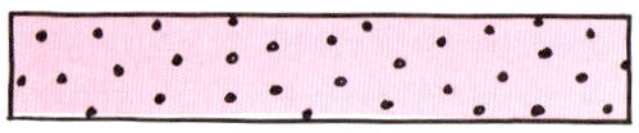

6 de 42 cm;

Dans le tissu vert à croisillons, des rectangles de 7 cm de large :

18 de 22 cm de long,

18 de 42 cm,

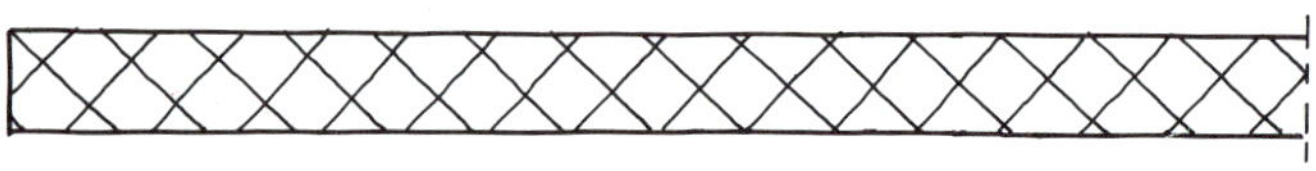

4 bandes de bordure de 7 cm de large, dont 2 de 1,42 m de long et 2 de 1,52 m.

Technique d'assemblage

L'assemblage des morceaux se fait par simples piqûres au point devant, mais il faut que les coutures soient bien droites. Pour cela, placez les deux pièces à assembler endroit contre endroit, épinglez et cousez sur la ligne de couture en enlevant les épingles au fur et à mesure que vous avancez. Assortissez la couleur du fil à celle du tissu; pour arrêter, ne faites pas de point arrière, nouez plutôt les fils. Ouvrez au fer chaque couture que vous venez de terminer.

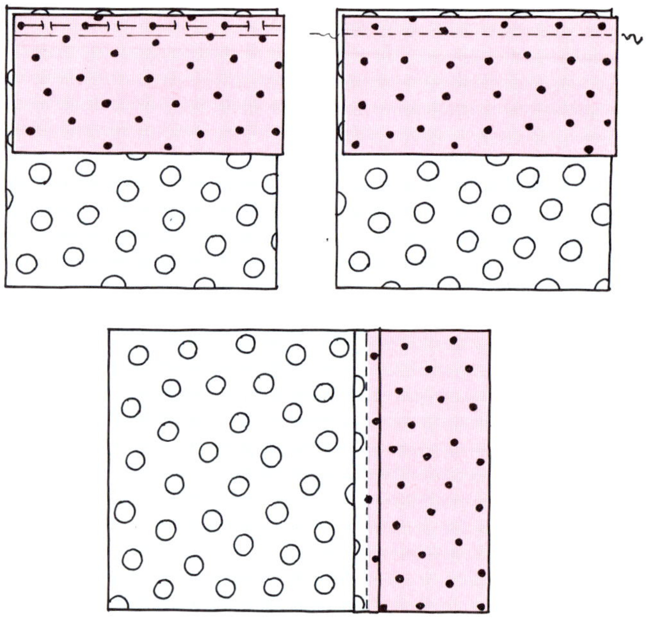

Ordre de montage

1 Commencez par assembler un carré de base; il faut toujours partir du centre du motif. Suivez l'ordre de montage indiqué sur le dessin. Procédez de la même façon pour tous les pavés de base.

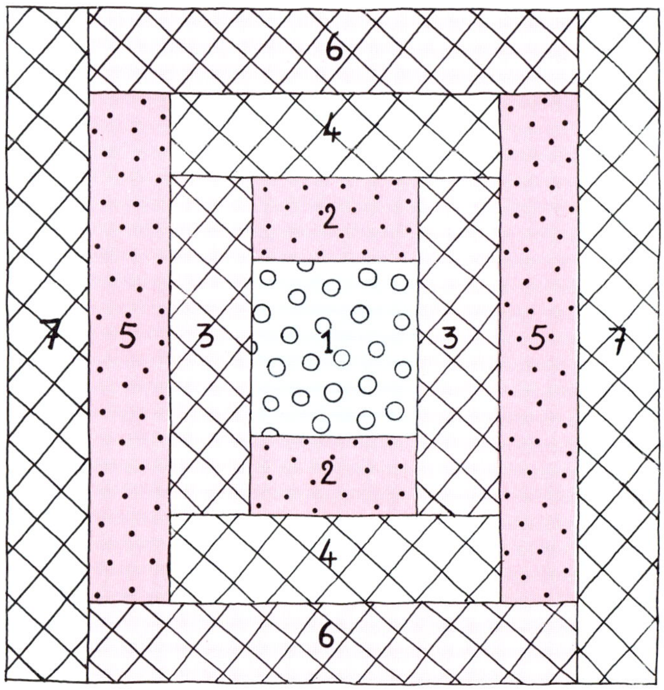

2 Montez ensuite les bandes intercalaires verticales. Ici encore commencez en partant du centre. Vous obtenez trois bandes horizontales de trois pavés chacune.

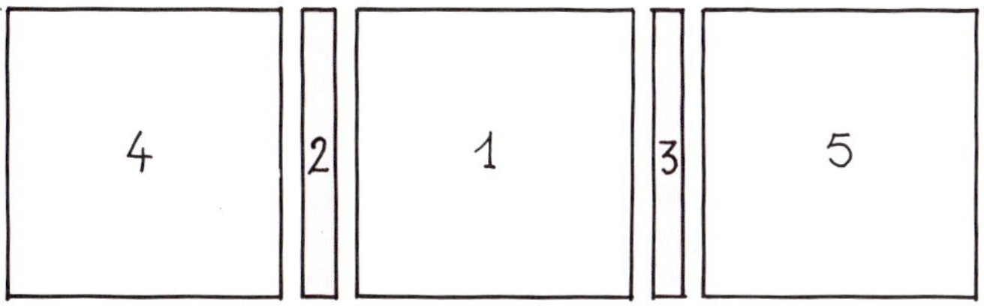

3 Assemblez entre eux les différents morceaux composant les bandes intercalaires horizontales. Montez-les sur les bandes de patchwork toujours en partant du centre.

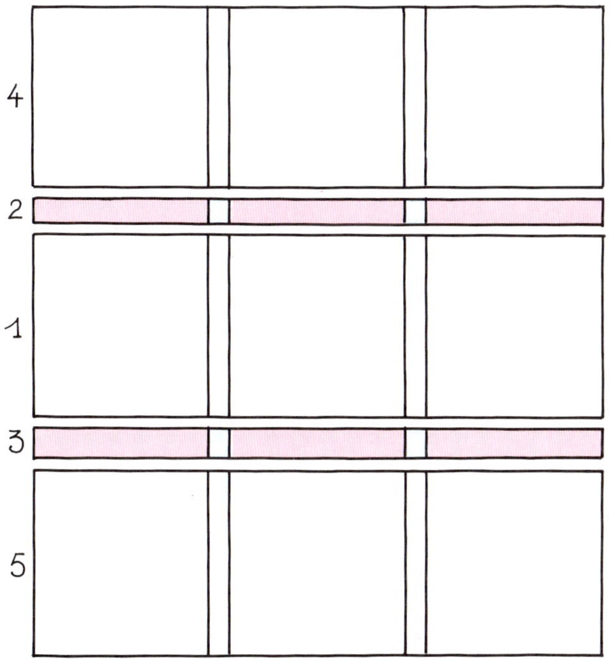

4 Montez les bordures : commencez par le bord gauche, puis le droit, puis le haut, puis le bas, et ainsi de suite.
Quand le patchwork est terminé, repassez-le soigneusement en ouvrant bien les coutures.

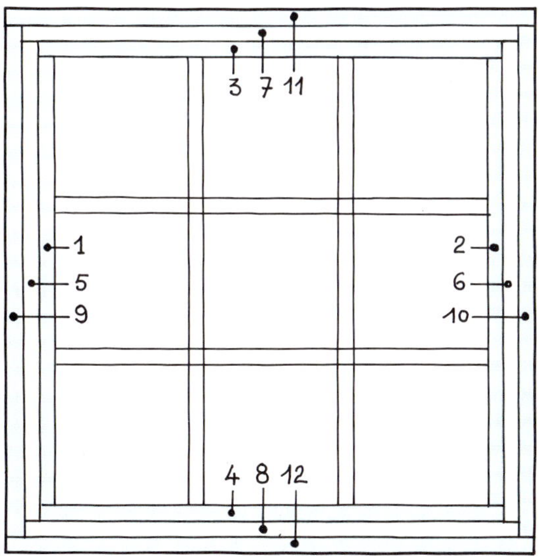

Pose de l'ouatine et de la doublure

Assemblez les lés d'ouatine pour obtenir un carré de 1,62 m de côté. Posez-le sur l'envers du patchwork; bâtissez tout autour à petits points.
Faites les raccords nécessaires dans le tissu de doublure pour obtenir un carré de 1,62 m de côté. Repassez coutures ouvertes.

1 Appliquez la doublure endroit contre endroit du patchwork. Piquez tout autour en laissant toutefois sur un des côtés une ouverture de 40 cm de long.

2 Retournez sur l'endroit par cette ouverture. Terminez la couture à points glissés.

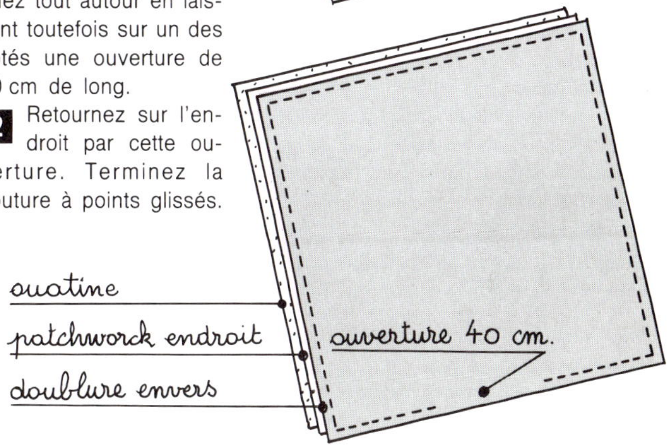

Le matelassage

Pour éviter un décalage entre les différents tissus lors de l'exécution du matelassage, bâtissez à très grands points en prenant toutes les épaisseurs.
Piquez ensuite à la machine en prenant toutes les épaisseurs, d'abord autour de chaque carré central dans les pavés de base, puis deux bandes plus loin, puis de chaque côté de la bordure claire.

Coiffeuse et pouf juponnés

Choisissez une cretonne fleurie, un imprimé léger ou un plumetis pour habiller la coiffeuse et le pouf que vous avez découverts dans un coin du grenier, et qui donneront une touche de romantisme à votre chambre.
Notre modèle est orné d'un biais gansé uni contrastant avec le jupon et le plateau.

FOURNITURES

Pour une coiffeuse de 75 cm de haut, dont le plateau en rognon correspond aux dimensions du gabarit ci-contre, et un pouf de 35 cm de diamètre et de 50 cm de hauteur.

- Cretonne : 4 m en 140.
- Biais uni tout préparé : 3,35 m de long sur 4 cm de large.
- Ganse : 3,31 m.

La coiffeuse

La coupe

Faites un gabarit sur un papier de coupe en suivant les contours du plateau en rognon de la coiffeuse.

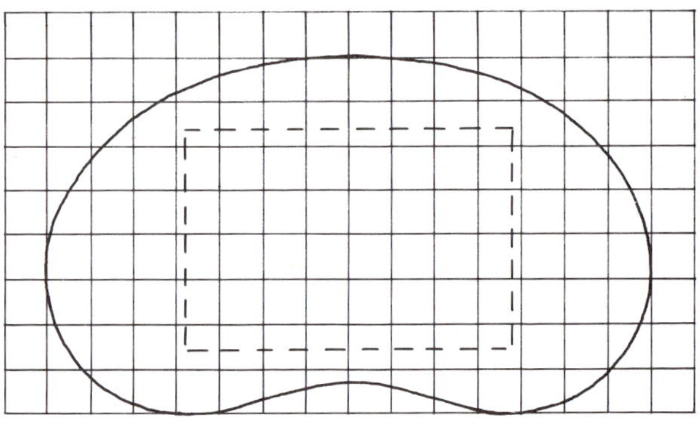

1 carreau = 5 cm.

Posez le gabarit sur le tissu en l'épinglant. Tout autour, à 1 cm du bord du gabarit, tracez le contour à la craie tailleur. Découpez soigneusement en suivant le tracé.

Pour que le jupon ait une jolie retombée, multipliez le pourtour de votre plateau (mesuré avec un mètre ruban) par 1,5. Ici, découpez un rectangle de tissu dont la longueur est égale à 2,21 m multiplié par 1,5, soit 3,32 m, et la hauteur à 75 cm plus 4 cm pour l'ourlet.

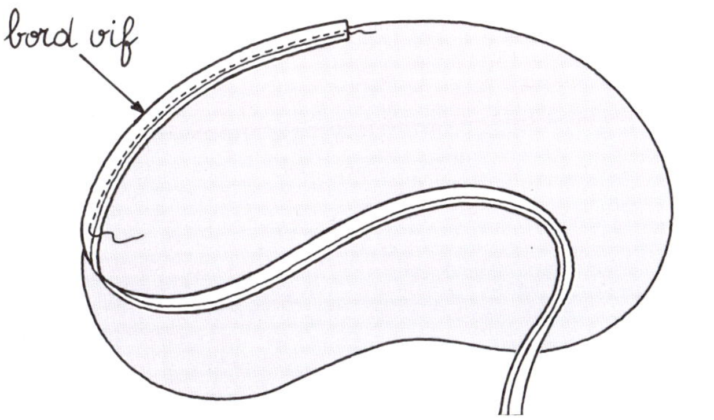

Pose du biais gansé

Posez la ganse sur l'envers, dans le fond du biais plié en deux. Avec le pied ganseur, piquez le long de la ganse (voir p. 253). Bâtissez le biais gansé, bord vif contre bord vif, sur l'endroit du plateau, la ganse tournée vers l'intérieur. Piquez dans la piqûre de montage de la ganse.

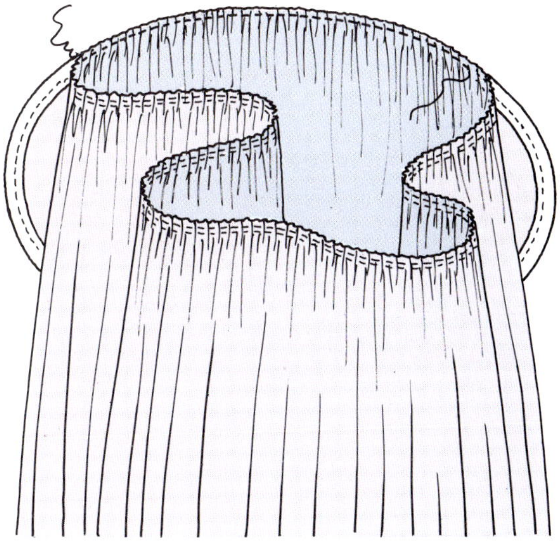

Le jupon

Faites les raccords nécessaires pour obtenir la longueur du jupon et fermez-le : bâtissez et piquez à 1 cm.

Repassez les coutures d'assemblage ouvertes; surfilez-les.

Faites un ourlet de 4 cm sur le bas du jupon; piquez nervure.

Froncez le côté non ourlé en passant deux fils de fronces. Tirez et répartissez les fronces jusqu'à obtenir le périmètre du plateau.

Bâtissez, endroit contre endroit, le volant froncé sur le plateau. Piquez dans la piqûre de montage du biais gansé; surfilez couture fermée. Repassez en ressortant le biais gansé régulièrement.

Le pouf

Coupez le plateau du pouf à l'aide d'un gabarit en procédant comme pour le plateau de la coiffeuse.

Faites le jupon comme celui de la coiffeuse. Sa longueur est égale à la circonférence du pouf multipliée par 1,5 (diamètre 35 cm × 3,14, soit 1,10 m × 1,5, soit 1,65 m). Sa hauteur est égale à 50 cm, plus 4 cm pour l'ourlet. Fermez le biais, gansez-le, appliquez-le sur le plateau du pouf. Montez le volant froncé comme précédemment. Surfilez. Repassez.

Fabriquez votre coiffeuse vous-même

Agrandissez le gabarit de la page précédente à la taille réelle. Découpez suivant le contour et faites tailler une plaque de contre-plaqué assez épais à ses dimensions (donnez le gabarit dans une boutique spécialisée dans la vente et la coupe du bois).

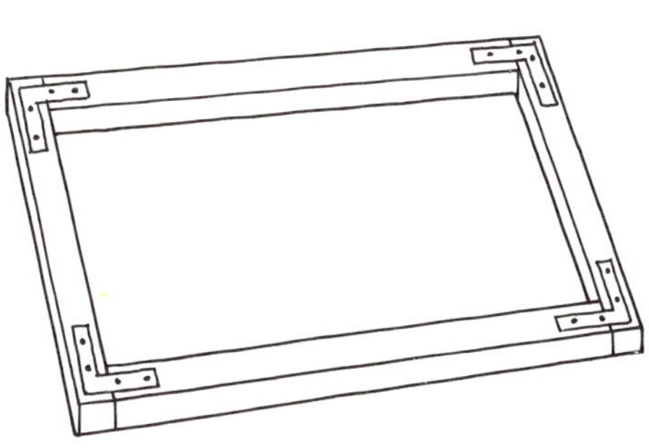

Achetez des tasseaux de bois d'une section carrée de 4 cm de côté, pour faire un cadre rectangulaire qui aura, une fois terminé, 50 cm de long sur 30 cm de large.

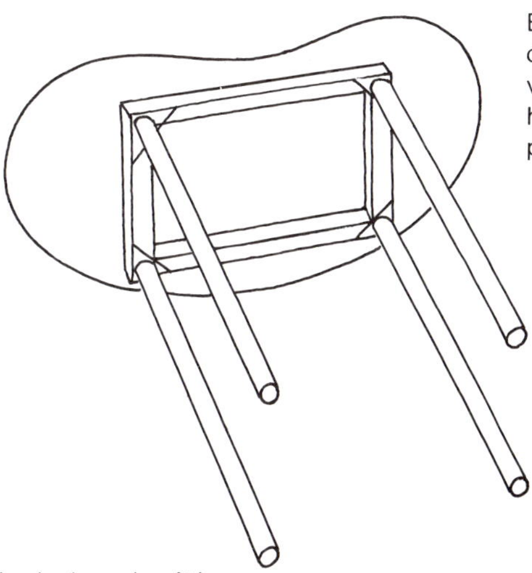

Enclouez votre rognon de contre-plaqué dessus. Achetez quatre pieds tout prêts que vous visserez sur les coins du cadre. La hauteur de l'ensemble fini ne doit pas dépasser 75 cm.

Si vous n'avez pas de pouf, remplacez-le par un tabouret en bois blanc aux dimensions correspondantes à celles du pouf données dans les fournitures.

Procédez à l'habillage de cette coiffeuse et du tabouret comme indiqué précédemment.

Pour donner plus de moelleux à l'ensemble, recouvrez le plateau et le tabouret d'un molleton fin, puis procédez à l'habillage.

Lit à baldaquin

Si votre lit à baldaquin a de jolies colonnes, pour les mettre en valeur vous réaliserez un ciel de lit orné d'un volant froncé, doublé dans le même tissu et ouvert aux quatre coins. Le ciel de lit n'est pas très difficile à réaliser, mais si vous êtes pressée, vous pourrez vous contenter d'habiller l'encadrement du lit par des volants doublés, glissés dans des tringles démontables, dont l'exécution exige moins de soin.
Choisissez le même tissu que celui de votre dessus-de-lit pour obtenir un bel ensemble.

FOURNITURES

Pour un lit de 1,40 m de large et 1,90 m de long.
Ciel de lit à volants :
- Toile de coton : 5,10 m en 220.
- Doublure : 3,90 m en 90.

Volants seuls :
- Toile de coton : 4,20 m en 220.

Baldaquin sans ciel de lit

Prise des mesures

Il vous faut 4 volants : 2 pour la largeur du lit et 2 pour les côtés du lit. Volant pour la largeur : pour obtenir de jolies fronces, multipliez la largeur du lit (1,40 m) par 1,5. Il vous faut donc 2,10 m pour la longueur du volant, plus 2 cm pour les coutures, plus 1 cm éventuellement si vous devez faire des raccords, soit 2,13 m pour chacun des 2 volants. Volant pour la longueur : multipliez la longueur du lit (1,90 m) par 1,5. Il vous faut 2,85 m, plus 2 cm (valeur des coutures), plus 2 cm (pour les raccords de volant), soit 2,89 m pour chacun des 2 volants.

En hauteur, la retombée du volant une fois fini est de 30 cm. Ajoutez à cette mesure 5 cm pour les fronces du haut, plus 5 cm pour l'espace où passera la tringle (demi-circonférence de la tringle d'un diamètre de 3 cm × 3,14, plus 0,5 cm de jeu), plus 1 cm pour les coutures, soit 41 cm, que vous multipliez par 2 car le volant est en double; au total, 82 cm de haut pour un volant.

Exécution

Pliez le volant en deux, endroit contre endroit, dans le sens de la longueur. Repassez-le.

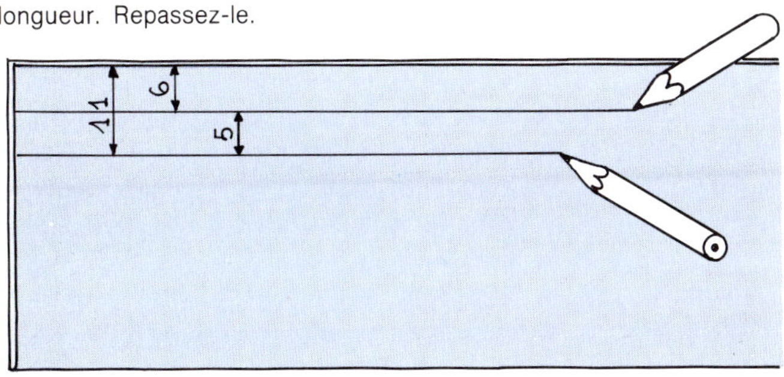

1 Marquez à la craie tailleur l'emplacement de la tringle, sur l'envers et sur l'endroit du tissu : tracez une première ligne à 6 cm du bord vif (équivalant à la hauteur du volant : 5 cm, plus 1 cm de couture), une seconde à 5 cm de la première.

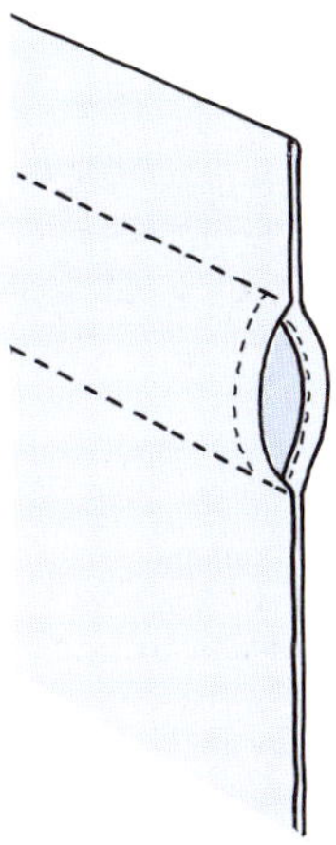

2 Bâtissez et piquez le grand côté et un seul petit côté, en laissant ouvert l'espace pour glisser la tringle. Retournez. Faites un petit rentré de chaque côté de l'ouverture pour la tringle.

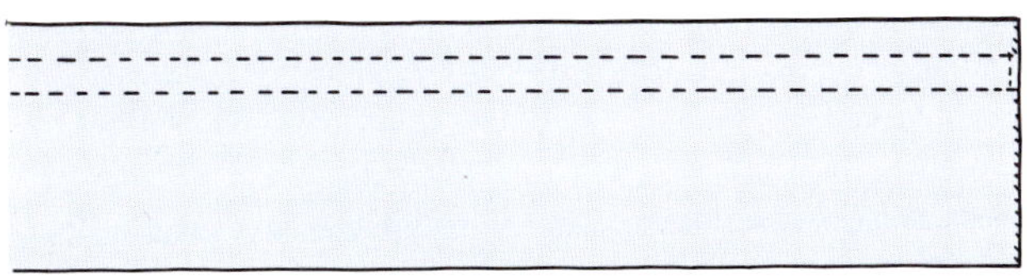

3 Après avoir fait un rentré sur les bords, fermez le côté resté ouvert par un point glissé, sauf au niveau de l'ouverture de la tringle. Puis piquez en suivant les lignes que vous avez tracées à la craie tailleur. Procédez de la même façon pour les trois autres volants.

Baldaquin avec ciel de lit

La coupe

Ciel de lit : découpez un rectangle de 1,92 m de long et 1,42 m de large (coutures comprises) dans la toile de coton, et un autre de mêmes dimensions dans la doublure.

Volant : le calcul pour la longueur du volant est le même que pour le baldaquin sans ciel de lit.

La hauteur du volant fini est de 30 cm; comme elle est double, comptez 60 cm plus 2 cm pour la valeur des coutures.

Assemblage

Pliez les volants en deux, endroit contre endroit, dans le sens de la longueur. Bâtissez les deux extrémités à 1 cm; piquez; retournez. Repassez en superposant exactement les bords l'un sur l'autre.

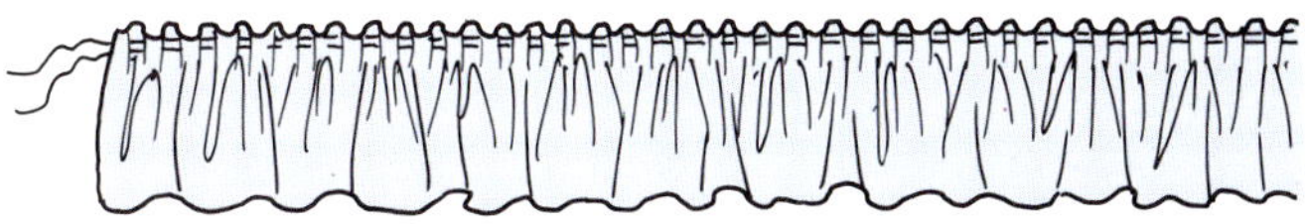

1 Passez 2 fils de fronces sur le haut du volant en prenant les deux épaisseurs. Tirez ensuite les fils pour obtenir la longueur ou la largeur du ciel de lit.

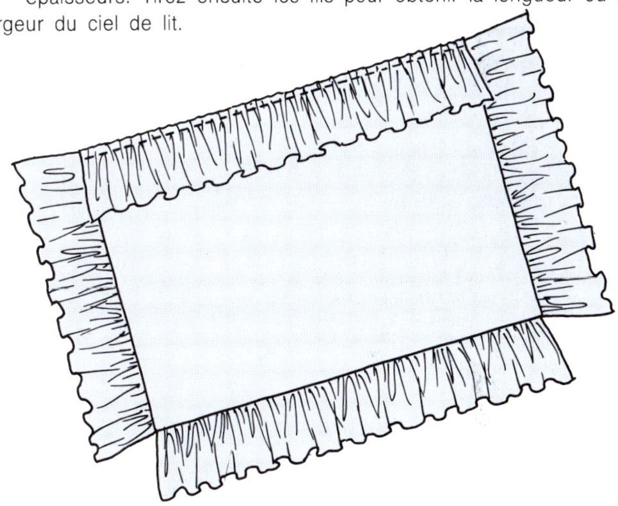

2 Bâtissez, endroit contre endroit, les volants sur le ciel de lit. Piquez dans les fronces.

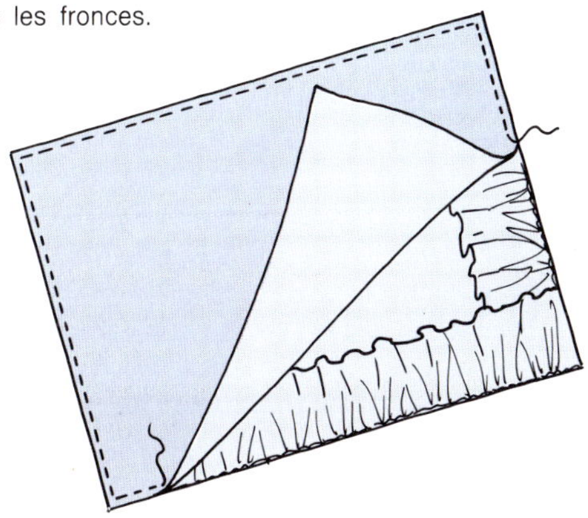

3 Appliquez l'endroit de la doublure sur l'endroit du ciel de lit, les volants se trouvant rabattus à l'intérieur. Bâtissez soigneusement pour ne pas entraîner le tissu. Piquez dans la piqûre de montage du volant en laissant une ouverture de 40 cm à la tête du ciel de lit. Dégagez les coins. Retournez. Fermez l'ouverture à points glissés. Repassez. Le ciel de lit repose sur la galerie; fixez discrètement le haut du volant sur les tringles, aux quatre coins, avec des liens de tissu fourreautés.

INDEX-GLOSSAIRE

Q R

PHOTOGRAPHIES

Couverture, p. 6 et 7, 8 et 9, 80 et 81, 234 et 235 *CACHAREL/Sarah Moon.*

p. 5, 236, 242, 244, 245, 246, 248, 250, 252, 254, 256, 262, 263, 264, 265, 266, 268, 270, 272, 274, 275, 276, 278, 280, 282, 284, 286, 290, 294, 296 : *S.R.D./Studio des Plantes/J.C. Dewolf.*

p. 10 à 15, 85, 88, 92, 103, 112, 123, 127, 133, 145, 155, 160, 164, 167, 170, 178, 191, 195, 197, 202, 206, 217, 225, 227 : *S.R.D./J.P. Germain.*

p. 82, 86, 90, 94, 97, 98, 104, 110, 114, 120, 124, 130, 134, 138, 142, 146, 152, 156, 162, 166, 172, 176, 180, 184, 188, 192, 198, 204, 210, 214, 218, 222, 226, 230 : *S.R.D./IDEODIS/Mike Yavel.*

COUTURE POUR TOUTES

publié par SÉLECTION DU READER'S DIGEST

Composition : EUROCOMPOSITION, Paris — Photogravure : TYPOFFSET, Paris
Impression et reliure : GRAFICA EDITORIALE, Bologne

PREMIÈRE ÉDITION

Achevé d'imprimer : février 1986
Dépôt légal en France : mars 1986. Dépôt légal en Belgique : D 1986 0621 8

IMPRIMÉ EN ITALIE
Printed in Italy